# Just Culture

항공안전과 공정문화

안주연 · 황호원

法 文 社

# Preface

　항공분야에서는 인적오류로 인하여 대부분의 사고나 사건이 발생하는 것을 인식하고, 사전예방적 안전관리방식을 통하여 위험의 발생요인을 사전에 차단하는 것이 사고나 사건의 발생을 감소시킬 수 있는 방안이라고 판단하고 있다. 「국제민간항공협약」 Annex 19에서 강조하고 있는 사전예방적 안전관리의 초점은 자율적 안전보고를 활성화함으로써 수집된 안전정보를 활용 및 공유하여 위험요인의 발생을 사전에 인지하고 억제하는 것에 있으며, 이를 위한 핵심 요소는 항공실무자들의 자율적 보고임을 강조하고 있다. 그러나 항공실무자들의 자율적 보고가 활성화되지 않는 문제점이 제기되어 왔고, 그러한 장애요소로는 첫째, 사고나 사건이 발생했을 때 항공실무자들의 과실을 원인으로 추정하고 관련 당사자를 처벌하는 문화, 둘째, 항공실무자들의 자율적 안전보고 내용 및 사고조사의 과정에서 진술한 내용을 법원이나 규제기관에서 그들을 처벌하기 위한 증거로 남용하고 있는 문제점이 거론되었다.

　ICAO는 국제적으로 발생하고 있는 처벌 중심의 항공규제와 정보남용의 문제점을 인식하고, 「국제민간항공협약」 Annex 19의 SARPs를 통하여 자율적 안전보고를 활성화할 수 있는 안전보고제도의 구축과 안전정보를 보호할 수 있는 법규정 및 정책을 국내법으로 마련할 것을 강조하고 있다. 이처럼 항공실무자들이 신뢰를 통하여 자율적으로 보고할 수 있는 환경을 마련하는 것이 공정문화이다. 항공분야에서는 안전정보의 활용 및 공유를 통한 사전예방적 안전관리 방식을 위해서 공정문화가 기반이 되어야 함을 강조하고 있고 공정문화를 실현하는 데 있어서, '비공개', '비처벌'의 요소는 자율적 안전보고를 활성화시킬 수 있는 핵심 요소로 작용하고 있다. 이에 본서에서는 공정문화의 핵심 요소인 비공개 및 비처벌 관련 쟁점을 검토하고 국내에 적용하기 위한 실효적 방안을 제시하고자 한다.

　공정문화의 '비공개'는 정보의 기밀성에 근거한 안전정보 및 사고조사와 관련된 민감한 정보를 법원이나 규제 기관에서 처벌의 증거로 사용하는 것을 제한하여야 함을 강조하고 있다. 특히 사고조사보고서 및 조종실음성기록장치(CVR)의 데이터는 민감한 정보로 보호되어야 함을 「국제민간항공협약」 Annex 13의

SARPs에서도 강조하고 있으며, 이미 미국과 호주 등 주요국가에서는 해당 정보가 법원에서 증거로서 채택될 수 없도록 법규정을 통하여 제한하고 있다.

공정문화의 '비처벌'은 용인의 범주에 있는 위반행위에 대한 비처벌을 의미한다. ICAO, EU, 미국의 공정문화 정의에 따르면 고의, 중과실, 파괴적인 행위는 처벌해야 하는 행위로 분류되며, 실무자의 경험과 훈련에 상응한 작위, 부작위, 결정에 대하여는 용인(tolerance)해야 함을 명시하고 있다. 여기서 '실무자의 경험과 훈련에 상응한 작위, 부작위, 결정'은 이른바 경과실을 가리키나, 우리 형법 체계에서도 경과실과 중과실 행위를 구분하는 어려움이 상존하고 있다. 이러한 이유로 본서에서는 용인의 경계를 판단할 수 있는 판단절차를 제시함으로써 항공분야의 위반행위를 판단함에 있어, 단순히 객관적 주의의무 및 규정위반 해당 여부만으로 판단하는 것이 아니라, 주관적 요소와 비난가능성을 판단하여야 함을 제시하였다. 이것은 항공의 특성상, 개별 사안에 따른 행위자의 당시 상황 및 사정 등을 종합적으로 고려하여 책임 여부를 결정하여야 함을 의미하며, 법령 및 규정위반 해당 여부만으로 판단하는 것은 공정성이 결여될 소지가 있고, 안전보고를 위축시킴으로써 항공안전에 부정적 영향을 끼칠 수 있다는 데 근거한 것이다.

이러한 내용을 바탕으로, 본서에서는 공정문화의 실효성 제고를 위해 마련되어야 할 구체적이고 실질적인 방안을 제시하였으며, 그 내용은 다음의 네 가지로 요약할 수 있다. 첫째, 항공규제에서 처벌 또는 용인의 경계를 위한 판단절차를 적용하며, 용인할 수 있는 행위의 경우 처벌보다는 시정조치를 통한 재발방지에 초점을 두도록 한다. 둘째, 정보의 남용으로 부정적 영향을 줄 수 있는 민감 데이터인 사고조사보고서와 조종실음성기록장치(CVR) 데이터는 법원 및 규제 기관에서 처벌의 증거로 사용을 제한할 수 있도록 법규정을 보완한다. 셋째, 현재 항공규제에 있어서 규제 기관이 독자적으로 행정집행과 조치방안을 결정하는 방식에서 벗어나, 규제 기관과 규제대상 기관이 협의하여 문제를 해결하고 규제 방식을 결정할 수 있도록 한다. 넷째, 이러한 법과 정책을 마련하더라도 법을 집행하는 기관 및 항공분야의 관련 조직과 실무자가 공정문화에 대한 인식이 부족하다면 구현되기 어려우므로 항공분야의 모든 관련자가 공정문화를 인식할 수 있는 교육과 제도를 마련한다.

　　항공분야에서 공정문화를 기반으로 한 안전관리방식의 중요성을 부정할 수는 없을 것이다. 그러나 실질적 이행은 관련 법규정과 세부 정책을 마련함으로써 실효성을 제고할 수 있다. 구체적 이행방안을 통하여 항공실무자들이 신뢰하고 안전의 위험을 보고할 수 있는 환경을 만드는 것은 그러한 정보의 활용을 통하여 인적오류를 감소시킴으로써 궁극적으로 항공안전을 확보하는 데 기여할 수 있을 것이다. 저자는 공정문화의 인식제고를 위하여 이 책을 발간하고자 하였다. 이 책을 통하여 항공분야뿐만 아니라 안전이 필수적인 분야의 공정문화 환경을 위한 발판이 마련되기를 희망한다.

2024년 2월 1일

안 주 연

# Foreword

　우리나라에 법학이 학문 분야로 연구되기 시작한 것은 서구의 문물과 제도를 받아들여 우리나라에 대학이 설립된 이후가 되겠지만, 그동안 우리나라의 법과대학에서는 항공법이 체계적으로 교육되지 못하였습니다. 저도 역시 이한기 교수님의 국제법 교과서에서 국가영역으로서 영토, 영해, 영공을 배우고 ICAO에 관한 한두 줄 정도의 지식만 읽었을 뿐이고 대학원 수업에서도 항공법 수업은 개설조차 되어 있지 않았습니다. 상법에서도 수백년의 역사를 가진 해상운송 분야와는 달리 우리나라에서는 2011년 11월부터 항공운송편이 시행되고 있지만, 지금도 법학전문대학원에서 항공관련법 강좌가 개설되어 있다는 말을 들어 본 적이 없습니다.

　거의 모든 법학교수들이 항공법하면 매우 생소해 하고 신기해 합니다. 특히 항공공법 분야는 말할 것도 없습니다. 이러한 상황에서 우리나라에서 항공법 분야의 법학박사학위 논문도 실무적인 접근이 중심이 되었을 뿐 학술적으로 깊이 있는 것은 찾아보기 어렵습니다. 이는 항공이 우리의 실생활에 뿌리내린 역사가 매우 짧다는 것을 의미하며, 향후 항공법 분야가 더욱 발전해 나아가야 한다는 당위성을 말해주는 것입니다.

　이러한 척박한 학문 환경에서 드디어 안주연 박사가 항공법 학술 분야에 한 획을 그을 수 있는 역저를 발간하게 되었습니다. 이 저서는 저자가 매우 많은 학술논문과 단행본을 섭렵한 후 Just Culture의 철학적 기원, 시대적 출현 배경, 항공 분야에의 접목과 발전과정 및 현황에 대하여 풍부하고 현실에 입각한 논거를 제시하면서 학문적으로 또한 실증적으로 연구·분석한 것입니다.

　Just Culture를 전문적으로 또한 깊이 있게 다룬 종합적인 단행본은 미국 등 서방 국가들에서도 찾아보기 어려운 상황에서 학술적 완성도가 매우 높은 저서를 발간하게 되었음을 기쁘게 생각합니다. 이 저서는 항공법을 공부하는 학자나

대학원생들에게는 하나의 모범 연구서로의 길잡이가 될 것입니다. 또한 국토교통부 등 항공업무 기관은 물론이고 항공업계의 종사자들에게도 Just Culture를 이해하는 데 큰 도움이 될 것임을 믿어 의심치 않습니다.

법학박사 문 준 조

# Introduction

    "To err is human", 인간은 누구나 오류를 범하고 이러한 오류는 인간 상태의 일부인 것으로 받아들여진다.[1] 오류는 경미한 것일 수 있으나, 때때로 심각한 결과를 초래하기도 한다. 특히 항공분야에서는 인적오류[2](human error: 이하 "인적오류" 또는 "과실"이라 한다)로 대다수의 사고 및 사건이 발생하고 있으며, 때로는 경미한 인적오류가 큰 사고로 이어지기도 한다. 1977년 미국의 Richard Jensen 연구팀은 항공사고의 70-80%가 인적오류에 기인한다는 연구 결과를 발표한 바 있으며,[3] 그 이후에도 항공사고와 인적오류의 연관성에 관한 많은 연구들이 수행되어 왔다. 인적오류로 인한 항공사고의 원인으로는 운항규정 위반, 정비오류, 자동화된 항공기 조종의 경험부족 및 수동조종을 위한 숙련도 부족, 불충분한 훈련 등 다양한 인적 요인과 관련되는 것으로 보고 있다.[4] 이처럼 다양한 인적 요인으로 인한 항공사고의 발생에서 인적오류를 용인하지 않는 사회적 분위기로 항공실무자[5]를 처벌하는 사례가 증대되었고,[6] 이로 인하여 항공사고 및 사건 발생 시 항공실무자들은 처벌에 대한 두려움이 증가하였을 것으로 보인다.[7] 특히 국제민간항공기구[8](International Civil Aviation Organization: 이하

---

1) Barry Strauch, *Investigating human error: incidents, accidents, and complex systems*, CRC Press Taylor & Francis Group(2004), p.1.
2) 인적오류(human error)는 인간이 행동을 수행함에 있어 부적절하고, 목표의 실패 또는 수행 과정에서 적절성이 부족한 상태를 말한다. Skybrary, Human Error Types. 본고의 문맥상 의미에 따라 "인적오류" 또는 법률상의 의미인 경우 '과실'로 표기하고자 한다.
3) Alan E. Diehl, "Human Performance Training: Successes and Failures in Civil Aviation", Core Scholar, *16th International Symposium on Aviation Psychology*(2011), p.64.
4) Nikolay Lyssakov and Elena Lyssakova, "Human factor as a cause of aircraft accidents", *Advances in Social Science, Education and Humanities Research*, Vol. 321(2019), p.130.
5) 공정문화 정의에서 명시하는 'frontline operator'는 우리 「항공안전법」 제2조제14호에서 정의하는 "항공종사자"보다 넓은 개념으로 해석된다. 즉 항공분야의 최일선에서 위험에 직접 접촉하는 실무자들을 가리키며 그 범주가 우리 법에서 명시하는 바와 같이 "자격증을 받은 사람"으로 제한되지는 아니한다. 따라서 항공안전 문제에 대한 중요한 정보를 제공하는 모든 직원을 '항공실무자'로 표기하기로 한다.
6) Philippine Dumoulin, "Just Culture and Unjust Results: The Changing Paradigm," *Annals of Air and Space Law*, Vol. 40(2015), p.272.
7) 국내의 경우 2002년 4월 14일, 에어차이나(Air China) 보잉 767-200ER 항공기는 부산 김해국제공항으로 착륙을 시도하다 추락하여 126명이 사망하였다. 이 사건에서 검찰은 중국인 기장의

"ICAO"라고 한다)는 총회를 통하여 일반 대중과 법 집행기관이 항공실무자와 소속 조직에 대하여 항공사고의 법적 책임만을 지나치게 중시하는 태도에 우려를 표명해왔다.[9] 이것은 항공실무자들이 형사처벌의 두려움으로 항공사고에 대한 보고를 꺼리게 되고, 이로 인한 부정적 영향으로 항공안전데이터 수집뿐만 아니라 잠재적으로 항공안전에 중대한 결과를 초래할 수 있다고 판단한 것이다.[10]

항공안전의 개선을 위하여 인적오류로부터 교훈을 얻어 미래에 발생할 사고 및 사건을 예방하는 것은 항공안전을 위한 가장 중요한 수단 중의 하나일 것이다.[11] 이를 위해서는 인적오류로부터 얻은 교훈과 정보를 상호 간에 공유함으로써 사전에 위험을 예방하고 재발을 방지하기 위한 일관성있고 균형잡힌 체계를 수립할 필요가 있다. 이러한 배경하에, 항공안전을 위하여 항공실무자의 오류에 대한 처벌보다는 재발방지를 위한 대책을 마련하고, 항공안전데이터를 수집하여 위험을 사전에 예방해야 한다는 인식은 '공정문화'(Just Culture)[12]라는 개념으로 이어졌다.[13] 공정문화는 항공실무자들의 적극적인 참여가 필수적이므로 자율적으로 보고할 수 있는 환경을 만들고, 그러한 보고에 과실이 있더라도 고의적이거나 중대한 과실이 아닌 경우 처벌받지 않는 환경의 토대를 마련하고자 하는 것

---

출국을 불허하였으며, 범죄 수사가 진행되는 동안 구금되어 있었다. Sofia Michaelides-Mateou and Andreas Mateou, *Flying in the Face of Criminalization-The Safety Implications of Prosecuting Aviation Professionals for Accidents*, Ashgate(2010), pp.246-247.

8) ICAO는 "국제 협력을 확보하기 위하여" 설치된 국제 연합의 전문기관이다. 민간항공 문제에 관한 규정과 표준, 절차, 조직의 가능한 최고 통일성을 보장한다. ICAO, The History of ICAO and the Chicago Convention.

9) ICAO 제33차 총회는 "국민의 관심이 사건 및 사고 기록에 대한 접근 요구를 포함한 조사와 조치에 계속 집중될 것"이라고 우려하였다. ICAO, Doc. 9790, Non-Disclosure of Certain Accident and incident Records, Resolution A33-17(2001).

10) Philippine Dumoulin, *supra* note 6, p.399.

11) Samantha Sharif, "The Failure of Aviation Safety in New Zealand: An Examination of New Zealand's Implementation of Its International Obligations under Annex 13 of the Chicago Convention on International Civil Aviation", *Journal of Air Law and Commerce*, Vol. 68 No. 3(2003), p.340.

12) 공정문화는 안전문화의 하위개념이다. 안전문화는 자율적인 보고를 촉진하고 그에 따라 정보에 입각한 문화를 전파하는 것이라 할 수 있는데 효과적인 보고문화는 조직이 책임과 처벌을 어떻게 처리하고 균형을 유지하느냐에 따라 달라진다. 다시 말하면, 효과적인 보고문화는 책임의 선이 더 명확하게 그려지는 '공정문화'에 의하여 뒷받침된다. Francesca Pellegrino, *The Just Culture Principles in Aviation Law Towards a Safety-Oriented Approach*, Spinger(2019), p.24.

13) 공정문화의 개념은 2003년 몬트리올에서 열린 ICAO의 11번째 항행회의에서 논의되었다. ICAO, Doc. 9828, Report of the 11th Air Navigation Conference, AN-Conf/11(2003), pp.2-6.

이다. 이러한 공정문화를 도입하기 위한 시도는 새로운 것이 아니며, 이미 의료분야와 같이 사망이나 중대한 부상의 위험이 있는 전문분야에서 공정문화에 대한 논의가 이루어지고 있다.[14]

항공분야는 ICAO에서 「국제민간항공협약」(Convention on International Civil Aviation, 이하 "「국제민간항공협약」" 또는 "협약"이라 한다) Annex를 통하여 '표준과 권고되는 방식'(Standards and Recommended Practices: 이하 "SARPs"라 한다)에 공정문화의 원칙을 적용하여 체약국이 관련 법규정과 구체적 이행방안을 마련하도록 권고하고 있다. 이에 따라 국내에서도 관련 법규정을 정비하는 등 SARPs의 이행을 추진하고 있으나, 공정문화의 체계를 구성하고 있는 초기 단계이며, 아직 확립되었다고 보기는 어렵다. '공정문화'의 구현은 안전정보의 보호와 적절한 법 집행이 부합하여야 하나, 여전히 항공실무자의 책임과 처벌을 위한 목적으로 사고조사보고서가 법 집행의 증거로 인정될 수 있으며, 이로 인하여 사고조사의 과정에서 항공실무자가 제공한 정보가 법원에서 당사자의 유죄를 증명하는 증거로 인정되기도 한다. ICAO의 국제규범을 효과적으로 적용하기 위해서는 체약국이 입법을 통하여 명확한 기준과 세부적 이행방안을 마련하여야 하며, 항공안전과 적절한 법 집행이 모두 충족되도록 하는 조화로운 방안을 모색할 필요가 있다. 이것은 「국제민간항공협약」 Annex가 체약국의 이행을 독려하고 체약국은 SARPs를 이행하여야 할 의무가 있지만, 강제력은 없다는 데 기인한다. 더욱이 Annex는 일반적 내용만을 규정하고 있으므로 명확한 기준과 세부적 이행방안은 각 체약국이 법률과의 조화를 통하여 마련하여야 할 것이다. 이러한 점에서 현재 공정문화의 궁극적인 과제는 SARPs의 이행을 위한 법규정 및 정책을 마련하고 용인의 경계에 대한 구체적이고 명확한 기준 제시를 통하여 공정문화의 토대를 마련하는 데 집중되어야 할 것이다.

이에 본서에서는 국내 항공분야의 '공정문화' 활성화를 위한 실효적 방안을 제시하고자 한다. 첫째, 항공분야의 공정문화 구현을 위하여 ICAO는 각 국가가 명확한 기준을 통하여 용인의 경계를 설정할 것을 요구하고 있다. 이를 위하여 모호한 기준이 될 수 있는 과실의 범위를 이론과 판례를 통하여 확인하고 용인

---

14) 이가선・박정윤, "병원간호사의 간호 근무환경이 공정문화 인식에 미치는 영향", 대한임상건강증진학회지 제21권 제1호, 대한임상건강증진학회(2021), 37면.

의 경계를 판단하기 위한 절차를 제시하고자 한다. 둘째, 항공사고 및 사건에 따른 항공실무자의 과실을 처벌하는 문제점과 항공안전데이터 및 정보를 남용하는 문제점을 관련 판례와 항공사고의 사례를 통하여 확인하고 법적 개선안을 제시하고자 한다. 셋째, 공정문화의 활성화를 위하여 구체적인 정책적 개선방안을 제시하고자 한다. 이것은 항공안전보고와 정보의 수집에 부정적 영향을 주는 전통적 방식의 처벌문화를 개선하고 항공안전데이터·정보를 보호하는 공정문화를 구현함으로써 항공안전을 향상시키기 위한 보다 구체적인 방안이 될 것이다.

공정문화(Just Culture)는 현재 안전관리를 위한 중요한 요소로 인식되고 있다. 그러나 그 원칙이 모호하고 세부적인 내용이 명시되지 않아 실무에서의 적용이 어려운 점에서 공정문화의 정착에는 시일이 걸릴 것으로 예상하고 있다.[15] 국내 항공분야의 공정문화와 관련한 선행연구를 살펴보더라도 공정문화가 논의된 초기 단계에서 진행된 연구가 대부분인 점을 볼 때, 공정문화에 대한 지속적인 연구의 필요성을 보여준다.[16] 이에 본서는 공정문화의 국내 적용 및 활성화를 위한 실효적 방안에 초점을 맞추었으며, 총 6개 장으로 나누어 상술하였다.

제1장은 항공안전을 위한 공정문화의 필요성과 발전 현황을 중점적으로 다루었다. 인적오류로 인하여 대다수의 항공사고 및 사건이 발생하는 상황에서 사전 예방적 안전관리를 위하여 항공실무자의 자율적 보고가 필수적이므로 항공안전데이터 및 정보의 보호가 보장되는 공정문화가 기반이 되어야 함을 문헌 정보를 기초로 한 사례와 판례를 통하여 다루었다. 또한 공정문화의 핵심 요소인 '비공개'와 '비처벌'의 발전 계기를 구체적으로 확인하였다.

제2장은 ICAO 및 미국, EU, 우리나라의 공정문화 정의를 확인하고, 국가별로 공정문화를 적용하는 차이와 실질적 적용의 문제를 다루었다. 특히 공정문화의 정의에서 강조하고 있는 '용인'(tolerance)의 구체적 개념을 통하여 공정문화의 적용을 위한 실질적 방향에 대하여 살펴보았다.

---

15) Mildred Trogeler, Criminalisation of air accidents and the creation of a Just Culture(2011), p.40.
16) 박진경, "항공안전관리분야에 있어 공정문화에 관한 연구", 한국항공대학교 석사학위논문(2014); 심상관, "항공안전증진과 Just Culture 창달에 관한 연구", 한국항공대학교 석사학위논문(2016); 가보연, "관용문화와 항공안전보고제도에 관한 연구", 한국외국어대학교 석사학위논문(2013); 이준혁, "조종사 과실로 인한 항공기 사고와 비처벌에 관한 연구", 한국외국어대학교 석사학위논문(2012).

제3장은 국내·외 공정문화와 관련한 법적 체계에 초점을 맞추었다. 이를 위하여, 「국제민간항공협약」 Annex SARPs와 ICAO의 논의내용을 통하여 국제규범으로서 강조되고 있는 공정문화 원칙과 필요성을 구체적으로 확인하고, 관련 법규정과 공정문화의 발전 현황을 비교법적으로 고찰하였다. 특히 항공규제정책에 공정문화 원칙을 적극적으로 도입하여 시행하고 있는 미국과 호주의 사례를 확인하고, 입법을 통하여 공정문화의 원칙을 EU Regulation에 정의한 EU 사례를 확인하였다. 이것은 국내·외 법적 체계와 관련 정책의 확인 및 비교법적 분석을 통하여 국내 문제점과 개선방안을 도출하기 위한 것이다.

제4장과 제5장은 공정문화의 핵심 쟁점이라고 할 수 있는 '비공개'와 '비처벌'의 문제를 다루었다. 먼저, 제4장에서는 공정문화의 '비공개' 관련 사례와 판례를 바탕으로 안전정보남용의 현실적 문제점을 확인하였다. 다음으로, 제5장에서는 항공사고의 구체적인 사례 및 판례를 통하여 문제점을 제시하고 여기서 제기되는 법적·행정적 쟁점을 확인하였다. 특히 행정규제에서 공정문화의 원칙을 적용하기 위하여 운항규정 위반행위의 유형별 분석을 수행하고자 하였으나, 위반행위자에게만 해당 사실을 통보하는 우리나라의 특성상 관련 자료의 수집에 한계가 있어, 미국 연방교통안전위원회(National Transportation Safety Board: 이하 "NTSB"라 한다)의 '사건 결정'(case decisions)을 통하여 위반행위를 유형화하고 분석하였다.

제6장은 국내 공정문화의 실효성 제고를 위한 구체적인 개선방안을 제시하였으며, 마지막으로 앞에서 논한 내용의 요약 및 정리를 통하여 공정문화 원칙의 적용과 그 실효적 방안에 대한 결론에 갈음하고자 한다.

한편 본서는 공정문화와 관련된 국내·외 문헌 및 판례, 사례를 분석하는 문헌연구방법을 기본으로 하였다. 이를 위하여 국내·외 단행본, 논문, 판례, 사례를 검토하여 공정문화와 관련한 광범위한 내용을 확인하고자 하였다. 또한 인터넷서비스 기반의 입법정보시스템을 활용하여 미국, EU, 호주 및 국내 법규정을 확인하고 이를 비교법적으로 분석하여 공정문화의 현황과 국가별 발전 및 이행 상황에 대한 시사점을 도출하였다. 더불어 공정문화의 국내 도입과 관련하여 국제법의 효력에 따른 한계를 인식하고 국내법과의 균형을 고려하여 형법 이론 및 체계를 분석하였다. 구체적으로, 공정문화를 적용하는 데 있어 용인의 경계를 위한 과실과 중과실의 경계를 명확히 하는 과정이 필요하므로, NTSB 사건 결정의 분석을 통하여 용인의 경계를 위한 판단절차를 제시하였다. 또한 항공분야에서 종사하는 조종사, 항공교통관제사, 정비사 등 항공과 관련된 업무를 수행하는 모든 사람을 본서에서는 항공실무자로 명칭하고 있으나, 항공안전 자율보고의 접수율[17]이 높은 조종사 및 항공교통관제사를 대상으로 선정하여 주요 사례 및 판례를 제시하였다. 이러한 점에서 조종사 및 항공교통관제사 이외의 항공실무자들을 대상으로 한 후속연구가 필요할 것으로 판단된다.

이러한 내용을 바탕으로, 본서는 국내 항공분야에서 공정문화 원칙을 적용하여 항공안전을 확보하기 위한 실효적 방안을 마련하는 데 초점을 맞추었으며, 이를 통한 적극적인 공정문화 구현을 기대한다.

---

17) 2014-2020년까지의 항공안전 자율보고 현황은 총 946건이며, 조종(613), 관제(131), 정비(12), 객실(10), 국민(180) 건이 접수되었다. 항공안전 자율보고의 건수는 안전문화 성숙도를 나타내는 지표로 볼 수 있으므로, 이러한 통계를 참고하여 본 연구의 대상을 선정하였다. 국토교통부, 항공안전백서(2020), 37면.

# Contents

## Chapter 01  Just Culture의 기원과 발전                                    1

## Chapter 02  항공분야에서 Just Culture의 정의      41

## Chapter 03　항공분야의 Just Culture 구현 및 관련 법규정　　57

Chapter 04　Just Culture의 비공개와 안전정보보호　　191

Chapter **06**  Just Culture와 행정규제　　　　　　　　**321**

# – 관련 법규정 –

## ■ 국 내

고정익항공기를 위한 운항기술기준 [국토교통부 고시 제2021 – 15]

공공기관의 정보공개에 관한 법률 [법률 제17690호]

국가항공안전프로그램 [국토교통부 고시 제2020 – 751호]

개인정보 보호법 [법률 제16930호]

항공・철도사고조사에 관한 법률 [법률 제18566호]

항공・철도사고조사에 관한 법률 시행령 [대통령령 제32125호]

항공・철도사고조사에 관한 법률 시행규칙 [국토교통부령 제882호]

항공・철도 사고조사위원회 운영규정 [항공・철도사고조사위원회훈령 제37호]

항공교통업무 안전관리시스템 운영매뉴얼 [항공교통본부 훈령 제83호]

항공안전관리시스템 승인 및 모니터링 지침 [국토교통부 훈령 제1330호]

항공안전법 [법률 제18789호]

## ■ 국 외

Canada Criminal Code (R.S.C., 1985, c.C-46)

Code pénal, Chapitre III, Article 121-3

Code pénal, Chapitre III, Article 221-6

Civil Aviation Act (1988)

Civil Aviation Amendment Regulations (2004)

Civil Aviation Authority, The Mandatory Occurrence Reporting Scheme Information and Guidance (2011)

Cyprus Civil Aviation Act 2002, N.123(1)

EU, Commission Directive 2003/42/EC, Official Journal of the European Union, L167/23 (2003)

＿＿＿, Regulation No. 549/2004 of the European Parliament and of the Council, L96/1 (2004)

＿＿＿, Regulation No. 1070/2009, L300/35 (2009)

＿＿＿, Regulation No. 691/2010, Official Journal of the European Union, L 201/1 (2010)

_____, Regulation No. 996/2010, Official Journal of the European Union, L295/35 (2010)

_____, Regulation No. 376/2014, Official Journal of the European Union, L122/18 (2014)

_____, Regulation No. 2015/1018, Official Journal of the European Union, L163/1 (2015)

FAA, Advisory Circular 00-46A (1976)

_____, Advisory Circular 00-46F (2021)

_____, Advisory Circular 00-58B (2009)

_____, Advisory Circular 120-66A (2000)

_____, Advisory Circular 120-66B (2002)

_____, Advisory Circular 120-66C (2020)

_____, Aeronautical Information Manual (2022)

_____, Order 1110.129 (2003)

_____, Order 2150.3A (1988)

_____, Order 2150.3C (2021)

_____, Order 8000.82 (2003)

_____, Order 8000.89 (2016)

_____, Order 8000.72 (2017)

_____, Order 8120.12A (2010)

_____, Order 8900.1 (2021)

_____, Order 8900.595 (2021)

_____, Reauthorization Act of 2018, Section 320, Acceptance of Voluntarily Provided Safety Information

Freedom of Information Act, Public Law No. 97-309, 96 Stat. 1453 (1982)

Freedom of Information Act, Public Law No. 89-487, 80 Stat. 250 (1966)

Independent Safety Board Act Amendments of 1982, Pub. L. No. 97-309, 96 Stat. 1453 (1982)

National Transportation Safety Board Amendments Act of 2000, Pub. L. No. 106-424, 114 Stat. 1883 (2000)

New Zealand Civil Aviation Rule CAR

Schweizerisches Bundesgericht, Art. 237 Ziff. 1 Abs. 1 StGB

Transport Safety Investigation Act (2003)

Transport Safety Investigation (Voluntary and Confidential Reporting Scheme) Regulation (2012)

Transport Safety Investigation Amendment (2022 Measures No.1) Regulations (2022)

# - 관련 기구 및 약어 -

계기비행방식(IFR, Instrument Flight Rules)

공정문화 태스크포스(JCTF, Just Culture Task Force)

공중충돌방지시스템(TCAS, Traffic Alert and Collision Avoidance System)

공항정보자동방송시스템(ATIS, Automatic Terminal Information System)

국가공역시스템(NAS, National Airspace System)

국가민간항공심의위원회(NCARC, National Civil Aviation Review Commission)

국가안전프로그램(SSP, State Safety Program)

국제민간항공기구(ICAO, International Civil Aviation Organization)

국제민간항공협약(Convention on International Civil Aviation)

국제항공교통관제사협회(IFATCA, International Federation of Air Traffic Controllers Associations)

국제항공운송협회(IATA, International Air Transport Association)

글로벌항공안전계획(GASP, Global Aviation Safety Plan)

글로벌항공정보네트워크(GAIN, Global Aviation Information Network)

단일 사고 및 사건보고제도를 위한 유럽협력센터(ECCAIRS, European Coordination Centre for Accident and Incident Reporting Systems)

단일유럽공역(SES, Single European Sky)

독일연방항공사고조사국(BFU, German Federal Bureau of Aircraft Accident Investigation)

미국연방교통안전위원회(NTSB, National Transportation Safety Board)

미국연방항공규정(FAR, Federal Aviation Regulation)

미국연방항공청(FAA, Federal Aviation Authority)

미국항공우주국(NASA, National Aeronautics and Space Administration)

민간항공위원회(CAB, Civil Aeronautics Board)

민간항공조종사협회(ALPA, Air Line Pilots Association)

민간항공총회(DGCA, Directors General of Civil Aviation Conference)

민간항행서비스기구(CANSO, Civil Air Navigation Services Organisation)

방공식별구역(ADIZ, Air Defense Identification Zone)

비행운항품질보증프로그램(FOQA, Flight Operational Quality Assurance Program)

비행이미지기록장치(AIR, Airborne Image Recording)

비행자료기록장치(FDR, Flight Data Recorder)

비행자료분석프로그램(FDA, Flight-Data Analysis program)

비행통제장치(FCU, Flight Control Unit)

사고조사 및 예방그룹(AIG, Accident Investigation and Prevention Group)

서비스제공자(SP, Service Provider)

성과(성능)검토위원회(PRC, Performance Review Commission)

스위스교통안전위원회(STSB, Swiss Transportation Safety Investigation Board)

승무원자원관리(CRM, Crew Resource Management)

시계비행방식(VFR, Visual Flight Rules)

안전관리매뉴얼(SMM, Safety Management Manual)

안전관리시스템(SMS, Safety Management Systems)

안전관리패널(SMP, Safety Management Panel)

안전데이터 수집 및 처리시스템(SDCPS, Safety Data Collection and Processing Systems)

안전정보보호 태스크포스(SIPTF, Safety Information Protection Task Force)

양해각서(MOU, Memorandum of Agreement)

영국항공사고조사국(AAIB, Air Accidents Investigation Branch)

유럽민간항공회의(ECAC, European Civil Aviation Conference)

유럽연합(EU, European Union)

유럽연합집행위원회(EC, European Commission)

유럽인권협약(ECHR, European Convention of Human Rights)

유럽항공안전청(EASA, European Aviation Safety Agency)

유럽항행안전기구 안전규제요건(ESARR, Eurocontrol Safety Regulatory Requirement)

유럽항행안전기구(Eurocontrol, European Organisation for the Safety of Air Navigation)

이벤트검토위원회(ERC, Event Review Committee)

일본운수안전위원회(JTSB, Japan Transport Safety Board)

자율공개보고프로그램(VDRP, Voluntary Disclosure Reporting Program)

자율준수조치 결정과정(CADP, Compliance Action Decision Process)

정보자유법(FOIA, Freedom of Information Act)

조종실음성기록장치(CVR, Cockpit Voice Recorder)

지상접근경고장치(GPWS, Ground Proximity Warning System )

지역관제센터(ACC, Area Control Center)

지형지물충돌(CFIT, Controlled Flight Into Terrain)

집행정보시스템(EIS, Enforcement Information System)

캐나다 교통안전위원회(TSB, Transportation Safety Board of Canada)

표준계기출발(SID, Standard Instrument Departure)

표준과 권고되는 방식(SARPs, Standards and Recommended Practices)

프랑스 특수항공검찰(GTA, Gendarmerie des Transport Adriens)

항공교통관제사(ATC, Air Traffic Controller)

항공사운항안전감사(LOSA, Line Operations Safety Audit)

항공안전보고제도(ASRS, Aviation Safety Reporting System)

항공안전보고프로그램(ASRP, Aviation Safety Reporting Program)

항공안전상시평가(USOAP-CMA, Universal Safety Oversight Audit Programme
        Continuous Monitoring Approach)

항공안전정보분석 및 공유(ASIAS, Aviation Safety Information Analysis and Sharing)

항공안전조치프로그램(ASAP, Aviation Safety Action Program)

항공안전평가프로그램(USOAP, Universal Safety Oversight Audit Programme)

항공정보매뉴얼(AIM, Aeronautical Information Manual)

항행서비스제공자(ANSP, Air Navigation Service Provider)

행정법 판사(ALJ, Administrative Law Judge)

호주교통안전국(ATSB, Australian Transport Safety Bureau)

호주교통안전조사규정(TSIR, Transport Safety Investigation Regulations)

호주교통안전조사법(TSI, Transport Safety Investigation Act)

호주민간항공안전청(CASA, Civil Aviation Safety Authority)

호주항공비밀보고제도(REPCON, Aviation Confidential Reporting Scheme)

호주항공자체보고제도(ASRS, Aviation Self Reporting Scheme)

# Just Culture의
# 기원과 발전

안전은 항공의 필수적인 부분이다. 항공분야에서 "안전"은 "항공기 운항 또는 항공기 운항을 직접적으로 지원하는 활동과 관련된 항공안전 위험도(risk)가 적정 수준으로 관리되는 상태"를 말한다.[1] 1900년대, 항공안전의 초점은 기술적 요인과 관련된 안전 결함에 집중되었으나 1970년대 기술 발전과 안전규제의 강화로 항공사고 빈도가 크게 감소하고 안전한 운송수단으로 인식되면서[2] 이후 '인간/기계 인터페이스'(human-machine interface)[3]와 같은 인적 요인(human factors)을 포함하도록 확장되었다. 그러나 인적 요인은 과실을 완화하기 위한 노력에도 불구하고 사고의 재발요인으로 언급되었으며, 조직적 요인이나 운영적인 문제가 있음에도 개인의 과실로 치부하는 경향이 있었다.[4] 이러한 문제는 1990년대에 비로소 개인의 행동에 영향을 미칠 수 있는 인적, 기술적, 조직적 요인이 복합적으로 작용한다는 것이 인정되었고, 조직문화와 정책이 안전의 위험을 통제하는 데 미치는 영향을 고려하게 되었다.[5] 이러한 개선이 현재의 안전관리 접근방식으로 이어지는 학습과 기반을 제공한 것으로 볼 수 있다.

우리나라는 항공안전과 인적 요인에 대한 중요성을 인식하고 지난 20년간 항공안전 향상을 위하여 지속적인 관심을 기울여 왔다.[6] 그러나 국토교통부 자료에 따르면 2020년 항공사고의 주요 원인 중 인적오류가 92%를 차지하는 것으로 나타났으며,[7] 여전히 항공사고 및 사건의 원인 중 대다수가 인적오류로 드러나고 있어 안전관리(safety management)를 통한 사고 예방의 중요성이 강조되는 상황이다. 인적오류의 다양한 형태는 항공사고 및 사건에서 대부분 인과적 요인으로 작용한다.[8] 즉 전문적으로 훈련되고 자격을 소지한 항공실무자인 조종사, 항공교통관제사, 항공기 정비사 등에 의해 발생하는 인적오류의 대다수는 표준

---

1) ICAO, Doc. 9859, 「Safety Management Manual」, 4th Edition(2018), 2.1.2; 「국가항공안전프로그램」 제2조제1항.
2) Ibid., 2.1.4.
3) 항공 분야에서 '기계'는 주로 조종사가 조종하는 항공기 및 항공교통관제사가 사용하는 장비와 관련이 있지만, 통신을 위한 장치 등 모든 장치를 더 폭넓게 포함한다. Skybrary, Human Machine Interface(HMI).
4) ICAO, Doc. 9859, supra note 1, 2.1.4.
5) Ibid.
6) 김제철·박진서·한익현, 항공분야 안전문화(Safety Culture)와 안전 리더십(Safety Leadership), 한국교통연구원 현안분석보고서, 한국교통연구원(2017), 2면.
7) 국토교통부, 항공안전백서(2020), 87면.
8) Skybrary, Human Error in Aviation and Legal Process.

운영절차를 적용하지 않거나 판단 착오로 인하여 발생하게 된다. 그러나 행위자의 의도 없이 발생한 인적오류는 처벌을 강화한다고 하여 예방효과나 사고 및 사건의 발생이 줄어든다고 보기는 어렵다.[9] 이러한 이유로, 인적오류를 비난하고 처벌하기보다는 사고 및 사건의 교훈을 통하여 배우고 개선하기 위한 '공정문화'를 정착시킬 필요가 있으며, 이를 위해서 항공실무자가 처벌에 대한 두려움 없이 보고할 수 있는 신뢰의 환경이 마련되어야 할 것이다.

이 장에서는 항공안전을 위하여 인적오류를 효과적으로 관리함으로써 사고의 재발을 방지하고 수집된 항공안전데이터 및 정보를 통하여 사고를 예방하고자 하는 공정문화의 필요성에 대하여 구체적으로 살펴보고자 한다.

---

9) 중벌화가 범죄억지의 효과에 유의미한 영향력을 가지기는 힘들 것으로 보는 다수의 견해가 있으며, 형벌의 강화를 통하여 위하(威嚇)가 수행할 수 있는 부분이 일부분에 지나지 않는다면, 범죄를 생산하는 요인을 정확하게 찾아내고 관리함으로써 범죄를 예방하는 데에 관심을 가져야 할 것이다. 김성규, "형사입법정책의 중벌주의적 관점에 대한 비판적 이해", 입법과 정책, 제3권 제1호, 국회입법조사처(2011), 13면, 19면.

# Ⅰ. 항공안전과 인적오류(human error)

## 1. 항공사고와 인적오류의 인과관계

### (1) 인적오류의 특성과 발생원인

인간은 그들의 기술, 경험, 훈련의 수준에 상관없이 오류를 범한다.[10] 사회가 점차 발전함에 따라, 첨단기술과 복잡한 시스템은 운용자의 부주의로 인한 위험을 증가시켰다.[11] 인적오류는 사고 및 위험 사건의 주요 기여요인으로 간주되었는데,[12] 실제로 전체 항공사고의 대다수는 인적오류에 의한 것이고, 이것은 업무 숙련도, 주의 및 근면성 부족의 결과로 밝혀졌다.[13]

인적오류의 발생원인과 관련하여 상당한 연구가 진행되어왔으며,[14] 이러한 연

---

10) Francesca Pellegrino, *The Just Culture Principles in Aviation Law Towards a Safety-Oriented Approach*, Spinger(2019), p.13.

11) Contissa G., Sartor G. and Masutt A., "Liability and automation : issues and challenges for socio-technical systems", *Journal of Aerospace Operations*, Vol. 2, No. 1-2(2013), p.1.

12) Anderson M, "Behavioural safety and major accident hazards: magic bullet or short in the dark?", *Process Safety and Environmental Protection*, Vol. 83(2005), p.110.

13) Francesca Pellegrino, *supra* note 10, p.13.

14) '인간-기계-환경' 이론은 부정적인 결과를 초래할 수 있는 세 가지 요인을 분석하였는데, '인간-기계-환경'에서 안전시스템은 직원의 안전 교육뿐만 아니라 기계·장비의 안전 및 환경과 밀접한 관계가 있으며, 이러한 위험은 일련의 장애요소로 발생하여 인적 손실을 야기한다고 보았다. 예를 들어 US Air Flight 427 재해에서 NTSB는 사고가 기계적 고장 때문이라고 결론 내렸는데, 가능한 원인은 방향타 표면의 이동으로 인한 항공기의 제어 손실이라고 판단하였다. Byrne, Gerry, *Flight 427: Anatomy of an Air Disaster*, Springer(2002), p.230. 또한 '스위스 치즈 모델'에 따르면, 각 장벽은 치즈 한 조각으로 표현될 수 있다. 각 슬라이스에는 구멍이 있는데 이것이 전제조건이며, 인적오류를 일으켜 사고를 유발할 수 있다는 것이다. 위험 분석 및 관리에 사용되는 이 사고 원인 모델은 위험과 사고 사이에는 많은 수준(level)의 방어요소가 있음에도 불구하고, 종종 능동적 또는 잠재적 과실이 존재하며, 이러한 과실이 축적될 경우 재해가 발생할 수 있음을 보여준다. 만약 이러한 연결고리를 끊을 수만 있다면 사고를 예방할 수 있다는 이론이다. 여기서 능동적 실패는 즉각적으로 부정적인 결과를 초래하는 오류와 위반이며, 일반적으로 개인에 의하여 발생한다. 잠재적 실패는 조직 시스템 설계 또는 환경에서 더 명백한 결함을 의미하며 예를 들면, 스케줄(schedule) 문제, 부적절한 훈련, 피로, 모호한 소통과 같은 상황에 의하여 발생한다. 또한 조직적 영향 등으로 인한 잠재적 실패는 대개 중대한 결과를 초래할 가능성이 있는 사건에 의하여 촉발될 때까지 조직 내에 숨겨지는 반면, 능동적 실패는 불리한 상황에 즉각적인 영향을 미치며 대개 최일선 실무자에 의하여 나타난다. James Reason, "The contribution of latent human failures to the breakdown of complex systems", *Philosophical transactions of the Royal Society of London. Series B, Biological sciences* (1990), p.475.

구 중 다수는 항공실무자의 업무수행에 따른 심리적, 생리학적인 영향을 강조해왔다.[15] 특히 복잡한 시스템에서 항공사고는 '다수의 우발적 요인의 부정적 결합'에 기인한다고 보았으며,[16] 이러한 복잡한 시스템과 경쟁적인 업무 요구, 조직의 압력은 사람들을 많은 형태의 오류에 취약하게 만든다고 보았다.[17]

미국의 저명한 심리학자이자 공학자인 Donald Norman은 인적오류에 대한 연구를 수행하였다. 그는 'slip'과 'mistake'라는 두 가지 유형의 오류를 구별하였는데, 'slip'은 목적은 적절하나 수행 과정이 잘못된 경우를 말하며, 'mistake'는 목표를 잘못된 방향으로 끌고 가는 경우라고 하였다. 이러한 오류는 의도하지 않은 행동 또는 실행의 실패이며, 주의력이 당면한 행동에 완전히 적용되지 않았기 때문에 발생한다고 보았다.[18]

시스템 안전과 인적 요인 연구자인 Jens Ramussen은 앞서 Norman이 연구한 분류를 확장하여 '기술기반'(skill based), '규칙기반'(rule based), '지식기반'(knowledge based)의 세 가지 유형으로 실무자 성과와 관련된 오류를 정의하였다.[19] 그의 견해에 따르면, 실무자는 업무의 성격과 특정 상황에서 요구되는 경험의 수준에 따라 행동한다고 보았다. 그는 '기술 기반 오류'를 '상황에 따라 의식적인 제어 없이 자연스럽고 자동적이며 통합된 행동 패턴으로 발생하는 행위 또는 활동'으로 정의하였으며,[20] 여기서 발생하는 모든 인적오류는 주의력 부족으로 발생하는 경우가 가장 많다고 보았다. '규칙 기반 오류'는 실무자가 경험 및 훈련을 통하여 당시의 상황과 유사한 상황의 규칙을 적용하는 것으로 상황을 인지하거나 이해할 수 없는 데서 비롯되며, 여기서 발생한 오류는 종종 잘못된 규칙을 적용함으로써 발생한다고 보았다. '지식 기반 오류'는 실무자가 이전에

---

15) Johnson C. W., "Visualizing the relationship between human error and organizational failure", *Department of Computing Science*(2005).

16) James Reason, *supra* note 14, p.475.

17) Francesca Pellegrino, *supra* note 10, p.14.

18) *Ibid.*, p.16.

19) Rasmussen J., "Human errors. A taxonomy for describing human malfunction in industrial installations", *Journal of Occupational Accidents*, Vol. 4 No. 2‐4(1982), p.5; Rasmussen J., "Skills, rules and knowledge: signals, signs and symbols and other distinctions in human performance models", *IEEE Trans Systems Man and Cybernetics*, Vol. SMC‐13 No. 3 (1983), p.257.

20) *Ibid.*, p.258.

경험한 것과 유사한 상황의 업무와 규칙을 적용하는 대신, 과거의 경험을 통하여 학습하거나 얻은 정보를 적용할 때 발생한다고 보았다.[21] 이 경우 인적오류는 실무자의 지식 부족이나 기존 지식을 새로운 상황에 적용할 수 없는 능력의 한계에서 비롯된다는 것이다.[22]

또한 1990년대에 James Reason은 인적오류[23]를 "정신적 또는 육체적 활동이 의도된 결과를 달성하지 못하는 모든 경우를 포괄하는 일반적인 용어"라고 정의하였다.[24] 그는 인적오류가 잠재적 실패를 초래하는 세 가지 단계를 기술하였다.[25] 그의 연구에 따른 첫 번째 단계는 최일선 실무자의 성과에 영향을 미치는 조건이며, 정신적 피로와 스트레스, 열악한 의사소통과 같은 인간의 생물학적 조건을 포함한다. 이것은 오류(기술 기반 오류, 의사 결정 오류, 지각 오류)[26] 또는 위반을 초래할 수 있다. 두 번째 단계는 '안전하지 않은 감독' 또는 '감독 수준'이다. 이것은 조직 관리의 감독 부족으로 인한 오류를 말한다. 마지막으로, 사고나 사건의 근본 원인을 확인하기 위하여 '조직 차원'에서 인과적 요인을 해결하여야 한다고 보았다.[27] 이것은 조직 차원의 일상적인 활동과 조직 내 업무환경

---

21) *Ibid.*, p.259.

22) Francesca Pellegrino, *supra* note 10, p.17.

23) Senders J. W. and Moray N. P., *Human error: cause, prediction, and reduction*, CRC Press(1991), p.25. 인적오류는 "행위자가 의도하지 않았고, 규칙 집합이나 외부 관찰자가 원하지 않았지만, 작업이나 제도를 용인되는 한계에서 벗어나게 한 것"이라고 정의하였다; David D. Woods, Leila J. Johannesen, Richard I. Cook, Nadine B. Sarter., *Behind human error: cognitive systems, computers, and hindsight*, State-of-the-Art Report(1994), p.2. 인적오류는 "행위가 행해졌거나 생략되었을 때 실무자가 하위 표준으로 보았어야 했다는 것에 의심의 여지가 없을 정도로 매우 명확하고 현저하게 표준 미달이며, 결함이 있는 인간 수행의 특정 종류"로 정의하였다; Barry Strauch, *Investigating human error: incidents, accidents, and complex systems*, CRC Press Taylor & Francis Group(2004), p.21. "하나 이상의 의도하지 않은 부정적인 결과를 초래하는 조치 또는 결정"으로 정의하였다.

24) James Reason, *Human error*, Cambridge University Press(1990), p.5.

25) *Ibid.*, pp.173-208.

26) James Reason의 모델은 항공의 인적 요인 측면을 조사하고 분석하기 위하여 미 공군이 사용한 '인적 요인분석 및 분류제도'에서 영향을 받았으며, 다음과 같은 명확한 정의를 찾을 수 있다. "**기술 기반 오류** : 절차, 교육 또는 숙련도와 관련하여 실무자(operator)가 훈련된 일상적인 작업을 수행할 때 발생하는 과실이며 안전하지 않은 상황(예: 주의력, 체크리스트 과실, 부정적인 습관)을 초래한다. **의사 결정 오류** : 운영자의 행동이나 행동이 의도한 대로 진행되지만 선택한 계획이 원하는 최종 상태를 달성하기에 부적합한 것으로 판명되고 안전하지 않은 상황(예: 능력 초과, 규칙기반과실, 부적절한 절차)을 초래할 때 발생하는 과실이다. **지각 오류** : 실무자의 감각 능력이 저하되고 잘못된 정보에 따라 결정이 내려질 때 발생하는 과실이다." Skybrary, Human Factors Analysis and Classification System(HFACS).

에 관한 의사결정 및 규칙을 말한다. 이러한 점에서 볼 때, 인적오류의 발생은 개인의 문제뿐만 아니라 조직 시스템 및 시스템의 결함과 밀접하게 연관되며, 이것은 개인에게만 책임을 묻는 것이 아닌 시스템적 개선이 필요함을 의미한다.

### (2) 항공사고의 다양한 인적 요인(human factors)

항공사고에 대한 NTSB의 조사에 따르면, 항공기 추락사고의 88% 이상이 부분적으로 조종사 오류(error)에 기인한다고 보았다.[28] 그러나 항공사고가 조종사의 일방적 오류에 기인한다고 보기는 어렵다. 항공안전에 있어 인적 요인은 기본적으로 기계를 운용하는 사람 또는 기계와 사람 간의 상호작용에 의한 것이며, 이것은 다른 분야보다 항공분야에서 더욱 복잡하게 작용한다. 예를 들어 2000년 3월 5일 발생한 사우스웨스트(Southwest) 1455편 사고의 경우,[29] 착륙을 위해 접근하는 동안 기장과 부기장은 강하 경로와 강하 각도를 벗어났다는 지상접근경고장치(Ground Proximity Warning System: GPWS)의 경고신호를 들었으나 적당한 조치를 취하지 않았다. 그 결과, 조종사는 항공기의 활주로 이탈(overrun)을 막지 못하였다. NTSB는 사고의 가능한 원인(probable cause)을 '비행속도와 활공 경로(glide path)의 가파른 각도, 안정적인 접근 및 착륙을 위해 조건이 충족되지 않았음에도 조종사가 복행(go-around)하지 않은 것'으로 보았으며, 사고조사보고서에서 조종사의 행동은 사고의 원인요인으로 기록되었다.[30] 이 사고는 여러 인적 요인의 결합이 더 위험한 상황을 초래할 수 있는 대표적인 예이다. 이 사고에서 부기장은 경고신호를 들었지만 기장이 조치를 취할 것이라 믿고 말하지 않았고, 기장은 착륙을 중단하고 다시 시도하기보다는 착륙을 위한 접근을 계속하는 것으로 결정하였다. 만약 조종사가 절차에 따른 안전한 접근을 위한 조치를 취하였다면 사고를 피할 수 있었을 것이다. 이처럼 항공사고는 여러 인적 요인(human factors)을 포함하고 있으며, 그러한 요인은 다음과 같다.

---

27) Caldwell C. L., *Safety culture and high-risk environments: a leadership perspective*, CRC Press, Taylor & Francis(2018), p.23.
28) Baumhedlund, Human Factors in Aviation.
29) Aviation Safety Network, Southwest Airlines Flight 1455, Flight Safety Foundation, 5MAR2000.
30) NTSB, Aircraft Accident Report, Southwest Airlines flight 1455, 26JUN2002, NTSB/AAB-02/04(2002).

첫째, 인간과 기계의 상호 작용(human-machine interface)에서 비롯된다. 항공기가 자동화됨에 따라 항공 여행의 안전이 향상되었고, 조종시스템이 점차 자동화됨에 따라 조종사들의 자동화 시스템에 대한 의존도가 높아진 것도 사실이다. 그러나 복잡한 시스템을 잘못 사용하는 경우 항공사고가 발생할 수 있는데, 이것은 복잡하고 정교한 기계를 운용함에 있어 작은 오류조차도 중대한 결과를 초래할 수 있기 때문이다.[31]

둘째, 상황인식의 상실(loss of situational awareness)이다. 비행 중 발생한 하나 이상의 비정상적 문제를 처리하는 과정에서 다른 잠재적 문제를 인식하는 것은 쉽지 않다. 예를 들어 1978년 포틀랜드에서 발생한 유나이티드 항공 173편의 사고는 착륙장비 문제를 진단하는 과정에서 연료가 부족하여 추락하였다.[32] 사고조사보고서에 따르면 착륙을 위한 접근이 바람직하지 않음을 경고하는 수많은 징후가 있었음에도 불구하고 조종사의 상황인식이 부족하였으며, 비행관리시스템과 항행(navigation) 지원이 점차 복잡해지면서 비행중요단계에서 조종사에게 과도한 업무가 주어진 것을 사고의 가능한 원인으로 보았다.[33] 2013년 7월 6일, 샌프란시스코 국제공항에서 발생한 아시아나항공 214편의 사고 또한 대표적인 사례이다. NTSB는 사고의 가능한 원인을 조종사의 잘못된 착륙접근으로 결론 내렸으며, 보잉의 문서와 아시아나 조종사 훈련에 부적절하게 설명된 자동추력장치(auto throttle) 및 자동조종장치(autopilot flight director systems)의 복잡성으로 오류(error) 가능성이 높아진 것을 기여요인으로 지목하였다.[34]

셋째, 승무원 자원관리 또는 Crew Resource Management(CRM)라고 하는 승무원 업무조화(coordination)의 부재이다. 이것은 기장이 부기장을 존중하고,

---

31) 이와 관련하여 중국동방항공 583편의 급강하 사고에서는 순항 중 조종사의 오류로 슬랫(slat) 레버를 내림으로써 오토파일럿이 해제되었고, 기체에 심한 진동이 발생하며 5000ft 급강하하였다. NTSB는 MD사(社) 기체가 플랩 및 슬랫 레버의 고정이 쉽게 해제될 수 있다는 것을 확인하였고, 이로 인해 순항 중이던 583편의 슬랫이 내려갔고 기체가 강하한 것을 밝혀냈다. NTSB, Aircraft Accident Report, China Eastern Airlines Flight 583, 6APR1993, NTSB/AAR-93/07 (1993).

32) NTSB는 이 사고에서 조종사가 착륙 장비의 문제를 진단하고 착륙을 중단하기로 결정하는 것은 신중했지만, 이러한 과정에서 연료가 소진되었음을 모니터링하지 못한 것을 사고의 가능한 원인 (probable cause)으로 보았다. NTSB, Aircraft Accident Report, United Airlines Mcdonnell-Douglas DC-8-61, 25DEC1978, NTSB-AAR-79-7(1978).

33) NTSB, NTSB Report Summary, February 13, 2009.

34) NTSB, Accident Report, Asiana Airlines Flight 214, July 6, 2013, NTSB/AAR-14/01(2013).

부기장의 경고를 인정하는 등 서로 간의 소통이 원활히 이루어져야 한다는 것이다. 이와 관련하여 1982년 에어 플로리다(air florida) 90편의 사고에서 부기장은 날개 단면(airfoil)의 눈과 얼음에 관한 문제를 기장에게 경고하기 위해 세 차례 시도했지만, 매번 '무시하거나 틀렸다'라고 한 사실이 밝혀졌다.[35] NTSB는 이러한 문제를 인지하였으나 이륙을 포기하지 않은 것은 조종사의 오류이며, 사고의 가능한 원인(probable cause)이라고 판단하였다.

넷째, 적절한 교육의 부족이다. 항공사는 조종사와 승무원들이 항공기를 운항하는 데 필요한 교육을 받도록 할 책임이 있다. 그러나 조종사들이 특정 항공기의 모든 측면에 대하여 반드시 훈련을 받는 것은 아니다. 이러한 점은 아시아나항공 214편의 샌프란시스코 사고에서 또 다른 인적 요인을 초래한 바 있다. NTSB는 이 사고의 원인 중 상당 부분을 조종사의 오류와 승무원 관리부실로 보았다. 즉 아시아나항공의 훈련은 항시 '완전 자동화'를 활용한다는 방침이었고 이것이 수동 운항을 위축시켜 사고의 원인이 되었다는 비난을 받았다. 즉 214편의 조종사들은 자동화 시스템에 지나치게 의존하여 항공기 착륙 과정의 문제를 제대로 진단하거나 해결할 수 없었다고 보았다.[36]

다섯째, 기타 요인으로는 피로, 점검항목(check list)의 미수행, 항공교통관제사의 과실, 항공정비사의 과실, 객실승무원의 과실 등이 포함된다.[37] 이러한 다수의 요인이 복합적으로 작용하였을 때 사고의 위험성이 높아질 수 있으므로 항공사고를 예방하기 위해서는 인적 요인의 관리방안이 필수적으로 고려되어야 함을 의미한다.

### (3) 항공기의 첨단 시스템과 인적오류의 증가

첨단기술과 사용자 간의 상호작용(interface)은 기본적인 인간의 능력과 호환되도록 설계되었을 때 인간의 수행능력을 보다 효율적으로 만들 수 있고, 오류가 감소할 수 있다고 보고 있다.[38] 이것은 첨단 시스템이 사용하기 쉽고 일반적

---

35) NTSB, Aircraft Accident Report, Air Florida, January 13, 1982, NTSB-AAR-82-8(1982).
36) NTSB, Accident Report, Asiana Airlines Flight 214, *supra* note 34.
37) Baumhedlund, *supra* note 28.
38) Mica R. Endsley, Human Factors & Aviation Safety, Human Factors and Ergonomics Society(2019), p.1.

인 인간의 취약점과 오류를 방지하며, 문제가 발생하였을 때 상황에 대한 주요 정보를 제공함으로써 인간의 수행능력을 향상시킬 수 있다는 것이다. 반면에 기술설계가 복잡하여 인식하거나 이해하기 어려운 경우, 오류의 가능성이 증가할 수 있다.[39] 이것은 열악한 시스템 환경을 극복하려고 노력하지 않거나 인간의 능력과 한계를 고려하지 않은 시스템을 설계하게 되면 여전히 같은 유형의 오류를 범할 가능성이 높아짐을 의미한다. 예를 들어 자동화 관련 항공사고를 재현한 연구에서 12명의 조종사 중 10명이 같은 조건에서 동일한 오류를 발생시킨다는 것을 확인하였다.[40] 또한 사용자의 요구가 잘 반영되고 운영하기 쉽게 설계된 시스템은 훈련하기도 쉬우며, 인간의 수행능력도 향상시킬 수 있다고 보았다.[41] 자동화는 많은 이점을 제공하지만, 인적 능력의 한계로 인한 오류가 다수의 항공사고에서 원인으로 확인되자, 항공분야에서는 이를 고려하여 시스템을 설계해야 하는 새로운 문제도 제기되었다.[42]

이처럼 항공기의 자동화와 첨단 시스템의 발전은 많은 이점을 제공하지만, 인간의 수행능력과 상호작용이 고려되지 않거나 복잡한 시스템에 대하여 충분한 교육이 이루어지지 않은 경우, 치명적인 사고의 원인이 될 수 있을 뿐만 아니라 인적오류의 증가를 초래할 수 있다. 이러한 점은, 시스템 설계의 과정에서도 인간의 수행능력을 고려하여 오류를 방지하고 안전을 확보하는 방안이 마련되어야 하며, 첨단 시스템에 대한 충분한 교육과 대비가 필요함을 의미한다.

### (4) 인적오류의 비보고(非報告)로 초래되는 항공사고

항공안전 통계를 분석한 미국의 항공안전 전문가들은 모든 항공사고에 앞서 수많은 관련 사건이 발생한다는 것을 확인하였다. 즉 공중충돌사고의 이전에 500번의 경미하고 잠재적인 사건이 발생한다는 것이다.[43] 이것은 항공안전의 분

---

39) *Ibid.*
40) Johnson, E. N. and Pritchett, A. R., *Experimental study of vertical flight path mode awareness*, International Center for Air Transportation(1995).
41) *Ibid.*
42) Mica R. Endsley, *supra* note 38.
43) LaMarr Stanford and Willem Homan, "A Model of Applied Ethics in Aviation Safety: The Aviation Safety Reporting System", *Journal of Aviation/Aerospace Education & Research*, Vol. 9, No. 1(1999), art. 1, p.39.

석을 위해 잠재적 사건의 원인을 찾는다면 중대한 사고를 예측하고 사전에 예방하기 위한 조치를 취할 수 있다는 것을 의미한다. 이처럼 사고 및 사건의 보고는 항공안전을 위한 중요한 자료가 된다. 그러나 이러한 사건은 종종 항공실무자의 과실과 잘못된 판단의 결과로 발생하게 되기 때문에, 비록 그것이 다른 조종사들에게 중대한 안전상의 영향을 미친다고 하더라도 자진해서 자신의 오류가 포함된 정보를 보고하는 것은 꺼리는 경우가 많았다. 항공사의 경영진도 처벌이나 다른 제재에 직면하는 것을 피하기 위해 침묵하는 것은 마찬가지였다.[44] 사건에 대하여 침묵하는 이러한 상황은 1974년 미국에서 치명적인 항공사고의 계기가 되었으며, 이 문제는 1974년 12월 1일 TWA Boeing 514편의 사고 이후 제기되었다. 사고조사 과정에서 유나이티드항공이 6주 전 동일한 활주로에 동일한 방식으로 접근하였으나 다행히 오류를 인지하고 시기적절하게 시정조치를 취함으로써 사고를 면하였다는 것을 확인한 것이다. 이후 조종사는 이 사건을 유나이티드 비행운영조직(flight operations)에 보고하였으나, 해당 조직은 미국연방항공청(Federal Aviation Authority: 이하 "FAA"라 한다)에 보고하지 않은 것으로 밝혀졌다.[45] 만약 이러한 내용을 보고하고 사고의 예방을 위한 조치를 취하였다면, TWA의 치명적인 사고를 막을 수도 있었을 것이다. 이 사건의 발생은 1976년 FAA와 미국항공우주국(National Aeronautics and Space Administration: 이하 "NASA"라 한다)이 항공안전보고제도(ASRS)를 개발함으로써 항공실무자의 위험에 대한 자율적이고 기밀적인 보고서를 수집하도록 하는 계기가 되었다.

이처럼 처벌과 제재의 두려움은 보고를 회피하게 만드는 직접적인 이유로 작용하게 되며, 처벌은 의도적인 행위를 막을 수는 있지만, 의도하지 않은 오류가 발생하는 것을 막을 수는 없다. 국제적인 설문조사(International surveys)에 따르면, 관련 당사자들은 잠재적인 불이익이나 규제 기관의 처벌을 두려워하기 때문에 보고를 꺼려하는 것으로 나타났다.[46] 이것은 항공실무자들이 처벌이나 기소를 두려워하는 경우 자신의 과실이나 기타 안전문제 또는 위험에 대하여 조직에 알리려는 의지가 적다는 것을 의미한다. 이러한 항공실무자의 조직에 대한 신뢰

---

44) *Ibid.*
45) *Ibid.*, p.40.
46) Airspace & Safety, Just culture.

부족은 항공조직 및 규제 기관이 실제 위험에 대하여 정확히 통보받지 못하도록 하며, 결국 안전을 개선하기 위해 올바른 결정을 내릴 수 없는 결과를 초래하는 것이다. 정보의 자유로운 보고와 공유는 안전을 개선하는 데 필수적이다. 그러나 관련자들을 처벌하고 비난하는 문화는 이러한 정보의 자유로운 흐름을 방해하고 안전을 개선하는 데 장애 요소로 작용하게 된다. 이러한 이유로 항공안전보고제도는 비처벌을 통하여 보고를 장려하는 공정문화에서만 효과적일 수 있다고 보는 것이다.[47] 그러나 모든 행위에 대한 비처벌은 실현 불가능하며 바람직하지도 않은 것으로 판단된다. 고의적이거나 무모한 행동의 경우 우리 사회는 법규범이 존재하며, 대부분의 사람들은 사고가 발생하였을 때 어느 정도 관련 당사자들의 책임을 원하기 때문이다. 이와 관련하여 James Reason은 '공정문화'가 필수적인 안전관련 정보를 제공하기 위하여 사람들이 격려나 보상을 받는 신뢰의 분위기이지만, 용인되는 행동과 용인할 수 없는 행동 사이에 경계도 분명히 해야 함을 주장하였다.[48] 이러한 용인의 경계는 현재 다수의 국가에서 공정문화의 정의에 포함되며 법과 정책에 반영함으로써 받아들여지고 있다.

결과적으로 처벌문화는 안전을 개선하는 데 근본적인 해결책이 될 수 없다는 것이며, 비난과 처벌 대신 안전에 초점을 맞춘 공정문화를 실현하는 것이 항공안전을 추구하는 대중의 이익적 관점에도 부합할 수 있을 것이다.

## 2. 항공분야에서 인적오류에 대한 공정문화의 시스템 접근방식

### (1) 인적 접근방식(personal approach)과 시스템 접근방식

James Reason은 인적오류에 대한 두 가지 다른 접근방식을 강조하였는데, 이것은 인적 접근방식(person approach)과 시스템 접근방식(system approach)이다. 인적 접근방식은 개인의 과오에 집중하는 방식으로 누군가의 잘못된 행동을 처벌하는 것이 규칙 준수를 장려하고 부주의한 행동에 수반되는 위험을 줄이기 위한 예방조치라고 보는 것이다. 시스템 접근방식은 개인이 일하는 조건에 초점을 맞추고 과실을 방지하거나 그로 인한 영향을 완화하기 위하여 장애물이 존재

---

47) IFALPA, Improving accident and incident prevention through Just Culture, Accident Analysis & Prevention Briefing Leaflet, 16DEC2013.
48) Skybrary, Just culture.

하는지를 확인하려고 하는 것이다.

여기서 인적 접근방식은 이른바 '처벌(또는 비난) 문화'에 기인하고, 시스템 접근방식은 '공정문화'로 일컬어진다. 구체적으로, 인간의 모든 행동에는 세 가지 기본 요소가 포함된다. 이것은 행동의 즉각적인 목표인 의도, 이러한 의도에 촉발된 행동, 그리고 원하는 목표를 달성할 수 있거나 달성할 수 없는 행동의 결과이다. 그의 견해에 따르면, 안전하지 않은 인간의 행동 중 극히 일부만이 고의적이고, 대부분 의도치 않은 오류(slips, lapses, mistakes)에 의한 것임을 고려하여야 한다는 것이다.[49]

## (2) 시스템 접근방식과 공정문화

James Reason은 '처벌문화'에 따라 모든 안전하지 않은 행동을 무차별적으로 제재하는 것은 부당하다고 보았다. 안전하지 않은 행동의 대부분이 '의도치 않은 오류'에서 기인한다면, 그것은 제재에 대한 두려움 없이 보고되어야 한다는 것을 의미하며, 이를 위해서는 결정적으로 조직의 신뢰가 필요하다는 것이다. 그러나 '비난 없는'(no-blame) 문화는 그 자체로 가능하지도 바람직하지도 않다고 보았는데, 이것은 의도적인 행위도 처벌받지 않을 수 있기 때문이다. 또한 모든 안전하지 못한 행위에 대한 전면적인 면책은 대중의 신뢰를 얻지 못할 것이라고 하였다.[50]

James Reason의 견해에 따르면, '안전문화'는 용인할 수 없는 행동과 용인되는 행동 사이의 선을 긋는 '타협'(negotiating)에 달려있으며, 사안 및 사례별로 결정되어야 함을 강조하였다.[51] 또한 '안전문화'를 통하여 사고 및 사건의 발생(occurrence)에 대한 자율보고를 촉진하고 그에 따라 정보에 입각한 문화를 전파하여야 하나, 효과적인 보고문화는 조직이 책임과 처벌을 어떻게 처리하고 균형을 유지하느냐에 따라 달라진다는 것이다.[52] 다시 말하면 효과적인 보고문화는

---

49) 'Lapse'는 단순한 건망증으로 인한 작용이며 중요한 업무의 수행 과정, 유지보수 또는 설치과정에서 더 자주 발생한다. Francesca Pellegrino, *supra* note 10, p.18.

50) *Ibid.*

51) GAIN, A Roadmap to a Just Culture: Enhancing the Safety Environment, Gain Working Group E, 1st edition(2004), vi.

52) Francesca Pellegrino, *supra* note 10, p.19.

책임의 선이 더욱 명확하게 그려지는 '공정문화'에 의하여 뒷받침됨을 의미한다. 따라서 안전에 유의하고 신뢰할 수 있는 항공분야의 문화를 조성하고 유지하기 위해서는 '공정문화'의 도입과 보급이 필요하며, 이를 위하여 '사람들이 필수적인 안전 관련 정보를 제공하는 것에 대하여 격려를 받는 신뢰의 분위기'와 '용인의 경계가 명확한 환경'이 조성되어야 할 것이다.

## Ⅱ. 항공안전데이터 · 정보와 공정문화

항공사고 및 사건의 사전적 예방을 위한 안전정보보호와 정보공유의 필요성이 ICAO 총회를 통해 강조되었고, 이를 위하여 '공정문화'의 구현이 필수적이라고 인식되고 있다.[53] 항공분야는 사고 및 사건의 재발 방지와 적절한 조치를 취하기 위하여 사고조사를 실시하고 있으며, 발생한 안전사건으로부터 교훈을 얻고 예방조치를 취하는 것이 잠재적 사고의 방지와 안전개선에 필수적이고 효과적인 수단이라고 보고 있다.[54] 이처럼 항공안전의 개선은 사고 및 사건데이터의 수집과 분석을 통하여 얻게 된 안전정보에 의해 좌우된다. 그러나 항공안전에 필수적인 항공안전데이터 및 정보가 사법적으로 남용되는 문제점이 꾸준히 제기되어 왔다. 예를 들어 항공사고조사보고서는 사고의 예방을 목적으로 하는 구체적인 취지에도 불구하고 사고 예방이 아닌 재판의 증거로 사용되어왔으며, 사고조사 과정에서 관련 당사자의 진술은 법원에서 자신의 유죄를 증명하는 증거로 남용되는 문제점이 대두되었다. 이처럼 항공안전데이터 및 정보의 남용으로 인한 지속적인 문제가 야기되자, ICAO 총회에서는 이에 대한 논의가 이루어졌고 결의를 통하여 '공정문화의 중요성'을 강조하고 '안전정보 보호와 적절한 법 집행이 균형을 이루도록 해야 한다'는 내용이 포함되었다.[55]

안전관리시스템은 항공안전과 관련된 모든 당사자의 적극적인 참여 및 보고

---

53) Skybrary, *supra* note 48.
54) *Ibid.*
55) ICAO 제36차 총회 및 2008년 사고조사 및 예방분과회의(Accident Investigation and Prevention(AIG) Divisional Meeting)의 논의와 2010년 3월 ICAO 고위급 안전회의의 권고(recommendation)로 안전정보의 공유 및 안전데이터 보호에 관한 결의 A37-2 및 A37-3이 도출되었다. Tony Licu, Marc Baumgartner and Roderick van Dam, Everything you always wanted to know about just culture (but were afraid to ask), HindSight 18(2013), p.15.

에 의해 크게 좌우된다. 그러나 필수적인 안전데이터 및 정보의 남용 문제는 자신이 처벌될 수 있다는 두려움으로 관련 당사자의 참여를 저해하는 공정문화의 장애 요소로 작용하고 있다. 이러한 점에서 안전보고의 활성화를 위해 국가 차원에서 법, 정책 등을 통하여 '비처벌'의 인센티브를 장려하고 안전 관련 정보 및 관련 출처의 보호를 보장하는 것이 필수적이라 할 것이다.[56]

## 1. 항공안전데이터 및 정보의 정의와 범위

### (1) 정 의

「국제민간항공협약」 Annex 19에서 정의하고 있는 안전데이터(safety data)는 "다양한 항공 관련 출처로부터 수집된 사실 또는 안전가치의 집합으로서 안전을 유지하거나 개선하는 데 사용되는 것"[57]을 말한다. 구체적으로 사고 또는 사건 조사(accident or incident investigation), 안전보고(safety reporting), 계속 감항성 보고(continuing airworthiness reporting), 운항성능감시(operational performance monitoring), 점검(inspections), 감사(audits), 조사(surveys) 또는 안전연구(safety studies) 및 검토(reviews)의 내용을 포함한다.[58] 이러한 안전데이터는 사전 예방 또는 사후 예방적 안전 관련 활동에서 수집하도록 하고 있으며, 위의 내용을 포함하되 이에 국한되지 않도록 하고 있다.[59] 안전정보(safety information)는 "안전 관리 목적에 유용하게 사용될 수 있도록 주어진 맥락에서 처리, 구성 또는 분석된 안전데이터"[60]를 말한다.

우리나라의 「항공안전법」에서는 "항공안전의 유지 또는 증진 등을 위하여 사용되는 자료"를 "항공안전데이터"로 명시하고 있으며, Annex 19에서 규정하는

---

56) ICAO, Working Paper, Protection of certain accident and incident records and of safety data collection and processing systems in order to improve aviation safety Implementation of a "Just Culrure" Concept, Assembly-36th session, A36-WP/232(2007). 1.4.

57) "Safety data. A defined set of facts or set of safety values collected from various aviation-related sources, which is used to maintain or improve safety," ICAO, Annex 19, Safety Management, 2nd Edition(2016), Chapter 1, Definitions, 1-2.

58) *Ibid.*

59) *Ibid.*

60) "Safety information. Safety data processed, organized or analysed in a given context so as to make it useful for safety management purposes." *Ibid.*

내용보다 광범위한 자료를 포함하는 특징이 있다. 항공안전법 제2조제10호의4에서는 "항공안전데이터"를 다음과 같이 열거하고 있다.

가. 제33조에 따른 항공기 등에 발생한 고장, 결함 또는 기능장애에 관한 보고
나. 제58조제4항의 비행자료분석프로그램에 따른 비행자료 및 분석결과
다. 제58조제5항에 따른 레이더 자료 및 분석결과
라. 제59조 및 제61조에 따라 보고된 자료
마. 제60조 및 「항공 · 철도 사고조사에 관한 법률」 제19조에 따른 조사결과
바. 제132조에 따른 항공안전 활동과정에서 수집된 자료 및 결과보고
사. 「기상법」 제12조에 따른 기상업무에 관한 정보
아. 「항공사업법」 제2조제34호에 따른 공항운영자가 항공안전관리를 위해 수집 · 관리하는 자료 등
자. 「항공사업법」 제6조제1항 각 호에 따라 구축된 제도에서 관리되는 정보
차. 「항공사업법」 제68조제4항에 따른 업무수행 중 수집한 정보 · 통계 등
카. 항공안전을 위해 국제기구 또는 외국정부 등이 우리나라와 공유한 자료
타. 그 밖에 국토교통부령으로 정하는 자료

또한 항공안전법 제2조제10호의5는 "항공안전데이터를 안전관리의 목적으로 사용하기 위하여 가공(加工) · 정리 · 분석한 것"을 "항공안전정보"로 정의하고 있다. 이러한 점에서 볼 때, 항공안전법은 Annex 19에서 규정한 내용뿐만 아니라 보다 광범위한 자료를 항공안전데이터로 규정하고 있음을 확인할 수 있다.

### (2) 공정문화와 관련한 안전데이터의 범위

#### 1) 비처벌 관련 안전데이터

안전데이터 및 정보는 항공안전을 유지하거나 개선하기 위한 목적으로만 수집 및 사용되어야 하며, 이러한 안전데이터 및 정보의 이용가능성은 개인과 조직이 안전데이터와 정보를 보고하도록 권장하고 관련 정보와 신분의 보호를 보장하는 공정문화의 환경에서 이루어진다.[61] 항공안전법에서 정의하고 있는 "항공

---

61) ICAO, Doc. 9859, *supra* note 1, 7.2.1.

안전데이터"는 항공안전의 유지 또는 증진을 위해 사용되는 광범위한 자료를 포함한다. 그러나 이러한 항공안전데이터가 모두 공정문화의 '비공개' 및 '비처벌'의 범위와 관련되지는 아니한다.

'비처벌'과 관련된 내용은 항공안전법 제59조(항공안전 의무보고), 제60조(사실조사) 및 제61조(항공안전 자율보고)에서 다루고 있다. 제59조제3항 및 제61조제3항은 항공안전의무보고 및 자율보고를 한 보고자에 대하여 징계 및 불이익한 조치를 금지하도록 규정하고 있다. 제60조는 "제59조제1항에 따라 의무보고 대상 항공안전장애에 대한 보고가 이루어진 경우 …(중략)… 행정처분을 아니할 수 있다"라고 명시하여 제59조의 항공안전 의무보고에 따른 '제한적 비처벌'을 규정하고 있다. 또한 제61조제4항은 항공안전 자율보고의 보고자에 대하여 고의 또는 중대한 과실에 해당되지 아니하면 처분을 금지하도록 명시하고 있다. 이처럼 현재 항공안전 자율보고는 징계 및 행정처분에 대한 '비처벌'을 명확히 규정하고 있으며, 항공안전 의무보고는 징계에 대한 '비처벌'은 명시하고 있으나, 행정처분과 관련하여서는 '사실조사'에 따라 '제한적으로 비처벌을 할 수도 있다'라는 것으로 해석되므로 사실상 '비처벌'로 보기는 어려운 면이 있다.

### 2) 비공개 관련 안전데이터

항공안전법 제59조제2항 및 제61조제2항은 '항공안전 의무보고' 및 '항공안전 자율보고'를 통하여 접수한 내용을 "이 법에 따른 경우를 제외하고는 제3자에게 제공하거나 일반에게 공개해서는 아니 된다"라고 명시함으로써 보고서의 '비공개'를 명확히 규정하고 있다. 또한 「국가항공안전프로그램」[62] 제54조에 따른 별표 7 「데이터·정보 및 관련 출처의 보호에 관한 기본원칙」에서는 항공안전법 제2조제10호의4에서 명시한 모든 항공안전데이터에 대한 보호를 명시하고 있다.[63] 이것은 1. 행정처분, 징계, 민사·형사 소송 등, 2. 일반국민을 대상으로 하는 공개, 3. 항공안전의 유지 및 증진 외의 목적으로 활용하거나 사용되어서는 아니 됨을 분명히 하였다. 그러나 제2호에서는 '보호의 예외'를 명시하고 있

---

62) 국토교통부 고시 제2020-751호.
63) 이와 관련하여 국가항공안전프로그램 제54조제1항에서는 "관계법령에서 별도로 정하고 있지 않는 한 데이터·정보 및 관련 출처의 보호에 관한 사항은 본 조항을 적용하는 것을 원칙으로 한다"라고 명시하고 있다.

는 바, 1. 고의·중과실 또는 범죄에 해당하는 경우, 2. 법 집행을 위해 필요하며, 이로 인한 사회적 이익이 안전정보 수집의 부작용을 상회한다고 판단되는 경우, 3. 데이터·정보 공개로 얻을 수 있는 안전에 관한 이득이 데이터·정보 수집에 미칠 수 있는 부작용을 상회한다고 판단되는 경우 공개나 활용이 가능하도록 하였다. 이것은 법원 또는 규제 기관의 판단에 따라 안전데이터 및 정보의 '비공개' 여부는 달라질 수 있음을 의미한다.

한편 공정문화의 '비공개'와 관련하여 현행 항공안전법에서 명시하고 있는 항공안전데이터가 모두 공정문화의 범주에 포함되는지는 명확하지 않다. 그러나 안전관련 정보의 수집을 원활하게 하기 위하여 안전데이터 및 관련 정보가 '비공개'되어야 하는 취지에 비추어 볼 때, 공개되었을 경우 안전정보수집에 부정적 영향을 미칠 수 있는 데이터 및 정보가 공정문화에 포함될 것으로 판단된다. 예를 들어 항공안전데이터 중 비행자료 및 분석결과, 레이더 자료 및 분석결과, 항공안전 자율보고 및 의무보고의 자료, 항공사고조사에 따른 조사결과, 항공안전 활동 과정에서 수집된 자료 및 결과는 공개되었을 경우 안전정보의 수집에 부작용을 초래할 수 있을 것이다. 반면에, 기상업무에 관한 정보, 「항공사업법」에 따른 공항운영자가 수집한 자료 및 정보, 항공안전을 위해 국제기구 또는 외국 정부 등이 우리나라와 공유한 자료, 국토교통부령으로 정하는 자료는 공개되었을 때 향후 안전정보의 수집에 부작용을 초래한다고 보기 어려우며, 안전을 위해 공개되고 공유되어야 하는 자료로 분류될 수도 있을 것으로 판단된다. 따라서 국가항공안전프로그램 제54조제1항에서 명시한 바와 같이 "관계 법령에서 별도로 정하고 있지 않은 한 데이터·정보 및 관련 출처의 보호에 관한 사항은 본 조항[64]을 적용하는 것을 원칙"으로 하는 부분은 검토가 필요할 것으로 판단된다.

이처럼 국내 항공분야는 항공안전데이터 및 정보의 보호를 통하여 공정문화의 환경이 구축되고 있으나, '비공개' 및 '비처벌'을 명확히 규정하고 있는 관련 법규정은 상당히 제한적인 상황으로 볼 수 있다.

---

64) 국가항공안전프로그램 제54조 [별표 7] (데이터·정보 및 관련 출처의 보호에 관한 기본원칙).

## 2. 안전보고와 공정문화

### (1) 국내 안전보고제도의 발전과정과 공정문화의 현황

국내 안전보고제도는 1961년 항공법 제57조제6항에 기장에 의한 항공기사고의 보고의무에 관한 근거를 마련한 것이 시초이다.[65] 당시, 기장 또는 항공기 소유자가 사고의 사실에 대하여 지체없이 교통부 장관에게 보고하도록 규정하였으며, 사고(accident)의 개념만 존재할 뿐 사건(incident)의 개념은 존재하지 않았다.[66] 이후 1999년, 항공법 제50조의2에 '준사고'에 대한 보고를 10일 이내에 건설교통부 장관에게 보고하도록 하는 근거를 마련하였으며, 준사고의 경우 보고자의 신분 비공개 및 행정처분을 면제하도록 규정하였다.[67] 2005년, 개정 항공법을 통하여 제50조의2에 사고와 준사고 외에 '항공안전장애'의 보고의무가 신설되었으며, 보고자의 의사에 반한 신분공개금지 및 '처분을 아니할 수 있다'라고 명시하여 제한적 비처벌을 규정하였다. 또한 1999년에는 준사고의 보고의무를 기장에게 국한시키지 않은 반면에, 2005년 개정 항공법은 기장에게 사고 및 준사고의 보고를 의무화하였다.[68]

2009년 개정 항공법은 항공안전 의무보고와 항공안전 자율보고를 조문에 명시하였는데, 항공안전 장애보고가 항공안전 자율보고로 변경되었다.[69] 또한 기장 중심의 보고대상을 '항공종사자 등 관계인'으로 명시함으로써 의무보고자의 범위를 확대하였으며, 조문에 '경미한 항공안전장애'를 신설함으로써 자율보고의 대상을 '경미한 항공안전장애'로 규정하였다. 항공안전 자율보고는 의무보고와는 달리 신분의 비공개를 명시하였으며, 비처벌과 관련하여 "제33조제1항에 따른 처분을 아니할 수 있다. 다만 고의 또는 중대한 과실로 경미한 항공안전장애를 발생시킨 경우에는 그러하지 아니하다"라고 하여 '제한적 비처벌'을 명시하였다. 2016년 항공안전법이 제정되었으며, 항공안전 의무보고는 제정 직전의 기존 항

---

65) 신옥식, "우리나라 항공안전보고제도 발전과제 연구", 항공진흥 제52호, 한국항공협회(2009), 141면.
66) 상계논문, 142면.
67) 상계논문.
68) 상계논문.
69) 상계논문.

공법과 큰 차이가 없었다. 그러나 항공안전 자율보고는 '경미한 항공안전장애'가 '항공안전위해요인'으로 변경되었다. 또한 제61조제2항에 '자율보고자의 의사에 반하는 신분공개금지' 외에 '항공안전 자율보고를 사고예방 및 항공안전확보 목적 외의 다른 목적으로 사용해서는 아니 됨'을 명시하였다.

현행 2019년 개정 항공안전법은 '항공안전장애'로 규정하였던 의무보고 대상을 '의무보고대상 항공안전장애'로 변경함으로써, 항공안전장애를 '의무보고대상'과 '자율보고대상'으로 분리하였다.[70] 항공안전 의무보고는 제59조제2항에 "제3자에게 제공하거나 일반에게 공개해서는 아니 된다"라고 하여 '비공개' 규정을 신설하였으며, 제59조제3항에는 "누구든지 항공안전 의무보고를 한 사람에 대하여 이를 이유로 해고 · 전보 · 징계 · 부당한 대우 또는 그 밖에 신분이나 처우와 관련하여 불이익한 조치를 취해서는 아니 된다"라고 하여 조직 내의 '징계를 금지'하는 조항이 신설되었다. 또한 제60조제2항(사실조사)에서는 제59조와 관련하여 "의무보고 대상 항공안전장애에 대한 보고가 이루어진 경우 …(중략)… 행정처분을 아니할 수 있다. 다만 조사결과 고의 또는 중대한 과실로 의무보고 대상 항공안전장애를 발생시킨 경우에는 그러하지 아니하다"라고 명시함으로써 의무보고에 대한 '제한적 비처벌'을 규정하였다. 항공안전 자율보고는 신분의 비공개 및 조직의 징계를 금지하는 조문은 동일하나, '비처벌'에 대하여 규정하고 있는 제61조제4항은 기존에 명시한 '처분을 아니할 수 있다'에서 '처분을 하여서는 아니 된다'라고 개정함으로써 '비처벌'을 명확하게 규정하였다.

이러한 국내 항공안전보고제도의 변천 과정은 국내 안전보고제도의 발전과정뿐만 아니라 '비공개' 및 '비처벌' 도입을 통한 공정문화의 발전과정과 현황을 보여준다. 2016년 자율보고에만 한정되었던 '비공개' 및 '비처벌' 규정이 2019년 개정을 통하여 점차 의무보고로 확대된 점에서 국내 공정문화를 구축하기 위한 점진적 조치임을 확인할 수 있다.

### (2) 공정문화의 '비처벌'을 통한 안전보고 활성화

현재 항공분야에서 안전규정의 성공적 이행을 위한 한 가지 핵심은 항공조

---

70) 항공안전법 제59조제1항.

직, 규제 기관 및 사고조사 당국 내에서 '공정문화'를 통한 자율적 보고환경을 구축하는 것이며, 이 효과적인 보고문화는 조직이 비난과 처벌을 처리하는 방식에 따라 달라진다고 보고 있다.[71] 공정문화에서 '비처벌'은 보고자가 과실로 해석될 수 있는 자신의 위반이나 행동의 문제점을 정직하게 보고한다면 처벌받지 않음을 의미하며, 이것은 조직이 과실을 발생시킨 사람을 탓하는 것보다 과실을 통하여 배우고 안전을 개선함으로써 훨씬 더 이익을 얻을 수 있다는 데 기초한다. 조직의 실무자들은 자신이 관련된 사고 및 사건의 보고 과정에서 과실에 따른 결과에 확신이 없거나, 처벌의 두려움으로 인하여 보고를 꺼리게 된다. 따라서 실무자에게 '중대한 과실'이나 '고의적인 위반'과 같은 행위의 증거가 없는 한, 보고에 대하여 '비처벌'이 보장됨을 인식시키는 것이 중요하며, 관련 법률이나 지침을 통하여 용인의 경계에 '명확성'을 주는 것이 필요한 이유이다. 많은 국가가 시행하고 있는 규제체계에서도 '특정 상황'에서 처벌적 조치보다 관련자들에 대한 '보호'를 필요로 한다는 것을 인정하고 있다.[72]

그러나 '비처벌적' 환경은 종종 오해를 불러일으키기도 하며, 이 문제를 둘러싼 법적 논쟁도 발생한다. 특히 국가 법률상 안전보고에서 명시적인 '비처벌'의 보호 범위는 대부분 '보고자'로 제한되며, 다른 사람에 의해 보고되는 경우 조사를 받게 되는 개인으로 '비처벌'이 확대되지는 않는다. 또한 '비처벌' 보고체계는 '특정 조건'을 충족시켜야 하며, 보통 '경미한 심각도'의 사건으로 제한된다. 이와 관련하여 「국제민간항공협약」 Annex 19는 "자율적 안전보고제도의 비처벌적 환경과 출처에 대한 적절한 보호가 준수"되어야 함을 명시하고 있다.[73] 또한 의무보고에 자율보고와 동일한 보호가 이루어지도록 확대할 것을 권고하고 있다.[74] 그러나 항공실무자에 대하여 ICAO가 권고하는 '비처벌' 환경은 전면적인 면책을

---

71) Skybrary, *supra* note 48.
72) 일부 국가에서는 공군(Air Force)이 수립한 모델을 민간항공분야에서 유사하게 적용하는 것에 대한 논의가 있었다. "공군은 증인들의 자유롭고 제한 없는 증언에 대한 대가로 이 증언이 단지 경미한 사고의 예방 목적으로만 사용될 수 있으며 징계나 형사소송, 기타 행정집행에서는 사용되지 않을 수 있다"는 데 동의하였다. NTSB Bar Association, "Aviation Professionals and the Threat of Criminal Liability-How Do We Maximise Aviation Safety?", *Journal Air Law & Commerce*, Vol. 67, No. 3(2002), p.902.
73) ICAO, Annex 19, *supra* note 57, 5.3.1, appendix 3.
74) *Ibid.*, 5.3.2, Recommendation.

말하는 것은 아니다. ICAO의 '사고 및 사건 예방 매뉴얼'(Accident and Incident Prevention Manual)에 따르면 "사건의 보고자에게 면책특권이 제공되는 것이 중요하다"[75]라고 강조하고 있으나, "처벌 또는 행정집행은 절차, 규칙 또는 규정을 고의 또는 반복적으로 무시하는 경우 의심의 여지없이 적용된다"[76]라고 하였다.

또한 ICAO 제11차 항행회의(Air Navigation Conference)에서는 "어떤 단체나 구성원도 법 위에 있어서는 아니 된다"[77]라고 하였으며, 미국 NTSB 변호사협회도 "항공사고 이후 범죄행위가 의심될 때마다 항상 기소를 추진해야 한다"라고 언급한 바 있다.[78] 이처럼 형사처벌에 대한 기준은 개별국가마다 다를 수 있지만, 기본적으로 관련된 개인의 행동에 기초한다는 것은 정당해 보인다. 따라서 '고의로 추정되는 과실'이나 '중대한 과실'이 있는 경우, 특히 실무자의 행동이 직업적 윤리 및 도덕적 기준과 완전히 모순되는 상황에서는 '비처벌'이 적용되지 아니한다. 즉 비처벌은 안전에 책임이 있는 사람이 불법행위, 범죄, 고의 또는 중대한 과실에 대하여 책임을 회피하는 것을 의미하지는 않는다는 것이다.[79] 이와 관련하여 ICAO 제11차 항행회의에서는 "운영상의 과실이 고의적인 행위, 약물 남용, 파괴, 위반 또는 유사한 행위의 결과인 드문 상황에서는 징계 또는 행정집행이 적절하고 필요한 경우이다"라고 결론 내린 바 있다.[80] 이것은 모든 불법적이고 안전하지 않은 행위에 대한 면책은 일반 대중의 신뢰성을 결여시킬 수 있으므로 사고가 발생하였을 때 어느 정도의 책임감이 필요하나,[81] 안전보고와 정보공유를 장려하기 위해서는 정책적 보완을 통하여 과실을 정직하게 보고한

---

75) ICAO, Doc. 9422, Accident and Incident Prevention Manual, 1st edition(1984), 4.2.5.

76) *Ibid.*, 3.2.23.

77) 또한 "안전정보의 출처 보호는 운영 직원들을 검찰로부터 보호하기 위한 것이 아니라, 정보 출처를 유지하기 위한 것"이라고 결론내렸다. Francis Schubert, "Legal Barriers to a Safety Culture in Aviation", *Annals Air & Space Law*, Vol. 29(2004), p.59.

78) NTSB Bar Association, *supra* note 72, p.884. "Aviation Professionals and the Threat of Criminal Liability-How Do We Maximise Aviation Safety?", *Journal Air Law & Commerce*, Vol. 67, No. 3(2002), p.884.

79) Eurocontrol, Performance Review Commission, Legal Constraints to Non-punitive ATM Safety Occurrence Reporting in Europe(2002), p.7.

80) Francis Schubert, "Legal Barriers to a Safety Culture in Aviation", *Annals Air & Space Law*, Vol. 29(2004), p.60.

81) Sidney Dekker, "Balancing 'no blame' with accountability in patient safety", *The New England journal of medicine*, Vol. 362 No. 3(2010), p.276.

경우 처벌하지 않도록 하는 방안이 고려되어야 함을 의미한다.

## 3. 안전정보의 비공개 및 정보공유를 통한 항공안전의 확보

### (1) 기밀성과 익명성을 통한 신분의 비공개 보장

안전보고에 대한 참여자들의 신뢰를 높이는 방법은 보고된 개인데이터에 기밀성을 부여하는 것이다. 즉 보고자의 신원, 또는 보고서와 관련된 사람의 신원은 법률이 요구하지 않는 한 공개되지 않을 것이라고 확신할 수 있어야 하며, 보고를 통한 후속 안전조치에서도 관련된 사람의 익명성을 보장할 것이라는 확신이 필요하다.[82] 이것은 보고서가 익명이라기보다는 기밀이라는 것을 의미한다. 익명은 일반적으로 보고자가 누구에게도 알려지지 않는다는 것을 의미하며, 이름 또는 소속을 입력할 필요가 없다. 기밀은 보고자의 이름과 소속이 보고서를 입수하는 사람에게는 알려지나 보고자의 신분은 다양한 산업적, 조직적, 법적 합의에 따라 보호된다.[83]

보고자가 익명인 경우 두 가지 문제가 발생할 수 있다. 첫 번째는, 보고제도가 실무자들의 불만을 해소하기 위한 공간으로 전락할 수 있다는 것이다. 예를 들어 동료, 근무시간, 피로 등에 대한 해당 조직의 불만을 표출하는 것을 말한다. 두 번째는, 보고자의 해명이 필요한 경우 연락할 수 없으며, 보고서를 통하여 취한 조치에 대하여 직접적인 피드백(feedback)을 받을 수 없다. 이러한 점에서 익명보다는 기밀보고제도가 더 타당하다고 여겨질 수 있으며 보고자 또한 조직의 학습과 성장에 대하여 가시성과 책임감을 느낄 수 있을 것이다.[84] 이와 관련하여 미국 NASA의 항공안전보고제도(Aviation Safety Reporting System, "ASRS")는 보고서가 접수되는 즉시 신분에 대한 익명성과 제재 면제가 보장되고 있다. 이 방법은 매우 성공적이라 평가되었고, ASRS는 매주 1000건 이상의 보

---

82) Skybrary, *supra* note 48.

83) Sidney Dekker, *Just Culture Restoring Trust and Accountability in Your Organization*, 3rd Edition, CRC Press Taylor & Francis Group(2017), p.70.

84) 보고서의 기밀성이 유용한 전략이지만, 정보를 완전히 식별할 수 없도록 하는 것은 분석 단계에서 후속 조치의 기회를 박탈하는 것이다. 정책은 규제 기관이 안전데이터와 안전정보의 문제를 어떠한 용도로 사용할 것인지에 초점을 맞추어야 한다. ICAO, Doc. 9859, *supra* note 1, 7.5.1.9.

고서를 수신하는 것으로 알려졌다.[85] 그러나 이러한 성공은 자체적인 성공으로 여겨질 수 있다. 그러한 이유는 단순히 데이터를 수집하는 것과 다르게 데이터를 분석하는 과정에서는 많은 데이터가 수집될수록 사건의 발생과 관련한 의문점을 이해하기가 더 어려워질 수 있기 때문이다.[86] 또한 보고서를 제출하여 면책이 적용되더라도 FAA가 ASRS 보고서가 아닌 다른 경로를 통하여 보고자의 위반내용을 확인하는 것을 막을 수는 없다.[87] 이러한 점에서 익명은 아니지만 보고를 통하여 FAA로부터 제재 면제와 기밀성이 보장되는 항공안전조치프로그램(Aviation Safety Action Program, "ASAP") 및 자율공개보고프로그램(Voluntary Disclosure Reporting Program, "VDRP")이 현재 활성화되고 있는 이유로 판단된다.

## (2) '비공개'를 통한 신뢰 확보

기밀성은 기록의 비공개 문제와 밀접하게 연관되어 있다. 만약 사고조사위원회가 수집한 자료를 안전개선 이외의 다른 목적으로 남용되지 않도록 하기 위해서는, 그러한 자료가 제3자에게 공개되지 않도록 보장하여야 함을 의미한다. 대부분의 민주주의 국가들은 강력한 '정보공개법안'을 가지고 있으며,[88] 이를 통하여 일반 대중은 원칙적으로 기밀을 제외한 정보에 접근할 수 있다. 그러나 정보의 공개는 일반적으로 보고하려는 사람들의 의지를 위축시키는 요인으로 작용할 수 있는데, 정보의 공개로 인하여 실무자의 이름이 공공영역에 노출될 수 있으며, 직업의 특성을 이해하지 못하는 사람들에 의해 왜곡되거나 남용될 수 있기 때문이다. 이와 관련하여 국제민간항공협약 Annex 13은 사고 및 사건조사 이외의 목적으로 사용할 수 없는 기록을 열거하고 있으며,[89] 동 협약 Annex 19는 안전데이터 및 정보에 대한 보호를 통하여 징계, 민·형사상 소송의 목적으로 사용되거나 일반 대중에게 공개되지 않도록 명시하고 있다.[90] 그러나 모든 안전

---

85) *Ibid.*

86) *Ibid.*

87) FAA, Advisory Circular 00-46F(2021). 이와 관련한 구체적 내용은 Chapter 03에서 다루고자 한다.

88) 이와 관련하여 우리나라는 「공공기관의 정보공개에 관한 법률」을 통하여 공공기관이 보유 및 관리하는 정보는 공개 대상이 된다. 그러나 동법 제9조는 "비공개 대상 정보"를 규정하고 있는데, "다른 법률 또는 법률에서 위임한 명령에 따라 비밀이나 비공개 사항으로 규정된 정보"는 공개하지 아니할 수 있도록 하고 있다.

89) ICAO, Annex 13, Aircraft Accident and Incident Investigation, 12th edition(2020), 5.12.

데이터 및 정보의 비공개를 보장하는 것은 아니다. 사고조사와 관련하여 Annex 13은 사고조사보고서의 초안 및 분석의견은 금지하였으나, 최종보고서는 포함하지 않았다.[91] 이것은 최종보고서의 관련 정보를 통하여 사고의 재발을 방지하려는 의도로 볼 수 있다.

안전데이터 및 정보의 보호와 관련하여 Annex 19는 부록(appendix) 3을 통하여 기본원칙을 제시하고 있으며, 예외의 적용을 통하여 일부 공개가 가능하도록 하고 있다. 즉 Annex 19는 기본적으로 안전데이터 및 정보가 남용되지 않도록 국가가 법률, 규정 및 정책을 통하여 보호할 것을 강조하고 있으나, 법 집행이나 안전을 위해 필요한 경우 제한적으로 공개할 수 있도록 하는 것으로 해석된다. 또한 국제민간항공협약 Annex의 SARPs는 일반적인 내용을 명시하고 있으므로, 개별국가의 법과 정책을 통하여 구체화될 필요가 있다. 예를 들어 "적절한 법 집행을 위해 필요한 경우", "안전의 유지 또는 개선을 위해 필요한 경우"의 내용은 상황에 따라 다르게 해석될 수 있으며, 이러한 불명확성으로 항공실무자들의 신뢰를 확보하기 어려울 것이기 때문이다.

### (3) 정보공유를 통한 항공안전의 확보

국제민간항공협약 Annex 19의 SARPs는 국가가 안전데이터 및 정보의 수집, 저장, 집계 및 분석이 가능하도록 안전데이터수집 및 처리시스템(Safety Data Collection and Processing Systems: SDCPS)을 구축할 것을 명시하고 있다.[92] 이에 따라 미국에서는 항공안전정보분석 및 공유(Aviation Safety Information Analysis and Sharing: ASIAS) 시스템을 통하여 안전데이터를 수집 · 분석 · 공유함으로써 안전의 개선을 위해 활용하고 있다. 특히 정보공유를 통하여 자신의 경험뿐만 아니라 다른 실무자의 경험에서도 교훈을 얻을 수 있다는 점은 큰 이점으로 작용하고 있으며,[93] 이러한 이유로 공유시스템을 통한 데이터 공유가 증가하였다고 보고 있다.[94] 우리나라에서도 항공사, 공항공사 등 관련 업계와 항공안전증진

---

90) ICAO, Annex 19, *supra* note 57, 5.3.1, appendix 3.
91) ICAO, Annex 13, *supra* note 89, 5.12, 5), 6).
92) ICAO, Annex 19, *supra* note 57, 5.1.1.
93) National Business Aviation Association, Sharing Aviation Safety Data Is a Good Thing, Business Aviation Insider, 05JUN2017.

을 위한 '항공안전데이터 공유·분석·활용에 관한 협약'을 체결하고 정부와 항공업계 간 긴밀한 협업을 통하여 항공의 다양한 안전데이터를 수집 및 분석하여 과학적이고 실효성이 높은 안전관리를 시행하기 위하여 '항공안전빅데이터분석시스템' 구축을 추진하는 상황이다.[95]

항공실무자들은 데이터 공유가 항공안전에 매우 중요하다는 것을 인식하고 있다.[96] 그러나 항공실무자들이 자율적으로 제출한 안전데이터가 공개되었을 때, 안전보고를 위축시키는 결과를 초래할 수 있으므로 이에 대한 보호를 보장할 필요가 있다. 2010년 ICAO 항행위원회(Air Navigation Commission)는 데이터보호 강화를 위한 권고사항을 제공하기 위해 안전정보보호 태스크포스(Safety Information Protection Task Force: 이하 "SIPTF"라 한다)를 신설하였다. SIPTF의 권고사항에는 자율적으로 제출된 안전데이터가 처벌의 목적이 아닌 안전분석 및 위험관리에 사용되도록 보장하는 보호의 내용이 포함되었다.[97] 따라서 국가는 이러한 안전데이터 보호의 중요성을 이해할 필요가 있다. 단 데이터 보호의 범위에 고의나 중과실 행위는 포함되지 아니한다.

항공안전의 위험요소를 파악하기 위하여 데이터를 수집하고 분석함으로써 이러한 위험이 완화될 수는 있을 것이다. 그러나 안전데이터가 법 집행을 위한 증거로 사용되지 않는다는 것을 확신할 수 없다면 이러한 정보는 자율적으로 제공되지 않을 것이다. 이것은 처벌의 두려움 없이 자율적으로 정보가 제공되고 데이터가 공유될 수 있는 공정문화의 환경을 조성하는 것이 항공안전을 확보할 수 있는 필수적인 방안이라고 인식하는 이유인 것이다.

---

94) Jon L. Beatty, Data Sharing, Flight Safety Foundation, 04NOV2014.
95) 국토교통부, 전게자료(주 7), 58-59면.
96) Jon L. Beatty, *supra* note 94.
97) *Ibid.*

## Ⅲ. 항공분야에서 공정문화 비공개·비처벌의 발전

### 1. 자기비판적 분석(self-critical analysis) 법리

#### (1) 안전정보의 필요성과 자기비판적 분석 법리의 발전

미국에서는 항공분야의 안전 표준을 개선하고 유지하는 데 필요한 정확하고 많은 정보를 수집하기 위해, 항공사고의 보고 및 분석을 장려하는 수많은 정책 결정을 내려왔다.[98] ICAO에서도 항공사고의 지속적 감소를 위한 핵심 전략이 인간의 오류를 초래할 수 있는 요인들을 분석하는 것임을 인식하고, 미국의 항 공안전데이터 공유와 비공개 특권, 제재 면제 등 관련 정책에 지속적인 관심을 보여왔다.[99]

'비공개 특권'(privilege: 이하 "특권"이라 한다)과 '제재 면제'(immunity: 이하 "면 제"라 한다)는 FAA가 항공사고 또는 연방항공규정(Federal Aviation Regulation: 이 하 "FAR"이라 한다) 위반을 자진 신고하는 자와 이후에 민사소송이 제기될 수 있 는 사건이나 안전 상태에 대한 자체 내부조사를 수행하는 자를 보호함으로써 강 력한 공공정책 목표를 달성하기 위한 목적이 있다.[100] 이러한 '특권'과 '면제'는 정보가 제공되거나 공개되어 이후에 FAA 행정집행이나 민사소송에서 개인 또는 조직에 대하여 사용되는 것을 방지한다. 법인을 상대로 한 민사사건에서 원고가 사건과 관련하여 법인에 대한 구체적인 정보가 드러날 수 있는 내부문서를 입수 하려고 할 때, '자기비판적 분석'(self-critical analysis)에 대한 특권(privilege)은 그러한 자료가 증거로 사용되는 것을 제한하는 데 영향을 주었다. 이것은 공공 정책에 있어서 안전에 관한 다양하고 정확한 정보의 필요성이 점차 증가한 것에 기초하였다.[101] 그러나 '자기비판적 분석' 특권은 관할권에 따라 다양하게 적용되

---

98) Robert J. Bush, "Stimulating Corporate Self-Regulation-The Corporate Self-Evaluative Privilege: Paradigmatic Preferenctialism or Pragmatic Panacea", *Northwestern University Law Review*, Vol. 87, No. 2(1993), p.597.

99) 문준조, "미국 항공안전데이터 프로그램의 비공개 특권과 제재 면제에 관한 연구", 한국항공우 주정책법학회지, 제23권 제2호, 한국항공우주정책법학회(2008), 138면.

100) Nicole Wolfe Stout, "Privileges and Immunities Available for Self-Critical Analysis and Reporting: Legal, Practical and Ethical Considerations", *Journal of Air Law and Commerce*, Vol. 69, No. 3(2004), p.562.

었고 특권을 인정하는 데 있어서, 판례는 일치하지 않는 경향을 보여왔다.[102]

공정문화의 핵심적 요소인 '비공개 특권'과 '제재 면제'는 미국의 '자기비판적 분석' 특권을 통하여 의료분야에서 처음 확립되었으며, 이후 산업재해, 고용차별, 항공분야와 관련한 사건에서도 인정되며 점차 발전하였다.

### (2) 자기비판적 분석 법리의 의의

미국에서는 조직의 감독 책임을 공공부문에서 민간부문으로 점차 확대함에 따라, 잠재적인 금전적 손실을 방지하기 위하여 가능한 모든 예방조치를 취하려고 하였다.[103] 조직의 예방조치는 안전을 극대화하고 모든 주 및 연방법을 준수하기 위하여 주기적으로 내부조사를 실시하고, 자체평가 또는 자체정책 프로그램을 도입하는 것이었다. 이러한 과정에서 내부조사의 결과로 생성된 보고서와 다른 문서들은 종종 소송의 증거로서 공개 여부가 논쟁의 주제가 되어왔다.[104]

자기비판적 분석 특권은 정책, 절차 및 관행에 대한 조직의 내부조사 및 분석보고서를 공개로부터 보호하고자 하는 것이다. 이러한 '자기비판적 분석' 특권의 근거는 조직 내부조사 자료의 공개가 향후 관련 업계나 법인의 안전감독 및 개선 시도에 미칠 수 있는 부정적 영향을 방지하기 위함이다. 기본적인 원칙은 당사자가 과실의 시정을 위해 상당한 공익성을 내포하는 문제에 대하여 익명분석을 실시한 경우, 소송의 맥락에서 분석을 공개하는 것이 향후 당사자가 솔직한 보고를 수행할 수 없도록 할 수 있다는 데 근거한다.[105] 그러한 이유는 조직의 솔직한 자기비판을 반영하는 문서를 공개하는 것이 "사회적으로 유용한 조사와 평가, 법률 또는 전문적 기준을 준수하는 것을 억제할 것"[106]이기 때문이다.

이처럼 '자기비판적 분석' 특권은 민사소송에서 남용의 우려 없이 조직의 안전조치와 운영을 지속적으로 감독하고 안전의 위해요인을 최소화하도록 장려하

---

101) *Ibid.*, p.563.
102) Cloud v. Litton Indus. Inc., 58 Cal. Rptr. 2d 365, 366 (Cal. Ct. App. 1996); Combined Communications Corp. v. Public Serv. Co. of Colo., 865 P.2d 893, 897 (Col. Ct. App. 1993); Siskonen v. Stanadyne, Inc., 124 F.R.D. 610, 612 (W.D. Mich. 1989).
103) Robert J. Bush, *supra* note 98, p.597.
104) Gary A. Gardner, The Privilege of Self-Critical Analysis, 1997.
105) Wimer v. Sealand Servs., Inc., No. 96-CV-8730, 1997 WL 375661 (S.D. N.Y. July 3, 1997).
106) Hardy v. New York News, Inc., 114 F.R.D. 633, 640 (S.D. N.Y. 1987).

기 위한 것이라 할 수 있다.[107] 이러한 '자기비판적 분석' 특권의 배경 및 특성이 공정문화의 배경이 되었음은 의심할 여지가 없다.

## (3) 자기비판적 분석 특권(privilege)의 인정 기준

Dowling v. American Hawaii Cruises, Inc.[108] 사건에서는 '자기비판적 분석' 특권과 관련하여 보호를 원하는 당사자가 수립하여야 하는 기준을 명시하였는데, 내용은 다음과 같다. 첫째, 정보를 보호하고자 하는 당사자가 취한 중요한 자기 분석에서 비롯되어야 한다. 이것은 문서의 자기 평가 또는 주관적 분석에만 특권의 적용을 제한하며, 사실과 통계와 같은 객관적인 데이터는 특권의 범위에 포함되지 않음을 의미한다.[109] 둘째, 일반 대중이 해당 주제에 관한 정보의 자유로운 흐름을 유지하는 데 큰 관심을 가져야 한다. 즉 이 특권은 '제약을 받지 않는 자기 분석과 평가를 통한 자기계발을 유도함으로써 공익에 기여한다'라는 취지이므로, 해당 주제의 자유로운 정보 흐름을 유지하는 데 국민의 관심이 높아야 한다는 것이다.[110] 셋째, 기밀성이 없는 정보는 특권이 없으며, 정보가 공개되었을 때 자유로운 흐름이 중단되는 유형이어야 한다. 특권이 유지되기 위해서는 대상 문서가 기밀로 유지되어야 하며 만약, 외부 컨설팅 회사에 의해 작성되었다면 그것은 특권의 보호를 받지 못할 수 있다.[111] 또한 일반 대중이 다른 형태로 이용할 수 있는 정보를 포함하는 문서는 보호되지 않는다.[112] 즉 자기비

---

107) Hickman v. Whirlpool Corp., 186 F.R.D. 362, 363 (N.D. Ohio 1999).

108) Dowling v. American Hawaii Cruises, Inc., 971 F.2d 423, 425-426 (9th Cir. 1992).

109) Steinle v. Boeing Co., No. 90-1377, 1992 WL 53752 (D. Kan. Feb. 4, 1992); Kern v. Univ. of Notre Dame Du Lac, No. 3:96-CV-406, 1997 WL 816518 (N.D. Ind. Aug. 12, 1997); Roberts v. Carrier Corp., 107 F.R.D. 678, 684 (N.D. Ind. 1985); Freiermuth v. PPG Indus., Inc., 218 F.R.D. 694, 698 (N.D. Al. 2003).

110) Warren v. Legg Mason Wood Walker, Inc., 896 F. Supp. 540, 543 (E.D. N.C. 1995). 이 사건에서 투자자가 보안 중개인을 상대로 한 조치에서 중개인의 감사보고서를 공개하도록 요구하였다. Ludwig v. Pilkington N.A., Inc., No. 03C1086, 2004 WL 1898238 (N.D. Ill. Aug. 13, 2004).

111) Etienne v. Mitre Corp., 146 F.R.D. 145, 148 (E.D. Va. 1993). 원고는 보호하고자 하는 자율준수검토(compliance reviews)의 일부가 외부 컨설팅 회사에 의해 수행되었기 때문에 보호할 기밀성이 없다고 주장하였다.

112) Spencer v. Sea-Land Serv., Inc., No. 98 CIV. 2817, 1999 WL 619637 (S.D. N.Y. Aug. 16. 1999). 동일한 권고사항이 일반인이 이용할 수 있는 문서에 포함되어 있기 때문에 피고에게 시정안전조치를 위한 권고안을 제출하도록 요구한다.

판적 분석이 의무화되지 않은 문건과 정보는 공개할 수 있고 보고서와 내용이 기밀로 유지될 가능성이 낮다는 것을 의미하기 때문이다.[113] 마지막으로 이 '특권'은 공개하였을 때 향후 자체평가가 어려워지거나 정보가 위축되는 경우에만 적용된다. 특권을 인정한 대부분의 법원은 보호를 유지하는 기준을 '공개로 인하여 향후 관련 정보가 축소되거나 방해될 것'으로 판단하는 것을 확인할 수 있다.[114] 위에서 명시한 기준 외에도 많은 법원은 '자기비판적 분석' 특권의 기반이 의무적인 정부 요건에 부합하는 문서의 보호라고 판단하였다.[115] 이에 따라 법원은 정부 기관의 필요에 의해 특별히 작성되거나 생성된 문서도 특권에 해당할 수 있다고 보았다.

한편 'Dowling' 사건의 제9 순회법원에서 개괄한 기준이나 그 요구사항이 충족되는 경우에도 법원은 이익균형평가(balancing test)를 하였는데, 특권이 적용되려면 비공개로 인한 이익보다 공개 필요성이 더 커야 한다고 보았기 때문이다.[116] 이처럼 공익과 사익의 균형은 주장된 특권에 대하여 관련 정보의 공개 여부를 법원이 판단할 때 핵심 고려사항이 되었음을 확인할 수 있다.[117] 그러나 문서의 공개가 필요하다고 정부가 판단한 경우에는 이러한 특권도 보편적으로 거부되었음을 인지해야 할 것이다.[118]

---

113) Reid v. Lockheed Martin Aeronautics Co., 199 F.R.D. 379, 387 (N.D. Ga. 2001). 정부 기관에 의해 의무화된 정보를 보유하는 것은 정보가 기밀로 유지될 것이라는 합리적인 기대를 감소시킨다.

114) Hickman v. Whirlpool Corp., 186 F.R.D. 362, 363 (N.D. Ohio 1999).

115) Steinle v. Boeing Co., No. 90-1377, 1992 WL 53752 (D. Kan. Feb. 4, 1992); Sabratek Liquidating LLC v. KPMG, LLP, No. 01-C-9582, 2002 WL 31520993 (N.D. Ill. Nov. 13, 2002); Kern v. Univ. of Notre Dame Du Lac, No. 3:96-CV-406, 1997 WL 816518 (N.D. Ind. Aug. 12, 1997); Roberts v. Carrier Corp., 107 F.R.D. 678, 684 (N.D. Ind. 1985); Paladino v. Woodloch Pines, Inc., 188 F.R.D. 224, 225 (M.D. Pa. 1999); Hoffman v. United Telecomm., Inc., 117 F.R.D. 440, 443 (D. Kan. 1987); Corbin v. Weaver, 680 P.2d 833, 840 (Ariz. Ct. App. 1984).

116) Gatewood v. Stone Container Corp., 170 F.R.D. 455, 459 (S.D. Iowa 1996). 법원은 "이익균형에서 공개의 필요성은 비공개로 인한 이익보다 중요해야 한다"라고 하였다.

117) Etienne v. Mitre Corp., 146 F.R.D. 145, 148 (E.D. Va. 1993).

118) FTC v. TRW, Inc., 628 F.2d 207, 210 (D.C. Cir. 1980); Emerson Elec. Co. v. Schlesinger, 609 F.2d 898 (8th Cir. 1979); United States v. Noall, 587 F.2d 123 (2d Cir. 1978); Reynolds Metals Co. v. Rumsfeld, 564 F.2d 663, 667 (4th Cir. 1977); In re Kaiser Alum. & Chem. Co., 214 F.3d 586, 593 (5th Cir. 2000).

## 2. 항공분야에서 자기비판적 분석에 대한 비공개 특권의 발전

자기비판적 분석의 특권은 의료분야의 동료평가(peer review)에 대한 문서가 특권을 인정받은 것을 시발점으로 고용차별, 산업재해 분야로 발전하였다. 항공 분야에서 자기비판적 분석의 특권은 초기에 크게 확산되지 않았으며, 이에 대한 판결도 일치하지 않았다. 그러나 1990년대 이후 항공분야에서는 안전보고프로그램을 통한 특권과 면제를 다루기 시작하면서 기본적인 윤곽을 드러내기 시작하였다.[119]

### (1) 의 료

'자기비판적 분석' 특권은 의료과실 사건인 Bredice v. Doctors Hospital[120] 사건에서 '병원의 동료평가위원회[121](peer review committee)가 작성한 회의록과 보고서가 의료과실사건에서 증거개시(discovery)[122]에 포함되지 않는다고 판결한 것'이 시발점이었다. 법원은 병원 '동료평가위원회'의 목적이 전적으로 환자의 치료 및 개선을 위한 것이라고 판시하였다.[123] 이 사건의 경우 원고[124]는 원고의 사망과 관련하여 이사회 및 피고 병원위원회에 회의록과 보고서 공개를 요청하였다. 병원 이사회와 위원회가 개최한 회의는 병원 인가를 위한 기준을 정하는 민간기관인 병원인증공동위원회(joint committee for accreditation of hospitals)에 의거하였으며,[125] 규정에 따라 이러한 회의의 유일한 목적은 관리 및 치료의 개

---

119) 문준조, 전게논문(주 99), 140면.
120) Bredice v. Doctor's Hospital, Inc., 50 F.R.D. 249, 250 (D.D.C. 1970).
121) 동료평가는 조직 내에 있는 구성원들 서로 간에 객관적인 상호평가를 통하여 각 구성원이 보다 건설적인 방향으로 발전하도록 제언하기 위해 사용된다. Kelly J., Sadeghieh T., and Adeli K., "Peer Review in Scientific Publications: Benefits, Critiques, & A Survival Guide", *The Journal of the International Federation of Clinical Chemistry and Laboratory Medicine*, Vol. 25, No. 3(2014), p.230.
122) 증거개시(discovery)는 영미 소송법상의 제도로 재판이 개시되기 전에 당사자 서로가 가진 증거와 서류를 상호 공개를 통하여 쟁점 정리를 명확히 하는 제도로서, 우리나라의 형사소송법 (제266조의3)상 허용되는 제도로 민사소송에 있어서는 도입되지 않았다. 2007.6.1 개정된 형사소송법은 공소제기 후 검사가 보관중인 서류 등에 대한 증거개시제도를 도입하였다. 이는 영미법의 'Discovery' 제도에서 기원한 것이다. 이승련, "개정 형사소송법상의 증거개시제도", 법조, 제57권 제2호, 법조협회(2008), 226면.
123) Bredice v. Doctor's Hospital, Inc., 50 F.R.D. 249, 250 (D.D.C. 1970).
124) 이 사건에서 원고는 여성 관재인(Administratrix)으로 표기되어 있다.

선이었다. 법원은 의료동료평가(medical peer review)에 대한 압도적인 국민적 필요성이 이러한 평가의 기밀성을 보장한다고 판단하고 다음과 같이 판결하였다.

"기밀성은 직원회의의 효과적인 기능을 위해 필수적이며, 이러한 회의는 환자의 관리 및 치료를 지속적으로 개선하는 데 필수적이다. 임상 관행에 대한 솔직하고 양심적인 평가는 적절한 병원 관리의 필수요소이다. 이러한 논의와 심의를 증거개시(discovery)의 과정에 적용하는 것은 예외적인 필요성을 드러내지 않으며, 그러한 심의를 철회하는 결과를 초래할 것이다. 한 의사가 언급하였듯이 의료과실 소송에서 동료의 행동을 비난하는 것으로 사용될 것이라는 우려의 분위기에서는 건설적인 비판이 일어날 수 없다."[126]

또한 법원은 "자체적 안전의 개선을 목적으로 한 소급적 회의는 공익에 근거하여 적격 특권을 받을 권리가 있다"라고 하였다.[127] 그러나 많은 주의회는 특정 의료안전점검의 증거개시 가능성을 보호하기 위한 특권을 성문화한 반면, 일부 법원은 의료안전점검 권한에 포함된 문서를 입법부가 지정한 문서로만 제한하고 있다.[128] 이 특권은 의료계 동료평가의 맥락에서 처음 확립되었지만, 다른 연방 법원에 의해 고용 관행에 대한 내부 평가로 확대되었다.

### (2) 고용차별

Banks v. Lockheed-Gorgia Co.[129] 사건의 고용차별 소송에서 법원은 "사용자의 행동 관련 문제를 연구하기 위하여 고용주의 연구팀이 작성한 보고서의 사본을 원고가 받을 자격은 없다"라고 판결하였다. 법원은 이를 공공정책의 중요한 문제로 보았으며, 이러한 종류의 긍정적 행동프로그램 개발에 대한 솔직한 자기비판과 평가를 억제하는 것은 그 정책에 위배된다고 보았다. 또한 원고가 요청한 피고 조직의 자체연구팀 문서에 대한 공개는 피고와 같은 회사에 "위축효과"(chilling effect)를 초래할 것이라고 판결하였다.

---

125) Bredice v. Doctor's Hospital, Inc., 50 F.R.D. 249, 250 (D.D.C. 1970).
126) *Ibid.*
127) *Ibid.*
128) Konrady v. Oesterling, 149 F.R.D. 592, 598 (D. Minn. 1993); Compare Ex parte Cryer v. Corbett, 814 So. 2d 239, 249 (Ala. 2001).
129) Banks v. Lockheed-Georgia Co., 53 F.R.D. 283 (N.D. Ga. 1971).

이 사건을 포함하여 다수의 법원에서는 고용주의 동등한 고용기회 목표와 정책에 대한 '자기비판적 분석'의 특정 주관적인 자료에 대한 증거개시를 거부하였다.[130] 고용차별 분야에서 '자기비판적 분석' 보고서에 대한 특권이 항상 인정되지는 않았지만, EEO-1 보고서[131]와 같이 법에 의해 고용주가 정부에 제출한 보고서의 경우에는 특권이 인정되었다.[132]

### (3) 산업재해

Hickman v. Whirlpool Corp.[133] 사건에서 연방지방법원은 조직의 안전조치에 대한 보고서의 공개와 관련하여 '자기비판적 분석'의 '비공개 특권'에 대한 다음과 같은 근거를 확인하였다.

이 사건의 경우 산업재해와 관련하여 원고인 직원이 피고 조직(Whirlpool)을 상대로 소를 제기하였다. 원고는 Whirlpool 조직의 안전팀으로부터 사전예방적 목적으로 작성된 '회의록'과 소속회사의 직원이 작성한 발전소 '안전보고서'의 공개를 요청하였다. 법원은 "Whirlpool의 문서에 자기비판적 분석이 포함되어 있으므로 문서를 공개하도록 강요하지 않을 것이며, 일반 대중은 이러한 유형의 데이터수집과 업계 내에서 데이터를 보호하는 것에 큰 관심을 가지고 있다"라고 하며 특권을 인정하였다.[134] 법원은 정보의 공개가 Whirlpool 조직의 안전성 향상 노력과 산업 전반에 부정적 영향을 줄 수 있는 '위축 효과'(chilling effect)를 초래할 수 있다고 판단하였고, 공공정책은 안전성 향상을 위하여 이와 같은 노력이 필요하다고 보았다.[135]

---

130) Dickerson v. United States Steel Corp., 13 E.P.D. P 11,311 (E.D. Pa. 1976), Dickerson II; Dickerson v. United States Steel Corp., 12 E.P.D. P 11,095 (E.D. Pa. 1976), Dickerson I; Sanday v. Carnegie-Mellon University, 11 E.P.D. P 10,659 (W.D. Pa. 1975).

131) EEO-1 보고서는 100명 이상의 직원을 둔 모든 민간부문 고용주와 50명 이상의 직원이 특정 기준을 충족하는 연방 계약자가 인종별, 성별 및 직업 범주별 데이터를 포함한 인구 통계학적 인력 데이터를 제출하도록 요구하여 필수적 연간 데이터를 수집한다. U.S. Equal Employment Opportunity Commission, EEO-1 Data Collection.

132) Hoffman v. United Telecomm., Inc., 117 F.R.D. 440 (D. Kan. 1987).

133) Hickman v. Whirlpool Corp., 186 F.R.D. 362, 363 (N.D. Ohio 1999).

134) *Ibid.*

135) *Ibid.*

## 3. 항공분야의 자기비판적 분석에 대한 비공개 특권

### (1) '비공개 특권'의 인정

고용차별 소송에서 많은 연방 및 주 법원은 고용 관행에 대한 유사한 내부 평가에 특권을 적용하였지만, 다른 법원은 의회가 만들지 않은 특권에 대하여는 거부하였다. 이처럼 '자기비판적 분석' 특권은 정보의 공개와 기밀성 유지의 필요성 사이에서 미국 법원의 판단이 일치하지 않음을 보여주었다.

Tice v. American Airlines, Inc.[136] 사건은 항공분야에서 '자기비판적 분석' 특권이 인정된다는 것을 증명하였다. 이 경우 퇴직한 항공조종사들은 60세가 된 후 퇴직하도록 강요한 아메리칸 항공의 정책에 대하여 연령차별에 대한 소를 제기하였다.[137] 원고 측은 컨설팅 회사가 수행한 아메리칸 항공 위임 안전보고서의 증거개시를 요청하였는데, 원고의 증거개시 사유는 통계 정보에 대한 안전보고서를 찾는 것이 아니라, 항공사의 안전정책에 대한 주장을 반박하기 위한 것이었다. 원고 측은 FAA 규정에 따라 작성한 안전보고서의 공개를 요구하였는데, 피고인 아메리칸 항공은 '자기비판적 분석' 특권을 근거로 보고서의 공개를 거부하였다. 법원은 이 사건이 고용차별 사건이므로 '혼합적'이라고 판단하고 보고서가 공개되더라도 아메리칸 항공이 안전보고서의 수집을 포기할 가능성은 다소 낮다고 인정하였지만, 법원은 "증거개시가 허용된다면 항공사 내부의 안전정보 흐름이 축소될 것"이라고 우려를 표명하며,[138] 안전보고서는 '자기비판적 분석' 특권으로 보호해야 한다고 판결하였다. 또한 연방법원은 특권 쟁점에 대하여 '연방증거규칙 501'(Rule 501 of the Federal Rules of Evidence)의 관련 부분을 다음과 같이 제시하였다.

"미국 헌법 또는 의회법률에서 규정하거나, 법정 권한에 따라 대법원에서 정한 규칙을 제외하고, 증인, 개인, 정부, 주 또는 그 정치적 구역의 특권은 관습법의 원칙에 따른다."

---

136) Tice v. American Airlines, Inc., 192 F.R.D. 270, 272 (N.D. Ill. 2000).
137) *Ibid*.
138) *Ibid*.

이처럼 연방증거규칙 501은 연방법원이 '이성과 경험에 비추어' 연방 관습법에 따른 특권을 인정할 수 있는 재량권을 부여하고 있음을 의미하며,[139] 일반적으로 요청된 자료가 적절한지의 여부를 결정하는 것은 증거개시의 분쟁에서 분석을 통하여 판단하게 된다는 것이다. 따라서 법원은 해당 문서가 사고 전 안전회의 및 보고서, 사고 후 조사, 회의 및 보고서 또는 정부 위임 보고서 작성 과정에서 수행되는 일상적인 내부조사와 관련되기 때문에 관련성이 확립된다고 판단한 것이다.

### (2) '비공개 특권'에 대한 판결의 불일치

'자기비판적 분석' 특권은 의료동료평가(medical peer review)나 고용차별 분야와는 다르게 항공분야에서는 크게 확산되지 않았으며, 판례 또한 일관되지 않았다. In re Air Crash Near Cali, Colombia on December 20, 1995[140] 사건에서는 콜롬비아 칼리에서 발생한 아메리칸 항공 965편 추락사고로 인한 플로리다 남부지법의 통합 소송에서 '특권'을 주장하였다. 이 사건에서, 원고를 대표하는 '원고운영위원회'는 아메리칸 항공에 항공안전조치프로그램(ASAP)과 연계하여 작성된 보고서의 공개를 요청하였고, 항공사는 신청한 보고서가 '자기비판적 분석' 특권에 의해 보호된다는 이유로 공개를 거부하였다. 법원은 원고가 신청한 문서의 '자기비판적 분석' 특권을 인정할 수 없다고 판단하고[141] ASAP 보고서에 대한 '자기비판적 분석' 특권의 적용을 일차적으로 기각하였는데, 그 이유는 해당 보고서가 항공사의 내부품질관리 목적뿐만 아니라 이 소송에 대한 변론을 준비하기 위해 NTSB와 콜롬비아 당국, 언론에 해당 보고서의 내용이 공개되었기 때문에 공개로 인한 '위축 효과'는 없을 것이라고 판단한 것이다. 또한 "자기비판적 분석의 기준은 내부품질관리를 목적으로 한 것은 아니더라도 1차적으로 진행된 '사내심사'라는 것을 강조하며, 조종사 보고서에 포함된 정보가 FAA와 조종

---

139) Cloud v. Litton Indus. Inc., 58 Cal. Rptr. 2d 365, 366 (Cal. Ct. App. 1996).

140) In re Air Crash Near Cali, Colombia on Dec. 20, 1995, 959 F. Supp. 1529 (S.D. Fla. 1997).

141) ASAP는 조종사들에게 사고와 위반사항을 보고하도록 유도하기 위해 고안된 자율적 자체보고 프로그램이며, 항공사, FAA 및 조종사협회의 대표들로 구성된 'Event Review Committee'가 해당 사건을 검토하여 조종사 조언, 절차 변경 및 개별 기술향상 권고사항을 발행한다. *Ibid.*

사협회에 전파된 점을 지적하였다. 그러나 법원은 해당 보고서가 보호되지 않았다는 것을 지적하였음에도 불구하고, 해당 보고서의 원칙이 '정보보호'에 있다는 것을 확인하고 보고서의 공개를 허용하지 아니하였다. 이 사건은 법원이 ASAP 프로그램에 대한 제한적 또는 적격 특권을 만드는 데 있어 가장 중요하다.[142] 그러나 이 사건이 사고 전 내부안전심사에 대한 자기비판적 분석에 대하여 다루지 않았다는 점을 유념해야 한다.

　　Lloyd v. Cessna Aircraft Co.[143] 사건에서 연방법원은 세스나 항공기 회사(이하 "세스나"라 한다) 내의 '제품 관련 안전회의' 문서가 '자기비판적 분석' 특권에 의해 보호되는지 여부를 검토하였다. 이 분쟁은 정부 변호사가 지속적인 안전성 향상을 위해 운영을 검토하고 분석, 평가한 세스나의 조직 본사에서 있었던 회의의 기밀 메모와 관련된 질문을 한 것에서 촉발되었다.[144] 법원은 이 사건의 정황이 '자기비판적 분석' 특권을 보장하지 않는다고 판단하였다. 그러나 "이 사건에서 정부는 회의록이나 보고서 사본을 요청하지 않았고, 이러한 분쟁이 증언의 과정에서 일어났다"라고 지적하였으며, "이러한 회의의 구체적인 세부사항을 일괄적으로 공개하기 전에 균형적 접근방식을 적용할 것"이라고 판시하였다.

　　In re Air Crash at Lexington on February 19, 2008[145] 사건에서 연방법원은 ASAP 보고서의 공개를 명령하였다. 이 소송에서 원고들은 항공사로부터 "활주로 침범과 관련된 모든 보고서, 이륙이 허가된 활주로 이외에서의 이륙 시도, 활주로 및 유도로와 관련된 공항에서의 혼란상황 및 기타 모든 보고서 정보의 증거개시를 요구하였다. 항공사 측은 첫째, ASAP 보고서를 강제적으로 공개하는 것은 49 U.S.C. § 40123에 따른 의회의 의도 및 14 C.F.R. § 193, FAA Order 8000.82에 따른 FAA의 의도와 모순되며, 둘째, '자기비판적 분석' 특권 및 ASAP 보고서의 보호에 따라 공개할 수 없다고 주장하였다. 즉 규정과 FAA Order가 ASAP 보고서 또는 기타 자율적인 안전보고서에 대하여 법적 '특권'을

---

142) *Ibid*.
143) Lloyd v. Cessna Aircraft Co., 74 F.R.D. 518, 522 (E.D. Tenn. 1977).
144) *Ibid*.
145) Comair 5191편의 추락사고는 2006년 미국 켄터키주 렉싱턴 블루그라스 공항에서 이륙을 시도하던 중 추락한 사고이다. In re Air Crash at Lexington, Ky., No. 5:06-CV-316-KSF, 2008 WL 474373 (E.D. Ky. Feb. 19, 2008).

부여한 것은 아니지만, 대신 공개로부터 보호하려는 의도가 분명하며, 법원은
ASAP 보고서의 공개를 방지함으로써 공공안전을 위한 중요한 목표를 증진시켜
야 한다고 하였으며, 만약 보고서가 공개된다면 직원들은 안전보고를 중단할 것
이라고 주장하였다.[146] 그러나 법원은 의회가 민감한 항공정보를 공개로부터 보
호하는 방법은 예를 들어 조종실음성기록장치(Cockpit Voice Recorder: 이하
"CVR"이라 한다)의 법적인 보호와 같으며, ASAP는 그러한 보호가 적용되지 않으
므로 증거개시에 대하여 동일한 보호를 제공해서는 안 된다고 판단하였다.

또한 FAA 규정에서 '법원의 명령'을 통하여 공개하도록 규정하고 있다는 사
실은 FAA가 ASAP 보고서를 공개해야 할 가능성을 고려하였음을 나타낸다고 보
았다.[147] 즉 법원은 규정과 FAA Order에서 증거개시의 허용된 예외는 ASAP 정
보공개와 관련된 우려가 민사소송과 보호 명령의 대상이 아님을 보여주는 증거
라고 보았다. 또한 FAA 및 조종사 노조와 정보를 공유하는 것이 '자기비판적 분
석' 특권에서 요구되는 내부검토를 위한 것이 아니며, 정보의 '위축 효과'와 관련
하여 이미 제재에 대한 면책이 제공되므로 보고가 위축되지는 않을 것이라고 보
았다. 또한 기밀성과 관련하여 법원은 ASAP 보고서를 제출하는 사람들은 해당
규정이 법원 명령에 따라 공개될 수 있다는 점에서 기밀성을 기대해서는 안 되
며, 이러한 정보가 "법원의 명령으로 공개되는 것이 항공안전에 중대한 위험이
되는 경우 ASAP 공개를 금지하는 방법은, 규정이나 법령을 변경할 것을 FAA
또는 의회에 요청하는 것"[148]이라고 하였다.

앞서 살펴본 내용에 따르면, Lloyd 사건은 상업운송업체나 제조사의 사고 전
내부안전검토 보호를 완전히 배제하지 않았다는 점에서 의미가 있다. 또한 Tice
v. American Airlines, Inc.[149] 사건에서는 '자기비판적 분석' 특권이 인정된다는
것을 증명하였으며, 안전보고서는 '자기비판적 분석' 특권으로 보호해야 한다고
판결하였다. 반면에 In re Air Crash at Lexington[150]의 Comair 사고로 인한 소

---

146) *Ibid.*
147) International Association of Defense Counsel, Discovery of ASAP Reports, Aviation and
 Space Law, 2009, p.4.
148) In re Air Crash at Lexington, *supra* note 145.
149) Tice v. American Airlines, Inc., 192 F.R.D. 270 (N.D. Ill. 2000).
150) In re Air Crash at Lexington, *supra* note 145.

송에서 지방법원은 ASAP 보고서의 '자기비판적 분석' 특권을 인정하지 않았다. 이처럼 법원은 개별 사건의 제시된 상황에서 항상 특권을 인정하는 것은 아니었으며, 판례도 일치하지 않는 경향을 보여왔다. 그러나 항공분야에서 자기비판적 분석의 이면에 있는 목적에 대하여는 인정하는 것으로 보이며, 이것은 항공 산업이 안전에 대한 공공정책의 관심이 강하다는 데 모두가 동의하기 때문일 것이다.

## 4. 항공분야에서 자기비판적 분석에 대한 제재 면제의 발전

### (1) 항공안전보고제도(ASRS)와 제재 면제의 배경

안전에 대한 공공정책의 관심이 이어진 또 다른 분야는 조종사, 관제사, 승무원, 정비사가 연방항공규정(FAR) 위반에 대하여 보고서를 적시에 작성함으로써, 제재에 대한 면책특권을 받을 수 있도록 하는 항공안전보고제도(ASRS)이다.[151] 이 제도는 항공안전과 인적 요인의 연구를 통하여 안전사고 또는 FAR 위반을 보고한 사람에 대한 익명성과 면책이 성공에 필수적이라는 결론에서 비롯되었다.[152] 당시, 연구에 사용될 정보의 제공을 위해 참여한 항공조직은 FAA가 연구에서 얻은 데이터를 그들과 협력하거나 공유하지 않고, 데이터를 조작하거나 누락하였다고 믿었기 때문에 이 프로그램을 반대하였다.[153] 이러한 항공조직의 참여 거부와 안전보고프로그램의 필요성을 인식한 FAA는 NASA와 협상하여 자율적으로 제출된 보고서로부터 도출될 안전데이터의 처리와 분석을 하는 제3자로서의 역할을 하도록 하였다. 이에 특정한 상황을 제외하고 보고자들에게 면책특권과 익명성을 모두 제공하도록 함으로써, 그들의 동의를 받을 수 있었다. 이러한 지원을 제공하는 것은 프로그램의 목적이 국가항공운송시스템(National Air Transportation System)의 위험요소를 미리 식별하고 수정함으로써 가장 안전한 시스템을 보장하기 위하여 현재의 운영데이터를 수집하는 것이었기 때문에 필수적인 것으로 간주되었다.[154]

---

151) Nicole Wolfe Stout, *supra* note 100, p.585.
152) Eisenbraun, Eric C., "The Aviation Safety Reporting System: Is Immunity the Vital Provision," *Journal of Air Law and Commerce*, Vol. 46, No. 1(1980), p.119.
153) Nicole Wolfe Stout, *supra* note 100, p.585.
154) 40 Fed. Reg. 17,775 (1975).

## (2) 제한적 제재 면제와 적용기준

항공안전보고제도에 따른 면책특권은 보고서 제출 여부에 따라 보고자에게 자동적으로 부여되지 않는다. 즉 보고서를 제출할 때 특정 절차를 따라야 하며, 고의가 아닌 부주의한 행위에 대해서만 면책특권을 받을 수 있다.

최초 FAA와 NASA의 양해각서는 (1) FAA의 보고자에 대한 제한적 면책, (2) 정보 출처의 비밀 유지, (3) NASA가 임명하고 FAA와 국방부를 포함한 국가항공시스템의 운영 측면에 관련된 모든 부문의 대표자들로 구성된 '자문소위원회'를 구성하는 것으로 규정되었다. 이러한 자율보고제도는 안전정보의 수집을 증가시키기 위한 목적으로 자율적으로 제출된 다수의 안전보고서를 통하여 제도와 운영문제를 확인하도록 계획되었다. 여기서, 보고자에게 면책을 제공하는 목적은 두 가지였다. 첫째, 적시에 안전정보의 자율적인 보고를 장려하기 위한 동기를 제공하는 것, 둘째, 프로그램의 기밀성 개념을 강화하는 것으로, ASRS 보고서를 제출하는 경우 제한적 면책을 통하여 기밀성을 지원하는 것이었다.[155] 이처럼 면책이 제공되기 위해서는 적시에 보고서가 제출되어야 하고, 적시에 제출된 보고서와 관련하여서는 제재가 면제되도록 하였다. ASRS가 처음 시행되었을 때, 비처벌적이고 제한적인 면책은 FAA, 항공업계 및 NASA 운영진에 의하여 자율보고서 제출을 위한 '매우 중요한 장려책'(incentive)으로 판단되었다.[156] 이러한 자율보고제도의 체계와 면책의 목적은 '자기비판적 분석' 법리와 유사한 의도 및 맥락을 가지고 있음을 확인할 수 있다.

---

155) U.S. House of Representatives, Proposed Modification of the Aviation Safety Reporting System: Hearings Before the Subcomm, on Government Activities and Transportation, House Comm, on Government Operations, 96th Cong., 1st Sess. 3(1979-1980) (statement of Dr. Janies J. Kramer)(1979), p.49. 제한적 면책특권이란 안전사고 또는 FAR 위반과 관련된 자율보고서를 제출하는 경우, 모든 관련 사건은 FAA 징계에서 면제되는 것을 말한다.

156) 이러한 결론은 FAA가 익명성과 면책이 ASRS 성공의 기본이라는 NASA 태스크포스의 결론을 채택했다는 사실에서 추론할 수 있다. U.S. House of Representatives, Proposed Modification of the Aviation Safety Reporting System: Hearings Before the Subcomm, on Government Activities and Transportation, House Comm, on Government Operations, 96th Cong., 1st Sess. 9(1979-1980) (statement of John H. Winant), pp.12-13.

# 항공분야에서
# Just Culture의 정의

# Ⅰ. 공정문화의 정의

## 1. James Reason의 정의

공정문화는 1997년에 James Reason에 의해 처음으로 정의되었다. 그는 안전
문화의 구성요소를 공정문화(just culture), 보고문화(reporting culture), 학습문화
(learning culture), 정보문화(informed culture) 그리고 유연한 문화(flexible culture)
로 정의하였는데, 그중 공정문화는 다음과 같이 정의하였다.

> "사람들이 안전과 관련된 필수적인 정보를 제공하는 것을 장려하고 보상도
> 받지만, 허용되는 행위와 허용할 수 없는 행위 사이의 경계선에 대해서도 명확
> 한 신뢰의 분위기"[1]

이 정의에서는 '안전 관련 정보를 제공하는 것에 대한 장려와 보상', '신뢰의
분위기', '허용되는 행위의 경계에 대한 명확성'의 내용을 포함하고 있다. 즉 안
전증진을 위하여 정보를 제공하는 것에 대한 장려와 보상이 필요하며, '허용되는
행위와 허용되지 않는 행위의 경계'에 대한 명확성을 통하여 조직의 신뢰 확보
가 선행되어야 함을 강조하고 있다.

## 2. ICAO, EU, Eurocontrol의 정의

2007년 ICAO 제36차 총회에서는 공정문화의 개념이 논의되었다. 이 개념은
유럽 국가들과 단체들에 의해 제안되었으며, 유럽연합(European Union: 이하
"EU"라 한다) Regulation[2]과 유럽항행안전기구(European Organisation for the
Safety of Air Navigation: 이하 "Eurocontrol"이라 한다)에서도 동일하게 정의하고

---

1) "An atmosphere of trust in which people are encouraged (even rewarded) for providing
essential safety-related information, but in which they are also clear about where the
line must be drawn between acceptable and unacceptable behavior." James Reason,
*Managing the risks of organizational accidents*, Routledge(1997), p.195.
2) EU, Regulation No. 691/2010, Official Journal of the European Union, L 201/1(2010),
Article 2(k).

있다.

> "일선 실무자 등은 그들의 경험과 훈련에 상응한 작위(action), 부작위(omission) 또는 결정(decision)에 대하여 처벌받지 않지만, 중대한 과실(gross negligence), 고의로 추정되는 위반(wilful violation), 파괴적인 행위(destructive acts)는 용인되지(tolerated) 아니한다."[3]

이 정의는 용인의 범주와 용인되지 않는 범주를 보다 구체적으로 제시한 것으로 보인다. 즉 "그들의 경험과 훈련에 상응한 작위, 부작위 또는 결정"은 용인되는 행위이며, "중대한 과실, 고의로 추정되는 위반, 파괴적인 행위"는 용인되지 않는 행위임을 구체적으로 정의하였다. 이처럼 공정문화는 용인의 경계를 통하여 책임이 명확하게 제시되어야 함을 강조한 것으로 해석할 수 있다.

2016년 ICAO 제39차 총회에서도 공정문화의 정의가 명시되었는데, 민간항행서비스기구(Civil Air Navigation Services Organisation: 이하 "CANSO"라 한다)가 정의한 공정문화는 James Reason의 정의와 동일하며, 정보문화와 보고문화, 공정문화가 서로 의존적 관계임을 언급하였다.[4] 또한 "모든 과실(error)과 불안전한 행동을 그 기원과 상황에 관계없이 처벌하는 것은 허용될 수 없고 또한 당해 조직의 사고에 기여할 수 있었거나 기여하였던 모든 행동에 대해 제재로부터 전면적인 면책을 주는 것도 받아들일 수 없음을 모든 직원(employees)들은 명확히 이해하고 인식하여야 한다"[5]라고 하였다. 즉 모든 직원이 긍정적 또는 부정적인 안전사건에 대하여, 그러한 행동의 결과보다는 자신의 행동에 근거하여 '정당하고(justly) 공정하게(fairly)' 대우받을 것을 이해하는 환경이며,[6] 안전성과를 평가하고 인간 행동을 해석할 때 체계적 요소가 고려되어야 함을 인지하는 것이 '공정문화'라고 보았다.

---

3) ICAO, Working Paper, Protection of certain accident and incident records and of safety data collection and processing systems in order to improve aviation safety Implementation of a "Just Culrure" Concept, Assembly-36th session, A36-WP/232(2007), 1.4.
4) ICAO, Working Paper, Aviation safety and air navigation implementation support, Assembly-39th Session, A39-WP/193(2016), 1.2.
5) *Ibid.*
6) *Ibid.*, 1.1.

## 3. 미국 및 우리나라의 정의

미국은 안전규정 준수를 독려하기 위하여 1988년 자율준수 및 집행프로그램을 마련하였고,[7] 2015년 FAA는 새로운 '자율준수프로그램'을 통하여 공정문화를 실현할 것을 밝혔다. FAA Order 8000.72에서 정의하는 공정문화는 다음과 같다.

> "공정문화란 수범자가 규제 및 비규제 안전문제를 스스로 공개하는 것에 대한 중요성을 인정하는 분위기를 말한다. 공정문화는 의도하지 않은 과실을 감안하고, 처벌에 대한 두려움 없이 과실이 보고되는 비처벌적 환경을 조성하는 것이다."[8]

이처럼 미국에서 정의하는 공정문화는 자율준수프로그램을 통한 공정문화의 실현에 초점을 맞춘 것으로 해석된다. 즉 규제대상자의 과실에 대하여 행정집행보다는 사실과 상황에 기초하여 적절한 시정조치 또는 관련 제도를 개선할 수 있도록 조치하는 자율준수 환경을 조성하는 것이며, 이러한 '비처벌'적 환경을 통하여 의도하지 않은 과실에 대하여 두려움 없이 보고하도록 장려하는 것으로 볼 수 있다. 또한 FAA Order 8900.1[9]에서 공정문화의 환경을 보충적으로 설명하고 있는데, "공정문화의 핵심은 자율준수 도구를 통하여 효과적으로 해결할 수 있는 안전하지 않은 행위와 행정집행을 사용해야 하는 허용할 수 없는 행위 사이의 경계선을 결정할 수 있는 능력이다"라고 명시함으로써, 용인의 경계를 강조하고 있다.

국내에서도 국토교통부 고시[10]인 「국가항공안전프로그램」과 항공교통본부 훈령인 「항공교통업무 안전관리시스템 운영매뉴얼」[11] 및 「항공안전관리시스템 승

---

7) 이와 관련한 자세한 내용은 Chapter 03, p.104에서 다루고자 한다.

8) "Just Culture-An atmosphere in which regulated persons appreciate the value of self-disclosing both regulatory and non-regulatory safety issues. It allows for consideration of unintentional errors and creates a non-punitive environment, where errors are reported without fear of reprisal." FAA, Order 8000.72(2017).

9) FAA, Order 8900.1, Flight Standards Information Management System, Volume 14, Chapter 1, Section 1: Flight Standards Service Compliance Program(2021), 14-1-1-11,E.

10) 국토교통부 고시 제2020-751호.

11) 항공교통본부 훈령 항공교통업무 안전관리시스템 운영매뉴얼.

인 및 모니터링 지침」[12]에서 공정문화를 정의하고 있으나, 그 내용은 일치하지 아니한다. 국가항공안전프로그램과 항공안전관리시스템 승인 및 모니터링 지침에서는 다음과 같이 정의하였다.

> "업무수행 과정에서 발생하는 사람의 의도치 않은 오류에 대한 발생원인을 종사자 자체가 아닌 조직문화, 업무환경, 업무절차, 운영체계 등의 특성이 사람의 인적 요인과의 작용으로 나타난 결과임을 강조하는 문화"

또한 항공교통업무 안전관리시스템 운영매뉴얼에서 정의한 내용은 다음과 같다.

> "항공교통관제사 등 운영 요원이 직무 관련 교육, 훈련과 경험에 따른 조치, 결정에 대하여 처벌받지 않는 문화를 말한다. 다만 범죄, 중대한 과실 또는 고의로 추정되는 과실 행위가 확인된 경우에는 제외한다."

이처럼 항공교통업무 안전관리시스템 운영 매뉴얼에서 정의하는 공정문화는 앞서 살펴본, ICAO, EU, 미국의 정의와 크게 다르지 아니하며, '비처벌'과 '용인의 경계'도 명시하고 있다. 그러나 국가항공안전프로그램과 항공안전관리시스템 승인 및 모니터링 지침은 인간의 과실이 개인의 문제가 아닌 시스템적 문제임을 강조하는 것으로, ICAO, EU, 미국에서 강조되고 있는 공정문화의 정의를 포함하지 못하는 것으로 보인다.

현재 공정문화의 핵심은 용인의 경계를 어떻게 설정할 것인지에 주목되고 있는데 비해, 국가항공안전프로그램과 항공안전관리시스템 승인 및 모니터링 지침은 이러한 점이 고려되지 않았다. 또한 공정문화가 행정규칙과 운영매뉴얼에서 다르게 정의되고 있는 점으로 볼 때, 공정문화에 대한 인식이 부족한 국내의 현실을 반영하는 것으로 판단할 수 있다.

---

12) 국토교통부 훈령 항공안전관리시스템 승인 및 모니터링 지침.

■ 소 결

ICAO, EU, 미국, 국내의 규정에 포함된 내용으로 살펴본 '공정문화'의 정의는 James Reason의 개념을 구체화한 것으로 보인다. 이 정의는 한편으로 '중과실', '고의로 추정되는 위반' 및 '파괴적 행위'를 용인하지 않고, 다른 한편으로 일선 실무자의 경험과 훈련에 상응한 작위, 부작위 또는 결정은 용인하는 것에 초점을 맞추고 있다. 우리나라에서 Just Culture는 '공정문화'로 일컬어지며 이것은 'Just'의 사전적 의미를 따른 것으로 판단된다. 행정규칙에서도 이미 '공정문화'로 정의하고 있다. 그러나 공정문화를 단순히 단어 자체의 의미로 받아들이는 것은 다소 무리가 있다. 이것은 앞서 살펴본 공정문화의 정의에서 나타나는 바와 같이, '법적 정의(justice) 및 용인(tolerence)의 균형과 명확성을 통하여 항공 실무자들이 공정하고 정당하게(justly and fairly)[13] 대우받을 것을 신뢰하는 분위기'의 함축적 의미로 보아야 할 것이다.

공정문화의 정의와 관련하여 고려해 볼 첫 번째 사항은 '최일선 실무자'(frontline operator)에 누가 해당되는지 여부이다. 항공분야에서 그들은 위험에 직접 접촉하는 실무자들이며[14] 구체적으로, 조종사, 객실승무원, 항공교통관제사, 정비사, 공항 관리자 및 항공안전 문제에 대한 중요한 정보를 제공하는 모든 직원들이 최일선 실무자의 범주에 포함될 것이다. 이러한 최일선 실무자의 의도하지 않은 인적오류가 행위자의 경험과 훈련에 상응한 행위인 경우 '용인'을 통하여 자율적 보고와 재발방지에 초점을 두어야 하며, 그러한 행위가 '중대한 과실', '고의로 추정되는 위반행위', 특히 '위험하고 파괴적인 행위'에 포함된다면 용인이 아닌 처벌되어야 함을 의미한다.

궁극적으로 공정문화는 안전 관련 사건이나 보고사항이 발생할 경우, 적용의 일관성을 유지하기 위하여 조직과 조직의 구성원이 용인할 수 있는 행동과 용인할 수 없는 행동 사이의 경계를 명확히 하고 이러한 행위위반의 결과에 대하여 타협이 필요함을 강조하는 것이라 볼 수 있다.[15]

---

13) 여기서 'justly and fairly'는 제39차 ICAO 총회의 내용에서 "직원이 그 행위의 결과보다는 자신의 행위에 기초하여 정당하고 공정하게 대우받을 것을 이해하는 환경"으로 해석한 것을 기초로 하였다. ICAO, Working Paper, *supra* note 4, 1.2.

14) Francesca Pellegrino, *The Just Culture Principles in Aviation Law Towards a Safety-Oriented Approach*, Spinger(2019), p.115.

## Ⅱ. 공정문화의 적용 범위

### 1. 공정문화의 적용 범위와 위반행위에 따른 제한

공정문화의 '비처벌'은 고의로 추정되는 과실이나 중대한 과실을 제외한 비교적 경미한 과실에 적용될 수 있다. 그러나 공정문화의 범위 자체가 '사건'으로 제한된다고 보기는 어렵다. 공정문화의 정의에서 명시하는 바와 같이, 보고자들이 안전보고를 자율적으로 할 수 있는 환경을 조성하는 것이 공정문화이며, 의도치 않은 과실을 공정문화의 범위로 보아야 할 것이다.

공정문화는 보고문화를 장려하기 위한 필수적 요소로 다루어지고 있다. 즉 모든 사건, 사고, 위해요인(hazard), 위험도(safety risk) 및 항공운항의 안전을 저해할 수 있는 기타 정보에 대하여 제한 없는 보고가 필수적이라는 것이다.[16] 안전보고가 활성화되기 위해서는 직원들의 신뢰가 바탕이 되어야 하는데, 이것은 공정문화의 환경을 통해 이루어질 수 있다. 보다 구체적으로, 보고의 주요 목적은 위험 통제와 사고 예방을 위한 것이지 책임을 귀속하기 위한 것이 아님을 강조하여야 하며, 고의로 추정되는 과실, 범죄, 중대한 과실이 아닌 경우 처벌받지 않을 것이라는 확신이 필요한 것이다. 또한 보고자는 법률이 허용되는 범위 내에서 보호를 보장하여야 한다.[17] 이처럼 공정문화는 위험요소에 대한 보고에 모두 적용되며, 모든 항공 관련 사고 및 사건에 적용된다고 보아야 한다. 다만 위반행위를 판단할 때 행위의 정도가 중대하거나 고의성이 있다고 판단되는 경우에는 공정문화의 범위에서 벗어나는 것으로 보아야 할 것이다.

### 2. 공정문화 적용 범위와 국가별 보고제도의 차이

ICAO는 국제민간항공협약 Annex 19 SARPs를 통하여 국가가 의무보고 및 자율보고제도를 갖출 것을 요구하고 있으며,[18] 자율보고에 대한 보호를 의무보고에도 확대하도록 권고하고 있다.[19] 그러나 공정문화의 환경과 보고제도의 적

---

15) ICAO, Working Paper, *supra* note 4, 2.3.1.
16) SCAA, SCAA Just Culture Policy, A Guide to SCAA's Position & Principles.
17) *Ibid*.
18) ICAO, Annex 19-Safety Management, 2nd Edition(2016), 5.1.2, 5.1.3.

용 범위는 국가별로 차이가 존재한다.

미국의 경우 사고(accident) 및 준사고(serious incidents)의 12개 항목[20]만을 의무보고 항목으로 명시하여 NTSB에 보고하도록 하고, 그 외의 항목은 항공안전프로그램을 통하여 자율적으로 보고하도록 함으로써 '비공개'와 '비처벌'을 보장하고 있다. 영국의 경우 의무보고는 법적인 보고 대상자에 한하며, "항공기와 관련하여 시정되지 않으면 항공기, 탑승자 또는 다른 사람을 위험에 빠뜨리거나 위험에 빠뜨릴 수 있는 모든 사건"을 의무보고의 대상으로 명시하고 있다.[21] 반면 자율보고는 항공운용의 전 영역에 대하여 보고를 장려하고 있으며, 법률에 따라 보고의무가 없는 사람을 대상으로 하고 있다.[22] 즉 영국에서는 법적으로 명시되어 있는 보고 대상자가 위험이 발생할 수 있는 모든 사고 및 사건을 의무보고하도록 명시하고 있으며, 보고한 내용이 고의로 추정되는 과실 또는 중대한 과실이 아닌 경우, '비처벌' 및 보고자의 보호를 위한 '비공개', '기밀성'이 보장된다.[23] 뉴질랜드와 덴마크의 경우에도 의무보고제도에 대한 '비공개' 및 '비처벌', '기밀성'이 보장되고 있다.[24]

이처럼 공정문화의 환경을 적용하는 범위는 국가별로 차이를 보이나, 공정문화의 원칙이 다르게 적용되는 것은 아니다. 즉 공정문화는 사고 및 사건의 예방을 위하여 참여자들이 자유롭게 보고하고 용인되는 범위와 용인되지 않는 범위를 명확히 인지할 수 있는 신뢰의 환경이며, 모든 사고와 사건이 공정문화의 범위에 포함된다고 보아야 할 것이다.

---

19) "Recommendation-States should extend the protection referred to in 5.3.1 to safety data captured by, and safety information derived from, mandatory safety reporting system and related sources." *Ibid.*, 5.3.2.

20) 미국은 사고 및 준사고의 경우 NTSB에 통보하도록 하고 있다. 49 C.F.R. § 830.5.

21) Civil Aviation Authority, The Mandatory Occurrence Reporting Scheme Information and Guidance(2011), 2.1.1.

22) *Ibid.*, 2.4.1.

23) *Ibid.*, 7.1, 7.2.

24) GAIN, A Roadmap to a Just Culture: Enhancing the Safety Environment, Gain Working Group E, 1st edition(2004), pp.20-22; New Zealand Civil Aviation Rule CAR Part 12.63.

## Ⅲ. 공정문화와 용인(tolerance)

### 1. 용인의 정의

　'tolerance'에 해당하는 우리말은 용인(容忍) 또는 관용(寬容)이며, 관대하게 포용한다는 의미를 가지고 있다.[25] 그러나 'tolerance'의 어원은 프랑스어인 똘레랑스(tolerance)로, 사전적 의미로는 충분히 설명되지 않는다.[26] 즉 좁은 뜻으로는 모든 인간이 과오를 저지르는 존재이므로 타인의 과오를 받아들이고 너그러이 용서하는 것을 뜻하며, 넓게는 자신과 다른 특성을 가진 사람의 인격권과 자유를 인정하는 것이라는 뜻으로 통용된다.[27] 이처럼 똘레랑스는 특별한 상황에서 허용되는 자유를 말하며, 법과 규정을 지키는 것이 중요하지만 그것에 얽매이지 않고 유연하게 적용하는 것을 의미한다. 예를 들어 교통법규에서 제한 속도가 일부 초과되어도 과태료를 부과하지 않는 사례를 들 수 있는데, 이것은 교통법규 위반에 대해 제재가 아닌 개선에 초점을 두는 것으로 볼 수 있다. 그러나 '용서하고 받아들인다'라는 것은 '죄를 합리화하여 없던 일로 하는 것'이 아니라 죄를 저지른 사람이 그에 합당한 처벌을 받고 반성하였을 때 용서하는 것을 뜻한다. 다시 말해, 유죄에 따른 법적, 도덕적 문책까지 용서하는 것을 포함하지 않으므로, 용인할 수 있는 사람은 자신의 잘못을 알고 반성과 책임을 다하는 사람일 것이다.[28] 또한 똘레랑스가 강조되는 사회에서는 타인의 다름을 인정하고 자신의 의견을 강요나 강제하는 것이 아닌 토론과 설득을 통하여 타인의 생각을 바꾸어가는 문화가 자리잡고 있다.[29]

　이러한 점에 비추어 볼 때, 앞서 공정문화의 정의에서 사용된 'tolerance'는 우리말로 용인을 의미하나 똘레랑스의 의미로 해석되어야 할 것이며, 이것은 공

---

25) 우리나라에서는 'tolerance'를 '관용'으로 해석하고 있으나, 관용보다는 용인이 가까운 표현으로 판단된다. 즉 오류나 잘못을 '너그럽게 받아들인다'라는 의미보다는 그 차이를 인정하고 '참고 받아들인다'라는 의미로 보아야 할 것이다. 김종목·홍세화, 똘레랑스는 차이를 용인하는 자세, 경향신문, 2010.2.1.
26) 정채연, "법에서 다원주의의 수용과 발전", 고려대학교 대학원 박사학위논문(2010), 57면.
27) 필리프 사시에, 「왜 똘레랑스인가」, 상형문자(2000), 70면.
28) 상게서, 69면.
29) 최연구, 똘레랑스를 생각한다. 프레시안, 2004.6.21.

정문화의 원칙과 매우 유사한 점을 확인할 수 있다. 이러한 점에서, 본서는 똘레
랑스의 우리말 표현인 '용인'이라는 용어를 사용하였으며, 이를 통하여 공정문화
의 원칙을 구체적으로 표현하고자 한다.

## 2. 불명확한 용인의 경계

공정문화의 원칙에 실효성을 제고하기 위해서는 '용인되는 행동'과 '용인되지
않는 행동' 사이의 경계설정이 중요하며, 공정문화의 정의에서도 이를 강조하고
있다. 이러한 점은 "ATM 안전데이터 보고 및 평가에서 공정문화 원칙 수립"
(Establishment of 'Just Culture' Principles in ATM Safety Data Reporting and
Assessment)이라는 제목의 Eurocontrol 안전규제요건(Eurocontrol Safety Regulatory
Requirement: 이하 "ESARR"이라 한다) 권고지침에서도 "규율에 적절하지도 유용하
지도 않은 나쁜 행동(bad behaviours)과 안전하지 않은 행위를 구별하는 것은 어
려움이 따른다. 따라서 이 경계를 설정하기 위한 일련의 원칙에 타협할 필요가
있다"라고 하여 용인의 경계에 대한 중요성을 강조한 바 있다.[30] 그러나 ICAO
총회 및 체약국에서 제시되고 있는 공정문화의 정의를 살펴보면, 고의로 추정되
는 과실(wilful misconduct)과 중대한 과실, 경미한 과실의 경계가 모호하며, 이
러한 이유로 용인되는 행동과 용인되지 않는 행동에 대한 명확하고 타협에 이른
정의가 여전히 필요한 상황이다.[31]

### (1) 공정문화의 정의를 통한 설정

공정문화의 정의에서는 용인의 경계를 명확히 구분하여야 함을 강조하고 있
다. ICAO 총회를 통하여 체약국에 인식되고 있는 용인의 경계를 살펴보면, 그
들의 "경험과 훈련에 상응한 작위, 부작위 또는 결정"은 용인되는 행위이며, "중
대한 과실, 고의로 추정되는 과실, 범죄 행위"는 용인되지 않는 행위로 인식되고
있다. 물론 ICAO 총회 문서와 EU Regulation, 미국의 FAA Order 8000.72에서
공정문화가 동일한 문장으로 정의되고 있지는 않으나, 핵심적 의미인 비처벌과

---

30) Eurocontrol, Establishment of 'Just Culture' Principles in ATM Safety Data Reporting and
　　Assessment, ESARR Advisory Material/Guidance Document(2006).
31) Francesca Pellegrino, *supra* note 14, p.138.

용인의 경계는 동일하게 적용하고 있으며, 문맥상 차이를 보이는 것은 각국이 공정문화를 적용하는 방식으로 해석된다. 용인의 경계를 설정한다는 것은 양쪽에 무엇을 놓을 것인지 명확히 한다는 것이다. 그렇지 않으면 용인되는 행동과 용인되지 않는 행동을 구분하는 것은 하나의 큰 모호함이 될 것이다.

오늘날 공정문화에 대한 많은 지침에서는 '중과실'이 용인되지 않는 행위로 구분되는데, 여기서, '중과실'에 대한 결정의 문제가 제기된다. 일반적으로 '과실'은 사회에서 통상적으로 요구되는 기준에 미달하는 행위이다.[32] 이것은 상황에 따라 신중하고 합리적인 사람이 할 수 있는 일을 생략하거나, 상황에 따라 신중하거나 합리적인 사람이 할 수 없는 일을 하는 등 특정 직종에 종사하는 사람에게 기대하는 합리적인 수준의 업무를 하지 못한 경우에 적용된다. 과실 문제를 제기하기 위해서는 그 사람에 대한 '주의의무'가 있어야 하고, 그 과실로 인하여 '피해'가 발생하여야 한다. 즉 주의를 기울여야 할 의무가 있는 경우, 개인이나 재산에 해를 끼칠 가능성이 합리적으로 예견될 수 있는 작위나 부작위를 방지하기 위하여 적절한 주의를 기울여야 한다는 것이다. 그러나 합리적이지 못한 행동으로 인하여 개인 또는 재산에 위해, 상해, 손해가 발생한 경우에는 그 행위를 한 자의 과실로 본다.[33] 그러나 이러한 과실의 정의는 행위의 본질적인 성질을 포함하지 못한다. 어떠한 행동이 신중하거나 합리적인지 객관적으로 판단하기 어려우며, 이 결정의 문제가 얼마나 복잡한지를 보여준다. 중요한 점은, '어떤 행위들이 본질적으로 중대한 결과를 초래할 정도로 태만하지 않은가'에 대한 것이 아니라, '우리 사회의 어떤 조직에서 행동이 소홀하다고 보아야 하는지 또는 그렇지 않은지'를 결정하는 것이다. 즉 이러한 범주를 정하는 것은 권한의 문제가 될 수 있다.

공정문화를 구현하기 위한 요소는 공통적으로 신뢰, 학습, 책임감의 문화이다. 대부분의 사람들에게 공정문화의 주된 목적은 안전문제를 보고할 수 있는 자신감을 주는 것이며, 이것은 조직이 공정하게 반응할 것이라는 신뢰에 기초한다. 즉 공정문화를 통하여 조직은 사고로부터 배우고 바람직하지 않은 결과에

---

32) Sidney Dekker, *Just Culture Restoring Trust and Accountability in Your Organization*, 3rd Edition, CRC Press Taylor & Francis Group(2017), p.3.
33) GAIN, *supra* note 24.

대하여는 '책임'을 지녀야 한다는 것을 의미한다.[34]

## (2) 공정문화의 행동 유형을 통한 설정

공정문화의 모델은 학자들에 의하여 많은 연구가 진행되어왔다. James Reason 의 'Swiss Cheese' 모델은 안전시스템, 용인되는 것과 용인되지 않는 것 사이의 경계가 명확히 그려지는 특성을 포함하였다.[35] 그는 공정문화가 처벌하지 않는 환경을 갖추는 것이 아니라, 필요한 안전개선과 양립할 수 있도록 책임의 균형 을 맞추는 것이라고 하였다.[36] Sidney Dekker는 사법적 기소와 징계로 안전성 이 개선되지 않는다고 보았다. 처벌은 역효과를 갖게 되며, 오히려 조직의 구성 원들이 잠재적인 기소에 대응하기 위하여 방어적인 태도를 보임으로써 안전 관 련 사건을 보고하지 않게 되고, 이것이 정보의 흐름을 차단하기 때문에 안전정 보에 부정적인 영향을 미칠 것으로 보았다.[37] 또한 안전 관련 보고가 이루어지 지 않으면 안전성이 저하될 것이라고 하였다. 이처럼 공정문화의 구현을 위해서 는 사람들이 사건의 발생을 보고하도록 하는 '신뢰 환경'이 필요하며, 자신들의 보고서가 공정하게 처리될 것을 신뢰하고 충분히 안심해야 한다는 것이다.

그러나 사람들의 신뢰를 얻기 위한 명확한 정의는 없다. 그러므로 규제 기관 이 위반 행동에 어떠한 관점을 가지며, 각 국가가 고의로 추정되는 과실 및 중 대한 과실에 대하여 자체적으로 어떻게 해석을 하는지에 따라 달라질 수 있다고 보았다. Sidney Dekker에 따르면, 용인할 수 있는 행동과 용인할 수 없는 행동 사이에는 명확한 선이 없으므로 문제는 누가, 어떻게 그 경계를 설정하는지에 달려있다고 하였다.[38] 또한 공정문화는 다음 세 가지 유형의 행동에서 구별된다

---

34) Sidney Dekker는 공정문화의 접근방식이 하나는 '응보'에 기초하고 다른 하나는 '회복'에 기초 한다고 보았다. 응보는 마땅히 비례적인 처벌을 부과하는 것이고, 회복은 손상된 신뢰와 관계의 회복이라고 하였다. Sidney Dekker, *Just Culture Balancing Safety and Accountability*, Ashgate(2012), p.23.

35) James Reason의 "Swiss Cheess" 모델이 포함하는 4가지 특성은 (1) 안전시스템 및 용인되는 부분과 용인되지 않는 부분 사이의 경계에 대한 지식이 명확하게 도출되는 "정보문화", (2) 기 소에 대한 두려움 없이 직원들이 과실 또는 누락을 보고하는 "보고문화", (3) 직원들이 오류로 부터 배우는 "학습문화", (4) 사람들이 변화에 적응할 수 있는 "유연한 문화"이다.

36) Francesca Pellegrino, *supra* note 14, p.21.

37) Sidney Dekker, *supra* note 34, p.3.

38) Philippine Dumoulin, "Just Culture and Unjust Results: The Changing Paradigm," *Annals of Air and Space Law*, Vol. 40(2015), p.403.

고 보았다. 첫째, 의도하지 않은 과실(honest mistake)은 부주의(lapse), 오류(slip), 착오(mistake)가 포함된다. 이것은 의도하지 않은 것이며 그러한 상황에서 누구에게나 일어날 수 있다. 둘째, 위험이 있는 행동(at-risk behavior)이란 인식되지 않거나 잘못 판단하여 위험을 증가시키는 선택을 하는 것이다. 셋째, 중과실(gross negligence) 또는 무모함(recklessness)은 의식적으로 상당하고 정당하지 않은 위험을 무시하거나 감수하는 선택이다. 따라서 공정문화를 채택하게 되면 이러한 행동에 대한 분류가 수반되어야 한다는 것이다. 의도하지 않은 과실은 그러한 행동을 유발한 조건에 대한 조사가 필요할 것이고, 위험 행동은 코칭과 경고가 필요할 것이다. 또한 무모함은 징계, 정직, 해고 또는 규제 기관에 의한 행정집행으로 이어져야 한다.

결론적으로, 공정문화에 대한 모든 정의는 용인의 경계에 대한 명확성과 타협을 강조하며, 참여자들이 이러한 행위를 인식하고 구별할 수 있어야 할 것이다.[39] 공정문화는 이처럼 '용인되는 범주의 명확성'에 집중되며, 공정문화의 환경은 책임의 선이 더욱 명확하게 그려지는 것을 의미한다.[40]

## 3. 사건의 개별적 판단과 실질적 문제

항공분야의 사고 및 사건 발생에 따른 과실은 각각의 사례에 따라 개별적으로 판단되어야 한다. 형사적 판단의 경우 법원에 의하여 사건별 판단을 받게 된다. 즉 위반행위가 고의, 중과실, 범죄에 해당하는 경우인지 또는 실무자가 책임감을 가지고 합리적인 방식으로 행동한 과실인지에 대한 판단을 하는 것이다. 물론 민간항공보안에 대한 납치 및 테러 행위와 같이 고의적 행위로 정의하는 데 문제가 없는 경우도 있다.[41] 이처럼 특정 행위가 개인의 법적 책임이 필요한 정도의 위반행위를 구성하는지는 법원의 판단에 따르게 된다. 이때 법원은 항공이라는 직업의 고유한 특성을 고려하여 운항 중에 발생할 수 있는 어려운 상황과 항공실무자의 행동을 유연하게 고려하여 판단해야 할 것이다.

---

39) Sidney Dekker, *supra* note 34, p.3.
40) GAIN, *supra* note 24.
41) Uros Kosenina, "Criminalization in Aviation: Achieving the Right Balance to Guarantee the Overall Public Interest", *Pravnik*, Vol. 67, No. 1-2(2012), p.96.

그러나 법원에서 항공사고 및 사건을 판단함에 있어, 합리적인 항공전문가의 관점에서 항공사고를 판단할 수 있는 적절한 지식과 경험은 부족한 상황이다. 그러한 이유로 사건에 대한 판단은 대개 항공실무자의 행동을 객관적으로 평가할 수 있는 기술과 능력을 갖추고 신뢰할 수 있는 전문가에 의존하게 되며, 일부 국가에서는 기술적 관점에서 작성된 '사고조사보고서'가 형사소송의 증거로 인정된다. 실제로 이탈리아의 경우 이러한 보고서가 재판 파일에 포함되며, 이를 통하여 판사가 재량적으로 판단할 수 있다.[42] 이것은 판사가 사고조사보고서에 포함된 결론에 근거하여 유죄에 대한 법적 결론을 도출할 수 있음을 의미한다. 이러한 정보의 남용 문제는 항공안전을 저해하는 장애요소로 간주된다.[43] 즉 법적 판단을 위하여 사고조사보고서를 목적에 맞지 않게 사용하는 것, 사고조사의 과정에서 진술한 내용을 증거로 사용함으로써 발생할 수 있는 자기부죄[44]의 위협 등 정보의 남용은 항공실무자들의 신뢰를 저하(低下)시키고 항공안전에 중요한 정보를 자율적으로 제공하는 것을 꺼리게 만드는 요인이 되는 것이다. 이러한 점은, 공정문화와 항공안전에 대한 충분한 이해가 법원에서 선행되어야 할 필요성이 제기되는 이유일 것이다.

---

42) Francesca Pellegrino, *supra* note 14, pp.138-139.

43) Uros Kosenina, *supra* note 41, p.96.

44) 자기부죄(自己負罪)는 '자기 스스로 범죄책임을 묻는 것'을 말한다. 우리 헌법은 제12조제2항에 "형사상 자기에게 불리한 진술을 강요당하지 아니한다", 제7항에 "피고인의 자백이 …(중략)… 자의로 진술된 것이 아니라고 인정될 때 …(중략)… 이를 유죄의 증거로 삼거나 이를 이유로 처벌할 수 없다"라고 명시하고 있다.

# 항공분야의 Just Culture 구현 및 관련 법규정

항공분야에서는 사고 및 사건의 발생에서 위험요소를 찾고 재발을 방지하여 항공안전을 확보하도록 하는 사전예방적 안전관리방식에 초점을 두고 있으며, 이를 위하여 항공실무자들의 자율보고를 통해 위험요소를 확인하고 안전정보를 수집하여야 할 필요성이 대두되었다. 그러나 사고 및 사건이 발생하였을 때, 항공실무자에 대한 형사처벌이 증가하고 수집된 안전정보를 법원이나 항공규제기관에서 처벌의 증거로 남용함으로써 관련 당사자들이 처벌의 두려움으로 안전보고 및 사고조사에 협조하지 않는 현상이 국제적으로 발생하였다. 이러한 문제점은 안전정보를 수집하는 데 장애 요소가 되고 결국 항공안전에 부정적 영향으로 작용하게 되었다. ICAO에서는 국제적으로 발생하는 이러한 문제점을 인식하고 공정문화의 원칙을 국제민간항공협약 Annex 13 및 19의 SARPs에 반영함으로써, 체약국이 국내법을 통하여 공정문화 환경을 구축하고 이를 이행하도록 강조하고 있다.

이번 장에서는 미국, EU, 호주, 우리나라의 공정문화 관련 법규정과 정책, 공정문화의 구현 현황을 확인하고, 주요국과 우리나라의 비교 및 분석을 통하여 우리나라의 공정문화 관련 문제점을 확인하고자 한다.

# I. 공정문화에 관한 ICAO의 동향과 「국제민간항공협약」 Annex의 원칙

## 1. ICAO의 공정문화 최근 동향

'공정문화'의 개념은 1990년대, James Reason에 의하여 처음 이론화되었다. 이후 의료, 항공 등 안전과 관련된 많은 부문으로 확대되었으며 현재 ICAO 및 다수의 국가에서 항공 법규범으로서 인정되고 있다.[1] 항공분야에서 '공정문화' 구현의 필요성은, 사고조사를 통하여 사고 및 사건으로부터 교훈을 얻고 그러한 부정적 사건의 반복을 방지하기 위하여 적절한 조치가 필요하였으며,[2] 이러한 목표를 달성하기 위하여 ICAO를 중심으로 정교한 규제체계가 수립되었다. 항공 안전을 위해서는 사소한 사건이 자율적으로 보고되는 환경이 매우 중요하므로, 조직 및 규제 기관은 이러한 보고환경을 조성하여야 한다. 효과적인 보고문화는 그러한 조직 및 규제 기관이 책임과 처벌을 어떻게 처리하는지에 달려있다. 물론 '공정문화'의 조건에서는 고의로 추정되는 과실이나 중대한 과실을 제외한, 개인의 '경험과 훈련에 상응한 과실'에 대하여 비난하거나 처벌하지 않도록 하고 있다.

항공분야에서 '공정문화' 개념의 도입은, 2004년 '글로벌항공정보 네트워크 (Global Aviation Information Network: 이하 "GAIN"이라 한다)에 의한 보고서인 '공정문화를 향한 로드맵: 안전환경개선'(A Roadmap to a Just Culture: Enhancing the Safety Environment)에서 비롯되었다.[3] 이 보고서는 '공정문화'에 대하여, 사람들이 안전 관련 정보를 제공하도록 권장하지만, 용인되는 행동과 용인되지 않는 행동 사이의 경계선이 명확한 신뢰의 분위기가 조성되어야 함을 언급하였다. 이 문서에서 언급한 바와 같이, 용인의 경계를 명확히 구분하는 과정은 신뢰를 바탕으로 한 협력의 환경에서 이루어지며, 이러한 협력은 정책의사결정에 자주

---

1) Tony Licu, Marc Baumgartner and Roderick van Dam, Everything you always wanted to know about just culture (but were afraid to ask), HindSight 18(2013), p.14.
2) Skybrary, Just culture.
3) GAIN, A Roadmap to a Just Culture: Enhancing the Safety Environment, Gain Working Group E, 1st edition(2004), p.4.

참여하지 않을 수 있는 실무자들과의 협력을 말한다. 조직에서 실무자들과의 협력은 처벌받을 수 있는 행동에 대한 명확한 인식과 더불어, 공정문화 발전의 핵심에 있는 신뢰를 강화하는 것으로 보고 있다.[4]

규제 차원에서 '공정문화'에 대한 첫 번째 논의는 2007년 제36차 ICAO 총회에서 이루어졌다. 제36차 총회에서 발표한 '공정문화 개념의 구현'(Implementation of a "Just Culture" Concept)이라는 제목의 보고서는 그 목적이 "법 집행과 정보자유의 원칙을 존중하는 동시에 안전보고 및 정보공유의 필요성에 따라 공정문화 개념의 구현을 지원하는 것"이라고 강조하였으며,[5] 유럽연합(EU)의 '공정문화' 정의를 동일하게 사용하였다.[6] 물론 ICAO는 이 정의를 상세하게 설명하지는 않았지만 적절한 '공정문화' 개념을 구현하기 위한 목적으로 이를 명시적으로 인정하고 지지하였다. 이러한 공정문화의 개념은 항공안전을 위하여 사고보고와 정보공유를 장려하는 것이 필수적이라는 점을 강조하며 Eurocontrol에 의해 촉진되었다.[7] 또한 '공정문화' 개념 구현의 중요성은 CANSO의 제39차 ICAO 총회에서 제시된 '공정문화 개선'(Improving Just Culture)[8]이라는 보고서에서 증명되었다. CANSO의 '공정문화' 정의에 따르면, "사람들이 필수적인 안전 관련 정보를

---

4) *Ibid.*, IX.

5) ICAO, Working Paper, Aviation safety and air navigation implementation support, Assembly-39th Session, A39-WP/193(2016). 이와 관련하여 ICAO 총회 결의 A36-7에 따르면, '공정문화'의 목표를 달성하려면 "정보의 보고와 공유를 장려하고 촉진하는 환경, 그리고 결함이 보고되었을 때 적시에 개선조치를 취하는 환경"의 구축이 필요하다고 보았다. 이에 대한 근본적인 이유는 사람들이 징계나 사법당국에 의한 기소라는 측면에서 부정적인 결과를 두려워할 경우, 사실을 알리려 하지 않는다는 것이며, 마찬가지로, 실무자가 기소나 처벌을 두려워할 경우, 과실 등의 안전문제를 보고할 의지가 줄어들 수 있는 것은 당연하기 때문이다. Vaughan D, "The dark side of organizations: mistake, misconduct and disaster", *Annual Review Sociology*, Vol. 25(1999), p.271.

6) EU는 Regulation을 통하여 "일선 실무자 등이 자신의 경험과 훈련에 상응한 작위나 부작위 또는 결정으로 처벌받지 않으나, 중대한 과실, 고의로 추정되는 과실, 파괴적 행위는 용인하지 않는 문화"라고 정의하고 있다. EU, Regulation No. 691/2010, Official Journal of the European Union, L201/1(2010), art. 2(k).

7) Eurocontrol은 '사법제도와의 상호작용을 위한 공정문화 지침자료'(Model for a Policy regarding Criminal Investigation and Prosecution of Aviation Incidents and Accidents)에서 ICAO가 인정한 공정문화의 정의를 동일하게 반영하였으며, "공정문화는 안전에 관련된 또 다른 계획이 아니라 공정문화의 중심에서 다른 방식으로 안전문제를 개선하는 유일한 방법"이라는 점에 주목하였다. Eurocontrol, Just Culture Task Force(JCTF), Model for a Policy regarding Criminal Investigation and Prosecution of Aviation Incidents and Accidents, Just culture Policy(2014).

8) ICAO, Working Paper, *supra* note 5.

제공하도록 장려하고, 용인의 경계가 명확한 신뢰의 분위기"를 통하여, "안전 동향을 사전에 파악"할 수 있다고 보았으며, 고의로 추정되는 과실이나 무모한 행동에는 책임이 따른다는 점도 강조하였다. 또한 CANSO는 명확하게 정의된 공정문화의 정책과 계획을 채택하면 각 항공분야의 안전관리에 도움이 될 것으로 보았다.[9] CANSO의 '공정문화'에 대한 정의는 비록 다른 표현을 사용하였지만, EU Regulation에 규정된 정의와 내용적인 면에서는 유사하며, 거의 전적으로 James Reason의 정의를 재현하였다고 볼 수 있다.[10]

## (1) 공정문화에서 용인의 범주에 요구되는 명확성

ICAO와 EU, Eurocontrol에서 규정한 공정문화의 정의는 용인되는 행동과 용인되지 않는 행동 사이의 명확한 경계선이 필요함을 강조하고 있다.[11] 용인되지 않는 행동은 '고의로 추정되는 과실'(wilful misconduct), '중대한 과실'(gross negligence), '파괴적인 행위'(destructive act)로 해당 상황에서 요구되는 직업적 주의의무의 심각한 불이행으로 초래된 명백한 위험의 엄중하고 중대한 무시가 사람이나 재산에 예측 가능한 손상을 입히거나 항공안전 수준을 심각하게 손상시키는 경우가 포함된다.[12] 반면 용인되는 행위는 항공실무자의 경험이나 훈련에 상응한 작위 또는 부작위, 즉 이른바 '경과실'과 관련이 있다.[13] 이러한 분류는 Eurocontrol이 작성한 'ATM 안전데이터 보고 및 평가의 공정문화 원칙 수립'(Establishment of 'Just Culture' Principles in ATM Safety Data Reporting and Assessment)[14]이라는 문서에서도 기술하고 있는바, 중과실과 범죄 행위는 본질적

9) McDonald N., Corrigan S., Daly C. and Cromie S., "Safety management systems and safety culture in aircraft maintenance organisations." *Safety Science*, Vol. 34, No. 1(2000), pp.153-154.

10) James Reason, *Managing the risks of organizational accidents*, Routledge(1997), p.195.

11) Francesca Pellegrino, *The Just Culture Principles in Aviation Law Towards a Safety-Oriented Approach*, Spinger(2019), p.99.

12) "where there has been manifest, severe and serious disregard with respect to an obvious risk and profound failure of professional responsibility to take such care as is evidently required in the circumstances, causing foreseeable damage to a person or to property, or seriously compromising the level of aviation safety." EU, Regulation No. 376/2014, Official Journal of the European Union, L122/18(2014), recital(37), Article 16(10).

13) SWISSATCA, Just Culture Manual for ATCO, ANSE & ATSEP, Behavior after an incident and further proceedings(2017), p.8.

14) Eurocontrol, Establishment of 'Just Culture' Principles in ATM Safety Data Reporting and

으로 의도적인 행위로 보고 있으며, 부작위(omissions), 오류(slips), 과오(lapses), 착오(mistakes), 위반(violations)의 '인적오류'(human error)는 경과실의 범주에 속한다고 보았다. 또한 의도한 과실과 의도하지 않은 과실 사이의 경계가 모호하기 때문에, 각 사건을 조사하여 어느 범주에 배치할 것인지를 결정할 필요가 있다고 보았다. 이처럼 '공정문화'는 실무자의 경험과 훈련에 상응한 과실은 용인하도록 하나, 고의로 추정되는 과실이나 중대한 과실은 용인하지 아니한다. 이것은 의도적으로 무책임한 위험을 감수하는 사람은 제재를 받아야 한다는 것을 의미한다. 구체적으로 '과실'은 대부분 실제로 실행한 일과 실행했어야 하는 일 사이의 의도하지 않은 이탈로 간주되는 반면, '의도적인 위반'은 확립된 절차, 규범, 또는 관행에서 벗어나는 작위 또는 부작위로 보아야 함을 의미한다.[15]

## (2) 안전데이터 · 정보의 이용가능성을 위한 보호체계의 수립

ICAO 총회에서는 안전정보보호에 대하여 지속적인 논의가 이루어져 왔다. 민간항공의 사고예방 개선에 관한 1995년 결의 A31-10은 체약국이 자율적이고 비처벌적인 제도를 시행할 것을 촉구하였으며[16] 이후, 2001년 결의 A33-17을 통하여 사건기록 및 특정 사고의 보호를 위한 법률 및 규정과 관련된 적절한 지침자료를 개발하도록 요구하였다.[17] 2004년 결의 A35-17에서는 당사국이 모든 안전 관련 데이터수집 및 처리시스템에서 수집된 정보를 보호하는 데 도움이 되는 적절한 법적 지침을 마련하고 국가의 적절한 법 집행을 허용하는 목표를 제시하였다.[18] 2006년 3월에는 사건 · 사고 및 기타 안전데이터의 보호에 관한 ICAO 총회 결의 A33-17[19]과 A35-17[20]에 따라, '안전데이터수집 및 처리시스템'(Safety Data Collection and Processing Systems: "SDCPS")[21]이라는 문서를 채택하

---

Assessment, ESARR Advisory Material/Guidance Document(2006), p.13.

15) ICAO, Doc. 9859, Safety Management Manual, 3rd Edition(2013), 1.5, p.19.

16) ICAO, Annex 19, Safety Management, 1st Edition(2013).

17) *Ibid.*

18) *Ibid.*

19) ICAO, Doc. 9790, Non-Disclosure of Certain Accident and incident Records, Resolution A33-17(2001), p.69.

20) ICAO, Protecting information from safety data collection and processing systems in order to improve aviation safety, Assembly-35th Session, Resolutions, A35-17(2004), p.71.

21) Espinola S, Costa M and Maurino D., "Guidance material addresses concerns about protection

였다. 또한 2006년 ICAO Annex 13의 새로운 첨부문서(attachment) E[22]를 통하여 일반원칙을 포함하는 구체적인 지침을 제공하였다. 관련 내용으로는 안전정보가 수집된 의도와 다른 목적으로 부적절하게 사용되지 않도록 보호하여야 함을 명시하고 있으며, 이러한 보호는 실무자에 대하여 징계, 민사, 행정, 형사소송 및 일반인에게 정보공개를 해서는 아니 되나, 적절한 법 집행을 위해 필요한 경우에는 사용할 수 있도록 하였다.

　2007년 제36차 총회에서 ICAO는 '공정문화'의 정의를 채택하였으며, 위원회는 결의를 통하여 당사국의 국내법을 유지하면서 효율적인 보고제도를 더욱 발전시키고 시행하겠다고 명시하였다.[23] 2010년 ICAO 고위급안전회의(High-Level Safety Conference)에서는 안전관리에 관한 새로운 지침을 국제민간항공협약의 새로운 Annex SARPs에 포함시킬 것을 권고하였다. 제1차 결의(A37-2)는 안전정보보호에 관한 Annex 13, 5.12의 이행을 촉진하기 위하여, 개방적 보고문화의 맥락에서 안전과 사법당국 간의 상호작용을 고려하여 특정사고 및 사건기록의 보호에 관한 규정을 개선할 것을 요청하였다. 제2차 결의(A37-3)는 '실무자의 경험 및 훈련에 상응하는 조치에 대하여 처벌하지 아니하며, 중대한 과실이나 고의로 추정되는 과실이 용인되지 않는 균형 잡힌 환경의 중요성'을 강조하였는데, 이것은 제36차 회의에서 인정한 '공정문화'의 정의를 강조하려는 총회의 의도로 볼 수 있다. 두 결의는 모두 안전정보보호의 필요성과 적절한 법 집행 사이에서 이익균형을 맞출 것을 위원회에 권고하였다.[24] 그러나 이 결의에는 '공정문화'의 정의가 포함되지 않았는데, 이것은 국제민간항공 공동체가 모두 동의한 이전 문구의[25] 유지를 원한다는 것을 보여준다. 국제민간항공협약 Annex 19

---

of safety information. *ICAO Journal*, Vol. 61, No. 6(2006), pp.26-28.

22) Skybrary, ICAO Annex 19 Management, Background of Annex 19.

23) 2007년 총회 결과는 2008년 AIG(Accident Investigation and Prevention: 이하 "AIG"라 한다) 분과회의 결론, 2010년 ICAO 고위급 안전회의(High-Level Safety Conference) 및 안전정보보호 태스크포스(Safety Information Protection Task Force: 이하 "SIPTF"라 한다)의 권고사항과 함께 ICAO 제37차 총회의 A37-2(특정 사고 및 안전 기록의 비공개)와 A37-3(안전데이터 수집 및 처리)으로 통합되었다. ICAO, Annex 19, Safety Management, 1st Edition(2013).

24) Tony Licu and Roderick van Dam, Just culture in aviation: dynamics and deliverables, HindSight 18(2013), pp.18-21.

25) 해당 내용은 "a culture in which front-line operators or others are not punished for actions, omissions or decisions taken by them that are commensurate with their experience and training, but where gross negligence willful violations and destructive acts

에서도 '공정문화'의 정의는 명시되어 있지 않지만, 해당 Annex에는 제36차 총회에서 언급한 '공정문화'의 정의와 일치하는 규정이 포함되어 있다.[26]

제38차 ICAO 총회에서는 Annex 19의 SARPs에 포함된 규정과 안전데이터 수집 및 처리시스템(SDCPS)을 통하여 수집된 정보의 보호에 관한 강화된 조치를 취하도록 요구하였으며, 자율보고 문화의 활성화를 위하여 사법당국이 항공안전과 정보의 이용가능성을 고려해야 한다는 내용이 포함되었다.[27][28] 제39차 ICAO 총회에서는 '성공적인 안전문화의 중요한 역할을 하는 공정문화'를 강조하면서 공정문화 채택과 관련한 개별 국가의 입법체계 검토, 공정문화 프로그램의 지원 및 시행, 공정문화 정책성명서의 개발, 처벌의 두려움 없이 안전문제를 자율적으로 보고할 수 있는 수단의 마련, 인간의 행위를 해석하는 방법을 포함하는 공정문화 절차의 채택 및 문서화[29]를 체약국에 요청하였다.

이처럼 공정문화와 안전데이터, 정보보호의 필요성은 ICAO 총회의 핵심주제로서 지속적으로 논의되어왔으며, 이러한 정보의 보호는 지속적인 이용가능성에 필수적일 뿐만 아니라 '공정문화'의 기초를 형성하는 것으로 보고 있다.[30] 또한 체약국들이 지침자료, 세미나, 워크숍 등을 통하여 이 새로운 법률체계를 확립하는 데 있어 국가가 지원하여야 하며, 공정문화의 절차와 수행을 위한 주체적인 방안을 수립할 것을 강력하게 촉구하고 있다. 결과적으로, 국가는 공정문화의 새로운 보호체계를 효율적으로 구축하기 위하여 추가 조치와 법적 조정을 수행하여야 함을 의미한다.

---

are not tolerated."

26) "직원 및 실무자가 자신의 훈련, 경험에 상응하는 작위나 부작위는 처벌되지 않을 것이라고 믿을 수 있는 보고환경은 안전보고의 기본이다." ICAO, Annex 19, Safety Management, 2nd Edition(2016), 5.3.2, note 1.

27) ICAO, Technical Commission, Draft text for the Report on Agenda Item 27, Assembly-38th session, A38-WP/377 TE/167(2013), Article 3, pp.27-29.

28) '공정문화'의 필요성과 안전데이터 보호를 위한 정책은 ICAO의 또 다른 최신 문서인 '안전관리 매뉴얼(Safety Management Manual: "SMM")'에 명시되어 있는데, 항공실무자와 서비스제공업체가 발생보고서의 결과로 "부당하거나 부적절한 징계, 사법적 절차에 노출될 수 있다"라고 언급하고 있다. ICAO, Doc. 9859, Safety Management Manual, 4th Edition(2018), Article 3, 3.2.5.3.

29) ICAO, Working Paper, *supra* note 5, Executive Summary.

30) Gilberto Lopez Meyer(IATA 회장)은 '안전 및 비행 운영 회의'에서 "사람들과 단체들이 처벌이나 기소를 두려워한다면 그들의 과실과 다른 안전 문제들을 보고할 의지가 줄어들게 되는 것은 지극히 당연한 일"이라고 강조하였다. Francesca Pellegrino, *supra* note 11, p.52.

### (3) 공정문화를 통한 항공실무자 처벌의 국제적 공통방안 모색

항공실무자에 대한 형사처벌과 관련하여 각 국가와 조직은 다양한 접근방식을 취하여왔다. 일부 조직은 용인되는 행위와 용인되지 않는 행위를 더 명확하게 구분하기 위하여 계획을 만들고 전파하는 반면, 일부 국가에서는 사고조사를 지연시키고 안전 관련 데이터를 훼손시키는 일이 발생하였으며, 심지어 항공실무자들이 사고조사에 협조를 거부하는 상황도 발생하였다.[31] 항공안전의 중요성을 고려할 때 개별국가의 통일되지 않은 접근방식은 큰 개선을 가져오지 못할 것이며 바람직한 방향은, 민간항공분야의 통일된 기준과 표준을 적용하기 위하여 국제사회에서 특정한 공통방안을 모색하는 것이다.[32] 예를 들어 Eurocontrol은 훨씬 더 통일된 접근방식이 도입되었다. 공정문화를 달성하기 위해 권한 있는 국가당국 간의 대화를 촉진하기 위하여 특별그룹인 'Just Culture Task Force'를 구성하여 형사처벌의 문제와 이익균형에 따른 정보공개의 필요성을 제시하였다. 'Just Culture Task Force'는 영국과 네덜란드의 전례를 기반으로 국가의 법 집행 기관을 위한 정책 모델을 개발하였는데, 이 모델은 사고 또는 준사고에서 고의로 추정되는 과실 또는 중과실에 해당하는 사건을 제외하고 범죄수사가 수행되는 것에 임의의 제한을 적용하는 것을 의미한다.[33] 이와 관련하여 덴마크와 노르웨이는 항공법규에 조종사 및 항공교통관제사 등의 사고보고에 대하여 보호를 명시하고 있는 우수하고 고무적인 국가사례에 포함되었다.[34] Eurocontrol 외에도 2006년 항공안전을 위하여 공동 역할을 수행한 국제 비영리 단체인 'Flight Safety Foundation'도 항공사고의 형사처벌에 대한 공동 결의를 통하여 민간항공안전을 개선하는 데 중요한 역할을 하였다.[35]

---

31) Uros Kosenina, "Criminalization in Aviation: Achieving the Right Balance to Guarantee the Overall Public Interest", *Pravnik*, Vol. 67, No. 1~2(2012), p.97.

32) *Ibid.*, p.98.

33) Eurocontrol, Legal and Cultural Issues in relation to ATM Safety Occurence Reporting in Europe, Eurocontrol Performance Review Commission(2006), p.37.

34) *Ibid.*, p.34.

35) 공동 결의는 항공안전기구(Flight Safety Foundation), 민간항행서비스기구(Civil Air Navigation Services Organization), 영국의 왕립항공협회(Royal Aeronautical Society), 국가 재무 및 감독 아카데미(Academie Nationale de l'Air et de KEspace), 국제항공안전협회(International Society of Air Safety Investigators), 유럽지역항공협회(European Regions Airline Association), 국제항

ICAO는 국제적 차원에서 기준과 표준의 통일성을 보장할 수 있는 권한을 가지고 있다. 2008년 ICAO는 '공정문화' 개념을 포함하는 사고조사 및 예방(Accident Investigation and Prevention, "AIG")을 위한 문서를 준비하고 체약국이 법안 내에서 공정문화 원칙을 채택하고 구현하도록 촉구하였다. 또한 민간항공안전의 이익을 보장하기 위하여 보고자의 개인정보에 대한 기밀을 유지하면서, 관련성 있고 정확한 정보를 대중에게 전달하는 것 사이의 적절한 균형을 이루기 위해 언론과 협력하는 방안도 제시하고 있다.[36] 이러한 제안은 「국제민간항공협약」 Annex 13을 근본적으로 개정하도록 하였고, 체약국은 규칙, 표준, 절차를 마련함으로써 최고 수준의 통일성을 위하여 협력하여야 할 의무가 있다. 만약 체약국이 규정을 해당 표준과 완전히 일치시킬 수 없음을 확인하는 경우, ICAO에 관행과 표준 간의 차이점 및 취하려는 조치를 통지하여야 한다.[37] 이것은 ICAO의 영향력을 반영하는 것이라고 볼 수 있는데, 그러한 이유는 체약국이 SARPs의 표준을 적용하지 않음으로 인하여 국제사회에서 국가의 명성을 떨어뜨리는 것보다 통일성을 위해 관련 표준에 맞추는 것이 더 쉽기 때문일 것이다.

## 2. 「국제민간항공협약」 Annex 13 및 19의 공정문화 원칙

### (1) 국제민간항공협약 및 Annex의 효력과 이행강조

1940년대 각국은 국제민간항공에 대한 다양한 도전 과제를 해결하기 위하여 다자간 협정의 필요성을 인식하였다.[38] 1944년, 미국은 항공산업의 미래 성장과 안정성을 제공하기 위해 국제회의를 개최하였고, 이로 인해 국제민간항공협약(이하 "협약"이라 한다)이 체결되었으며, 이 협약은 ICAO의 신설을 위한 궁극적인 토대를 마련하였다.

---

공교통관제협회(International Federation of Air Traffic Controllers Associations), 항공정비협회(Professional Aviation Maintenance Association)가 서명하였다. Flightsafety, Joint Resolution regarding Criminalization of Aviation Accidents.

36) David Learmount, ICAO wants to make just culture safety reporting and investigation global, Flight Global, 01AUG2008.

37) *Ibid.*

38) Paul Stephen Dempsey, "Compliance & Enforcement in International Law: Achieving Global Uniformity in Aviation Safety", *North Carolina Journal of International Law*, Vol. 30, No. 1(2004), p.7.

ICAO는 민간항공운항에서 협약 체약국 간의 통일성을 창출하는 규칙을 제시하고 있다. 체약국들은 협약 및 Annex의 SARPs를 준수하고, 이를 통하여 전 세계 모든 지역에서 안전하고 안정적으로 운항할 수 있다. ICAO의 기본 목표는 전 세계 민간항공의 안전을 보장하는 것이며,[39] 안전증진에 대하여 동 협약 제44조는 "안전하고 정확하며 효율적인 그리고 경제적인 항공운송에 대한 세계인(peoples of the world)의 요구에 부응"하고,[40] "비행의 안전을 증진"[41]해야 함을 명시하였다. 협약 제12조는 체약국들이 자국의 규칙을 가능한 한 본 협약에 의하여 수시 설정되는 규칙(rule)에 일치하게 하는 것을 요구한다.[42] 또한 협약 제37조는 "항공기, 직원, 항공로 및 부속 업무에 관한 규칙, 표준, 절차 및 조직에 있어 실행 가능한 최고 수준의 통일성을 확보하는 데에 협력할 것을 약속하며, 통일성으로 운항이 촉진되고 개선되도록" 하여야 함을 규정한다. 따라서 ICAO의 체약국들은 자국법, 규칙 및 법규를 ICAO가 채택하는 국제기준에 부합하도록 해야 하는 의무를 가진다.

협약과 달리 Annex는 당사국에 법적 구속력이 있다고 말할 수는 없지만,[43] Annex 상의 SARPs에서 '표준'(standrds)은 체약국에 의하여 반드시 이행되어야 하며, 표준의 완전한 일치가 불가능하거나 '차이'가 있는 규칙이 필요한 국가는 협약 제38조에 따라 60일 이내에 이사회에 반드시 통보하여야 한다. 반면 '권고되는 방식'(recommended practices)은 표준과는 달리 제38조에 의한 통지의 의무가 없으며, 안전, 규칙성 또는 효율성을 위하여 체약국이 준수를 위해 노력하는 권고의 성격을 가진다. 이러한 요건을 종합하면, 체약국은 SARPs와 국내법을 조화시킬 의무가 있다.[44] 그럼에도 불구하고, 협약에 명시적 규정이 없어 통지 불

---

39) ICAO, Doc. 7300/9, 15 UNTS 295, 9th ed.(2006), Article 44, (a).

40) *Ibid.*, Article 44, (d).

41) *Ibid.*, Article 44, (h).

42) 국제민간항공협약은 ICAO의 193개 회원국 모두에 대하여 구속력을 갖는다. *Ibid.*

43) 문준조, 「항공관련 국제협약과 항공법제 개선방안 연구」, 한국법제연구원, 연구보고 2009-10 (2009), 72면. 법 형식 논리에 의하면 Annex 상의 SARPs는 법적 구속력이 없는 것이지만, 법률상으로 SARPs가 "soft law" 특성을 갖는다(Michael Milde, "Enforcement of Aviation Safety Standards-Problems of Safety Oversight", *Ger. J. Air & Space L.*, Vol. 45(1996), p.5) 하더라도, 사실상 "hard law" 특성을 가지는 것으로 보인다. Herbert V. Morais, "The Quest for International Standards: Global Governance vs. Sovereignty", *Kan. L. Rev.*, Vol. 50(2002), pp.779-781.

44) 상게서, 70면.

이행과 '표준'의 비준수에 대한 제재 권한이 없다는 점은 ICAO가 그동안 체약국들의 이러한 불이행을 묵인하여온 측면을 부인할 수 없을 것이다.[45]

이러한 상황을 고려하여, ICAO는 1990년대부터 체약국의 국제기준 이행 실효성 제고를 위한 "항공안전평가프로그램(Universal Safety Oversight Audit Programme: "USOAP")을 수립하여 모든 체약국을 대상으로 안전평가를 시행하고 공개하도록 하고 있다. 안전평가는 체약국의 의무로서 온라인 중심의 항공안전 상시평가(Continuous Monitoring Approach: "CMA")를 통해 실시되고 있다.[46] 또한 일부 체약국은 상호 감시적 항공협정을 통하여 Annex 상의 '표준과 권고되는 방식'에 대한 상호보장과 감시체제를 규정하고 있다. 미국과 EU에서는 자체적으로 수립한 안전평가프로그램에 따라 블랙리스트를 작성하여 제재를 가하고 있으며, 국제항공운송협회(IATA)에서도 안전평가프로그램을 운영하는 등 SARPs의 "표준"에 대한 실효성은 크게 제고되는 상황이다. 그러나 SARPs는 독립적으로 실행되는 것이 아니며, 체약국이 효과적인 실행을 위하여 국가법과 규정으로 입법함으로써 효력이 발생한다.

### (2) Annex 13의 공정문화 원칙과 사고조사기록의 보호

#### 1) 안전정보의 목적 외 남용 제한

Annex 13의 목적은 항공사고 및 사건의 보고절차를 표준화하고, 전문가의 참여를 보장하는 절차를 마련하며, 중요한 안전 및 감항성 정보를 신속하게 공개하는 것이다. 해당 내용에는 사고조사 방법, 보고 방식 및 증거의 활용에 있어 정해진 기준 및 지침을 공표하는 목적은 단 하나의 목표인 전 세계 항공 여행의 안전성을 향상시키는 데 있다고 하였다.[47] 또한 Annex 13의 3.1은 "사고 및 사건조사의 유일한 목적은 사고 및 사건의 예방이다. 비난이나 책임을 지우는 것은 이 활동의 목적이 아니다"라고 명시하고 있다.[48] 이것은 Annex의 초안 작성자들이 사고조사 과정에 법 집행이 개입될 가능성을 고려하였고, 기소를 통한

---

45) 상게서, 72면.
46) 국토교통부, 항공안전백서(2018), 45면.
47) Paul Stephen Dempsey, *Public International Air Law*, *Centre for Research of Air and Space Law*, McGill University(2017), p.413.
48) ICAO, Annex 13, Aircraft Accident and Incident Investigation, 12th edition(2020), 3.1.

처벌적 요구에 대항하는 것이 안전에 중요하다고 생각하였음을 보여준다.[49] ICAO 또한 책임을 지우는 대신 시스템을 더욱 안전하게 만드는 데 초점을 맞추기 위한 수단으로서 항공사고조사에 법 집행의 개입을 단호히 거부하였다.[50] 사고조사의 목적 또한 민·형사상 책임을 결정하는 일반적인 사법 수사와는 다르다고 명시하고 있지만, 실질적으로 본 조사의 증거와 결과가 후속 법적 소송에서 이용되지 않는다는 것을 보장하지는 않는다. 또한 몇몇 국가에서는 Annex 13의 사고조사와 더불어 범죄 사실을 파악하기 위한 사법 수사도 병행하고 있는 것으로 보인다. 이때 사고에 대한 책임과 법적 근거가 필요한 경우, 사고조사과정에서 수집된 증거, 자료 및 기타 구체적인 내용도 사법당국과 원고의 주장을 입증하는 데 중요한 증거가 되고 있다.[51] 체약국은 Annex 13의 3.1에 따라, 민사 또는 형사소송에서 책임을 묻기 위한 수단으로 항공사고조사의 공식 보고서를 사용하지 않을 의무가 있으며, 이에 대한 구체적인 내용은 5.12[52]에 다음과 같이 명시되어 있다.

> "사건 또는 사고조사를 수행하는 국가는 해당 국가가 지정한 규제 기관 (competent authority)이 국가 법률에 따라, 그리고 부록(appendix) 2와 5.12에 따라 그 공개나 사용이 향후 조사에 미칠 수 있는 국내외의 부정적 영향을 상회한다고 판단하지 않는 한, 사건 또는 사고조사 이외의 목적으로 해당 기록을 사용할 수 없도록 해야 한다."

사고조사에서 책임소재와 관련한 문제는 관련 용어에서도 나타난다. '사고조사'는 조사의 목적이 원인을 파악하고 수집된 정보 및 데이터의 분석으로 인한 안전권고사항을 제시함으로써 사고를 예방하는 것임을 분명히 명시하고 있다.

---

49) NTSB Bar Association, "Aviation Professionals and the Threat of Criminal Liability-How Do We Maximise Aviation Safety?", *Journal Air Law & Commerce*, Vol. 67, No. 3(2002), pp.875-877.

50) 규제 기관이 직면한 우려 중 하나는 보고제도 참여자들의 증언이 후속 형사 절차에서 사용되는 두려움으로 이후 사고조사관에게 더 이상 중요한 정보를 제공하지 않으려고 한다는 것이었다. *Ibid.*

51) 관련 내용은 Chapter 04 참조.

52) ICAO, Annex 13, Aircraft Accident and Incident Investigation, 12th edition(2020), 5.12.

그러나 사고조사의 맥락에서 사용되는 부정확하고 모호한 의미의 정의들은 혼란을 야기하고 종종 오해의 소지가 발생하기도 한다. 특히 사고의 '원인'에 대한 개념에서, 사고조사자들이 사고의 '원인'이 무엇인지 결정하는 일차적 목표를 달성하기 위해 객관적인 방법론을 적용하려고 할 때, 확립된 단일 정의가 없어 매우 모호한 상황을 초래하였으며,[53] 사고조사에서 '원인'을 정의하는 것에 대하여 많은 논란이 있었다.[54]

책임을 부과하는 것은 관련된 사람들의 작위나 부작위에 대한 주관적인 평가를 포함한다. 대부분의 경우 조사관은 개인적 경험으로 특정 상황에서 행위자가 '해야 할 일'을 인지하고 있으며 사건이나 사고의 발생으로 인해 올바른 방식으로 수행되지 않았다고 가정하는데, 이것은 많은 상황에서 이러한 주관적 평가나 판단이 '실패', '하지 않았다', '부적절한', '잘못된'과 같은 단어로 표현되고 있음을 보여준다. 이와 관련하여 1990년대 후반에 수행된 NTSB 항공사고조사 연구[55]는 사고의 원인이 된 일차 사건이나 실패를 명확하게 기술해야 하며, 사건에 대한 기여도에 따라 모든 관련 원인을 포함하도록 인과관계를 확대해야 한다고 권고하였다. 또한 NTSB는 사고조사보고서에 한 줄의 '가능한 원인'을 기술하는 것을 삼가야 하며, 사고가 다중 과실 또는 시스템 결함의 결과라는 사실을 반영하는 포괄적인 원인을 기술해야 한다고 명시하고 있다.[56]

이러한 논쟁의 결과로, 2008년 ICAO 사고조사와 예방분과회의(Accident Investigation and Prevention (AIG) Divisional Meeting)에서는 Annex 13에 '원인'(causes)과 '기여요인'(contributing factors)에 대한 정의를 추가하는 것이 논의

---

53) Sofia Michaelides-Mateou and Andreas Mateou, *Flying in the Face of Criminalization-The Safety Implications of Prosecuting Aviation Professionals for Accidents*, Ashgate(2010), p.40.

54) Leplat은 "사건 X가 사건 Y의 원인이라고 말하는 것은, 상황을 고려해 볼 때 X의 발생이 Y의 생성에 필요한 조건이라고 말하는 것"이라고 하였으며, Kletz에 의해 제안된 권고는 사고조사에서 '원인'이라는 용어를 사용하는 것을 피해야 하며, 대신 사고를 예방할 수 있었던 것에 대하여 조사해야 함을 강조하였다. 이것은 비록 간접적인 방식이기는 하지만, 항공 사고조사와 보고서 작성에서, '누가 사고를 예방했을지'보다는 '누가 사고를 일으켰는지'를 강조하게 되며, 사고의 '원인'을 파악함으로써 사건 자체가 사고를 발생시킨 어떤 행동을 하거나 사고를 피하기 위해 필요한 조치를 생략한 증거라는 결론을 도출하게 된다는 것이다. *Ibid*.

55) RAND, Study of NTSB aviation accident investigations suggests major changes in how probes are conducted. RAND news release. 9 December1999.

56) *Ibid*.

되었다. Annex 13에 포함된 "원인"은 "사고 또는 사건을 초래한 작위, 부작위, 사건, 조건 또는 이들의 조합"을 말하며, "기여요인"은 제거(eliminated), 회피 (avoided) 또는 부재(absent)할 경우 사건 또는 사고의 발생 확률을 감소시키거 나 사건 또는 사고결과의 심각성을 완화시킬 수 있는 작위, 부작위, 사건, 조건 또는 이들의 조합"으로 정의하고 있다.[57] 또한 원인규명과 기여요인의 인지는 책임을 묻거나 행정, 민사 또는 형사적 책임을 결정하는 것을 의미하지 않는다" 라고 명시하였는데 이것은 사법적 남용을 방지하려는 의도로 해석된다.

## 2) 민감한 정보의 비공개

Annex 13의 5.12와 관련된 내용은 민감한 정보의 비공개를 다룬다. ICAO는 매우 민감한 정보의 공개를 '예외적으로 허용'하였지만, 원칙적으로 허용하지는 않았다. 또한 이러한 정보의 지속적인 보호를 위하여 정보공개는 안전과 정보보 호의 필요성 사이에서 '이익균형'에 따른 법원의 판단에 맡겨졌다.[58]

Annex 13은 법원이 항공안전을 위한 정보의 보호보다는 국내 의제를 선호함 에 따른 위험한 결과와 파장에 대하여 강조하는 것으로 보인다. 즉 민감한 정보 의 공개를 규칙이 아닌 예외로 규정한 중요성을 재차 강조하기 위하여 공개가 너무 자유롭게 허용될 경우 나타날 부정적 영향에 대하여도 추가하였는데, 이후 사고조사의 과정에서 사고의 원인을 확인하고 예방하기 위한 정보가 더 이상 공 개되지 않을 수 있음을 경고하고 있다.[59] 이러한 내용은 Annex 13의 5.12에서 도 명시하고 있는바, "사고 또는 사건의 조사를 수행하는 국가는 해당 국가가 지정한 규제 기관이 국가 법률에 따라, 그리고 부록 2와 5.12.5에 따라 공개 또 는 사용이 향후 조사에 미칠 수 있는 국내외의 부정적 영향보다 크다고 판단하지 않는 한, 사건 또는 사고조사 이외의 목적으로 해당 기록을 이용할 수 없다"[60]라 고 명시함으로써 정보의 원칙적 비공개를 강조하고 있음을 확인할 수 있다.

---

57) ICAO, Annex 13, *supra* note 48, Chapter 1, 1-2.
58) *Ibid*., 5.12.
59) Recommendation 5.12에 열거된 기록에는 사건 또는 사고와 관련된 정보가 포함된다. 이러한 정보를 안전을 위해 공개 또는 사용할 필요가 없는 목적에 공개하거나 사용하는 것은 미래에 더 이상 그 정보가 조사관에게 공개되지 않을 수 있음을 의미한다. 그러한 정보에 대한 접근의 부족은 조사 과정을 방해하고 항공안전에 중대한 영향을 미칠 것이다. *Ibid*., 5.12.1.
60) *Ibid*., 5.12.

### 3) Annex 13의 개정을 통한 공정문화 원칙의 적용과 주요 내용

사고조사의 기술적 절차를 수행하는 데 장애가 되는 사법조치가 증가되는 경향에 대비하여, ICAO는 사고조사의 적절한 기능과 확인된 장애요소를 완화하기 위하여 Annex 13의 내용을 지속적으로 개정하여왔다.

1994년 11월 10일, 9번째 개정판은 "책임을 묻기 위한 사법적 또는 행정적 절차는 본 Annex 조항에 따라 수행되는 모든 조사와 분리되어야 한다"라고 명시하였다.[61] 2001년 11월 1일 개정판에는 '의무보고제도'에 대한 조항이 강화되었고, '자율보고제도' 및 '비처벌 환경'에 대한 새로운 조항, '안전데이터 분석 및 예방조치', '안전정보 공유'에 대한 새로운 조항이 포함되었다. 2002년 1월 31일, 채택된 결의 A33-17은 "체약국이 사고 및 사건조사의 장애를 완화하기 위하여 국가에서 Annex 13의 기존 5.12에 따른 특정사고 및 사건기록을 보호하기 위한 법률, 규정 및 정책을 검토하고 조정할 것을 촉구하며 적절한 지침자료를 개발하고, 수집된 정보에 대하여 권한 있는 개인과 당사자의 보호, 접근제한과 관련된 규정을 강화하도록 하였다.[62] 그 후, 2004년 제35차 ICAO 총회는 결의 A35-17을 의결하였다. 해당 내용은 자유로운 안전정보 공유의 중요성, 정보의 부적절한 이용으로부터의 보호 필요성, 징벌 및 행정집행을 위한 사용 또는 재판과정에서의 증거채택 경향에 대한 우려, 안전 이외의 목적을 위한 안전데이터 사용에 대한 우려, 정보보호의 필요성과 적절한 법 집행 간의 균형유지, 부적절한 정보의 남용에 대한 국제법과 국내법의 불충분성 등을 지적하였다. 또한 ICAO 이사회에 적절한 입법지침을 개발하도록 지시하고 체약국은 현행 국내법을 검토하여 필요한 경우 이를 조정하도록 촉구하였다.[63] 안전데이터 수집 및 처리시스템(Safety Data Collection and Processing Systims: SDCPS)으로부터 정보를 보호하기 위한 법적 지침도 반영하였는데 이 내용은 2006년 11월 23일, 'Attachment E'에 포함되었다.

항행위원회(Air Navigation Commission) 회의에 따른 국가안전프로그램의 정

---

61) *Ibid.*, 5.4.1.

62) ICAO, Doc. 9790, *supra* note 19.

63) ICAO, Protecting information from safety data collection and processing systems in order to improve aviation safety, Assembly-35th Session, Resolutions, A35-17(2004), p.71.

의와 수립에 관한 새로운 내용, 자율보고제도 및 사고 데이터베이스의 구축 강화와 관련된 내용은 2009년 11월 18일 자로 반영되었다. 2010년 사고조사와 예방분과위원회 회의(Accident Investigation and Prevention(AIG) Divisional Meeting)를 통하여 사고 및 준사고 통보 시 조종사의 이름을 삭제하도록 하고, 사법 또는 행정절차에서 비난 또는 책임의 분리에 관한 조항의 강화, 행정 또는 사법적 조사로 인해 사고조사가 방해받지 않도록 보장하기 위한 새로운 조항, 조종실음성기록 및 녹취록의 기록 공개로 인한 영향의 범위를 확대하는 등의 내용이 포함되었으며, 이것은 10번째 개정판에 포함되었다.[64] 또한 2010년 고위급 안전회의의 결과로 ICAO 이사회는 새로운 안전관리 Annex 작성을 지시하였으며, 2013년 11월 14일 Annex 19가 채택되었다. Annex 19는 기존 6개의 Annex에 포함된 안전관리와 관련한 내용을 통합하였는데, Annex 13의 안전데이터 수집, 분석 및 공유의 규정이 Annex 19의 제5장에 포함되었으며, '안전정보보호를 위한 법적지침'의 내용인 Annex 13의 'Attachment E'는 Annex 19의 'Attachment B'에 포함되었다.[65]

2013년에는 사고조사 및 예방 분과회의 및 안전관리 패널(Safety Management Panel: "SMP")회의 결과, '기여요인'에 대한 새로운 정의, 국가안전프로그램(SSP)의 정의 및 체계 등의 내용이 개정되었으며, 2016년에는 사고 및 사건 기록보호에 관한 전문가 그룹(Group of Experts on Protection of Accident and Incident Records: GEPAIR)과 안전정보보호 태스크포스(Safety Information Protection Task Force: "SIP TF")를 통하여 사고조사와 관련 규정의 신설, 5.12의 사고조사기록 보호 강화 및 이에 관한 부록(appendix) 2가 신설되었다.[66]

### 4) 사고 및 사건조사기록의 보호에 관한 부록(appendix) 2

2016년 사고 및 사건조사기록의 보호에 관한 전문가 그룹과 안전정보보호 태스크포스의 회의 결과, '사고 및 사건조사기록의 보호'(Protection of Accident

---

64) ICAO, Annex 13, *supra* note 48, Foreword. xv.
65) ICAO, Attachment E to State letter AN 8/3-13/30, Clarification and Roll-out Plan for Annex 19, 1st ed. 2.2, c), 초기 Attachment B에 포함되었던 내용은, Annex 19의 2016년 개정에서 부록(appendix)3으로 상향되었다.
66) 현재 Annex 13은 2020년 11월 5일 채택된 12차 개정판까지 발간되었다.

and Incident Investigation Records)에 관한 부록(appendix: 이하 "부록"이라 한다) 2가 신설되었다. 부록은 편의를 위하여 별도로 분류되어 있지만, SARPs와 동일한 기준으로 보아야 한다.[67]

부록 2는 형사, 민사, 행정 또는 징계 절차에서 Annex 13의 5.12에 열거된 기록의 공개 또는 사용은 사고 및 사건에 관련된 개인이나 조직에 악영향을 미칠 수 있으며, 향후 사고조사 당국과의 협력을 꺼리게 하는 원인으로 작용할 수 있다는 것을 강조하였다.[68] 부록에 명시된 조항의 목적은 사고 및 사건조사 기록을 적절히 보호하기 위한 국가 법률, 규정 및 정책을 개발할 수 있도록 각국을 지원하고, Annex 13의 5.12가 요구하는 대로 규제 기관이 결정을 내리는 것을 돕기 위함이다.[69] 해당 부록에서는 Annex 13의 5.12에 해당하는 모든 기록의 보호를 부록의 내용과 일치시킬 것을 요구하며, 이러한 보호는 사고 및 사건이 발생한 시점부터 적용되어 최종보고서의 발간 이후에도 계속되도록 하고 있다.[70] Annex 13의 5.12.5는 조종실음성기록장치의 내용뿐만 아니라 비행이미지기록장치(airborne image recording)의 내용도 대중에게 공개되지 않도록 조치해야 함을 명시하고 있다. 이에 대한 절차로 국가법, 규정 및 정책의 채택을 통하여 공개를 방지하고, 보호명령, 비공개절차, 비공개검토 또는 소유자에게 조종실음성기록장치 또는 비행이미지기록장치를 반환하기 전에 암호화 또는 덮어쓰기와 같은 기술적 수단을 통하여 음성기록의 노출을 방지하도록 하였다.[71] 또한 조종실음성기록장치 및 비행이미지기록장치와 같은 업무배경음성기록(Ambient workplace recording)이 목적 이외의 용도로 공개되거나 사용될 경우 운영직원의 사생활을 침해하는 것으로 간주될 수 있음을 명시하였다.[72]

부록 2에서는 5.12에서 요구하는 규제 기관의 공개 또는 사용의 결정이 현재 또는 향후 사고 및 사건조사에 미칠 수 있는 영향을 결정하는 것을 "이익균형평가"(balancing test)라고 하였다.[73] 각 국가는 5.12에 따라 이익균형평가 관리에 적

---

67) ICAO, Annex 13, *supra* note 48, Status of Annex components, d).
68) *Ibid.*, appendix 2, 1, note 1.
69) *Ibid.*, appendix 2, 1, note 2, (a, b).
70) *Ibid.*, appendix 2, 2.1, 2.2.
71) *Ibid.*, appendix 2, 2.3.
72) *Ibid.*, appendix 2, 2.3, note.
73) *Ibid.*, appendix 2, 1. (a).

합한 기관 또는 권한을 지정해야 한다. 예를 들어 형사 및 민사소송에서 이익균형평가를 적용하기 위한 기관은 사법기관이 될 것이며, 공개요구가 공공의 접근성을 목적으로 하는 경우, 이익균형평가를 적용하기 위한 다른 규제 기관(competent authority)을 지정할 수 있을 것이다.[74] 정보의 공개나 사용을 위해 수행되어야 하는 이익균형평가는 특정 범주의 기록에 대하여 한번 수행될 수 있으며, 규제 기관은 기록 공개의 허용 여부를 결정하기 위하여 별도의 이익균형평가를 실시해야 한다.[75]

한편 최종보고서의 사용과 관련하여 부록 2는 사건 또는 사고의 예방 이외의 목적으로 사용을 제한하기 위하여 목적을 위한 별도의 조사를 실시할 것(6,a), 비난 또는 책임을 지우기 위한 분석, 결론 및 안전 권고의 사용을 방지하되, 여기에 포함된 사실 정보를 사용할 수 있도록 최종보고서의 각 부분을 구분할 것(6,b), 비난 또는 책임을 귀속하기 위한 절차에서 최종보고서를 증거로 사용하는 것을 방지할 것(6,c)을 고려하여야 함을 명시하였다. 최종보고서는 Annex의 6장 6.5에 따라, 사고 예방을 위하여 공개적으로 사용 가능하며 5.12의 보호를 받지 않는다. 그러나 최종보고서의 분석, 결론 및 안전권고사항의 일부를 책임을 귀속시키거나 결정하는 데 국가 법원이 증거로 사용하는 것은 조사가 수행된 목적에 반하는 것임을 강조하고 있다.[76] 또한 사고조사위원이 민사, 형사, 행정 또는 징계 절차에서 책임을 귀속하기 위한 문제에 대하여 의견을 제시할 수 없도록 해야 함을 명시하였다.[77] 이처럼 이익균형평가에서 고려되어야 할 여러 사항과 최종보고서의 목적에 맞는 사용을 권고하는 것은 5.12에서 명시하고 있는 민감한 정보를 보호하기 위하여 비공개를 원칙으로 하나 제한적 상황에서만 공개를 허

---

74) *Ibid.*, appendix 2, 3.
75) 이익균형평가(balancing test)를 실시할 때 고려해야 할 사항은 다음과 같다. 1. 기록이 생성된 목적, 2. 요청자의 기록사용 의도, 3. 개인 또는 조직의 권리 또는 이익에 대하여 해당 기록의 공개 또는 사용으로 인한 부정적 영향의 발생 여부, 4. 해당 기록과 관련된 개인 또는 조직의 해당 기록사용에 대한 동의 여부, 5. 해당 기록의 추가 공개 또는 사용제한을 위한 안전장치의 여부, 6. 해당 기록이 신원을 확인할 수 없도록 요약 또는 집계되었는지의 여부, 7. 건강 또는 생명에 대한 중대한 위험을 방지하기 위한 해당 기록의 접근 필요 여부, 8. 해당 기록이 민감하거나 제한적인 성격인지 여부, 9. 해당 기록이 국가 법률 및 규정에 따라 중대한 과실, 고의적인 위반행위 또는 범죄 의도로 행해진 것으로 간주 되는 작위 또는 부작위에 의하여 발생한 사건 또는 사고임을 합리적으로 나타내는지 여부이다. *Ibid.*, appendix 2, 4.2, note.
76) *Ibid.*, appendix 2, 6, note.
77) *Ibid.*, appendix 2, 7.

용하도록 하는 ICAO의 강력한 의지가 반영되었다고 해석할 수 있다. 따라서 국가는 이러한 절차에 맞도록 국가법을 정비하고 이행방안을 고려해야 할 것이다.

### (3) Annex 19의 공정문화 원칙과 안전정보보호

### 1) Annex 19의 신설 배경과 목적

Annex 19는 2006년 '항공안전을 위한 글로벌전략'(Global Strategy for Aviation Safety)에 대한 민간항공총회(Directors General of Civil Aviation Conference: DGCA)와 2010년 ICAO 고위급 안전회의(High-Level Safety Conference)의 권고안에 따라 개발되어 2013년 2월 25일 국제민간항공협약 제37조에 따라 이사회에 의해 처음 채택되었으며, 민간항공에 안전관리시스템(Safety Management Systems: 이하 "SMS"라 한다)을 공식적으로 적용한 Annex 19로 신설되었다.[78] 항행위원회(Air Navigation Commission)는 항공안전정보 제공자에 대한 징벌 조치의 증가와 여러 국가에서 사고 및 사건을 초래한 항공기 운항의 과실을 다룸에 있어서 그러한 정보를 처벌의 목적으로 사용하는 문제의 중요성을 인식하고 Annex의 개발을 위한 안전관리패널(Safety Management Panel: SMP)을 신설하는 데 동의하였으며, SARPs를 통하여 항공안전위험관리에 있어 각 국가를 지원하는 것을 목적으로 하였다.[79] 이를 위한 절차로, 기존 SARPs의 내용을 통합하기 위한 1단계 조치로 6개 Annex의 안전관리와 관련한 내용을 통합하도록 하였고, 2단계는 새로운 안전관리 준비의 개발을 위한 것으로 논의되었다.[80]

Annex 19는 항공안전을 개선하기 위한 사전예방적 전략의 발전을 지원하며 체계적으로 해결하기 위하여 국가안전프로그램(State safety programme: 이하 "SSP"

---

78) ICAO, Annex 19, *supra* note 26, Foreword, ix. Annex 19의 SMS는 '안전위험확인', '합의된 안전성과 유지에 필요한 개선조치의 이행 보장', '지속적인 모니터링 및 안전성과의 정기평가', '목표 달성 안전관리시스템의 전반적인 성과를 지속적으로 개선'하는 목표를 달성하기 위하여 노력하는 항공 산업과 서비스제공자를 위한 종합관리제도이다. SMS가 운영되려면, 참여자들이 비난이나 과실에 대한 우려 없이 운영체제에서 안전에 대한 위협을 자유롭게 보고하고 발언할 수 있는 권한을 보장받아야 한다. 그러나 국내법의 집행 과정에서 매우 민감한 정보를 공개하는 것은 참여자가 SMS를 피하고 안전문화에 대한 참여를 약화시키는 결과로 작용하게 된다.

79) *Ibid.*, Foreword, ix.

80) Annex 1, Annex 6, Annex 8, Annex 11, Annex 13, Annex 14의 기존 6개의 Annex에서 안전관리의 내용이 Annex 19로 통합되었다. ICAO, Attachment E to State letter AN 8/3-13/30, Clarification and Roll-out Plan for Annex 19, 1st ed. 2.2, c).

라 한다)을 마련하는 것에 기초하였다. 2016년 개정된 Annex 19는 SSP 및 SMS 와 관련된 기존 Annex의 자료와 안전데이터의 수집 및 사용, 국가안전감독활동 을 포함한 관련 요소를 통합하였으며, 2019년 11월 7일부로 적용되었다.[81] 주목 할 점은, 개정을 통하여 안전데이터와 정보 및 출처에 대한 강화된 보호를 제공 한다는 점이다. 개정의 핵심 요소 중 하나는 Annex 19의 Attachment B에 포함 된 지침자료가 새로운 부록(appendix) 3으로 분류되어 SARPs의 상태로 개선되 었다는 것이다. 이것은 안전정보의 적절한 사용과 보호를 보장하기 위한 법적 안전장치를 강화하여 사전예방적 안전개선 전략을 지원함으로써 지속적인 이용 가능성을 촉진하기 위함일 것이다.

## 2) 체계적 보고제도 및 안전보고의 법제화

ICAO는 안전주요사건에 대한 조사가 심각도에 관계없이 항공운송체계의 전 반적인 안전 수준을 개선하는 데 기여할 가능성이 있으며,[82] 효과적인 조사가 그러한 사건의 체계적인 보고에 크게 의존한다는 것을 인정하였다. 실제로 경미 한 사건은 눈에 띄지 않기 때문에 조사관에게 보고되지 않을 가능성이 높으며, 사건을 경험한 사람이 보고한 경우에만 조사의 대상이 된다. 이에 대하여 ICAO 는 "민간항공에 종사하는 다양한 범주의 인력이 사고 예방에 관심을 가지고 발 생을 관찰하고 보고해야 하므로, 이 과정은 주로 항공실무자에 의하여 촉진된 다"라고 하여 보고의 중요성을 강조한 바 있다.[83]

Annex 19는 안전 결함에 대한 정보수집을 촉구하기 위하여 사고보고를 포함 하는 의무보고제도를 국가가 확립할 것을 요구하고 있다.[84] 관련 Annex에 명시 되어 있지는 않지만, 의무보고제도는 일반적으로 사고 및 준사고의 심각성에 초 점을 맞춘다. 또한 안전보고의 활성화를 위하여 이러한 의무보고제도와 관련된 출처는 안전데이터와 안전정보에 대한 보호가 적용되도록 권고하고 있다.[85] 그 러나 확립된 의무보고제도에도 불구하고 많은 국가의 경험에 따르면, 안전과 관

---

81) Annex 6 및 Annex 13의 안전관리와 정보보호 관련 내용이 Annex 19로 통합되었다. ICAO, Annex 19, *supra* note 26, ix, x.
82) ICAO, Annex 13, *supra* note 48, 5.1.3, note 1.
83) ICAO, Doc. 9859, Safety Management Manual, 3rd Edition Advance Version(2012), p.23.
84) ICAO, Annex 19, *supra* note 26, 5.1.2.
85) ICAO, Annex 19, *supra* note 26, 5.3.2, Recommendation.

련된 주요사건의 다수가 보고되지 않는 것으로 나타났다.[86] 보고체계의 조건에 따라 보고한 개인이 그 사건의 책임을 질 수 있는 위험이 존재한다면, 발생 가능한 부정적 결과를 두려워하기 때문에 보고하지 않는다는 것이다. 이러한 현실적 문제를 다루기 위하여 Annex 19는 "국가가 의무적인 사고보고제도에 의하여 확인되지 않을 수 있는 정보의 수집을 용이하게 하기 위하여 자율보고제도를 구축"해야 함을 요구한다.[87] 자율보고제도는 일반적으로 경미한 심각도의 사고 또는 특정 사건에서 안전이 실질적으로 위협받지 않는 상황과 관련되지만, 다른 상황에서는 안전에 중요한 결과를 초래할 수 있다는 것을 인식한 이유일 것이다.

### 3) 정보의 공유 및 체계 구축

국제항공업계는 향후 민간항공의 사고 감소에 필수적인 항공안전정보의 수집 및 공유를 지원하는 지식공유시스템과 관련 법률이 필요하다는 점을 인식하고 있다. 민간항공사고를 감소시키기 위한 핵심 전략은 항공실무자의 과실을 초래하는 기여 요소를 연구하는 것이다. 이에 따라 항공사, 정부 기관, 그리고 기타 전문기관들은 항공사고의 가능성을 줄이는 체계를 개발하기 위한 전략을 추구하고 있다.[88] 잠재적인 항공실무자의 과실을 완화하기 위하여, 항공분야는 조종사, 객실승무원, 항공교통관제사 및 정비사가 근무할 때마다 겪는 일상적인 운영상의 어려움, 스트레스 및 과실에 대한 정보를 필요로 하며, 이를 위하여 항공안전 데이터 및 정보공유체계의 개발을 지지하고 있다.[89] 대표적인 예로, 1997년 미국 국가민간항공심의위원회(National Civil Aviation Review Commission: 이하 "NCARC"라 한다)는 자율적인 항공 안전정보 공유체계의 개발을 장려하였다. NCARC에 따

---

86) "미국을 포함한 여러 국가에서는 경험을 통하여 자율보고제도는 신뢰할 수 있는 제3자가 제도를 관리해야 한다는 것을 보여주었다. 그러한 이유는 실무자들은 그들의 오류를 자신을 고용한 항공사나 자격을 발급하는 정부기관에 보고하는 것을 꺼리기 때문이다. 자율보고제도에서 익명성은 일반적으로 신분정보를 비식별화하거나 기록하지 않음으로써 달성된다. 이러한 익명성 때문에, 자율보고제도는 인적 요인 관련 정보를 수집하는 데 있어서 의무보고 제도보다 더 성공적인 경향이 있다." James L. Simmons and Jefferty s. Forrest, "United States Aviation Safety Data: Uses and Issues Related to Sanctions and Confidentiality", *J. Air L. & Com.*, Vol. 70, No. 1(2005), p.89.

87) ICAO, Annex 19, *supra* note 26, 5.1.3.

88) Mike O'Leary, "The British Airways Human Factors Reporting Programme", *Reliability Engineering & System Safety*, Vol. 75, No. 2(2002), p.245.

89) James L. Simmons and Jefferty s. Forrest, *supra* note 86, p.84.

르면, 항공실무자, 관련 업계 및 미국 연방항공청(FAA)이 항공운영의 안전정보를 수집, 분석 및 배포하여야 하며, 이러한 체계를 구축하는 데 신뢰가 필수적이며, 정보 수집력을 높이기 위해서는 기밀을 유지하는 것이 필요하다고 강조하였다.[90] 즉 이러한 정보가 처벌적 조치, 기밀의 공개 또는 책임증가로 이어질 경우, 안전정보 공유체계는 실패할 가능성이 있다는 것이다. 또한 ICAO, NCARC 및 다수의 국가정부기관은 항공안전정보를 공개하고 처벌적 조치 또는 소송에 사용하는 것을 방지하는 정책 및 입법조치를 시작하거나 승인하였다.[91] 정부 기관의 접근으로부터 보호되는 정보공유시스템은 국가 공공정책에 대한 보호를 제공하게 된다. 이처럼 ICAO, NCARC 및 국제항공산업의 기타 이해관계자는 비처벌적 안전정보 공유시스템을 항공사고의 가능성을 줄이기 위한 핵심 전략으로 승인한 것으로 보는 것이 타당할 것이다.

ICAO는 기밀성과 처벌적 조치에 대한 보호를 보장함으로써, 유용한 안전데이터를 공유하도록 하는 새로운 합의를 하였다. 2003년, ICAO의 11번째 항행회의(Air Navigation Conference)에서는 권고안을 발표하였는데, 이 권고안은 안전정보출처의 보호를 지원하는 정책과 국가법으로의 도입을 다루고 있었다. 이 회의에서 ICAO는 '국가가 적절한 법 집행에 대한 공공의 이익을 고려하면서, 안전정보의 출처와 자유로운 흐름을 보호하기 위한 목적으로 국내법 조치를 채택할 수 있도록 지원해야 함을 권고'하였다.[92] 오늘날 대부분의 국가에서 항공안전 공유시스템은 자율적으로 제출된 데이터와 정보를 수집하고 있으며, 이러한 시스템은 보고자의 신원을 보호하기 위하여 노력하고 있다. 일부 국가 법률은 자율적 항공정보 공유체계의 개별 출처를 처벌적 조치로부터 보호한다. 단, 약물 남용, 규제 위반 및 파괴 행위와 같은 고의적인 행위는 이러한 보호에서 제외된다. 또한 ICAO는 이러한 정책이나 법적 보호와 무관하게 항공안전정보체계, 특히 안전데이터 수집을 통하여 확인된 출처를 사용하여 취한 처벌적 조치의 증가에 주목하고, 이러한 경향이 항공안전뿐만 아니라 자율적인 안전정보 공유체계에도 부정적 영향을 준다고 보았다.[93] 이처럼 ICAO는 정보의 남용과 항공사고에 대

---

90) *Ibid.*, p.85.
91) *Ibid.*
92) *Ibid.*
93) ICAO는 성명서를 통하여 "최근 몇 년 동안 사고 및 사건기록과 안전데이터 수집을 통한 정보

한 처벌적 조치의 분위기를 반영하여, 제35차 ICAO 총회에서 이러한 내용을 담은 결의 A35-17을 채택하였다. 이 결의는 '국가가 안전데이터 수집 및 공유체계로부터의 정보를 보호하는 동시에 적절한 법 집행을 위한 법률 지침을 마련하도록 요구하였으며, 체약국이 ICAO의 법률 지침에 따라 가능한 한 모든 관련 안전데이터 수집 및 공유체계로부터 정보를 보호하기 위하여 기존 법률을 검토하고 필요에 따라 조정하거나 법률 및 규정을 제정할 것을 촉구'하였다.[94]

### 4) 안전데이터, 안전정보 및 관련 출처의 보호에 관한 부록(appendix) 3

안전데이터, 안전정보 및 관련 출처의 보호는 안전의 유지 또는 개선 이외의 목적으로 사용하였을 때 안전에 상당한 악영향을 미칠 수 있으며, 그러한 데이터와 정보의 향후 이용가능성이 저해될 수 있으므로 지속적인 이용가능성을 보장하기 위하여 필수적이라 보고 있다.[95] 이 부록에 포함된 원칙은 국가가 항공안전을 유지 또는 개선하기 위하여 적절한 법 집행과 필요한 조치를 허용하면서 안전데이터 수집 및 처리시스템(Safety Data Collection and Processing Systems: "SDCPS")뿐만 아니라 안전데이터 및 안전정보를 보호하기 위한 국가 법률, 규정 및 정책을 지원하는 것을 목적으로 한다.[96] 안전데이터, 안전정보 및 관련 출처의 보호에 관한 부록(appendix) 3의 내용은 다음과 같다.

### ① 일반 원칙

국가는 안전데이터, 안전정보 및 관련 출처를 보호하는 국가 법률, 규정 및 정책을 통하여 안전데이터, 안전정보 및 관련 출처 보호와 적절한 법 집행의 필요성 사이에서 균형을 맞추고(1.1, a), 이 부록의 내용에 따라 보호해야 하며(1.1, b), 보호를 위한 자격을 얻는 조건을 명시해야 한다(1.1, c). 이러한 정보는 항공안전의 유지 또는 개선을 위한 목적으로 사용할 수 있다(1.1, d). 또한 Annex

---

가 징계 및 집행 목적으로 사용되었으며, 이러한 사건이 소송의 과정에서 증거로 인정되었다는 점은 사고 및 사건 발생으로 이어지는 운영상의 과실을 처리하는 민간항공의 추세를 반영하고 있으며, 결국, 사건과 관련된 개인에 대한 기소로 귀결되는 결과를 가져왔다. 우발적인 운영상의 오류로 인한 항공사고에 형사처벌을 적용하는 것은 항공안전 개선에 필수적인 안전정보의 수집과 자유로운 정보교환을 방해할 수 있다"라고 발표하였다. *Ibid.*, p.86.

94) ICAO, *supra* note 63, p.71.
95) ICAO, Annex 13, *supra* note 48, appendix 3, note 1.
96) *Ibid.*, appendix 3, note 3.

13에 따른 조사가 이루어진 경우, Annex 13의 5.12에 열거된 사고 및 사건조사 기록은 Annex 19에서 규정한 보호를 받아야 한다(1.2).

② 보호 원칙

국가는 예외가 적용되지 않는 한 직원, 운용직원(operational personnel) 또는 조직에 대한 징계, 민사, 행정 및 형사 절차(a), 대중에게 공개(b), 안전 유지 이 외의 목적으로 안전데이터 또는 안전정보가 사용되지 않도록 보장해야 한다 (2.1). 또한 국가는 안전데이터와 안전정보 및 관련 출처를 보호해야 한다(2.2). 이러한 보호는 안전데이터 및 안전정보의 특성에 따라 지정되어야 하며(a), 안전 데이터, 안전정보 및 관련 출처에 대한 보호를 제공하기 위한 공식 절차를 수립 해야 한다(b). 또한 예외가 적용되지 않는 한, 안전데이터 및 안전정보는 수집 된 목적과 다른 방식으로 사용해서는 아니 되며(c), 예외가 적용되는 경우에도 안전데이터와 안전정보의 사용은 권한있는 기관에 의한 안전조치(authoritative safeguards) 하에서만 수행되어야 한다(d). 여기서 권한있는 기관에 의한 안전조 치는 보호 명령, 비공개절차, 비공개검토, 사법적 또는 행정적 절차에서 안전정 보의 사용 또는 공개를 위한 데이터의 비식별화(de-identification)와 같은 법적 제한이나 제한사항이 포함된다(note 2).

③ 보호 원칙의 예외

안전데이터, 안전정보 및 관련 출처의 보호에 대한 예외는 규제 기관이 다음 과 같은 경우에 한한다(3). 국가 법률에 따라 중대한 과실, 고의로 추정되는 과 실 또는 범죄행위를 구성하는 행위로 간주되는 작위나 부작위에 의해 발생하였 음을 합리적으로 나타내는 사실과 상황이 있다고 판단한 경우(a), 안전데이터 또 는 안전정보를 검토한 후, 그러한 공개가 적절한 법 집행을 위해 필요하다고 판 단하며, 그러한 공개가 향후 안전데이터 및 안전정보의 수집 및 이용가능성에 미칠 수 있는 국내외 부정적 영향보다 크다고 판단한 경우(b), 안전데이터 및 안전정보를 검토한 후, 해당 공개가 안전의 유지 또는 개선에 필수적이며, 공개 의 이익이 향후 안전데이터 및 안전정보의 수집 및 이용가능성에 미칠 수 있는 국내외 부정적 영향보다 크다고 판단한 경우(c), 이러한 결정을 내릴 때 관할 당 국은 안전데이터 및 안전정보 출처의 동의를 고려하여야 하며(note 1), 상황에 따라 사법당국 또는 국가 법률에 따라 지정된 항공과 관련된 책임을 위임받은 기관을 포함하지만 이에 국한되지 아니한다(note 2).

④ 공개(public disclosure)

정보자유법(freedom-of-information)을 제정한 국가는 공개의 요구가 있는 상황에서 자율적으로 제공한 안전데이터와 안전정보의 지속적인 기밀성을 보장해야 한다(4.1). 예외의 적용에 따라 공개되는 경우 국가는 다음을 보장해야 한다(4.2). 안전데이터 또는 안전정보에 포함된 관련 개인정보의 공개는 해당 개인정보보호법을 준수한다(a). 안전데이터 또는 안전정보의 공개는 신분을 확인할 수 없도록, 요약 또는 집계된 형태로 공개한다(b).

⑤ 기록데이터의 보호

조종실음성기록장치(CVR)나 항공교통관제 업무장소의 배경, 통신, 음향 환경의 음성과 같은 국가 법률이 요구하는 업무배경음성기록은 운영직원의 사생활침해를 구성하는 것으로 간주할 수 있다(note 1). Annex 13에 따라 시행된 조사 중 항공교통관제실의 비행자료기록장치 및 기록물보호에 관한 조항은 Annex 19에 포함되며, 정상 운항 중 비행자료기록장치 기록보호에 관한 조항은 Annex 6에 수록되어 있다(note 2). 국가는 국가 법률과 규정을 통하여 일반 대중이 주변 업무장소의 기록에 대한 기밀성 및 접근에 관한 특정보호조치를 제공해야 한다(6.1). 또한 국가 법률과 규정에서 요구하는 업무장소에 대한 음성기록을 본 부록에서 규정한 보호 및 예외의 적용을 받는 특권데이터로 취급해야 한다(6.2).

## Ⅱ. 미국의 공정문화 관련 법규정

### 1. 공정문화 관련 법규정

#### (1) 정보공개의 제한

#### 1) 안전정보공개의 제한

안전정보 공개의 제한(Limitation on discolsure of safety information)에 관한 49 U.S.C. § 44735는 정보자유법[97](Freedom of Information Act: 이하 "FOIA"라 한

다)에 의해 보고서, 데이터 또는 기타 정보가 대중에게 공개되지 않아야 함을 명시하고 있다.[98] 이러한 보고서, 데이터 또는 기타 정보에는 항공안전조치프로그램(ASAP), 비행운항품질보증프로그램(Flight Operational Quality Assurance Program), 항공사운항안전감사(Line Operations Safety Audit),[99] 안전관리시스템의 개발과 구현을 위해 작성된 정보, 항공안전 정보분석 및 공유 프로그램에 따른 안전정보를 포함한다.[100] 단, 신원을 확인할 수 없게 만든(de-identified)[101] 정보의 경우에는 적용되지 아니한다.

### 2) 자율적으로 제출된 정보의 보호

자율적으로 제출된 정보의 보호(Protection of voluntarily submitted information)에 관한 14 C.F.R. § 193은 49 U.S.C. § 40123에 따라 자율적으로 제출된 안전 및 보안의 정보보호와 관련한 일반적 내용 및 절차를 설명하고 있다. 여기서, 자율적(voluntary)이라는 것은 의무보고프로그램에 따라 제출한 정보나 법, 규제 또는 계약상 요건(contractual requirements)을 준수하기 위해 제출된 정보는 포함하지 않으나, 자율보고프로그램에 제출된 정보는 포함한다.[102] 이처럼 자율적으로 제출한 정보는 해당 프로그램에 따라 공개로부터 보호받을 수 있으며, 이러한 보호는 개인 및 조직을 포함한다. 그러나 이 규정은 공개로부터의 보호는 명시하고 있으나 FAA가 행정집행을 취하기 위하여 정보를 사용할 수 있는지는 명시하지 않았다. 이것은 행정집행 시 정보의 사용제한이 해당 정책 또는 규칙에서 명시하는 경우에만 제한됨을 의미한다.[103]

---

97) 1967년부터 FOIA(정보자유법)는 '일반 대중에게 모든 연방기관의 기록에 대한 접근을 요청할 수 있는 권리'를 제공하였다. 연방기관은 개인정보보호, 국가안보 및 법집행과 같은 이익을 보호하는 9가지 면제 중 하나에 속하지 않는 한 FOIA에 따라 요청된 모든 정보를 공개하여야 한다. 기관은 FOIA 요청을 처리할 때, 공개가 면제에 의하여 보호되어 해를 끼칠 것이라고 합리적으로 예측하거나 법률에 의하여 공개가 금지된 경우에만 정보공개가 제한되어야 함을 규정하고 있다. Freedom of Information Act, Public Law No. 89-487, 80 Stat. 250(1966).

98) 5 U.S.C. § 552(b)(3)에 따라 법령에 의한 공개가 구체적으로 면제되고 있으므로 '정보자유법'(FOIA)에 의해 공개되지 않아야 한다.

99) Skybrary, Line Operations Safety Audit(LOSA).

100) 49 U.S.C. § 44735, (b).

101) 'de-identified'라는 용어는 보고서, 데이터 또는 기타 정보를 제출하는 특정 개인 또는 기관의 신분을 확인할 수 있는 모든 정보가 보고서, 데이터 또는 기타 정보에서 삭제되는 과정을 의미한다. 49 U.S.C. § 44735, (c)(2).

102) 14 C.F.R. § 193.3.

### (2) 정보 관리자에 대한 제한

#### 1) 정보 관리자의 비공개 책임

49 U.S.C. § 40123은 미연방항공국의 관리자나 관리자로부터 정보를 받는 기관(agency)은 자율적으로 제출한 안전 또는 보안 관련 정보를 공개해서는 아니 됨을 규정하고 있다. 또한 관리자가 이러한 정보를 공개하는 것은 해당 유형의 정보가 자율적으로 제공되는 것을 억제할 수 있으며, 그러한 정보를 보호하는 것이 관리자의 안전 및 보안책임과 일치함을 명시하였다.

#### 2) NTSB의 정보공개 제한

49 U.S.C. § 1114는 NTSB의 정보공개(disclosure), 이용가능성(availability) 및 정보사용(use of information)과 관련하여 명시하고 있다. NTSB 또는 그 위원, 직원이 제출하거나 접수한 기록, 정보 또는 기록의 사본(copy)은 (b), (c), (d) 및 (f)에 규정된 경우를 제외하고 대중에게 공개해야 함을 명시하고 있다(a)(1). 그러나 영업비밀(trade secrets)(b), 조종실음성기록 및 녹취록(cockpit recordings and transcripts)(c), 육상·수상 운송수단(surface vehicle)음성기록 및 녹취록(d), 외국의 항공사고조사(foreign investigations)(f)와 관련된 정보는 공개를 제한하였다. 특히 영업비밀과 관련하여 위원회는 18 U.S.C. § 1905에 따른 정보를 공개할 수 있으나(b)(1), 기밀 유지를 위해 제한된 방식으로만 공개될 수 있으며(b)(2), 자율적으로 제출된 정보의 보호와 관련하여 위원회 또는 위원회로부터 정보를 받는 기관은 해당 정보가 위원회의 사고 또는 사건조사 권한 행사와 관련이 없고, 위원회의 정보공개가 그러한 유형의 정보에 대한 자율적인 제공을 저해할 것으로 판단하는 경우에는 자율적으로 제공된 안전 관련 정보를 공개해서는 아니 됨을 명시하고 있다(b)(3).

### (3) 항공안전조치프로그램(ASAP) 보고의 검토

FAA Reauthorization Act 2018의 Sec. 320에서는 항공안전조치프로그램(ASAP)의 정의와 자율적으로 제공된 안전보고서의 수용 및 보호에 관한 내용이

---

103) 14 C.F.R. § 193.5, (a), (b), (g).

포함되었다. 이 법에서 ASAP 프로그램은 "2002년 11월 15일 발행된 미연방항 공청 Advisory Circular 120-66B에 따라 마련된 프로그램을 의미하며, 개인이 항공안전과 관련된 운영 또는 유지보수 관련 문제를 자율적으로 공개하도록 하 기 위한 것"으로 정의하였다. 일반적으로 ASAP에 따라 제출된 보고서는 유효한 (valid) 보고서로서 수용기준을 충족한다고 가정해야 하나(a), Event Review Committee(이하 "ERC")의 검토를 거치지 않은 보고서는 다음 사항을 천명하는 권한 불행사(disclaimer)가 수반되어야 한다. (1) ERC에서 검토되지 않은 경우, (2) 후속적으로 ASAP에 포함할 자격이 없는 것으로 결정될 수 있다(b). 또한 ERC의 합의에 이르지 못할 경우, ASAP에서 거부되어야 하며 이러한 보고서는 수용기준을 충족하지 못한 것으로 본다(c)(1). 이처럼 보고서가 거부되는 경우, 제재의 면제나 49 U.S.C. § 40123에 따른 정보의 보호 또한 적용되지 아니한다.

## (4) 법원 및 행정집행(enforcement)에서의 정보 사용 금지

### 1) 법원에서 조종실음성기록장치 및 사고조사보고서의 증거 사용 금지

49 U.S.C. § 1154는 조종실 및 육상·수상 운송수단의 음성기록(surface vehicle recordings)과 녹취록(transcripts)의 증거개시(discovery), 사용(use)과 관련하여 명 시하고 있다. 이 법에 따르면, 조종실음성기록장치 및 관련 기록[104]은 동법에 명 시된 경우를 제외하고 사법절차의 당사자가 증거개시의 목적으로 사용할 수 없 다(a). 그러나 본 조(4)(A)[105]에 규정된 경우를 제외하고, 법원은 카메라로 기록 을 검토한 후 다음과 같이 결정하는 경우 조종실 또는 육상·수상 운송수단 음 성기록 녹취록에 대한 당사자의 증거개시를 허용할 수 있다(2)(A). (ⅰ) 일반 대 중에게 공개된 녹취록의 일부가 당사자가 공정한 재판을 받을 수 있는 충분한 정보를 제공하지 않는 경우, (ⅱ) 당사자가 공정한 재판을 받을 수 있는 충분한 정보를 제공하기 위해 녹취록의 추가적인 부분에 대한 증거개시가 필요한 경우

---

104) 해당 기록에는 비디오레코더에서 얻는 스틸이미지(still image) 및 녹취록(transcript)이 포함된 다. 49 U.S.C. § 1154, (a)(6).
105) 법원이 49 U.S.C. § 1114(c) 또는 (d)에 따라 일반 대중이 사용할 수 없는 조종실 또는 육 상·수상 운송수단 음성기록 및 녹취록을 재판절차에서 증거개시를 허용하는 경우, 법원은 다 음과 같이 보호명령을 발행해야 한다. (ⅰ) 녹취록의 일부 또는 음성기록의 사용을 재판절차로 제한한다. (ⅱ) 절차를 위해 녹취록의 일부 또는 음성기록에 접근할 필요가 없는 사람에게 해당 기록을 배포하는 것을 금지한다. 49 U.S.C. § 1154, (4)(A).

이다. 또한 사고나 사고조사와 관련된 NTSB의 보고서 일부는 증거로 인정되거나 관련 문제의 손해에 대한 민사소송에서 사용될 수 없다(b).

### 2) 행정집행에서 항공안전보고프로그램(ASRP) 보고서 사용 금지

14 C.F.R. § 91.25에 따라 FAA는 프로그램에서 완전히 배제되는 사고 또는 형사 범죄에 관한 정보를 제외한 행정집행에서 NASA에 제출된 ASRP 보고서를 사용해서는 아니 된다.

### 3) 행정집행에서 비행운항품질보증프로그램(FOQA) 데이터 사용 금지

14 C.F.R. § 13.401에 따라 FAA는 집행목적으로 해당 데이터의 사용이 금지된다. 비행운항품질보증프로그램(FOQA)은 항공기 운항 중에 수집된 디지털비행자료의 일상적인 수집 및 분석을 위한 FAA 승인프로그램을 의미하며, 이 프로그램에 따라 해당 항공기를 운항하는 항공기 운영자에게 적용된다. 14 C.F.R. § 13.401에 따라 비행운항품질보증프로그램(FOQA)에 의해 제공된 FOQA 데이터 및 집계 데이터는 형사 또는 고의적인 행위를 제외하고, 해당 운영자 또는 직원에 대한 행정집행에서 사용되어서는 아니 된다(e).

## 2. 공정문화의 구현

미국은 1967년부터 항공기사고(aircraft accident) 및 준사고(serious incidents)에 명시된 항목에 대하여 NTSB에 의무적으로 보고하도록 하고 있으며,[106] 그 외의 항목은 FAA의 안전보고프로그램을 통하여 보고하도록 함으로써 자율보고제도를 지속적으로 발전시켜왔다. 또한 조직이 안전을 확보하기 위한 목적으로 수행한 자체내부조사 관련 문서에 대한 자기비판적 분석의 '비공개 특권'을 인정하고 있으며, 안전에 대한 잠재적 위험요소 또는 발생한 사건에 대하여 직원이 자율보고프로그램으로 보고하는 경우 이에 대한 제재를 면제하고 있다. 이처럼 미국은 비공개 특권과 제재 면제를 통하여 공정문화의 환경을 구축하고 다양한 자율보고프로그램의 운영으로 공정문화를 발전시키고 있으며, ICAO 및 다수의 체약국에서도 이러한 미국의 모범사례를 참고하여 안전보고프로그램을 통한 제

---

106) 49 C.F.R. § 830.5.

재 면제와 비공개 특권을 인정하고 점차 발전시키고 있다.

다음에서는 공정문화의 핵심 요소인 자율보고프로그램의 유형과 프로그램에서 인정되고 있는 비공개 특권 및 제재 면제의 조건을 확인함으로써 미국의 공정문화 발전 현황을 중점적으로 다루어 보고자 한다.

## (1) 항공안전보고제도(ASRS) 및 항공안전보고프로그램(ASRP)

### 1) 개 요

항공안전보고제도(Aviation Safety Reporting System: 이하 "ASRS"라 한다)는 조종사, 항공교통관제사, 객실승무원, 정비사, 지상 인력 및 항공운영에 관련된 사람들이 항공안전에 대한 실제 또는 잠재적 차이(discrepancies), 결함(deficiencies)에 대하여 NASA에 제출하는 자율보고서이다.[107]

1976년 FAA가 자체의 항공안전보고프로그램을 도입하였으나, 잠재적 보고자들은 책임과 징계의 결과를 두려워하였고, 당시 FAA의 제한적 면책과 익명성 제공으로 제출되는 보고서는 극히 드물었다. 또한 항공실무자들은 규정을 마련하고 집행에 책임이 있는 FAA가 데이터를 남용하는 데 두려움이 있었다. FAA는 이러한 문제를 인식하고 중립적 기관인 NASA와 양해각서(Memorandum of Agreement, 이하 "MOU"라 한다)를 통하여 이 제도를 이전하였다. 이후, NASA는 ASRS로 명칭을 변경하고 제도를 운용하였다.[108] 이 제도의 특징은 FAA가 모든 자금을 지원하고 NASA가 항공안전보고서를 수신하고 처리하는 제3자의 역할을 하는 것이며 NASA, FAA, NTSB를 포함하여 항공 단체의 대표로 구성된 'NASA ASRS 자문위원회'가 ASRS에 대한 자문을 제공한다. ASRS는 보고자의 신원을 확인할 수 없도록 익명으로 처리하게 되는데,[109] 이처럼 익명으로 처리된 보고서의 정보를 통하여 시스템 결함을 확인하고 이를 해결할 수 있도록 경고메시지(alerting messages)를 보내게 된다. 또한 월간 간행물(callback)을 배포하여 항공 관련인을 교육하고 정보를 통하여 지속적인 연구도 할 수 있는 정보저장소의 역

---

107) 최근 ASRS 보고의 범위는 UAS 사업자에게 확대되었다. NASA, ASRS.
108) FAA가 도입한 "ASRP"를 NASA에서 담당하면서 "ASRS"로 변경하여 운용하였다. NASA, ASRS, Immunity Policies.
109) NASA, ASRS, Program Information.

할을 하고 있다.[110] 이러한 특징으로, ASRS는 이후 수십만 건의 기밀보고서를 접수하고 처리하였으며, 이러한 안전보고제도의 가치는 국제적으로 인정받았다. 그러나 보고자의 신원이 익명으로 처리됨에 따라 ASRS의 많은 보고서가 FAA나 항공사의 주목을 받지는 못하였다.[111] 그럼에도 불구하고, ASRS의 많은 데이터는 잠재적인 중요한 사건들이 국가공역시스템(National Airspace System: "NAS")에서 일어나고 있음을 암시하고 있다. 이러한 ASRS 보고서를 적시에 제출한 보고자는 FAA의 항공안전보고프로그램(ASRP)을 통하여 면책 및 비공개의 보호가 적용되며, 그러한 조건은 다음과 같다.

### 2) 제재 면제

항공안전보고프로그램(Aviation Safety Reporting Program: 이하 "ASRP"라 한다)의 주요 목적은 제도의 안전성과 효율성을 평가하고 향상시키는 데 필요한 많은 정보를 얻기 위한 것이며, 위반사항이 FAA에 보고되고 보고서가 요건을 충족하는 경우 FAA가 위반에 대한 면제를 제공하게 된다.[112] NASA의 ASRS는 보고자 및 관련 당사자의 기밀성과 익명성을 보장하기 위하여, NASA에 제출된 보고서나 보고된 사건에 관련된 당사자의 신원이 드러날 수 있는 기타 정보를 공개하거나 FAA에 전달하지 아니한다. 그러나 ASRS에 따른 보고서가 아닌 다른 출처로부터 14 C.F.R. 위반사항을 FAA가 인지하게 되는 경우, FAA는 적절한 조치를 취할 수 있다.[113]

FAA는 보고서를 NASA에 제출하는 행위를 건설적인 태도로 간주하며, 보고서를 적시에 제출한 당사자에 대하여 제재의 면책특권을 제공한다.[114] 그러나 무모한(reckless) 행위, 범죄, 중과실, 고의적 행위 및 사고는 적용되지 아니한다.[115]

---

110) NASA, ASRS, Program Outputs.

111) U.S. DOT, FAA is not Realizing the full Benefits of the Aviation Safety Action Program Federal Aviation Administration, Report Number AV-2009-057, 2009.

112) 항공실무자가 안전데이터의 주요 원천임을 인식하였고, ASRP의 목적이 국가항공시스템의 위험에 대한 현재의 운영데이터를 수집하는 것이므로 면책 제공은 필수적인 것으로 간주되었다. 14 C.F.R. § 91.25; 44 Fed. Reg. 18,128 (Mar. 23, 1979).

113) FAA는 행정집행(enforcement action)을 취하려는 경우, 국가적 이익과 관련된 모든 요소를 고려하여야 한다. FAA, Advisory Circular 00-46F(2021), 8.3.

114) 44 Fed. Reg. 18,128 (Mar. 23, 1979).

115) Ferguson v. NTSB, 678 F.2d 821, 827 (9th Cir. 1982). 이 사건에서 FAA는 독립적으로 위반

NASA에 보고서를 적시에 제출하고 ASRP의 특정 요건이 충족하게 되면 FAA는 보고자에 대한 제재의 면제를 제공한다.[116] 이러한 ASRP의 특정 요건은 (1) 위반이 부주의한 것이며 고의적인 것이 아니어야 하고(inadvertent and not deliberate), (2) 위반은 형사 범죄, 사고, 또는 49 U.S.C. § 44709[117]에 따른 행정집행을 포함하지 아니하며, (3) 발생일 이전 5년 동안 FAA 행정집행에서 49 U.S.C. subtitle Ⅶ[118]을 위반하였거나, 그 밖에 공포된 규정에 대한 위반이 확인되지 않아야 한다. (4) 또한 위반 사실을 인지한 날짜 또는 위반 후 10일 이내, 발생한 사건에 대한 서면 보고서를 완료한 것을 증명하여야 한다. 이러한 위반의 확인은 법원 판결이 아닌 FAA 결정에서 비롯될 수 있다.[119] 예를 들어 ASRP 요건이 충족되는 한, 허가(clearance)와 관련하여 의도하지 않은 이탈을 보고하는 조종사는 자격이 정지되거나 취소되지 않는다. 그러나 FAA는 여전히 보고서에 포함되지 않은 정보에 근거하여 보고자에 대한 행정집행을 진행할 수 있으며, 적시에 보고서를 제출한 경우 제재를 유보할 수 있다.[120]

## 3) 정보의 비공개

ASRP의 또 다른 중요한 측면은 FAA가 보고서 또는 보고서와 관련된 정보를 행정집행의 목적으로 사용하는 것이 금지되어 있다는 것이다.[121] 따라서, FAA가 NASA에 보고서를 제출한 조종사에 대한 행정집행을 진행하는 경우, FAA는 보고서에 포함된 정보를 행정집행에 이용할 수 없으며, 오히려 보고서의 내용과 무관한 증거와 정보를 이용하여야 한다.[122] 그러나 FAA가 증인 진술 및 기타 증

---

행위에 대한 정보를 얻었고, 무모한(reckless) 행위로 판단하여 면책에서 제외하였다.

116) Administrator v. Seyb, N.T.S.B. Order No. EA-5024 (2003); Nicole Wolfe Stout, "Privileges and Immunities Available for Self-Critical Analysis and Reporting: Legal, Practical and Ethical Considerations", *Journal of Air Law and Commerce*, Vol. 69, No. 3(2004), p.586.

117) 49 U.S.C. § 44709는 자격증(certificates)의 개정, 수정, 정지 및 취소의 내용을 포함한다.

118) 49 U.S.C. subtitle Ⅶ는 항공안전프로그램과 관련한 전반적 내용을 포함한다.

119) FAA, Advisory Circular 00-46F(2021), 8.3.

120) Administrator v. Seyb, N.T.S.B. Order No. EA-5024 (2003). 이 사건에서 오류로 잘못된 활주로에 착륙한 조종사는 연방항공규정(FAR)의 14 C.F.R. § 91.123(a), 91.129(i), 91.13(a)을 위반하였으나, 조종사가 NASA에 보고서를 제출했기 때문에 FAA는 제재를 면제하였다.

121) 14 C.F.R. § 91.25.

122) Nicole Wolfe Stout, *supra* note 116, p.587.

거에 근거하거나 다른 경로를 통하여 위반 사실을 인지하게 되는 경우 적절한 조치와 행정집행을 취할 수 있으며,[123] 정보의 사용에 대한 면책정책과 금지규정 은 형사 범죄, 사고 또는 49 U.S.C. § 44709에 따른 작위에 대하여는 적용되지 않는다.[124]

### (2) 항공안전조치프로그램

#### 1) 개 요

항공안전의 공익을 위한 특권 형성의 또 다른 예는 FAA의 항공안전조치프로 그램(Aviation Safety Action Program: 이하 "ASAP"라 한다)에 따른 제한적(qualified) 면제(immunity) 및 비공개 특권(privilege)이다. FAA는 항공운송업체와 정비업체 의 실무자들이 사고의 잠재적 전조 요소를 확인하는 데 중요한 안전정보를 자율 적으로 보고하도록 장려하기 위해 ASAP를 고안하였다.[125] 이 프로그램은 FAA와 자격증명소지자(certificate holder)[126]의 안전협력합의(partnership)를 기반으로 하 며, 노동조합과 같은 제3자를 포함할 수 있다. ASAP는 직원이 안전규정위반이 있더라도 안전 관련 문제를 자율적으로 보고하도록 장려하기 위하여 제재 면제 를 포함하였으며, 처벌이나 징계보다는 시정조치를 통해 안전문제를 조속히 해 결하는 데 목적이 있다.[127] 이에 대부분의 보고된 ASAP 안전데이터는 확인된 안 전문제에 대한 시정조치를 개발하고 동일한 유형의 안전사건이 재발하는 것을 방지하기 위하여 당사자를 교육하는 데 사용된다.

FAA는 ASAP 이전에도 이와 유사한 프로그램을 시행해왔으며,[128] 이 프로그

---

123) FAA, Advisory Circular 00-46F(2021).

124) FAA, Advisory Circular 00-46F(2021). NASA는 제출된 보고서에서 범죄 관련 정보(법무부와 FAA에 회부될 사항)와 사고 관련 정보(NTSB 및 FAA에 회부될 사항)를 선별한다. 이 심사는 항공의 경험이 있는 자격을 갖춘 변호사나 NASA에서 고용한 조종사에 의해 이루어진다. NASA, ASRS, Immunity Policies.

125) 이를 위하여, FAA는 항공사와 정비분야의 ASAP 목표, 이슈 및 우려 사항에 대한 자문 역할을 할 ASAP 항공규칙제정위원회(Aviation Rulemaking Committee: "ARC")를 설립하였다. FAA, Advisory Circular 120-66B (2002); FAA, Order 1110.129(2003).

126) 14 C.F.R. § 121(항공운송업체)에 따라 운영 권한을 부여받거나, 14 C.F.R. § 145(정비업체)에 따라 발급된 자격증을 보유한 사람을 말한다. FAA, Advisory Circular 120-66C(2020).

127) FAA, Advisory Circular 120-66B(2002).

128) 1997년 FAA는 항공업계와 협력하여 안전정보의 흐름을 증가시키기 위한 노력의 일환으로 몇 가지 프로그램을 시행하였는데, 이 프로그램은 USAir 고도인식프로그램, American Airlines 안

램에 참여하는 항공사의 직원들이 행정집행이나 회사의 징계에 대한 두려움 없이 14 C.F.R.의 위반 가능성을 포함할 수 있는 정보를 보고하도록 하는 장려책(incentive)이 포함되었다.[129] 이 프로그램의 긍정적인 안전 결과를 통하여, FAA는 2000년 3월에 ASAP Advisory Circular를 발행하여 지침을 마련하였으며,[130] ASAP는 2018년 FAA Reauthorization Act, Section 320에 포함되었다.[131] 이 법은 항공안전과 관련된 운항 또는 정비 문제에 대한 개인의 자율보고가 해당 프로그램에 따른 유효한 보고서로서의 수용(acceptance)기준을 충족해야 하며, ERC가 ASAP의 보고서 수용 여부를 결정할 수 있음을 명시하고 있다.

### 2) 제재 면제

ASAP 프로그램에 관한 FAA Order 8900.1은 프로그램의 특정 요구사항이 충족되는 한 FAA의 후속 행정집행 및 사내 징계에 ASAP 보고서의 내용을 사용하지 않도록 규정하고 있으며, 이 정책은 보고서의 승인 여부에 상관없이 적용된다.[132] ASAP의 적용은 '14 C.F.R. § 121'에 따라 운항하는 항공운송업체와 '14 C.F.R. § 145'에 따라 인증된 정비업체(repair stations)를 대상으로 한다. ASAP의 적용을 위해서는 항공운송업체 또는 정비업체가 MOU를 통하여 FAA와 자체 계획을 설계하고, FAA가 수립한 지침(Order 및 Advisory Circular)에 대한 FAA의 구체적인 승인을 받아야 한다. MOU의 내용에는 계약자와 직원들이 ASAP의 적용 가능한 조건과 ERC의 결정을 준수하도록 하는 내용이 명시되어 있다.[133] ASAP는 적격조직의 경영 대표자, 직원 또는 노동조합의 대표 및 특별히 자격을

---

전행동 파트너십, Alaska Airlines 고도 인식 프로그램과 같은 시범 프로그램을 통해 시작되었으며, 그 후 20여 개의 추가 프로그램이 마련되었다. FAA, Advisory Circular 120-66B(2002).

129) FAA, Order 8000.82(2003). 14 C.F.R. § 193에 따른 공개로부터 보호; 49 U.S.C. § 40123(a)(1996). FAA에 자율적으로 제공된 특정 안전 및 보안정보가 공개되지 않도록 보호; 68 Fed. Reg. 38,594 (2003). 비행운항품질보증 프로그램("FOQA")에 따라 FAA에 제공된 정보에 보호 제공; FAA, Order 8900.1(2021).

130) FAA, Advisory Circular 120-66A(2000), 현재 FAA, Advisory Circular 120-66C(2020)로 개정되었다.

131) FAA, Reauthorization Act of 2018, Section 320, Acceptance of Voluntarily Provided Safety Information.

132) FAA, Order 8900.1(2021). 그러나 ASAP 보고서가 아닌 독자적으로 입수한 사건 정보를 토대로 회사가 징계조치를 취하는 것을 제한할 수는 없다.

133) FAA, Advisory Circular 120-66C(2020).

갖춘 FAA 감독관으로 구성된 ERC가 제출된 보고서를 검토하고 분석하여 수용 여부를 결정하게 되며, 안전문제에 대한 해결책을 제시하고 시정조치 권고안을 결정한 후 합의에 도달하게 된다. 만약 합의가 이루어지지 않은 경우 FAA Order 2150.3에 따라 행정집행이 이루어질 수 있다.

ASAP를 통하여 제재 면제를 받기 위해서는 보고서가 적시에 작성되어야 한다.[134] 보고서의 적시성과 관련하여 과거 ASAP의 정책에서는 보고서의 수용 조건으로 엄격한 기간 요건을 강조해왔다.[135] 물론 ERC의 보고서 수락 여부에 적시성이 여전히 고려되나, 현재 ERC는 가능한 모든 정보를 검토하고 보고서 수용이 안전에 최선의 이익인지를 결정하므로, 적시성 요건이 엄격하게 적용되는 것으로 보이지는 않는다.[136] 특히 단독출처보고서의 경우에는 적시성이 적용되지 아니한다.[137] 또한 안전이나 안전기준에 대한 심각한 무시로 볼 수 있는 무모한 행위 (reckless conduct)나 법령 및 규정에 위반되거나 금지되는 것을 알면서도 행하는 고의적인 행동(intentional conduct)은 제재의 면제가 적용되지 않는다. 보고된 사건은 "범죄, 약물 남용, 통제된 물질, 음주 또는 고의적인 위조"(intentional falsification)[138]를 수반하지 않아야 하며, 사건이 업무수행 중이 아닐 때 발생한 경우, 그리고 반복된 규정의 불이행, ERC의 시정조치를 완료하지 못한 경우에는 보고서가 수용되지 않으므로 제재 면제를 받을 수 없다.

이처럼 ASAP 보고서의 수용 여부는 'ERC'에 의해 결정되며, 수용되지 않는 보고서는 적절한 행정집행을 위해 FAA에 전달된다. 그러나 보고서가 범죄, 약물 남용, 음주 또는 고의로 추정되는 과실 행위를 수반하지 않는 한, 보고서나 보고서 내용은 FAA의 행정집행 목적으로 사용할 수 없다.[139]

---

134) FAA, Advisory Circular 120-66B(2002), p.7.
135) FAA, Advisory Circular 120-66A(2000).
136) FAA, Order 8900.1(2021). 이전 문서인 FAA, Advisory Circular 120-66B에서는 적시성 요건에서 24시간 이내 보고서 제출이 강조된 바 있다.
137) FAA, Advisory Circular 120-66C(2020).
138) 이와 관련하여 해당 규정은 "Big Five"로 정의하고 있으며, 이것은 법 집행기관에 회부될 수 있고, 해당 보고서는 증거로 사용할 수 있다. FAA, Order 8900.1(2021).
139) FAA, Advisory Circular 120-66B(2002), p.9.

### 3) 정보의 비공개

FAA는 ASAP를 통한 정보공유에 있어 중대한 장애 요소는, 공개될 경우 ASAP가 만들어진 안전강화 목적 이외의 용도로 사용될 가능성과 정보공개에 대한 항공업계의 우려임을 인지하였다. 이에 FAA는 49 U.S.C. § 40123 및 49 U.S.C. § 44735에 따라 자율적으로 제공된 안전 및 보안 정보는 공개되지 않도록 하는 법적 규정을 마련하고, 항공실무자들이 FAA에 정보를 제공하도록 장려하였다. 또한 2003년 9월 3일, FAA는 14 C.F.R. § 193의 FOIA에 따른 요청이 있더라도 공개로부터 보호한다는 내용의 FAA Order 8000.82를 발행하였다.[140] 공개로부터 보호되는 정보에는 ASAP 보고서, 보고서의 내용, ASAP 보고서와 관련된 자격보유자의 신원, 보고서를 제출한 직원의 이름, 보고서의 ERC 조사로부터 얻은 정보, 조사 중 ERC가 수집한 증거, 통계 분석 및 자격증 보유자가 ASAP에 따라 보고한 사건(event), 자격증 보유자의 보고서 및 이벤트 데이터베이스, 개선조치가 성공적으로 완료된 경우 단독출처보고서에 대한 수정조치의 내용을 포함한다.[141] 그러나 범죄, 약물 남용, 마약 및 통제물질, 음주 또는 고의로 추정되는 과실과 관련된 ASAP 보고서는 공개금지 명령에서 제외된다.

ASAP 보고서의 공개와 관련하여 일부 법원에서는 다음과 같이 비공개 특권을 인정하였다. 1995년 12월 20일, In re Air Crash Near Cali, Colombia[142]의 민사소송에서 연방지방법원은 아메리칸 항공의 보고자들이 비공개 특권을 받을 자격이 있다고 판결하였다. 이 경우 아메리칸 항공의 ASAP 보고서 공개와 관련하여 법원은 "특권이 없다면 조종사들이 발생한 사건에 대한 솔직한 정보의 제공을 주저할 수 있으며, 항공사는 안전문제에 대하여 조사하고 문서화하는 것을 꺼릴 수 있다. 또한 현재 진행 중인 소송과 관련하여 ASAP 자료를 강제로 공개함으로써 회복할 수 없는 위축 효과가 발생할 위험이 있다"라고 판결하였다. '자기비판적 분석'의 비공개 특권에 대한 ASAP 보고서의 인정 여부는 모든 법원이

---

140) FAA, Order 8000.82(2003). 14 C.F.R. § 193에 따라 항공안전조치프로그램(ASAP)이 정보공개로부터 보호되도록 하였다.
141) FAA, Order 8000.82(2003).
142) 이 사건에서 법원은 ASAP의 '자기비판적 분석 특권'이 유지되어야 함을 인정하였다. In re Air Crash Near Cali, Colombia on Dec. 20, 1995, 959 F. Supp. 1529 (S.D. Fla. 1997).

일치한다고 보기는 어려우나, 일부 법원은 ASAP 보고자가 민사소송에서 비공개 특권을 받을 자격이 있다고 판결하였으며,[143] 항공분야의 안전을 위한 목적으로 작성되는 자율보고서가 항공안전프로그램과 연계된 경우 미국 내에서는 비공개 특권을 인정하는 것으로 보인다.

### (3) 규제대상 법인에 대한 자율공개보고프로그램(VDRP)

#### 1) 개 요

1980년대 FAA는 항공사들이 내부평가를 통하여 항공안전위해요인을 확인하고 시정조치하는 방안을 고려하였다. 그러나 내부평가를 통한 위해요인의 보고에 FAA가 민사금전벌(civil penalty)을 부과하는 등의 엄격한 제재를 시행하면서 그러한 안전보고는 위축되는 경향을 보였다.[144] 이러한 문제점을 보완하여 FAA는 1990년에 자율공개보고프로그램(Voluntary Disclosure Reporting Program: 이하 "VDRP"라 한다)을 도입하였다. VDRP는 규제대상 법인[145]에 내부평가프로그램[146] (Internal Evaluation Programs)을 설치 및 유지하도록 장려하고, 조직의 경영진에게 회사의 운영, 자율준수 및 안전기록에 대한 정보를 제공하도록 권고하는 것이다. 이러한 내부감사는 규제대상 법인이 FAA 조치 전에 안전문제를 확인하고 조치하는 능력을 개선하기 위한 것이다.

#### 2) 제재 면제

VDRP에 대한 지침은 Advisory Circular 00-58과 FAA Order 8900.1에 명시되어 있다. FAA는 명백한 위반행위의 자체 공개와 관련한 모든 보고서의 사실과 상황을 조사 및 분석하고, VDRP의 수용 조건을 충족하는지 여부 및 규제대상 법인의 제안된 시정조치가 규정 미준수를 시정하고 재발을 방지하는지를

---

143) Nicole Wolfe Stout, *supra* note 116, p.595.

144) 이창재, "한·미 과징금 제도의 비교", 한국항공우주정책법학회지 제35권 제2호, 한국항공우주
정책법학회(2020), 49면.

145) 규제대상 법인(Regulated Entity)은 VDRP에 따라 자율보고서를 제출할 수 있는 모든 자격증
명보유자(certificate holder), 지분소유권프로그램(fractional ownership program) 또는 생산
승인보유자(Production Approval Holder)를 말한다. FAA, Advisory Circular 00-58B(2009).

146) 내부평가프로그램은 규제대상 법인이 회사 정책 및 절차를 지속적으로 모니터링하고 최고 수
준의 안전 및 보안규정 준수를 유지하도록 개발하는 것을 권장하지만 필수는 아니다. FAA,
Advisory Circular 00-58B(2009).

결정하는 데 재량권을 행사할 수 있다. 즉 조직의 VDRP에 따라, FAA는 명백한 특정 위반사항을 자율적으로 보고하는 규제대상 법인에 대하여 민사금전벌을 면제하게 되며, 이를 위해서는 재발 방지와 특정 기준을 충족하는 시정조치가 이루어져야 한다. FAA의 VDRP 수용 조건은, 프로그램에 따라 공개된 명백한 위반사항이 의도하지 않은 것이어야 하며, 자격증명소지자의 자격이나 적격지분소유권프로그램(qualified fractional ownership program)의 대상에 대한 불충분한 조건이 포함되어서는 아니 되며, 명백한 위반을 초래한 행위가 확인된 즉시 FAA가 인정하는 즉각적인 조치가 취해져야 한다. 또한 해당 정보는 FAA가 위반 사실을 인지하기 전에 FAA에 공개되어야 하나,[147] 예외적으로 ASAP 보고서나 FAA 감사(audit) 또는 감독(inspection)을 통하여 명백한 위반행위를 인지하더라도 공동감사를 실시하는 것에 동의한다면, 조직이 제출한 자율공개보고를 받아들일 수 있다.

### 3) 정보의 비공개

FAA는 VDRP 정보공개로 인하여 규정 미준수의 자율공개 및 정보의 제공이 억제될 수 있음을 확인하였다. 규제대상 법인이 VDRP에 참여하는 데 있어 상당한 장애요소는 자율적으로 제공된 정보공개에 대한 우려이며, 이러한 정보가 공개될 경우 안전강화 목적 이외의 용도로 사용될 가능성이 있다고 보았기 때문이다. 실제로, 규제대상 법인은 VDRP에 따라 자율적으로 정보를 공개하였으나, FAA가 중앙 및 국가 데이터베이스인 집행정보시스템(Enforcement Information System: 이하 "EIS"라고 한다)을 사용하여 관리함으로써, EIS의 기록에 대한 FOIA 요청을 통하여 일반인들에게 쉽게 공개될 수 있을 것이라는 우려로 VDRP에 참여하는 것을 꺼리게 되었다. 이러한 이유로 FAA는 규제대상 법인의 VDRP 참여를 독려하기 위하여 EIS 또는 기타 중앙 데이터베이스에 있는 프로그램에 보고하는 사람의 신원 또는 VDRP에 대한 자세한 정보를 보관하지 않고 있다.[148] 또한 FAA는 VDRP에 따라 제공된 정보를 14 C.F.R. § 193에 따라 보호되는 것으

---

147) FAA, Order 8000.89(2016), Designation of Voluntary Disclosure Reporting Program (VDRP) Information As Protected From Public Disclosure Under 14 C.F.R. § 193.

148) *Ibid.*

로 지정함으로써 정보의 공개 가능성에 대한 우려와 VDRP 참여에 대한 부정적인 영향을 감소시켜 더 많은 정보를 수집하도록 노력하고 있다. 이러한 조치는, FAA가 규정 불이행 사례를 더 많이 인지하고 적절한 시정조치가 취해지도록 하는 긍정적인 효과를 주고 있다. 그럼에도 불구하고, 규제대상 법인이 안전의 책임이행에 도움이 되는 이 프로그램에 참여하지 않을 경우, 자체적으로 안전을 개선할 수 있는 기회를 박탈당하게 되는 것으로 볼 수 있다.[149]

FAA 규정의 주된 목적은 공공안전을 보장하는 것이다. VDRP는 FAA가 인지하지 못할 수 있는 규정 불이행 사례를 인지하고 시정할 수 있기 때문에 공공안전을 강화할 수 있는 상당한 잠재력을 제공한다고 보고 있다. 이러한 정보의 수집을 통하여 FAA의 절차, 정책 및 규정을 보완하고 안전 및 효율성을 개선하기 위한 근거로 활용하게 되므로 정보의 보호는 필수적이라고 보는 것이다.

### (4) 비행운항품질보증프로그램(FOQA)

#### 1) 개 요

FAA는 1995년 비행운항품질보증프로그램(Flight Operational Quality Assurance Program: 이하 "FOQA"라고 한다)을 도입하였다. FOQA는 수집된 데이터를 포함하여 항공기 운항 중에 수집된 디지털비행자료분석장치(digital flight data recorders)의 일상적인 수집 및 분석을 위한 FAA 승인프로그램을 의미하며, FOQA 데이터의 분석을 기반으로 이벤트 범주와 관련된 요약통계지수(summary statistical indices)를 확인할 수 있다.[150] FOQA 프로그램은 항공사 또는 운용자 비행자료기록장치에서 직접 또는 특수 장치를 통하여 비행데이터를 수집한다. 또한 항공사나 운용자는 주기적으로 데이터를 회수하여 분석을 위해 회사의 FOQA 프로그램 분석장소에 보내며, 수집된 데이터는 안전추세의 확인, 시정조치의 결정 및 해당 조치의 효과를 위한 모니터링에 사용된다.[151] 이 정보는 잠재적이고 불안전

---

149) *Ibid.*

150) Federal Register, Flight Operational Quality Assurance Program Final Rule, 66 Fed. Reg.55042 (Oct. 31, 2001).

151) 이 프로그램은 비정상적인 자동항법조종장치의 해제, 지상접근경고시스템의 경고, 과도한 이륙각도, 경착륙(hard landing), 불안정한 착륙 지점 및 표준운용절차 미준수를 기록하기 위해 사용되며, 연료효율모니터링, 엔진상태모니터링, 소음방지준수 등 여러 부문의 모니터링에도 사용되었다. 이처럼 FOQA 데이터는 비행운항뿐만 아니라 유지보수 및 엔지니어링에도 이용할

한 추세를 확인하는 데 사용되며, 그러한 추세가 사고로 이어지기 전에 사전예방적 시정조치를 위한 것이다.

비행자료분석프로그램(Flight-Data Analysis program: "FDA")이 대형 터빈(turbine) 동력 항공기의 필수프로그램이 되어야 한다는 결론을 내린 ICAO는 「국제민간항공협약」 Annex 6, Part 1, 3.3.2에서 "27,000kg을 초과하는 인증된 이륙 중량을 가진 항공기의 운영자는 안전관리시스템의 일부로 비행자료분석프로그램을 마련하고 유지해야 함"을 규정하였다. 그러나 미국은 이러한 비행데이터모니터링 프로그램을 모든 미국 국적기가 자율적으로 적용 및 유지하도록 하였으며, ICAO에 SARPs 내용과의 '차이'를 통보하였다.[152] 이처럼 FOQA는 항공운용자의 안전관리시스템에서 중요한 역할을 할 수 있지만, FAA는 미국항공운용자에 대한 FOQA를 의무화하지는 않았다. 이것은 FOQA 프로그램이 항공안전에 이용할 수 있는 가장 강력한 도구 중 하나이지만, FOQA를 이용한 조종사 모니터링데이터가 외부기관에 공개되었을 때 발생할 수 있는 데이터 보호 문제, 징계 또는 FAA 규제조치, 민·형사 소송 등에 사용할 수 있는 우려와 문제 제기에 따른 조치인 것으로 판단된다.[153]

## 2) 제재 면제 및 정보의 비공개

FAA는 1998년 Advisory Circular 00-46D에 명시된 조건에 따라 행정집행에 FOQA 데이터의 사용을 금지하는 정책을 시행하였으며, 미 의회는 49 U.S.C. § 40123[154]을 통하여 FAA에 자율적으로 제출된 FOQA 데이터에 대한 법적 보호를 마련하였다. 이후 2001년 10월 25일, FAA는 14 C.F.R § 13.401[155]에 따라 행정집행 목적으로 FOQA 데이터의 사용을 금지하도록 입법화하였다. 이 규정은 FOQA 프로그램에 따라 항공기를 운항하는 항공기 조종사에게 적용되며, 프로그램의 운영자는 FOQA 데이터를 행정집행으로부터 면제되는 조건으로 FAA

---

수 있다. James L. Simmons and Jefferty s. Forrest, *supra* note 86, p.107.

152) Thomas Accardi, "Public Sector Pilot Perceptions of Flight Operational Quality Assurance Programs", *Dissertation, Oklahoma State University*(2013), p.44.

153) *Ibid.*

154) 49 U.S.C. § 40123.

155) 14 C.F.R. § 13.401(e). FAA는 해당 항공사나 운영자 또는 그 직원에 대한 법적 집행 및 소송에서, FOQA 프로그램 데이터를 사용할 수 없다.

에 제출하게 된다.[156]

2001년 10월 31일, 14 C.F.R § 193이 최종 규정으로 공포되었을 때, 소속 조직이 FOQA 데이터에 기초하여 조종사를 징계할 수 있는지에 관한 규정이나 언급은 없었다. 이것은 ASAP 프로그램과는 대조적인 것으로, ASAP는 보고서나 그 자료에 근거할 수 없도록 명시한 데 비해, FOQA 프로그램은 징계에 대하여는 명시하지 않았다.[157] 물론 직원들에 대한 징계는 노조계약에 의하여 허용되지 않을 수 있다. 그러나 산업 관행은 그러한 노조 계약이 없다면 FOQA 데이터가 회사의 조치에 대한 근거자료가 될 수 있다. 어느 경우이든, 운영자가 해당 문제를 FAA로부터 통보받은 후 안전문제의 시정조치를 하지 않는다고 판단하거나, 고의적인 규정위반이 있는 경우 FAA는 프로그램 승인을 철회하여 집행으로부터의 보호를 종료할 수 있다.

행정집행과 관련하여 14 C.F.R § 13.401(e)는 "범죄 또는 고의적인 행위를 제외하고, 행정청은 FOQA 프로그램에서 FOQA 데이터 또는 집계 데이터를 해당 운영자 또는 직원에 대한 행정집행에서 사용하지 않는다"라고 명시하였다. 그러나 FAA는 FOQA 데이터가 안전문제와 관련하는 경우 감독 활동을 유지할 것이며, 감독 활동 중에 확인된 위반은 제재 면제가 되지 않을 것이라고 명시하고 있다.[158] 2003년 4월 14일 발효된 FAA Order 8000.81은 14 C.F.R § 193의 보호를 FOQA로 확대하였다.[159] 이에 따라, 정보제공 당사자가 동의하거나 법원의 명령에 의한 경우, 그리고 범죄나 고의로 추정되는 과실에 해당하지 않는 한 FAA에 의하여 FOQA 데이터가 공개될 수는 없다.

### (5) 비행자료기록장치 및 조종실음성기록장치의 제한적 비공개

### 1) 비행자료기록장치의 제한적 비공개

민간항공위원회(Civil Aeronautics Board: "CAB")는 1958년 7월 1일까지 25,000

---

156) FAA가 원래 제안한 규칙제정통지보다 더 많은 보호를 최종 규칙에 따라 확장하는 방법에 대한 자세한 내용은 다음을 참조. Evan P. Singer, "Recent Developments in Aviation Safety: Proposals to Reduce the Fatal Accident Rate and the Debate Over Data Protection", *Journal of Air Law and Commerce*, Vol. 67, No. 2(2002), p.533.

157) James L. Simmons and Jefferty s. Forrest, *supra* note 86, p.108.

158) Federal Register, *supra* note 150.

159) 68 Fed. Reg. 38594 (June 30, 2003).

피트(feet) 이상으로 운항하는 12,500파운드(pound) 이상의 항공기에 비행자료기록장치(Flight Data Recorder: 이하 "FDR"이라 한다)를 설치하도록 처음으로 요구하였다.[160) FDR은 사고조사에 사용될 수 있으며, NTSB의 보고서 작성에도 일부 포함된다. 그러나 사고 및 사건에서 기록데이터를 사용 또는 공개할 수 있는지는 명확하지 않다. 즉 항공사가 사고 및 사건 검토를 위하여 FDR 데이터를 사용할 수 있으나, FAA가 행정집행 시 사용할 수 있는지는 관련 규정[161)에서 명시하지 않았다. 이것은 14 C.F.R. § 13.7[162)에서 명시하는 바와 같이, 특별히 사용이 제한되거나 금지되는 범위에 FDR이 포함되지 않기 때문에 민사금전벌 조치, 자격에 대한 조치 또는 다른 법적 절차에 사용될 수 있음을 의미한다.

이와 관련하여 Garvey v. Carter에서 FDR 데이터는 '사건'(incident)으로 분류될 수 있는 상황에서 조종사 자격증명취소 조치의 증거로 사용되었다.[163) 이 사건은 편승 승무원으로 탑승(이하 "deadheading"[164)이라 한다)한 조종사가 비행 중 항공기가 심하게 흔들렸고, 일부 승객들이 이에 동요하였음을 회사에 보고하면서 촉발되었으며, 해당 비행편 조종사들은 비행 후 특이사항을 비행일지(log book)에 기록하지 않은 것으로 확인되었다. 또한 'deadheading' 기장의 진술로 항공사에서 조사하였을 때, 해당 편 조종사들은 아무 일이 없었다고 부인하다가, 이후에 여압 문제가 있었다고 번복하였다. 그러나 FDR 데이터의 조사결과, 항공기는 80초 동안 정지에 가까웠고, 약 7000피트(feet)의 고도가 떨어졌으며, 엔진은 과열되어 있었다는 것을 보여주었다. 이에 항공사는 조종사 두 명을 모두 해고하였고 NTSB는 이 사건에서 FAA가 조종사의 운항자격을 취소한 것에 대하여 인정하였다. 이 사건에서 FDR 데이터는 조종사의 운항자격 취소와 관련한 주요 증거이며, 비행에 문제가 있었다는 deadheading 기장의 보고를 입증하는 데 사용되었다. 그러므로 FDR 데이터가 해당 사건과 같은 '비사고'의 상황에서 회사

160) Dennis R. Grossi, Aviation Recorder Overview.
161) FAA, Order 2150.3C.
162) 연방 항공규정이 유지, 관리, 전시 또는 관리자에게 제출해야 한다는 각 기록, 문서 및 보고는 관리자가 실시한 모든 조사에 사용될 수 있다. 또한 요구사항을 부과하는 섹션에 의하여 사용이 특별히 제한되거나 금지될 수 있는 경우를 제외하고 기록, 문서 및 보고서는 민사금전벌 조치, 자격증 조치 또는 기타 법적 절차에 사용될 수 있다. 14 C.F.R. § 13.7.
163) Garvey v. Carter, N.T.S.B. Order No. EA-4765 (1999).
164) 'deadheading'은 항공사의 운항 및 객실 승무원이 업무를 시작할 수 있는 적절한 장소에 있도록 하기 위하여 일반 여객 신분으로 탑승하는 관행이다.

가 조종사의 해고를 정당화하기 위한 증거로 사용하였다는 결론을 내리는 것은 타당하다.

그러나 1977년, 제10 순회항소법원은 사고가 발생하지 않았음에도 불구하고 FAA가 항공사에 FDR 데이터를 제출하도록 한 사건에서, 14 C.F.R. § 121.343 규정은 '비사고' 또는 '우발적' 상황에 대한 FDR 데이터의 공개를 요구하는 특정 허가를 포함하지 않는다고 판결하였다.[165] 즉 법원은 FAA가 이 규정으로 자격 취소나 민사금전벌 조치를 위하여 FDR 자료의 제출을 요구할 권한이 없다고 판단한 것이다. 그러나 조직의 인사조치, 소송 또는 정보공개에서 CVR을 보호 또는 공개하는 법령 및 규정과는 달리 FDR 사용에 관한 법령이나 규정은 존재하지 않는다. 물론 징계 조치에 FDR 데이터를 사용하지 않도록 하는 항공사와 조종사 간의 공식적인 합의가 있을 수 있으나, 이러한 노조의 계약은 일관되지 않는다.[166] 또한 사고나 사건이 발생하지 않은 경우, 조직이 조종사에 대한 인사조치에 FDR 데이터를 사용하지 않는 일부 비공식 정책이 있는 것으로 보인다. 그럼에도 불구하고, 일부 소송에서 FDR 데이터의 사용을 확인할 수 있으며,[167] FDR 데이터는 사실상 모든 NTSB 사건 및 사고조사보고서의 일부이므로 비공개가 보장된다고 보기는 어렵다.

---

165) United States v. Frontier Airlines, Inc., 563 F.2d 1008, 1009 (10th Cir. 1977). '비사고'에 대한 조사를 위하여 FDR 데이터를 사용하는 것은 규정에 포함되지 않는다. 그것은 FAA가 규칙 결정 권한을 행사하지 않은 영역이다.

166) 일부 조종사의 노조 계약에는 FDR 데이터를 징계 기준으로 사용할 수 없다고 명시되어 있다. 예를 들어 알래스카 항공(Alaska)과 조종사 간의 노조 계약에는 "비행자료기록장치(FDR), 조종실음성기록장치(CVR)에서 얻은 정보는 조종사에 대한 징계 또는 해고 조치의 전부 또는 부분적 근거로 사용되어서는 아니 된다"라고 되어 있다. 또한 사우스웨스트(Southwest) 항공과 조종사 간의 계약은 다음과 같이 명시되어 있다. "CVR 및 FDR 데이터는 사고 및 사건조사에만 사용되며, 그 내용은 기밀 정보로 간주한다." 따라서 FAA 또는 NTSB 규정에 따라 이러한 데이터를 보유해야 하는 특정 사건 또는 사고와 직접 관련된 CVR, FDR 데이터만 징계 절차에 사용할 수 있다. James L. Simmons and Jefferty s. Forrest, *supra* note 86, p.96.

167) Bobian v. CSA Czech Airlines, 232 F. Supp. 2d 319, 321 (D.N.J. 2002). 원고는 바르샤바 협약에 따른 외상 후 스트레스장애(PTSD)의 손해에 대한 증거로, 항공관련 전문가의 진술서를 제공하였는데, 전문가는 "기상보고서, 레이더 플롯(radar plots), 비행데이터기록 등의 자료를 조사한 결과, 중대한 난기류가 항공기 탑승자에게 신체적 상해를 입힐 확률이 높으며"라고 하여 자신의 진술에 FDR 데이터를 사용하였다.

### 2) 조종실음성기록장치의 '비공개' 규정

CVR은 조종사 간의 대화, 무선통신, 기내방송 등을 기록하는 전자시스템이다. 더글러스(Douglas) DC-6의 화물실 화재와 관련된 항공기사고에서 FDR이나 CVR 정보가 존재하지 않았기 때문에, 화재의 원인을 찾는 데 어려움이 있었다.[168] 이러한 사고 및 사건은 1966년 7월 1일, 모든 터빈 동력(turbine-powered) 항공기와 1967년 1월 1일, 4개의 왕복(reciprocating) 엔진을 가진 모든 가압(pressurized) 항공기에 대하여 FAA가 CVR 설치를 요구하는 계기가 되었다.[169]

CVR 데이터는 사고 및 사건에 대한 FAA 및 NTSB의 조사에 사용된다. CVR 데이터는 초기부터 행정집행에 대한 보호가 적용되었으며, 해당 내용에는 "행정 책임자는 어떠한 민사금전벌이나 자격증명에 대한 조치(certificate action)에도 CVR을 사용해서는 아니 된다"라고 명시하고 있다.[170] 그러나 CVR 데이터의 보호가 회사의 징계 조치에 적용될 수 있는지 여부는 처음부터 논쟁거리였다. 1969년, 당시 미국 내 항공조종사를 대표했던 민간항공조종사협회(Air Line Pilots Association: 이하 "ALPA"라 한다)는 CVR의 사용을 승인하였으나 사고조사에만 국한되도록 제한하였으며, 사고조사 이외의 목적으로 FDR과 CVR을 사용하는 것에 대하여는 지속적으로 반대하는 입장을 보여 왔다. 일부 노조계약에서도 CVR 사용을 금지하고는 있으나 일치한다고 보기는 어렵다.[171] 또한 CVR 데이터를 민사소송에서 증거로 사용할 수 있는지, 대중매체에 공개할 수 있는지의 여부도 CVR 설치를 요구하는 규칙이 제정된 직후에 쟁점이 되었다. FOIA에 따라 CVR의 비공개가 적용되는 규정은 "다른 법령에 의하여 공개가 특별히 면제되는 정보는 보호한다"라는 내용에 의한 것이다.[172] CVR이 설치된 이후, 초기에는 대중

---

168) Van Stewart, "Privileged Communications? The Bright Line Rule in the Use of Cockpit Voice Recorder Tapes", *Journal of Communication Law and Technology Policy*, Vol. 11(2003), p.392.
169) Dennis R. Grossi, *supra* note 160.
170) FAR 41.212(e). 현재 14 C.F.R. § 91.609(g)에 명시됨.
171) 앞서 언급한 바와 같이, 알래스카항공의 계약은 CVR 데이터를 사용할 수 없다고 분명히 명시되어 있으나, 사우스웨스트의 계약은 그렇게 절대적이지 않다. James L. Simmons and Jefferty s. Forrest, *supra* note 86, p.97.
172) FOIA의 핵심은 정보가 '정보공개요건'의 '예외사항'에 해당되지 않는 한, 연방 정부는 대중의 요청 시 정보를 공개해야 한다는 것이다. 5 U.S.C. § 552(b),(3).

매체와 언론기사에서도 사고와 관련된 CVR 기록 내용이 무분별하게 사용되었다. 그러한 이유로, 1982년에 미 의회는 기록의 공개를 제한하는 법률을 제정하기 시작하였다.[173] 현재 이 법령은 49 U.S.C. § 1114(c)에 다음과 같이 명시되어 있다.

　"위원회(NTSB)는 위원회가 조사한 사건 또는 사고와 관련된 승무원과 지상의 음성통신인 조종실음성 또는 영상기록 또는 녹취록의 일부를 공개할 수 없다. 그러나 위원회가 사고나 사건에 대한 공청회 또는 청문회를 개최하는 경우 또는 위원회가 공청회를 열지 않을 경우, 사고나 사건에 대한 기타 사실적 보고서의 대다수는 공개 문서에 포함되며 위원회는 기록의 일부, 비디오에서 얻은 시각적 정보의 서면 기록 또는 위원회가 사고 또는 사건과 관련이 있다고 판단하는 영상기록장치에서 얻은 스틸 이미지(still image)를 공개하여야 하며, 안전권고사항에 대한 조종실음성 또는 영상기록장치 정보를 참조하는 것을 제한하지 아니한다."[174]

### 3) CVR의 공개에 관한 법조문의 상반된 해석

McGihrra v. NTSB 사건에서 미국 연방지방법원은 49 U.S.C. § 1114(c) 규정에 따라, FOIA에 대한 면제가 적용되므로 CVR을 공개해서는 안 된다고 판결하였다.[175] 이후, 1994년 의회는 CVR 소송에서 증거개시 요청과 NTSB에 의해 공개되지 않는 CVR 녹취록의 일부에 대한 지침을 제공하는 법을 통과시켰다. NTSB의 의무와 책임을 다루는 49 U.S.C. § 1154에 따르면, "NTSB가 대중에게 공개하지 않는 스틸이미지나 조종실음성기록장치의 일부를 재판 절차(judicial proceeding)의 당사자가 증거개시(discovery)를 위해 사용할 수 없으며,[176] 사고조사와 관련된 위원회의 보고서 일부도 손해에 대한 민사소송에서 증거로 인정되거나 사용될 수 없다."[177] 또한 "법원의 보호 명령이 내려진 경우를 제외하고,

---

173) Freedom of Information Act, Public Law No. 97-309, 96 Stat. 1453(1982).

174) 49 U.S.C. § 1114(c)

175) 이 사건은 1991년 3월 3일 콜로라도주(state)에서 발생한 유나이티드(United)항공 585편의 추락사고에서 비롯되었다. 이 소송에서 사고 희생자의 유족인 원고는 NTSB에 CVR 복사본(copy)에 대한 FOIA를 요청하였다. McGihrra v. Nat'l Transp. Safety Bd., 840 F. Supp. 100, 102 (D. Colo. 1993).

176) 49 U.S.C. § 1154 (a), (1).

177) 49 U.S.C. § 1154 (b).

공정한 재판이나 증거개시를 위하여 필요한 경우"[178]를 포함하여 증거개시가 허용되는 예외규정을 열거하였다.

그러나 이 법령의 적용에 있어 법원은 초기에 CVR 기록의 증거개시 가능성에 대하여 상반된 결론을 내렸다. 2000년 10월 31일 대만 타이페이, 치앙카이-셰크(Chiang Kai-Shek) 국제공항에서 발생한 싱가포르 항공기의 사고에 따른 소송에서, 미국 연방법원 판사는 CVR 녹취록의 공개와 관련하여 "공정한 재판을 받기에 불충분하다는 것을 원고가 입증하려고 하지 않았다"라고 판단하고, 원고의 CVR 제출청구를 인용하지 않았다.[179] 이와는 대조적으로, 2000년 3월 5일, 캘리포니아 버뱅크(Burbank, California)에서 발생한 사우스웨스트 항공의 활주로 이탈(overrun) 사고와 관련된 소송에서 법원은 상반된 결론을 내렸다.[180] 원고는 보호 명령에 따라, 테이프의 내용을 듣는 것이 아닌 서면 기록만을 증거로 사용하는 것은 결함이 있을 수 있다고 주장하였는데, 판사는 그 녹취록이 소수에 의하여 제작되었다는 점을 감안할 때, CVR의 녹취록이 적절하지 않다는 원고의 주장에 설득력이 있다고 보았으며,[181] NTSB 녹취록에서 51개의 단어가 누락되고, 11개의 '발언(expletives)'이 삭제되었다는 원고의 주장에 추가로 동의하였다.[182]

이러한 법령과 판례는 CVR 기록에 대한 NTSB의 책임을 구체적으로 다루고 있으나, 초기에 많은 정부 기관에서 CVR의 무분별한 사용은 제한하지 않았다. 예를 들어 2001년 9월 11일 펜실베이니아에서 추락한 유나이티드 항공 93편 추락사고의 수사를 맡았던 FBI는 비공개적으로 승무원의 유족과 승객의 유족을 위하여 CVR을 두 차례 공개하였다.[183] 이러한 사례에서 볼 수 있듯이, '합법적인' 수단이든 아니든 CVR이 NTSB나 법원 이외의 출처에서 공개되는 경우는 수없이 있었다. 이미 수많은 CVR 음성기록의 일부가 인터넷 사이트 및 프로그램을 통

---

178) 49 U.S.C. § 1154 (a), (2), (3), (4).
179) In re Air Crash at Taipei, Taiwan on October 31, 2000, 211 F.R.D. 374 (C.D. Cal. 2002).
180) McCoy v. S.W. Airlines Co., 208 F.R.D. 617, 618 (C.D. Cal. 2002).
181) *Ibid.*
182) *Ibid.*
183) 이와 관련하여 민간항공조종사협회(ALPA) 회장은 아무런 법적 권한도 언급하지 않은 채, 이 음성기록을 재생하는 것은 "전례와는 달리 의회의 의도와는 반대되는 것이며 CVR의 존재를 정당화하는 근본적인 법리에 어긋나는 것"이라는 내용의 서한을 법무장관과 FBI 국장에게 보냈다. ALPA, FBI plays UAL flight 93 CVR tapes over ALPA objections.

하여 공개되고 있으며,[184] CVR 기록을 통하여 사고를 재구성한 것을 쉽게 찾을 수 있다.[185] 이러한 정보의 남용을 방지하기 위하여 강력한 법규정을 통한 보호가 필요할 것으로 판단된다.

### (6) 공정문화 적용을 위한 '자율준수 및 집행프로그램'

### 1) 자율준수조치를 통한 공정문화의 발전

FAA는 1988년, 법적 감독의무를 이행하기 위하여 자율준수 및 집행프로그램(Compliance and Enforcement Program)을 개발하였다.[186] 이 프로그램은 안전규정을 준수하도록 하기 위한 것으로, 규정과 절차를 준수하기 위하여 교육 및 지침의 이해를 필수적인 요소로 보고 있다. 또한 자율적 준수를 기본으로 하되, 자율준수프로그램의 기준과 보호를 벗어난 것으로 확인되는 경우에만 공식적인 행정집행이 뒤따른다는 것을 추가로 선언하였다. 그러나 이러한 목적과 취지에도 불구하고 근본적으로 처벌적인 집행 관행은 부합되지 못하고 있었다. 이에 따라 2015년 FAA는 '자율준수프로그램'의 보다 적극적인 시행을 통하여, 과거의 엄격한 '행정집행'(enforcement) 정책에서 벗어나기 위한 노력을 하였다. 즉 대부분의 항공사고 및 사건은 상황인식 상실, 이해 부족, 인적오류, 의도치 않은 오류(honest mistake)로 인하여 위반이 발생하였음을 확인하고, 이러한 경우 FAA는 새로운 '자율준수프로그램'을 통하여 자격증명소지자(certificate holder)의 참여, 근본 원인의 분석, 투명성 및 정보교환을 사용하여 법적 조치보다는 근본적인 안전문제를 해결하는 것으로 대체하려고 하고 있다.[187] 그러나 자율준수프로그램의 기준과 보호를 벗어난 것으로 판명될 경우, 예를 들어 규정 위반의 특성상 준수 조치와는 달리 '고의적이고 의도적인 규정 위반'은 여전히 행정집행의 대상이 될 가능성이 높다.

---

184) Cockpit Voice Recordings, Transcripts/Air Traffic Control Tapes.
185) The Impossible Landing-United Airlines Flight 232, 2019. 9. 6.
186) FAA, Order 2150.3A, Compliance and Enforcement Program(1988).
187) Scott Stahl, How a Compliance Philosophy is Rewriting Safety", AERO CREW NEWS, 14.03.2018.

## 2) 자율준수조치를 통한 공정문화의 정의

미국은 FAA Order 8000.72에서 공정문화를 다음과 같이 정의하고 있다.

"공정문화란 수범자가 규제 및 비규제 안전문제를 스스로 공개하는 것에 대한 중요성을 인정하는 분위기를 말한다. 공정문화는 의도하지 않은 과실을 감안하고, 처벌에 대한 두려움 없이 과실이 보고되는 비처벌적 환경을 조성하는 것이다."

또한 자율준수프로그램에 대한 FAA Order 8900.1[188]에서는 다음의 내용을 통하여 공정문화의 환경을 보충하고 있다.

"비행표준은 공정하고 합리적이어야 한다. 감독관은 사실과 위반 가능성(allegation) 관련하여 모든 상황을 고려하여야 하며, 조종사 및 조직의 입장을 전달하기 위하여 선의의 노력을 기울여야 한다. 비행표준은 공정한 안전문화 접근방식을 촉진하고 확립하여야 한다. 과실은 각 사례의 특정 사실과 상황에 기초하여 적절한 조치 또는 시스템 전체의 시정조치를 취할 수 있도록 확인, 보고 및 분석되어야 한다. 사고조사관들은 안전을 위한 책임과 이미 발생한 일에 대한 처벌에 초점을 맞춘 비난의 차이를 이해해야 한다. 공정한 안전문화의 핵심은 자율준수 도구를 통하여 효과적으로 해결할 수 있는 안전하지 않은 행위와 행정집행을 사용해야 하는 허용할 수 없는 행위 사이의 경계선을 결정할 수 있는 능력이다."

이처럼 미국은 자율준수프로그램을 통하여 공정문화의 환경을 조성하는 것으로 보인다. 즉 처벌이 아닌 교정 또는 시정조치를 통하여 '비처벌적 환경'을 조성하고, 무엇보다 용인의 범주를 결정함에 있어 판단 주체가 모든 상황을 고려하여 합리적으로 결정해야 함을 강조하는 것을 확인할 수 있다.

---

188) FAA, Order 8900.1, Volume 14, Chapter 1, Section 1: Flight Standards Service Compliance Program(2021).

### 3) 행정집행(enforcement actions)

FAA의 행정집행은 자격증 조치, 민사금전벌 조치, 비공식 절차를 통한 타결을 포함하여 규제대상 기관과 개인의 규정 위반을 해결하기 위한 법적 집행조치를 말한다. 이러한 FAA의 행정집행에 대한 정책, 절차 및 지침은 FAA 자율준수 및 집행프로그램인 Order 2150.3C에 포함되어 있다.[189]

#### ① 자격증명에 대한 조치(certificate actions)

FAA는 자격을 보유한 개인 및 법인에 대하여 자격증의 정지 및 취소의 형태로 행정집행을 취할 수 있다. 자격정지는 위반행위를 징계하고 타인의 유사한 위반행위를 억제하기 위하여 조치된다. 자격 취소는 보유자가 해당 자격을 보유할 자격이 없다고 판단할 때 FAA에 의해 조치된다.[190] 대부분의 정지 및 취소 명령은 NTSB에 상소할 수 있다. 먼저 NTSB의 행정법 판사(Administrative Law Judge: 이하 "ALJ"라 한다)에게 상소하게 되며, ALJ가 내린 결정에 대하여 NTSB의 전체 이사회에 상소할 수 있다. 이후, 전체 이사회의 결정에 대하여 미국 항소법원에 제소할 수 있다.[191]

#### ② 민사금전벌 조치(civil penalty actions)

FAA는 14 C.F.R. § 13.14 또는 § 13.18에 의한 법적 권한(statutory authority)에 따라 민사금전벌 조치를 취하게 된다. 개인 및 중소기업의 관련 문제가 아닌 경우 최대 $ 400,000의 민사금전벌을 부여하고, 개인 및 중소기업 문제에 대하여는 최대 $ 50,000의 민사금전벌을 부여하는 명령을 내릴 권한이 있다. 일반적으로 위반 조항 및 위반자의 범주에 따라 각 위반에 대한 처벌은 $ 1,100에서 $ 27,500까지 다양하다.[192] FAA는 민사금전벌 또는 예정된 벌금액 산정(proposed assessment)의 통지(notice)로 민사금전벌 조치가 시작된다. 법인은 통지서에 상소할 수 있으며, 교통부 또는 NTSB의 ALJ 중 한 명 앞에서 청문회를 할 수 있다. ALJ의 모든 결정은 각각 FAA 관리자 또는 NTSB에 상소할 수 있다. FAA

---

189) FAA, Legal Enforcement Action.
190) FAA, Certificate Actions.
191) *Ibid*.
192) FAA, Civil Penalty Actions.

또는 NTSB의 최종 결정에 대하여 불복하는 경우, 미국 항소법원에 제소할 수 있다.[193)]

### ③ 비공식 절차(informal procedures)를 통한 타결

FAA 변호사와의 비공식 회의를 포함한 비공식 절차에 있어서 대부분의 집행 사례의 시작단계에서는 위반행위자로 지목된 사람이 FAA에 정보를 제공할 기회가 주어진다. 비공식 절차의 과정에서 행정집행은 때때로 당사자 간의 타협으로 해결될 수 있다.[194)] 이 경우 사건은 소송절차 없이 종결되며, 소송의 위험과 비용을 고려한 후에 이루어지는 경우가 많다. 타결의 경우, 민사금전벌의 금액이 감액되거나 위반에 대한 기록 없이 타결되는 경우도 있다.[195)] 또한 자격증의 정지 또는 취소로 시작된 사건이 이러한 절차 및 타결을 통하여 민사금전벌로 해결되기도 한다.

---

193) *Ibid.*
194) FAA, Informal Procedures and Settlements.
195) *Ibid.*

■ **소 결**

미국은 법규정을 통하여 자율적으로 제출된 안전정보를 보호하고 있다. 이러한 보호는 항공안전보고프로그램을 통하여 수집된 정보뿐만 아니라 사고조사와 관련된 민감한 정보도 법원이나 행정집행의 목적으로 사용을 금지하도록 하는 법규정이 마련되어 있다. 특히 조종실음성기록장치의 데이터 및 사고조사보고서의 경우, 법규정을 통하여 엄격한 보호의 기준이 마련되어 있는 것을 확인할 수 있다.

미국은 항공안전을 위하여 다양한 자율보고프로그램을 운영하고 있다. FAA 와의 MOU를 통하여 중립적 기관인 NASA가 관리하는 항공안전보고제도(ASRS) 뿐만 아니라 FAA가 자격증명소지자와의 안전협력을 기반으로 개인을 대상으로 하는 항공안전조치프로그램(ASAP)과 법인을 대상으로 하는 자율공개보고프로그램(VDRP)도 운영하고 있다. 이 프로그램으로 FAA는 처벌보다는 시정조치로 안전문제를 해결하고자 하는 목적을 가지고 있으며, 이를 통하여 당사자를 교육하고 위험의 재발을 방지하도록 하고 있다. 이러한 미국의 자율보고프로그램은 보고자의 신원 및 보고서의 내용에 대한 기밀성이 보장되며, 보고자가 프로그램에서 요구하는 제재면제의 조건을 충족하는 경우에 한하여 제재가 면제되도록 보장하고 있다.

또한 미국은 자율보고프로그램과 자율준수프로그램(Compliance Program)을 연계하여 공정문화를 구현하고 있는 것으로 보인다.[196] 2015년 FAA는 자율준수프로그램의 적극적인 시행을 통하여 엄격한 행정집행(enforcement)에서 벗어나 자격증명소지자의 참여와 근본적인 안전문제를 해결하는 것에 초점을 두는 구체적인 정책을 마련하여 시행하고 있으며, 이러한 과정에서 자격증명소지자의 위반행위에 대한 판단과 결정을 위해 고려해야 하는 구체적인 결정 과정을 제시함으로써 FAA의 재량권 남용을 막으려는 것으로 보인다. FAA는 자율준수프로그램을 통한 자율적 준수를 장려하나, 자율준수프로그램의 기준과 보호를 벗어난 것으로 확인되는 경우에는 행정집행이 취해질 수 있다.

항공안전의 확보는 공공정책적인 이익이 상당히 크다는 점에서 특권과 면제

---

196) Scott Stahl, *supra* note 187.

의 적용이 강조되고 있으며, 이러한 이유로 ICAO에서도 항공안전데이터의 공유
와 특권 및 면제 문제에 지속적인 관심을 보여 왔던 것이다.[197] 이러한 미국의
다양한 자율보고프로그램과 공정문화 원칙이 포함된 정책은 여러 국가의 모범이
되고 있다. 우리나라도 다양한 항공안전보고프로그램의 도입과 공정문화 구현을
위한 구체적인 정책의 마련을 고려해 보아야 할 것이다.

## Ⅲ. 유럽연합(European Union)의 입법(Legislation)

### 1. 유럽연합의 규율 체계

#### (1) Regulation (EU) No. 996/2010

Regulation (EU) No. 996/2010(On the investigation and prevention of accidents
and incidents in civil aviation)은 민간항공의 사고 및 사건 조사와 예방에 관한 규
정으로, 27개 EU 회원국에 구속력이 있으며 직접적으로 적용된다.[198] 이 규정은
EU 민간항공 사고조사에서 높은 수준의 효율성(efficiency), 편의성(expediency) 및
우수함(quality)을 보장함으로써 항공안전을 향상시키는 것을 목표로 하며, 항공
안전조사기관의 유럽 민간항공네트워크의 구축을 포함하여 비난이나 책임을 지
우지 않고 미래의 사고 및 사건을 예방하는 것을 목적으로 한다.[199] 또한 사고
및 준사고에 대한 사고조사에 적용되며, 국가 법규에 따라 해당 회원국이 결정
한 경우를 제외하고, 군(military), 세관, 경찰 또는 이와 유사한 서비스에 종사하
는 항공기와 관련된 사고 및 준사고에 대한 사고조사에는 적용되지 않는다.[200]

---

197) 문준조, 「항공관련 국제협약과 항공법제 개선방안 연구」, 한국법제연구원, 연구보고 2009-10
(2009), 218면.
198) EU의 모든 회원국은 국제민간항공협약의 당사국이며, 민간항공사고를 조사할 의무가 있다. EU
는 Annex 13에 명시된 표준을 이행하고 회원국에 항공사고조사에 관련한 '협력 및 상호지원'
을 달성하는 방법에 대한 지침을 제공하고자 하였다. EC, Commission Staff Working
Document Accompanying the Proposal for a Regulation of the European Parliament and
of the Council on Investigation and Prevention of Accidents and Incidents in Civil
Aviation-Impact Assessment, Commission of the European Communitys., SEC 1477,
2009, 2.3.1.
199) EU, Regulation No. 996/2010, Official Journal of the European Union, L295/35(2010), art.
1.1.
200) *Ibid.*, art. 3(1), (3).

사고 및 준사고의 발생을 알고 있는 관계자는 그 발생상황을 사고조사 주체에 지체없이 통보하여야 하며,[201] 사고조사의 과정에서 사고조사법 등 국가법에 규정된 위반행위가 사고 및 준사고에 관련된 것으로 알려지거나 의심되는 경우, 해당 조사관은 즉시 규제 기관에 통보하여야 한다.[202] 이러한 사고조사는 어떠한 경우에도 비난이나 책임을 지우는 것에 관여하지 아니하며 이를 위한 법 집행 또는 행정적 절차와도 분리되고 침해되지 않아야 한다.[203] 이처럼 이 규정은 사고조사당국, 사법부, 민간항공 등 사고조사와 관련된 활동에 관여할 가능성이 있는 당국이 사전 협의를 통하여 협력하여야 함을 명시하고 있다.[204]

동 규정은 안전정보의 이용가능성을 보장하기 위해 기밀성에 대한 규칙을 적용해야 한다는 점을 강조하지만,[205] 사고조사와 사법조사 사이의 관계를 명확히 명시하지는 않았다. 동 규정의 Article 12는 사법당국이 국내법에 따라 증거를 압수할 수 있지만, 사고조사관은 이를 충분히 열람할 수 있도록 해야 하며,[206] 위반행위가 있었다는 증거가 있는 경우에는 담당 조사관이 규제 기관에 보고해야 한다고 규정하고 있다.[207] 여기서 주목할 점은, 적절한 법 집행을 보장하기 위하여 사법당국에는 예외가 주어진다는 것이다. 즉 위반행위를 판단하기 위한 정의나 지침은 제공되지 않으나, 그 정보는 공개되어 법적 절차에 사용될 수 있는 것이다. 또한 정보의 이용가능성과 관련하여, 규정에서는 진술서, 개인의 신원을 밝히는 기록, 민감한 정보, 비행자료기록장치(FDR) 정보, Regulation (EU) No. 376/2014에 따라 제출된 사고 및 사건 발생보고서 등의 기록은 안전 이외의 목적으로 사용하여서는 아니 됨을 명시하고 있으나,[208] 사법당국이 기록의 공개를 결정할 수 있는 권한이 있으므로, 회원국이 정보의 이용가능성과 관련하여 동일한 결론을 가질 것으로 보기는 어렵다. 이러한 명확성의 결여는 EU 규정의 한계를 보여준다.

---

201) *Ibid.*, art. 9(1).
202) *Ibid.*, art. 12(2).
203) *Ibid.*, art. 5(5).
204) *Ibid.*, art. 12(3).
205) *Ibid.*, art. 12(3).
206) *Ibid.*, art. 12.
207) *Ibid.*, art. 12(2).
208) *Ibid.*, art. 14.

### 1) 민감한 안전정보의 보호

민감한 안전정보는 사고조사 이외의 목적으로 제공되거나 사용되어서는 아니된다. 이것은 사고조사 과정에서 안전조사기관이 받은 모든 진술, 사고조사의 과정에서 증거를 제시한 사람의 신원에 대한 기록, 개인의 건강에 관한 정보 등사고조사기관에 의해 수집된 민감한 정보, 조사관이 작성한 의견 및 비행자료기록장치 정보 등 정보 분석에 명시된 의견과 조사 과정에서 작성된 자료, 다른회원국 또는 제3국의 조사관이 제공한 정보와 증거, 초안 보고서 또는 최종보고서, 조종실음성 및 영상기록, 그리고 항공교통관제 음성기록, 특히 개인의 사생활과 관련된 정보가 포함되며 이러한 정보는 적절히 보호되어야 한다.[209] 즉 비행데이터 및 음성기록은 안전한 절차에 따라 확인되지 않거나 공개되는 경우를제외하고는 사고조사, 감항성 또는 유지보수 목적 이외의 용도로 사용해서는 아니 된다.[210] 그럼에도 불구하고, 국가법에 따라 규제 기관은 공개로 인한 이익이국내·외에 미치는 악영향보다 중요하다고 판단하는 경우 기록의 공개를 결정할수 있다. 이 경우 회원국은 법적 행위를 존중하면서 이러한 공개 결정이 내려질수 있는 경우를 엄격하게 제한하여야 할 것이다.[211]

### 2) 사고조사보고서

사고조사보고서는 사고조사의 유일한 목적이 비난이나 책임을 지우지 않고미래의 사고 및 사건을 예방하는 것이라고 명시하여야 하며, 적절한 경우 안전권고사항이 포함되어야 한다.[212] 해당 보고서는 사고 또는 준사고에 관련된 개인의 익명성을 보호하여야 한다.[213] 또한 민감한 안전정보에 포함되는 정보는 사고또는 준사고의 분석과 관련된 경우에 한하여 보고서에 포함하여야 하며, 분석과관련이 없는 정보를 공개해서는 아니 된다.[214]

---

209) *Ibid.*, art. 14(1).
210) *Ibid.*, art. 14(2).
211) *Ibid.*, art. 14(3).
212) *Ibid.*, art. 16(1).
213) *Ibid.*, art. 16(2).
214) *Ibid.*, art. 16(5).

## (2) Regulation (EU) No. 376/2014

EU의 민간항공 사고 및 사건 발생[215] 보고, 분석 및 후속조치는 현재 Regulation (EU) No. 376/2014[216] 및 2015/1018[217]의 주요 규정에 의해 규율된다. Regulation (EU) No. 376/2014(Reporting, analysis and follow-up of occurrences in civil aviation)는 민간항공분야에서 사고 및 사건 발생의 보고, 분석 및 후속조치를 다루며, Commission Implementing Regulation (EU) 2015/1018은 Regulation (EU) No. 376/2014에 따라 의무적으로 보고해야 할 민간항공의 사고 및 사건 발생을 분류하는 목록을 규정하고 있다.

Regulation (EU) No. 376/2014는 민간항공과 관련된 안전정보가 보고, 수집, 저장, 보호, 교환, 보급 및 분석되도록 함으로써 항공안전의 개선을 목표로 한다.[218] 이 규정은 기밀 유지 및 정보의 적절한 사용에 대한 규칙을 도입하고 사고 및 사건의 발생보고서에 언급된 개인 및 보고자의 보호를 통하여 안전정보의 지속적인 이용가능성을 보장하고자 하는 것이다. 이에 따라 회원국, 유럽항공안전청(European Aviation Safety Agency: 이하 "EASA"라 한다) 및 조직(organisations: 이하 "조직"이라 한다)은 사고 및 사건의 발생 정보를 '비난 또는 책임의 귀속 목적이나 항공안전의 유지 또는 개선 이외의 목적으로 사용해서는 아니 된다.[219] 이와 관련하여 Article 2(8)에서는 "조직"을 항공생산품(aviations

---

215) 민간항공의 사고보고에 관한 지침의 특정한 목적을 위하여 유럽연합(EU) 규정은 Annex에서 정의하지 않은 "발생"(occurrences)이라는 용어를 사용하고 있으며, 이것은 "시정하거나 해결하지 않을 경우 항공기, 탑승자 또는 다른 사람을 위험에 빠뜨릴 수 있으며 특히 사고(accident) 또는 준사고(serious incident)를 포함할 수 있는 안전과 관련된 것"으로 정의하였다. 이처럼 "발생"이라는 용어는 모든 유형의 항공사고와 기타 불규칙한 상황을 포괄하는 일반적인 의미로 사용되고 있는 것으로 보인다. EU, Commission Directive 2003/42/EC, Official Journal of the European Union, L167/23(2003), art. 2.1.

216) EU, Regulation No. 376/2014, *supra* note 12. 2014년 4월 3일 EU는 민간항공분야에서 발생한 보고, 분석 및 후속 조치에 관한 EC 규정 376/2010을 채택하였다. 또한 사고조사에 관한 EU 규정 996/2010을 개정하고, 사고 및 사건의 발생보고에 관한 유럽 의회와 위원회 지침인 EC 지침 2003/42를 폐지하였다.

217) EU, Regulation No. 2015/1018, Official Journal of the European Union, L163/1(2015). 2015년 6월 29일. EU 규정 2015/1018을 통하여 의무보고제도에 속하는 발생 목록을 확대하였다. 즉 EU 규정 376/2014에 따라 의무적으로 보고되어야 할 민간항공의 발생을 분류하는 목록을 작성하였다.

218) EU, Regulation No. 376/2014, *supra* note 12, art. 1(1).

219) *Ibid.*, art. 15.

products)을 생산하고/하거나 Article 4(6)에 따라 사고·사건(occurrences)을 보고하도록 요구되고 있는 사람을 채용하거나 도급을 주거나 또는 그러한 사람의 서비스를 이용하는 조직이라고 정의하고 있다. 또한 Article 4(6)은 그와 같이 의무적으로 보고하여야 할 사람들을 다음 7가지 유형으로 열거하고 있다: (a) 기장 또는 기장이 사고·사건을 보고할 수 없는 경우에는, 유럽연합 회원국에 등록된 항공기 또는 유럽연합 밖에 등록된 항공기의 지휘계통에서 차상위 승무원(crew member); (b) 회원국 또는 EASA의 감독하에, 항공기 또는 그 장비품이나 부품을 설계·제작, 지속감항성 모니터링, 정비 또는 개조하는 업무를 수행하는 사람; (c) 회원국 또는 EASA의 감독하에, 항공기 또는 그 장비품이나 부품과 관련하여 감항성 검토 인증서 또는 서비스 해제에 서명하는 사람; (d) 유럽연합 회원국으로부터 항행업무와 관련된 책임을 맡은 항공교통업무제공기관의 요원으로서 또는 비행정보업무관(a flight information service officer)으로서의 권한을 부여받아야 하는 직무를 수행하는 사람; (e) 유럽의회와 이사회의 Regulation (EC) No. 1008/2008이 적용되는 공항의 안전관리와 관련된 직무를 수행하는 사람; (f) 유럽연합 회원국이 감독을 보장하는 항행안전시설의 설치, 변경, 유지, 수리, 전면분해수리정비(overhaul), 비행점검(flight-checking) 또는 감독(inspection)과 관련된 직무를 수행하는 사람; 및 (g) Regulation (EC) No. 1008/2008이 적용되는 공항에서의 급유, 탑승·탑재명세서(loadsheet)작성, 탑재, 해빙 및 견인(towing)을 포함하여, 항공기의 지상조업과 관련된 업무를 수행하는 사람이다.

한편 이 규정은 회원국이 사전에 행정적 협의를 통하여 법을 집행하는 규제기관(competent authorities for the administration of justice)과 Article 6(3)에 명시된 규제 기관[220]이 서로 협력함으로써, 안전정보의 지속적인 이용가능성을 위해 노력해야 함을 요구하고 있다.[221] 그러므로, 자국의 형법을 적용함에 영향이 없도록 국가는 의무 및 자율보고제도에 따라 보고되었다는 이유만으로 사전에 계획되지 않거나 부주의한 위반행위에 법적 절차를 마련하는 것을 삼가야 한다.[222] 그러나 고의로 추정되는 과실이나 중대한 과실의 경우는 적용되지 아니

---

220) Art. 6(3)에 따라 "공동 또는 별도로 지정할 수 있는 규제 기관은 국가민간항공당국 또는 사고조사기관 또는 이 기능(function)을 위탁받은 연합(Union)에 기반을 둔 기관 또는 다른 독립된 실체"(any other independent body or entity)로 명시하고 있다.

221) EU, Regulation No. 376/2014, *supra* note 12, art. 15(4).

한다.

국제민간항공협약 Annex 19 SARPs에 명시된 안전정보보호의 내용에 따라 EU는 Regulation (EU) No. 376/2014를 통하여 안전데이터 및 정보의 보호를 강화하고 해당 규정을 준수할 것을 의무하고 있으나, 해당 내용의 불명확성으로 항공기사고나 준사고에서 관련자를 기소하거나 안전정보를 남용하여 그들을 처벌하기 위한 수단으로 사용하는 것을 제재하기 어렵다. 그러나 현재 민간항공 사고 및 사건의 발생보고와 관련하여 안전과 법 집행의 균형을 도모하는 입법적 진화를 확인할 수 있다. 이전의 보고규정인 Directive 2003/42/EC는 서로 다른 이해관계를 균형있게 조정할 필요성에 대한 어떠한 언급도 포함하지 않았지만, Regulation (EU) No. 376/2014는 이를 규정하고 있다. 전문(45)에 따르면, "안전 당국과 사법당국 간의 협력은 서로 다른 공공 이익의 균형을 맞추기 위한 관점에서 그들 간의 사전 조율을 통하여 강화되고 공식화되어야 한다"라고 명시하고 있다. 또한 Article 15(4)는 회원국이 독립적으로 보고된 사건의 세부사항을 수집, 평가, 처리, 분석 및 저장하는 메커니즘을 수립하도록 지정된 회원국의 규제 기관이 사전행정적 타협을 통하여 사법당국과 서로 협력하도록 보장하여야 한다고 명시하고 있다. 이러한 사전행정적 조치는 사법당국의 적절한 법 집행과 안전정보의 지속적인 이용가능성 사이의 적절한 균형을 보장하기 위하여 필수적인 것으로 보인다.

### 1) 의무보고(mandatory reporting)

항공안전에 중대한 위험을 나타낼 수 있으며 항공기의 운항, 유지보수, 항공운항서비스 및 시설, 비행장(aerodrome) 및 지상 서비스와 관련된 사고 및 사건의 발생은 의무보고제도를 통하여 보고하여야 한다.[223] 회원국에 설립된 각 조직은 의무보고 항목에 명시된 세부사항의 수집을 용이하게 하기 위하여 의무보고 시스템을 구축하여야 하며,[224] Article 4(6)에 해당되는 자는 사고 및 사건의 발생을 인지한 후 72시간[225] 이내에 의무보고제도를 통하여 보고해야 한다.[226]

---

222) *Ibid.*, art. 16.
223) *Ibid.*, art. 4(1).
224) *Ibid.*, art. 4(3).
225) *Ibid.*, art. 4(6).

## 2) 자율보고(voluntary reporting)

회원국 및 회원국에 설립된 각 조직, EASA는 의무보고제도에 의해 확인되지 않을 수 있는 사고 및 사건의 발생에 대한 정보와 보고자가 항공안전에 대한 실제 또는 잠재적 위험으로 인식한 기타 안전관련정보의 수집을 용이하게 하기 위해 자율보고제도를 구축하여야 한다.[227] 이러한 제도는 국가 민간항공당국, 사고조사기관 또는 권한을 위임받은 독립적인 기관뿐만 아니라 항공산업 및 항공 직원(aviation staff)에 의한 전문조직과 같은 단체의 적극적인 참여가 포함될 수 있다.[228]

## 3) 정보의 수집, 저장 및 분석

회원국에 설립된 각 조직[229]은 보고된 사건의 수집, 평가, 처리, 분석 및 보관을 독립적으로 처리하기 위하여 지정인을 두어 처리해야 한다. 보고서 처리는 안전 이외의 목적으로 정보사용을 방지하도록 수행되어야 하며, '공정문화'를 촉진하기 위하여 보고자와 사고 및 사건의 발생보고서에 언급된 사람의 신원보호를 보장해야 함을 명시하고 있다.[230] 안전조사당국(safety investigation authorities)에 의해 수집된 사고 및 사건의 세부사항을 토대로 작성된 보고서는 국가 데이터베이스에 저장하여야 하며,[231] EASA는 Article 4 및 5에 따라 수집된 사건의 세부사항에 기초하여 작성된 사고 및 사건의 발생보고서를 데이터베이스에 저장하여야 한다. 이때, 안전조사당국은 Regulation (EU) No. 996/2010 Article 5(4)에 따라 사고조사에 관한 각 국가 데이터베이스의 모든 권한을 소유하게 되며,[232] 회원국의 민간항공당국은 안전관련 책임의 목적으로 Article 6에 언급된 각각의 국가 데이터베이스에 대한 모든 접근 권한을 갖는다.[233]

---

226) *Ibid.*, art. 4(7).
227) *Ibid.*, art. 5(1), (2), (3).
228) *Ibid.*, art. 5(7).
229) 여기에서 지정될 수 있는 조직은 국가 민간항공당국 또는 안전조사당국 또는 이 권한을 위임받은 독립적인 기관이 될 수 있다. *Ibid.*, art. 6(3).
230) *Ibid.*, art. 6(1).
231) *Ibid.*, art. 6(7).
232) *Ibid.*, art. 6(9).
233) *Ibid.*, art. 6(10).

유럽연합 집행위원회(European Commission, 이하 "위원회"라 한다)는 유럽중앙
저장소(European central repository)를 관리하여야 하며, 회원국의 국가 데이터베
이스에 저장된 안전에 관한 모든 정보는 유럽중앙저장소로 전송하여 업데이트해
야 한다.[234) 회원국과 EASA는 유럽중앙저장소를 통하여 다른 회원국, EASA 및
위원회의 규제 기관이 각각의 데이터베이스에 저장된 안전과 관련된 모든 정보
를 제공함으로써 정보교환에 참여하도록 하고 있다.[235) 사고 및 사건의 발생에
대한 분석을 위하여 회원국에 설립된 각 조직은 확인된 사고 및 사건의 발생 또
는 발생조직과 관련된 안전 위험을 확인하기 위해 수집된 데이터를 분석하여야
하며, 이러한 분석을 바탕으로 각 조직은 항공안전을 개선하는 데 필요한 적절
한 시정 또는 예방조치를 결정해야 한다.[236)

### 4) 정보의 기밀성 및 보호

자국법에 따르는 회원국 및 조직, 그리고 EASA는 Article 4, 5 및 10에 따라
보고된 사건의 세부사항에 적절한 기밀성을 보장하기 위하여 필요한 조치를 취
하여야 하며, Directive 95/46/EC를 이행하는 국내법적 행위를 침해하지 않고
본 규정의 목적에 필요한 범위 내에서만 개인데이터(personal data)를 처리해야
한다.[237) 또한 Regulation (EU) No. 996/2010의 Article 12, 14 및 15의 안전정
보보호와 관련된 조항을 침해하지 않고 사고 및 사건보고서의 정보는 수집된 목
적으로만 사용하여야 하며, 비난이나 책임을 지우기 위한 목적 또는 항공안전의
유지 및 개선 이외의 목적으로 제공하거나 사용해서는 아니 된다.[238) 이를 위하
여 위원회, EASA 및 회원국의 규제 기관은 정보의 기밀성을 보장하고 비난이나
책임을 묻기 위해서가 아닌 안전 관련 의무의 이행을 위해 필요한 것으로 정보
의 사용을 엄격하게 제한하여야 하며,[239) 회원국은 적절한 법 집행의 필요성과

---

234) *Ibid.*, art. 8(1), (2).
235) 만약 Regulation (EU) No. 996/2010에 따라 사고조사가 수행되고 있는 상황에서는 유럽중앙
저장소에 포함된 정보는 이해관계자에게 공개되지 않으며, 보안상의 이유로 이해관계자는 유럽
중앙 저장소에 직접 접근할 수 없다. *Ibid.*, art. 9(1).
236) *Ibid.*, art. 13(1).
237) *Ibid.*, art. 15(1).
238) *Ibid.*, art. 15(2).
239) *Ibid.*, art. 15(3).

안전정보의 지속적인 이용가능성 사이의 균형을 보장하기 위하여 자국의 권한
당국과 법집행기관과의 사전행정적 조치를 통하여 상호 협력하도록 보장하여야
한다.[240]

　회원국과 EASA는 국가 및 EASA의 데이터베이스에 개인정보가 기록되지 않
도록 보장하여야 하며,[241] 국가 형법의 적용에 영향이 없도록 회원국은 의무보고
와 자율보고에 따라 보고되었다는 이유로 의도하지 않거나 부주의한 위반행위에
대하여 법적 절차를 진행하는 것을 삼가야 한다.[242] 만약 징계 또는 행정절차가
국내법에 따라 개시된 경우, 사고 및 사건의 발생보고서에 포함된 보고자 또는
보고서에 언급된 사람에 대하여는 사용하지 않도록 해야 한다.[243] 회원국은 보고
자 또는 사고 및 사건보고서에 언급된 자의 보호를 강화하기 위하여 조치를 마
련할 수 있으며, 이러한 보호는 민사 또는 형사소송절차로 확대할 수 있다. 즉
회원국은 이 규정에서 명시된 것보다 보고자 또는 보고서에 언급된 사람에 대한
더 높은 수준의 보호를 보장하는 입법 조항을 채택하거나 유지할 수 있음을 의
미한다.[244] 그러나 고의로 추정되는 과실, 해당 상황에서 요구되는 직업적 주의
의무의 심각한 불이행으로 초래된 명백한 위험의 엄중하고 중대한 무시가 사람
이나 재산에 예측 가능한 손상을 입히거나 항공안전 수준을 심각하게 손상시키
는 경우에는 적용되지 아니한다. 이와 관련하여 회원국에 설립된 각 조직은 직
원 대표와 협의한 후 '공정문화' 원칙, 특히 Article 16(9)에 언급된 원칙이 해당
조직 내에서 어떻게 보장되고 이행되는지를 설명하는 내부 규칙을 마련하여야
한다.[245]

### (3) Regulation (EU) 2015/1018

Commission Implementing Regulation (EU) 2015/1018(Laying down a list
classifying occurrences in civil aviation to be mandatorily reported according to
regulation)은 Regulation (EU) No. 376/2014의 범주에 속하는 의무보고체계에

---

240) *Ibid.*, art. 15(4).
241) *Ibid.*, art. 16(3), (4).
242) *Ibid.*, art. 16(6).
243) *Ibid.*, art. 16(7).
244) *Ibid.*, art. 16(7), (8).
245) *Ibid.*, art. 16(10), (11).

따라, 발생보고 시 참조해야 할 분류 목록과, 복합모터동력항공기(complex motor-powered aircraft) 이외의 항공기에 적용되는 사고 및 사건 발생의 분류를 제시하였다.[246] 이러한 발생 분류의 세분화는 해당 규정에 의해 지정된 자가 각각 보고해야 할 사고 및 사건의 발생을 확인할 수 있도록 하기 위한 목적이 있으며, 각각의 상황에서 보고자가 참조해야 하는 범주에 따라 분류되었다.[247]

## 2. 공정문화의 구현

2000년대 이후, EU는 '공정문화'의 입법화를 추진한 것으로 보인다. 실제로 Directive 2003/42/EC of the European Parliament and of the Council of 13 June 2003 on occurrence reporting in civil aviation을 채택하였는데,[248] 이 지침의 Article 8(3)에 따르면, "회원국은 형법의 적용 가능한 규칙에 대한 침해 없이, 중대한 과실이 아닌 한 국가의 의무보고제도에 따라 보고되었다는 이유만으로 의도하지 않거나 부주의한 법률 위반에 관한 절차를 수립하는 것을 삼가야 한다"[249]라고 명시한 바 있다. 이 지침에 따르면, EU 내에서는 '사전에 계획하지 않은'(unpremeditated) 또는 '부주의한'(inadvertent) 법 위반의 경우, 합리적인 사람으로서 행동한 보고자들의 작위, 부작위 또는 결정에 대하여 처벌을 삼가야 함을 의미한다. '사전에 계획되지 않은 위반' 행위는 고의성이 없고 미리 계획되지 않은 행위를 의미하며, '부주의한' 행위는 무의식적인 위반을 말한다. 이 두 가지 행동은 모두 용인되어야 한다는 의미로 해석된다. 반면에, '고의적인 위반 행위'나 '중과실'과 관련된 사건은 용인하지 않는 것으로 해석하는 것이 타당할 것이다.

---

246) EU, Regulation No. 2015/1018, *supra* note 217, recital (2).

247) *Ibid.*, recital (3).

248) Francesca Pellegrino, *supra* note 11, p.137.

249) "Without prejudice to the applicable rules of penal law, Member States shall refrain from instituting proceedings In respect of unpremeditated or inadvertent infringements of the law which come to their attention only because they have been reported under the national mandatory occurrence-reporting scheme, except in cases of gross negligence". EU, Commission Directive 2003/42/EC, *supra* note 215, art. 8(3).

## (1) Single European Sky와 공정문화

제36차 ICAO 총회 결의의 채택 이후 2007년 12월, 유럽연합 집행위원회 (European Commission, "EC")는 Single European Sky(이하 "SES"라 한다) 입법의 이행에 관한 첫 번째 보고서로 '성과(achievements)와 진보(the way forward)'라는 제목을 채택하였다.[250] 이 보고서는 제도의 시행 상황(progress of implementation) 에 대한 첫 번째 보고서로, 'SES'의 향후 개발 필요성에 대한 위원회의 견해를 밝히고 있다.[251] 또한 Regulation (EU) No. 549/2004(laying down the framework for the creation of the Single European Sky)[252]는 위원회가 관련 법의 적용을 검토하고 그것에 대하여 주기적으로 유럽 의회와 이사회에 보고할 것을 요구하였다. 이 보고서는 법적 관점에서 '공정문화'에 주목하지만 ICAO가 묵시적으로 승인한 개념을 언급하면서 공정문화의 정의는 포함하지 않았다. 이 'Soft Law' 문서는 회원국들의 '공정문화' 적용에서 통일성을 촉진하기 위하여 안전관리 원칙을 일관성 있게 적용할 것을 권고하고 있다.[253]

또한 2008년 2월 20일, 민간항공의 일반적 규칙에 관한 Regulation (EC) No. 216/2008(on common rules in the field of civil aviation and establishing a European Aviation Safety Agency)은 '공정문화'의 정의를 도입하지는 않았지만, '의도치 않은 행동'과 '극도로 부주의한 행동'을 구별해야 할 필요성을 강조하였다. 이와 관련하여 Article 16(2)는 "적용 가능한 형법 규칙을 침해하지 않고, 본 규정과 그 시행규칙에 따라 보고되었다는 이유만으로 사전에 계획되지 않았거나 의도하지 않은 위반행위에 대한 절차의 제정을 삼가야 한다. 이 규칙은 중과실의 경우에는 적용되지 아니한다"라고 명시하였다. 이후에, 앞서 언급한 ICAO 문서에 이미 포함된 동일한 '공정문화'의 개념이 유럽 규정으로 완전히 대체되었

---

250) EC, First Report on the implementation of the Single Sky Legislation: achievements and the way forward, COM(2007) 845 final(2007). 이 보고서는 원래 목표를 고려하고 SES의 미래 개발을 위한 요구의 관점에서 이 분야의 개발에 관한 정보를 포함하여 SES 관련 법제 시행에서 달성한 결과에 대한 평가가 포함되어 있다.

251) A Motyka, "Single European Sky: The progress so Far, SciELO", *Journal of Aerospace Technology and Management*, Vol. 12(2020).

252) EU Regulation No. 549/2004 of the European Parliament and of the Council, L96/1(2004).

253) EC, *supra* note 250, HLG 8.

다. 실제로, Regulation (EU) No. 691/2010[254]의 Article 2(k)는 "공정문화란 일선 실무자 등이 자신의 경험과 훈련에 상응한 작위, 부작위 또는 결정으로 처벌받지 않고, 중과실, 고의로 추정되는 과실, 파괴적 행위를 용납하지 않는 문화를 말한다"라고 명시하였다. 이뿐만 아니라, 해당 규정은 안전, 환경, 수용력(capacity) 및 비용 효율성의 핵심성과영역에 대한 핵심성과지표(Key Performance Indicators: "KPIs")[255] 및 구속력 있는 목표(binding targets)도 규정하였다.[256] '핵심성과지표'는 성과목표 설정 목적으로 사용되는 성과지표를 말하며, '구속력 있는 목표'는 Regulation (EU) No. 691/2010의 국가(national) 또는 기능적 공역 블록(Functional Airspace Block, "FAB")[257] 수행계획의 일부로 회원국들이 채택한 성과지표를 의미한다. 이 규정의 Annex 1,[258] (c)에 따라, "국가/FAB 안전 KPI는 회원국이 '공정문화 수준을 측정하는 전용 설문지를 통하여 보고"하여야 한다. 따라서 'SES'의 맥락에서, '공정문화'의 측정은 모든 수준의 안전에 대한 실질적인 지표를 반영하는 '안전문화'의 기반 중 하나로 간주될 수 있다.

한편 항공사고조사와 관련하여 1980년에 유럽공동체(European Community, EC)[259]는 회원국 간의 향후 협력 및 상호지원에 관한 Directive 80/1266/EEC를 채택하였으며, 이 지침은 94/56/EC 민간항공사고 및 사건조사 수행을 위한 기본원칙으로 대체되었다.[260] 이후 2003년에 민간항공사고보고에 관한 지침(Directive 2003/42/EC of the European Parliament and of the Council of 13 June 2003 on occurrence reporting in civil aviation)이 채택되었으며, 단일 사고 및 사건보고제도를 위한 유럽협력센터(European Coordination Centre for Accident and Incident Reporting Systems: 이하 "ECCAIRS"라 한다)를 통해 회원국이 사고 및 사건에 대

---

254) EU, Regulation No. 691/2010, Official Journal of the European Union, L 201/1(2010).

255) *Ibid.*, art. 2(d). Eurocontrol은 ATM에서 안전을 위한 일련의 KPI를 확립하기 위하여 'Safety Data Reporting and Data Flow Task Force'를 신설하였다.

256) *Ibid.*, art. 2(f).

257) EU, Regulation No. 1070/2009, L 300/35(2009).

258) EU, Regulation No. 691/2010, *supra* note 254, Annex 1, Section 2, "For national or Functional Airspace Block(FAB) target setting", letter c).

259) 유럽공동체(European Community: "EC")는 유럽연합의 모델이었으며, 1993년 유럽연합으로 전환되었다.

260) Eurocontrol, Establishment of 'Just Culture' Principles in ATM Safety Data Reporting and Assessment, ESARR Advisory Material/Guidance Document(2006), p.9.

한 정보를 수집하고 교환하도록 권장하였다.[261] 사실상, 항공분야에서 사건, 사고 조사 및 안전보고를 위한 당시의 정보교환제도는 효율적이지 않았기 때문에, 국제적 차원에서 처음으로 ECCAIRS[262]를 회원국에 적용하기로 한 ICAO와 유럽연합집행위원회 간의 합의는 중요한 변화이다. 또한 이러한 문제를 해결하기 위한 체계적인 접근방식으로 Regulation (EU) No. 996/2010을 채택하고 기존의 Directive 94/56/EC를 폐지한 것을 확인할 수 있는데,[263] 지침(directive) 대신 규정(regulation)을 선택하는 것은 유럽연합 내에서 당시 사고조사를 수행하는 분열된 제도에 대한 통일된 체제로의 변화를 시도한 것으로 판단된다.

## (2) 유럽연합의 공정문화 입법화

### 1) Regulation (EU) No. 996/2010

Regulation (EU) No. 996/2010은 국제민간항공협약 Annex 13과 동일하게 '비난이나 책임을 묻지 않는' 접근방식을 기반으로 하며, "사고조사의 유일한 목적은 사고 및 사건의 재발을 방지하는 것이어야 한다"라고 명시하였다.[264] 또한 민간항공시스템이 사건의 자율보고를 촉진하고 '공정문화'의 원칙을 발전시키는 '비처벌적 환경'(non-punitive environment)을 조성해야 함을 명시하였다.[265] 특히 사고조사 중 개인이 제공한 정보를 당사자의 유죄를 위한 증거로 사용하여서는 아니 됨을 규정하나,[266] 이러한 권고는 전문에만 명시되어 있으므로 모든 회원국이 자국의 형벌 제도를 변경하고 공정문화를 구현할 수 있도록 유럽연합 차원에서 보다 구체적인 조치가 필요할 것이다. 그러나 Regulation (EU) No. 996/2010이 사고조사를 위해 사법 및 사고조사의 조정 문제를 효과적으로 다루고 있다는 점에는 의심의 여지가 없다. 본 규정의 Article 12(2)에 따르면, 위반행위가 사고 및 준사고에 연관된 것으로 인식되거나 의심되는 경우, 해당 조사관은 사법당국에 안전정보를 전달하되 사고조사관은 조사를 계속할 권리를 침해받지

---

261) *Ibid.*
262) Skybrary, European Coordination Centre for Accident and Incident Reporting Systems (ECCAIRS).
263) EU, Regulation No. 996/2010, *supra* note 199.
264) EU, Regulation No. 996/2010, *supra* note 199, art. 16(1).
265) *Ibid.*, (24).
266) *Ibid.*, (25).

않아야 함을 명시하고 있다. 또한 이 규정은 민감한 안전정보에 대한 보호를 명시한다. 즉 항공기운항에 관련된 사람들 간의 통신기록, 항공교통관제의 음성기록, 조종실음성 및 비행이미지기록 등은 사고조사의 목적으로만 사용되거나 항공안전을 개선하기 위한 목적으로 사용되어야 함을 강조하고 있다.[267] 이처럼 본 규정은 민간항공안전을 개선하기 위하여 사고조사의 원활하고 성공적인 결론에 도달할 수 있는 효과적인 해결책을 제시했다고 볼 수 있다.

그러나 항공실무자의 자율보고를 사법적으로 남용하는 문제에 대한 구체적인 해결책은 제시되지 않았다. Article 14(3)에 따르면, 민감한 안전정보의 보호에도 불구하고 해당 정보는 국가 사법당국의 재량에 따라 공개될 수 있음을 규정하고 있으며, 법적으로 공개가 허용되는 경우는 항공안전에 대한 국내외 부정적인 영향을 상회하는 경우이다.[268] 그러나 이러한 조치는 사법당국의 운영 및 권한에 대한 국내법을 방해할 수 없으므로 현상 유지에 불가하다고 볼 수 있다. 특히 항공사고 및 사건조사에 대한 체계적인 규제와 관련하여 해당 규정은 올바른 방향으로 나아가는 단계이지만, 항공실무자가 자율적으로 정보를 제공할 수 있는 비처벌적 환경과 정보의 남용에 대한 제도적 방안이 마련되지 않는 한 이러한 제도는 실효성을 기대하기는 어려울 것이다.

### 2) Regulation (EU) No. 376/2014

사고 및 사건의 보고제도와 관련한 Regulation (EU) No. 376/2014는 폐지된 지침 2003/42/EC의 내용을 반영하였다. 또한 규정 691/2010에 이미 포함된 '공정문화'의 동일한 정의를 기술하고 있는바, Article 2(12)는 "공정문화란 일선 실무자 등이 자신의 경험과 훈련에 상응하는 작위나 부작위 또는 결정으로 처벌받지 않고 중과실, 고의로 추정되는 과실 및 파괴적 행위를 용인하지 않는 문화를 말한다"라고 명시하였다. 이 규정의 많은 다른 조항은 '공정문화'를 명시적으로 언급하고 있다. 특히 사고 및 사건 발생보고서의 보호를 보장하기 위하여 "이 규칙에 따라 기관이 채택한 내부 '공정문화'의 규정은 특히 이 목표 달성에 기여"하여야 함을 강조하였으며,[269] "민간항공시스템은 사고 및 사건 발생의 자율

---

267) *Ibid.*, art. 14.
268) *Ibid.*, art. 14(3).

보고를 촉진하여 '공정문화'의 원칙을 발전시키는 '안전문화'를 촉진하여야 한다"270)라고 함으로써 '공정문화'와 '안전문화'가 밀접하게 연관되어 있음을 강조하였다. '공정문화'와 '안전문화' 사이에 존재하는 밀접한 연관성에 대하여 명시한 전문(36)과 '공정문화'는 개인이 안전과 관련된 정보를 보고하도록 권장하여야 한다는 내용의 전문(37)에 따르면, '공정문화'가 항공분야의 규제 기관, 사고조사 당국을 포함한 조직과 사법당국 사이의 신뢰 환경을 필요로 함을 확인할 수 있다. 또한 사고 및 사건 발생의 적극적인 보고를 통하여 항공의 제도적 결함과 인적오류로부터 문제를 파악하고 교훈을 얻을 수 있다고 보았다. 이를 위하여 보고서는 기밀로 유지되어야 하며, 일선 실무자는 제공한 정보로 어떠한 부정적 영향도 받지 않아야 한다.271) 단, '고의로 추정되는 위반행위' 또는 '해당 상황에서 요구되는 직업적 주의의무의 심각한 불이행으로 초래된 명백한 위험의 엄중하고 중대한 무시가 사람이나 재산에 예측 가능한 손상을 입히거나 항공안전 수준을 심각하게 손상시키는 경우'는 포함되지 않는다.272)

사고 및 사건발생 보고제도에서 일선실무자의 적절한 기밀성을 보장하기 위하여 전문(34)는 보고서에 포함된 정보가 적절히 보호되어야 하며, 항공안전유지 또는 개선 이외의 목적으로 사용되어서는 안 된다고 규정하였다. 이러한 맥락에서 보고자의 개인정보보호가 보장되어야 하는데, 전문(40)에서는 "해당 제도의 신뢰를 높이고 '공정문화'를 촉진하기 위하여 보고자의 신원을 보호할 것"을 명시하였다. 전문(44)는 사고 및 사건발생 보고서의 사용에 대하여, "회원국은 공정문화 환경을 조성하는 맥락에서, 행정 및 징계 절차에서 보고자에 대한 증거로 보고서의 사용을 금지하는 것을 민사 또는 형사소송으로 확대할 수 있는 방안을 고려하여야 한다"라고 명시하였다. 이것은 행정, 징계, 민사 또는 형사적 절차에서 사고 및 사건발생 보고서를 증거로 사용하는 것을 금지하기 위하여 모든 회원국의 약속을 필요로 하는 것으로 보인다. 전문(38)은 보고자에게만 적용되는 주관적 보호의 범위를 보고서에 언급된 사람들에게까지 확대할 수 있음을 명시하였다. 그러나 이 규정은 보고의 의무를 면제하지는 않는다. 특히 사고 및

---

269) EU, Regulation No. 376/2014, *supra* note 12, recital (34).
270) *Ibid.*, recital (36).
271) *Ibid.*, recital (40).
272) *Ibid.*, recital (37).

사건의 발생을 보고할 의무가 있음에도 고의적으로 이를 수행하지 않은 경우, 당사자는 보호가 상실되며 처벌을 받을 수 있다. 즉 '공정문화'는 보고의무가 누락된 경우를 포함하지 않는다는 것을 확인할 수 있다.

### 3) 유럽연합의 공정문화 적용과 한계

'공정문화' 원칙에 대한 명시적인 언급은 Regulation (EU) No. 376/2014의 Article 16에 포함되어 있다. 특히 Article 16(6)은 "회원국은 해당 국가 형법을 침해하지 않고, 제4조와 제5조에 따라 보고되었다는 이유만으로 사전에 의도하지 않은(unpremeditated) 또는 부주의(inadvert)로 인한 법 위반에 대하여 소를 제기하는 것을 삼가야 한다"라고 강조하고 있다. 즉 두 가지 유형의 행동이 모두 용인되어야 한다고 보고 있으며, 형사소송을 수반하는 고의적이고 의도적인 법률 위반에는 이 규정이 적용되지 않는다는 것을 의미한다. 이와 관련하여 Article 16(10)은 "고의로 추정되는 과실" 또는 "해당 상황에서 요구되는 직업적 주의의무의 심각한 불이행으로 초래된 명백한 위험의 엄중하고 중대한 무시가 사람이나 재산에 예측 가능한 손상을 입히거나 항공안전 수준을 심각하게 손상시키는 경우" 종전의 규정이 적용되지 않음을 명확히 하고 있다. 보다 구체적으로, Article 16(11)은 "회원국 내에 설치된 각 조직은 직원 대표자와 협의한 후, 그 조직 내에서 '공정문화'의 원칙, 특히 제9항에 언급한 원칙이 어떻게 보장되고 이행되는지 설명하는 내부 규칙을 채택하여야 한다"라고 명시하고 있다. 본 조항은 회원국 내에 설치된 각 조직이 '공정문화'를 지향하는 내부 규칙, 특히 보고의 결과로 보고자에 대한 불이익을 배제하는 명확한 원칙을 마련하고, 각 회원국이 원칙의 적용을 위한 내부 규칙을 구축할 것을 명시하였다. 징계 또는 행정처분과 관련하여, Article 16(9)는 발생보고서에 보고하거나 언급된 직원은 보고자가 제공한 정보로 인하여 고용주나 그들이 소속된 조직에 의하여 어떠한 불이익도 받지 않아야 하며, 보고서에 포함된 정보를 보고자 또는 사고 및 사건 발생 보고서에 언급된 자에 대하여 사용하여서는 아니 됨을 명시하였다.[273] 또한 EU에 설치된 각 기관에 대하여 각 회원국과 EASA는 보고된 사건의 수집, 평가, 처리, 분석 및 저장을 담당할 하나 이상의 개인 또는 기관을 지정하여야 함을

---

273) EU, Regulation No. 376/2014, *supra* note 12, art. 16(7).

규정하고 있는데, 이것은 예방 이외의 목적으로 항공사건에 대한 정보의 사용을 방지함과 동시에 '공정문화'를 증진하기 위한 목적으로 보고자의 신분에 대한 기밀성을 보장하고자 하는 것이다.[274]

결론적으로, Regulation (EU) No. 376/2014의 내용은 '공정문화'의 원칙이 유럽 입법에 충분히 영향을 미쳤음을 확인할 수 있다. 실제로 EU의 입법자들이 행정, 징계, 사법절차에서 '공정문화'의 원칙을 나타내는 용인의 경계를 명확히 하기 위하여 위반행위를 구별하려는 분명한 의도를 확인할 수 있다. 그러나 실질적으로 '공정문화'의 법적 정의가 마련되었음에도 불구하고, 유럽 입법부는 이 문화의 구현을 위한 새로운 안전규제요건을 도입하지 않았고, 그 이행 상황을 감시하는 것에 국한되었다.[275] 특히 '공정문화' 원칙이 적용되기 위해서는 이와 관련한 국가적 법체계의 마련이 강조되었어야 하나, 법 집행에서 정보남용과 관련한 문제는 개별 회원국과 규제 기관이 결정하도록 하는 점에서 한계를 보인다. 이것은 EU 회원국들이 특정 기능의 위임(delegate) 또는 공동 관리(pool)를 채택하였지만, 제재 시스템과 형사 사법권은 일반적으로 개별국가의 국내법을 따르게 되므로 큰 효과를 기대하기는 어려운 상황인 것이다.

## (3) 유럽연합의 공정문화 이행

유럽민간항공회의(European Civil Aviation Conference: "ECAC")와 유럽항행안전기구(Eurocontrol)는 회원국에 '공정문화' 개념의 이행을 장려하였으며,[276] Regulation (EU) No. 996/2010 및 Regulation (EU) No. 376/2014는 ICAO가 2007년에 채택한 동일한 "공정문화"의 정의를 따른다.[277] 이 정의는 용인의 경계를 다음과 같이 제시하고 있다. 첫째, '항공실무자의 경험과 훈련에 따른 작위, 부작위 또는 결정은 처벌되지 않는다.' 둘째, '중대한 과실과 고의적인 위반행위는 용인되지 않는 행위'이며, 이러한 행위는 기소되고 처벌될 수 있다.[278] 이 접근방식은 안전의 이익과 적절한 법 집행의 필요성 사이에서 균형을 통하여 법을

---

274) *Ibid.*, art. 6(1), (2).

275) Francesca Pellegrino, *supra* note 11, p.113.

276) ICAO, Working Paper, *supra* note 5.

277) Philippine Dumoulin, "Just Culture and Unjust Results: The Changing Paradigm." *Annals of Air and Space Law*, Vol. 40(2015), p.407.

278) *Ibid.*

집행하는 규제 기관이 결정하도록 하고 있다. 그러나 이 정의는 국가와 조직에서 '공정문화'의 효과적인 실현을 위해 충분히 이해하기 어렵다. 즉 국가 및 조직 차원에서 추가적인 세부방안과 명확한 용인의 경계를 마련하여야 하는 것이다.

공정문화의 실현은 단순히 규범(manual)이 변화하는 것 이상을 의미한다. Regulation (EU) No. 376/2014는 민간항공분야에서 사고 및 사건의 발생에 대한 보고, 분석 및 후속 조치에 관한 것이며, 이것은 기존 유럽 법안(2003/42/EC, 1321/2007, 1330/2007)을 대체하였다.[279] 물론 기존 자료의 통합은 안전사고 및 사건의 발생보고를 처리하는 방식에 거의 변화가 없음을 의미한다고 생각할 수 있다. 그러나 새로운 규정은 세 가지 요소를 요구하였다. 첫째, 민간항공의 모든 당사자에 대한 사고 및 사건 발생보고의 확대, 둘째, 필수 보고에 대한 제한이 아닌 모든 안전문제에 대한 보고, 셋째, 조직의 업무에 '공정문화'를 포함시키고 구체화하는 것이다. 조직의 안전관리시스템(SMS)은 이미 그러한 아이디어를 요구한다. 물론 안전보고서를 수집하여 제출하기로 선택한 항공조직이나 다른 비상업적 조직의 경우, 이것은 새로운 개념일 수 있으나, 이 개념이 조직에 새로운 개념인지의 여부와 관계없이 '공정문화'를 규정에 포함시키면 항공당국은 해당 조직이 실제로 공정문화를 실천하는 범위에 대하여 감독하고 판단을 내릴 수 있는 권한을 부여받는다. 그러나 조직이 '공정문화'를 보여주는 것은 쉬운 일이 아니다. 매뉴얼과 정책이 있고, 그들의 행동에 대하여 처벌하지 않는다는 것은 비교적 쉬운 일이지만, 잠재적 보고자들이 보고서를 제출하는 것에 대하여 실제로 만족감을 느끼고 신뢰한다는 것을 증명하는 것은 쉽지 않을 것이다. 그렇다고 하여, '공정문화'의 효과를 측정하기 위한 새로운 방법을 고안해 낼 필요는 없다고 판단된다. 그러한 이유는, 조직이 정책의 효과를 파악하고, 조직의 구성원이 이해할 수 있는 구체적이고, 현실적인 방안을 제시함으로써 완성될 수 있기 때문이다. 결론적으로, 조직이 '공정문화'를 실현하기 위한 우선순위는 사고 및 사건의 발생보고와 '공정문화'를 위한 이행방안과 절차를 보완하는 것이며, 조직이 문화를 개발하고 적용하여 '공정문화'의 효과가 나타나기 위해서는 지속적인 노력이 필요할 것이다.[280]

---

279) EU, Regulation No. 376/2014, *supra* note 12.
280) Adrian Young, Making 'Just Culture' work means more than just a change to your manuals.

### ■ 소 결

EU는 공정문화의 정의를 입법화하고 회원국이 항공안전정보의 보호와 비처 벌적인 정책을 개별국가의 국내법을 통해 마련하도록 추진함으로써 공정문화를 구현하고 있다. 이러한 공정문화의 원칙은 EU 규정에서 명확히 나타난다.

Regulation (EU) No. 996/2010은 사고조사와 관련한 민감한 정보가 보호되 어야 함을 명시하고 있으며, 특히 사고조사보고서나 조종실음성기록과 같은 민 감한 정보는 사고조사 이외의 목적으로 사용되어서는 아니 됨을 강조하고 있다. 또한 Regulation (EU) No. 376/2014는 사건 및 사고의 발생을 보고하기 위한 시스템을 강조하며, 이를 통하여 수집된 안전데이터 및 정보의 보호를 강화하기 위한 내용을 명시하고 있다. 특히 회원국의 규제 기관은 정보의 기밀성을 보장 하고 비난이나 책임을 묻기 위함이 아닌 안전관련 의무의 이행을 위해 필요한 것으로 정보의 사용을 엄격히 제한하여야 함을 강조하고 있다. 이때, 적절한 법 집행의 필요성과 안전정보의 지속적인 이용가능성 사이의 균형을 보장하기 위하 여 규제 기관과 법 집행기관과의 사전행정적 조치를 통하여 상호 협력하여야 함 을 명시하였다.[281] 또한 안전정보 보고자에 대한 보호를 해당 규정에서 명시한 것보다 강화할 수 있으며, 이러한 보호는 민사 또는 형사소송절차로 확대할 수 있음을 명시함으로써 회원국이 더 높은 수준으로 보장하는 입법을 채택할 수 있 도록 하였다.[282]

EU의 공정문화 구현을 위한 계획이 규정에서 나타나지만, 항공실무자로부터 수집된 안전데이터 및 정보를 법원에서 남용하는 문제에 대한 구체적인 해결책 은 제시되지 않았다. 즉 민감한 안전정보의 보호에도 불구하고 국가 사법당국의 재량에 따라 공개될 수 있음을 규정하고 있는 것인데, 이러한 조치는 사법당국 의 권한에 대한 국내법을 침해할 수 없으므로 현상 유지에 불가하다고 볼 수 있 으며, 우리나라도 이와 다르지 아니하다. 공정문화의 구현은 항공실무자가 자율 적으로 정보를 제공할 수 있는 비처벌적이고 신뢰할 수 있는 환경이 필수적이 며, 이러한 제도적 방안이 마련되지 않는다면 공정문화는 실효성을 기대하기 어

---

281) EU, Regulation No. 376/2014, *supra* note 12, art. 15(4).
282) *Ibid.*, art. 16(8), (9).

려울 것이다.

## Ⅳ. 호주의 공정문화 관련 법규정

### 1. 공정문화 관련 법규정

#### (1) Civil Aviation Act 1988

Civil Aviation Act 1988의[283] 주된 제정목적은 항공사고 및 사건의 방지에 특별히 중점을 두고 민간항공의 안전을 유지, 향상 및 증진하기 위한 규제체계를 구축하는 것이며(제3A조), 이 법에 의하여 설치된 민간항공안전청(Civil Aviation Safety Authority: 이하 "CASA"라 한다)은 이 법 및 하위 법령(regulations)에 따라 (a) 호주 국가영역 내에서의 민간항공기 운항, (b) 호주 국가영역 밖에서 호주 항공기의 운항, (ba) ANZA(Australia New Zealand Aviation) 특권이 있는 오스트레일리아 운항증명(AOC)으로 인가된 '뉴질랜드 내에서의 ANZA활동'에 대한 안전규제의 기능을 수행한다(동법 제9조 제1항).

한편 이 법 Part III(Regulation of civil aviation)의 Division 3C(Protection from administrative action for voluntary reporting)를 시행하기 위하여 어떠한 자를 하위 법령으로 규정할 수 있다(제30DM조 제1항). 그와 같이 규정되는 자(이 법에서 "prescribed person"이라는 표현을 사용하고 있어 원본에 충실하기 위하여 이하 "'특정된 자'"라고 한다)는 (a) 법정 법인(a statutory corporation) 또는 (b) 이 법이 명시하는 지위 또는 사무소[법정 사무소(a statutory office)를 포함한다]를 보유하는 자 또는 그러한 지위 또는 사무소의 직무(duties)를 수행하는 자이며 당해 하위 법령에서 부여하는 권한과 기능을 가진다(제30DM조 제2항 및 제3항).

또한 이 법은 '보고가능한 위반행위'(reportable contraventions)를[284] '특정된 자'

---

283) 본서는 Civil Aviation Act 1988의 2020년 12월 18일 최종 개정을 반영한 현행 법을 기준으로 작성되었다.

284) '보고가능한 위반행위'라 함은 다음의 위반행위 이외의 하위 법령의 위반행위를 말한다: (a) 고의적인(deliberate) 위반행위, (b) 사기적인(fraudulent) 위반행위, (c) 사고(an accident) 또는 준사고(a serious incident)를 초래하거나 이에 기여한 위반행위(보고의 시점이 위반행위 전인지 후인지는 고려하지 아니함) 및 (d) '보고가능한 위반행위'에 관하여 규정한 하위 법령의 위반행위. Civil Aviation Act(1988), 제30DL조.

에게 자율보고하는 제도를 하위 법령으로 구축할 수 있음을 규정하는 한편 그 하위 법령은 '특정된 자'가 Privacy Act 1988에서 말하는 개인정보에 해당하는 보고가능한 위반행위에 관한 정보를 공개하는 것을 허용하여서는 아니 된다(위 반행위 보고자가 공개에 동의하는 경우에는 허용됨)는 점을 분명히 하고 있다(제 30DN조 제3항).

CASA는 민간항공관련 인가(civil aviation authorisation)를 변경, 정지 또는 취 소할 수 있는 이 법 또는 하위 법령에 따른 권한을 행사함에 있어서, 민간항공 관련 인가보유자(holder of a civil aviation authorisation)가 위반 후 10일 이내이 고 위반행위에 대한 결정을 위하여 소명기회제공의 통지를 받기 전의 시점에 '특정된 자'에게 위반행위에 대하여 보고하였음을 제30DP조에 따라 증명하는[285] 경우에는 보고가능한 위반행위가 발생한 상황을 고려하여 위반행위를 문제시하 지 아니할 수 있다(제30DO조 제1항). 즉 면책할 수 있는바, 이러한 면책은 5년에 1회만 부여된다(제30DQ조).

이 법 Part ⅢB(Protection of CVR(cockpit voice recording) information)는 조 종실음성기록장치(Cockpit Voice Recorder)의 정보에 대한 보호를 명시하고 있는 바, CVR 정보를 복사하거나 개인 또는 법원에 공개하는 행위에 대하여 징역 2 년에 처하도록 하는 형벌을 명시하고 있다(제32AP조 제1항 및 제2항).[286] 그러나 다음의 어떠한 것도 민간항공관련 인가보유자를 피고로 하는 형사소송에서 증거 로 채택될 수 없다 : 즉 (a) 인가보유자가 '특정된 자'에게 행한 '보고가능한 위 반행위'에 대한 보고서, (b) 인가보유자가 제30DP조에 따라 CASA에 제출한 수 령증(receipt), (c) 인가보유자가 '특정된 자'에게 위반행위 보고를 하였다는 사실 에 관한 기타의 증거(이상은 제30DR조 제1항 각 호).

CVR 정보가 32AP(3)(d)의[287] 운용을 위하여 소송에서 공개되거나 형사소송

---

285) 다음과 같은 경우에는 보고의 증명이 된다: 즉 CASA가 그러한 인가를 변경, 정지 또는 취소하 기 전에 또는 위반행위확인 통지서에 명시된 벌금의 납부일 전에, 인가보유자가 ( i ) 당해 인 가보유자, ( ii ) '특정된 자'에게 보고한 일자 및 ( iii ) 위반행위의 일자 및 성격을 확인해주는 '특정된 자'의 수령증을 제출한 경우. *Ibid.*, 제30DP조.

286) 제32AP조 제3항에서는 같은 조 제1항 및 제2항이 적용되지 아니하는 복사 및 비공개 사유에 대해 열거하고 있으나, 여기에서는 생략한다.

287) (d) ( i ) 범죄가 당해인이 승무원(crew member)으로서의 직무를 수행하면서 신의성실하게(in good faith) 행한 작위 또는 부작위의 결과로서 발생한 것이 아니고 ( ii ) 법원이 CVR 정보와

이 이 Part(즉 Part IIIB(Protection of CVR(cockpit voice recording) information))의 위반행위에 대한 것인 경우를 제외하고는 누구든지 CVR 정보에 근거하여 승무원에 대해 징계조치를 할 수 없으며 승무원을 피고로 하는 형사소송에서 CVR 정보를 증거로 채택할 수 없다.

한편 민사소송과 관련하여서는 형사소송과 다소 다른 규정을 두고 있다. 원칙적으로 민사소송에서도 CVR 정보는 증거로 채택될 수 없으나 예외를 두고 있다. 즉 법원은 손해배상소송 당사자의 신청이 있는 경우에는 CVR 정보를 검토하여야 하며, 다음과 같이 인정되는 경우에는 CVR 정보 또는 그 일부를 소송에서 증거로 채택할 수 있다는 명령을 내릴 수 있다: (a) 법원이 입수할 수 있는 다른 증거로부터는 소송에서의 본질적인(material) 사실문제를 적정하게 판단할 수 없고, (b) CVR 정보 또는 그 일부가 소송에서 증거로 채택되는 경우에는 본질적인 사실문제를 적절하게 판단하는 데 도움이 될 것이며, (c) 당해 사건의 상황에서 본질적인 사실문제에 대한 적정한 판단의 공익(public interest)이 (i) 항공기 승무원의 개인정보보호에 대한 공익 및 (ii) 정보의 공개가 Transport Safety Investigation Act 2003에 따른 장래의 조사에 미칠 수 있는 국내 및 국제적 부정적인 영향보다 더 중대한 경우이다(이상은 제32AS조 제1항 내지 제3항).

### (2) Transport Safety Investigation Act 2003

호주교통안전국(Australian Transport Safety Bureau: 이하 "ATSB"라 한다)은 교통안전조사법 2003[288]에 의해 설치되었으며, 운송안전문제, 보고가능한 문제 및 규정에 명시된 기타 안전정보에 대한 보고서를 접수하고 평가하는 역할을 한다(제12AA조, a). 그러나 ATSB는 사고에 대한 조사를 수행할 뿐 책임을 묻거나 항공안전 문제와 관련하여 책임을 결정하는 수단을 제공하지는 아니한다(제12AA조 제3항).

이 법의 Part 3(Reporting of accidents etc.), Division 1은 의무보고와 관련된

---

관련하여 공익을 고려한 명령을 한 경우에는 최대 무기징역 또는 2년을 초과하는 징역으로 처벌될 수 있는 연방, 주(State) 또는 준주(準州, Territory)의 법을 위반한 범죄를 이유로 승무원인 사람을 피고로 하는 형사소송에서 CVR 정보를 법원에 공개하는 것.

288) 본서는 Transport Safety Investigation Act 2003의 2016년 3월 10일 최종 개정을 반영한 현행법을 기준으로 작성되었다.

내용을 명시하고 있다. 의무보고와 관련하여 승객의 사망 또는 중상을 포함한 항공기의 중대한 손상 등 책임자(responsible person)[289]가 즉시 보고해야 할 사항에 대하여 알고 있는 경우, 그 사람은 하위 법령에 규정된 수단과 규정에 명시된 세부사항을 포함하여 합리적으로 실행 가능한 한 신속하게 지명된 공무원(nominated official)[290]에게 즉시 보고해야 한다(제18조 제1항). 책임자가 즉시 보고할 수 있는 사항 또는 일상적으로 보고 가능한 사항에 대하여 알고 있는 경우, 72시간 이내에 지명된 공무원에게 해당 문제에 대한 서면보고서를 제출해야 함을 명시하고 있다(제19조 제1항). 또한 Part 3, Division 2는 자율보고와 관련한 내용을 명시하고 있는바, 하위 법령으로 운송 안전에 영향을 미치거나 영향을 미칠 수 있는 문제에 대한 자율 및 기밀보고체계를 구축하도록 하고 있으며(제20A조 제1항), ATSB는 이러한 운송안전문제를 조사할 수 있음을 명시하고 있다(Part 4, 제21조 제1항(a)).

ATSB가 작성한 사고조사보고서는 엄격한 '비공개'가 적용된다. 초안 보고서의 경우, 적절하다고 판단되는 사람에게 기밀로 제공할 수 있으나(제26조 제1항), 초안 보고서를 받은 사람은 보고서의 전체 또는 일부를 복사하거나 다른 사람 또는 법원에 공개하여서는 아니 된다(제26조 제2항 (a),(b)). 초안 보고서의 정보를 근거로 해당 직원에게 징계 조치를 취할 수 없으며(제26조 제6항), 초안 및 최종 사고조사보고서는 민사 또는 형사소송절차의 증거로 인정될 수 없다(제27조 제1항 및 제3항).

이 법의 Part 6(Protection of OBR information and restricted information)에서 명시하고 있는 On Board Recording(이하 "OBR"이라 한다)은 운송수단(transport vehicle)의 규제영역(control area)에 있는 사람의 음성 또는 영상에 대한 기록을 말한다(제48조 제1항, (a)). 이러한 OBR 정보의 사본을 만들거나 개인 또는 법원에 정보를 공개하는 행위는 징역 2년의 벌칙을 명시하고 있으며(제53조 제1항 및 제2항 각 호), 징계, 민사 또는 형사상의 증거로 허용될 수 없다(제54조 및 제55

---

289) 책임자(responsible person)는 즉시 보고 가능한 사항 및 일상적 보고가 가능한 사항과 관련하여 해당 문제와 연관된 이 정의의 목적을 위해 규정된 사람을 의미한다. Transport Safety Investigation Act 2003, Part 1, 제3항.

290) 지명된 공무원(nominated official)은 '보고가능한 위반'에 대한 보고서 접수를 위하여 지명된 사람을 의미한다. *Ibid.*, 3.

조). 그러나 민사소송의 경우 예외적으로 법원이 절차의 증거로 인정하거나 정보 공개에 따른 이익균형을 고려하여 증거로서 인정될 것을 명령하는 경우 공개될 수 있다(제56조 제3항). 이처럼 정보공개의 규정은 관련 법령에서 엄격히 적용하기 위하여 보다 세분화된 기준으로 기술되어 있는 특징이 있다(제57조 및 제58조).

### (3) Transport Safety Investigation(Voluntary and Confidential Reporting Scheme) Regulation 2012

Transport Safety Investigation(Voluntary and Confidential Reporting Scheme) Regulation 2012[291]는 자율 및 기밀보고와 관련된 운송안전조사 규정으로, Transport Safety Investigation Act 제20A조(voluntary reporting scheme)에 따라 운송 안전에 영향을 미치거나 영향을 미칠 수 있는 문제에 대하여 자율 및 기밀보고를 위한 계획으로 마련되었다(Part 2, 제7조 제1항). 항공비밀보고제도(Aviation Confidential Reporting Scheme: 이하 "REPCON"이라 한다)의 주요 목적은 ATSB가 운송 안전에 영향을 미치거나 미칠 수 있는 문제에 대하여 자율 및 기밀보고 제도를 제공함으로써, 해당 보고서를 사용하여 안전하지 않은 절차, 관행 또는 조건을 확인하고 운송안전문제에 대한 조치 및 인식, 운송안전개선을 위한 정보를 제공하기 위함이다(제8조 제1항 (a), (b)). REPCON으로 '보고가 가능한 안전문제'는 운송 안전에 영향을 미치거나 영향을 미칠 수 있는 모든 문제가 포함된다(제10조 제2항). 그러나 예외적으로 (a) 안전 또는 사람의 생명이나 건강에 대한 중대한 위험, (b) 노사 관계 문제, (c) 범죄행위(테러 및 항공운송보안법 (Aviation Transport Security Act 2004)에 따른 불법방해행위(act of unlawful interference with aviation)에 해당하는 범죄행위 포함)는 제외된다(제10조 제2항 각 호).

한편 ATSB는 Part 5(Use and disclosure of information) Division 5.1(Use and disclosure by ATSB)에 따라, 다음의 경우를 제외하고는 보고서와 관련된 제한된 정보를 공개해서는 아니 된다(제16조 제1항). (a) ATSB의 정보공개 목적을 침해하지 않으나 공개할 정보에서 개인정보를 삭제할 수 없는 경우, (b) ATSB

---

291) 본서는 Transport Safety Investigation(Voluntary and Confidential Reporting Scheme) Regulation 2012의 2016년 9월 29일 최종 개정을 반영한 현행 규정을 기준으로 작성되었다.

가 정보공개가 필요하고 바람직하다고 판단하거나 c) 당사자의 동의를 얻은 경우, 그리고 형법(Criminal Code) 제137조제1항에 따른 범죄로 조사 또는 기소를 위해 공개가 필요하다고 합리적으로 판단되는 경우(제3항 (a)), 관련 정보를 공개할 수 있다(제16조 제2항 및 제3항 각 호). 또한 Division 5.2(Restrictions on use and disclosure of information)에 따라 ATSB는 직원에 대한 징계 조치나 행정 결정을 위하여 해당 보고서의 정보를 사용해서는 아니 되며(제18조 제1항), 보고서의 내용은 법원에서 증거로 인정되지 아니한다(제19조 제1항). 그러나 보고서 이외의 출처에서 조치나 결정에 근거한 정보를 얻는 경우, 징계 또는 결정을 금지하지 아니한다(제19조 제3항).

### (4) Transport Safety Investigation Regulations 2022

교통안전조사규정(Transport Safety Investigation Regulations: 이하 "TSIR"이라 한다) 2021은 교통안전조사법(Transport Safety Investigation Act 2003)에 따라 마련되었으며, 현재 Transport Safety Investigation Regulations 2022로 개정되어 2023년 1월 1일부로 적용된다(Part 6, 제48조). 이 규정은 TSI Act에 대한 보다 세부적 사항을 명시하고 있다. 구체적으로, TSI Act 제3조(1)에서는 '즉시 보고 사항'(immediately reportable matter)과 '일상적 보고 사항'(routine reportable matter)에 대하여 규정하고 있는바, 'TSIR'은 이와 관련된 세부사항을 명시한 것이다. TSIR 2021은 '즉시 보고 사항'과 '일상적 보고 사항'으로 구분하여 명시하였으나, 개정 TSIR 2022는 보고할 사고 및 사건의 유형에 따라 항공기 운영의 4가지 범주(Category A, B, C, D)로 설정하였으며, 이것은 여객 운송 및 상업용 운송으로 분류하였다.[292) 해당 규정의 개정에서 주목할 점은, 보고해야 할 사항을 명확히 함과 동시에 보고대상의 범위를 단순화시켰다는 데 있다. 특히 '즉시 보고 사항'의 경우, ATSB의 조사 대상으로 고려될 가능성이 높은 문제를 확인하는 동시에 ATSB가 조사할 가능성이 적은 문제에 대하여는 보고대상을 축소하고 단순화하였는데 이것은 대상의 명확성을 통하여 보고를 활성화하는 데 초점을 둔 것으로 판단된다.[293)

---

292) Transport Safety Investigation Amendment(2022 Measures No. 1) Regulations(2022), Schedule 1-Amendments, 3 Section 5.

## 2. 공정문화의 구현

### (1) 항공안전보고제도

#### 1) 의무보고(compulsory reporting)

ATSB는 주로 항공안전데이터의 수집, 분석 및 연구를 담당하며 TSI Act에 따라 수립된 다양한 의무 및 자율보고체계를 관리한다. TSI Act에 따라 수립된 의무보고체계는 항공안전에 위험을 야기할 수 있는 사고 및 사건의 발생에 대한 정보를 수집하며, 즉시 보고 사항[294]과 일상적 보고 사항[295]으로 분류된다. 수집된 정보는 실제 또는 잠재적 안전 위험과 결함을 설명하며, 이 정보는 안전제도를 개선하기 위해 해결해야 하는 안전문제를 확인하는 데 사용된다.

책임자(responsible person)는 즉시 보고 사항의 경우 규정에서 정한 방법과 세부사항을 포함하여 합리적으로 실행 가능한 한 신속하게 지명된 공무원에게 보고하여야 하며, 즉시 보고 사항과 일상적 보고 사항은 72시간 이내에 서면보고가 이루어져야 한다. 만약 규정에 따른 보고가 이루어지지 않은 경우, 책임이 부과된다.[296]

#### 2) 자율보고

#### ① 항공비밀보고제도(REPCON)

REPCON은 자율기밀보고체계이며, Air Navigation Act 1920에 의하여 시행되었다. 이 보고제도는 항공안전의 우려가 있는 사항에 대하여 ATSB에 기밀로 보고할 수 있도록 함으로써, 보고자의 신원과 보고서에 언급된 개인을 보호하려는 것이다. 이 제도는 운영자의 안전관리시스템(SMS)에 따라 문제를 보고하지만 제대로 처리될 것이라고 생각하지 않는 항공운송사업자의 직원, 그리고 징계를

---

293) ATSB, Transport Safety Investigation Regulations 2022 explained.
294) 즉시 보고 사항은 TSI Act 제18조에 따른 사망, 중상 또는 재산의 중대한 손상과 관련된 사고를 다루는 중대한 운송 안전문제가 포함된다. Transport Safety Investigation Act(2003), 18.
295) 일상적 보고 사항은 TSI Act 제19조에 따른 중대한 결과가 발생하지 않고 즉각적인 보고가 필요하지 않지만, 운송 안전에 영향을 받았거나 받을 수 있는 운송안전문제가 포함된다. Ibid., 19.
296) Transport Safety Investigation Act(2003), 제18조, 제19조.

두려워하여 SMS에 따라 보고하지 않는 직원 등 항공에 관련된 사람과 항공여행 객인 일반인을 대상으로 하여 누구나 안전의 우려를 ATSB에 기밀로 보고할 수 있도록 하고 있다. 그러나 사람의 건강이나 생명에 대한 중대한 위협과 관련된 문제, 노사 관계 문제, 형사 범죄를 구성하는 행위, 테러 행위와 관련하여서는 기밀이 보장되지 아니한다.[297) 보고자와 보고서에 언급된 사람에 대한 개인정보 는 기밀로 유지되며 이러한 기밀 유지는 REPCON 제도의 주요 관심사이다. 그 러므로, 보고서에 언급된 사람과 정보에 대한 조치가 취해져야 하는 경우, CASA에 직접 보고하여야 한다.

REPCON은 제도의 기밀성을 유지하나 익명 보고서를 수락하지는 않는다.[298) 그러한 이유는 익명의 보고자에게 연락하여 보고서를 확인하거나 추가 정보를 구할 수 없으며, 익명의 보고서를 신뢰할 수 없다는 데 기인한다. REPCON은 보고자와 보고서에 명시된 개인의 신원을 확인할 수 없도록 삭제하고, 문제를 해결하기 위하여 가장 적합한 관련 조직으로 전달한다. 이후에 CASA와 같은 규 제 기관에 전달하여 필요하다고 판단되는 추가 조치를 하게 된다. 이러한 정보 는 CASA를 포함한 개인 또는 조직이 정보브리핑 또는 경고 게시판에 공표함으 로써 안전문제에 대한 조치를 취할 수 있도록 한다. 이러한 안전보고서는 법원 의 증거로 인정될 수 없으나, 형법(Criminal Code) 제137조제1항에 따른 범죄에 해당되는 경우 증거로 채택될 수 있다.[299)

### ② 항공자체보고제도(ASRS)

Transport Safety Investigation Act 2003 및 관련 규정의 개정에 따라 정부 는 자율기밀보고제도인 항공자체보고제도(Aviation Self Reporting Scheme: 이하 "ASRS"라 한다)를 도입하였으며, 이 제도는 2004년 2월 21일 시행되었다.[300) 해 당 규정에 따라 민간항공인가[301)보유자(holder of civil aviation authorisation)는

---

297) Transport Safety Investigation Regulation(2012), 제10조.
298) ATSB, REPCON-Aviation Confidential Reporting Scheme.
299) Transport Safety Investigation Regulation(2012), 제19조 제2항.
300) ASRS의 관련 내용은 개정 민간항공법 2003 및 개정 민간항공규정 2004에 명시되어 있다. ATSB, Aviation Self Reporting Scheme.
301) 민간항공인가(civil aviation authorisation)는 민간항공법 1988 및 관련 규정에 따라 특정 활동 을 수행할 수 있는 허가(AOC, permission, authority, license, certificate, rating, etc.)를 의미 한다. Civil Aviation Act 1988, Part I-Preliminary.

민간항공법 1988 및 관련 규정에 따라 자신의 위반사항을 보고할 수 있으며, 기준에 부합한 보고서에 한하여 면책을 적용한다. ATSB는 보고서를 작성한 보고자에게 고유번호(unique number)와 CASA의 행정집행으로부터 보호를 주장할 수 있는 수령증(receipt) 및 ASRS 원본 보고서를 제공하며, 보고자는 이것을 통하여 CASA의 행정처분으로부터 면제를 받을 수 있다. 민간항공인가보유자는 수시로 보고가 가능하지만, 행정집행으로부터의 보호는 5년에 1회로 제한된다.[302] 또한 보고서는 보고자 자신의 위반에 관한 것이어야 하며, 10일 이내에 서면으로 ATSB에 제출되어야 ASRS의 조건을 충족하게 된다.[303] 기준에 부합한 ASRS 보고서의 경우, 규정은 예외적인 상황에서 보고자가 동의하지 않는 한, ATSB가 보고자를 확인할 수 있는 정보를 공개하는 것을 허용하지 않는다. 또한 보고서, 수령증 또는 기타 증거는 보고자에 대한 형사소송에서 증거로 인정될 수 없다. ASRS는 규정의 고의적인 위반, 규정의 사기적인 위반, 사고 또는 준사고의 규정위반, 민간항공규정(Civil Aviation Regulations) 1988의 위반사항에 해당하는 보고서는 허용하지 않는다. 또한 형법(Criminal Code) 제137조제1항에 따른 중대한 범죄에 해당하는 경우, 공개가 가능하다.[304]

ATSB로부터 승인된 보고서의 정보는 보고자에게 보고 위반에 대한 행정집행으로부터 보호받을 수 있는 수단을 제공하기 위한 목적으로 사용될 뿐만 아니라 항공분야에서 인적 요인에 대한 안전연구와 결함을 확인하도록 하며, 호주 항공안전제도의 향후 계획 및 개선을 위한 데이터로 사용된다.[305]

## (2) 항공안전데이터의 수집·분석 및 보호

항공안전데이터가 유용하게 사용되기 위해서는 표준화된 방법으로 수집되고 분석되어야 하며, 발생한 사건의 데이터를 적절하게 활용하기 위하여 국가는 안전문제와 추세를 확인할 수 있는 데이터분석프로그램을 보유해야 한다. 항공안전데이터의 수집과 분석은 국가가 '사후 대응적' 사고조사모델에서 항공안전을 개선하기 위한 '사전예방적' 접근으로 이동하는 핵심 방법이라 할 수 있다. 호주

---

302) ATSB, *supra* note 300.
303) Civil Aviation Amendment Regulations(2004), 13.345.
304) Transport Safety Investigation Regulation(2012), 제16조 제3(a)항.
305) ATSB, *supra* note 300.

의 항공사고조사기관은 근본적으로 정보를 처리하는 기관으로 안전 관련 정보를 수집, 분석 및 보고하는 역할을 한다. 이러한 안전정보는 크게 두 가지 주요 체계를 통해 전달된다고 볼 수 있다. 첫째, 개별 사고와 준사고에 대한 사고조사를 통하여 전달되며, 둘째, 조사가 필요하지 않은 사건에 대한 보고를 통하여 전달된다. 이처럼 사고와 준사고에 대한 철저하고 상세한 조사가 항상 필요하지만, 항공안전제도에서는 일상적인 보고를 통하여 수집된 사건에 대한 정보도 마찬가지로 중요하며, 이것은 성숙한 보고문화를 측정할 수 있는 수단이 된다.[306]

과거의 의무보고체계는 사고나 사건의 내용, 장소, 시간 등에 초점을 맞추는 경향이 있었는데, 이러한 접근방식의 위험성은 데이터를 분석하고 안전상의 이익을 위해 잘 사용하기보다는 기계적으로 데이터를 수집하는 데 초점이 맞춰질 수 있다는 것이다. 즉 단순히 정보를 수집하는 것보다는 어떠한 안전정보를 수집해야 하는지, 어떠한 방식으로 데이터를 분석하고 안전을 위해 사용할 것인지에 대한 구체적인 고려가 필요할 것이다.[307]

### 1) 항공안전데이터 수집 및 분석

호주에서 항공안전사건과 사고는 민간항공규제기관인 CASA가 아닌 독립적인 항공사고조사 기관인 ATSB에 보고된다. Transport Safety Investigation Act 2003에 따라 사고의 발생을 보고하도록 명시하고 있으며, 이러한 사항은 '즉시 보고 사항'(immediately reportable matter)과 '일상적 보고 사항'(routine reportable matter)으로 분류된다.[308] 항공분야에서 즉시 보고 사항은 사망, 중상, 파괴 또는 중대한 손상을 수반하는 사고를 포함한다. 이러한 사항은 가능한 한 신속하게 보고하여야 한다. 일상적 보고 사항은 중대한 결과를 초래하지 않은 것으로 심각하지 않은 부상 또는 비행에 크게 영향을 미치지 않는 사소한 손상 및 고장을 포함

---

306) 항공안전데이터의 수집과 관련하여 일부 국가에서는 항공사고 및 사건에 대한 의무보고를 독립적인 항공사고조사 기관에서 담당하며, 다른 국가에서는 이러한 의무보고를 민간항공규제기관에 보고하도록 하고 있다. 어느 경우이든 적절한 안전정보가 공유될 수 있는 체계를 마련하는 것이 중요하며, 이러한 정보의 전달 과정에서 두 기관의 업무를 해치지 않는 것이 중요하다. ICAO, Collecting and Analysing Aviation Safety Data, First Meeting of the APRAST-Accident Investigation Ad hoc Working Group, APRAST-AIG AWG/1-WP/1, 1.5.

307) *Ibid.*, 1.7.

308) Transport Safety Investigation Act(2003), 제18조, 제19조.

한다. 이러한 일상적 보고 사항은 72시간 이내에 서면으로 보고하도록 하고 있다. 이처럼 호주 규정은 반드시 보고해야 하는 사항과 덜 규범적인 사항으로 분류하였으나, 안전에 영향을 받았음에도 불구하고 규정에 명시되지 않았기 때문에 사고가 보고되어야 하는지 명확하지 않은 문제가 있었다. 이러한 이유로 Transport Safety Investigation Regulations 2022에서는 이러한 규정을 Category로 분류하고 광범위한 보고의 범주를 ATSB의 조사 가능성이 높은 문제를 확인하는 것에 중점을 두었으며, 조사 가능성이 낮은 문제는 보고대상을 축소하고 단순화하여 보고대상의 명확성과 보고의 활성화를 위한 방향으로 개정된 점을 확인할수 있다.

### 2) 위험 확인을 위한 안전정보의 사용

ATSB 데이터베이스에 기록된 각 발생 사건은 하나 이상의 '발생 유형' (occurrence types)으로 코드화되며, 이러한 발생 유형은 분기별 분석을 통하여 새로운 위험을 확인하는 데 사용된다.[309] 만약 5년 평균에 비해 특정 유형의 발생이 1분기부터 상당히 많거나 적으면 데이터의 추가 조사를 수행하여 차이의 원인을 찾는 것이다. 이처럼 ATSB는 다양한 운항 유형에 대한 사고, 준사고, 사건의 빈도에 대한 통계 정보를 사용하여 위험을 확인하고 안전문제를 강조하기 위하여 결과를 이용할 수 있도록 하고 있으며 운영자, 정비조직 및 규제 기관 간의 상호작용에서 발생하는 문제를 검토하고 항공안전데이터를 체계적으로 사용하는 데 초점을 맞추고 있다.[310]

또한 ATSB는 공개적으로 접근과 검색이 가능한 사고 및 사건의 데이터베이스를 개발해 왔으며, 이것은 웹사이트를 통해 이용할 수 있다.[311] 사용자는 발생유형, 날짜, 위치, 최고 부상수준, 항공기 엔진 유형 등을 포함한 다양한 데이터를 검색하고 사용할 수 있으나, 공개적으로 이용할 수 있는 데이터베이스에는 항공기 등록번호, 소유자 이름 또는 조종사 이름과 같은 정보는 포함되지 아니한다. 이처럼 안전데이터의 공유는 개별 조직 내에서뿐만 아니라 여러 항공분야

---

309) ICAO, *supra* note 306, 2.9.
310) *Ibid.*, 2.11.
311) *Ibid.*, 2.13.

에서 발생하는 사고 및 사건을 공유함으로써 학습하고, 이를 통해 사고를 사전에 예방하기 위한 목적이 있는 것이다.

## 3) 제한된 정보의 보호

Transport Safety Investigation Act 2003에 따라 ATSB는 호주 정부의 헌법 관할권 내에서 항공운송의 안전문제를 조사하고 특정 운송의 사건 발생을 초래한 조사결과 및 중요한 요인을 자세히 설명하는 조사보고서를 포함하여 안전정보를 공개할 수 있다.[312] 그러나 이 법은 ATSB 사고조사관이 입수한 민감한 안전정보의 기밀성 및 법적 보호를 유지하기 위하여 마련되었으며,[313] 조사 과정에서 ATSB가 수집한 상당량의 정보는 Part 6(Protection of OBR information and restricted information)의 Division 2(restricted information) 제60조에 따라 제한된 정보로 정의된다. 이 법에 따라 접근 권한을 부여받은 사람[314]은 제60조에 따라 제한된 정보를 기록하거나 개인이나 법원에 공개하는 것이 금지된다. 이 조항은 호주의 정보공개법(Freedom of Information Act 1982) Section 38에 따라 법률의 '비밀조항'(secrecy provisions)이 적용되는 문서로서, 정보공개가 제한되는 것이다.[315]

특히 ATSB의 최종 사고보고서의 경우, 웹사이트에 게시되며 일반대중에게도 공개하고 있으나, 이 법의 제27조는 사고조사 초안 및 최종보고서가 민사 또는 형사소송에서 증거로 인정되지 않도록 명시함으로써 보호를 강화하고 있다. 이러한 내용은 국제민간항공협약 Annex 13에 포함된 국제적 합의를 반영한 것으로서, 이 법에 따라 ATSB가 수행하는 조사는 항공안전을 유지하고 개선하기 위한 것이며 비난이나 책임을 귀속하기 위한 것이 아님을 강조하는 것이라 볼 수 있다.[316]

ATSB는 사고조사보고서를 증거로 인정하지 않는 현실적인 이유에 대하여 다

---

312) ATSB, Freedom of Information.
313) *Ibid.*
314) ATSB가 제한된 정보에 접근할 필요가 있거나 바람직하다고 판단될 경우, 접근 권한을 부여할 수 있다. Transport Safety Investigation Act(2003), Sec. 62.
315) Freedom of Information Act(1982), 38(1)(b)(i).
316) David Adams, A Layman's Introduction to Human Factors in Aircraft Accident and Incident Investigation, ATSB Safety Information Paper(2006), p.17.

음과 같이 설명하고 있다. 첫째, 항공사고조사의 과정에서 사고의 요인을 결정하는 데 필요한 증거들이 파괴될 수 있다. 관련 제도와 사건의 복잡성으로 발생상황에 대한 포괄적인 이해를 위하여 관련 당사자와 다른 전문가의 완전한 협력을 구하는 것이 중요하다. 그러나 사고조사가 주로 책임을 귀속하려는 사법조사와 동시에 행해진다면, 유사한 사고를 예방하는 데 도움이 될 수 있는 중요한 안전 정보가 사고조사에 거부될 수 있으며 이로 인하여, 대중의 이익을 위해 중요한 안전 개선의 기회가 상실될 수 있다. 둘째, 책임을 귀속하기 위한 사법수사의 증거와 사고조사에서 증거의 성격은 매우 다르다. 사고조사는 주요 사고의 성격과 사고의 발생원인을 규명하려는 과정으로 대부분 입증된 사실이 아닌 확률에 따른 다양한 수준의 상황 증거를 포함한다.[317] 이러한 조사형 증거는 형사 또는 민사소송의 증거를 수집하는 방식과는 다르며 일반적으로 이러한 증거는 사법수사에서 받아들여지지 않는다. 특히 처벌적 또는 책임 절차에 대한 근거가 명백할 경우, 책임을 결정하기 위한 조사는 엄격한 증거규칙을 사용하여 해당 조사와는 별도로 수행되어야 한다.[318] 이처럼 호주는 사고조사의 수행과 관련하여 국제민간항공협약과 국내 법률을 완전히 부합하도록 하였으며, 사고조사가 형사 또는 민사소송에서 사용되는 증거규칙을 따르지 않는다는 점에서 항공안전의 개선 이외의 목적으로 이를 사용하지 못하도록 엄격히 제한하고 있다는 점을 확인할 수 있다.

### (3) 공정문화 적용을 위한 자율준수(compliance) 접근방식

CASA는 2015년 9월 15일, 항공규제에 '공정문화'를 구현할 것을 선언하고,[319] CASA의 새로운 자율준수 접근방식을 위하여 항공규제와 관련한 10가지 핵심 원칙을 제시하였다. 이 접근방식은 '공정문화'를 포용하고 적절하고 상황에 비례하는 조치를 하며, 재량을 공정하게 행사하고 처벌적 조치를 회피하며, 교육의 장려에 중점을 두고 확인된 결함을 바로 잡는 것을 포함하였다.[320]

---

317) *Ibid.*, p.18.
318) *Ibid.*, p.19.
319) Australianflying, CASA to adopt Just Culture Approach to Regulation.
320) Flight Safety Foundation, Flight Safety Foundation Praises U.S. FAA and Australia's CASA for Safety Compliance and Enforcement Reform, 26OCT2015.

CASA는 '공정문화'를 조종사와 운영자가 교육이나 경험 수준에 따른 작위, 부작위 또는 결정에 대하여 처벌받지 않지만 중대한 과실이나 고의로 추정되는 위반의 문제는 용인하지 않는 것으로 정의하였는데, 이것은 ICAO와 EU의 공정문화 정의와 일치한다. 이러한 공정문화에 따라 CASA는 자율준수(compliance) 접근방식을 적용하였으며, "과실이 발생한 이유와 미래에 동일한 과실이 발생할 가능성을 줄이는 것으로 관련된 사람들과 조직이 책임감 있고 건설적인 방식으로 오류(error)와 부작위(omission)를 해결할 의지와 능력을 입증하는 경우 CASA는 행정집행을 취할 필요가 없으며, 처벌적 조치가 필요하지 않을 것"[321]이라고 하였다.

### 1) 자율준수 접근방식

호주의 자율준수 접근방식은 법률을 준수해야 할 의무와 항공 공동체(community)와의 협력을 통하여 구체화 되는 것으로 보인다. CASA는 이와 관련하여 항공공동체와의 신뢰와 존중을 유지하고 모든 측면에서 상호 존중을 촉진한다고 밝혔으며,[322] CASA가 규칙을 만들거나 요구사항을 부과할 필요성에 대한 모든 협의 과정에서 관련 당사자와 충분한 소통을 통하여 정보와 조언을 반영하도록 보장하고 있다.[323] 이것은 소통의 부재로 발생하는 여러 문제를 감소시키고 일방적인 규제방식에서 탈피하려는 시도로 해석된다.

CASA는 규제 및 관련 조치에 공정문화를 수용하고 채택하였으며, 항공분야 전반에 걸쳐 이를 장려하고 있다.[324] 이에 따라 안전을 위해 필요한 경우 추가 교육을 받아야 하며, 결함이 확인되더라도 자발적인 조치를 통해 개선하도록 함으로써 징계나 처벌보다는 자율준수를 위하여 노력하는 것으로 보인다. 이러한 자율준수 접근방식에 있어, CASA는 규제에 대한 절차적 공정성과 원칙에 따라 규제 의사결정에 비례성과 재량권을 입증하고 권한을 행사하려는 노력을 확인할 수 있다.[325] 즉 특정 사안에서 규제 재량권의 행사와 방법을 결정할 때, CASA는

---

321) Australianflying, *supra* note 319.
322) CASA, Our regulatory philosophy.
323) CASA, CASA communicates fully and meaningfully with all relevant stakeholders.
324) CASA, CASA embraces and employs rational 'just culture' principles in its regulatory and related actions.
325) CASA, CASA demonstrates proportionality and discretion In regulatory decision-making

다양한 요인을 고려하고 있다. 예를 들어 규정 미준수와 안전 관련 영향의 심각성 여부, 위반행위자의 입증된 능력과 규제 요건을 준수할 의지, 작위나 부작위에 대한 개인의 책임 정도, CASA와 협력하여 특정 문제를 해결하거나 관련 안전문제를 해결하기 위하여 협력할 의향이 있는지의 여부 등 다양한 요인을 고려하게 된다. 그러나 자율준수 조치가 받아들여지지 않거나 의지가 없는 경우, CASA는 행정집행을 취할 수 있다.

## 2) 행정집행

CASA는 규정 미준수에 대하여 위반자에게 행정집행을 취할 수 있다. 이러한 행정집행은 상황에 따라 다양한 기준이 적용된다.[326] 첫째, 규칙위반에 대하여 시행 가능한 자율적인 조치를 통하여 문제를 해결하도록 요청할 수 있다. 이 조치는 자율적인 것으로 개인 또는 조직이 CASA의 동의하에 철회하거나 변경할 수 있다. 이 조치에 동의하는 경우 당사자는 법적으로 그것을 준수할 의무가 있으나 그렇지 않은 경우, 연방법원에 사업 및 위반과 관련하여 당사자에게 금전적 처벌을 부과하는 명령을 내릴 것을 요청할 수 있다.[327] 둘째, Civil Aviation Act 1988 또는 해당 법에 따른 규정의 중대한 위반이 발생한 경우, CASA는 위반을 저지른 사람이 보유한 민간항공자격에 대한 일시정지 또는 취소의 행정집행을 취할 수 있다. 이러한 조치를 취하기 전에 CASA는 자격증명소지자에게 해당 조치를 고려하게 된 사실과 상황, 정지 또는 취소하게 된 구체적인 사유를 명확하게 고지하여야 한다.[328] 셋째, CASA는 개인이나 조직이 항공안전에 중대한 위험을 초래하는 방식으로 운영되는 경우 항공 활동에 참여할 수 있는 권한을 즉시 중단하는 조치를 취할 수 있다.[329] 넷째, 민간항공법 및 규정의 중대한 위반은 형사처벌의 대상이 된다. 이것은 의도적인 행위, 규칙에 대한 무모한 무시, 규칙에 대한 반복적 무시, 안전에 중대한 위험을 초래하는 행위를 포함한다. CASA는 의심되는 위반을 조사할 수 있으며, 충분히 중대한 것으로 간주되는 경

---

and exercises its powers in accordance with the principles of procedural fairness and natural justice.

326) CASA, Enforcement Action.
327) CASA, Enforceable voluntary undertakings.
328) CASA, Administrative action.
329) CASA, Serious and imminent risks to safety.

우 기소 및 연방 검찰에 회부할 수 있다.[330]

### 3) 자율준수 접근방식을 위한 정보의 사용

CASA는 자율준수 접근방식을 고려하면서 관련 정보는 조치 여부를 결정하는 데 도움을 받기 위해 사용하게 된다. 일반적으로 ATSB의 의무보고에 따라 보고된 문제에 대하여 행정집행을 권장하지 않으나, 적절한 예방 또는 시정조치가 취해지지 않은 경우, 안전을 위하여 행정집행을 취해야 하는 경우도 있다.[331] 그러나 보고된 정보가 긴급한 주의를 필요로 하거나 중대한 안전상의 우려를 수반한다고 하더라도, 해당 정보에만 의존하는 것이 아니라 일반적으로 사용 가능한 모든 증거를 수집하여 규제조치가 필요한지의 여부를 결정하게 된다. 이러한 경우 CASA는 자율준수 접근방식에 기초하여 정보의 사용을 고려하게 된다.[332]

---

330) CASA, Prosecution.
331) CASA, Sharing safety information and mandatory reporting.
332) *Ibid*.

### ■ 소 결

호주는 공정문화의 구현을 위하여 국제민간항공협약 Annex SARPs의 표준을 적극적으로 이행하는 국가로 판단되며 안전정보보호와 관련하여 가장 강력한 법규정을 적용하고 있다. 특히 사고조사와 관련된 사고조사보고서나 조종실음성기록장치(CVR)의 경우, 다른 국가보다 높은 수준의 보호를 적용하고 있다.

사고조사보고서의 경우, 엄격한 비공개가 적용되며 사고조사보고서의 초안뿐만 아니라 최종보고서도 법원에서 증거로 인정될 수 없음을 명확히 하고 있다.[333] 조종실음성기록장치의 경우, 해당 정보를 복사(copy)하거나 개인 또는 법원에 공개하는 행위는 징역 2년의 벌칙을 명시하고 있으며, 법원에서 증거로 인정될 수 없도록 하였다. 민사소송의 경우 예외적으로 이익균형에 따른 법원의 판단으로 공개 결정을 할 수는 있으나, 이러한 경우 세분화된 기준을 통하여 공개결정을 하도록 함으로써, 정보의 사용을 엄격히 제한하고 있다.

한편 호주는 미국과 마찬가지로 공정문화의 구현을 위하여 자율준수(compliance) 접근방식을 항공규제에 적용하고 있다. 이를 통하여, 규정 위반이 발생한 문제를 파악하여 이후 동일한 위반이 재발하지 않도록 관련된 사람들과 해결방법을 찾고, 그러한 시정조치가 이루어지는 경우 처벌이 필요하지 않다고 보았다.[334] 즉 규정 미준수와 안전 관련 영향의 심각성 여부, 위반행위자의 입증된 능력과 규제요건을 준수할 의지, 작위나 부작위에 대한 책임 정도, CASA와 협력하여 특정 문제를 해결하거나 협력할 의향이 있는지 등 다양한 요인을 고려하여 자율준수 조치가 받아들여지지 않거나 위반행위자의 의지가 없는 경우, CASA는 행정집행을 취할 수 있는 것이다. 행정집행을 취해야 하는 경우에도 해당 정보에만 의존하는 것이 아니라 일반적으로 사용 가능한 모든 증거를 수집하여 규제조치가 필요한지의 여부를 결정하게 되며, 이때 CASA는 자율준수 접근방식에 기초하여 정보의 사용을 고려하게 된다.

호주의 정보보호 수준과 자율준수를 통하여 항공규제에서 공정문화를 구현하는 접근방식은 우리나라에서 고려해 보아야 할 부분으로 판단되며, 이러한 점은

---

333) Transport Safety Investigation Act(2003), 제27조.
334) Australianflying, *supra* note 319.

우리나라의 안전정보보호와 공정문화를 구현하기 위한 정책적 변화가 필요함을 시사한다.

# Ⅴ. 우리나라의 공정문화 관련 법규정

## 1. 공정문화 관련 법규정

### (1) 「항공안전법」

### 1) 항공안전보고제도

### ① 항공안전 의무보고

항공안전법 제59조는 "항공기사고,[335] 항공기준사고[336] 또는 항공안전장애[337] 중 국토교통부령으로 정하는 사항을 발생시켰거나 항공기사고, 항공기준사고 또는 의무보고 대상 항공안전장애가 발생한 것을 알게 된 항공종사자 등 관계인은 국토교통부 장관에게 그 사실을 보고"하여야 함을 명시하고 있으며, "의무보고 대상 항공안전장애의 범위"는 항공안전법 시행규칙 [별표 20의2]에서 규정하고 있다. 항공안전법 제59조제2항은 항공안전 의무보고를 통하여 접수한 내용은 제3자에게 제공하거나 일반에게 공개해서는 아니 되며, 누구든지 항공안전 의무보고를 한 사람에 대하여 이를 이유로 해고·전보·징계·부당한 대우 또는 그밖에 신분이나 처우와 관련하여 불이익한 조치를 취해서는 아니 됨을 명시하고 있다(제59조제3항). 만약 이를 위반하여 항공안전 의무보고를 한 사람에 대하여 불이익조치를 한 자는 2년 이하의 징역 또는 2천만원 이하의 벌금에 처하게 되며(제148조의3), 항공안전법 "제33조(항공기 등에 발생한 고장, 결함 또는 기능장애 보고 의무)에 따른 보고를 하지 아니하거나 거짓으로 보고한 자" 또는 "항공기사

---

335) "항공기사고"는 "사람이 비행을 목적으로 항공기에 탑승하였을 때부터 탑승한 모든 사람이 항공기에서 내릴 때까지 항공기의 운항과 관련하여 발생하는 사람의 사망, 중상 또는 행방불명, 항공기의 파손 또는 구조적 손상, 항공기의 위치를 확인할 수 없거나 항공기에 접근이 불가능한 경우에 해당하며 국토교통부령으로 정하는 것"을 말한다. 항공안전법 제2조제6항.

336) "항공기준사고"는 "항공안전에 중대한 위해를 끼쳐 항공기사고로 이어질 수 있었던 것으로서 국토교통부령으로 정하는 것"을 말하며, 항공안전법 시행규칙 [별표 2]에서는 항공기 준사고의 범위를 명시하였다. 항공안전법 제2조제9항.

337) "항공안전장애"는 "항공기사고 및 항공기준사고 외에 항공기의 운항 등과 관련하여 항공안전에 영향을 미치거나 미칠 우려가 있는 것"을 말한다. 항공안전법 제2조제10항.

고, 항공기준사고 또는 의무보고 대상 항공안전장애를 보고하지 아니하거나 거짓으로 보고한 자"는 100만원 이하의 과태료가 부과될 수 있다(제166조제4항).

한편 국토교통부 장관은 의무보고 대상 항공안전장애에 따른 보고를 받은 경우, 또는 보고를 받지 않았으나 발생 사실을 인지하게 된 경우 이에 대한 사실 여부와 이 법의 위반사항 등을 파악하기 위한 조사를 할 수 있다(제60조제1항). 또한 "의무보고 대상 항공안전장애에 대한 보고가 이루어진 경우, 항공안전법 및 공항시설법에 따른 행정처분을 아니할 수 있다"라고 명시함으로써 '제한적 비처벌'의 가능성을 두었다. 그러나 해당 사건의 조사결과, 고의 또는 중대한 과실로 의무보고 대상 항공안전장애를 발생시킨 경우는 해당되지 아니한다(제60조제2항).

② 항공안전 자율보고

항공안전법 제61조는 "누구든지 의무보고 대상 항공안전장애 외의 항공안전장애를 발생시켰거나 발생한 것을 알게 된 경우 또는 항공안전위해요인[338]이 발생한 것을 알게 되거나 발생이 의심되는 경우"에는 그 사실을 국토교통부 장관에게 보고하도록 하고 있다(제61조제1항). 이러한 항공안전 자율보고는 자율보고를 통하여 접수한 내용을 제3자에게 제공하거나 일반에게 공개할 수 없도록 함으로써 '비공개'를 보장하고 있으며(제61조제2항), 누구든지 항공안전 자율보고를 한 사람에 대하여 이를 이유로 해고·전보·징계·부당한 대우 또는 그 밖에 신분이나 처우와 관련하여 불이익한 조치를 해서는 아니 되며(제61조제3항), "자율보고 대상 항공안전장애 또는 항공안전위해요인을 발생시킨 사람이 그 발생일로부터 10일 이내에 항공안전 자율보고를 한 경우에는 고의 또는 중대한 과실로 발생시킨 경우에 해당하지 아니하면 처분을 하여서는 아니 된다(제61조제4항)"라고 하여 '비처벌'을 명시하고 있다. 이처럼 항공안전 자율보고는 자율보고의 활성화를 위해 보고자에 대한 '비공개'와 '비처벌'을 명시하고 있음을 확인할 수 있다.

---

338) "항공안전위해요인"은 "항공기사고, 항공기준사고 또는 항공안전장애를 발생시킬 수 있거나 발생 가능성의 확대에 기여할 수 있는 상황, 상태 또는 물적·인적요인 등"을 말한다. 항공안전법 제2조제10호의2.

## 2) 항공안전데이터 및 정보

"항공안전데이터"는 항공안전의 유지 또는 증진 등을 위하여 사용되는 자료이며, "항공안전정보"는 항공안전데이터를 안전관리의 목적으로 사용하기 위하여 가공(加工)·정리·분석한 것을 말한다.[339] 이러한 항공안전데이터 및 정보는 "항공안전의 증진을 위하여 수집·저장·통합·분석 등의 업무를 전자적으로 처리하기 위한 시스템(이하 "통합항공안전데이터수집분석시스템"이라 한다)을 구축 및 운영"하도록 하고 있으며(제61조의2제1항), "국토교통부장관이 필요하다고 인정하는 경우 통합항공안전데이터수집분석시스템의 운영을 대통령령으로 정하는 바에 따라 관계 전문기관에 위탁"할 수 있도록 명시하였다(제61조의2제2항). 이에 따라 항공안전법 시행령 제8조의3에서는 국토교통부장관이 현재 해당 시스템의 운영을 '항공안전기술원'에 위탁하여 운영하도록 하고 있다. 특히 시스템의 운영을 위탁받은 전문기관은 수집·저장·분석된 항공안전데이터 등을 항공안전유지 및 증진의 목적으로만 활용하여야 하며, 이 경우에도 개인정보 보호법 제2조제1호에 따른 개인정보가 보호될 수 있도록 시책을 마련하여 시행하도록 함으로써, 정보의 보호를 강조하고 있다(제61조의3).

## 3) 「국가항공안전프로그램」의 구축

항공안전법 제58조제1항 및 각 호에 따라 국토교통부장관은 '항공안전에 관한 정책', '달성목표 및 조직체계', '항공안전 위험도의 관리', '항공안전보증', '항공안전증진'의 내용이 포함된 항공안전프로그램을 마련하여 고시하여야 하며, 항공안전법 제58조제2항에 해당하는 자[340]는 제작, 교육, 운항 또는 사업 등을 시작하기 전까지 항공안전프로그램에 따라 항공기사고 등의 예방 및 비행 안전의 확보를 위한 항공안전관리시스템을 마련하고, 국토교통부장관의 승인을 받아 운

---

339) 관련 정의 및 범위는 Chapter 01, p.15의 내용 참조.
340) 항공안전법 제58조제2항에 해당하는 자는 "1) 형식증명, 부가형식증명, 제작증명, 기술표준품 형식승인 또는 부품 등 제작자증명을 받은 자, 2) 항공종사자 양성을 위하여 지정된 전문 교육기관, 3) 항공교통업무증명을 받은 자, 4) 운항 증명을 받은 항공운송 사업자 및 항공기 사용사업자, 5) 항공기정비업자로서 정비조직인증을 받은 자, 6) 공항운영증명을 받은 자, 7) 항행안전시설을 설치한 자, 8) 국외 운항 항공기를 소유 또는 임차하여 사용할 수 있는 권리가 있는 자"를 말한다.

용하여야 한다.

이러한 업무의 체계적인 수행을 위하여 국토교통부장관은 항공안전프로그램에 따라 그 업무에 관한 항공안전관리시스템을 구축 및 운용하여야 하며(제58조제3항), 제58조제2항제4호에 따른 항공운송사업자 중 국토교통부령으로 정하는 항공운송사업자는 항공안전관리시스템을 구축할 때 비행자료분석프로그램을 마련하여야 한다(제58조제4항). 또한 레이더를 이용하여 항공교통관제 업무를 수행하려는 경우에는 항공안전관리시스템에 '레이더 자료를 수집할 수 있는 장치의 설치 및 운영절차', '레이더 자료와 분석결과의 보호 및 활용에 관한 사항'을 포함하여야 한다. 이에 따라 항공운송사업자 또는 레이더를 이용하여 항공교통관제 업무를 수행하는 자는 수집한 자료와 그 분석결과를 항공기사고 등을 예방하고 항공안전을 확보할 목적으로만 사용하여야 하며, 분석결과를 이유로 관련된 사람에게 해고·전보·징계·부당한 대우 또는 그 밖에 신분이나 처우와 관련하여 불이익한 조치를 취해서는 아니 된다(제58조제6항).

## (2) 「항공·철도사고조사에 관한 법률」

### 1) 사고조사 및 사고조사보고서

항공·철도사고조사에 관한 법률은 항공·철도사고조사위원회[341]를 설치하여 항공 및 철도사고 등에 대한 독립적이고 공정한 조사를 통하여 사고 원인을 정확하게 규명함으로써 항공 및 철도사고 등의 예방과 안전 확보에 이바지함을 목적으로 한다(제1조). 항공·철도사고 등이 발생한 것을 알게 된 항공기의 기장, 항공기의 소유자 등, 항공·철도종사자·그 밖의 관계인은 지체없이 그 사실을 위원회에 통보하여야 한다(제17조제1항). 이에 따른 항공·철도종사자와 관계인의 범위, 통보에 포함되어야 할 사항, 통보 시기, 통보방법 및 절차 등은 국토교

---

341) 항공·철도사고조사에 관한 법률 제4조제1항에 따라, 항공·철도사고 등의 원인 규명과 예방을 위한 사고조사를 독립적으로 수행하기 위하여 국토교통부에 항공·철도사고조사위원회를 두었으며, 국토교통부장관은 일반적인 행정 사항에 대하여는 위원회를 지휘·감독할 수 있으나, 사고조사에 대하여는 관여하지 못한다. 위원회는 1. 사고조사, 2. 사고조사보고서의 작성·의결 및 공표, 3. 안전권고, 4. 사고조사에 필요한 조사 및 연구, 5. 사고조사 관련 연구·교육기관의 지정, 6. 그 밖에 항공사고조사에 관하여 규정하고 있는 국제민간항공협약 및 동 협약 Annex에서 정한 사항의 업무를 수행한다. 항공·철도사고조사에 관한 법률 제4조제1항 및 제2항, 제5조 각 호.

통부령으로 정하고 있으며(제17조제2항), 이 경우 위원회는 항공・철도사고 등을 통보한 자의 의사에 반하여 해당 통보자의 신분을 공개하여서는 아니 된다(제17조제3항). 위원회는 사고조사를 위하여 필요하다고 인정되는 때에는 관계인에 대한 항공사고 등 관련 보고 또는 자료의 제출 요구, 관계인의 출석 요구 및 질문, 관계 물건의 보존 및 유치, 사고현장 및 장소의 출입통제 등의 조치를 할 수 있으며(제19조제1항), 규정을 위반한 경우 항공・철도사고조사에 관한 법률 제35조 및 제38조에 근거하여, 형사처벌 및 과태료가 부과될 수 있다.[342]

위원회는 사고조사를 종결한 때에는 개요, 사실 정보, 원인분석, 사고조사결과, 권고 및 건의사항이 포함된 사고조사보고서를 작성하여야 한다(제25조제1항). 이에 따라 작성된 사고조사보고서는 위원회가 공표하여야 하며(제25조제2항), 이 때 사고조사보고서는 언론기관에 발표하거나 위원회의 인터넷 홈페이지에 게재 또는 인쇄물의 발간 등을 통하여 일반 대중에게 공표하여야 한다(시행령 제7조). 위원회는 사고조사 및 연구 활동의 결과 필요하다고 인정되는 경우, 사고조사 과정 중 또는 사고조사 결과 필요하다고 인정되는 경우에 항공・철도사고 등의 재발 방지를 위한 대책을 관계기관의 장에게 안전권고 또는 건의할 수 있으며 (제26조제1항), 관계기관의 장은 위원회의 안전권고 또는 건의에 대하여 조치계획 및 결과를 위원회에 통보하여야 한다(제26조제2항).

### 2) 정보의 공개 및 금지

항공・철도사고조사에 관한 법률 제28조제1항에 따르면 사고조사의 과정에서 얻은 정보가 공개됨으로써 해당 또는 장래의 정확한 사고조사에 영향을 줄 수 있거나, 국가의 안전보장 및 개인의 사생활이 침해될 우려가 있는 경우 이를 공개하지 아니할 수 있다. 이 경우 항공・철도사고 등과 관계된 사람의 이름을 공개하여서는 아니 된다. 이처럼 공개하지 아니할 수 있는 정보의 범위는 대통령

---

342) 항공・철도사고조사에 관한 법률 제35조에 해당하는 자는 3년 이하의 징역 또는 3천만원 이하의 벌금에 처하게 되며, 동법 제38조에 따라 해당 사실에 대하여 자료의 제출을 정당한 이유없이 기피하거나 지연시킨 자 또는 정당한 이유없이 출석을 거부하거나 질문에 대하여 거짓으로 진술한 자는 500만원 이하의 과태료를 부과하게 된다. 또한 항공・철도사고 등과 관련이 있는 관계 물건의 검사를 기피한 자, 관계 물건의 제출 및 유치를 기피하거나 지연시킨 자, 출입통제에 따르지 아니한 자에게는 300만원 이하의 과태료를 부과한다. 항공・철도사고조사에 관한 법률 제35조, 제38조제2항, 제38조제3항.

령으로 정하고 있는바, 항공·철도 사고조사에 관한 법률 시행령 제8조에 따라 1. 사고조사 과정에서 관계인들로부터 청취한 진술, 2. 항공기 운항 또는 열차운행과 관계된 자들 사이에 행하여진 통신기록, 3. 항공사고 등 또는 철도사고와 관계된 자들에 대한 의학적인 정보 또는 사생활 정보, 4. 조종실 및 열차기관실의 음성기록 및 그 녹취록, 5. 조종실의 영상기록 및 그 녹취록, 6. 항공교통관제실의 기록물 및 그 녹취록, 7. 비행자료기록장치 및 열차운행기록장치 등의 정보 분석과정에서 제시된 의견에 대하여 공개하지 않을 수 있도록 하였다. 다만 해당 정보가 사고분석과 관계된 경우에는 사고조사보고서에 그 내용을 포함시킬 수도 있다(시행령 제8조).

이러한 사고조사는 민·형사상 책임과 관련된 사법절차, 행정처분절차 또는 행정쟁송 절차와 분리·수행되어야 하며(제30조), 위원회의 위원·자문위원 또는 사무국 직원, 그 직에 있었던 자 및 위원회에 파견되거나 위원회의 위촉에 의하여 위원회의 업무를 수행하거나 수행하였던 자는 그 직무상 알게 된 비밀을 누설하여서는 아니 된다(제31조). 또한 이 법에 의하여 위원회에 진술·증언·자료 등의 제출 또는 답변을 한 사람은 이를 이유로 해고·전보·징계·부당한 대우 또는 그 밖에 신분이나 처우와 관련하여 불이익을 받지 않도록 하고 있다(제32조).

## (3) 국토교통부 고시 「국가항공안전프로그램」

### 1) 공정문화의 명시

국가항공안전프로그램 제50조에서 명시하고 있는 안전문화[343]는 공정문화를 기초로 한다. 동 규칙에서 "공정문화"는 "업무수행 과정에서 발생하는 사람의 의도치 않은 오류에 대한 발생원인을 종사자 자체가 아닌 조직문화, 업무환경, 업무절차, 운영체계 등의 특성이 사람의 인적 요인과의 작용으로 나타난 결과임을

---

343) 동 규칙에서는 "국토교통부장관은 안전문화를 조성하기 위해 관계 행정기관의 장과 협력하여 서비스제공자가 객관성 및 공정성을 확보하여 안전관리시스템을 운영하도록 지도 및 감독하고 국가항공체계를 구성하는 행정기관 및 서비스제공자 간의 안전정보공유를 장려한다"라고 명시하고 있다. 이러한 안전문화 조성을 위해 법령 제·개정 등을 통하여 적극적으로 검토하고 추진하며, 행정기관의 장과 협력하여 각 서비스제공자, 항공종사자 등 분야별 안전문화의 강점·약점 등 안전문화 성숙도를 주기적으로 측정하고 이를 활용한 안전문화 증진 활동을 수행하도록 하고 있다. 국가항공안전프로그램 제50조제1항, 제2항, 제3항.

강조하는 문화"라고 정의하고 있다(제2조제23호). 그러나 이 정의는 앞서 살펴본 ICAO, EU, 미국에서 강조하는 공정문화의 정의와 다르게 용인의 경계에 대한 부분이 드러나지 않으며, 단지 조직의 제도적인 부분을 강조하는 것으로 해석된다. 물론 인적오류에 대한 부분을 조직원의 책임이 아닌 제도적인 문제로 본다는 점은 동일하나, 현재 공정문화의 핵심인 용인의 경계에 대한 부분이 드러나지 않는다는 점은 우리나라의 공정문화에 대한 인식 결여를 보여준다.

### 2) 안전데이터 수집, 분석 및 공유

국가항공안전프로그램 제51조(안전데이터 수집)는 국토교통부장관이 관계 행정기관의 장과 협력하여 안전데이터[344]를 수집하도록 하고 있으며 각종 정책, 제도, 절차, 문화 등을 지속적으로 개선하도록 명시함으로써 안전보고 활성화를 위해 노력해야 함을 강조하였다(제51조제1항). 안전데이터의 수집·저장·분석 등을 위해 국토교통부장관은 '안전데이터 수집 및 처리제도'를 구축하여 운영해야 하며, 이에 대한 세부절차는 국토교통부 훈령인 「항공안전데이터 처리 및 활용에 관한 규정」에 따르도록 하고 있다(제52조제4항).

이러한 안전데이터는 관계 법령에서 별도로 정하고 있지 않은 한, 동규칙 제54조에 따라 안전데이터 보호에 관한 기본원칙을 적용하는 것을 원칙으로 하고 있다(제54조제1항). 데이터·정보 및 관련 출처의 보호에 따른 균형 확보를 위해 동법 제54조제3항에 따른 위험도 경감조치[345]를 취하는 경우, 향후 안전보고에 미칠 수 있는 부정적 영향을 최소화하기 위해 국가가 취한 조치의 내용 및 배경을 서비스제공자에게 명확히 전달하고, 이는 처분을 목적으로 하는 행위가 아닌 안전확보를 위한 조치임을 당사자에게 설명하도록 하고 있다(제54조제4항). 또한 「데이터·정보 및 관련 출처의 보호에 관한 기본원칙」은 데이터 및 정보 수집의 활성화를 목적으로 하는 것이므로 국토교통부 등 관계기관에서 안전데이터를

---

344) 안전데이터는 항공안전법 제59조에 따른 항공안전 의무보고, 제60조에 따른 사실조사 결과, 제61조에 따른 항공안전 자율보고, 「항공철도사고조사에 관한 법률」에 따른 사고·준사고 조사 결과, 안전감독 또는 기타 특별점검결과, 위험도 평가결과, 항공안전프로그램 운영에 필요한 그 밖의 자료를 포함한다. 국가항공안전프로그램 제51조제1항.

345) 항공안전 유지 및 증진을 목적으로 하는 '위험도 경감조치'는 예방조치, 개선조치, 시정조치가 포함된다. 국가항공안전프로그램 제54조제3항.

활용하여 항공안전 유지 및 증진을 목적으로 하는 활동을 제한하는 것은 아니다 (제54조제7항).

한편 사고조사데이터와 관련하여 동 규칙은 사고 및 준사고의 조사가 진행되는 경우 항공·철도사고조사에 관한 법률 및 국토부 훈령인 항공철도사고조사위원회 운영규정에 따른 데이터보호를 적용하며, 조사가 완료된 경우에는 데이터·정보 및 관련 출처의 보호에 관한 기본원칙을 따르도록 하고 있다.[346]

### 3) 「데이터·정보 및 관련 출처의 보호에 관한 기본원칙」

#### ① 기본원칙

국가항공안전프로그램 제54조에 따른 [별표 7]은 「데이터·정보 및 관련 출처의 보호에 관한 기본원칙」을 명시하고 있다. 데이터·정보 및 관련 출처는 예외의 경우를 제외하고 1) 관련 담당자, 기관, 법인, 단체 등에 대한 행정처분, 징계, 민사·형사소송 등, 2) 일반 국민을 대상으로 하는 공개, 3) 항공안전 유지 및 증진 외의 목적으로 사용하여서는 아니 된다. 단, 국가항공안전프로그램 제54조제3항에 따른 안전을 확보하기 위한 목적으로 수행한 자격증 및 안전면허의 정지 또는 취소는 이에 해당하지 아니한다(제1호 가목). 그러나 항공안전 유지 및 증진의 목적으로 데이터·정보를 활용하고자 하는 경우에는 1) 데이터·정보의 특성에 따른 데이터·정보의 보호에 관한 세부절차를 마련하고, 2) 데이터·정보·출처를 보호하기 위한 공식 절차를 마련하여야 하며, 3) 예외가 적용되지 않는 한, 데이터·정보를 수집한 목적 외의 용도로 활용을 제한하고, 4) 예외가 적용되어 데이터·정보를 행정처분, 각종 징계를 위한 절차, 민·형사소송 등에 활용 시 관련 보호절차를 적용하여야 한다. 이러한 보호절차에는 개인정보보호법에서 정하는 개인정보의 제거 또는 가명처리를 하는 것과 각종 징계, 처분, 소송의 과정 및 결과에 대한 비공개가 해당된다(제1호 나목).

#### ② 기본원칙의 예외

데이터·정보의 보호원칙에도 불구하고 1) 관련 상황·사건 등이 관계 법령

---

346) 국가항공안전프로그램 제55조제1항, 제2항. 사고·준사고 조사의 활용을 목적으로 항공기의 조종실에 장착되는 각종 기록을 저장하기 위한 장치로 생산되는 안전데이터의 보호에 관한 사항은 [별표 7]의 제5호 및 제6호를 적용하도록 명시하였다.

에 따라 고의·중과실 또는 범죄에 해당하는 경우, 2) 해당 데이터·정보의 공개가 법 집행을 위해 필요하며, 이로 인해 얻게 되는 사회적 이익이 데이터·정보 수집에 미칠 수 있는 부작용을 상회하는 것으로 판단되는 경우, 3) 해당 데이터·정보의 공개로 얻을 수 있는 안전에 관한 이득이 데이터·정보 수집에 미칠 수 있는 부작용을 상회하는 것으로 판단되는 경우에는 예외적으로 데이터·정보를 공개 또는 활용할 수 있다(제2호 가목). 만약 해당 데이터·정보를 일반에 공개하고자 하는 경우에는 1) 데이터·정보에 포함된 내용과 관련된 개인에 관한 정보가 개인정보 보호법에 따라 보호조치가 된 경우, 2) 데이터·정보가 비식별화되었거나 다른 데이터 또는 정보와 통합된 형식(aggregated data)으로 가공된 경우 중 어느 하나를 충족하여야 한다(제2호 나목).

### ③ 조종실사고예방장치 기록의 보호 및 예외의 적용

국제민간항공협약 Annex 6(Operation of Aircraft)에서 정의하는 조종실음성기록장치(Cockpit Voice Recorder), 조종실오디오기록시스템(Cockpit Audio Recording System), A종 비행이미지기록장치(Class A Airborne Image Recorder), A종 비행이미지기록시스템(Class A Airborne Image Recording system)의 기록 또는 시스템에서 얻어진 음성(recordings) 또는 이와 관련된 녹취록(transcripts)은 항공·철도사고조사에 관한 법률에서 정하는 사고·준사고 조사 이외에 다른 목적으로 사용해서는 아니 된다(제4호 가목). 그럼에도 불구하고, 데이터·정보 및 관련 출처의 보호에 관한 기본원칙과 예외의 적용이 충족하는 경우에는 '조종실사고예방장치에서 생산되는 기록보호에 관한 예외'에 따라 1) 사고·준사고와 관련되지 않은 형사소송, 2) 비행자료기록장치시스템(Flight Recorder Systems)의 점검, 3) 안전관리시스템의 일환으로 확인된 이벤트와 관련된 경우에 활용할 수 있다(제5호 가목).

또한 국제민간항공협약 Annex 6(Operation of Aircraft)에서 정의하는 비행자료기록장치(Flight Data Recorder), 항공기데이터기록시스템(Aircraft Data Recording System), B종 비행이미지기록장치(Class B Airborne Image Recorder), C종 비행이미지기록장치 및 비행이미지기록시스템(Class C Airborne Image Recorder and Airborne Image Recording system)에서 얻어진 기록이나 녹취록은 항공·철도사

고조사에 관한 법률에서 정하는 사고·준사고 조사 이외에 다른 목적으로 사용해서는 아니 된다(제4호 나목).

그럼에도 불구하고, 데이터·정보 및 관련 출처의 보호에 관한 기본원칙과 그 예외를 충족하는 경우에는 다음의 목적으로 사용할 수 있도록 하였다. 1) 항공기 운영자가 항공기에 대한 정비 또는 감항성 유지를 위한 목적으로 사용하는 경우, 2) 운영자가 비행자료분석프로그램의 운영에 사용하는 경우, 3) 사고·준사고와 관련되지 않은 형사소송에 사용되는 경우, 4) 운영자가 해당 기록에 대해 개인정보 보호법에 따른 정보보호 조치를 한 경우, 5) 보호 절차에 따라 공개된 경우(제5호 나목).

④ 업무배경음성기록에 대한 보호 및 예외의 적용

조종실음성기록장치 및 항공교통관제실에 설치된 배경음성(이하 "업무배경음성"이라 한다)기록장치에 따른 업무배경음성기록의 경우 항공안전법 제2조제10의4에서 정의하는 항공안전데이터에 포함되지 않으나, 관계 법령에 따라 보호되도록 하고 있다(제3호 가). 업무배경음성기록장치는 사고예방을 목적으로 장착한 것으로 항공·철도사고조사에 관한 법률에서 정하는 사항에 따라 사고·준사고의 조사 목적으로만 사용할 수 있다(제3호 나목).

그러나 조종실음성기록장치는 데이터·정보 및 관련 출처의 보호에 관한 기본원칙과 예외의 적용을 충족하는 경우에는 '조종실사고예방장치에서 생산되는 기록보호에 관한 예외'에 해당하는 목적으로 활용할 수 있다(제3호 다목).

## 2. 공정문화의 구현

### (1) 우리나라 항공안전 현황 및 안전보고시스템

### 1) 우리나라 항공안전 현황

항공안전법은 사건의 심각도에 따라 '사고', '준사고', '항공안전장애', '항공안전위해요인'으로 구분하고 있다. 국토교통부의 자료에 따르면, 2018년 이후부터 매년 사고가 발생하고 있으며, 1백만 운항횟수당 사고 발생률을 계산 시 2018년부터 3년간 평균 36% 증가 추세를 보였다.[347] 이러한 사고를 사전 예방하기 위하여 항공안전장애 및 항공안전위해요인을 보고하도록 함으로써 사고 및 준사고의 근본적 요인을 확인하고 제거하고자 항공당국이 추가적으로 각종 안전사례를 수집하고 있다. 그러나 해당 사례의 특성에 따라 일반 대중이 인지할 수도 있고, 조종사, 정비사 등 해당 항공전문지식 및 기술을 보유한 자만이 인지할 수 있거나, 그마저도 불가능한 사례가 있을 수 있어 발생 건수를 정량적으로 산출하는 것은 불가능하다는 것이 ICAO를 비롯한 국제전문가들의 주장이다. 따라서 최대한 해당 사례를 수집 및 분석하여 사고요인을 근본적으로 제거하는 것이 사고 발생의 확률을 낮출 수 있으며, 궁극적으로 이를 통하여 안전증진에 기여하는 것이 현재 국제 항공안전정책의 방향으로 볼 수 있다.[348]

〈표 1〉 국적 항공사 1백만 운항횟수당 사고 발생률[349]

| 연 도 | 2016 | 2017 | 2018 | 2019 | 2020 | 평균 (16~20) |
|---|---|---|---|---|---|---|
| 운항횟수(A) | 464,497 | 499,062 | 524,690 | 542,111 | 286,647 | 463,401 |
| 사고(B) | 1 | – | 2 | 3 | 2 | 1.6 |
| 사망사고(사망자수) | – | – | – | – | – | – |
| 1백만 운항횟수당 사고 발생률(B/A) | 2.15 | 0 | 3.81 | 5.53 | 7.0 | 3.7 |

### 2) 안전보고시스템

현재 안전보고의 운영형태는 사후적 정보(Reactive data: 사고, 준사고, 항공안전장애, 자율 및 의무보고제도, 비밀안전보고제도), 사전적 정보(Proactive data: 위해요인보고제도, 사고조사 및 안전평가), 예측적 정보(Predictive data: 비행자료 모니터링, LOSA: Line Operations Safety Audit)로 이루어지고 있다.[350]

항공안전장애 중 사고 및 준사고 통계 분석결과, 주요 정책 등과 관련 있는 40개 항목을[351] '항공안전 의무보고'로 수집하고 있으며, 그 외 모든 안전사례,

---

347) 국토교통부, 항공안전백서(2020), 34면.
348) 상계자료, 35면.
349) 상계자료, 34면.
350) 장만희·황호원, "ICAO 국제항공안전정책 패러다임의 변화 분석과 우리나라 신국제항공 안전정책 검토", 한국항공우주정책법학회지 제28권 제1호, 한국항공우주정책법학회(2013), 80면.
351) 2017년 7월 법 개정으로 40개 항목으로 변경되었으며, 세부항목은 항공안전법 시행규칙 별표3

부적절한 규정 등 항공안전을 저해하는 요인은 '항공안전 자율보고'를 통하여 수집하고 있다. 이처럼 주요 사례를 수집하는 항공안전 의무보고제도의 운영에도 불구하고 의무보고사항이 모두 다 수집된다고 단언할 수는 없다. 즉 불성실한 보고에 대한 과태료 및 과징금에도 불구하고 해당 항공종사자가 누락할 경우, 알려지지 않을 수 있다. 이러한 보고 누락의 원인은 단순 오류 외에도 절차 미준수, 보고문화 미성숙의 이유로 보고 있다.

국토교통부 자료에 따른 2019년 항공안전장애의 보고 건수는 국적 항공사의 경우 전년 대비 156% 증가하였는데, 이것은 항공안전 의무보고제도의 활성화에 따라 항공안전장애 보고 건수가 증가함에 기인한 것으로 판단하고 있다. 또한 교통안전공단에서 접수한 항공안전 자율보고는 2013년부터 연평균 4.2%씩 감소한 것으로 보고되었으며, 2020년에는 운항횟수에 비해 증가한 추세를 보이나 여전히 활성화되었다고 보기는 어렵다.[352] 이러한 점에서, 국내의 보고제도는 의무보고에 기초한다고 볼 수 있으며, 자율보고의 비처벌 및 비공개가 보장됨에도 불구하고 자율보고는 활성화되지 않는 상황으로 판단할 수 있다.

## (2) 안전관리체계

### 1) 국가항공안전프로그램의 개요 및 발전

국가항공안전프로그램(State Safety Program: 이하 "SSP"라 한다)은 전통적인 사고의 사후조치 중심 안전감독(State Safety Oversight: "SSO")에 '사고의 예방관리 기능'을 추가한 국가 차원의 안전관리방식으로 안전규정의 철저한 준수는 물론 항공사고 발생에 영향을 줄 수 있는 위험요인(hazard)을 사전에 적극적으로 관리하기 위한 것이다.[353] 이처럼 급변하는 항공운항환경에서 정부의 선제적 대응을 위한 안전관리방식으로 ICAO는 2013년 7월, 'Annex 19'(Safety Management)를 마련하여 체약국이 국가항공안전프로그램을 적용하도록 하였다. SSP는 전통적인 안전감독체계가 발전된 형태로서, 기존에 국가가 가지던 역할 이외에 추가적으로 항공사 등의 안전관리시스템 운영요건의 정의, 사고 및 준사고의 조사, 국가

---

에 명시하였다. 국토교통부, 전계자료(주 347), 35면.
352) 상계자료, 37면.
353) 상계자료, 41면.

의 안전성과 관리, 정부와 산업계 간의 정보공유 내용을 포함한다.[354] 국내에서
는 2009년 SSP가 '국토교통부 고시'로 마련되면서, '잠재적 오류'에 기여하는 전
조(Precursor)를 구별하고 제거하기 위한 기반을 마련하였다. 그러나 행정규칙을
마련하는 것뿐만 아니라 세부적인 정책방안이 뒷받침되어야 한다. 실제로 '국토교
통부 항공안전백서(2015)'에서도 제도 보완이 필요한 실정임을 밝히고 있으나,[355]
해당 법령을 마련하는 것 이외에 제도적 보완은 부족한 상황으로 판단된다.

  항공안전법 제58조는 SSP와 SMS(Safety Management System: 이하 "SMS"라 한
다)의 기본요건을 명시하고 있으며, 항공당국은 SSP를 마련 및 고시하고, 운항현
장은 SSP에 따라 SMS를 수립 및 운영하도록 하고 있다.[356] ICAO는 1990년대부
터 회원국의 국제기준 이행을 독려하기 위하여 항공안전평가프로그램(Universal
Safety Oversight Audit Programme: "USOAP")을 실시하고 있으며, 안전평가는 회원
국의 의무로서 온라인 중심의 항공안전상시평가(Continuous Monitoring Approach,
CMA)를 통하여 실시되고 있다.[357] 또한 '안전문화'에 대한 관심이 기존에 항공종
사자로 국한되었다면, 현재는 항공당국 전반으로 확대하여 '안전문화' 형성을 위
한 보상체계 및 보호규정을 마련하고 이를 활성화하는 것에 집중하고 있으므로
이러한 안전문화의 기반이 되는 공정문화 환경의 구축이 우선적으로 마련되어야
할 것으로 판단된다.

### 2) 항공안전관리시스템(SMS)과 공정문화

  항공안전관리시스템(SMS)은 SSP에 따라 항공사 등의 서비스제공자(Service

---

354) 국가항공안전프로그램의 핵심 방법은 '위험기반 접근방식', '고도의 안전관리', '안전정보관리',
    '정보공유', '안전문화', '데이터기반 의사결정', '감독관의 훈련과 자격 등이다. 2011년 개정된
    국가항공안전프로그램은 '안전보증활동'을 명시하며, 안전정보의 데이터품질관리와 정보분석을
    강조하였다. 상게자료.
355) 국토교통부, 항공안전백서(2015), 66면.
356) 협약 Annex의 SARPs에서 구체적으로 명시하지는 않지만, SSP에서 갖추어야 하는 추가 조건
    으로 정부가 승인한 SMS와의 연계가 있다. 이를 위하여 항공 당국은 자국의 안전데이터를 기
    준으로 핵심지표 및 일반지표 등을 선정하고, 사고의 전조(Precursor)가 되는 상황 등을 SMS
    운영자의 안전성과지표로 승인하는 과정을 확립하고 관리할 필요가 있다. 국토교통부, 전게자
    료(주 347), 42면.
357) 상시모니터링방식은 온라인을 통하여 상시적으로 ICAO가 평가 증빙자료를 요구하고 필요시에
    만 현장을 방문하는 방식으로 운영되는 것을 말하며, ICAO는 2018-2019년 일부 국가들에 대
    한 SSP 안전평가를 실시한 후, 2020년부터 본격적으로 SSP를 안전평가의 범위에 포함시키도록
    하고 있다. 상게자료, 46면.

Provider: "SP")가 자체적인 안전관리를 갖추어야 하는 안전관리체계를 말한다. SMS는 급변하는 운항환경에서 항공당국의 실시간 대응이 현실적으로 어려움에 따라 운항현장에서 서비스를 제공하는 항공운송사업자, 정비조직, 항공교통업무 제공자, 공항운영자 등의 서비스제공자가 자체적으로 수행하는 안전관리 방식이다.[358]

개정 전 국토교통부 훈령인 「항공안전관리시스템 승인 및 운영지침」[359] 제38조(안전보고제도) 제5항 및 제6항에서는 사내 안전보고제도와 관련하여 "조직의 SMS는 직원의 고의나 업무 태만이 아닌 의도되지 않은 오류나 착오를 처벌하지 않고, 원인을 조사하여 불완전한 제도를 개선하기 위한 목적으로 공정문화에 바탕을 두어야 하며, 당사자의 오류나 행동을 비난하기 위한 것이 아니라 안전을 증진하기 위한 정보로 활용"해야 함을 명시한 바 있다. 또한 조직의 안전보고를 활성화할 수 있는 제도적인 장치와 함께 안전문화적 차원으로 1. 보고자의 불이익에 대한 불안감을 해소하는 방안, 2. 보고를 장려하는 수단으로 보고에 대한 보상책, 3. 보고자에 대한 적합한 피드백, 4. 쉽고 편하게 보고할 수 있는 보고 수단, 형식, 제도 등의 방안을 제시한 바 있다. 또한 동 규칙 제47조(안전문화)에서는 SMS의 목표에 대하여 처벌이나 문책이 아닌 제도의 결함 원인을 추적하여 사전 조치함으로써 동일 원인에 영향받지 않는 강건한 제도를 구축하는 것이며, 내부 사고조사와 관련하여 "왜 그러한 일이 일어났는가"에 대한 이해와 조사자의 객관적 조사 수행을 강조하였다. 이처럼 SMS에서도 안전문화와 공정문화의 방향을 제시한 바 있으며, 비난 문화를 지양하는 것뿐만 아니라 항공안전데이터를 보호하는 목표가 제시되었음을 확인할 수 있다.

## 3) 데이터 기반 안전관리 및 안전정보의 공유

ICAO는 글로벌항공안전계획(Global Aviation Safety Plan: 이하 "GASP"이라 한다)[360]을 통하여 SSP 구축 및 운영을 항공안전확보를 위한 전략적 목표로 규정

---

358) SMS는 항공사 등의 서비스제공자가 안전을 확보하고 있음을 입증하는 일종의 증명으로서, 국제기준에서도 알 수 있듯이 운항증명(AOC) 등과 같은 '기본 안전면허'에 추가적으로 부과되는 '2차 안전면허'로 해석되는 추세이다. 국토교통부, 항공안전백서(2019), 43면.

359) 항공안전관리시스템 승인 및 모니터링 지침(국토교통부 훈령 제1330호). 이 지침은 2020년 10월 22일 「항공안전관리시스템 승인 및 모니터링 지침」으로 전부 개정되었다.

하였다.[361] 2020-2022년 GASP의 보고자료에 따르면, ICAO의 새로운 장기목표는 데이터 기반의 예방적 안전관리를 정착하고 안전정보공유의 활성화 등을 목표로 사고 예방을 위한 주요 관리대상을 인적·조직 요인에서 항공시스템 전반으로 확대 적용하며, 사전예방적 안전관리의 실효성 제고를 위하여 정부, 항공사 및 국가 간 안전정보 공유, 빅데이터 분석 등 활성화를 추진할 계획임을 밝힌 바 있다.[362] 이에 따라 국토교통부는 사고 및 준사고, 항공안전장애의 조사결과에 대한 데이터베이스화, 사고조사 역량 강화, 위해 요인의 효과적 분석 및 확인을 위한 기술개발 등을 추진하여 위해요인관리 역량 제고를 추진중에 있다.[363] 여기서 '데이터베이스화'는 사고 및 준사고의 조사결과 등으로 도출되는 원인, 기여요인, 위해요인, 안전권고 등을 전자화하여 구축하고, 최근 2년간의 조사결과에 대한 전수조사를 통하여 위해요인을 확인하고 체계적 관리를 위해 전자화된 기록관리 대장을 운영하는 것을 말한다.[364]

이렇게 수집된 데이터 등을 활용하여 사고 및 준사고의 원인조사 시, 안전관리(SMS) 측면에서 과학적이고 심층적인 사고조사가 수행될 수 있도록 조사기법을 고도화하는 방안을 마련하고 이를 위하여, 안전데이터인 항공기항적자료, 교통관제자료, 비행자료, 안전장애, 사고 및 준사고 조사결과, 종사자 자격관리자료, 안전감독자료, 자율보고자료, 항공사 경영정보 등의 효율적인 수집과 분석 및 활용을 위한 'AI 기반 항공안전빅데이터구축사업'을 착수하여 진행하고 있다.[365]

### 4) 공정문화 원칙에 기초한 안전문화 증진 활동

국토교통부는 안전문화 증진을 통하여 서비스제공자의 자체안전관리 강화를 유도하고 안전보고의 처분면제 및 정보보호를 본격적으로 시행하는 한편, 안전보고 활성화를 위한 맞춤형 교육실시의 계획을 명시하였다.[366] 이를 위하여, 선

---

360) GASP은 운항환경 등을 반영하기 위하여 매 총회(3년 주기)마다 GASP을 보완한다.
361) 국토교통부, 전게자료(주 347), 45면.
362) 상게자료.
363) 국토교통부, 전게자료(주 358), 123면.
364) 상게자료.
365) AI 기반 항공안전빅데이터구축사업은 2020-2024년까지 진행될 예정으로 밝혔다. 상게자료.
366) 국토교통부, 전게자료(주 347), 51면.

제적 안전조치 차원에서 자발적으로 항공기 운항을 중지하는 경우 공항 주기장 사용료 감면 등의 인센티브 제공방안을 마련하고, 안전보고를 하는 경우 고의나 중과실을 제외하고 보고내용에 포함된 위규 사항에 대하여 처분면제를 시행할 것을 밝혔다.[367] 또한 안전보고 활성화 및 보고품질의 제고를 목적으로 하여, 보고자 또는 보고 집단별로 제출한 보고서를 분석하여 빈도, 보고내용 및 그 내용의 충실도 등에 따라 보고제도 관련 맞춤 교육을 실시할 계획도 명시하고 있으며, 항공안전 증진을 위한 국제적인 공조를 위하여 국제기준 이행률 제고, 국제 간 정책 교류에 관하여도 계획하고 있다.[368] 이러한 안전관리체계와 방향은 공정문화의 활성화를 위한 방안과 세부내용으로 보이나, 아직 추진 중인 사항으로 법규정의 개정을 제외하고는 구체적 방향이나 정책이 부족한 상황이다.

이와 관련하여 2021년 8월, 한국 민간항공조종사협회(ALPA-K)에서 실시한 '안전문화 진단결과' 설문의 내용을 살펴보면, '안전문화의 부족 요인'으로는 비처벌, 안전에 대한 투자, 경영진의 관심, 안전 및 불안전 행동의 평가, 예방활동 순으로 평가되었는데, 여기서 공정성, 경영층의 관리방식과 관련된 조직적인 측면의 문제는 개선이 필요하다고 보았다.[369] 이러한 결과는, 항공안전장애와 사고 및 준사고의 발생원인에 대한 정확한 인과관계의 분석 없이, 국토교통부 및 항공사가 해당 종사자에 대한 처벌이나 해당 항공사에 대한 과도한 과징금 부과로 이어진 것에서 대한민국 항공안전문화가 부정적이고 소극적인 상태인 것으로 평가한 이유이다.[370] 또한 '안전보고제도'의 전체적인 중요성이 하순위로 평가되었는데, 이것은 보고제도를 마련하는 것만으로는 긍정적인 안전문화를 구축하기 어렵다는 것을 설명한다고 보았다.[371] 이것은 안전문화를 위한 구성요소에는 조직의 안전에 대한 관심과 비처벌, 안전에 대한 투자 등이 전제되었을 때 안전보고가 활성화될 수 있으며, 안전관리시스템의 구축만으로는 긍정적인 안전문화를 조성하는 데 한계가 있음을 의미한다.

---

367) 국토교통부, 전게자료(주 355), 124면.
368) 상계자료, 125면.
369) ALPA-K, 민간항공 조종사 안전문화 진단 결과(2021), 5면.
370) 상계자료.
371) 상계자료, 33면.

## ■ 소 결

우리나라는 항공안전법 제59조 및 제61조에 따라 항공안전 의무보고와 항공안전 자율보고 제도를 운영하고 있다. 이러한 보고를 통하여 접수된 보고서는 제3자에게 제공하거나 일반에게 공개할 수 없도록 기밀성이 보장되며, 보고자를 대상으로 징계나 신분상의 불이익한 조치를 취해서는 아니 됨을 명시함으로써 관련 조직 내에서 보고한 내용을 토대로 보고자를 처벌할 수 없도록 하였다. 또한 항공안전 의무보고가 보고의 내용에 따른 사실조사를 통하여 제한적으로 행정처분을 아니할 수 있음을 명시한 반면, 항공안전 자율보고는 보고한 내용이 고의 또는 중대한 과실로 발생시킨 경우에 해당하지 않으면 행정처분에 대한 면제를 적용할 수 있음을 명시하여 비처벌을 보장하고 있다.

안전정보보호와 관련하여 우리나라 국토교통부 고시인 국가항공안전프로그램 제54조제1항에서는 "관계 법령에서 별도로 정하고 있지 않은 한 데이터·정보 및 관련 출처의 보호에 관한 사항을 적용하는 것을 원칙으로 한다"라고 명시하고 있으며, 동 규칙의 제5항 및 제6항은 데이터·정보 및 관련 출처의 보호에 관한 기본원칙과 원칙의 예외규정, 그리고 이러한 보호를 적용하기 위한 조건 및 상황 등의 구분을 동 규칙의 제54조에 따른 [별표 7] 「데이터·정보 및 관련 출처의 보호에 관한 기본원칙」에 따르도록 하고 있다. 또한 동 규칙의 제55조는 사고조사데이터에 대한 보호를 명시하고 있는바, 사고·준사고 조사의 진행 과정에는 항공·철도사고조사에 관한 법률 및 항공철도사고조사위원회 운영규정을 적용하도록 하고 있으며, 사고조사가 완료된 경우에는 데이터·정보 및 관련 출처의 보호에 관한 기본원칙을 따르도록 명시함으로써 적용 규정을 분리하여 운영하고 있음을 확인할 수 있다.

따라서 대부분 사고조사가 완료된 이후의 절차는 데이터·정보 및 관련 출처의 보호에 관한 기본원칙을 따르게 되며, 이 원칙은 국제민간항공협약 Annex 19 부록(appendix) 3의 내용을 대부분 포함하고 있다. 그러나 해당 내용을 살펴보면, 보호를 위한 기본원칙에 다수의 예외를 적용하도록 함으로써 보호의 취지와는 다소 상충되는 면을 확인할 수 있다. 또한 법원의 이익균형에 따른 판단으로 해당 정보의 공개가 가능한 것으로 해석되는데, 민감한 정보에 대하여도 동일한 보호를 적용하여야 하는지에 대하여 의문이 제기된다. 더욱이, 해당 원칙의 제6호에서 해당 데이터나 정보의 보호를 위한 조건 및 상황을 명시하고 있는데, 행위자의 의도에 따라 해당 조건 및 상황을 구분하도록 하는 등 위반행위를 판단하기에는 상당히 모호한 규정으로 판단된다. 이러한 점에서 볼 때, 우리나라는 공정문화의 원칙을 수용하고는 있으나, 이와 관련하여 구체적이고 실질적인 방향이 제시되었다고 보기는 어려운 상황이다.

## Ⅵ. 우리나라 공정문화의 주요국과의 비교·분석 및 문제점

### 1. 항공안전보고제도의 비교·분석

#### (1) 항공안전보고 대상의 분류에 따른 비교·분석

ICAO는 안전주요사건에 대한 조사가 심각도에 관계없이 항공운송시스템의 전반적인 안전 수준을 개선하는 데 기여할 가능성이 있다는 것을 인식하고 효과적인 조사가 그러한 사건의 체계적인 보고에 크게 의존한다는 것을 인정하였다.[372] 이에 따라 Annex 19는 체약국에 사고보고를 포함하는 의무보고제도를 확립할 것을 요구하였으며,[373] 의무보고제도에 의하여 확인되지 않을 수 있는 정보의 수집을 용이하게 하기 위하여 자율보고제도의 구축을 요구하였다.[374]

미국의 경우 1967년부터 항공기사고(aircraft accident) 및 준사고(serious incident) 중 명시된 항목에 대하여는 의무보고를 실시하고 있으며,[375] 그 외의 항목에 대하여 자율적으로 보고하도록 함으로써 자율보고제도를 지속적으로 발전시켜왔다. 특히 미국은 의무보고의 항목에 비하여 자율보고의 범위가 넓다는 특징이 있다.

EU의 사고 및 사건 발생에 관한 보고는 Regulation (EU) No. 376/2014[376]에서 규정하고 있으며, 안전정보의 보호를 개선하고 의무보고 및 자율보고의 발

---

372) ICAO, Annex 13, *supra* note 48, 5.1.3, note 1.
373) ICAO, Annex 19, *supra* note 26, 5.1.2.
374) *Ibid.*, 5.1.3.
375) 49 C.F.R. § 830.5.
376) EU, Regulation No. 376/2014, *supra* note 12.

생 목록을 제공한다. 이에 따라 회원국은 의무보고제도를 구축하여야 하며,[377] 이 규정의 의무보고 항목에 따라[378] 개인 또는 조직은 의무보고제도를 통하여[379] 사고 및 사건의 발생을 인지한 후 72시간 이내에 보고하도록 하였다.[380] 또한 회원국 및 회원국에 설치된 각 조직 및 EASA는 의무보고제도에 의해 확인되지 않을 수 있는 사고 및 사건의 발생에 대한 정보와 보고자가 항공안전에 대한 실제 또는 잠재적 위험으로 인식되는 기타 안전 관련정보의 수집을 용이하게 하기 위해 자율보고제도를 구축하여야 함을 명시하였다.[381]

호주의 경우, 의무보고체계는 '즉시 보고 사항'(immediately reportable matters)과 '일상적 보고 사항'(routine reportable matters)으로 분류하고 있다. 즉시 보고 사항은 사고(accident)나 준사고(serious incident)와 관련된 사항[382]으로 Transport Safety Investigation Act 2003[383]에 따라 승객의 사망 또는 중상을 포함한 항공기의 중대한 손상 등이 해당된다. 이 외에, 일상적 보고 사항에 대하여도 72시간 이내에 서면보고를 통하여 의무적으로 보고하도록 명시하고 있다.[384] 또한 안전에 영향을 미치거나 영향을 미칠 수 있는 문제에 대하여는 항공자체보고제도(ASRS) 및 비밀보고제도(REPCON)를 통하여 보고하도록 하였다.

우리나라의 경우, 항공안전 의무보고의 범위는 항공기사고 및 항공기 준사고 외에 항공안전장애 중 '의무보고대상 항공안전장애'가 포함되며,[385] '의무보고대상 외의 항공안전장애'와 '항공안전위해요인'[386]이 자율보고의 대상이 되고 있다. 즉 우리나라는 ICAO가 분류한 사건(incident)에 해당하는 항공안전장애를 '의무보고대상 항공안전장애'와 '자율보고대상 항공안전장애'로 구분하여 보고하도록

---

377) *Ibid.*, art. 4(3).
378) *Ibid.*, art. 4(1).
379) *Ibid.*, art. 4(6).
380) *Ibid.*, art. 4(7).
381) *Ibid.*, art. 5(1), (2), (3).
382) ATSB, Aviation accident or incident notification form.
383) Transport Safety Investigation Act(2003), 제18조, 제19조.
384) Transport Safety Investigation Regulations 2021.
385) 항공안전법 제59조제1항.
386) 우리나라는 위험도에 따라 '항공기사고', '항공기준사고', '항공안전장애'로 분류하며, 2020년 2월 28일 개정된 항공안전법에 따라 "항공기사고, 항공기준사고 또는 항공안전장애를 발생시킬 수 있거나 발생 가능성의 확대에 기여할 수 있는 상황, 상태 또는 물적·인적요인 등"을 '항공안전위해요인'으로 정의하였다. 항공안전법 제10의2.

하는 특징이 있다.

이처럼 항공안전보고의 대상과 범위는 국가별로 차이가 있으나, Annex 19 SARPs에 따라 의무보고제도를 마련하고 의무보고제도에 의해 확인되지 않는 정보의 수집을 위한 자율보고제도는 비교국가에 동일하게 마련되어 있는 상황이다.387) 특히 미국의 경우, 자율보고 중심의 체계와 다양한 항공안전프로그램을 통하여 자율보고를 발전시킬 수 있는 환경이 구축되어 있는 것에 비해, 우리나라는 '항공안전위해요인'에 대한 안전보고를 추가하였으나, 여전히 의무보고의 항목이 많은 부분을 차지하고 있다. 또한 '보고자'가 의무보고대상과 자율보고대상을 명확히 판단하여 보고해야 한다는 점에는 변화가 없는 것으로 보인다. 즉 보고자의 판단 착오로 의무보고사항을 자율보고한 경우, 이에 대한 면책이 어려울 뿐만 아니라, 의무보고가 이루어지지 않은 이유로 처벌받을 수 있음을 의미한다.388)

### (2) 보고기관에 따른 비교·분석

미국의 경우 1967년부터 항공기사고(aircraft accident) 및 준사고(serious incidents)에 명시된 의무보고 항목을 NTSB에 보고하도록 하고 있으며,389) 그 외의 항목은 FAA의 항공안전프로그램을 통하여 자율적으로 보고하도록 하였다. 1976년 FAA는 제3의 기관인 NASA와 MOU를 통하여 ASRS를 운용하도록 이전한 것이 '자율보고프로그램'의 시발점이 되었으며, 이후 FAA는 항공업계와 MOU를 통하여 ASAP, VDRP와 같은 자율보고제도를 지속적으로 발전시켜왔다.

EU의 경우, 회원국에 설치된 조직 및 유럽항공안전청(European Aviation Safety Agency: 이하 "EASA"라 한다)의 인증 또는 승인을 받은 각 조직은 의무보고제도를 구축하여야 하며, 보고자는 조직이 정한 제도 또는 관련 시스템을 통하여 72시간 이내에 사고 및 사건의 발생을 보고하도록 하고 있다.390) 또한 회원국은 의무보고 제도에 의해 확인되지 않을 수 있는 사고 및 사건의 발생에 대한 세부정보나 잠재적 위험으로 인식되는 기타 안전정보의 수집을 용이하게 하

---

387) ICAO, Annex 19, *supra* note 26, 5.1.2, 5.1.3.
388) 항공안전법 제166조제5항제2호.
389) 49 C.F.R. § 830.5.
390) EU, Regulation No. 376/2014, *supra* note 12, art. (4).

기 위해 자율보고제도를 구축하고, 규제 기관이나 EASA에서 인증 또는 승인한 기관에 적시 보고하여야 한다.[391] 이렇게 보고된 발생 내용을 독립적으로 수집, 평가, 처리, 분석 및 저장하는 체계를 수립하기 위하여 하나 이상의 기관을 지정하도록 하고 있는데, 이러한 보고서 처리는 a) 국가 민간항공당국, b) 사고조사기관, c) 권한을 위임받은 독립적인 기관을 별도로 지정할 수 있다.[392]

호주는 사고, 준사고를 포함한 의무보고 및 자율보고를 호주 교통안전국(ATSB)에 하도록 규정하고 있다.[393] 그러나 ATSB는 사고에 대한 조사를 수행할 뿐 책임을 묻거나 항공안전 문제와 관련하여 책임을 결정하는 수단을 제공하지는 아니한다.[394] 우리나라의 경우 의무보고사항은 국토교통부에 보고하도록 하고 있으며, 자율보고사항은 항공안전 자율보고를 통하여 '교통안전공단'에 보고하도록 하고 있다.

이처럼 정부에서 운영하는 의무보고제도와는 달리 자율보고제도는 대부분 제3의 기관에서 독립적으로 운영하고 있다. 이것은 규정위반에 대한 법 집행, 규제 등의 성격을 지닌 정부를 주체로 운영하는 것보다 제3의 기관을 통하여 보다 자율적인 참여를 유도할 수 있으며, 보고를 통한 불이익 또는 처벌을 우려하는 잠재적 보고자들의 참여를 독려할 수 있기 때문이다. 미국의 ASRP에 영향을 받은 대부분의 국가에서 제3의 기관에 자율보고프로그램을 위탁하고 있지만, 호주의 경우처럼 사고조사를 담당하는 기관에서 모든 안전관련 보고를 수집 및 처리하고 있는 것도 확인할 수 있다. 이것은 보고기관을 지정할 때 필수적 조건으로 독립성이 보장되어야 함을 의미한다.

## (3) 보고 대상자의 '비처벌'에 대한 비교·분석

미국의 자율보고 프로그램은 항공안전 위반사항에 대하여 보고서를 적시에 작성하여 제출하게 되면, 특정 요건이 충족하는 한 FAA에 의해 제재 면제를 받을 수 있다. 이러한 제재 면제의 특권은 미국에서 운영하고 있는 항공안전 자율보고 프로그램에 동일하게 적용된다. 각각의 프로그램에서 제재 면제를 충족하

---

391) *Ibid.*, art. (5).
392) *Ibid.*, art. (6), 3.
393) Transport Safety Investigation Act(2003), 제12AA조.
394) *Ibid.*, 12AA(3).

기 위해 요구하는 조건은 동일하지 않으나 보고서가 범죄, 약물 남용, 음주, 고의로 추정되는 과실 행위에 해당되는 경우 제재 면제가 되지 않는 점은 동일하다. 또한 제재 면제는 개인에게만 적용되는 것이 아니라 해당 조직도 VDRP로 보고하는 경우 제재 면제가 적용될 수 있도록 하였다. 이처럼 미국은 다양한 항공안전보고 프로그램을 통하여 보고자에 대한 제재 면제를 제공함으로써 자율보고를 장려하는 공정문화를 발전시켜왔으며, 이것이 현재 항공분야에서 공정문화의 토대가 된 것으로 보인다.

EU는 규정을 통하여 안전보고에 대한 면책이 보장되어야 함을 명시하고 있으며,395) 만약 징계 또는 행정절차가 국가법에 따라 제정된 경우, 발생보고서에 포함된 보고자 또는 발생보고서에 언급된 사람에 대하여 사용되지 않도록 하고 있다.396) 또한 발생 보고에 언급된 보고자 또는 개인에 대한 보호를 강화할 수 있도록 하고 있는데, 이것은 회원국이 해당 규정에서 명시된 것보다 보고자 또는 발생보고서에 언급된 사람에 대하여 더 높은 수준의 보호를 보장하는 입법 조항을 채택할 수 있음을 의미하며,397) 이러한 보호는 민사 또는 형사 소송절차로 확대될 수 있도록 하였다. 그러나 "고의로 추정되는 과실, 해당 상황에서 요구되는 직업적 주의의무의 심각한 불이행으로 초래된 명백한 위험의 엄중하고 중대한 무시가 사람이나 재산에 예측 가능한 손상을 입히거나 항공안전 수준을 심각하게 손상시키는 경우에는 적용되지 아니한다. 이와 관련하여 회원국에 설치된 각 조직 및 기관은 이러한 원칙이 조직 내부에서 실행되는 방법을 설명하는 내부 규칙을 마련하여야 한다"398)라고 명시하고 있다.

호주의 경우 Civil Aviation Act 1988은 Part III(Regulation of civil aviation)의 Division 3C(Protection from administrative action for voluntary reporting)를 시행하기 위하여 '특정한 자'를 하위법령으로 규정하도록 하고 있으며(제30DM조 제1항), '보고가능한 위반행위'(reportable contraventions)를 '특정된 자'에게 자율

---

395) EU, Regulation (EU) No. 376/2014는 회원국이 의무보고와 자율보고에 따라 보고된 의도하지 않거나 부주의한 위반행위에 관하여 해당 국가 형법에 저촉되지 아니하도록 하여야 한다. EU, Regulation No. 376/2014, *supra* note 12, art. 16(6).

396) *Ibid.*, art. 16(7).

397) *Ibid.*, art. 16(8), (9).

398) *Ibid.*, art. 16(11).

보고하는 제도를 하위법령으로 마련할 수 있음을 규정하고 있다. CASA는 민간 항공관련 인가를 변경, 정지 또는 취소할 수 있는 이 법 또는 하위 법령에 따른 권한을 행사함에 있어서, 민간항공관련 인가보유자가 위반 후 10일 이내이고 위 반행위에 대한 결정을 위한 소명기회제공의 통지를 받기 전의 시점에 '특정된 자'에게 위반행위에 대하여 보고하였음을 제30DP조에 따라 증명하는 경우에는 보고가능한 위반행위가 발생한 상황을 고려하여 위반행위를 문제시하지 아니할 수 있다(제30DO조 제1항). 즉 면책할 수 있으며, 이러한 면책은 5년에 1회만 부 여된다(제30DQ조).

우리나라 항공안전법 제61조는 항공안전 자율보고를 한 '보고자'에 대하여 행 정집행 및 징계의 '비처벌'을 명시하고 있다.[399] 항공안전 의무보고의 경우, 조직 의 징계를 금지하고 있으나[400] 이것이 행정처분을 금지하는 것은 아니다. 다만 동법 제60조에서 '항공안전 의무보고에 따른 사실조사의 결과 고의 또는 중과실 을 제외한 경우 행정처분을 아니할 수 있다'라고 하여 재량적 판단에 따른 '제한 적 비처벌'의 가능성이 있는 것으로 해석된다. 그러나 '제한적인 상황에 따른 감 면 또는 비처벌'로 해석될 수 있으므로 '비처벌'로 보기는 어려운 면이 있다. 이 러한 점에서, 현재 우리나라의 '비처벌' 범위는 항공안전 자율보고를 한 '보고자' 에게만 한정되는 것으로 보아야 할 것이다.

---

399) "누구든지 항공안전 자율보고를 한 사람에 대하여 이를 이유로 해고·전보·징계·부당한 대 우 또는 그 밖에 신분이나 처우와 관련하여 불이익한 조치를 해서는 아니 되며,"라고 명시하고 있다. 항공안전법 제61조제3항; 또한, 자율보고대상 항공안전장애 또는 항공안전위해요인을 발 생시킨 사람이 그 발생일로부터 10일 이내에 항공안전 자율보고를 한 경우에는 고의 또는 중 대한 과실로 발생시킨 경우에 해당하지 아니하면 처분을 하여서는 아니 됨을 명시하고 있다. 항공안전법 제61조제4항.

400) "누구든지 항공안전 의무보고를 한 사람에 대하여 이를 이유로 해고·전보·징계·부당한 대 우 또는 그 밖에 신분이나 처우와 관련하여 불이익한 조치를 취해서는 아니 된다." 항공안전법 제59조제3항.

### ■ 시사점

국제민간항공협약 Annex 19에 따라 각 체약국은 사고보고를 포함하는 의무보고제도를 확립하고 있으며, 의무보고에도 확인되지 않는 정보의 수집을 위하여 자율보고제도를 구축하고 있는 것을 확인한 바 있다. 특히 자율보고제도는 독립성을 유지하기 위하여 규제 기관과 분리된 제3의 기관에서 운영하고 있다는 점은 동일하다. 이처럼 Annex 19에 따른 제도의 체계는 유사하나, 자율보고의 활성화 면에서는 차이를 보인다. 즉 미국의 경우 의무보고의 범위에 비해 자율보고의 범위가 상대적으로 넓은 자율보고 중심의 체계로서 다양한 자율보고 프로그램과 제재 면제의 장려책을 제공함으로써 보고자에게 안전보고를 장려하고 있다.

의무보고 중심체계를 채택하고 있는 EU, 호주, 우리나라의 경우, 자율보고는 법규정을 통하여 처벌의 면제와 신분 공개가 금지되도록 보호하고 있다. 그러나 우리나라의 경우를 살펴보면, 여전히 항공안전 자율보고가 활성화되지 않는다는 문제점이 있다. 자율보고의 비활성화 문제는 보고정보의 역추적이 가능한 점에서 징계 또는 불이익에 대한 두려움,[401] 국내 사회 환경 및 문화적 요건의 차이[402]로 법적 보고항목인 의무보고를 제외한 자율보고의 필요성이 부각되지 못하는 이유일 것이다. 이러한 이유로 자율보고에 대한 면책을 적용하더라도 실무자들로부터 활성화되지 않는 요인으로 보는 견해가 있다.

이러한 문제는 ICAO의 정책에도 반영된 것으로 보인다. 국제민간항공협약 Annex 19에서는 자율보고에 대한 보호를 의무보고에도 확대하도록 권고하고 있으며,[403] 이미 여러 국가에서 의무보고에도 '비처벌'을 적용하고 있다.[404] 이처럼 의무보고와 자율보고에 차이를 두지 아니하고 일률적으로 행정제재 수단을 이용한 처벌을 면제하도록 함으로써 항공안전보고를 활성화시킬 수 있을 것이다.[405]

---

401) 소대섭·김수정·이근영, "항공안전관리 강화 및 보고제도 활성화를 위한 행정처분 처리절차 개선방안 고찰", 한국방재학회지 제19권 제2호, 한국방재학회(2019), 37면.

402) 전제형, "항공안전운항을 위한 항공안전자율보고제도의 고찰", 2016년도 춘계학술발표대회, 한국항공운항학회(2016), 267면.

403) ICAO, Annex 19, *supra* note 26, 5.3.2. (Recommendation.－ States should extend the protection referred to in 5.3.1 to safety data captured by, and safety information derived from, mandatory safety reporting system and related sources.)

404) 영국, 뉴질랜드, 덴마크에서 의무보고제도에 대한 비처벌을 시행하고 있다. GAIN, *supra* note 3, pp.20-22; New Zealand Civil Aviation Rule CAR Part 12.63.

405) 이창재, 전게논문(주 144), 70면.

현행 법규정에서 '고의 또는 중대한 과실'에 대한 처벌의 예외규정을 둔다면, 의무보고와 자율보고를 구분하지 아니하고 비처벌을 적용하는 것이 현실적으로 불가능하지 않을 것이며, 의도하지 않은 과실을 처벌하지 않는 공정문화의 취지에도 부합할 것으로 보인다. 무엇보다 '비처벌'의 장려책을 확대하고 보고를 활성화함으로써 항공안전과 사고의 전조 확인을 위한 정보 수집에 효과적인 방안이 될 것으로 판단된다.

## 2. 정보의 비공개 및 증거사용제한의 비교·분석

### (1) 정보의 비공개에 대한 비교·분석

정보의 비공개와 관련하여 비교국가의 사례를 살펴보면, 과거에는 보호 유형에 관한 통일성이나 일관성이 부족하고 주로 비공식 계약과 노조 계약에 일부 의존한 것에 비해, 현재 프로그램은 법규정 및 지침을 통하여 '정보의 기밀성'을 명확히 보장하도록 하고 있다.

미국의 경우, 49 U.S.C. 및 14 C.F.R.을 통하여 정보의 '비공개' 범위를 명시하고 있다. 49 U.S.C. § 44735 및 14 C.F.R. § 193은 자율적으로 제출한 보고서, 데이터 또는 기타 정보[406]가 '정보자유법'(FOIA)에 따라 일반 대중에게 공개되지 않도록 하고 있으며, 49 U.S.C. § 40123 및 49 U.S.C. § 1114는 FAA의 관리자나 관리자로부터 정보를 받게 되는 기관에 적용되는 비공개 책임 및 정보공개의 범위를 규정하고 있다.

EU는 Regulation (EU) No. 376/2014를 통하여 회원국 및 조직이 국가법에 따라 보고된 사건의 기밀성 유지를 위하여 필요한 조치를 하도록 규정하고 있으며,[407] 이를 위하여 위원회, EASA 및 회원국의 규제 기관은 안전 관련 의무의 이행을 위해 필요한 것으로 정보의 사용을 엄격하게 제한하여야 함을 명시하였다.[408] 또한 개인의 정보와 관련하여 각 회원국 및 EASA는 사건조사 시 필요한

---

406) 기타 정보는 항공안전조치프로그램(ASAP), 비행운항품질보증프로그램(FOQA), 항공사운항안전감사프로그램(LOSA), 안전관리시스템의 개발과 구현을 위해 작성된 정보, 항공안전 정보분석 및 공유 프로그램에 따라 준비된 내용을 포함한다. 49 U.S.C. § 44735.

407) EU, Regulation No. 376/2014, *supra* note 12, art. 15(1).

408) *Ibid.*, art. 15(3).

경우에만 개인정보를 제공하고, 데이터베이스에 개인정보가 기록되지 않도록 해야 함을 명시하였다.[409] 그러나 고의로 추정되는 과실이나 중대한 과실에 해당되는 경우 적용되지 아니한다.[410] 이와 관련하여 회원국에 설치된 각 조직은 이러한 원칙이 조직 내부에서 이행되는 방법을 설명하는 내부 규칙을 마련하도록 하고 있다.[411]

호주의 경우 개인정보 보호법(Privacy Act 1988)에 따라 위반행위에 대한 정보를 공개하는 것은 위반행위자가 공개를 동의하는 경우를 제외하고 허용해서는 아니 된다.[412] 또한 ATSB가 작성한 사고조사보고서는 엄격한 '비공개'가 적용되며, 사고조사 초안 보고서의 경우, 적절하다고 판단되는 사람에게 기밀로 제공할 수 있으나, 초안 보고서를 받은 사람은 보고서의 전체 또는 일부를 복사하거나 다른 사람 또는 법원에 공개하여서는 아니 된다.[413] 또한 ATSB는 직원에 대하여 징계 조치나 행정 결정을 위하여 해당 보고서의 정보를 사용해서는 아니 된다.

우리나라는 항공안전법 제59조 및 제61조에 따라 항공안전 의무보고와 항공안전 자율보고에 대한 '비공개'가 규정되어 있다. 또한 항공·철도사고조사에 관한 법률에 따라 사고조사의 과정에서 얻은 정보가 공개됨으로써 장래의 정확한 사고조사에 영향을 줄 수 있거나, 국가의 안전보장 및 개인의 사생활이 침해될 우려가 있는 경우 이를 공개하지 아니할 수 있다. 이와 관련된 정보공개금지의 범위는 동법 시행령에서 명시하고 있으며, 이 경우 항공·철도사고 등과 관계된 사람의 이름을 공개하여서는 아니 된다.[414] 국토교통부 고시인 국가항공안전프로그램 제54조 [별표 7] 데이터·정보 및 관련 출처의 보호에 관한 기본원칙에서는 항공안전데이터·정보 및 관련 출처가 일반 국민을 대상으로 공개되지 않는 것을 기본원칙으로 하나,[415] 예외에 해당되는 경우[416]에는 데이터·정보를 공개

---

409) *Ibid.*, art. 16(3), (4).
410) *Ibid.*, art. 16(10).
411) *Ibid.*, art. 16(11).
412) Civil Aviation Act(1988), 제3DN조 제3항.
413) Transport Safety Investigation Act(2003), 제26조 제1항, 제2항.
414) 항공·철도사고조사에 관한 법률 제28조제1항.
415) 국가항공안전프로그램 제54조, [별표 7] 데이터·정보 및 관련 출처의 보호에 관한 기본원칙, 제1호.
416) 예외의 경우는 다음과 같다. 1) 관련 상황·사건 등이 관계 법령에 따라 고의·중과실 또는 범죄에 해당하는 경우, 2) 해당 데이터·정보의 공개가 법 집행을 위해 필요하며, 이로 인해

또는 활용할 수 있도록 하였다.

이처럼 비교대상 국가에서 자율적으로 제출한 보고서를 포함한 안전데이터 및 정보에 대하여 '비공개'를 규정하고 있으며, 이러한 정보는 각국의 '정보공개에 관한 법'[417]에 의한 경우에도 공개가 금지되도록 하고 있다. 또한 개인정보보호법에 따라 개인의 이름이나, 의료 정보와 같은 민감한 정보는 공개 또는 확인되지 않도록 보호하고 있다. 그러나 고의로 추정되는 과실 또는 범죄에 해당하는 행위의 경우, 이러한 정보의 보호가 보장되지 않을 가능성이 높다.

### (2) 법원 및 행정집행에서의 증거사용제한에 대한 비교·분석

#### 1) 사고조사보고서

국제민간항공협약 Annex 19의 부록(appendix) 3은 징계, 민사, 행정, 형사소송 절차에서 안전데이터 또는 정보가 사용되지 않도록 보장해야 함을 명시하고 있으며,[418] 이에 따라 안전데이터인 사고조사보고서는 예외가 적용되지 않는 한 수집된 목적과 다른 방식으로 사용되어서는 아니 된다.[419] 주요국의 경우를 살펴보면, 사고조사보고서의 경우 대부분 Annex 19의 표준보다 높은 보호를 적용하는 것을 확인할 수 있다.

미국은 사고조사와 관련된 NTSB의 보고서 일부는 증거로 인정되거나 관련 문제로 인한 손해에 대한 민사소송에 사용될 수 없도록 규정하고 있다.[420] EU의 경우, 회원국이 민감한 정보에 포함되는 사고조사보고서를 적절히 보호하여야 함을 명시하였으며,[421] 법 집행 또는 국가법에 따라 기록의 공개를 결정할 수 있는 권한은 법에 허용된 공개로 인한 이익이 국내 및 국외에 미치는 악영향을 상

---

얻게 되는 사회적 이익이 데이터·정보 수집에 미칠 수 있는 부작용을 상회하는 것으로 판단되는 경우, 3) 해당 데이터·정보의 공개로 얻을 수 있는 안전에 관한 이득이 데이터·정보 수집에 미칠 수 있는 부작용을 상회하는 것으로 판단되는 경우에는 예외적으로 데이터·정보를 공개 또는 활용할 수 있도록 하였다. 국가항공안전프로그램 제54조, [별표 7] 데이터·정보 및 관련 출처의 보호에 관한 기본원칙, 제2호.

417) 우리나라는 공공기관의 정보 공개에 관한 법률을 말하며, 미국, 영국, 호주에서는 '정보자유법'(FOIA)이라 칭한다.

418) ICAO, Annex 19, *supra* note 26, appendix 3, 2.1(a).

419) *Ibid.*, appendix 3, 2.2(c).

420) 49 U.S.C. § 1154, (b).

421) EU, Regulation No. 996/2010, *supra* note 199, art. 14(1).

회한다고 결정하는 경우, 회원국은 법적 행위를 존중하면서 이러한 공개 결정이 내려질 수 있는 경우를 제한할 수 있도록 하였다.[422] 이 경우 엄격하게 필요한 자료만 공개될 수 있도록 하고 있다.[423] 호주의 경우, ATSB가 작성한 사고조사 보고서는 엄격한 '비공개'가 적용되며, 초안 및 최종 사고조사보고서는 민사 또는 형사 소송절차의 증거로 인정될 수 없다.[424]

　우리나라는 「항공・철도 사고조사위원회 운영규정」[425] 제45조에서 "사고조사 보고서는 소송이나 행정처분의 증거로 사용되거나 인정되어서는 안 된다"라고 명시하고 있다. 그러나 항공・철도 사고조사위원회 운영규정은 행정조직 내부를 규율하기 위한 '훈령'으로 행정규칙의 적용 여부에 대하여는 학설과 판례가 일치 하지 아니한다. 최근 대법원의 판례[426] 경향에 비추어 보더라도, 사고조사보고서 의 증거능력을 인정하는 이전의 판례와 크게 변화되었다고 보기는 어렵다. 또한 국가항공안전프로그램 제55조에 따르면, 사고조사가 완료된 경우에는 데이터・정 보 및 관련 출처의 보호에 관한 기본원칙[427]에 따라 보호되도록 명시하고 있으며, 이 규칙의 예외에 따르면 법원의 판단으로 증거사용 여부가 결정될 수 있다.

　사고조사보고서의 증거사용 제한과 관련하여 EU와 우리나라의 경우 법원의 판단으로 사고조사보고서의 증거사용 여부를 결정할 수 있으며, 미국의 경우 민 사소송에서는 사용이 금지되나 형사소송은 제한이 없다. 호주는 엄격한 비공개 가 적용되어, 사고조사보고서의 초안뿐만 아니라 최종보고서도 민사 또는 형사 소송절차의 증거로 인정될 수 없다. 사고조사보고서가 소송의 증거로 채택되는 경우, 형사소송에서는 '사고 보고자'의 진술 증거가 자신의 죄를 증명하는 근거 로 사용될 수 있을 뿐만 아니라, '사고 보고자'를 위축시킴으로써 안전정보 수집 에 부정적인 영향을 미칠 수 있다. 이러한 이유로 사고조사보고서의 엄격한 보 호조치가 적용되도록 할 필요가 있다.

---

422) *Ibid.*, art. 14(3).
423) *Ibid.*, art. 14(4).
424) Transport Safety Investigation Act (2003), 제27조.
425) 항공・철도 사고조사위원회 훈령 제37호, 2021.7.28.
426) 대법원 2019.10.17. 선고 2017두47045 판결.
427) 국가항공안전프로그램 제54조, [별표 7] 데이터・정보 및 관련 출처의 보호에 관한 기본원칙.

## 2) 조종실음성기록장치

국제민간항공협약 Annex 19는 조종실음성기록장치(CVR) 데이터가 각 국가의 법률과 규정을 통하여 부록(appendix) 3에 명시된 보호 및 예외에 따른 특권보호데이터(privileged protected data)로 취급해야 함을 명시하고 있다.[428] 이에 따라 주요국의 보호 법령 및 규정을 살펴보면, 미국은 조종실음성기록장치 및 관련 기록에 대하여 법에서 허용하는 경우를 제외하고 일반적으로 법 집행 절차에서 당사자가 증거개시(discovery)를 목적으로 사용할 수 없다. 그러나 당사자의 공정한 재판을 위해 정보가 필요한 경우, 법원이 이를 결정할 수 있도록 하고 있다.[429]

EU에서 조종실음성기록장치(CVR) 데이터는 안전한 절차에 의해 확인되지 않거나 공개되는 경우를 제외하고는 사고조사, 감항성 또는 유지보수의 목적 이외의 용도로 이용하거나 사용해서는 아니 된다.[430] 그럼에도 불구하고, 법 집행 또는 국가법에 따라 기록의 공개를 결정할 수 있는 권한은 공개로 인한 이익이 국내 및 국외에 미치는 악영향을 능가한다고 결정하는 경우, 회원국은 법적 행위를 존중하면서 이러한 공개결정이 내려질 수 있는 경우를 제한할 수 있도록 하였으며,[431] 이 경우에도 엄격하게 필요한 자료만 공개되어야 함을 명시하였다.[432]

호주에서는 OBR 정보에 대한 보호를 규정하고 있는데, 이 기록은 운송수단의 규제영역에 있는 사람의 음성 또는 이미지에 대한 기록을 말한다.[433] OBR 정보를 복사(copy)하거나 개인 또는 법원에 정보를 공개하는 행위는 징역 2년의 벌칙을 명시하고 있으며[434] 징계, 민사 또는 형사상의 증거로 채택될 수 없다.[435] 예외적으로 법원이 절차상의 증거로 인정하거나 정보공개에 따른 이익균형을 고려하여 증거로서 채택하는 경우 공개될 수 있으나 이러한 정보공개의 규정은 관

---

428) ICAO, Annex 19, *supra* note 26, appendix 3, 6.2.
429) 49 U.S.C. § 1154), (a).
430) EU, Regulation No. 996/2010, *supra* note 199, art. 14(2).
431) *Ibid.*, art. 14(3).
432) *Ibid.*, art. 14(4).
433) Transport Safety Investigation Act(2003), 제48조.
434) *Ibid.*, 제53조.
435) *Ibid.*, 제54조, 제55조, 제56조.

련 법규정에서 엄격히 적용하기 위하여 세분화된 기준으로 기술되어 있는 특징이 있다.[436]

우리나라는 항공·철도 사고조사위원회 운영규정에서 "사고조사과정에서 얻은 정보를 관계자의 처벌이나 민·형사상 책임규명 또는 행정처분을 위하여 사용하여서는 아니 된다"라고 명시하고 있다.[437] 그러나 데이터·정보 및 관련 출처의 보호에 관한 기본원칙에서는 데이터·정보 및 관련 출처의 보호에 관한 기본원칙과 예외의 적용을 충족하는 경우 조종실 사고 예방장치에서 생산되는 기록보호에 관한 예외[438]에 따라 활용할 수 있도록 하였다. 그러나 기본원칙의 예외에서 '고의·중과실 또는 범죄에 해당하는 경우'를 명시하고 있으므로, '사고·준사고와 관련되지 않은 형사소송'은 여기에 포함되는 것으로 보아야 할 것이다. 또한 보호에 관한 원칙에 다수의 예외가 명시되어 있어 데이터·정보의 보호를 위한 동 규칙의 목적과 상충되는 것으로 보인다.

앞서 주요국의 법령 및 규정을 살펴보더라도, CVR 정보가 행정집행 조치나 법원에서 사용되도록 하는 것은 대부분 금지하고 있으며, 법원의 명령으로 필요한 경우 예외적으로 사용하도록 하고 있다. 이러한 점에서, 해당 내용은 개정이 필요하며 민감한 정보인 CVR은 범죄에 대한 직접적 증거가 있는 경우에만 법원에서 제한적으로 공개할 수 있도록 조치가 필요할 것으로 판단된다.

### 3) 항공안전보고서 및 정보

국제민간항공협약 Annex 19에 따르면, 항공안전보고서 및 정보는 예외가 적용되지 않는 한, 국가가 소송절차에서 사용되지 않도록 보장하여야 한다.[439] 미국의 경우, 항공안전프로그램에 따른 보고서 및 정보는 행정집행이나 법원에서 증거로 사용하는 데 기준이 일치하지 아니한다. 즉 일부 프로그램의 경우 사용을 제한하도록 법에 명시하였으나, 모든 프로그램에 동일하게 적용되지 아니한다.[440] 이처럼 미국은 프로그램에 따라 증거사용 제한 여부가 상이하며, ASRP를

---

436) *Ibid.*, 제57조, 제58조, 제59조.
437) 항공·철도 사고조사위원회 운영규정, 제34조제1항(나).
438) 예외의 경우는 다음과 같다. 1) 사고·준사고와 관련되지 않은 형사소송, 2) 비행자료기록장치 시스템(Flight recorder systems)의 점검, 3) 안전관리시스템의 일환으로 확인된 이벤트와 관련된 경우.
439) ICAO, Annex 19, *supra* note 26, appendix 3, 2.1.

제외한 보고서는 법원에서의 증거채택 여부가 제한됨이 원칙이나 법원에서 필요로 하는 경우, 명령을 통해 공개될 수 있다.

EU의 발생보고서 관련 정보는 회원국이 수집의 목적으로만 사용하여야 하며, 비난이나 책임을 지우기 위해 또는 항공안전의 유지보수 및 개선 이외의 목적으로 발생에 대한 정보를 제공하거나 사용할 수 없도록 해야 함을 규정하고 있다.[441] 이를 위하여 위원회, 조직 및 회원국의 규제 기관은 정보의 기밀성을 보장하고 비난이나 책임 없이 안전과 관련한 의무 이행을 위해 필요한 것으로 정보의 사용을 엄격하게 제한하도록 하였다.[442]

호주는 직원의 징계 조치나 행정 결정을 위하여 자율적으로 제출된 항공안전 보고서의 정보를 사용해서는 아니 되며, 보고서의 내용은 법원에서 증거로 인정되지 아니한다.[443] 그러나 보고서 이외의 출처에서 조치나 결정에 근거한 정보를 얻는 경우, 징계 또는 결정을 금지하지 아니한다.[444] 또한 ATSB가 정보를 공개하는 것이 필요하고 바람직하다고 판단되거나 당사자의 동의를 얻은 경우, 그리고 형법 제137조제1항에 따른 범죄로 조사 또는 기소를 위해 공개가 필요하다고 합리적으로 판단되는 경우, 관련 정보를 공개할 수 있다.[445]

우리나라는 국토교통부 고시인 국가항공안전프로그램 제54조 [별표 7] 데이터·정보 및 관련 출처의 보호에 관한 기본원칙에 따라 징계, 행정처분, 민사·형사상 소송 등의 목적으로 사용하여서는 아니 된다. 그러나 법 집행을 위해 필요한 경우, 안전에 관한 이득이 정보 수집에 미칠 수 있는 부작용을 상회하는 경우에는 예외적으로 사용할 수 있도록 하고 있다. 이러한 점에서 볼 때, 자율적

---

440) ASRP의 경우 14 C.F.R. § 91.25에 따라 집행의 목적으로 사용이 금지되며, 공개적으로 사용할 수 있는 정보 출처가 삭제되므로 소송의 목적으로 사용이 불가능하다. FOQA의 경우에도, 14 C.F.R. § 13.401에 따라 집행 목적으로 사용이 금지되며 14 C.F.R. § 193에 따라 자율적으로 제출된 정보의 보호를 받지만 법원의 명령에 의해 증거로 사용될 수 있다. ASAP는 만약 보고서가 '단독 출처'인 경우, FAA는 행정집행을 면제하지만, 그렇지 않은 경우 '경고 통지' 또는 '개선 조치'에 국한될 수 있다. 또한 14 C.F.R. § 193에 따른 보호를 받지만 법원의 명령으로 공개될 수 있다.

441) EU, Regulation No. 376/2014, *supra* note 12, art. 15(2).

442) *Ibid.*, art. 15(3).

443) Transport Safety Investigation Regulation(2012), Part 5, Division 5.2, 제18조제1항, 제19조제1항.

444) *Ibid.*, 제18조제2항.

445) *Ibid.*, 제19조제2항, 제21조 각 항.

으로 제출한 항공안전보고서 및 정보는 대부분 집행 목적으로의 사용은 제한되나, 법원에서 필요에 따라 정보의 공개가 필요하다고 판단하는 경우 제한적 사용이 가능할 것으로 보인다.

■ **시사점**

사고조사와 관련하여 민감한 데이터로 분류되고 있는 사고조사보고서와 CVR 데이터의 경우, 법 집행 절차에서 증거로 남용되는 문제점이 제기되고 있다. 사고조사의 목적은 형사 또는 민사상 책임을 결정하는 일반적인 사법 수사와는 다르다고 명시되어 있다. 그러나 실질적으로 사고조사의 증거와 결과가 후속 법적 소송에서 이용되지 않는다는 것을 보장하지는 않으며, 사고에 대한 책임과 법적 근거를 결정할 필요가 있는 경우, 사고조사 과정에서 수집된 증거, 자료 및 기타 구체적인 내용도 법원에서 원고의 주장을 입증하는 데 중요한 증거가 되고 있다. 이러한 이유로, Annex 13의 5.12[446]는 "각국의 규제 기관이 국가 법률에 따라, 그 공개나 사용이 향후 미칠 수 있는 국내외의 악영향을 능가한다고 판단하지 않는 한, 사건 또는 사고조사 이외의 목적으로 해당 기록을 이용할 수 없도록 해야 한다"라고 명시함으로써 데이터 및 정보의 목적에 맞지 않는 사용을 금지하도록 강조하고 있는 것이다.

행정집행 및 법원에서의 증거사용과 관련하여 호주는 법률로 비교적 엄격하게 제한하는 것을 확인할 수 있다. 특히 사고조사보고서의 경우, 초안뿐만 아니라 최종보고서도 민·형사상 증거로 채택될 수 없도록 하였다.[447] 미국의 경우에도 민사소송에서 사고조사보고서의 증거사용을 금지하고 있다. 현재 우리나라에서는 법원의 판단으로 증거사용 여부를 결정할 수 있도록 하고 있으나, 민감한 정보인 사고조사보고서는 명확한 법규정을 통하여 소송에서 증거사용이 제한되도록 할 필요가 있다.

CVR의 경우, 목적 이외의 용도로 공개되거나 사용될 경우 사생활을 침해하는 것으로 간주될 수 있다.[448] 이에 따라 비교국가에서는 행정집행 조치나 법원에서의 사용을 대부분 금지하고 있으며, 법원의 명령으로 필요한 경우 예외적으로 사용하도록 하고 있다. 우리나라는 데이터·정보 및 관련 출처의 보호에 관한 기본원칙에서 보호 원칙이 마련되어 있으나, 모든 항공안전데이터에 동일한 수준의 보호만을 적용하고 있는 상황이다. 민감한 데이터인 CVR은 보다 강력한

---

446) ICAO, Annex 13, *supra* note 48, 5.12.
447) Transport Safety Investigation Act(2003), 제27조.
448) ICAO, Annex 13, *supra* note 48, appendix 2, 2.3, note.

보호를 규정할 필요가 있으며, 법원에서도 꼭 필요한 경우 제한적으로 사용하도록 명시할 필요가 있다. 특히 안전정보를 안전의 목적이 아닌 형사 절차에서 증거로 공개 또는 사용함으로써 추후에 관련 정보가 조사관에게 공개되지 않을 수 있으며, 이로 인한 정보의 부재는 항공안전에 중대한 영향을 미칠 수 있음을 인식하여야 할 것이다.[449]

## 3. 주요국과의 비교를 통한 우리나라 공정문화의 문제점

### (1) 국내 공정문화 정의의 비통일성

앞서 살펴본 바와 같이, 우리나라의 행정규칙에서 명시하고 있는 공정문화의 정의는 통일되어있지 않으며, 국외에서 명시하고 있는 공정문화의 정의와도 차이가 있다. 우리나라 행정규칙의 경우, 현재 국토교통부 고시인 국가항공안전프로그램[450]과 항공교통본부 훈령 「항공교통업무 안전관리시스템 운영매뉴얼」[451]에서 명시하고 있다. 항공교통업무 안전관리시스템 운영매뉴얼에서 명시하고 있는 내용은 국외에서 명시하는 내용과 크게 다르지 않다.[452] 그러나 국가항공안전프로그램의 정의는 그렇지 아니하다.

동 행정규칙 제2조제23항에서 "공정문화"는 "업무수행 과정에서 발생하는 사람의 의도치 않은 오류에 대한 발생 원인을 종사자 자체가 아닌 조직문화, 업무환경, 업무절차, 운영체계 등의 특성이 사람의 인적요인과의 상호작용으로 나타난 결과임을 강조하는 문화"라고 정의하고 있다. 이 정의는 ICAO, EU, 미국의 정의와 비교하였을 때, 공정문화의 특징적인 면이 결여되어 있다. 즉 위의 정의에서는 인적오류의 발생 원인이 종사자만의 문제가 아닌 시스템과의 상호작용에서 발생하는 것임을 강조하는 것으로 볼 수 있는데, 앞서 살펴본 주요국의 공정문화의 정의보다 다소 소극적으로 비추어진다. 우선, 해당 규칙은 공정문화의

---

449) *Ibid.*, 5.12, 1, note.
450) 이 고시는 항공안전법 제58조제1항 및 동법 시행규칙 제131조에 따라 국토교통부장관이 마련하는 국가항공안전프로그램의 구성요소 및 세부 내용을 규정함을 목적으로 한다. 국가항공안전프로그램 제1장 제1조.
451) 항공교통본부 훈령 제48호, 2019.6.14. 제정.
452) "항공교통관제사 등 운영 요원이 직무 관련 교육, 훈련과 경험에 따른 조치, 결정에 대하여 처벌받지 않는 문화를 말한다. 다만 범죄, 중대한 과실 또는 고의로 추정되는 과실행위가 확인된 경우에는 제외한다." 항공교통본부 훈령 항공교통업무 안전관리시스템 운영매뉴얼 제3조제2항.

'비처벌'에 대하여 명시하고 있지 아니하다. ICAO, EU, 미국의 "공정문화" 정의에서는 비처벌적 환경에 대하여 언급하고 있다. 즉 의도하지 않은 오류에 대하여는 '비처벌'이라는 장려책(incentive)을 통하여, 두려움 없이 보고할 수 있는 환경을 구축하려는 것이다. 또한 용인의 경계에 대하여도 언급되지 않았다. ICAO, EU, Eurocontrol의 '공정문화' 정의에서는 "그들의 경험과 훈련에 상응한 작위, 부작위 또는 결정에 대하여 처벌받지 않지만, 중대한 과실, 고의로 추정되는 과실, 파괴적 행위는 용인되지 않는다"라고 하여 용인의 경계를 명시하였다. 미국에서도 '자율준수 원칙을 통하여 안전하지 않은 행위와 행정집행을 효과적으로 적용하고, 용인되는 행위와 용인할 수 없는 행위 사이의 경계선을 결정하는 것'이 공정문화의 핵심이라고 강조한 바 있다.

이처럼 ICAO, EU, 미국에서 정의하는 공정문화와 우리나라 행정규칙 상의 정의는 차이점이 확인되며 공정문화의 핵심 또한 드러나지 않는 것을 확인할 수 있는데, 이것은 공정문화의 인식 결여에 따른 문제로 보인다. 물론 국가별로 국제적인 항공규범이 국내에 입법화되어 있는 형태나 내용면에서 차이가 있을 수는 있으나, '공정문화'의 원칙하에서 동 행정규칙이 적용하는 정의는 ICAO, EU, 미국에서 정의하는 것과는 다소 차이가 있음을 부정할 수는 없을 것이다. 이러한 점에서 볼 때, 공정문화 원칙을 국내에 적용하기 위해서는 국제규범에서 강조하는 내용을 바탕으로 공정문화의 정의를 마련하고 행정규칙에 통일된 정의를 사용함으로써 공정문화의 인식을 제고할 필요가 있을 것이다.

### (2) 안전보고제도의 비활성화

#### 1) 항공안전 의무보고의 '제한적 비처벌'

항공안전법 제59조제1항은 "항공기사고, 항공기준사고 또는 의무보고 대상 항공안전장애가 발생한 것을 알게 된 항공종사자 등 관계인은 국토부장관에게 그 사실을 보고"하여야 함을 명시하고 있으며, 제2항은 해당 내용의 '비공개'를 규정하였다. 제3항은 '의무보고를 한 사람'에 대한 '내부 징계'를 금지하고 있는 바, 이에 따라 "항공안전 의무보고를 한 사람에 대하여 불이익조치를 한 자는 2년 이하의 징역 또는 2천만원 이하의 벌금"에 처하게 된다(제148조의3). 이처럼 의무보고는 보고자에 대한 '비공개' 및 '내부 징계와 불이익한 조치'를 하지 않도록 명시하고 있으나 '행정집행에 대한 처분면제'는 명시하지 않았다. 또한 동법 제60조제1항(사실조사)은 제59조제1항에 따라 보고를 받은 경우, 사실 여부와 이 법의 위반사항 등을 파악하기 위한 사실조사를 하도록 규정하고 있으며, 제60조 제2항에서 의무보고 대상 항공안전장애에 대한 보고가 이루어진 경우 행정처분을 아니할 수 있으나, 조사결과 '고의' 또는 '중대한 과실'로 의무보고 대상 항공 안전장애를 발생시킨 경우에는 제외됨을 명시하였다. 즉 행정처분을 '아니할 수 있다'라는 것은 사실조사에 따른 재량적 판단을 할 수 있다는 것을 의미한다. 그 러므로, '의무보고'에 대한 현행 조문은 '고의'나 '중과실'이 '비처벌'의 대상에서 제외될 뿐만 아니라 사실조사를 통한 재량적 판단으로 '제한적 비처벌'이 가능하 다는 것으로 해석할 수 있으며, 이것은 사실상 '비처벌'로 보기는 어렵다.

　우리나라의 안전보고제도는 의무보고 중심으로, 상당 부분이 의무보고의 범 주에 포함된다. 그러나 규정 위반에 대한 '처벌' 가능성이 상존하는 상황에서 자 신의 과실이 포함된 보고는 기대하기 어려울 수 있다. 즉 의무적으로 보고한다 고 하더라도 개인의 과실과 관련하여서는 축소 보고될 수 있으며, 이것이 항공 안전의 위험과 직결되는 문제일 가능성도 배제할 수 없다. 이와 관련하여 국제 민간항공협약 Annex 19에서는 자율보고에 대한 보호를 의무보고에도 확대하도 록 권고하고 있으며[453] 영국, 뉴질랜드, 덴마크 등의 나라에서는 이미 의무보고 에 대한 '비처벌' 제도를 운영하고 있다.[454] 의무보고에 '비처벌'을 적용하는 것은 의도치 않은 인적오류를 보고하도록 함으로써 항공기사고를 예방하는 효과를 기 대할 수 있으며, 이것은 공정문화의 기반이 된다. 따라서, 안전을 확보하기 위한 수단으로 의도치 않은 인적오류를 보고하도록 하고, 양질의 정보를 수집하는 것 에 궁극적인 목적을 둔다면, 공정문화의 접근방식에 따라 고의나 중과실을 제외 한 용인의 범위에 '비처벌'을 적용하는 방안이 우선적으로 고려되어야 할 것이다.

---

453) ICAO, Annex 19, *supra* note 26, 5.3.2. (Recommendation.─ States should extend the protection referred to in 5.3.1 to safety data captured by, and safety information derived from, mandatory safety reporting system and related sources.)

454) Civil Aviation Authority, The Mandatory Occurrence Reporting Scheme Information and Guidance (2011), 7.1, 7.2; GAIN, *supra* note 3, pp.20-22; New Zealand Civil Aviation Rule CAR Part 12.63.

## 2) 항공안전 자율보고 대상의 모호성

국제민간항공협약 Annex 19는 항공안전을 확보하기 위한 수단으로 항공안전 의무보고제도와 여기에서 수집되지 않은 위해요소를 확인하기 위한 목적으로 항공안전 자율보고제도를 운영하도록 권고하고 있다.[455] 항공안전법 제61조제1항은 자율보고의 대상을 '의무보고 대상 항공안전장애 외의 항공안전장애'로 규정하고 있으며, 제61조제2항 및 제3항에서는 내용의 '비공개'와 보고자에 대한 '비처벌'의 면책조항을 명시하고 있다. 그러나 자율보고 대상의 범주가 '의무보고 대상 이외의 항공안전장애'로 규정되어 있어, 의무보고 대상의 모호성에 대한 문제가 제기되는 것으로 보인다.

한국 민간항공조종사협회(ALPA-K)의 자료[456]에 따르면, 미국에서 발생한 '고도위반 및 Taxi Way 오진입' 사건에 대하여 조종사는 개정된 항공안전법 시행규칙 별표 20의 2에 따라 의무보고 대상 항공안전장애의 범위에 포함되는 사건이었으나,[457] 이를 '항공안전 자율보고'를 통하여 보고하였다. 보고자는 자율보고의 대상이 아님을 통보받고 회사시스템을 이용하여 의무보고하였고, 이로 인해 보고자가 소속된 조직은 해당 문제를 확인하게 되었다. 조직은 항공안전법 제60조를 근거로 자체 사실조사를 통하여 국토교통부에 해당 사건의 보고와 서류를 제공하였고, 제60조제2항[458]에 의거하여 조종사의 '중대한 과실'로 해당 사건을 분류하여 징계하였다.[459]

---

455) ICAO, Annex 19, *supra* note 26, 5.1.3; 항공안전 자율보고제도(Korea Aviation voluntary Incident Reporting System, "KAIRS")의 시행 배경을 살펴보면, 1997년 6월 캐나다에서 개최된 제2차 아시아태평양 경제협력체(Asia Pacific Economic Cooperation: "APEC") 교통장관회의에서 "항공 준사고 관련 데이터의 부족" 문제를 해결하기 위한 수단으로 각 회원국들이 항공안전보고제도를 도입하여 수집한 정보를 공유하기로 의결한 후, 우리나라를 포함한 18개국의 회원국이 공동성명으로 발표함으로써 이 제도를 도입하게 되었다. 전제형, 전게논문(주 402), 265면.

456) ALPA Korea, 한국 항공자율보고체계의 문제점 개선을 위한 제안 내용.

457) 고도위반은 구분 1. 비행 중 다항에 해당하며 허가 없이 유도로에 진입한 경우는 3. 지상운항 라항에 해당한다. 항공안전법 시행규칙 별표 20의 2.

458) 국토교통부장관은 제33조 및 제59조제1항에 따라 의무보고 대상 항공안전장애에 대한 보고가 이루어진 경우 이 법 및 「공항시설법」에 따른 행정처분을 아니할 수 있다. 다만 제1항에 따른 조사결과 고의 또는 중대한 과실로 의무보고 대상 항공안전장애를 발생시킨 경우에는 그러하지 아니하다. 항공안전법 제60조(사실조사) 제2항.

459) ALPA Korea, 전게자료(주 456).

이 사건은 의무보고의 대상을 보고자가 인지하지 못한 결과일 수도 있으나 자율보고의 대상이 명확하지 않은 이유도 배제할 수 없다. 즉 명확하지 않은 범위의 보고대상을 보고자가 자체 판단해야 하는 어려움이 존재한다는 것이다. 이처럼 자율보고의 범위를 의무보고사항 외의 것으로 제한하는 체계는 사안에 따라 보고자의 주관적 판단에 기인하여 보고의 형태가 달라질 수 있으며, 의무보고와 자율보고의 어디에 해당하는 사항인지에 대한 혼란이 가중될 수 있다. 또한 이러한 보고대상의 모호성으로 자율보고를 지양하게 하는 문화가 조성될 수 있는 점도 고려하여야 할 것이다.

### (3) 관련 현행 법규정의 모호성

1) 「항공·철도사고조사에 관한 법률」

① 정보공개 금지의 범위

항공·철도 사고조사에 관한 법률 제28조제2항에 따라 위원회는 사고조사의 과정에서 얻은 정보가 공개됨으로써 향후 정확한 사고조사에 영향을 줄 수 있거나, 국가의 안전보장 및 개인의 사생활이 침해될 우려가 있는 경우 공개를 금지할 수 있으며, 공개를 금지할 수 있는 정보(이하 "해당 정보"라 한다)의 범위는 동법 시행령 제8조에 명시하고 있다. 해당 정보는 Annex 13에서 열거하고 있는 민감 정보에 포함되며,[460] 공개될 경우 향후 조사에 부정적 영향을 미칠 수 있는 정보를 말한다.

위원회는 사고조사를 위하여 해당 정보를 활용할 수 있으며, 사고분석에 관계된 경우에 한하여 사고조사보고서에 그 내용을 포함시킬 수 있도록 하고 있다.[461] 즉 본 조항에서 공개하지 아니할 수 있는 정보의 범위는 위원회에 재량권이 있으므로 위원회의 판단에 따라 민감한 정보가 공개될 수 있음을 의미한다. 그러나 국제민간항공협약 Annex 13의 5.12.2는 "5.12에 열거된 기록은 사고 또는 사고분석과 관련된 경우에만 최종보고서에 포함되어야 하며, 분석과 관련이 없는 기록의 부분은 공개되지 않아야 한다"라고 명시하고 있다. 이 내용은 해당 정보가 공개되지 않는다는 전제하에서 사고분석과 관련된 경우에만 포함되어야

---

460) ICAO, Annex 13, *supra* note 48, 5.12.
461) 항공·철도 사고조사에 관한 법률 시행령 제8조.

함을 의미하는 것으로 해석할 수 있다. 그러나 우리나라 항공·철도 사고조사에 관한 법률 시행령은 위원회가 공개 또는 금지를 결정할 수 있도록 함으로써 Annex 13보다 완화된 규정을 적용하고 있다. 이러한 점은 위원회의 결정에 따라 민감한 정보의 공개 여부가 달라질 수 있어 명확성이 결여되며, 이로 인하여 정보의 이용가능성에 부정적 영향을 미칠 것으로 판단된다. 그러므로 현재 Annex 13에서 명시하는 바와 같이 "분석과 관련이 없는 기록은 공개되지 않아야 한다"로 명확히 할 필요가 있다.

### ② 사고조사와 사실조사 경계의 모호성

항공·철도 사고조사에 관한 법률 제30조에서 "사고조사는 민·형사상 책임과 관련된 사법절차, 행정처분절차 또는 행정쟁송절차와 분리·수행되어야 함"을 명시하고 있다. 항공사고조사의 절차상 독립성과 자율성이 보장되고 비밀성이 유지되어야 하나, 사고조사의 절차적 측면에서 사고의 책임 소재를 찾는 '사법적 조사'와 행정집행을 위한 '행정적 조사'가 분리되어 수행되고 있는지에 대하여는 의문이 제기된다. 이러한 절차의 분리가 이루어지지 않을 경우, 사고와 관련된 피조사자들이 민·형사상 책임의 부담으로 솔직한 진술을 기피하여 정확한 사고원인의 규명이 힘들어질 수 있다. 특히 국토교통부는 행정처분기관이며, 기술적 조사에 외부참여자로서 참여하는 경우가 빈번하다.[462] 이러한 상황에서, 항공실무자가 법규를 위반한 정황이 있어 행정처분을 위한 조사와 사고조사가 중첩되는 경우, 국토교통부의 역할이나 조사 절차에 대하여는 법률상 명확하게 규정하고 있지 않아 기술적 조사와 행정처분을 위한 조사의 경계가 모호하게 되는 측면이 있다. 또한 사고조사 과정에서 법규 위반 등이 의심되는 경우 법 집행 관련 조사의 세부적 진행에 대하여도 명확히 규정되어 있지 아니하다.[463]

### 2)「데이터·정보 및 관련 출처의 보호에 관한 기본원칙」

### ① 예외의 적용을 위한 재량적 판단

데이터·정보 및 관련 출처의 보호에 관한 기본원칙은 데이터·정보 및 관

---

462) 김송주, 항공사고조사제도의 쟁점과 향후 과제, 국회입법조사처, 현안보고서 Vol. 235(2014), 29면.
463) 상게자료.

련 출처가 '행정처분, 징계, 민사·형사상 소송', '일반 국민을 대상으로 하는 공개', '항공안전유지 및 증진 외의 목적'으로 사용하여서는 아니 됨을 원칙으로 한다(제1호 가목). 그럼에도 불구하고 1) 관련 상황 및 사건 등이 관계 법령에 따라 고의·중과실 또는 범죄에 해당하는 경우, 2) 해당 데이터·정보의 공개가 법 집행을 위해 필요하며, 이로 인해 얻게 되는 사회적 이익이 데이터·정보수집에 미칠 수 있는 부작용을 상회하는 것으로 판단되는 경우, 3) 해당 데이터·정보의 공개로 얻을 수 있는 안전에 관한 이득이 데이터·정보 수집에 미칠 수 있는 부작용을 상회하는 것으로 판단되는 경우에는 예외적으로 데이터·정보를 공개 또는 활용할 수 있도록 하였다(제2호 가목).

이처럼 법 집행을 위해 필요한 경우 또는 안전에 관한 이득이 정보 수집의 부작용을 상회하는 경우 '이익균형평가'(balancing test)를 통하여 법원 또는 규제 기관의 판단하에 해당 정보를 공개할 수 있도록 하는 것이다. 이러한 이유로, 법원 및 규제 기관은 항공안전과의 이익균형에 따른 재량적 판단을 하여야 하며, 이를 위해서는 공정문화에 대한 이해가 필수적이다. 만약 공정문화와 항공안전에 대한 이해가 없는 상황이라면 재량적 판단과 그 판단에 대한 공정성은 신뢰하기 어려울 수 있으며, 사실상 현상 유지에 불과할 것이다.

### ② 안전을 확보하기 위한 목적의 모호성

데이터·정보 및 관련 출처의 보호에 관한 기본원칙 제1호에서는 데이터·정보 및 관련 출처가 "관련 담당자, 기관, 법인, 단체 등에 대한 행정처분, 징계, 민·형사상 소송의 목적으로 사용되어서는 아니 된다. 단, 본문 제54조제3항에 따라 '안전을 확보하기 위한 목적'으로 수행한 자격증 및 안전면허의 정지 또는 취소는 이에 해당하지 아니한다"라고 명시하였다. 이에 따른 국가항공안전프로그램 제54조제3항은 항공안전유지 및 증진을 목적으로 하는 위험도 경감조치에 대하여 열거하고 있으며, '예방조치', '개선조치', '시정조치'가 포함된다. 여기서 자격증 및 안전면허의 정지 또는 취소는 시정조치에 해당되며, 시정조치는 "교육·훈련 등 안전기준 대비 부적합한 부분을 근본적으로 바로잡기 위한 조치로 자격증 및 안전면허 기준에 따른 기준·역량을 충족하도록 하는 개선조치에도 불구하고 지속적으로 또는 근본적으로 이를 충족시키지 못하는 경우에 따른 조치”를 말한다. 따라서 이 원칙은 ‘안전을 확보하기 위한 목적으로 수행한’ 모든 행정집행이 포함되는 것이 아니라, ‘개선조치에도 불구하고 지속적으로 또는 근본적으로 이를 충족시키지 못하는 경우’에 행정처분을 위하여 공개될 수 있다는 것으로 보아야 할 것이다. 또한 항공안전 유지 및 증진의 목적으로 데이터·정보를 활용하고자 하는 경우, 반드시 이행하여야 하는 조건[464]을 나열하고 있는 바, 이것은 ‘항공안전유지 및 증진의 목적’ 외로 관련 정보의 남용을 제한하기 위한 조치로 판단된다.

이러한 내용에 따르면, ‘항공안전을 확보하기 위한 목적’으로 데이터·정보를 활용하는 것을 제한하지는 않으나 이에 따른 조치를 통하여 남용을 방지하고자 하는 것으로 보인다. 그러나 모든 행정 조치의 수단이 ‘항공안전을 확보하기 위한 목적’에 해당하는 상당히 모호한 규정이 될 수 있으므로, 이에 해당하는 구체적인 상황 및 세부 내용을 마련하여 판단에 명확성을 제고함으로써 안전의 유지 또는 증진 목적’, ‘항공안전을 확보하기 위한 목적’이라는 명목으로 재량권이 남용되지 않도록 해야 할 것이다.[465]

## (4) 안전데이터·정보의 남용 및 보호 불충분

### 1) 사고조사보고서

#### ① 사고조사보고서의 증거능력 인정

국내 법원에서 사고조사보고서의 증거능력은 대부분 인정되었다. 국제민간항공협약 Annex 13의 효력과 5.12에 따른 사고조사보고서의 증거능력 관련하여 1993년 대법원[466]에서는 “우리나라가 …(중략)… 부록 D로 인하여 소론이 들고 있는 증거들을 피고인에 대한 이 사건 형사사건에서 증거로 사용할 수 없게 된

---

464) 1) 데이터·정보의 특성에 따른 데이터·정보의 보호에 관한 세부절차를 마련하고, 2) 데이터·정보·출처를 보호하기 위한 공식 절차를 마련하여야 하며, 3) 예외가 적용되지 않는 한, 데이터·정보를 수집한 목적 외의 용도로 활용을 제한하고, 4) 예외가 적용되어 데이터·정보를 행정처분, 각종 징계를 위한 절차, 민·형사소송 등에 활용 시 관련 보호 절차를 적용할 것. 국가항공안전프로그램 제54조, [별표 7] 데이터·정보 및 관련 출처의 보호에 관한 기본원칙, 1, 나.
465) 국가항공안전프로그램 제54조제7항. 동 규칙에서는 “데이터·정보의 활용을 위한 기본원칙은 데이터·정보 수집의 활성화를 목적으로 하는 것으로 국토교통부 등 관계기관에서 안전데이터를 활용하여 실시하는 항공안전 유지 및 증진을 목적으로 하는 활동을 제한하는 것은 아니다”라고 하였다.
466) 대법원 1993.10.12. 선고 92도373 판결.

다고 볼 수 없다"라고 판시한 바 있다. 2003년 대법원[467]에서도 이전 판례를 인용하여 "체약국이 Annex의 내용에 따를 것을 강제하는 법률상의 효력은 없고, 다만 권고적인 효력을 갖는 데 불과하다고 할 뿐 아니라 우리나라 관계 법령에서 항공사고조사기록의 비공개에 관한 권고 관행을 수용하여 항공기 승무원에 대한 형사처벌을 제한하는 규정을 두고 있지도 아니하므로"라고 판결하였다. 이처럼 대부분의 국내 법원은 Annex 13의 효력을 권고적이라고 판단하였고 사고조사보고서의 증거능력을 인정하였다.

그러나 최근의 판결에서는 조금 다른 양상을 보였다. 2013년 아시아나 샌프란시스코 사고[468]에 따른 항공사고조사보고서의 증거능력과 관련하여 원심[469]은 "조약의 규정 내용 및 그 취지에 비추어보면 이 사건 사고의 발생지국인 미국의 NTSB가 작성한 사고조사보고서는 동일한 사고의 재발방지를 위하여 사고수습 과정에서 기술적 조사를 거쳐 일정한 결론을 도출한 것에 불과하므로 사고의 법률상 책임을 묻기 위한 사법적 절차인 이 사건 소송에서 증거로 사용하는 것은 적절하지 않다"라고 언급하였다.

그러나 이 사건의 쟁점은 사고조사보고서의 증거능력을 다루는 것이 아니라 NTSB의 사고조사보고서를 원용한 국토교통부의 사실조사보고서의 증거능력이 쟁점이었다. 이와 관련하여 원심은 "국토교통부 사실조사보고서는 이 사건 처분을 하기 이전에 원고의 항공법 위반 여부를 확인하기 위하여 국토교통부가 직접 운항승무원의 진술을 듣거나 FDR 자료를 분석하는 등의 방법으로 독자적인 사실조사 과정을 거쳐 작성한 것임을 알 수 있으므로 그 내용 중 일부를 미국 NTSB 사고조사보고서에서 원용하였다고 하더라도 그 증거사용을 부정할 수는 없다"라고 판결하였다. 물론 이 사건의 주요 쟁점이 사고조사보고서의 증거능력에 대한 것이 아니었다 하더라도, 법원이 "사고 및 준사고 조사의 유일한 목적은 사고 및 준사고의 재발 방지이며, 비난이나 책임을 묻기 위함이 아니다"라고 언급하였으며, "비난이나 책임을 묻기 위한 사법적 또는 행정적 절차는 이 부속서의 규정하에서 시행되는 어떠한 조사와도 분리되어야 한다"라는 점을 언급한

---

467) 대법원 2003.6.27. 선고 2002도850 판결.
468) 대법원 2019.10.17. 선고 2017두47045 판결.
469) 서울고등법원 2017.5.17. 선고 2016누39407 판결.

것에 대하여는 의의가 있다고 본다.

그러나 이 사건의 대법원[470]에서는 "행정소송에서 문서의 증거능력에 제한을 두지 않는다는 점", "부속서의 내용에 따를 것을 강제하는 법률상의 효력은 없고, 다만 권고적인 효력에 불과하다"라는 점을 이유로 원심의 판결을 확정하였다. 이러한 점에서 볼 때, Annex의 효력은 권고적인 수준에 불과하며 문서의 증거능력에 제한을 두지 않으므로 사실조사보고서뿐만 아니라 사고조사보고서의 증거능력도 제한이 없다는 것으로 해석할 수 있으므로, 사고조사보고서의 증거능력에 대한 최근 판례의 경향이 완전히 바뀌었다고 보기는 어려울 것이다.

② 사고조사보고서의 보호 불충분

항공·철도 사고조사위원회 운영규정[471] 제45조에서는 "사고조사보고서는 소송이나 행정처분의 증거로 사용되거나 인정되어서는 안 된다"라고 명시하고 있다. 그러나 항공·철도 사고조사위원회 운영규정은 행정 조직 내부를 규정하기 위한 '훈령'으로 일반 국민이나 법원을 구속하는지 여부는 명확하지 않다. 1983년 대법원 판결에서는 "훈령이란 행정조직 내부에서 그 권한의 행사를 지도·감독하기 위하여 발하는 행정명령으로서 …(중략)… 대외적으로는 아무런 구속력도 가지는 것이 아니다"라고 판시한 바 있다.[472] 그러나 이후 판결을 살펴보면, "수임행정기관이 행정규칙의 형식으로 그 법령의 내용이 될 사항을 구체적으로 정하고 있다면, 그와 같은 행정규칙은 행정규칙이 갖는 일반적 효력으로서가 아니라 행정기관에 법령의 구체적 내용을 보충하는 기능을 갖게 된다 할 것이므로, 이와 같은 행정규칙, 규정은 해당 법령의 수임한계를 벗어나지 않는 범위에서는 그것들과 결합하여 대외적인 구속력이 있는 법규명령으로서의 효력을 갖게 된다"[473]라고 판시하여 예외적으로 행정규칙의 법규성을 인정하고 있다.

헌법재판소 역시 "법령의 직접적인 위임에 따라 위임행정기관이 그 법령을 시행하는 데 필요한 구체적 사항을 정한 것이면, 그 제정 형식은 비록 법규명령이 아닌 고시, 훈령, 예규 등과 같은 행정규칙이더라도 그것이 상위법령의 위임

---

470) 대법원 2019.10.17. 선고 2017두47045 판결.
471) 항공·철도 사고조사위원회 훈령 제37호, 2021.7.28.
472) 대법원 1983.6.14. 선고 83누54 판결.
473) 대법원 1989.11.14. 선고 89누5676 판결.

한계를 벗어나지 않는 범위에서는 상위법령과 결합하여 대외적인 구속력을 갖는 법규명령으로서 기능하게 된다"[474]라고 결정하였다. 이러한 점에서 볼 때, 항공·철도 사고조사위원회 운영규정은 항공·철도사고조사에 관한 법률 시행령 제5조제4항 및 항공·철도 사고조사위원회 운영규정 제1조에 따라 세부사항을 규정한 보충적 기능을 가지며 법규명령으로서의 효력을 갖는다고 볼 수 있다. 따라서 이 규정에 따라 사고조사보고서 및 사고조사위원회의 의견이나 분석은 소송이나 행정처분의 증거로 사용되거나 인정되어서는 아니 될 것이다.

그러나 국가항공안전프로그램 제55조(사고조사데이터에 대한 보호)에 따르면, 사고 및 준사고 조사의 진행과 관계되는 경우 항공·철도사고조사에 관한 법률 및 항공·철도 사고조사위원회 운영규정에 따르며 조사가 완료된 경우에는 데이터·정보 및 관련 출처의 보호에 관한 기본원칙에 따르도록 하고 있다. 이 규칙의 예외에 따르면, '해당 데이터가 법 집행을 위해 필요하며, 그로 인한 사회적 이익이 데이터수집의 부작용을 상회하는 경우'에 공개할 수 있도록 하고 있다. 이것은 법원의 재량에 따라 사고조사보고서가 공개될 수 있음을 의미하며 사고조사가 완료된 후에는 보다 완화된 조치가 적용될 수 있을 것으로 해석된다. 그러나 안전의 목적으로 작성된 사고조사보고서가 법 집행을 위해 필요한 경우 증거로 사용될 수 있다면 향후 관련자들이 협조가 이루어지지 않을 수 있고, 이로 인하여 사고의 정확한 원인을 파악하기가 어려워질 수 있다. 또한 앞서 살펴본 바와 같이 미국과 호주에서는 사고조사보고서가 소송에서 증거로 인정되지 않도록 법으로 명시하고 있는 상황이다. 이러한 점에서 볼 때, 우리나라도 사고조사보고서가 법원에서 증거로써 인정되지 않도록 제한할 필요가 있을 것으로 판단된다.

## 2) 조종실음성기록장치

조종실음성기록장치는 항공·철도사고조사에 관한 법률 제28조 및 동법 시행령 제8조에 따라 위원회가 정보공개를 아니할 수 있으며, 항공·철도 사고조사위원회 운영규정 제34조제1항제1호나목에 따르면, "위원회는 비행자료기록장치 등에 기록된 정보가 외부에 공개되지 않도록 일반 정보보다 강화된 수단으로 보호하여야 한다", "사고조사과정에서 얻은 정보를 관계자의 처벌이나 민·형사상

---

474) 헌법재판소 1992.6.26. 선고 91헌마25 결정.

책임규명 또는 행정처분을 위하여 사용하여서는 아니 된다"라고 명시하고 있다. 그러나 데이터·정보 및 관련 출처의 보호에 관한 기본원칙에서는 "「항공·철도 사고조사에 관한 법률」에서 정하는 사고·준사고의 조사 이외에 다른 목적으로 사용해서는 아니 된다"라고 규정하면서도 "데이터·정보 및 관련 출처의 보호에 관한 기본원칙과 예외의 적용을 충족하는 경우에는 '조종실 사고예방장치에서 생산되는 기록보호에 관한 예외'에 따라 사고·준사고와 관련되지 않은 형사소송"에서 활용할 수 있도록 명시하였다. 안전데이터를 안전의 목적이 아닌 소송에서 사용할 수 있도록 명문화하는 것은 데이터·정보보호의 기본취지에도 부합하지 않으며, 사생활침해 등의 부정적 영향을 초래할 수 있을 것으로 보인다. 따라서 해당 규칙은 개정이 필요할 것으로 판단된다.

### 3) 사고정보제공자의 진술

항공·철도사고조사에 관한 법률 제32조는 "이 법에 의하여 위원회에 진술·증언·자료 등의 제출 또는 답변을 한 사람은 이를 이유로 해고·전보·징계·부당한 대우 또는 그 밖에 신분이나 처우와 관련하여 불이익을 받지 아니한다"라고 명시하고 있다. 그러나 이 조항은 '사고정보제공자'의 '조직내부징계'를 명시할 뿐 행정제재의 면제를 보장하지는 아니한다. 또한 항공·철도 사고조사위원회 운영규정[475] 제34조제1항제1호다목은 "사고조사과정에서 얻은 정보를 관계자의 민·형사상 책임규명 또는 행정처분을 위하여 사용하여서는 아니 된다"라고 규정하고 있으나, 동 조의 본문은 "위원회는 …(중략)… 보호하여야 한다"라고 명시하였으므로 위원회의 내부를 규율하는 것으로 해석될 여지가 있다.

항공기사고의 원인은 당시 항공 관련 실무를 담당한 조종사, 항공교통관제사, 정비사를 포함한 최일선 실무자가 가장 정확한 정보를 제공할 수 있을 것이다. 그러한 이유로, 정확한 사고의 원인 규명을 위해서는 이들로부터의 정보수집이 필수적인데, 사고조사관에게 전달된 정보를 사고조사 자체가 아닌 다른 목적으로 사용하거나, 이들이 정보를 제공함으로써 법적 제재조치의 대상이 된다면 정확한 정보의 제공을 기피하게 될 것이다.[476] 또한 사고조사 절차와 형사 절차가

---

475) 항공·철도 사고조사위원회 훈령 제37호, 2021.7.28.
476) 김종복, "항공기사고와 사고조사에 관한 법적 제 문제에 대한 고찰", 한국항공우주정책법학회

동시에 실시되는 경우, '자기부죄'의 문제가 제기될 수 있다. 이것은 사고조사를 위한 진술이 당사자의 유죄를 증명하는 결과를 초래할 수 있으므로, 항공실무자들은 자유롭고 솔직한 의사소통에 참여하는 것을 자연히 꺼리게 될 것이다. 정확한 사고의 원인을 규명하고 정보를 얻기 위하여 무엇보다 중요한 점은 사고정보제공자의 신분에 대한 기밀이 보장되어야 하며 정보제공자의 형사처벌을 위한 증거로 사고조사보고서를 사용하는 것은 제한되어야 할 것이다.

---

지 제19권 제2호, 한국항공우주정책법학회(2004), 156면.

# Just Culture의
# 비공개와 안전정보보호

# Ⅰ. 항공안전데이터·정보의 '비공개' 관련 쟁점

## 1. 항공안전데이터·정보보호의 국제적 차이와 적용의 한계

항공사고로 인한 인적오류의 형사처벌 우려는 항공안전이 정보의 보고에 기초하고 있으며, 이 보고는 자율적이어야 한다는 것에서 비롯된다. 만약 직원들이 보고하는 것을 두려워한다면 그들은 안전보고를 중단할 것이고 결국, 인간의 과실을 형사처벌하는 것이 그들의 과실을 숨기는 결과를 초래할 수 있다는 것이다.[1] 항공사고는 거의 한 가지 원인으로 발생하지 않기 때문에 안전정보의 이용 가능성은 사건의 진실과 원인을 찾는 데 기여할 것이며, 이것은 '공정문화'를 통하여 더욱 진보할 것으로 인식하고 있다. 정보의 보호는 보고문화, 비처벌, 유연성 및 피드백을 통해서만 확립될 수 있으며, 이러한 유형의 정보가 공개된다면 정보를 제공한 관련 당사자를 위험에 빠뜨릴 수 있다는 인식이 있다. 이러한 국제적 인식에 따라 각 국가의 주요 과제는 용인의 경계와 정보공개의 범위를 명확하게 설정하는 것이다.[2] 그러나 국제적인 공정문화의 필요성에도 불구하고 안전정보의 남용은 지속적으로 발생하여왔다. 이것은 근본적으로 국제민간항공협약이 국제규범으로서 통일성을 강조하나 체약국 국내법과의 차이에 대한 부분을 허용하므로 이로 인한 국가별 불일치가 불가피하다는 점, 그리고 체약국이 국제민간항공협약 Annex SARPs의 표준을 이행할 의무는 있지만 강제력은 없다는 데 기인한 것이다. 그러나 체약국은 국제규범을 준수할 의무가 있으므로 SARPs와 국내법을 일치시키기 위해 법과 정책을 마련함으로써 안전정보가 남용되지 않도록 보호하여야 할 것이다.

### (1) 항공안전데이터·정보보호의 국제적 차이

#### 1) 국제민간항공협약 제38조에 따른 차이의 허용

사고조사과정과 관련된 잠재적 문제를 완화하기 위하여 ICAO는 국제민간항

---

1) Philippine Dumoulin, "Just Culture and Unjust Results: The Changing Paradigm", *Annals of Air and Space Law*, Vol. 40(2015), p.428.
2) *Ibid.*, p.430.

공협약 Annex SARPs를 통하여 안전정보보호를 위한 조치에 주의를 기울여왔다. 그러나 각 체약국의 일반적 관행은 효과적으로 제공되는 법적 보호의 정도가 해당 Annex SARPs의 수준에 미치지 못한다는 결론이 나타났으며[3] 상대적으로 낮은 수준의 보호는 국제민간항공협약의 근본적인 이유에서 발생하는 것으로 보고 있다. 첫째, 국제민간항공협약 Annex의 SARPs는 국내법에 우선하지 않는다. ICAO가 추진하는 규칙이 특정 국가에서 법적 지위를 가지는 것은 국내 법률로 채택된 경우이다. 협약 체약국은 국가 차원에서 SARPs를 이행하여야 하지만, 대부분의 경우 이러한 조항은 직접 적용할 수 없으며, 각 체약국이 국내 법률에 이를 도입하기 위한 적절한 입법 조치가 이루어져야 한다.[4]

둘째, 국제민간항공협약 제38조에 따라, 해당 국가의 국내 규정과 ICAO 차원에서 공포된 규정 간의 차이를 통보하는 것이 허용된다. 따라서 특정 국가 환경을 충족시키기 위해 국가가 ICAO 규칙의 전부 또는 일부를 통합할 수 있다.[5] 그러나 그동안 Annex 13의 SARPs에 대한 체약국의 이행 상태는 매우 낮은 수준을 보여왔다. 특히 유럽 국가들을 대상으로 설문조사를 실시한 유로컨트롤 성과검토위원회(Performance Review Commission: 이하 "PRC"라 한다)는 "국가의 1/3이 Annex 13의 제5.12.1항을 국가 법률에 포함시키지 아니하였으며 ICAO에 아무런 차이도 통보하지 않았다", "각 국가가 항상 국제표준과 관련하여 그들의 약속을 이행한다고 결론 내릴 수 없다"라는 비판적 의견을 제시하였다. 이처럼 국제민간항공협약 Annex 13의 이행은 국가별로 많은 차이를 보이고 있으며, 이것은 ICAO가 구상하는 방향과 안전정보보호를 제한하는 결과를 초래하고 있다.

### 2) 정보 공개와 관련한 국가별 차이의 통보

체약국이 국제민간항공협약상 '차이'를 통보하는 것과 관련하여 종종 비판의

---

3) Nathan Gedye, "Use of Aircraft Accident Investigation Evidence in New Zealand", *Air and Space Law*, Vol. 25, No. 4-5(2000), p.160.

4) 스위스는 일반적인 법률 관행에서 예외적으로, ICAO SARPs를 직접 적용할 수 있도록 하였다. *Ibid*.

5) ICAO Annex 13을 완전히 이행하지 않는 체약국의 비판적 분석과 관련한 내용은 다음을 참조. Samantha Sharif, "The Failure of Aviation Safety in New Zealand: An Examination of New Zealand's Implementation of Its International Obligations under Annex 13 of the Chicago Convention on International Civil Aviation", *Journal of Air Law and Commerce*, Vol. 68 No. 3(2003), p.342.

대상이 되고 있는데, 이것은 안전에 미칠 수 있는 부정적 영향의 우려 때문이다. 대부분 통보된 차이는 Annex 13의 5.12에 따른 '기록의 비공개 원칙'과 관련된다. 일부 국가에서는 특히 "최종보고서가 발표된 후에는 기밀이 더 이상 허용되지 않기 때문에 국가 법률이 그러한 기록의 비공개를 보장할 수 없다"라고 하였다. 스위스가 통보한 내용은 기록의 기밀성을 명시적으로 배제하는 것으로 "스위스 법률은 모든 문서를 사법당국과 항공당국에 제공하여야 한다"[6]라고 명시하고 있다. 이로 인하여 체계적인 보고와 사고조사에 대한 정보제공자들의 적극적인 참여의 기회가 국가 법률로 인하여 억제될 수 있을 것이다. 미국은 "미국 법원이 사고조사 목적 이외의 다른 목적을 위하여 정보의 공개를 명령할 수 있다", "이 정보의 공개 결정을 위한 표준은 고려되지 않는다"라고 통보함으로써 정보공개의 가능성을 열어두고 있다.[7]

　일부 국가에서는 자국의 법에 따라 조사 기록을 공개하도록 의무화한 정보의 공개에 대한 고려를 특별히 강조한다. 네덜란드가 통보한 내용에 따르면 "네덜란드 법은 공공성을 매우 강조하며, 5.12에 명시된 일반 기록에서 그러한 기록의 공개가 정보 이용가능성에 악영향을 미칠 수 있는 경우에도, 사건이나 사고조사 이외의 목적으로는 사용할 수 없다고 결정할 수 없다"라고 하였다. 이로 인하여, 사고조사보고서의 공개가 이루어질 수 있지만, "조사 중 진술은 소송에서 증거로 사용될 수 없다"라고 법적으로 명시함으로써 관련 개인의 진술 내용이 법적 증거로 사용되지 않도록 보호하고 있음을 확인할 수 있다.[8]

　ICAO 체약국들은 Annex 13이 채택될 당시, 다양한 형태의 조사로 인한 잠

---

6) ICAO, Supplement to Annex 13, Aircraft Accident and Incident Investigation(9th ed.), at Switzerland.

7) *Ibid.*, at United States.

8) 네덜란드가 통지한 내용은 다음과 같다. "네덜란드 법률은 공공성에 큰 비중을 두고 있기 때문에, 이러한 기록의 공개가 해당 기록이나 향후 조사에서의 정보의 이용가능성에 부정적인 영향을 미칠 수 있는 경우, 5.12에 명시된 기록은 사건 또는 사고조사 이외의 목적으로 사용할 수 없다는 것을 일반적으로 결정할 수 없다. 다만 조사과정에서 진술한 내용이 소송의 증거로 활용되지 않을 수도 있다. 다음으로, 다음과 같은 중요성에 의해 게시가 중단되며 최종보고서에서 특정 정보를 제외할 수 있다. a) 범죄행위의 적발 및 기소, b) 개인정보보호 및 의료, 심리테스트 결과의 보호, c) 관계자나 제3자의 편익이나 불이익을 회피하는 행위, d) 회사에서 작성된 데이터에 요청된 기밀처리 및 해당 국가 및 국가로부터 데이터가 입수되어 발행 허가를 받지 않은 경우. Francis Schubert, "Legal Barriers to a Safety Culture in Aviation", *Annals Air & Space Law*, Vol. 29(2004), p.50.

재적 이해 상충을 고려한 것으로 보인다. 예를 들어 국제민간항공협약 Annex 13은 사고조사기록의 비공개와 관련하여 "사건 또는 사고조사를 수행하는 국가는 적절한 법 집행의 권한에 따라 이들의 공개가 향후 조사에 미칠 수 있는 국내외의 악영향을 상회한다고 판단하지 않는 한, 해당 기록을 사건 또는 사고조사 이외의 목적으로 사용할 수 없도록 해야 한다"[9]라고 하였다. 그러나 이 조항에 따른 보호는 절대적인 것이 아니며, 그러한 보호를 부인하는 국가 규칙과 관행이 ICAO 규칙의 정신을 침해한다고 주장할 수는 있으나, 이를 따를 것을 강제할 수는 없다.

EU의 경우, 입법을 통하여 특정 항공규정(regulation)을 채택하고 있다. 그러한 이유는 ICAO 및 Eurocontrol과 같은 전문 국제기구가 제정한 규제의 구속력이 상대적으로 낮은 상태이고, 이러한 기구의 효과적인 집행력 부족을 극복하기 위한 것으로 보고 있다.[10] 항공사고 및 사건조사와 발생보고에 대한 EU의 Regulation은 EU 전체에 걸쳐 공통적이고 의무적인 법적 체제를 확립한다. 그러나 ICAO SARPs는 항공실무자에게 절대적인 보호를 제공하지는 않는데, 이것은 자국의 국내법이 국제규범보다 우선할 권한이 있기 때문이다.

이러한 이유로, 체약국이 공정문화를 구현하기 위해서는 개별국가의 형법이 해당 규칙을 침해하지 않도록 해야 하며, 고의 또는 중대한 과실의 경우를 제외하고 국가의 의무보고체계에 따라 보고된 '의도하지 않거나 부주의한 법률 위반'에 관한 절차를 시행하는 것을 삼가야 할 것이다.[11]

### (2) 항공안전데이터 · 정보보호와 적용의 한계

#### 1) 국제민간항공협약 Annex의 실질적 효력의 한계

국제민간항공협약 Annex 13에 명시되어 있는 바와 같이, 사고조사와 관련된 정보의 목적 외 사용으로 인한 잠재적 위험은 국제적으로 인식하고 있으며, 이것은 많은 국가의 법규정에 이미 통합되어 있는 사실을 통하여 확인할 수 있

---

9) ICAO, Annex 13, Aircraft Accident and Incident Investigation, 12th edition(2020), 5.12.

10) Francis Schubert, *supra* note 8, p.51.

11) NTSB Bar Association, "Aviation Professionals and the Threat of Criminal Liability-How Do We Maximise Aviation Safety?", *Journal Air Law & Commerce*, Vol. 67, No. 3(2002), p.906.

다.[12] 그럼에도 불구하고, "책임을 묻는 것은 이 활동의 목적이 아니다"[13]라고 하는 사고조사의 목적은 사실상 많은 국가에서 지켜지지 않고 있다. 이 목적은 분명한 것처럼 보이나, 때때로 법적 책임을 고려할 때 실제적인 적용면에서는 간과되는 부분이 있으며, 이로 인하여 사고예방의 효과가 저하되는 것을 ICAO에서는 우려하고 있는 상황이다.[14] 이처럼 사고조사의 기술적 절차에 방해가 되고 항공실무자에 대한 형사 절차가 증가함에 따라 ICAO는 사고조사 절차의 목적을 강조하기 위하여 Annex 13의 내용을 지속적으로 개정하여왔다. 1994년 11월 10일자, 9번째 개정판에는 "책임을 묻기 위한 사법적 또는 행정적 절차는 본 Annex 조항에 따라 수행되는 모든 조사와 분리되어야 한다"라는 내용이 포함되었다.[15]

이처럼 항공사고의 사고조사를 둘러싼 법적 체계는 이 조사의 목적이 민사 및 형사책임을 결정하는 목적인 일반 법률조사의 목적과 상이함을 명시함으로써 비난 또는 책임을 묻기 위한 것이 아님을 명확히 하였다. 그러나 이것이 실제로 후속 법적 결과 및 소송에서 증거로서 조사의 결과가 사용되지 않음을 보장하지는 않는다.[16] 또한 사고조사의 결과가 이후의 형사 또는 민사소송에서 사용될 수 있는지 여부는 각 체약국의 법률에 따라 달라진다. 즉 공식 사고조사보고서 초안의 내용과 결과 그리고 최종 사고조사보고서는 항공실무자들을 대상으로 한 후속 형사소송에서 사고조사보고서 또는 그 일부를 증거로써 인정하는 개별국가의 접근방식이 서로 다르기 때문에, 항공실무자들이 자신의 처벌 여부를 예측하기 어렵다. 이것은 조종사가 일부 국가에서는 기소를 당할 수 있지만, 다른 국가에서는 그렇지 않을 수 있다는 것을 의미한다. 더욱이, 조종사가 사고조사의 과정에서 진술한 내용이 법정에서 증거로 사용되어 자신을 불리한 상황에 처하게

---

12) 우리나라는 항공·철도 사고조사에 관한 법률 제30조에 따라 "사고조사는 민·형사상 책임과 관련된 사법절차, 행정처분절차, 또는 행정쟁송절차와 분리·수행되어야 한다"라고 규정하고 있으며, 국제민간항공협약 Annex 13, 3.1과 5.4.1에 규정되어 있는 내용에 따라 "항공안전을 증진시킬 목적 이외의 용도로 사용하여서는 아니 된다"라는 내용을 사고조사보고서에 명시하고 있다.

13) ICAO, Annex 13, *supra* note 9, 3.1.

14) ICAO, Doc. 9422, Accident and Incident Prevention Manual, 1st edition(1984), 13.10.

15) ICAO, Annex 13, Aircraft Accident and Incident Investigation, 9th edition(2001), 5.4.1.

16) Sofia Michaelides-Mateou and Andreas Mateou, *Flying in the Face of Criminalization- The Safety Implications of Prosecuting Aviation Professionals for Accidents*, Ashgate(2010), p.117.

할 수도 있는 것이다.

### 2) 개별국가의 국내법에 따른 남용제한 차이

국제민간항공협약 Annex 13에 따라 사고조사위원회가 작성한 보고서 및 기타 자료가 민사 또는 형사소송에서 증거로 채택되기 위해서는 이익균형을 고려하도록 하고 있는데,[17] 이것은 안전정보가 항공안전을 위한 목적으로 사용되도록 하기 위한 조치로 볼 수 있다. 그러나 일부 국가에서는 민·형사 소송 모두에서 사고조사보고서가 제한 없이 사용되고 있다.[18] PRC의 설문조사에 따르면, "대부분의 국가에서 사법부 또는 행정 당국은 사고조사 중에 수집된 항공교통관리(Air Traffic Management) 관련 사고 또는 준사고 정보에 접근할 수 있다. 또한 사법당국은 사고조사의 관련 정보를 수집할 수 있는 모든 권한을 가지고 있다. 그러한 정보는 일반적으로 사고조사를 수행하는 기관으로부터 입수된다"[19]라는 사실을 밝혔다.

반면에, 형사 또는 민사소송에서 사고조사보고서의 사용이 특정한 제한을 받는 국가도 있다. 미국에서는 대부분의 법원이 민사소송에서 'NTSB 보고서의 사실 부분만을 허용'하는 입장을 보였다.[20] 또한 뉴질랜드에서는 사고조사위원회에 의하여 수집된 자료는 민사소송에서 법원의 결정에 따라 공개될 수 있지만, 형사소송에서 승무원을 상대로 사용할 수 없으며, 징계나 행정소송과 관련하여서도 사용할 수 없다.[21] 그러나 이것은 경찰과 사법당국이 사고조사위원회 자료를 이용하여 사건을 수사할 수 없도록 하기 위한 방침일 뿐 조종사가 기소되지 않을 수 있다는 것을 의미하지는 않는다. 다만 경찰이 그들의 사건을 입증할 가능성이 부족하기 때문에 기소는 사실상 불가능하다고 볼 수 있다.[22]

---

17) 제11차 ICAO 항공항법회의는 국제민간항공분야에서 사건 및 사고 기록의 정보가 재판 과정에서 증거로 인정받고, 사건에 연루된 개인들을 기소하는 결과에 대하여 이것은 정보의 자유로운 흐름을 방해할 수 있으며, 항공안전에 악영향을 미칠 수 있다는 점에 주목하였다. ICAO, Doc. 9828, *supra* note 13., pp.2-7; 이 회의에서 또 다른 쟁점은 사고조사관들이 형사 또는 민사소송에서 증언하기 위하여 전문가의 증인으로 소환될 수 있는지에 관한 것이었다.

18) ICAO, Supplement to Annex 13, *supra* note 6, at Switzerland.

19) Eurocontrol, Performance Review Commission, Performance Review Commission, Legal Constraints to Non-punitive ATM Safety Occurrence Reporting in Europe(2002), p.9.

20) John F. Easton, "The Rights of Parties and Civil Litigants in an NTSB Investigation", *J. Air L. & Com.* Vol. 68, No. 2(2003), p.218.

21) Francis Schubert, *supra* note 8, p.56.

체약국별로 정보보호의 범위는 상이하지만 이러한 정보보호의 근거는 안전정보 이용가능성과 관련된다. 즉 정보에 대한 접근과 사용이 적시에 확실하게 보장되도록 하려는 것이며, 정보의 흐름을 막지 않기 위해 노력하는 것이다.

## 2. 항공안전데이터 · 정보의 남용과 부정적 영향

사고조사 과정에서 수집된 정보를 민사, 형사, 사내 징계의 목적으로 사용함으로써 발생하는 이해충돌은 사고조사 과정의 취지를 심각하게 위협하고 있다. 특히 안전정보 남용의 증가는 사고조사위원회가 접할 수 있는 정보의 흐름을 감소시키고 항공실무자들은 처벌의 우려로 안전보고와 사고조사위원회에 협조하는 것을 주저하고 있는 것으로 나타났다.[23] 이로 인해, 사건에 대한 보고가 이루어지지 않고 사고조사의 과정에서 중요한 정보를 얻지 못하게 됨으로써, 항공안전의 개선과 사고 예방의 기회를 상실하게 되고 결과적으로, 항공안전에 부정적 영향을 초래하게 된다는 것이다.

### (1) 정보제공자의 소극적 협조

사고 및 사건조사는 사전예방적 안전관리를 통하여 위험을 제거하고 사고를 최소화할 수 있도록 하기 위한 것으로 시스템의 잠재적 또는 능동적 실패를 확인함으로써 중대한 사고 및 사건의 발생을 조사하는 데 초점을 맞추고 있다. 대부분의 사고조사는 발생에 관련된 모든 당사자들의 참여와 정보가 조사의 결과에 중요한 역할을 한다. 그러나 정보를 공개할 경우, 사고조사의 목적과 목표가 위태로워지고 항공안전에 부정적인 영향을 미칠 수 있다. 이러한 위험은 대다수의 항공실무자들이 항공기사고나 준사고에 따른 법적 결과 및 처벌의 두려움으로 조사의 참여를 꺼리는 데서 비롯되었다. 실제로, 다수의 조종사와 관제사의 노동조합(union)은 사고조사관이나 사법당국에 진술서를 제공해야 할 경우, 회원들에게 따라야 할 지침을 제공하고 있으며, 점차 더 많은 수의 조종사, 관제사 및 정비사들이 노조 대표가 참관하거나 법률 자문을 구한 후에 조사에 참여하고

---

22) Nathan Gedye, *supra* note 3, p.163.
23) NTSB Bar Association, *supra* note 11, p.876. NTSB 변호사협회도 "기소의 우려가 명백히 항공안전정보의 흐름을 저해한다"라고 표명한 바 있다. *Ibid.*, p.880.

있다.[24] 이러한 상황은 사고조사에 참여하는 항공실무자들의 우려를 분명히 보여주며, 사고조사가 비난과 책임을 묻는 데 사용되어서는 안 된다는 목적이 훼손된 것으로 볼 수 있다.[25] 이처럼 형사처벌에 대한 우려는 항공실무자들에게 수년 동안 신뢰되어 온 안전보고제도를 잠식시키고 있는 것으로 보인다. 이러한 근거는 다음의 사례에서 확인할 수 있다.

2002년 덴마크의 법원에서는 조종사가 안전하지 않은 방법으로 비행한 혐의로 재판을 받았다. 이 사건은 조종사의 보고에 기초하여 시작되었고, 재판에서는 조종사가 제출한 안전보고서의 공개가 쟁점이 되었다. 법원은 조종사의 보고서가 재판의 증거로 사용될 수 없음을 인정하였고, 검찰은 다른 사실과 증거에 근거해야 했다.[26] 이처럼 최근에는 원고 측 변호사들이 항공사에 대한 그들의 주장을 강화하고 증거를 얻기 위하여 안전보고제도의 데이터를 요청하면서 의무적이고 자율적인 안전보고프로그램이 항공기사고 이후 법적 분쟁의 중심이 되고 있다. ICAO는 이와 관련하여 사건 또는 사고조사 중에 자율적으로 진술한 정보가 후속 징계, 민사, 행정 및 형사 절차에 부적절하게 활용될 수 있다는 점에 주목하였다. 그러한 정보가 사용되는 경우, 앞으로는 조사자에게 공개되지 않을 수 있다는 점과 그러한 정보에 대한 접근 부족은 조사과정을 방해하고 비행 안전에 중대한 영향을 미칠 수 있다는 점을 인식한 것이다.[27] 더욱이, 사고나 사건과 관련될 경우, 그에 따른 처벌을 감수해야 하거나 처벌을 피하기 위하여 진실을 묵인하는 딜레마에 직면할 수도 있다. 만약 진실을 묵인하는 선택을 한다면, 위험은 지속될 것이며 또 다른 사고나 사건을 유발할 수 있을 것이다.[28]

---

24) Sofia Michaelides-Mateou and Andreas Mateou, *supra* note 16, p.156.
25) *Ibid*.
26) Peter Majgård Nørbjerg, The creation of an aviation safety reporting culture in Danish air traffic control(2003).
27) ICAO, Annex 13, *supra* note 9, 5.12.1.
28) ICAO, Doc. 9422, *supra* note 14, 3.2.22. 동 문서는 "규제 기관의 일부인 사고조사기관에 자신을 유죄로 만들 수 있는 정보를 말하는 것을 꺼리게 된다"라고 강조한다; NTSB 변호사협회는 "범죄조사가 사고조사의 일부로서 동시에 수행되거나 심지어 일부로서 수행될 때, 특히 증거사용과 관련하여 상충되는 이해관계가 발생한다. 동시 조사로 인하여 잠재적 증인들이 사고 수사에 협조하지 못할 수 있는 것은 그들의 증언이 기소에 이용될 수 있다는 정당한 우려 때문이다." NTSB Bar Association, *supra* note 11, p.901.

### (2) 자기부죄(self incrimination)의 문제

자신을 유죄로 만들 수 있는 진술을 규제 기관에 제출하도록 강요되어서는 안 되는 '자기부죄의 특권'은 관습법에 근원이 있지만, 일부 법체계에서도 인정되고 있다.[29] 즉 사고조사관에게 진술한 정보를 사고조사 자체가 아닌 다른 목적으로 사용하는 과정에서, 이러한 동시적 절차가 형사처벌의 위험을 수반할 경우 '자기부죄'의 문제가 제기될 수 있다. 이것은 사고조사를 위한 의사소통이 정보제공자를 범죄자로 몰아가는 결과를 초래할 수 있으므로, 항공실무자들은 자유롭고 솔직하게 의사소통에 참여하는 것을 자연히 꺼리게 될 것이다. '자기부죄의 문제'와 관련하여 미국 NTSB 변호사협회는 다음과 같이 언급하였다.

"진술 증거(testimonial evidence)의 사용은 …(중략)… 거의 확실히 헌법상의 자기부죄 문제를 제기할 것이다. 미국 수정헌법 제5조를 통하여 자기부죄가 될 수 있는 증거 제공을 거부할 권리가 사고조사를 수행하는 모든 경우에 반드시 적용되는 것은 아니다 …(중략)… 그러한 진술 내용은 피고인이 당시 구금되어 있지 않았기 때문에 수정헌법 제5호의 보장이나 심지어 미란다의 고지 없이 요구될 수 있다"[30] 이처럼 형사소송에서 전통적인 보호를 받지 않고 증언을 제공해야 하는 의무는 그러한 증언을 제공하도록 요청받은 사람들에게 회의감을 불러일으킬 수 있으며, 안전조사에서 협조한 내용으로 인한 기소의 우려로 이후 관련 조사에 협조하지 않을 수 있다는 것이다.

### (3) 공공과 민간의 협력 결여

안전정보공유프로그램의 성공적인 모델은 공공과 민간이 협력하는 것이며, 일부 국가에서는 이러한 협력의 성공적인 사례를 보여준다. 특히 브리티시 에어웨이즈(British Airways)와 협력하는 영국의 사례를 참조할 수 있으며[31] 미국의 경우, 2001년 이후 항공사가 보고하고 수집한 정보가 FAA에 의하여 집행 목적

---

29) 우리나라 헌법 제12조제2항에서도 "형사상 자기에게 불리한 진술을 강요당하지 아니한다"라고 규정하며, 제7항에서는 "피고인의 자백이 …(중략)… 자의로 진술된 것이 아니라고 인정될 때 …(중략)… 이를 유죄의 증거로 삼거나 이를 이유로 처벌할 수 없다"라고 명시하고 있다.

30) NTSB Bar Association, *supra* note 11, p.906.

31) GAIN, A Roadmap to a Just Culture: Enhancing the Safety Environment, Gain Working Group E, 1st edition(2004), p.35.

으로 사용되지 않도록 법적으로 보장하고 있다.[32] 그러나 각국의 국내법에 의한 정보보호의 기준은 상이하다. 영국의 경우 규제 기관과 항공사의 협력이 성공 사례로 부각되나, 사법당국과의 협력은 이루어지지 않는 것으로 보인다. 그러한 이유는 Hoyle v. Rogers[33]의 최근 판결에서 사고조사보고서가 법정에서 증거로 인정된 점을 통하여 확인할 수 있다. 이것은 법원의 안전정보보호에 관한 인식 부족과 항공안전 및 공정문화에 대한 이해 부족의 결과일 것이다.

이처럼 처벌과 정보남용의 위협은 사고 및 사건에서 개인의 과실을 숨기는 결과를 초래할 수 있다.[34] 즉 안전정보를 보호하지 않았을 때 발생 가능한 가장 큰 위험이 실제로 부정적인 결과를 초래하는 위험이라는 것을 의미한다. 이러한 위험은 항공실무자들이 과실을 보고하고 안전개선에 기여하는 대신, 처벌의 두려움으로 보고를 꺼리게 되면서 발생하는 것이다. 이러한 위험을 피하기 위한 주요 과제는 항공사고 이후, 범죄 수사 및 기소를 둘러싼 각 국가의 법률, 관행, 심지어 문화를 바꾸는 것이다. 또한 정보 보고자의 기밀성을 보장하기 위하여 조직 내에서 비공개 합의 제도를 마련하는 방안도 고려해 볼 필요가 있을 것이다.

## Ⅱ. 항공안전데이터·정보의 '비공개' 관련 사례 분석

### 1. 개 요

항공사고조사의 목적은 민사 및 형사책임을 결정하는 목적인 일반 법률조사의 목적과 다르다고 명시하고 있으며, 비난 또는 책임을 묻기 위한 것이 사고조사의 목적이 아니라는 것을 명확히 보여준다. 그러나 이것이 법원에서 소송의 증거로 사용되지 않도록 보장하지는 아니한다. 또한 안전정보가 이후의 형사 또는 민사소송에서 사용될 수 있는지의 여부는 각 체약국의 법률에 따라 달라질 수 있다.

ICAO 제11차 항행회의는 사실상 "실무자의 조치와 관련된 사법절차는 주로

---

32) FAA는 NASA의 항공안전보고 프로그램에 따라 제출된 보고서를 집행 목적으로 사용할 수 없다. 14 C.F.R. § 91.25.
33) Hoyle v. Rogers & Anor [2014] EWCA Civ 257.
34) Chris Chapman, A criminal mistake?, Chemist & Druggist(2009).

안전정보출처에서 얻은 것 이외의 증거에 기초하여야 한다"라고 결론지었다.[35] 이에 따르면, 사고조사보고서가 증거로 인정되고 있는 많은 국가에서 중요한 과제는 '기술적' 원인과 '법적' 책임을 명확히 구분하는 절차를 마련하는 것이다. 이처럼 사고조사보고서의 남용 문제는 여러 사고조사의 과정에서 이미 문제가 제기되어왔으며, 다음의 사례들은 안전정보 남용의 심각한 현실을 반영하고 있다.

## 2. 법원의 사고조사보고서 증거채택 사례

기소는 공식적으로 사고조사와 분리된 사법당국에 의하여 이루어진다. 그러나 기술적 사고조사의 보고와 진행은 보통 형사 절차의 수행에 중요한 역할을 하며 사고조사보고서가 비난이나 책임을 묻기 위한 것이 아니라는 사실[36] 자체가 책임을 결정하는 데 도움이 될 수 있는 어떠한 자료도 포함하지 않는다는 것을 의미하지는 않는다.[37] 많은 사법당국에서 사고조사보고서를 사건의 핵심 증거로 사용하여왔다. 그러한 이유는, 자체적으로 그 사건의 사실들을 입증할 능력, 자원, 전문적 지식이 부족하기 때문이다. 사법당국은 형사상 범죄로 간주될 수 있다고 인지될 경우, 자체적인 수사를 개시할 권리가 있으며, 사고조사보고서의 내용 및 관련 진술로 인하여 이후에 관련 조사 또는 범죄 수사를 개시할 가능성이 높기 때문에 관련 직원은 자율적으로 사고조사위원회에 사건을 보고하는 것을 꺼리게 되고, 기술조사에 소극적으로 협조하게 되는 것이다.

### (1) 일본의 MD-11 사고

일본의 MD-11 사고 이후 실시된 사고조사에서는 기장이 오토파일럿을 해제하지 않고 갑작스러운 진동(oscillation)을 일으킨 것이 승무원을 사망에 이르게 하였다는 내용이 사고조사보고서의 '가능한 원인'에 포함되었다. 사고조사보고서의 '가능한 원인'에 특정인의 책임이 지목되어 있었으므로, 책임 소재와 관련되었다는 것은 명백하였다. 사법당국은 사고 경위를 조사하였고, 사고조사 결과와

---

35) Francis Schubert, *supra* note 8, p.59.
36) ICAO, Annex 13, *supra* note 9, 3.1.
37) "NTSB 보고서에 중요한 증거가 포함되어 있다는 것을 실무자와 법원 모두 인정하고 있다." John F. Easton, *supra* note 20, p.217.

증거에 직접 접근할 수 있었다. 검찰은 공식 사고보고서의 '결과'를 토대로 '기장이 오토파일럿을 해제하지 않은 채, 난기류에서 속도를 줄이기 위해 조종 장치를 당겼다'라는 내용을 근거로 조종사를 업무상 과실치사 혐의로 기소하였다. 재판은 1년 10개월 동안 지속되었고, 2004년 3월 24일에 종결되었다.

재판 과정에서 사고조사보고서의 증거 채택에 대하여 법적 문제가 제기되었다. 검찰은 기장이 승무원의 치명적 부상 원인인 진동을 일으킨 책임이 있다는 증거를 제시하기 위하여, 사고조사보고서가 증거로서 인정됨을 주장하였다. 반면에, 변호인단은 국제민간항공협약 Annex 13에 따라 사고조사는 완전히 다른 목적을 가지므로, 책임을 묻는 데 사용되어서는 안 된다는 주장을 제기하였다. 법원은 이례적으로 보고서의 조사결과가 인정될 뿐만 아니라, 전문지식과 공정한 판단을 할 수 있는 조사관들의 의견을 담고 있으므로, 보고서 전체가 법정에서 인정된다고 판결하였다. 18개월에 걸친 재판 결과, 법원은 기장의 갑작스러운 비행장치 이동에 대하여 책임을 물을 수 있지만 부상을 예측할 수 없었고 범죄행위에 대한 증거가 없으므로 무죄 판결을 내렸다.[38]

### (2) Falcon 900-B 사고

그리스는 루마니아 당국의 최종 사고조사보고서를 토대로 조종사가 유발한 급격한 기체의 움직임에 대하여 과실치사 혐의를 적용하였다. 그리스 법원은 사고조사보고서 결과와 항공실무자들의 증언에 크게 의존하였으며, 공식 사고조사보고서는 법원에서 증거로 인정되었다. 재판 절차는 궁극적으로 검찰 당국이 제출한 루마니아 공식 사고조사보고서 결과에 기초하여 조사결과의 정확성과 가능한 원인에 대한 합리적인 의구심을 판단하는 것에 집중되었다. 법원은 기장이 자동조종장치로 전환하였을 때, 조종 장치를 방해함으로써 급격한 움직임을 유도하였다는 '가능한 원인' 시나리오를 받아들였다. 법원은 기장에게 유죄로 징역 5년을 선고하고, 부기장과 정비사들에게 무죄를 선고하였다.[39] 이 사건에서는 사고조사보고서와 그 보고서의 '결과'에 대한 그리스 사법당국의 의존도, 그리고 그것에 기초한 법원의 책임판단기준을 여실히 보여준다.

---

38) Sofia Michaelides-Mateou and Andreas Mateou, *supra* note 16, p.117.
39) *Ibid.*, p.118.

## (3) 영국의 Hoyle v. Rogers 판례

2014년 3월 13일, 영국 항소법원은 Hoyle v. Rogers 사건에서 항공사고조사국(Air Accidents Investigation Branch: 이하 "AAIB"라 한다)의 보고서가 증거로서 인정된다고 판결하였다.[40] 이 사건은 2011년 5월 15일, 탑승객인 Rogers가 복엽기(bi-plane)[41] 추락사고로 사망하였고, 조종사인 Hoyle는 사고에서 살아남았다. AAIB 보고서에는 Hoyle가 위험한 곡예비행을 한 내용이 포함되었다.[42]

이 사건의 쟁점은 판사가 2012년 6월 14일의 AAIB 보고서를 증거로 인정할 수 있는지 여부였다.[43] 항소법원은 민사소송에서 '사실적 증거의 기록과 전문가 의견'에 대한 AAIB 보고서를 증거로 인정한 1심의 판결을 확정하였다.[44] 증인으로 참석한 AAIB의 책임조사관은 '안전정보보호와 항공안전이 AAIB의 유일한 목적'임을 주장하며 보고서가 증거로 사용될 수 있도록 허용함으로써 발생할 수 있는 잠재적인 결과에 대하여 다음과 같이 경고하였다. "관련 정보의 공개는 사람들이 미래에 그들에 대한 소송을 두려워함으로써 정보를 주는 것을 더 꺼릴 것이기 때문에 안전정보가 줄어들 것이다. 더욱이, 보고서의 초안은 책임이나 묵시적 책임을 회피하는 방법으로 작성될 수 있으며, 정보제공자들은 침묵할 수 있다"[45]

국제민간항공협약 Annex 13의 5.12.1에서 다루듯이, 안전정보가 사고조사위원과 항공 관련 당사자들에게 정직하게 공개되지 않아 위험에 대한 선제적 접근이 어려워지면 항공안전을 위태롭게 할 수 있다.[46] 또한 이 판례는 관습법 국가

---

40) Gillie Belsham, Safety in the Balance, News(10.06.2014).
41) 날개가 2조로 되어있던 초창기의 비행기.
42) AAIB 보고서에는 Hoyle가 정확한 스핀 회복(spin recovery)을 수행할 적절한 훈련을 받지 않았으며, 항공기가 지상으로부터 약 1,500피트(feet) 상공에서 루프(loop)를 시작하는 것이 목격되었고, 항공기가 회복되지 않은 상태에서 의도치 않은 회전에 들어갔으며, 회복이 불가능할 정도로 낮게 비행하고 있었다는 것을 인지하였다. Hoyle v. Rogers & Anor [2014] EWCA Civ 257, paras 21-26.
43) *Ibid.*, paras 1-2.
44) 판사는 Hollington v. Hewthorn 사건에서 전문가 증거에 대한 예외를 인정하는 것에 의존하였는데, 사고조사보고서의 작성자들이 항공사고 분야의 전문가라고 추론하며, AAIB 전문가들이 항공사고 조사를 책임지는 상당한 자격을 갖춘 전문지식과 경험을 가지고 있다고 하였다 *Ibid.*, para 57.
45) *Ibid.*, para 76.
46) *Ibid.*, para 77.

인 영국이 안전 유지 또는 개선 이외의 목적으로 안전정보 및 AAIB 사고조사보고서를 접근 및 사용하는 데 매우 관대하다는 것을 보여준다. 국제항공운송협회(IATA)와 앞서 AAIB의 책임조사관이 지적했듯이, 이러한 결론은 항공안전에 직접적인 위협이 될 수 있다. 그러나 이 사건의 판사는 AAIB의 보고서를 증거로 인정함에 있어 항공안전에 위험이 된다는 것을 인지하지 못하였으며, AAIB 보고서를 승인하는 것이 항공 관련 당사자들의 정보 보고에 영향을 미칠 것이라고 확신하지 못하였다.[47] 이 사건을 통하여 '공정문화 모델', 특히 안전정보보호의 필요성이 사법당국에 의해 인식되거나 인정되지 않는다는 점을 충분히 확인할 수 있다.

## 3. 법원의 사고조사보고서 증거사용불가 사례

앞서 다수의 사고 사례와 판례에서 사고조사보고서의 정보를 사용하고 증거로 채택하는 것을 확인할 수 있었다. 그러나 일부 법원에서는 사고조사보고서를 증거로 인정하지 아니하였는데, 이것은 안전정보에 부정적 영향을 미칠 것을 우려한 결과로 볼 수 있다. 다음은 이와 관련한 사례 및 판례를 확인해 보고자 한다.

### (1) Garuda B737-400 사고

2007년 인도네시아 요그야카르타(Yogyakarta) 공항에서 발생한 가루다 B737 사고 이후, 인도네시아 국가교통안전위원회(National Transportation Safety Committee of Indonesia: 이하 "NTSC"라 한다)는 사고조사를 실시하였다. NTSC는 항공기가 착륙할 때 활주로를 이탈하였고, 화재가 발생하여 여객 20명이 사망하였다고 밝혔으며, 적정 속도보다 2배 빠르게 착륙을 시도한 것, 지상접근경보장치(Ground Proximity Warning System: GPWS)의 경고와 부기장의 회항 경고에 대응하지 못한 것을 사고의 기여요인으로 보았다. 이 사고와 관련하여 경찰이 병행수사를 하였고, 사고조사가 끝나자 200쪽 분량의 사고조사보고서가 검찰로 넘겨졌다.[48] 그러나 인도네시아는 국제민간항공협약 Annex 13의 SARPs에 따라, 사고조사보고서의 결과는 기소에서 허용되지 않으며, 형사 조사는 독립적으로 이루어지도

---

47) *Ibid.*, para 96.
48) Sofia Michaelides-Mateou and Andreas Mateou, *supra* note 16, p.210.

록 하고 있다. 사고 이후 NTSC 사고조사관이 경찰에 진술할 수 없었지만, 법제하에서 허용된 유일한 조치는 재판이 시작되면 전문 증인으로 법정 심리에서 증언하는 것이었다. 이것은 사고조사보고서 자체가 법원에서 사용될 수 없기 때문에 사고조사위원이 '전문적 증인'으로서 진술할 수 있도록 하는 것이며, 사고조사보고서는 CVR과 FDR로부터 얻은 데이터가 있으므로, NTSC는 형사 또는 민사상 책임조사에 어떠한 정보도 활용할 수 없다고 강조하고 있다. 이처럼 인도네시아는 국제규범에 따라 그러한 정보가 책임의 목적으로 형사 수사에 제공되지 않도록 강력히 규제하고 있는 것을 확인할 수 있다.[49]

### (2) Winnipeg 사고

2002년, 펜실베이니아 근처의 개인 활주로에서 6명의 여객이 탑승한 파이퍼(Piper) 항공기가 위니펙(Winnipeg) 거리에 추락하여 여객 1명이 사망하고, 여러 명이 상해를 입었다. 이 사고에서 검찰은 캐나다 교통안전위원회(Transportation Safety Board of Canada: 이하 "TSB"라 한다)가 수행한 공식 사고조사의 모든 관련 보고서를 법원에 제출할 것을 요청하였다.[50] 그러나 TSB는 '캐나다 교통사고 및 교통안전위원회 법'의 제33조에 명시된 "위원이나 조사관의 의견은 어떠한 법적, 징계 또는 기타 소송에서도 증거로 인정될 수 없다"라는 내용에 따라 그 요청을 수용하지 않았다. 또한 동법 제32조는 '조사자의 출석'과 관련하여 다음과 같이 명시하고 있다.

> "재판 전 절차와 검사관에 의한 조사를 제외하고, 재판이나 절차를 수행하기 전에 특별한 사유에 대한 명령을 받지 않는 한, 조사관은 어떠한 소송에서도 증인으로 출석할 의무가 없다. 법원은 이 사건에 '특별한 사유'가 있는지 여부를 판단해야 하며, 그러한 경우, 검찰의 요청과 그와 같은 증거가 법정에서 허용될 수 있도록 허락한다."

재판부는 TSB 조사관과 경찰이 모두 현장에 있었고, 경찰이 자체 수사 능력을 가지고 있으며, 검찰이 피고인을 상대로 한 사건을 입증할 증거가 충분한 상

---

49) Stephen Fitzpatrick, Garuda crash pilot facing jail, The Australian. 5 February 2008.
50) Sofia Michaelides-Mateou and Andreas Mateou, *supra* note 16, p.125.

황에서 특별한 사유가 없다고 보고 기각하였다. 법원은 "TSB 조사관들이 민사상 과실이나 형사상 유죄판결을 받는 법정 소송에서 증언을 하도록 요구한다면 TSB의 의무 이행에 있어 효과성에 부정적인 영향이 있을 것"이라는 점을 언급하였다.[51]

### (3) 사고조사보고서의 남용에 대한 분석

위의 사례들로 살펴본 바와 같이, 다수의 항공사고조사보고서, 특히 사고의 '가능한 원인'이 항공실무자에 대한 형사 조치의 근거가 되어왔다. Comair 사건에서는 사고조사보고서를 둘러싼 또 다른 법적 문제가 제기되었는데, NTSB의 '안전권고안'이 법정에서 사실적 보고서로 인정될 수 있는지, 아니면 NTSB의 '결론과 결정'에 포함되어 인정될 수 없는지를 결정해야 했다. 법원은 법령의 언어가 단지 '가능한 원인'의 결정 이상의 것을 포함하려는 의도를 나타내며, 법령에 사건이나 사고조사와 관련된 보고의 어떤 부분도 허용이 금지되기 때문에, '안전권고'는 법정에서는 인정될 수 없다고 보았다.

이처럼 형사조사 및 사고조사의 과정에서 사실과 데이터를 수집하는 조사자는 동일한 정보를 요구하며, 사고조사의 자료가 보다 기술적이고 전문적인 내용을 포함하고 있으므로 재판의 필수적 증거로 요구되고 있다. 그러나 민감한 항공안전데이터 및 기타 관련 정보의 수집과 공유가 안전을 위한 목적이 아닌 재판을 위한 증거로서 남용되는 것은 결과적으로 사고와 관련하여 중요한 진술을 한 당사자들이 형사처벌을 감수하도록 하는 것으로 항공안전에 영향을 미치고 사고조사의 독립성을 위태롭게 하는 결과를 초래할 수 있음을 고려해야 할 것이다.

### 4. CVR 및 FDR 데이터의 공개 및 사용

사고조사는 구두 인터뷰, 레이더 화면의 표시, 대화 및 통신상의 음성에 이르기까지 광범위한 데이터 유형에 의존한다. 이러한 사고조사보고서를 형사 절차에서 사용하는 것은 일반적인 허용 문제를 제기하지만, 음성인 대화 내용이 사고조사의 엄격한 범위 밖에서 공개되면, 개인정보보호와 구체적인 법적 우려가

---

51) R. v. Tayfel (M.) [2009] MBCA 124 (CanLII).

더해진다. 이 문제는 원래 조종실음성기록장치(CVR)에만 국한되었지만, 공중지상 간의 대화, 항공교통관제실의 협조 전화, 업무배경음성과 같은 모든 유형의 대화 음성으로 본질적인 문제가 확장되었다.[52] 특히 음성녹음은 사생활(privacy) 침해 에 해당할 수 있으며, 개인 간의 대화는 법적으로 개인데이터로 간주되고, 일반 적으로 법률에 의해 보호된다. 원칙적으로 이러한 데이터의 녹음은 불법이며, 대 화 내용이 공적 또는 사적인지에 관계없이 보호가 적용된다.

그러나 일부 정보보호의 제한은 개인의 권리를 포기하는 명시적인 동의를 요 구하거나, 입법자에 의하여 일반 대중의 이익이 특정 사례에서 개인의 권리보다 크다고 판단될 때 일방적인 법적 근거를 필요로 하는 것으로 보인다. 즉 이것은 적절한 법적 근거가 있어야 승인될 수 있음을 의미한다. 일부 국가는 특수한 상 황에서만 기록된 자료를 사용할 수 있도록 제한하는 구체적인 조치를 취하였다. 예를 들어 뉴질랜드에서는 "잠재적으로 침해할 수 있는 범위는 생성된 기록이 안전의 목적으로만 사용될 것이라는 명확한 이해에 기초한다"[53]라고 명시함으로 써 직원노조는 적절할 합의를 거쳤고, 음성녹음이 의도한 용도 이외의 목적으로 남용되지 않을 것이라는 보장을 받았다.[54] 녹음된 데이터의 사용에 대한 직원의 동의와 엄격한 조건은 음성녹음이 개인데이터의 보호에 미치는 제한 때문만이 아니라, 그러한 장치가 원치 않는 '자기부죄'의 도구가 될 수 있으므로 필수적이 라고 판단한 것이다. 이처럼 형사절차에서 음성기록을 증거로 채택할 경우 그러 한 데이터의 구체적인 상태를 고려하여야 할 것이다.

이와 관련하여 ICAO는 사고 및 사건조사의 과정에서 얻은 특정 기록의 비공 개와 관련된 규정을 강화하기 위하여 국제민간항공협약 Annex 13을 개정하였으 며, 개정안은 사고조사 당국과 사법당국이 그러한 기록의 공개를 고려해야 함을

---

52) 개인의 사생활 보호가 조종실음성기록과 같은 특정 항공안전정보에 기록된 개인에게 중요성을 두는 것은 일반적으로 받아들여지는 것으로 보인다. 그러나 항공교통관제기록과 같은 공공영역 의 통신에도 적용되는지에 대하여는 논란이 많다. Samantha Sharif, *supra* note 5, p.366.

53) *Ibid.,* p.340.

54) "조종실음성기록장치와 같은 잠재적으로 권리를 침해할 수 있는 장치의 설치는 생성된 기록들 이 항공안전의 목적으로만 사용될 것이라는 명확한 이해에 기초한다는 것이 노조의 견해였다." 저자는 이 계약들은 그러한 정보가 오직 안전을 위해서만 사용되어야 한다고 명시하고 있다. 이 러한 정보를 다른 목적으로 사용하는 것은 그러한 고용계약과 항공안전정보를 보호하는 국제협 약을 명백히 위반하는 것이라고 언급하였다. *Ibid.,* p.357.

추가로 강조하고 있다.

항공사고의 발생 이후, 다양한 이해관계자[55]들은 일반적으로 블랙박스(black box)로 불리는 비행자료기록장치로부터 상세한 정보를 요청한다.[56] 그러나 사고조사에 직접적으로 관련된 사람들에게 해당 기록저장장치의 접근 권한이 주어지며, CVR을 의무화하는 원래 법률이 명시하고 있듯이 정보는 사고조사의 목적으로만 사용되어야 하므로 실제 기록에 대한 접근은 제한적이다.[57] 이처럼 CVR 도입 이후 정부, 항공사, 조종사, 언론 및 사법부는 CVR의 적절한 사용과 관련하여 지속적인 논쟁이 있어왔다. 다음은 CVR과 관련한 여러 쟁점을 살펴보고자 한다.

### (1) CVR 설치의 의의

미국의 경우 미해결 항공사고가 증가하고 사고조사에 도움이 되는 더 많은 조사가 필요함에 따라, 1964년까지 '항공운송회사나 민간 사업자가 운용하는 대형 항공기'에 CVR 설치를 의무화하였다.[58] FAA의 유일한 의도는 '비상상황의 원인과 성격'을 결정하는 항공사고조사관에게 정보를 제공하기 위한 것이었다.[59] 미국 항공기에 대한 CVR의 도입 이후 사고조사, 언론에 의한 공개, 소송, 범죄조사 및 기소의 잠재적 용도로 사용되었는데, 사고조사는 의도된 용도였고 다른 것들은 그렇지 않았다. CVR 설치요건이 효력을 발휘한 때에 의회는 FOIA[60]를 통과시켰고, 이것은 많은 정부 소유의 정보를 일반 대중이 접근할 수 있도록 하였다.[61]

---

55) 이해관계자는 언론, 일반 대중, 유가족, 원고와 피고 측 변호사 등을 포함한다고 보았다. Van Stewart, "Privileged Communications? The Bright Line Rule in the Use of Cockpit Voice Recorder Tapes", *Journal of Communication Law and Technology Policy*, Vol. 11(2003), p.390.

56) The Black Boxes: Key to Understanding the Final Moments of Flight 93.

57) "기록된 정보를 요구하는 목적은 사고나 발생의 원인 파악을 돕는 것일 뿐이며, 그 정보는 사고나 발생의 조사와 관련하여서만 사용된다." 29 Fed. Reg. 8401 (July 3, 1964), Installation of Cockpit Voice Recorders in Large Air planes Used by an Air Carrier or Commercial Operator.

58) *Ibid.*

59) "FAA는 음성 정보의 유일한 목적이 사고나 사고의 원인을 결정하는 데 도움을 주는 것이며, 그 정보는 민사상 처벌이나 자격증명조치가 아닌 사고나 사건의 조사와 관련될 때에만 사용되어야 한다는 데 동의한다", *Ibid.*

60) 5 U.S.C. § 552.

이처럼 FOIA의 제정과 언론의 관심 증가로 인하여 CVR 정보의 활용은 원래 고려되었던 것 이상으로 확대되기 시작하였다. CVR 녹취록 일부가 뉴스 매체에 등장하기 시작하였고, 이로 인하여 사고 원인에 대한 조기 추측과 잘못된 정보가 유포되었다. 이러한 언론 기사들은 종종 사고 관련자들에 대한 부당하고 불공정한 소송으로 이어졌다.[62] 이에 1982년, 미 의회는 대중이 여전히 정보에 접근할 수 있도록 보장하면서 남용 행위를 억제하기 위한 법안을 통과시켰다.[63] 이 법의 명확한 의도는 NTSB가 그 기록의 관련 부분이 대중에게 공개되기 전에 CVR의 내용을 평가할 수 있도록 방해받지 않는 60일의 기간을 제공하는 것이었다. 그러나 이 법률은 CVR의 조기 유출을 방지하지 못하였다. 한 예로, 1987년 NTSB가 CVR에 대한 조사를 시작하기도 전에, 뉴욕타임즈는 디트로이트에서 발생한 노스웨스트 항공기사고의 CVR 정보를 공개하였다.[64] 게다가, 주법원은 CVR의 사용에 대한 보호명령을 내리지 않고, 증거개시(discovery)를 통하여 이용할 수 있도록 허용하였다.[65] CVR의 더 큰 남용 중 하나는, 텍사스주 법원에서 증거개시를 통하여 CVR 공개를 명령한 것인데, 이 정보는 결국 언론사에 의해 방송되었다.

CVR 설치와 관련하여 초기에 조종사들은 그들의 대화가 녹음되기 때문에 CVR의 설치를 꺼렸으나, 사고조사에서 얻는 안전의 이익을 인식하고, 결국 CVR이 본래의 목적으로만 사용될 것이라는 보장으로 설치를 받아들인 것이었다.[66]

---

61) "본 섹션의 어떤 것도 본 절에서 특별히 명시한 것을 제외하고 대중에게 정보의 유보 또는 기록의 이용가능성을 제한하는 것을 승인하지 않으며, 또한 본 섹션이 의회로부터 정보를 보류하는 권한이 될 수 없다." S. Res. 1160, 89th Cong.(1966).

62) Van Stewart, *supra* note 55, p.395.

63) Independent Safety Board Act Amendments of 1982, Pub. L. No. 97-309, 96 Stat. 1453(1982). 위원회는 사고조사나 사고와 관련된 통신, 조종실음성기록장치 및 기록을 대중에게 공개하지 않아야 한다. 단, 위원회가 사고나 사건에 적절하다고 판단하는 음성통신 사본의 전체 또는 일부는 이사회 공청회 시, 그리고 사고나 사건 발생 후 60일 이내에 대중에게 공개되어야 한다.

64) Van Stewart, *supra* note 55, p.395.

65) *Ibid*.

66) 1969년 초, 미국 항공조종사협회(ALPA)의 집행위원회(Executive Board of the Air Line Pilots Association)는 CVR의 사용을 승인하였고, CVR의 사용은 사고조사관에 국한된다는 단서를 달았다. 동시에 ALPA는 "사고조사 이외의 목적으로 항공기 충돌 기록기와 조종실음성기록장치를 사용하는 것에 반대하는 오랜 입장을 재확인하였다." 의회, FAA, NTSB 및 대다수의 미국 조종사들은 물론, 국제항공분야 대다수가 이러한 견해를 공유하고 있다. *Ibid*., p.396.

그러나 결과적으로, CVR은 사고조사에만 사용되도록 의도한 영역을 벗어나게 된 것이다.

### (2) CVR 공개의 제한과 남용의 문제

국제민간항공협약 Annex 13에 따라 CVR 공개와 관련하여 해당 규정은 "사고조사를 수행하는 국가는 국가 법령 및 국가가 지정한 규제 기관이 결정하지 않는 한 또는 공개나 사용이 향후 조사에 미칠 수 있는 국내외적 영향을 능가하는 경우, 조종실음성기록장치 및 기록데이터를 사고 및 사건조사 이외의 목적으로 사용할 수 없도록 하여야 한다"[67]라고 명시하고 있다. 이에 따라 일부 국가에서는 국내법을 통하여 CVR의 사용을 제한하고 있다. 뉴질랜드에서는 1995년 항공기사고에서 CVR을 압수하기 위한 경찰의 영장에 대응하여,[68] 정부는 비행자료기록장치와 사고조사의 독립성을 보호함으로써 국제민간항공협약 Annex 13 SARPs의 내용을 반영하는 새로운 법을 제정하였다. 이 법은 형사 수사절차에서 비행자료기록장치의 사용을 제한하고, 법적 절차나 행정적 절차에 사용하는 것을 금지하며, 언론에 의한 사용을 금지하도록 하는 것이다.[69]

미국 현행법은 공청회나, 공공의 이익에 대한 예외를 제외하고 CVR이 공개되는 것을 금지하고 있다.[70] FAA는 CVR을 민사금전벌(civil penalty)의 증거로 사용하지 않으며,[71] 증거개시는 공정한 사법절차를 위해 필요한 상황으로 엄격히 제한된다. 그럼에도 불구하고, 사고조사 영역 밖의 공개문제는 여전히 존재하며,[72] 아직도 많은 국가가 사고조사와 관련하여 미국처럼 법률로 제한하지 않는

---

67) ICAO, Annex 13, *supra* note 9, 5.12.
68) 뉴질랜드 북섬, 팔머톤 노스(Palmerton North)행 안셋(An sett) DHC-8, 트윈 터보프롭(twin turboprop) 항공기는 조종사들이 착륙장치 고장 문제를 해결하며 접근하던 중, 산능선에 충돌하여 네 명의 승객과 승무원이 사망하였다. 뉴질랜드 정부 교통사고조사위원회가 사고 경위를 조사하는 동시에 경찰은 조종사들이 항공기 운항에 형사책임이 있는지 확인하기 위한 조사의 일환으로 CVR을 압수하였다. Van Stewart, *supra* note 55, p.396.
69) *Ibid*.
70) 49 U.S.C. § 1114(c)(1), 위원회가 조사한 사고 또는 사고와 관련된 승무원과 지상간의 조종실음성 또는 영상기록 또는 녹취록의 일부를 공개적으로 공개할 수 없음을 명시하고 있다.
71) 5 U.S.C. § 552(b)(3).
72) 이와 관련하여 1995년 12월 20일 콜롬비아 칼리(Cali)로 접근하던 아메리칸(American)항공 757이 추락하였고 콜롬비아 정부의 사고조사기관이 NTSB의 기술적 도움을 받아 사고조사를 실시하였다. 이후 출처가 밝혀지지는 않았으나, NBC 텔레비전 네트워크(Television network)는 CVR의 사본을 입수하여 NTSB의 공개금지 요청에도 불구하고, 그들의 프로그램인 Dateline에서

경우가 많기 때문에 정보의 남용 문제가 초래되고 있다.

CVR의 설치와 관련하여 국제민간항공조종사협회(IFALPA)는 항공안전을 위한 CVR의 긍정적인 면을 인식하여, 그러한 조건에서의 사용을 승인하였다.[73] 그러나 언론, 법원에서 CVR 및 FDR 데이터가 공개되어왔으며, 조종사들은 그러한 침해에 영향을 받아왔다.[74] 여기서 중요한 점은, 명확한 법률을 통하여 CVR이 목적에 맞게 사용될 수 있도록 제한하는 것은 국내법의 영역이며, 개별국가의 법적 명확성은 항공안전에 대하여 고려되는 중요성과 가치에 비례할 것으로 보는 것이 타당하다는 점이다.

## (3) CVR의 개인정보와 사생활 침해 논쟁

CVR은 의도한 대로 사용되었을 때 필수적인 기능을 제공하지만, 조종실에서 사생활 보장을 기대하는 개인에게는 침해가 될 수도 있다. 이와 관련하여 미국 연방대법원은 "일반 직원이라도 자신의 사무실에서 사생활에 대한 합리적인 기대를 갖고 있으며, 조종사에게 조종실은 그들의 사무실이다"라고 하였다.[75] 조종사들은 CVR로 인하여 사생활이 침해당하는 것은 사실상 묵인하였지만, 궁극적으로 사고조사의 목적으로 사용되도록 허용한 것을 고려하여야 한다.

CVR의 사생활 침해 주장을 뒷받침하는 것은, 미국 컬럼비아 순회 항소법원 (United States Court of Appeals for the District of Columbia Circuit)의 두 가지 사례를 들 수 있다. 미국에서는 FOIA Sec. (b)(6)에 따라 개인의 사생활을 침해할 수 있는 직원, 의료 및 기타 파일의 공개는 적용되지 아니함을 명시하고 있다. 순회 항소법원은 1986년 우주왕복선 챌린저호가 파괴된 지 6개월 후에 공군의 부검보고서를 공개하는 것이 "희생자의 유가족에게 정신적인 충격을 줄 것"이라고 하였으며, "명백히 부당한 사생활 침해에 해당되는 것"이라고 판결하였다.[76] 또한 뉴욕 타임스 기자는 NASA의 우주왕복선에 기록된 모든 음성 및 데

---

CVR의 일부 내용을 방송하였다. 이러한 점에서 볼 때, CVR은 NTSB에 의하여 정보공개가 금지되어 있고, 법원도 이를 증거개시하는 데 큰 제약을 받고 있으나, 비공식 출처에서 입수하여 방송하는 것을 막을 방법은 없는 것으로 보인다.

73) Van Stewart, *supra* note 55, p.396.
74) O'Connor v. Ortega, 480 U.S. 709, 718 (1987).
75) *Ibid.*
76) Badhwar v. United States Dep't. of Air Force, 829 F.2d 182, 186 (D.C. Cir. 1987).

이터 통신의 녹취록과 사본의 공개에 대한 FOIA를 요청하였으나 거부당하자 법원에 소를 제기하였다.[77] 원고는 우주비행사들의 목소리와 배경 소음의 변곡점에서 "사고를 둘러싼 사건에 관한 사실적인 정보"가 있을 수 있다며 공개를 주장하였다.[78] 원고는 또한 "국민은 재난에 대한 완전한 이해와 그 사건의 전후상황, 기관 및 직원들의 행위에 대하여 강력하고 정당한 관심을 갖고 있다"라고 주장하였고, 법원은 CVR의 공개를 명령하였다.[79] 그러나 항소 심리 이후에, 법원은 대중이 NASA의 활동에 대하여 관심을 가지고 있다는 점에는 동의하였으나, CVR의 공개가 그러한 관심을 충족하는지 확신하지 못한다고 판단하였다.[80] 법원은 CVR을 공개하는 것이 NASA에 대한 대중의 이해나 챌린저 사고에 크게 기여하지 않는다고 결정하고, 그 공개 여부를 결정하기 위한 이익균형평가(balancing test)를 하였다.[81] 법원은 O'Connor v. Ortega[82] 사건에서 "사무실에서는 사생활에 대한 합리적인 기대가 있다"라고 결론지은 선례를 따랐다. 이 사건이 "개인정보보호의 이익이 상당하고, 공익성이 불확실하며, 기관이 요청에 응답하는 자료를 이미 공개한 경우"에 해당된다고 보았으며, "사생활의 관심이 공공의 이익보다 더 크다"라고 판단하였다. 이 사건에서 볼 수 있듯이, CVR의 공개와 관련하여서는 조종실의 사생활 침해 문제도 중대한 고려대상이 되어야 하며 단순히 대중의 관심이 높다는 이유로 공개가 되어서는 아니 됨을 의미한다.

### (4) 소송에서 CVR의 사용

CVR은 사고조사를 위한 목적임에도 불구하고, 대중매체를 통하여 사고 당시

---

77) New York Times v. NASA 782 F. Supp 628 (D.D.C. 1991).

78) *Ibid*.

79) *Ibid*.

80) 이와 관련하여 법원은 FBI가 FOIA에 따른 민간인의 전과 기록(rap sheet) 공개를 거부한 대법원의 판례에 의존하였다. 미국 법무부(Department of Justice) v. 언론 자유를 위한 기자 위원회(Reporters Committee) 사건에서 연방대법원은 공개에 대한 공공의 이익이 불충분하다는 이유로 다음과 같은 기준을 적용하였다. FOIA의 기본방침은 시민의 정부가 무엇을 하고 있는지에 대한 정보에 초점을 맞추고 있으며, 이러한 목적은 민간인에 대한 정보를 공개함으로써 조성되는 것이 아니라, 기관의 행위에 대한 것이다. FOIA에 대한 의회의 목적은 "정부의 운영이나 활동에 대한 대중의 이해에 크게 기여하기 위한 것"이라고 강조하였다. United States Dep't. of Justice v. Reporters Comm, for the Freedom of the Press, 489 U.S. 749, 773 at 775 (1989); New York Times v. NASA 782 F. Supp 628 at 633 (D.D.C. 1991).

81) 5 U.S.C. § 552(b)(6).

82) O'Connor v. Ortega, 480 U.S. 709, 718 (1987).

의 내용뿐만 아니라 일상적 교신내용도 공개되어 쉽게 접할 수 있다. 미국에서도 변호사들은 소송 목적으로 CVR 자료를 사용하고 있는데, 이것은 CVR, FDR 모두 쉽게 구할 수 있어 소송에서 양측에 의해 자주 사용된다는 것이 밝혀졌으며, 종종 결정적인 결과를 가져오기도 한다. 예를 들면, 1995년 콜롬비아 칼리 인근 산악지역에서 아메리칸 항공 965편의 추락사고가 발생하여 탑승자 4명을 제외한 나머지 인원이 모두 사망하였다. 이 사고로 아메리칸 항공에 대한 다중 책임론이 제기되었고, 원고는 바르샤바협약에 따른 조종사의 '고의로 추정되는 과실'(wilful misconduct)에 대하여 소를 제기하였다. 항공사는 이에 대한 반증으로 재판에서 CVR의 기록을 사용하였다.[83] 이 사고의 사실에서 항공기는 이미 도착이 지연된 상황으로, 착륙접근을 위한 관제 허가가 지연되자 조종사들이 강하를 위한 허가를 재촉하였으며, 항공기의 선회가 아닌 착륙을 요청하는 상황이었다.[84] CVR 기록에 따르면 조종사들이 항법장치를 잘못 수정하여 항공기가 강하하는 동안 동쪽 산악 지형으로 돌아가는 결과를 초래하였다. 조종사들은 궤도를 벗어나 있었는지 분명 알지 못하였고, 야간 비행으로 아무것도 볼 수 없는 상황이었다.[85] 또한 항공기의 지상접근경고장치(GPWS)는 접근하는 지형에 대하여 너무 늦게 경고하여, 항공기는 13초 후에 추락하였다. 재판 과정에서 법원은 CVR에 크게 의존하여 판결하였다.[86]

이 사건에서 조종사들의 중대한 오류 중 하나는, 높은 지형의 위험이 뚜렷한 환경과 야간 항로를 급격히 벗어난 위치에서 계속 강하한 것이었다. 이것은 명백하게 무모하고 위험한 것이며, 심지어는 산에 충돌한 것에 직접적으로 책임이 있다고 보았다. 만약 CVR에 의한 상세한 정보가 없었다면, 이 항공기가 왜 추락하였는지에 대한 명확한 이해와 책임입증은 어려웠을 것이다. 그러나 이 사건에서 법원은 CVR 정보에 근거하여 판단하였다는 사실은 명확하며, CVR의 접근 제한에 대한 문제점을 여실히 보여준다. 이후, 미국에서는 2000년 CVR 관련법

---

83) In re Air Crash Near Cali, Colombia on Dec. 20, 1995, 959 F. Supp. 1529 (S.D. Fla. 1997), p.1106.

84) *Ibid.*, p.1111.

85) *Ibid.*, p.1138.

86) "965편 비행의 마지막 몇 분 동안 전개된 내용에 대한 우리의 이해의 상당 부분은 조종실음성 기록장치의 기록 내용에 기초하고 있다." *Ibid.*, p.1115.

을 개정함으로써 기밀성을 재차 강조하고, 고의적 범죄행위가 발생할 경우, NTSB가 FBI에 관련 정보를 넘기는 절차를 만들었다.[87] 이로 인하여 2001년 9월 11일 사건에서는 테러용의자에 대하여도 CVR의 기밀성을 보장하였고,[88] 재판 중에 CVR을 공개하려는 계획에 대하여 정부는 49 U.S.C. §1154에 따라 보호명령을 이행하였다.

이처럼 미국에서 CVR에 대한 기밀성이 다른 정보에 비하여 특별히 강조되고 있는 것은 이에 대한 문제의 심각성과 논의가 꾸준히 이루어진 결과로 판단된다.[89] 우리나라는 CVR 공개 및 남용과 관련하여 심각히 고려되고 있지는 않으며, 이러한 이유로 법률적 제한도 다른 항공안전데이터와 동일한 수준을 유지하고 있는 것으로 판단된다.

## 5. CVR 및 FDR 남용 관련 사례

항공사고 발생 이후, 법원에서 CVR 및 FDR 기록의 공개 여부는 지속적으로 논란이 되어왔다. 국제민간항공협약 Annex 13에서 민감한 데이터로 보호되어야 함을 명시하고 있지만, 국내법에서 이를 보호하는 법령이 없는 경우 보호받기 어려우며 법원에서 항공실무자들의 책임을 결정하기 위한 수단으로 사용되고 있는 것이다. 다음에서 CVR 및 FDR 남용 사례를 통하여 공정문화 환경의 구현을 위한 민감데이터의 '비공개' 필요성을 확인해 보고자 한다.

### (1) Aerosweet Yakovlev-42

우크라이나의 에어로스위트 항공이 운영하는 Yakovlev 42는 계기착륙방식 (VOR/ILS)을 이용하여 접근하던 중, 활주로가 보이지 않아 예상 경로에서 상당

---

87) National Transportation Safety Board Amendments Act of 2000, Pub. L. No. 106-424, 114 Stat. 1883(2000).

88) Indictment, United States v. Zacarias Moussaoui, Criminal No. 01-455-A (E.D. Va. filed Dec. 11, 2001).

89) CVR의 기밀성과 관련하여 미국 조종사협회(ALPA)에서도 CVR 법규가 공개를 특별히 금지하고 있으며, 대법원과 미국 제4차 순회항소법원이 민감한 증거인 CVR에 대하여 유보적인 입장을 고수했다고 주장하면서, 기밀성을 유지하기 위하여 청문회에서 CVR 녹취록의 사용을 제한해야 한다고 주장하였다. 또한 미디어가 법정에서 재생되는 CVR의 접근을 제한하기 위하여 언론과 일반 대중을 형사재판에서 배제하는 결정을 인용하였다. Ibid., p.14.

히 벗어난 카테리니의 산악 지형에 추락하여 탑승자 74명이 전원 사망하였다. 사고조사보고서에서 사고의 '가능한 원인'으로는 조종사들이 접근방식을 적절하게 계획 및 실행하지 못했기 때문이며, 보고서의 요약된 원인은 주로 조종사의 작위와 부작위에 기인하는 것으로 보았다. 사고조사 과정에서는 항공기가 표준 접근절차에서 벗어난 이유를 확인하기 위하여 테살로니키 군사 레이더에서 얻은 정보뿐만 아니라, CVR과 항공교통관제사의 기록에 크게 의존한 점이 확인된다. 특히 CVR은 세 명의 다른 전문가에 의한 번역이 이루어짐으로써, 해당 정보에 대한 부정확성의 문제가 제기되었다. 사고조사의 과정에서 관제사는 비행의 접근단계 동안 역할에 대한 진술을 제공함으로써 사고조사에 적극적으로 참여하였으며, 이러한 진술 내용은 최종사고조사보고서에 포함되었다. 그러나 그리스 검찰 당국은 두 명의 관제사를 의도치 않은 과실치사 및 항공운송의 안전방해 혐의로 기소하였으며, 관제사의 주의의무 부족으로 이러한 특정 상황에서 합리적인 조치를 취하지 않아 과실이 발생하였다고 보았다. 테살로니키 법원은 형사재판의 과정 동안 사고보고서와 CVR 내용을 포함한 비행경로 애니메이션을 법정에서 공개하였고, 법원은 제출된 증거에 기초하여, 비자발적 과실치사 및 항공교통업무방해 혐의가 합리적 의심을 넘어 입증되었다고 판결하였다.

이 사건에서 CVR은 조종사 간의 통신뿐만 아니라 관제사와의 통신 내용도 증거로 채택되었다. 또한 CVR의 내용은 세 번의 번역을 거쳤는데, 우크라이나 승무원의 조종석 통신은 러시아어로 번역되어 CVR의 첫 사본은 러시아어로 기록된 뒤 우크라이나 당국에 의해 영어로 번역되었다. 두 번째 기록물은 러시아 항공당국에 의해 제작되었고 영어로 번역되었다. 이후, 두 기록물은 그리스어로 번역되어 테살로니키 법원에 제출되었다. 이러한 이유로, CVR의 상충하는 번역 내용에도 불구하고 법원이 해당 내용에 크게 의존하였다는 것은 명백하며, 이것은 법원이 관제사들의 책임을 결정할 때 공식 사고조사에서 도출된 내용 및 증거를 토대로 하였음을 보여준다.

## (2) Ansett New Zealand DHC-8

1995년 6월 9일, 오클랜드 공항에서 파머스턴(Palmerston) 북쪽으로 비행할 예정인 Ansett DHC-8편이 악천후로 공항에서 16㎞ 떨어진 곳에 추락하였다.

조종사는 사고에서 살아남았지만, 4명의 여객과 객실승무원은 사망하였다. 경찰은 범죄 수사의 일환으로 뉴질랜드 교통사고조사위원회에 기록의 녹취록뿐만 아니라 실제 CVR을 요청하였지만, 위원회는 이를 거부하였다. 그러나 이 사고 당시, 뉴질랜드는 CVR을 의무적으로 보호하는 법률이 없었고, 법원은 국제민간항공협약 Annex 13의 규범이 CVR을 보호하여야 한다는 것을 명확히 하지 않았기 때문에 경찰이 실제 CVR을 얻을 권리가 있다고 판결하였다. 이에 따라 경찰은 수색 영장을 집행하고 CVR을 소지하게 되었다.

이후, 1999년 9월, 조종사에 대한 형사 또는 민사소송에서 비행자료기록장치의 사용을 금지하는 법안이 통과됨에 따라 법원은 CVR이 법정에서 허용되지 않는 것으로 판결하였고, 항소법원은 기장에게 결국 무죄를 선고하였다.

### (3) CVR과 FDR 공개 판례

2013년 8월 23일, AS332 슈퍼 푸마(Super Puma)는 셰틀랜드 제도(Shetland Islands) 섬버르 공항에 접근하던 중 추락하였다.[90] 이 사고와 관련하여 스코틀랜드 주 변호사(The Lord Advocate)와 경찰은 항공사고조사기관(Air Accidents Investigation Branch's: 이하 "AAIB"라 한다)의 조사가 끝나지 않았고, 사고의 가능한 원인을 규명하지 않았음에도 불구하고, 기술적 결함이 없는 경우 조종사들이 탑승객의 사망을 직접적으로 야기하는 형사상 과실을 범하였을 것이라고 추정하였다.[91] 또한 이 사건에서 스코틀랜드의 주 변호사는 진행 중인 항공기사고에 대하여 AAIB에 FDR과 CVR을 요청하였다. 그러나 영국 항공조종사협회와 사고에 연루된 승무원은 해당 정보의 공개신청을 강력히 거부하였다.[92]

법원은 AAIB 조사가 진행 중인 동안 법 집행을 위해 FDR과 CVR을 공개하는 것에 대하여 이익균형을 고려하였고, 판사는 국제민간항공협약 Annex 13, 5.12의 "국가가 지정한 규제 기관의 공개 또는 사용에 대한 조치가 향후 조사에 미칠 수 있는 국내외의 부정적 영향을 능가한다고 판단하지 않는 한 체약국에 의한 데이터 공개를 금지"하도록 하는 조항을 인용하였다.[93] 그럼에도 불구하고,

---

90) Frank Mullholland QC, The Lord Advocate(2015) CSOH 80.
91) *Ibid.*
92) *Ibid.*
93) *Ibid.*

스코틀랜드 법원이 관련 기록을 공개하는 것에 대한 공공의 관심이 이러한 조치가 향후 사고조사에 미칠 수 있는 국내외의 부정적인 영향을 상회하는지에 대한 이익균형을 판단하는 과정에서 분석은 논점을 벗어났다. 즉 많은 부문의 전문가와 관계자들이 민감한 정보의 공개로 발생할 수 있는 부정적 영향을 증언하고, 법 집행에 대한 데이터의 공개에 반대하는 합리적이고 명쾌한 주장을 하였지만, 스코틀랜드 법원은 결국, CVR과 FDR 데이터의 공개를 명령하였다.

이 사건은, 일반 법관이 항공운영의 복잡성과 FDR 및 CVR 기록과 Annex 13에 따라 수행된 항공기 사고조사와 관련된 기타 민감한 정보를 보호할 필요성에 대하여 인지하지 못하고 있음을 보여주었으며, 이러한 이유로 법원에 의한 이익균형 판단이 과연 공정한지에 대한 의문이 제기되었다.

## (4) CVR 및 FDR 남용에 대한 분석

사고를 완전히 이해하고 적절한 안전권고사항을 제시하기 위해, 사고조사자들은 사고와 관련된 당사자들로부터 모든 관련 정보와 증거를 얻어야 한다. 여기에는 CVR 및 FDR에서 얻은 정보와 같은 민감한 항공안전데이터가 포함된다. 2006년 3월, ICAO 총회는 안전데이터수집 및 처리시스템으로부터 정보를 보호하기 위한 법적 지침을 채택하였다.[94] 국제민간항공협약 Annex 13의 부록(appendix) 2는 안전정보가 수집된 목적과 다르게 사용되는 것, 즉 실무자에 대한 징계, 민사, 행정 및 형사소송에 사용하는 부적절한 사용으로부터 보호되어야 한다는 일반 원칙 및 구체적인 지침을 제시하고 있다.

앞서 분석한 바와 같이, CVR과 FDR의 데이터는 조종사, 관제사, 정비사, 기타 항공실무자에 대한 기소가 진행되는 동안 광범위하게 사용되어왔다. 특히 조종사와 관제사들의 대화가 녹음된 CVR이 법원의 결정에 중요한 역할을 한 것으로 볼 수 있다. 주목할 만한 예로는 Tuninter 사고와 Yak-42 사고가 있다. Tuninter 사고의 경우, 조종사가 당황하여 비상점검항목(checklist)에서 요구하는 법적 의무를 다하지 않았다는 검찰의 주장을 뒷받침하기 위하여 법정에서 CVR을 공개하였다. 또한 Yak-42 사고의 경우 법원은 사망한 조종사의 심리상태를

---

94) ICAO, Protecting information from safety data collection and processing systems in order to improve aviation safety, Assembly-35th Session, Resolutions, A35-17(2004).

분석하고 재판 중인 두 관제사에게 법적 책임을 부여하기 위해 CVR 기록에 전적으로 의존하였다. Falcon 사고와 Garuda B737-400 사고에서도 FDR 데이터가 법정에서 광범위하게 사용되었다. 이처럼 민감한 항공안전데이터는 비록 국제민간항공협약 Annex 13에서 보호해야 함을 명시하고 있으나 실질적인 보호와 그 범위를 결정하는 것은 각 국가의 법률에 따르게 되므로, 조종사와 관제사는 모든 국가에서 동일한 보호를 받는다고 보기 어렵고 이것은 국경을 넘어 비행하는 조종사들에게 더 큰 영향을 미친다.

초기에 CVR을 민간 항공기에 탑재하려는 본래의 의도는 사고조사를 위한 것이었고, CVR이 항공기사고의 원인을 찾는 것과 사고의 재발 방지에 도움이 된다는 것은 이미 증명되었다. 그러나 이 필수적인 안전데이터가 소송의 증거로 남용된 사실도 사례를 통하여 이미 증명되었다. 이러한 상황을 제한하기 위해서는 국내법을 통하여 조종사들의 사생활 권리와 조종실 내에서의 의사소통에 대한 특권적인 보호를 보장하여야 할 것이다.

## 6. 항공안전보고서 및 사고조사 진술의 남용

### (1) 항공안전보고서의 정보 남용 사례

미국 켄터키주 렉싱턴에서 조지아로 가는 국내선 항공편인 Comair Flight 5191편은 이륙을 시도하다가 추락하였다. 항공기는 이륙을 위해 배정받은 활주로가 아닌 다른 활주로를 사용하였고, 안전한 이륙에 미치지 못하는 거리로 항공기가 공중에 뜨기 전에 활주로가 끝나면서 추락하여, 여객 47명과 승무원 3명 중 2명이 모두 사망하였다. 부기장이 유일한 생존자였으나 그는 중대한 부상을 입었고, 사고에 대한 기억은 없지만 활주로 26의 조명이 켜지지 않았다는 사실을 포함하여 잘못된 활주로에 있었다는 많은 단서를 가지고 있었다. NTSB는 조종사 과실로 승무원들이 공항에서 지상 이동 중 항공기의 위치를 확인하기 위해 사용 가능한 단서와 보조 장치를 사용하지 못하였고, 비행기가 이륙 전에 올바른 활주로에 있는지 교차 확인하지 못하였다는 점이 사고의 '가능한 원인'이라고 밝혔다. '기여요인'은 지상 이동 중, 승무원의 비업무 관련 대화로 인한 위치 인식 상실과 FAA가 모든 활주로의 이동을 특정 ATC에 의해서만 승인되도록 요구한 것을 요인으로 보았다.

후속 민사소송에서 원고[95]는 컴에어의 활주로 침입[96]과 관련된 모든 'ASAP 보고서'를 공개하라는 요구서를 제출하였다. 이에 대하여, 컴에어는 강제적인 ASAP 보고서의 공개가 입법자의 의도 및 FAA의 목표와 모순된다고 주장하였고, FAA는 그러한 보고서들이 자기비판적 분석 특권이 있다는 근거로 ASAP 보고서의 보호를 요청하였다.[97] 그러나 법원은 In re Air Crash Near Cali, Colombia on Dec. 20, 1995에서 인정된 비공개 특권이 해당 사건에는 적용되지 않는다고 거부하였다.[98] 법원은 컴에어가 제출한 주장을 거부하고 원고에 의해 요청된 ASAP 보고서를 제출하라고 명령하였다.

## (2) 사고조사의 진술 및 소송에서의 증언

사고 관련 당사자들의 진술 내용은 그 사고를 초래한 상황을 더 잘 이해할 수 있는 중요한 정보가 된다. 그러나 항공실무자들이 공식 사고조사 과정에서 진술한 내용이 자신의 유죄를 증명하는 증언으로 형사소송에 사용된 사실이 명백히 드러났다. 이로 인하여 항공실무자들은 정보 제공과 항공사고의 기술적 조사에 대한 지원 그리고 그들 스스로 유죄를 입증하는 것에 대한 두려움 사이에서 곤경에 처해있으며, 실제로 그들에게 중대한 영향을 미치는 것으로 인식되고 있다. 다시 말하면, 이들이 안전을 강화하고 미래의 사고를 예방하기 위한 정보를 제공하지 않도록 함으로써 추후 안전에 부정적 영향을 미칠 수 있다는 것이다.

Falcon 사건의 경우, 두 조종사의 진술이 공식적인 사고조사에 포함되었고 이후 법원에서 사고조사보고서가 증거로 인정되었다. 이로 인하여 사고 직후 두 조종사가 모두 외상 후 스트레스 증세를 보였던 상황에서 나온 진술[99]은 검찰 공판 과정에서 모두 유죄로 인정되었다.

---

95) 이 사건에서 원고는 민사상 손해배상을 청구한 사망자의 유족이다.
96) 활주로 침입에는 활주로 이외의 활주로에서의 이륙 시도, 활주로 및 유도로 공항에서의 혼란, 지상 운항중 승무원이 항공교통관제 지침을 위반한 모든 보고가 포함되었다.
97) Aviation and Space Law, 2009, Discovery of ASAP Reports. IADC Committee Newsletter, February.
98) 이 사건에서 법원은 조종사의 자율적 보고를 포함한 안전데이터의 자기비판적 분석 특권을 인정하고 문서의 공개를 거부하였다. In re Air Crash Near Cali, *supra* note 83.
99) Sofia Michaelides-Mateou and Andreas Mateou, *supra* note 16, p.70.

Helios 사고의 경우 사고조사와 관련된 중요한 정보를 가지고 있던 두 정비사는 그리스 사고조사위원회 및 키프로스 사법당국에 의한 동시 조사를 받으며 진술서를 제공하였다. 이러한 경우 사고 관련 당사자는 자기부죄와 기소에 대한 두려움으로 자신이 기소를 당할 가능성을 최소화하는 방식으로 진술이 이루어질 수 있다. 사고조사의 과정에서 이러한 관행이 계속될 경우, 항공실무자들의 중요한 정보가 기소의 우려로 인하여 사고조사위원회에 제공되지 않을 수 있고, 특히 항공안전에 영향을 미칠 수 있는 중요한 정보라 하더라도 제공하지 않을 것이라는 우려가 높다. 한 예로, 리나테 공중충돌 사고에서 관제사들은 사법 조사가 진행되는 동안 사고조사관들에게 진술을 거부하여 자기부죄로부터 자신을 보호하였다는 점을 유념해야 할 것이다.

## (3) 항공안전보고서 및 진술 남용에 대한 분석

국제민간항공협약의 체약국들은 대부분 항공안전프로그램을 시행하고 있다. 항공사가 자율보고를 통한 안전데이터 및 정보를 변호사나 법원에 제공한다면 보고자는 솔직하고 상세한 보고서를 제공하지 않을 수 있으며, 사고조사관에게 최소한의 정보만을 제공할 수 있다는 우려가 있다. 또한 소송이나 형사처벌 등의 책임을 두려워함으로써 보고를 꺼리는 문화를 조성할 수 있고 열악한 안전 문화가 형성될 수 있다. 더욱 중대한 우려는 경영진이 안전을 극대화하려고 집중하는 대신 법적 결과로부터 자신을 보호하는 데 집중할 수 있다는 점이다. 앞서 살펴본 사고 사례에서, 사고 이후 법원이 취한 조치를 고려할 때, 항공실무자를 포함한 사고 관련자는 항공사고 이후 기소될 가능성이 높게 된다. 이렇게 되면, 항공안전의 개선이나 정의의 목적에도 도움이 되지 않는 법률 방어적 안전관리(Legally Defensive Safety Management) 접근방식이 개발될 가능성이 있다.[100] 이러한 접근방식을 채택하면, 경영진은 안전을 지속적으로 모니터링하고 개선하는 대신 자신과 조직을 형사책임으로부터 보호하기 위하여 안전관리에 방어적인 접근방식을 취하게 될 것이다.

사고조사보고서는 비난과 책임을 묻는 것이 사고조사의 목적이 아님을 구체

---

100) *Ibid.*, p.158.

적으로 명시하고 있지만, 실제로 항공실무자들은 사고조사에서 얻은 결과와 증거에 기초하여 기소되거나 형사처벌이 이루어지고 있다. 이러한 자기부죄의 두려움은 항공실무자들이 오랫동안 항공안전의 발전에 기여해 온 사고조사에 대한 신뢰를 약화시킴으로써 실제로 변호인 입회하에 증언을 거부하거나 증언을 제공하고 있으며, 많은 전문기관과 노조들이 사고조사를 받을 때 회원들에게 지침을 제공하는 것은[101] 이러한 이유에 기초한다는 것을 주목하여야 할 것이다.

---

101) *Ibid.*, p.156.

### ■ 소 결

공정문화는 사고 및 사건의 위험요소와 원인을 찾는 데 기여함으로써 안전정보의 이용가능성에 긍정적인 영향을 주지만, 정보의 남용은 관련 당사자가 처벌의 두려움으로 안전에 부정적인 영향을 미친다는 국제적인 인식이 있다. 이에 따라 ICAO는 국제민간항공협약 Annex 13 및 19 SARPs를 통하여 체약국이 용인의 경계와 정보공개의 범위를 명확히 설정해야 함을 강조하였다. 그러나 국제적인 공정문화의 필요성에도 불구하고 안전정보는 지속적으로 남용되어왔다. 이것은 국제민간항공협약 제38조에서 SARPs에 따른 규정의 차이를 허용하고 SARPs가 국내법에 우선하지 않기 때문이며, 체약국은 SARPs를 이행해야 할 의무는 있지만 강제할 수 없다는 데 기인한 것이다. 이러한 국제민간항공협약 Annex의 한계로 체약국의 정보공개 및 보호와 관련된 국내법은 SARPs의 표준보다 낮은 수준의 보호를 적용하고 있는 것으로 나타났다.[102]

항공안전데이터 및 정보의 비공개와 관련된 사례 및 판례를 살펴보면, 많은 국가에서 사고조사보고서 및 조종실음성기록장치(CVR) 데이터를 법원에서 처벌의 증거로 남용하는 것을 확인할 수 있다. 이것은 사고와 관련된 기술적이고 전문적인 내용을 포함하고 있으므로 재판의 필수적 증거로 사용되고 있는 것이다. 그러나 사고와 관련된 민감한 정보의 수집목적은 처벌이 아닌 안전을 목적으로 하고 있다. 이러한 정보를 남용하는 것은 관련 당사자들이 형사처벌을 감수하도록 하는 것이므로 안전보고를 억제하게 함으로써 항공안전에 부정적 영향을 미칠 수 있다.[103]

우리나라의 경우, 국가항공안전프로그램 제54조 [별표 7] 데이터·정보 및 관련 출처의 보호에 관한 기본원칙에 따라 대부분의 안전정보 및 데이터는 기밀성이 보장된다. 그러나 기밀성이 보장된다고 하더라도, 사고조사와 관련된 민감한 정보 및 자율적으로 제출한 보고서가 법원이나 항공규제기관에서 처벌의 증거로 사용을 제한하는 것을 보장하지는 아니한다. 이러한 이유로 안전정보 중 민감한 정보에 해당하는 사고조사보고서, 조종실음성기록장치(CVR) 관련 데이터,

---

102) Samantha Sharif, *supra* note 5, p.342.
103) NTSB Bar Association, *supra* note 11, p.876.

그리고 자율적으로 제출한 보고서인 항공안전보고서는 법원이나 항공규제기관이 증거로 사용하는 것을 제한하도록 법규정을 마련할 필요가 있다.

# Just Culture의 비처벌과 용인(tolerence)의 경계

# Ⅰ. 공정문화의 법적 쟁점과 사례 분석

## 1. 항공사고의 처벌적 접근방식

항공사고는 사회적, 정치적, 경제적 영향을 미치며, 특정 당사자 또는 조직의 과실과 부작위에 대한 관심을 불러일으키고, 책임자를 처벌해야 한다는 일반 대중의 요구를 반영하기도 한다. '책임'(accountability)은 어떠한 일에 관련되어 그 결과에 대한 의무나 부담 또는 그 결과로 받는 제재를 의미한다.[1] 대부분의 국가에서 항공사고는 누군가의 과실에 의해 발생하였을 것이라고 보고, 당사자 또는 조직을 처벌하고 비난하려고 하는 경향이 있다.[2] 법적 책임은 개인의 권리를 침해하거나 법적 의무를 불이행한 경우 책임을 부과하는 것이며, 법원이 당사자의 작위나 부작위에 대하여 부과하는 민사상 금전적 손해와 형사상 제재의 형태를 말한다.

항공사고 이후 항공실무자들은 민사책임과 형사책임을 질 수 있다. 민사소송은 손해배상에 대하여 당사자 또는 유족이 제기할 수 있으며, 형사소송은 사고가 발생하여 관련 법률 및 기타 규정을 위반한 경우에 사법당국에 의해 제기될 수 있다.[3] 이러한 형법의 목적은 주로 범법자를 처벌하고 유사한 행위를 막기 위한 것이다. 비록 이 두 법률의 목적, 규칙, 절차는 서로 다르지만, 종종 개인의 행동이나 부주의가 민사적, 형사적 책임을 모두 야기할 수 있다. 예를 들어 항법 규정을 무시하고 항공기를 조종하여 승객의 부상을 초래한 조종사는 국가가 제기한 범죄 혐의와 부상 승객이 제기한 배상청구 소송에 직면할 수 있다. 또한 항공교통관제사의 과실로 인하여, 두 대의 항공기가 충돌할 경우, 민사소송

---

1) Sofia Michaelides-Mateou and Andreas Mateou, *Flying in the Face of Criminalization-The Safety Implications of Prosecuting Aviation Professionals for Accidents*, Ashgate(2010), p.7.
2) *Ibid*.
3) 법적 책임은 일반적으로 다음의 세 가지 법적 범주에서 발생한다. 첫째, 금전적 보상을 청구할 계약위반, 둘째, 불법행위자가 법률에 부과된 의무를 위반하여 타인에게 상해나 손해를 입혀 금전적 배상을 초래하는 민사적 과실, 셋째, 법률을 위반하는 범죄로 그 결과는 벌금 또는 징역에 처하게 된다. 민법은 개인의 권리와 의무에 관한 것으로, 개인이 스스로 집행할 수 있다. 형법은 한 사회에서 개인의 행위를 규제한다고 할 수 있으며, 사회에 전반적으로 악영향을 끼친 것에 대한 책임이다. *Ibid*.

과 형사소송에 직면하게 되는 경우도 있다.[4] 이처럼 항공사고의 처벌적 접근방식은 항공실무자의 법적 책임을 증대시키는 결과를 초래하고 있다.

### (1) 처벌(punitive)문화

'처벌(punitive)문화'는 사람들이 자신의 과실이 포함된 문제를 자유롭게 보고하는 '공정문화'의 반대되는 개념으로, '비난(blame)문화'로 불리기도 한다.[5] 처벌문화는 개별국가의 법체계에 근거하고 있으며, 일부 국가의 법체계는 '중과실'뿐만 아니라 '경과실'에 대하여도 처벌을 허용한다.[6] 이것은 모든 태만함을 범죄로 규정하는 처벌적 접근방식을 따른다고 볼 수 있으며, 처벌을 통하여 행위자가 불법적으로 행동하는 것을 막기 위한 것이다. '처벌문화'는 최근 몇 년 동안 항공실무자들에 의해 부당하고 효과적이지 않다고 인식되어왔다. 실제로 모든 유형의 위반행위를 처벌하는 문화는 고의로 규칙을 위반한 행위와 의도하지 않은 과실을 구분하지 않고 처벌하게 된다.[7] 이러한 경우 의도하지 않은 과실임에도 불구하고 항공실무자는 책임을 지게 되는 것이다. 반면에 '공정문화' 접근방식에 따르면, 항공실무자가 부주의로 일반적인 규칙을 수행하지 않은 경우, 처벌받지 않는다. 단, 자신의 행동과 행동의 부정적인 결과를 예측할 수 있었고, 결과를 피할 수 있었다는 것이 확실하다면 처벌을 받아야 한다.

현재 항공분야에서 공정문화 접근방식의 필요성이 강조되는 이유는 기존의 전통적인 처벌문화는 개인의 과실을 확인하고 처벌하는 데 초점을 맞추었다면, 공정문화는 인적오류에 대한 처벌보다는 재발방지와 시정조치에 초점을 맞추고 안전정보제공자가 자율적으로 항공안전을 위한 활동에 참여하도록 독려하여 항

---

4) 김선이, 「항공사고책임론」, 2판, 한국항공대학교출판부(2017), 39-40면. 조종사와 항공교통관제사 간의 명확한 의무나 책임이 구분되지 않는 경우, 과실상계를 적용받을 수 있다.

5) Francesca Pellegrino, *The Just Culture Principles in Aviation Law Towards a Safety-Oriented Approach*, Spinger(2019), p.161.

6) Eurocontrol, Performance Review Commission, Performance Review Commission, Legal Constraints to Non-punitive ATM Safety Occurrence Reporting in Europe(2002), p.11.

7) 이러한 공정문화와 처벌문화의 다른 접근방식은 사고조사와 사법조사에서도 반영된다. 사고조사의 목적은 미래의 유사한 사건을 피하기 위하여 사고 및 준사고의 원인을 파악하고 사전예방적 접근에 따라 안전기준을 높이기 위한 것이다. 반면 사법조사는 책임이 있다고 판단되는 사람을 억압적인 방법으로 기소하는 것을 목표로 하며, 판사의 임무는 주로 대상자의 잘못된 행위와 사건과의 인과관계를 확인하는 데 있다. Francesca Pellegrino, *supra* note 5, p.161.

공사고를 예방하고 개선하고자 하기 때문인 것이다.

## (2) 처벌적 접근방식과 항공안전의 부정적 영향

사고를 초래한 과실에 대하여 전통적인 접근방식은 관련 실무자들을 처벌하는 데 초점을 두었다. 그러나 항공사고에 대한 처벌적 접근방식은 항공안전에 부정적인 영향을 미치며 안전 관련 정보의 자유로운 흐름을 억제한다고 보고 있다. 구체적으로 조종사, 정비사, 항공교통관제사, 항공사 경영진 등 관계자는 사고의 원인이 된 경미한 과실로 기소될 수 있는데, 항공사고가 고의가 아닌 오류와 불운에 의하여 야기되는 경우가 많은 점에 비추어볼 때, 처벌을 우선시하는 '처벌적 접근방식'은 안전정보의 수집에 부정적인 영향을 미치고 장기적으로 안전 수준을 감소시킬 수 있다.[8]

항공실무자가 위험 상황에서 신중한 결정을 내려야 한다는 점을 고려할 때, 이러한 처벌적 접근방식은 불공평하고 부적절하다. 예를 들어 항공교통관제사는 조종사를 지원하고 중요한 문제를 해결하기 위하여 기술 규칙과 규정에 포함된 조항 이외의 엄격한 의무를 준수하여야 한다. 즉 전통적인 처벌적 접근방식에 따르면, 전문가로서 수많은 법적, 기술적 규정과 매우 복잡한 절차를 준수하여 업무를 수행하더라도 경미한 과실로 민·형사상 법적 책임을 질 수 있으며 그들이 기소를 피할 수 있다는 보장은 없다.[9] 또한 조종사와 항공교통관제사가 신중한 결정을 내릴 수 있는 충분한 시간이 주어지지 않는다는 점도 고려하여야 한다. 이와 관련한 주요 연구에서는 항공교통관제사나 조종사를 처벌하는 것이 사고보고와 안전정보공유의 감소로 이어진다는 사실이 이미 밝혀진 바 있다.[10] 이처럼 처벌과 비난이 항공안전보고에 있어 투명한 보고의 장애물로 간주되고 있으며, 보고를 억제할 수 있으므로 잠재적 안전위험요소에 대한 적절한 예방조치를 어렵게 한다는 점에는 의심의 여지가 없다.

항공분야는 높은 수준의 전문성과 복잡성으로 특징지어진다. 그러므로 특정한 시정조치가 필요한 부문이며 항공분야에서의 위험 예방은 법적 의무나 규정,

---

8) *Ibid.*, p.163.

9) *Ibid.*

10) Sidney Dekker, Tom Laursen, From punitive action to confidential reporting, Patient Safety Quality Healthcare(2007).

기술 표준의 이행에 의해서만 이루어지는 것이 아니라 훈련과 현장 경험에 기초한 개인적 경험도 중요하게 작용한다는 점을 고려하여야 한다. 인적오류는 개인뿐만 아니라 조직 시스템적 오류의 결과라는 사실이 많은 사고 사례를 통하여 확인되고 있다.[11] 이러한 이유에서, 항공사고에 대한 개인의 형사처벌과 처벌적 접근방식이 아닌 공정문화의 필요성이 제기되고 있는 것이다.

## 2. 항공사고의 법적 책임

항공분야에서 사고 및 사건의 발생 시 형사처벌과 관련하여 가장 가능성이 높은 책임은 '과실'일 것이다.[12] 과실은 가장 광범위한 의미로 '합리적이고 신중한 사람이 유사한 상황에서 행사하였을 주의의무를 행사하지 못한 것'으로 정의된다.[13] 그러나 모든 과실이 형법상 처벌받는 것은 아니다. 경미한 과실은 '일반적인 주의를 하지 않은 것'으로 정의되며, 법에 명시되어 있는 경우에만 처벌하도록 하고 있다. 일반적으로 단순 태만이나 부주의는 형사 유죄판결에 필요한 '의도'를 포함하지 않는 것으로 보고 있으며,[14] 형사상 위반행위는 '의도적이고 자발적인 작위' 또는 '법적 의무의 무모한 무시(reckless disregard)', '부작위'로 정의되는 중대한 과실을 포함한다.

항공사고사례를 살펴보면, 일부의 경우 형사상 범죄의 책임이 있는 것으로 사실상 밝혀졌지만, 대부분은 법원이 유죄의 책임을 규명하지 못하였다. 인적오류가 확인된 사고와 사건의 대다수에서, 항공실무자는 자신의 행동으로 인한 결과에 대하여 예측하지 못하였고, 항공안전을 위태롭게 할 의도도 확인되지 않았

---

11) 밀라노 리나이트(Milan Linate) 사고와 위버링겐(Überlingen) 사고 사례는 항공실무자의 과실보다는 조직 시스템의 결함이 재해의 주요 원인임을 보여준다. 두 사고 모두 시스템적 문제가 원인임에도 불구하고 개인에 대한 강력한 처벌로 이어졌다. Francesca Pellegrino, *supra* note 5, p.164.

12) NTSB Bar Association, "Aviation Professionals and the Threat of Criminal Liability-How Do We Maximise Aviation Safety?", *Journal Air Law & Commerce*, Vol. 67, No. 3(2002), p.878.

13) Black's Law Dictionary, 8th ed.z Thomson West, St. Paul, 2004. 국내법에는 중과실의 정의가 없으며, 형법 제14조에 명시된 '정상적으로 기울여야 할 주의'에 대하여 많은 학자는 사회생활상 요구되는 객관적 주의의무를 뜻하는 것으로 판단하고 있다. 김성천·김형준, 「형법총론」, 동현출판사(1998), 162면; 손동권, 「형법총론」, 율곡출판사(2001), 282면; 오영근, 「형법총론」, 대명출판사(2002), 213면; 함세훈, "항공운영에서의 조종사 및 관제사의 주의의무에 관한 연구", 한국항공대학교 박사학위논문(2012), 46면.

14) NTSB Bar Association, *supra* note 12, p.884.

다.[15] 또한 대부분의 항공사고와 사건은 항공실무자에 의한 고의적인 위반행위로 야기되는 것이 아니라, 복잡한 시스템 또는 비체계적 요인에 기인할 가능성이 더 높다는 것이 확인되었고, 조종사 또는 항공교통관제사는 그러한 시스템 내에서 최일선 실무자로서의 책임을 지는 경우가 많다.[16] 중요한 사실은, 형사제재의 두려움이 안전과 관련된 문제를 회피하거나 사고조사 과정에 협조하는 것을 피하도록 함으로써 항공안전에 부정적인 영향을 미칠 수 있으며, 이것은 항공안전보고와 사고조사에 큰 억제력으로 작용한다는 것이다. 이러한 사고조사의 어려움은 이미 NTSB의 사고조사 과정에서 드러난 바 있다.[17]

## (1) 과실에 대한 형사처벌

일반적으로, 피고인이 형법상 금지된 행위에 책임이 있다는 것, 그리고 그러한 행위를 함에 있어 정의되는 심리상태, 즉 '범행 의도'를 가지고 피고인이 범죄를 저질렀다는 것을 입증하지 않는 한, 범죄의 유죄를 선고할 수 없다.[18] '형사 과실'은 각 국가의 법률에 따라 다르게 정의된다. 그러나 형사 과실의 특정 요소는 일반적으로 크게 다르지 아니하다. 즉 행위자가 자신의 행동으로 인한 결과를 예측하지 못하거나, 위험을 알고 있으나 무시한 경우가 포함된다. 캐나다 형법[19]에 따르면, 형사 과실(criminal negligence)[20]은 타인의 생명이나 안전에 대

---

15) 관련 내용은 Chapter 05, p.237 사례 분석 참조.

16) Samantha Sharif, "The Failure of Aviation Safety in New Zealand: An Examination of New Zealand's Implementation of Its International Obligations under Annex 13 of the Chicago Convention on International Civil Aviation", *Journal of Air Law and Commerce*, Vol. 68 No. 3(2003), p.347.

17) "NTSB에 대한 항공실무자들의 신뢰는 과실에 대한 기소의 위협으로 유지되지 못하였다. 밸류젯 592편의 추락사건 이후 5년, 알래스카항공 261편의 추락 이후 2년이 넘는 기간 동안 밸류젯 사건에서의 고의적인 훈련실패 혐의만 인정되었고, 알래스카항공에 대한 혐의는 제기되지 않았다. 이러한 과정에서 기소되어 조사된 거의 대부분의 사람들이 실제로 유죄판결을 받지 않았으나, 재판과 조사의 기간 동안 상당한 피해를 감수해야 했다." NTSB Bar Association, *supra* note 12, p.911.

18) 형식적 범죄개념에 의하면 범죄란 '형법에 의해 형벌이 과해지는 행위' 혹은 '구성요건(構成要件)에 해당하고 위법(違法)하고 유책(有責)한 행위'라고 정의된다. 어떤 행위에 대해 형벌을 가하기 위해서는 그 행위가 성문법에 규정되어 있는 범죄행위의 유형과 부합해야 하고, 그 행위가 법질서에 어긋난다는 평가를 받아야 하며, 그 행위를 한 사람에 대해서도 비난이 가능해야 한다. 오영근, 「형법총론」, 박영사(2009), 87면.

19) Canada Criminal Code, (R.S.C., 1985, c.C-46).

20) *Ibid*., S219(1), (2).

한 부주의 또는 무모한 무시를 나타내며 자신의 법적 의무를 수행하거나 생략하는 것으로 정의된다. 프랑스 형법(Code Pénal)은 심각성에 따라 중범죄, 경범죄 또는 경미한 위반행위로 구분한다. 제121조의 3항[21]에는 '범행 의도가 없는 한 중범죄나 경범죄에 포함되지 않으나 다른 사람을 고의로 위험에 빠뜨리는 것은 법이 규정하는 범죄'라고 명시하고 있다. 또한 무모함 또는 부주의로 법령이나 규정에 따른 적절한 주의의무를 준수하지 않는 경우, 위반자가 수행 가능한 범위 내에서 성실성을 보여주지 못한 것으로 확인되는 경우, 경범죄가 될 수 있음을 규정하고 있다. 이 경우 피해의 발생을 초래하였거나 이를 피할 수 있는 조치를 취하지 않음으로써 법규정에 명시된 주의의무를 위반한 경우 또는 명백히 의도된 방식이나 특정 위반행위로 다른 사람에게 중대한 위험을 초래한 경우 형사책임을 지게 된다.[22]

이처럼 각 국가의 법체계와 세부 규정은 상이할 수 있으나, 일반적으로 상해, 사망, 재산상의 피해를 초래하는 과실 또는 무모한 행위에 대하여 형사제재를 가한다는 점은 동일하다.

## (2) 운항규정 위반에 대한 형사처벌

1927년 발생한 People v. Crossan[23] 사건에서 항공기가 추락하여 승객 두 명이 사망하였고, 조종사는 과실치사죄로 기소되었다. 이 사례에서 알 수 있듯이, 조종사들은 비록 의도하지 않았지만 과실로 인한 작위나 부작위로 형사 기소될 수 있으며, 특히 조종사와 관제사는 관련 항공운항명령 및 항공규정을 위반한 경우 형사책임을 질 수 있다.[24] 이와 관련하여 키프로스(Cyprus) 민간항공법(Civil Aviation Act 2002) Section 6-9는 조종사가 항공기, 탑승한 사람, 재산에 피해를 주는 무모(reckless)하고 부주의한 행동(negligently act)으로 기소될 수 있음을 규정하고 있다.[25] 또한 UK Air Navigation Order 2009의 Article 378-

---

21) Code pénal, Chapitre III, Article 121-3.
22) 프랑스 형법에서는 법령이나 규정에 의해 부과된 안전이나 주의 부족, 경솔함, 부주의, 과실 또는 위반에 의해 다른 사람을 사망하게 하는 경우 징역 3년과 45,000(EUR)의 벌금에 처해지는 과실치사에 해당되며, 고의적인 위반의 경우 법령 또는 규정의 안전 또는 주의의무에 대한 처벌은 5년 징역 및 75,000유로의 벌금을 부과하게 된다. *Ibid.*, Article 221-6.
23) People v. Crossan, 87 Cal. App. 5 (Cal. Dist. Ct. App. 1927).
24) Sofia Michaelides-Mateou and Andreas Mateou, *supra* note 1, p.10.

140은 위험을 초래할 수 있는 방식으로 무모하게 또는 부주의하게 운항할 경우 형사 고발될 수 있으며, 기소되어 유죄판결 시 최대 5년의 징역 또는 벌금형에 처하게 됨을 명시하고 있다.[26]

미국 법원에서는 항공기의 허용 가능한 최대이륙중량을 초과하여 이륙 직후 추락한 파이퍼(piper) PA-32-300 항공기 조종사의 비행자격을 취소하였으며,[27] 이 사건에서 FAA는 조종사에게 다수의 규정위반 혐의를 적용하였다.[28] 우리나라의 경우에도 항공안전법 제149조에서 과실에 따른 항공상 위험을 발생시킨 경우 처벌하도록 명시하고 있으며, 국토교통부 고시인 [고정익항공기를 위한 운항기술기준] 8.1.8.2[29]에서도 '부주의하거나 무모한 운항'에 대하여 금지하고 있음을 확인할 수 있다. 이처럼 항공운항에 요구되는 표준에 미치지 못하는 행동으로 항공운항명령, 항공규정 및 위험을 초래한 경우, 조종사는 과실이 적용되어 책임을 질 수 있다.

## (3) 항공실무자 과실의 형사처벌과 법률적 근거 부족

항공과 의료분야는 물론, 안전이 중요한 다른 분야에서도 인간의 과실에 대한 형사처벌이 증가되었으며,[30] 의도하지 않은 과실의 경우에도 항공실무자에게 항공사고의 책임을 묻는 것은 이미 많은 국가에서 표준적인 관행으로 이어졌다.[31] 2008년 스페인 마드리드의 항공기사고[32]에서는 항공기 결함을 인지하지

---

25) *Ibid.*, p.20.

26) *Ibid.*

27) FAA v. Peachie D. Tianvan, N.T.S.B. Order No. EA-5050 [2003].

28) FAA는 자가용 조종사 특권 및 제한, 민간항공기 감항성, 민간항공기 비행매뉴얼, 표시(marking) 및 플래카드(placard) 요건, 무모하고 부주의한 운항, 허가 및 금지, 초기 및 반복 조종사 시험 요건에 관한 규정위반을 적용하였다. Sofia Michaelides-Mateou and Andreas Mateou, *supra* note 1, p.21.

29) 고정익항공기를 위한 운항기술기준 8.1.8.2. 부주의 또는 난폭한 항공기 운항(Negligent or Reckless Operations of the Aircraft): 다른 사람의 인명이나 재산에 위험을 초래할 수 있는 부주의하고 무모한 방법으로 항공기를 운항하여서는 아니 된다.

30) Sidney Dekker, *Just Culture Restoring Trust and Accountability in Your Organization*, 3rd Edition, CRC Press Taylor & Francis Group(2017), p.90.

31) 이탈리아는 '항공 재난'을 특정 범죄로 분류하였으며, 19명의 사망자를 낸 항공기사고로 조종사 2명이 징역 10년을 선고받은 바 있다. 이 밖에도 네덜란드, 영국, 스페인, 프랑스, 그리스, 키프로스, 미국, 대만 등지에서 항공기사고 및 사건의 발생 이후 대부분 항공실무자에 대한 기소가 이루어지고 있는 상황이다. *Ibid.*

32) CIAIAC, Report A-032/2008.

못한 혐의로 3명의 정비사가 기소되었다.[33] 이 사건에서는, 전문적인 직업적 책임을 수행하는 과정에서 의도 없이 발생한 과실에 대하여 형사처벌하는 것에 대한 공정성과 기소의 편차에 대한 의문이 제기되었다. 이처럼 다양한 출처에서 항공기사고로 인한 형사제재가 증가되었음을 확인할 수 있으며, 해당 사유에는 규정 위반이나 여객 또는 지상에 있는 사람을 위험에 빠뜨린 혐의도 적용되었다.[34] 일부 극단적인 경우, 단순한 운항규정 위반임에도 항공안전에 영향을 미친 것으로 보고 형사상 범죄로 간주하였다.[35]

항공분야의 안전관리시스템은 사고가 발생하였을 때 모든 참여자가 과실로부터 교훈을 얻고 학습함으로써 전반적인 안전문화를 개선하고 있다. 그러나 일부 국가는 사고조사로부터 얻은 교훈을 안전을 위한 조치보다는 조종사 과실을 처벌하는 것에 초점을 맞추어왔다.[36] 조종사 과실은 조종사가 행한 작위 또는 부작위로 인한 사고의 인과적 요인 또는 기여요인으로 작용하며, 대부분 조종사가 올바른 결정을 내리지 못하거나 적절한 조치를 취하지 못한 것이 포함된다.[37] 이러한 경우 조종사의 과실에 대한 형사처벌은 법률적으로 범죄의 가해자가 그 작위나 부작위의 고의성이나 불법성을 명확히 인지하고 범하였다는 근본적인 개념에 적절히 부합하지 못한다. 범죄가 성립하기 위해서는 작위 또는 부작위에 대한 행위자의 '범행 의도'를 요구하는 것이 일반적이나, 조종사 과실의 경우 대부분 범행 의도가 존재하지 않기 때문이다. 그럼에도 불구하고, 조종사 과실을 형사처벌함으로써 사회는 본질적으로 업무를 위한 전문적 판단과 복잡한 과업을 수행하는 과정에서 과실이 발생한 누군가를 처벌하는 결과가 되는 것이다.

형사제재는 법적 구성요건들을 충족하여야 한다. 미국 NTSB 변호사협회는 "증거가 단순히 조종사나 정비사의 과실로 사고가 발생하였음을 시사하는 경우, 범죄 수사에 필요한 전제조건이 전혀 존재하지 않는다"라고 하였다.[38] 또한

---

33) Sidney Dekker, *supra* note 30, p.91.
34) NTSB Bar Association, *supra* note 12, p.884.
35) 스위스 법에 따르면, 항공법규 위반은 형사 범죄이다. 또한 NTSB 변호사협회는 미국의 경우, "특정 연방항공상업 및 안전 법령, 규정 위반에 대한 일반적인 형사처벌 조항이 있다"라고 하였다. *Ibid.*, p.886.
36) 관련 내용은 Chapter 05, p.237 사례 분석 참조.
37) FAA Flight Standards Service, Risk Management Handbook at 2-2 (FAA-H-8083-2, Change 1 2016).
38) NTSB Bar Association, *supra* note 12, p.884.

ICAO 제11차 항행회의에서는 "항공분야에서 대부분의 운항 과실은 우발적인 것이었다"[39]라고 하여, 고의적인 행위와 관련된 사고가 매우 드문 사실을 밝힌 바 있다. 그럼에도 불구하고, 사고의 원인과 기여요인의 핵심 정보제공자인 항공실무자들이 업무수행 과정에서 발생한 과실로 형사처벌을 받게 된다면, 기소의 우려로 사고조사의 참여에 비협조하게 될 것이며,[40] 이러한 비협조는 결과적으로 항공 여행을 하는 일반 대중의 안전을 위협하고 위험에 빠뜨리는 결과를 초래하게 될 것이다. 이러한 이유로 고의가 없는 과실에 대하여 어떠한 기준을 적용하고 판단해야 하는지에 대한 용인의 경계를 설정하는 것이 중요한 문제이며, 공정문화가 항공안전을 위해 필요한 이유가 되는 것이다.

## 3. 항공사고의 과실에 대한 형사처벌 사례 분석

### (1) 항공실무자 과실에 대한 형사처벌 사례

#### 1) 1992년 몽상트 오딜(Mont Sainte-Odile) 사고

1992년 1월 20일, 에어 인터(Air Inter)의 A320 여객기가 스트라스부르(Strasbourg) 공항에 접근하는 동안 레이더탐지에서 사라졌고, 몽상트 오딜 근처의 프랑스 보주(Vosges)산맥에서 추락하여, 탑승한 96명 중 87명이 사망하고 나머지 9명은 모두 부상을 입었다.[41] 프랑스 항공사고조사위원회(Bureau d'Enquêtes et d'Analyses pour la Sécurité de l'Aviation Civile, 이하 "BEA"라 한다)는 사고조사 결과 조종사로 인한 비행통제장치(Flight Control Unit: "FCU")의 잘못된 설정을 추락의 원인으로 보았다. 에어 인터는 지상접근경보장치(Grond Proximity Warning System: 이하 "GPWS"라 한다)를 설치하지 않아 조종사가 임박한 충격에 대비하지 못하였다고 보았으나, 당시 GPWS의 설치는 의무사항이 아니었다.[42] 사법 수사의 결과, 6명의 피고인이 과실치사와 비자발적 상해 혐의로 형사법원에 회부되

39) ICAO, Doc. 9828, Report of the 11th Air Navigation Conference, AN-Conf/11(2003), pp.2-7.
40) Paul Stephen Dempsey, *Public International Air Law, Centre for Research of Air and Space Law*, McGill University(2017), p.397.
41) Bureau d'Enquêtes et d'Analyses pour la Sécurité de l'Aviation Civile, "RAPPORT de la commission d'enquête sur l'accident survenu le 20 janvier 1992 près du Mont Sainte-Odile (Bas Rhin) à l'Airbus A 320 immatriculé F-GGED exploité par la compagnie Air Inter".
42) Sofia Michaelides-Mateou and Andreas Mateou, *supra* note 1, p.60.

었다.[43]

그러나 여러 가지 원인과 요인이 복합된 사건이기 때문에 형사상 유죄를 입증할 수 없었고, 결국 사고 발생 14년 후, 법원은 사고와 그들이 기소된 사실 사이의 인과관계가 부족하다는 이유로 공소를 기각하였다.

### 2) 2000년 콩코드(Concorde) 사고

2000년 7월 25일, 파리발 뉴욕행 에어프랑스가 운영하는 콩코드 여객기 (AF4590)가 이륙 직후 화염에 휩싸여 109명 전원이 숨지고 지상의 4명이 사망하는 사고가 발생하였다.[44] BEA의 사고조사 결과, 콩코드 이륙 2분 전에 컨티넨탈(Continental) 항공의 DC-10이 동일한 활주로에 금속조각을 떨어뜨렸으며, 활주로의 이 금속조각으로 타이어가 펑크나면서 연료 탱크에 화재가 발생하였고 이로 인하여 엔진 고장이 발생한 것으로 결론내렸다.[45] 이 사고로 콩코드의 수석엔지니어와 프로그램 책임자, 에어프랑스의 정비회사가 과실로 기소되었으며, 컨티넨탈항공과 동 항공사의 정비사도 DC-10의 금속조각이 떨어지게 된 정비결함을 사유로 과실치사 및 우발적 상해혐의로 기소되었다. 또한 프랑스 민간항공국의 관리자 중 한 명은 콩코드 운영을 허용한 혐의로 기소되었다.[46]

2012년 11월 29일, 베르사유 항소법원은 프랑스 민간항공국을 강하게 비난하는 판결을 하였는데, 이 사건은 DC-10에 의하여 활주로에 떨어진 금속조각 때문만이 아니라, 콩코드가 직면하고 있었지만 해결하지 않은 이전의 문제들로 인한 것임을 지적하였다.[47][48] 법원은 타이어 기술 및 연료탱크 보호와 관련하여 조

---

43) 이 사건에서 항공교통관제사는 항공기 접근 중 잘못된 위치를 승무원에게 전달하고, 항공기가 최종 접근 궤도에 위치하기 전에 사전 통보 없이 레이더 벡터(radar vectors)를 종료한 혐의로 기소되었다. 프랑스 민간항공국의 총국장과 항공사의 기술 및 교육을 담당한 임원도 GPWS의 설치를 지시하지 않은 혐의로 기소되었으며, 항공운항담당자는 이 특정 항공편에 경험이 거의 없는 승무원을 배정한 혐의로 기소되었다. 또한 Air Bus의 담당 직원은 비행 제어의 인체공학적인 부족을 고려하지 않았고 사고 이후 이 문제에 대한 피드백 및 안전정보의 보고 부족에 대한 시정조치를 취하지 않고 VOR-DME(전방향표지시설과 거리측정시설) 시스템을 장려한 혐의로 기소되었다. Philippine Dumoulin, "Just Culture and Unjust Results: The Changing Paradigm." *Annals of Air and Space Law*, Vol. 40(2015), p.419.

44) Bureau d'Enquetes et d'Analyses, Accident on 25 July 2000 at "La Patte d'Oie" at Gonesse (July 2000).

45) *Ibid.*

46) Sofia Michaelides-Mateou and Andreas Mateou, *supra* note 1, p.175.

47) UK News, Concorde crash 'a disaster waiting to happen.

치가 취해져야 한다는 것을 인식하고 콩코드의 운영을 허용하지 않았으며, 과실 혐의로 기소된 당사자들은 무죄를 선고받았다. 또한 법원은 프랑스 민간항공국의 관리자가 워싱턴에서 발생한 사건 이후 적절한 조치를 취하지 않은 것에 대하여 프랑스 형법 Article 121-3에 따라 크게 소홀했다고 판결하였다. 그러나 2000년 콩코드 사건은 정치적, 경제적 문제뿐만 아니라 감항 인증, 사고조사와 관련하여서도 프랑스 민간항공청과 BEA의 부실한 조직 관리가 있었으므로 개인이 비난받을 사안은 아니었다.

### 3) 2019년 스위스 연방대법원 판결

2019년 6월 27일, 스위스 연방대법원은 대중교통의 과실 방해[49] 혐의에 대하여 항공교통관제사에게 유죄판결을 확정하였다.[50] 이 판결은 특히 항공교통관제 분야에서 강한 반발을 일으켰으며, 항공분야의 공정문화에 부정적 영향을 줄 것으로 보았다. 이 사건의 사실은 다음과 같다.

2013년 4월 12일, 아일랜드의 라이언 에어와 포르투갈 TAP의 항공기는 항공교통관제사와의 통신 및 허가의 과정에서 소통 문제로 지상충돌방지시스템 경보가 작동하는 비상상황을 겪었으나 상황이 신속하게 해결되었고, 인명피해는 없었다. 이후, 이 사건은 조종사 중 한 명의 자율보고로 내부 및 외부조사가 실시되었다.[51] 2018년 5월, 벨린조나 연방형사재판소는 항공교통관제사에게 '대중교통의 과실 방해'에 대하여 무거운 벌금을 선고하였고, 연방법원은 이 판결을 확

---

48) 실제로 1979년 워싱턴과 1981년 뉴욕(JFK) 공항에서도 유사한 사건이 발생하였으며, NTSB 조사관들은 이 사건에서도 유사하게 연료 탱크에 구멍이 났다는 것을 확인하였고 이것은 타이어의 기술적 문제로 보았다. 그러나 콩코드 운영, 프랑스와 영국의 관계에 관련한 정치적 맥락이 사고조사를 어렵게 만든 것이었다. Sofia Michaelides-Mateou and Andreas Mateou, *supra* note 1, p.205; 상고법원에 앞서 열린 변론에서 변호인단 중 한 명은 사법당국이 이처럼 복잡한 사건을 처리할 능력이 없다고 강조하였다. 그는 "기소가 안전에 도움이 되는 것이 아니며, 직원들이 앞으로 기소될 것을 두려워한다면 안전정보를 보고하지 않기 때문에 안전을 위태롭게 할 것이다"라고 주장하였다. Roland Rappaport and Claire Hocquet, Concorde: Chronique d'une Catastrophe Annoncee, Mediapart(2013).

49) 스위스 형법 제237조제1항(대중교통의 과실 방해)에 따르면, 대중교통 특히 육상, 해상, 항공교통을 고의적으로 방해하거나 위험에 빠트리고 고의로 사람의 생명과 신체를 위험하게 한 사람은 최대 3년 또는 벌금의 처벌을 받는다. Schweizerisches Bundesgericht, Art. 237 Ziff. 1 Abs. 1 StGB, (Fahrlässige Störung des öffentlichen Verkehr).

50) Bundesgericht, 6B_1220/2018, Urteil vom 27. Juni 2019.

51) IFATCA, Are we burying Just Culture for good?

정하였다.

이 사건에서 하급심 법원은 충돌의 실제 위험을 평가할 때 형사 절차법에 따른 질문을 하는 대신, 스위스 교통안전위원회(Swiss Transportation Safety Investigation Board: 이하 "STSB"라 한다)의 분석에만 의존하였다. 국제항공교통관제사협회[52)](International Federation of Air Traffic Controllers Associations: 이하 "IFATCA"라 한다)는 스위스 법원이 항공분야의 공정문화를 위협하고 있음을 다음과 같이 성명하였다. "스위스의 법원은 개인의 유죄로 이 사건을 판결하였다. 이것은 법적 정의(justice)에 있어서는 옳은 일이 될 수는 있으나, 스위스와 다른 나라와의 항공교류나 사고를 처리하는 것에 대하여는 문제가 발생할 수 있다."[53)] 또한 IFATCA는 규제 기관이 항공실무자의 의도하지 않은 과실에 대한 처벌과 법원의 기소로부터 보호하는 다양한 국가의 법률을 체계적으로 연결시키지 못했기 때문에 법원이 공정문화를 고려하지 않았다고 주장하였다.

### 4) 사례분석

프랑스의 범죄행위에 적용되는 주요 형법 조항은 "의도하지 않은 행위에 범죄는 없다"라는 전제의 프랑스 형법 Article 121-3이다. 그러나 항공사고에서 형법의 처벌 조항은 직접적으로 적용되는데, 이것은 비록 범죄가 아니더라도 누군가 과실을 범하였다고 보는 것이다. 이에 따라 항공사고 발생 시 형사 범죄로 간주해 형법으로 처벌해야 하는지 법원이 판단하게 되며, 기소의 근거는 고의적인 범죄가 아니라 개인의 과실치사 또는 조직의 과실치사가 적용된다. 미국의 법과는 달리, 프랑스 형법은 범죄의 구성요건으로서 '범행 의도'(mens rea)를 요구하지 않는다. 검찰은 사망사고가 발생하면 곧바로 사전 조사에 착수하고 특수항공검찰(Gendarmerie des Transport Adriens: 이하 "GTA"라 한다)[54)]은 책임규명을 위한 조사를 하며, 그들의 보고서는 형법 규정에 따라 법을 적용할 판사에게 넘겨진다.

---

52) IFATCA는 국제항공교통관제사협회이다. 1961년에 설치되었으며, 항공교통관제의 가장 크고 포괄적인 대표기관이다.

53) IFATCA, *supra* note 51.

54) GTA는 검찰이나 판사의 감독하에 수사를 진행하는 항공운송 사법경찰의 일종이다. Code de procedure penale, art. 12.

프랑스는 몇 번의 큰 항공기사고를 겪었다. 사고 발생 이후, 대부분의 항공실무자들은 기소되었으며, 재판에서 형사 범죄를 입증하지 못하여 종종 무죄로 종결되었다. 이와 관련하여 뉴욕타임즈는 '에어 인터' 항공기사고로 기소된 항공관계자들의 무죄 판결에 대하여 "프랑스 법원이 거의 항상 하는 일이다. 즉 사고가 있을 때 기소가 따를 것이라는 추정이 있다"라고 지적하였다.[55] 또한 에어프랑스 콩코드 판결에 대하여 언론은 "프랑스는 다른 나라들과는 달리 항공사고가 형사책임을 위한 재판으로 이어진다"라고 보도하였다.[56] 이처럼 항공사고에서 관리자 등이 책임지고, 의도하지 않은 사고에 혐의를 제기하는 것은 프랑스의 일반적인 관행으로 보고 있으며, 이러한 경우 징역형은 매우 드물지만 무거운 벌금이 부과될 수 있다.[57] 실제로 프랑스는 형사 절차에서 고의나 과실 등의 명백한 증거 여부에 상관없이 교통사고의 발생에 대하여 상습적으로 기소를 하는 소수의 국가 중 하나로 파악되었다.[58] 몽상트 오딜(Mont Sainte-Odile) 사고에서 법원이 '에어 인터' 항공기사고에 대하여 무죄 판결을 함에 따라 항공업계는 국제적으로 기소가 줄어들 것을 기대하였지만,[59] 에어프랑스 콩코드 판결은 항공기사고에서 조직 및 개인에 대한 기소와 유죄판결이 여전히 표준으로 남아있다는 사실을 상기시켰다.

또한 2019년 스위스 연방대법원 판결은 항공교통관제사의 과실에 대하여 유죄판결을 확정하였는데, 이 사건에서 주목된 점은 법원에서 충돌의 실제 위험을 평가할 때 형사 절차법에 따른 질문을 하는 대신, 스위스 교통안전위원회(STSB)의 분석에만 의존하였다는 점이다. 여기서 문제는 STSB의 조사 목적은 죄책감이나 책임에 근거한 사법 조사와는 다르므로, 형사 절차는 이러한 결과에 전적으로 근거하여서는 아니 된다. 그러나 일부 국가의 법률은 법원에서의 안전정보 사용을 허용하고 있다. 특히 스위스는 국제민간항공협약 Annex 13과 관련하여

55) Don Phillips, Free Row: No Clear Signals in Aviation Verdict, N.Y. Times(Oct. 8, 2006).
56) Concorde Crash: Continental Airlines Guilty of Involuntary Manslaughter, msnbc.com(Dec. 6, 2010).
57) Charles Bremner, Continental Airlines Faces Manslaughter Charges over Paris Concorde Crash, Times(Fr.)(Mar. 12, 2008).
58) Nicola Clark, Trial Opens in Concorde Disaster, N.Y. Times(Feb. 1, 2010).
59) Kenneth P. Quinn, Battling Accident Criminalization, AeroSafety World, Jan. 2007, p.12. 에어인터 사고에서 관련자들의 무죄 판결은 항공기사고에 대하여 "검찰과 판사들이 범죄 수사로의 인식을 자제하도록 하는 것을 상징한다"는 희망을 나타낸다고 보았다.

"스위스 법률은 모든 문서를 사법당국에 제공해야 한다"라고 하는 SARPs 표준과의 '차이'를 통보한 국가이다.[60] 판례를 통해 알 수 있듯이, 스위스는 법 집행과정에서 안전정보와 사고조사보고서의 공개에 대하여 매우 관대한 태도를 유지하고 있는 나라 중 하나로 판단된다.

### (2) 복합적 시스템 문제로 인한 과실의 형사처벌 사례

#### 1) 2001년 리나테(Linate) 사고

2001년 10월 8일, 밀라노 리나테 공항에서 스칸디나비아 항공이 운영하는 MD-87 항공기가 이륙 도중 세스나 비즈니스 제트기와 충돌하여 화물 격납고로 추락하였으며,[61] 이 사고로 화물 격납고 안에 있던 4명뿐만 아니라, 모든 승객과 승무원 114명이 사망하였다.[62] 사법 조사에서는 사고의 주요 원인을 '조종사의 인적오류로 인한 세스나 항공기의 활주로 침범'으로 지목하였으나, 사고조사보고서는 이러한 오류가 "조종사의 경험과 훈련 부족, 모호한 문구의 사용, 잘못된 공항표시시스템 및 부적절한 공항 지도 제작(cartography)에 의하여 유발되었다"라고 명시하였다.[63] 또한 사고조사보고서는 공항운영조건과 관련하여, 밀라노 리나테 공항이 국제민간항공협약 Annex 14에 명시된 안전 표준을 충족하지 않은 것을 지적하였다. 물론 세스나 항공기의 승무원이 오류를 범하였지만 공항 표지판이 기본적으로 부적합하였고 통신 불량으로 인하여 이를 시정할 기회를 놓친

---

60) Philippine Dumoulin, *supra* note 43, p.424.

61) Charles Alcock, Jail for Four with Role in CJ2/MD-87 Collision, Aviation Int'l News(May 2004).

62) Garzone G. and Archibald J., *Discourse, identities and roles in specialized communication*, Peter Lang(2010) p.213.

63) 사고조사보고서는 이 충돌이 세스나 항공기 승무원의 인적오류와 다른 요인에서 기인하였다고 보았다. 즉, 조종사들은 잘못된 유도로를 사용하였고, 저시정 상태에서 이륙할 자격이 없었다. 리나테 공항의 조건과 시스템은 안개가 심한 공항으로 유명함에도 불구하고, 지상 레이더 시스템은 운영이 중단되었고, 활주로 표지판(runway sign), 표시(marking), 불빛(light) 등이 혼란스러웠으며, 항공기가 잘못된 활주로로 진입했다는 것을 경고하는 경보 시스템이 존재하지 않았다. 또한 영어만 사용하는 항공 표준은 준수되지 않았으며, 무선통신은 표준 리드백(read-back) 용어를 사용하여 수행되지 않았다. 이 모든 요인의 복합적인 결과로 사고를 피할 수 없었던 것으로 볼 수 있다. Agenzia Nazionale Per La Sicurezza Del Volo [ANSV], Final Report: Accident Involved Aircraft Boeing MD-87, Registration SE-DMA and CESSNA 525-A, Registration D-IEVX, Milano Linate Airport, October 8, 2001, ANSV Doc. N. A/1/04(Jan. 20, 2004), p.4.

것으로 보았다. 결과적으로, 사고조사에서는 해당 사고가 중대한 오작동, 기술적 결함, 표준 이하의 시스템과 절차로 인하여 발생하였다고 본 것이다.[64]

항공교통관제사와 조직적인 문제에 책임이 있는 관련자들이 기소된 것과 관련하여,[65] 2008년 이탈리아 연방대법원은 다중 과실치사(이탈리아 형법 제589조)와 과실 재난(동법 제428조 및 449조)으로 최종 판결하였다.[66] 법원은 '공항 시스템'의 중대한 결함을 인식하고 2006년 밀라노 항소법원의 판결을 검토하였으며, "입법부가 공항 내 항공기의 안전한 이동에 대한 규제와 감독에 관한 특정 권한을 공항 관리자에게 부여하지 않았다"라고 지적한 점에서, 이 사고를 복합적인 시스템 문제로 인식하고 있었음을 확인할 수 있다.[67] 그러나 복합적인 시스템 문제임에도 항공교통관제사 및 관련자들에게 과실 책임을 지운 점에서 볼 때, '공정문화' 원칙이 법원에서 고려되지 않은 것으로 판단된다.

## 2) 2002년 위버링겐(Überlingen) 공중충돌 사고

위버링겐 재난은 사람, 기술, 절차의 상호작용에 있어서 시스템 문제를 제기하며, 두 항공기 모두 공중충돌방지시스템(Traffic Alert and Collision Avoidance System: "TCAS")[68]을 갖추었음에도 발생한 최초의 공중충돌 사고이다. 2002년 7월 1일, 콘스탄스(Constance) 호수의 독일 남부 도시인 위버링겐 상공에서, DHL B757-200 화물기가 바슈크리아(Bashkrian) 항공사의 투폴레브(Tupolev) 154 여객기와 충돌하였다.[69] 사고 당시, 두 항공기는 독일과 스위스 항행서비스제공자

---

64) *Ibid*.

65) Foxnews, Convictions Stand in Milan Airport Crash, Feb. 20, 2008.

66) Francesca Pellegrino, *supra* note 5, p.166. 법원은 당시 항공교통관제 기관인 ENAV의 책임자에게 징역 6년 6개월을 선고하였으며, ENAV 국장은 4년 4개월 형이 확정되었다. 또한 공항의 관련 공무원들은 각각 3년 3개월의 형을 선고받았다.

67) Sofia Michaelides-Mateou and Andreas Mateou, *supra* note 1, p.73.

68) TCAS(Traffic Alert and Collision Avoidance System)는 항공충돌경고시스템(Airborne Collision Avoidance System, "ACAS") 개념을 구체적으로 확립한 시스템이다. ACAS Ⅱ는 충돌을 피하기 위하여 조종사에게 수직 속도를 조절하거나 조정하는 방법을 알려주는 수직적 의미에서의 '회피 지시'(RA)를 제공한다. ICAO의 제안된 ACAS 성과기반훈련목표 E-10 페이지의 항목 12에 따르면, "조종사가 ATC와 RA로부터 충돌경고지시를 동시에 받는 경우, 조종사는 RA를 따라야 한다"라고 기술하고 있다. Skybrary, TCAS RA Reversal. 기술적 측면은, Phil Croucher, *Avionics in plain English*, Electrocution (2015), pp.2-49.

69) Hempel Lindoe P., Baram M. and Renn O., *Risk governance of offshore oil and gas operations*, Cambridge University Press(2013), p.72.

(Air Navigation Service Provider: "ANSP") 간의 합의에 따라 취리히 지역관제센터 (Area Control Center: 이하 "ACC"라 한다)의 통제와 감독하에 있었다.[70] 당시, 레이더 시스템은 폴백(fall-back)모드[71]에서 작동하고 있었으며, 다른 ACC와의 주요 통신시스템이 작동되지 않는(shut down) 상태였다. 취리히 ACC의 관례에 따르면, 야간 근무 중인 두 명의 관제사 중 한 명만이 자리에 있었으며, 이러한 관리 시스템 문제로 항공교통관제사가 적시에 조치를 취하지 못하였다. 사고 당시, 두 항공기의 공중충돌방지시스템이 자동으로 활성화되었다. 충돌 50초 전, TCAS는 투폴레브 승무원에게 충돌 위험에 대하여 경고하였고,[72] 충돌 40초 전, 관제사는 위험을 인지하고 투폴레브 승무원에게 강하를 지시하였다. 투폴레브 항공기가 착륙을 준비하는 상황에서, 동시에 TCAS는 회피지시(Resolution Advisory: 이하 "RA"라 한다)에 따라 상승 명령을 지시하였는데, 투폴레브는 TCAS RA의 지시에도 불구하고 착륙을 위한 접근을 계속하였으며 결국, DHL 화물기와 충돌하여 탑승자 71명이 모두 사망하였다.[73]

독일 연방항공사고조사국(German Federal Bureau of Aircraft Accident Investi-gation: "BFU")의 공식보고서[74]는 항공교통관제사와 충돌방지시스템의 훈련 및 사용에 있어 많은 결함을 확인하였다.[75] 시뮬레이터를 통하여 TCAS는 두 항공기의 충분한 수직 분리를 유도하는 회피지시(RA)를 생성하는 것을 확인하였고, 두 항공기가 모두 자동화된 지침을 따랐다면 충돌은 일어나지 않았을 것으로 보았다.[76]

---

70) 사고가 발생한 독일 공역에 대한 통제는 스위스 항공운항서비스에 위임되었다. ICAO Annex 11(3.5)의 요건에 따라, 위임의 조건은 동의서(Letters of Agreement, "LoA")를 통하여 담당 항공운항서비스 간에 확립되었다.

71) 폴백모드는 대체 시스템을 말하며, 주요 시스템의 갑작스럽고 예기치 않은 고장 등에 자동 지원을 제공하는 것이다.

72) Tupolev의 조종사 비행 매뉴얼에서는 TCAS가 항상 ATC보다 우선해야 한다고 명시하지 않았다. 매뉴얼은 TCAS를 "ATC 시스템에 대한 백업"으로 설명함으로써, ATC가 TCAS를 우선하는 것으로 잘못 해석될 수 있었다. German Federal Bureau of Aircraft Accidents Investigation, Final Report.

73) *Ibid*.

74) BFU, Investigation Report, Überlingen, AX001-1-2/02 May 2004, p.34.

75) Turney R. D., "The Überlingen mid-air collision: lessons for the management of control rooms in the process industries", *Loss Prevention Bulletin*, Vol. 196, No. 1(2007) pp.1‐5.

76) 2001년 1월 31일, 일본항공이 운영하는 두 항공기(Boeing 747과 McDonnell Douglas의 DC-10)의 충돌 위험이 있었다. 두 비행기는 TCAS와 관제사로부터 상반된 지시를 받았으나, 이 경우

2007년 9월 4일, 스위스 뷸라흐(Bülach) 지방법원[77]은 항공항행서비스 제공업체의 관리자 3명이 안전 결함의 시정조치와 안전시스템을 적절하게 감독하지 못한 것으로 보고, 과실치사 혐의에 대한 유죄 판결과[78] 12개월의 징역형을 선고하였다. 이 판결에서 판사는 "스카이가이드 관리자들은 독일 남부와 스위스 동부 공역을 항공관제사 한 명에게만 맡기는 등 충분한 주의를 기울이지 못하였다"라고 지적하였으나 관제사의 행위에 대하여는 형사책임을 지우지 않았다. 물론 이 사고는 항공교통관제사 측 과실의 한 예로 볼 수 있다. 그러나 법원은 결과적 판단이 아닌 개인의 과실이 발생하게 된 원인에 초점을 맞추었고, 조직의 관리 시스템이 과실의 원인이 되었다고 판단한 것이다.

### 3) 2004년 칼리아리(Cagliari) 사고

2004년 2월 24일, 칼리아리 공항으로 향하던 '세스나 500 Citation I'는 시계비행방식(Visual Flight Rules, 이하 "VFR"이라 한다)[79] 접근허가를 받아 착륙 시도 중 바위에 부딪쳐 탑승한 승무원 3명과 의료진 3명이 모두 추락사하였다. 이 비행은 3명의 의사와 장기 이식을 위한 의료팀을 운송하는 중이었다.

2010년 12월 10일, 이탈리아 대법원[80]은 2004년 발생한 추락사고와 관련하여, 형사소송을 진행 중인 군 소속의 항공교통관제사 2명에게 '항공기가 착륙할 것으로 추정되는 곳의 지형 정보 등 조종사가 필요한 모든 정보를 제공하는 데 도움을 주지 않았고 야간에 VFR 접근을 허가한 것'에 대하여 유죄로 판결하였다. 법원은 그들의 과실이 치명적인 사건에 상당히 기여한 것으로 보았다. 칼리

---

두 항공기의 조종사가 관제사의 명령보다는 TCAS의 지시를 따랐기 때문에 사고는 피할 수 있었다. 그러나 이 사례를 통하여 교훈을 얻지 못한 것으로 볼 수 있다. Francesca Pellegrino, *supra* note 5, p.168.

77) Sofia Michaelides-Mateou and Andreas Mateou, *supra* note 1, p.82.

78) *Ibid.*, pp.82-83.

79) 시계비행방식은 시각적 참조만으로 비행이 가능한 기상조건에서 항공기를 운항하는 규칙이다. Skybrary, Visual Flight Rules.

80) Italian Supreme Court of Cassation, criminal division, IV section, No. 2019 of 10 December 2010-22 February 2011. 연방대법원이 확인한 칼리아리 이탈리아재판소와 항소법원의 판결은 다발성 과실치사(이탈리아 형법 제589조제13항)와 과실항공재난(동법 제449조제14항)에 따라, 항공교통관제사의 과실을 사고의 원인으로 보았다. 특히 제449조는 공공의 안전을 위협하는 사고를 말하는데, 이탈리아 형법에 따르면, 추락 사고가 사망 및 부상을 야기하고 공공안전을 위협할 경우, 과실, 과실사고 및 과실항공재난이 동시에 제기될 수 있다.

아리 추락 과정에 대하여 사법당국이 임명한 사고조사관들은 이 참사의 주요 원인은 조종사가 지리적, 지형적 특성, 야간이라는 조건에서 장애물을 판단할 수 있는 '발광하는 시각적 참조물'(luminous visual references)이 없는 상황에서 시각적인 접근의 실행을 결정한 것이라고 결론내렸다. 전문가들은 조종사의 잘못된 결정이 지형지물충돌[81](Controlled Flight Into Terrain: CFIT)의 주요 원인으로 지목되었음에도 불구하고, 대법원은 조종사가 항공교통관제사의 허가 없이 동 사건처럼 낮은 고도에서 위험하게 강하할 수 있었는지 지적하였다. 또한 관련된 두 관제사가 시행 중인 기술 규칙, 규정 및 절차를 준수하였다는 증언에도 불구하고, 그들은 기소되어 유죄판결을 받았다.

### 4) 사례분석

기소는 법원의 판결로 무죄가 확정된다고 하더라도 재판이 수년간 지속되어 기소 대상자에게 많은 인적, 물적 손해가 발생하게 된다. 이로 인하여 수사나 기소 대상자들은 기소의 위협으로 두려움을 갖게 되며, 비효율적인 형사 절차는 시간과 자원을 고갈시킨다.[82] 반면 사고조사는 사고 예방을 위하여 사건 또는 사고조사를 수행하는 국가가 가능한 한 빨리 최종보고서 초안을 발표하고, 최종보고서를 완성하도록 권고하고 있다.[83] 또한 '발생일로부터 12개월 이내에' 보고서가 최종 확정을 할 수 없는 경우, 국가는 조사 진행 상황과 제기되는 안전문제를 상세히 기술한 '중간보고서'를 발표해야 한다.[84] 이처럼 형사 절차와는 다르게 사고조사는 합리적인 일정에 따라 운영된다.

앞서 살펴본 항공기사고 사례에서 공통적으로 확인할 수 있는 것은 사고가 단일 원인이 아닌 복합적인 요인에 의해 발생하였다는 것이다. 이처럼 복합적인 요인에 의한 사고일지라도 조종사나 항공교통관제사 등 항공실무자는 사고가 발생하기 전 마지막 원인요인이 될 수 있어, 책임을 져야 할 대상자로 지목되는 것으로 보인다. 위버링겐 사고는 복잡한 기술 환경으로 법적 책임을 확인하기가

---

81) 지형지물충돌(Controlled flight to terrain, CFIT)은 조종사가 조종하는 항공기가 의도치 않게 지상과 산, 수역(해양, 바다, 호수, 강 등) 또는 장애물로 비행하여 기체가 파손되는 사고이다.

82) Zack Phillips, Airline Faces Criminal Trial over Fatal Concorde Crash, Bus. Ins., Feb. 8, 2010, p.4.

83) ICAO, Annex 13, Aircraft Accident and Incident Investigation, 9th edition(2001), 6.5.

84) *Ibid.*, 6.6.

어렵고, 특히 기술의 결함을 입증하는 것이 어렵다는 것을 보여준다. 이 사건에서 조직적 결함은 인정되었지만, 조직의 형사책임은 스위스 법에 따라 인정되지 않기 때문에, 항공항행서비스 제공업체의 경영자 개인에게 부과되었다. 또한 형법상 사고로 인하여 공공안전을 위협할 경우 제기될 수 있는 여러 기소의 사유도 항공실무자의 책임을 가중시키는 요인으로 볼 수 있다.

한편 리나테 사고의 경우 사고조사보고서를 증거물로 제출하였지만, 법원과 항소법원은 사고의 '가능한 원인'에 대한 이 보고서의 결론이 피고인에 대한 소송의 증거로 사용될 수 없다고 판결하였다. 이처럼 안전정보보호가 재판 과정에서 이루어지고 있고, 공정문화의 '비처벌' 원칙이 안전관리시스템에 반영되도록 하고 있지만, 과실에 책임을 지우는 형법 체계에서 공정문화가 조화를 이루는 것은 어려움이 따르는 것으로 보인다. 이러한 점은, 사법당국의 항공안전과 공정문화에 대한 이해가 선행되어야 하는 이유인 것이다.

## (3) 항공기사고에서 조직 관련인의 형사처벌 사례

### 1) 1997년 파인에어(Fine Air) 사고

1997년 8월 7일, 마이애미에서 발생한 화물기 파인에어(Fine Air) Flight 101의 추락사고와 관련한 사법 수사는 사고조사보고서에 근거하기보다는 전직 파인에어 직원의 고발로 촉발되었다. 사고 발생 며칠 후, 전직 파인에어 조종사가 부적절하게 적재된 화물을 가지고 비행하도록 파인에어 경영진이 지시하였음을 고발한 것이다.[85] 이 사고는 화물을 적재할 항공기가 갑작스럽게 변경되었음에도 해당 사실이 보안경비원에게 전달되지 않아 에어로마(aeroma) 직원에 의해 40톤의 화물이 부적절하게 적재되는 결과를 초래하였다. 그 결과, 항공기의 무게중심은 한계를 초과하였고, 이륙 직후 항공기는 혼잡한 도로를 가로질러 건물에 추락하면서 승무원 3명과 보안 요원이 사망하였다.

NTSB는 항공기 적재과실에 대한 대부분의 책임이 에어로마에 있다고 보았으며, 적재 과정에 대한 운영 통제권을 행사하지 못한 파인에어도 일부 책임이 있

---

85) Richard M. Dunn, Sherril M. Colombo, and Allison E. Nold, "Criminalization in Aviation-Are prosecutorial Investigations Relegating Aviation safety to the Back Seat", *Brief*, Vol. 38, No. 3(2009), p.15.

다고 보았다. 미국연방검사는 파인에어에 대하여 직원의 문서 파기, 사고 후 허
위진술 등의 혐의로 기소하였으나, 둘 중 어느 것도 근본적인 사고와 관련은 없
었다. 이후, 에어로마는 사법 방해와 허위진술로 기소되었으며, 법원은 두 회사
에 유죄를 선고하고 벌금을 부과하였다.[86]

### 2) 2005년 플래티넘 제트(Platinum Jet) 사고

2005년 2월 2일, 뉴저지(New Jersey)주의 테터보로(Teterboro)공항에서 이륙에
실패한 항공기가 건물에 추락하였다. 봄바르디아(Bombardier) Canadair Challenger
CL-600 제트기를 운용한 플래티넘 제트와 관련된 5명의 회사 관계자가 2009년
항공안전을 위태롭게 한 것을 포함한 일련의 범죄 혐의로 기소되었다.[87]

NTSB는 조종사들이 항공기 무게와 균형(weight and balance)에 따른 적재상
태를 확인하지 않은 점과 무게중심 착오에 따른 이륙 실패가 사고의 원인이며
이것이 항공기사고에 기여했다고 보았다. 연방검찰은 플래티넘의 공동 창업자
및 임원, 경영자 등을 기소하였으며, 최대 징역 5년이 선고되었으나 조종사들은
기소되지 않았다.

### 3) 사례분석

앞서 살펴본 사례에서 알 수 있듯이, 미국은 항공기사고의 책임을 항공기를
운항한 조종사 개인에게 묻기보다는 조직의 관련 책임자를 기소하는 형태로 이
루어지는 것을 확인할 수 있다. 즉 개인보다는 조직의 관리책임에 초점을 맞추
고 있는 것이다. 이것은 프랑스, 이탈리아, 스위스와 같은 유럽의 국가에서 확인
한 사례와는 대조적인 특징으로 볼 수 있다.

이처럼 미국이 조직에 관리책임을 부여함으로써 내부관리나 안전에 중점을
두도록 하는 것은 앞서 '자기비판적 분석' 특권의 발전 배경에서도 확인할 수 있
는 점이다.

---

86) *Ibid*.
87) United States v. Michael Brassington, et al., No. 09-45 (D.N.J. 2009).

## 4. 항공실무자의 주의의무와 판례의 해석

### (1) 주의의무의 일반적 정의

주의의무(注意義務)란 사람이 일정한 행위를 할 때 그 행위로부터 발생할 수 있는 타인의 법익침해 및 위태화를 예견해야 하고 이 예견에 기초하여 그러한 결과가 발생하지 않도록 행위를 하지 않거나, 안전조치를 취하고 행위를 해야 할 의무이다.[88] 보통 합리적인 사람의 기준에서 판단하며, 의사나 조종사와 같이 전문직종의 경우 보통사람의 기준이 아니라 그 직종의 평균적인 기준의 주의의무를 요구한다. 주의의무의 평가는 객관적인 평가이며, 해당 행위를 하는 사람의 개인적 특성을 고려하지 않는다. 이 평가는 합리적인 사람이 피고인의 입장에서 했을 법한 일에 대한 것이며, 피고가 합리적으로 행동했는지가 아니라 피고의 위치에 있는 합리적인 사람이 피고인처럼 행동했는지를 확인하는 것이다.[89]

전문직 종사자들은 법률이 특정 직종에 요구하는 기준에 따라 판단된다. 이에 따라 과실과 부상 여부 등을 고려할 때 가해자가 피해자에 대한 주의의무를 위반하여 위반행위를 행하였는지가 관건이 된다. 법률은 직업이나 전문적인 기술을 가지고 있는 경우, 그 직업의 직무 수행과 관련된 역량을 보여주도록 요구한다. 만약 전문적인 직업을 가진 자의 행위로 타인의 법익에 침해가 있는 경우, 부주의하게 행동한 것으로 볼 수 있으며, 책임을 지도록 하고 있다. 이러한 경우 앞서 언급한 주의의무의 일반원칙을 적용함으로써 조종사, 관제사, 정비사 또는 기타 항공실무자의 기준을 통하여 합리성을 판단해야 한다는 것은 분명하다. 또한 대부분의 항공사고에서 관련자들의 작위나 부작위는 규정을 무시하거나 적절한 주의를 기울이지 않은 태만한 행동과 관련하여 조사되고 있다.

이처럼 조종사 또는 항공교통관제사 등 항공실무자는 합리적으로 예견된 결과에 대해서만 책임을 진다. 일반적으로, 주의의무위반을 입증하기 위해서는 피고가 법률에 따른 기준, 즉 가상의 합리적인 사람의 관리 기준을 충족하지 못하였음을 보여주어야 한다. 그러므로 주의의무위반은 합리적인 사람이 해야 할 일

---

88) 오영근, 전게서(주 18), 200면.
89) Glasgow Corp v. Muir [1943] A.C. 448.

을 하지 않거나, 신중하거나 합리적인 사람이 하지 않을 일을 하는 것이라고 할 수 있다.[90]

### (2) 조종사 주의의무에 대한 판례의 해석

법원의 판례를 통하여 조종사에게 일반적으로 요구되는 관리 표준은 다음과 같이 확인할 수 있다. McInnerny v. McDougall[91] 사건에서 법원은 "법규가 없는 경우, 항공기 운항의 일반적인 과실 규칙이 적용되며 조종사는 그 상황에서 유능하고 신중하며 자격을 갖춘 조종사가 할 수 있는 주의와 기술을 발휘해야 한다"라고 하였다. 법원은 또한 "전문가가 특별한 수준의 전문가 기술을 가질 필요는 없고, 그 직업의 공통적인 표준 수준의 능력만 가져도 된다"라고 판시하였다. Bolam v. Friern Hospital Management Committee[92]에서는 "어떤 특별한 기술이나 능력을 사용해야 하는 상황이 발생하는 경우, 특별한 기술이 없기 때문에 과실이 있었는지에 대한 판단은 없었다. 사람이 최고 수준의 전문 기술을 가질 필요는 없으며 그 특정 기술을 행하는 평균인의 일반적인 기술이면 충분하다는 것이 법에 확립되어 있다"라고 하였다.[93]

Long v. Clinton Aviation Co.[94] 사건에서 법원은 법규정에서 요구되는 조종사의 기술 기준을 논하고 있다. 법규정에 명시되지 않은 경우, 조종사는 항공기 운항에 있어 극도의 주의를 기울일 필요가 없으며, 오직 상황에서의 일반적인 주의만이 요구된다고 보았다. 여기서 항공기 조종사의 '보통의 주의'란 자신과 타인의 안전을 충분히 고려한 경험이 있는 조종사가 동일하거나 유사한 상황에서 수행하거나 수행하지 못하는 것이라고 하였다. Saif Ali v. Sydney Mitchell & Co.[95] 사건에서는 "어떤 직업이든 간에, 관습법은 그 직업의 뛰어나고 능력있는 구성원이 해낼 수 없었던 과실의 경우, 그러한 책임을 그 직업의 사람들에게

---

90) 아시아나항공의 미국 샌프란시스코 사고에서 법원은 "원고가 이 사건 비행과 관련한 조종사 편조에 관하여 상당한 주의를 게을리하였고, 소속 항공종사자들에 대하여 항공기사고를 방지할 수 있는 충분한 교육·훈련을 하지 않았으며, 위와 같은 원고의 주의의무위반이 이 사건 사고 발생의 원인이 되었다"라고 판시한 바 있다. 대법원 2019.10.17. 선고 2017두47045 판결.

91) McInnerny v. McDougall [1938] 1 DLR 22, [1937] 3 WWR 625, 7 FLJ (Can) 227.

92) Bolam v. Friern Hospital Management Committee [1957] 1 WLR 583.

93) *Ibid.*, p.587.

94) Long v. Clinton Aviation Co. [1950] C.A. Colo.

95) Saif Ali v. Sydney Mitchell & Co. [1980] AC 198.

부과하지 않는다"[96]라고 하였다. 이처럼 판례에서는 동일하게 조종사에게 특별한 기술에 대한 수준을 요구하는 것이 아닌, 일반 조종사에게 요구되는 '보통의 주의' 수준을 요구함을 확인할 수 있다.

### 1) 엄격한 주의의무의 정도

앞서 언급한 판례가 조종사의 경우에 반드시 유효하다고 보기는 어렵다. 영국의 Taylor v. Alidair Limited[97] 사건은 조종사 주의의무에 대한 가장 중요한 판결이며, 항공기가 매우 심하게 손상될 정도의 경착륙(hard landing)으로 인해 조종사가 해고된 사건이다. 법원은 조종사가 부당하게 해고되지 않았다고 판결하였다. 즉 요구되는 전문적 기술 수준이 매우 높고, 그 기준에서 조금만 벗어났다고 하더라도 발생할 수 있는 잠재적 결과가 매우 심각하여, 그러한 기준에 따라 수행하지 않은 것은 한 번의 과실만으로 충분하다고 보는 것이다.[98] 이 사건은 항소법원에 회부되었고 법원은 다음과 같이 원심판결을 확정하였다.

"조종사의 판단 착오가 모두 과실인 것은 아니다. 마찬가지로, 조종사의 모든 태만한 행동이 항공사에서 그를 해고해야 하는 이유가 되지는 않을 것이다. 그러나 항공사는 동일한 조종사로부터 추가 과실이 발생하는 경우 해고하지 않기로 한 결정을 번복해야 할 수도 있다."[99] 여기서 '판단'이라는 단어를 엄격하게 해석한다면, 정확한 판단을 하는 것은 조종사의 직무에 매우 큰 부분이고 따라서 명백한 이탈은 과실에 해당될 수 있다. 이것은 조종사에게 기대되는 기술과 주의의무의 정도가 다른 직업에서 기대되는 것보다 높은 것을 요구하기 때문일 것이다.

### 2) 조종사에게 기대되는 주의의무

조종사에게 기대되는 주의의무를 다루는 호주의 판례인 Australian National Airlines Commission v. The Commonwealth of Australia & Canadian Pacific

---

96) *Ibid.*, p.220 C-E).
97) Taylor v. Alidar Ltd. [1976] IRLR 420 & [1978] IRLR 82 CA. Tribunal de Grande Instance de Colmar, Département du Haut-Rhin, 14 Mars 1997, Jugement No. 464/97.
98) *Ibid.*, p.423.
99) J.D. McClean, K.D. Beaumont, Christopher Shawcross, *Shawcross and Beaumont Air Law*, 4th ed., Butterworths London(2002), p.68.

Airlines[100] 사건에서 판사는 조종사에게 기대되는 주의의무는 비행 기술(skill of airmanship)의 추가적인 능력이나 기술을 갖춘 합리적인 조종사의 관리 기준이라고 판시하였다. 판사는 조종사의 책임은 책임져야 할 인명 수(number of lives)에 따라 증가한다고 보았으며, 조종사에게 요구되는 주의의무에 비행기술이 포함된다는 것을 구체적으로 인정하였다. 또한 항공사고와 사건의 약 80%가 인적오류를 수반하는 비행기술의 부족과 관련이 있다고 보았다.[101] 그러나 조종사에게 요구되는 전문성 기준과 관련한 비행기술의 부족이 주의의무위반에 해당하여 과실 여부를 충족하는지는 의문이 제기된다. 조종사가 주어진 상황에서 비행기술이 부족할 수 있지만 이것이 부주의했다는 것을 의미하지는 않으며, 오늘날 첨단 기술의 운용에서 조종사들이 개인적으로 모든 것을 확인할 수도 없고 그렇게 기대되지도 않기 때문이다. 즉 오작동하는 장비의 일부를 직접 점검하지 않거나 필요한 정보를 사전에 준비하지 못하는 것은 비행기술이 매우 부족한 것으로 간주될 수 있으나, 이러한 부작위가 일반 조종사에게 기대되지 않는 경우 해당 조종사는 부주의하게 행동하지 않았다고 볼 수도 있기 때문이다.

## 3) 위험의 예측가능성

Goldman v. Thai Airways International Ltd.[102] 사건에서 원고는 비행 중 난기류로 입은 부상에 대하여 항공사에 소를 제기하였다. 법원은 1929년 바르샤바협약 제25조[103]에 따라 책임을 제한할 권리가 있는지를 결정하기 위해 조종사가 무모하게(recklessly) 행동하였는지 결정해야 했다. 조종사의 무모함에 대하여, 판사는 조종사가 '지상 이동, 이·착륙, 그리고 난기류를 예상할 수 있을 때' 특정 구역으로 들어가기 10분 전에 좌석벨트 표시등을 점등해야 한다는 '비행운항매뉴얼'에 포함된 특정 지시를 위반했다는 것을 확인하였다.[104] 이 사건에서 판

---

100) Australian National Airlines Commission v. The Commonwealth of Australia & Canadian Pacific Airlines [1975] High Court of Australia, reported at(1974-5) 132 CLR 582.

101) ICAO, Doc. 9683-AN/950, Human Factors Training Manual, 1st edition(1998).

102) Goldman v. Thai Airways International Ltd. [1983] 1 WLR 118.

103) 1929년 바르샤바협약 제25조에 따르면, 1. 운송인은 고의적인 위반행위로 인하여 피해가 발생하거나, 또는 본 소송의 승소된 법원의 법률에 따라 고의적인 위반행위와 동등한 것으로 간주되는 채무불이행으로 인한 경우, 자신의 책임을 배제하거나 본 협약의 조항을 이용할 권리가 없다. 2. 이와 유사하게, 자신의 고용 범위 내에서 활동하는 항공사의 대리인에 의해 상기 피해가 발생한 경우, 항공사는 상기 조항을 이용할 권리가 없다.

사는 R. v. Caldwell[105] 사건을 인용하여, "형사상 손해배상법 1971(Criminal Damage Act) 제1조제1항에 따른 위반으로 기소된 사람은 (1) 재산이 파괴되거나 손상될 명백한 위험을 일으키는 행위를 할 경우 '무모한 행위'이며, (2) 그러한 위험이 있을 가능성에 대하여 고려하지 않았거나, 위험이 일부 있다는 것을 인식하였음에도 불구하고, 그러한 위험을 계속한 것"[106]이라고 하였다. 판사는 조종사가 매뉴얼에 명시된 안전 지침을 무시한 '무모함'을 확인하였다. '위험의 인식' 요건에 대하여 판사는 "결과의 확률은 법의 본질을 입증하는 것으로 이해되어야 하며 …(중략)… 개연성을 갖는 경우라면 피해의 확률은 충족된다"[107]라고 하였다. 또한 이로 인하여 사고가 발생하였으므로 손해배상은 거의 불가피하다고 결론내렸다. 항소심에서 원고는 개인적인 부상이 조종사가 결과 발생을 예측하면서도 무모한 작위나 부작위를 행함으로 인한 것임을 입증하지 못하였고, 판사는 조종사가 좌석벨트 표시등을 점등해야 함에도 그렇게 하지 않은 것이 '무모'하였다고 판단한 것이다.

한편 영국 법원은 Susanne Yvonne Andrews v. British Airways[108] 사건에서 항공기 강하 중 난기류로 근무 중 부상을 입은 객실승무원의 개인 상해에 대한 보상을 인정하지 않았다. 조종사는 여객의 좌석벨트 착용 여부 확인을 지시하였지만, 객실승무원에 대하여는 특별한 지시가 없었다. 이에 원고인 승무원은 업무를 계속하였고, 난기류로 인하여 부상을 당하였다. 이 사건의 지방법원은 조종사가 좌석벨트 착용을 지시하는 데 소홀함이 없었다고 판단하였다. 또한 전문가에 의해 제출된 증거를 채택하여 난기류의 위험이 있었지만, 조종사가 추가적인 명령을 내릴 것을 요구할 정도로 심각하지는 않았으며, 다른 승무원들은 안전벨트를 착용하고 있었으므로 중대한 난기류의 위험은 없었다고 보았다. 이에 항소법원은 원심의 판결을 확정하고 항소를 기각하였다.

이처럼 예측가능성은 위험에 대한 조종사의 인식과 그러한 상황에서의 조치 즉 조종사가 규정에 따른 주의의무를 다한 경우 그에 따른 피해는 충족되지 않

---

104) Goldman v. Thai Airways International Ltd. [1983] 1 WLR 118.
105) R. v. Caldwell [1982] A.C. 341, p.354.
106) *Ibid.*, p.254.
107) *Ibid.*, p.1192.
108) Susanne Yvonne Andrews v. British Airways [2008] EWCA Civ 1308.

을 것이나, 위험의 인식에 대한 입증은 선행되어야 할 것이다.

### (3) 항공교통관제사의 주의의무에 대한 판례의 해석

#### 1) 엄격한 주의의무 정도

항공교통서비스는 그들이 제공하는 서비스를 이용하거나 의존하는 모든 사람들에게 주의의무가 있으며, 이러한 주의의무는 서비스 제공을 관리하는 법규정, 관제사와 조종사와의 법적 관계에서 비롯된다.[109] 이러한 의무를 위반하면 과실이 발생하고 관련 기관 또는 항공교통관제의 서비스제공자는 책임을 지게 된다. 일반적으로 관제사의 업무는 항공기의 안전한 운항과 항공교통의 신속한 흐름을 유지하는 것이다.[110]

관제사는 직무를 수행함에 있어 항공운항서비스 절차, 항공 및 항공교통서비스 규칙[111]과 같은 공식 매뉴얼에 명시된 절차를 따라야 한다. 일부 관할권에서는 그러한 매뉴얼과 이에 포함된 규정이 법률의 중요성을 수반한다는 점에 유의해야 한다. 공식 절차의 모든 위반이 자동으로 과실로 간주되는 것은 아니며, 엄격한 준수가 과실을 자동으로 배제하는 것도 아니다. 일부의 경우에는 관제사가 공식적으로 규정한 최소치 이상을 수행할 것으로 합리적으로 예상할 수 있다. 관제사의 주의의무는 책임 영역 내에서 항공기의 안전을 증진하는 데 필요한 모든 지침과 조언을 제공하기 위해 합리적인 주의를 기울이는 것으로 설명된다.[112] 즉 관제사는 통제되는 구역 내의 모든 항공기에 주의의무를 진다. 특히 특정 시간대에 해당 구역 내에 많은 항공기가 집중될 수 있으므로 관제사는 순간의 필요에 따라 시간을 분배해야 한다. 이와 관련하여 Coatney v. Berkshire[113] 사건에서, 법원은 다른 항공기가 관제사의 집중을 요구할 때 관제사는 조종사의 완전한 준수 여부를 확인할 것으로 기대할 수 없다고 하였다. 조종사는 관제사가 제공하는 행위, 조언 또는 정보에 의존하기 때문에 이러한 주의의무는 관제사와 조종사의 밀접한 관계에서 의존 정도에 의해 결정된다고 보는 것이다.

---

109) Yates v. US [1974] 497 F.2d 878 at 882-3 (10th Cir.).
110) Delta Airlines Inc. v. US [1977] 561 F.2d 381 (1st Cir.).
111) ICAO, Doc. 4444, Air Traffic Management, 16th edition(2016).
112) Nichols v. Simmonds [1975] WAR 1 W Aust SC.
113) Coatney v. Berkshire [1974] 500 F.2d 290 (8th Cir.).

### 2) 항공교통관제사에 기대되는 주의의무

조종사와 관제사의 법적 책임에 있어 당사자의 책임을 구분하는 것은 종종 어려움이 따른다.[114] 관제사가 갖는 주요 의무의 세 가지 범주는 (1) 정확하고 오해의 소지가 없는 정보를 제공할 의무, (2) 인식된 위험을 경고할 의무, (3) 잠재적 위험에 대한 경고 의무로 설명할 수 있다.[115] ICAO Doc. 4444는 '각 국가의 법률제정 및 국가 ATC 시스템의 현지 절차를 통하여 보완하며 ATC 통신을 수행할 수 있는 적절한 방법을 마련'할 것을 명시하고 있다. ATC와 관련하여 법률, 규정, 절차 및 훈련을 준수하기 위한 조종사의 법적 의무는 안전한 비행 환경을 조성하는 것이다. 또한 특별한 신뢰 관계가 형성되면, 각 당사자는 관련 절차를 준수하고 각자의 의무를 수행하는 것으로 가정된다. 그러나 관제사 또는 조종사가 자신의 의무를 준수하지 않는다는 것을 명확히 하는 합리적인 사유가 있는 경우, 이러한 신뢰 관계를 더 이상 가정해서는 아니 된다.

Nichols v. Simmonds, Royal Aero Club of Western Australia and Commonwealth[116] 사건에서, 법원은 관제사의 과실이 조종사 어느 한 사람의 과실보다 더 크다고 판시하였다. 관제사가 비표준 어구 및 단어를 사용함으로써 잘못된 통신으로 사고가 발생할 경우, 그에 대한 법적 조치에 직면할 수 있다. 또한 관제사가 고의로 안전한 운영 절차를 위반하는 경우, 오류를 유도할 가능성과 그로 인한 중대한 결과의 가능성을 모두 높일 수 있으므로 더욱 과실이 크다고 보았다. 잘못된 통신을 보여주는 사례로는 1971년 시드니 킹스포드스미스 (Kingsford-Smith) 공항에 착륙한 캐나다 퍼시픽더글라스 DC-8 사건이 있다.[117] 조종사는 16번 활주로를 되돌아가기 위한 허가를 요청하였고, 관제사는 '유도로를 오른쪽으로 가라'(take taxiway right)는 지시를 내렸다. 조종사는 그것을 '원한

---

114) Hopkins는 "조종사는 항공기와 여객의 안전을 책임지는 반면, 관제사는 항공교통관제 지시의 안전과 관련한 법적 책임이 있다"라고 하였다. Sofia Michaelides-Mateou and Andreas Mateou, *supra* note 1, p.16.

115) *Ibid.*, pp.16-17.

116) Nichols v. Simmonds, Royal Aero Club of Western Australia and Commonwealth (1975) WAR 1, Supreme Court of Western Australia.

117) Australian National Airlines Commission v. The Commonwealth of Australia & Canadian Pacific Airlines [1975] High Court of Australia, reported at(1974-5) 132 CLR 582.

다면 되돌아가도 된다'(you can backtrack if you like)라고 착각하였다. 그러한 상황에서 오스트레일리아 항공(TAA Boeing 727)은 동일한 활주로에서 이륙 허가를 받았고, 활주로를 질주하던 DC-8의 수직안정판(fin)과 방향타(rudder)가 TAA Boeing 727의 밑면(belly)과 충돌하여 파손되었다. 이 사건의 고등법원은 피고인 관제사들과 DC-8 승무원들이 TAA 승무원에게 기여적 과실이 있다고 판결하였다. 재판관은 관제사가 적절한 통제와 충분한 시야 및 무선 관측을 유지하지 않고 즉각적인 이륙을 허가한 것에 대하여 '합리적인 사람의 표준에서 심각하게 벗어난 것'이라고 판결하였으며,[118] 조종사가 의존하는 상황에서 오해의 소지가 있는 정보를 제공하면 관제사의 과실이 인정될 수 있음을 보여주었다. 또한 퍼시픽항공 승무원은 관제사의 지시에 주의를 기울이지 않고, 해당 지침에 문의하거나 확인을 요청하지 않았으며, 그러한 지침을 받은 후 즉시 관제사에게 연락하지 않았다는 점이 밝혀져,[119] 조종사들이 비행 중 정보를 수집하여 상황인식을 유지해야 하는 책임에 대하여도 보여주었다.

항공실무자들은 법이 요구하는 높은 수준의 과실 기준에 따라 의무와 책임을 행사하지 않을 경우, 형사책임을 지게 될 위험이 증가함을 인지하고 있다. 이와 관련하여 FAA v. NTSB[120] 사건에서 ALJ는 "항공은 특히 부주의(careless) 또는 방치(neglect)를 용서하지 않기 때문이다"[121]라고 언급한 바 있다.

## 5. 용인의 경계 설정을 위한 중과실의 정의

### (1) 중과실의 정의와 모호한 경계

공정문화의 정의에서는 용인의 경계를 명확히 할 것을 요구한다. 즉 고의로 추정되는 과실(wilful misconduct)이나 중대한 과실(gross negligence)은 용인할 수 없는 행위이며, 일선 실무자 등의 경험과 훈련에 상응한 작위, 부작위, 결정에 해당되는 과실은 용인해야 하는 행위임을 명시하고 있다. 그러나 중과실의 정의는 우리 법에서도 명시하고 있지 않아, 경계 설정에 어려움을 준다.

---

118) Sofia Michaelides-Mateou and Andreas Mateou, *supra* note 1, p.17.
119) *Ibid.*, p.20.
120) FAA, et al. v. NTSB, et al., No. 98-1365 (D.C. Cir. 1999).
121) *Ibid.*

'고의로 추정되는 과실'과 '중과실'은 관습법과 민법 체계 사이에 존재하는 중대한 차이 때문에 현재 국제법이나 국내법에도 규정되어 있지 않은 개념이며, 국가에 따라 다른 법적 해석의 가능성으로 법원에서 사안에 따라 판단하고 있다.[122] 민법 체계에서 '고의로 추정되는 과실'과 '중과실'의 개념을 적용하는 것과 관련하여, 고전적인 로마법의 동등한 원리인 'culpa lata dolo aequiparatur'가 인용되고 있다.[123] 'culpa lata'는 중과실에 해당하며, 'dolus'는 고의로 추정되는 과실에 해당한다. 즉 중대한 과실이 고의로 추정되는 과실과 동일하다는 것을 의미하며, 중대한 과실은 중대한 부주의로 보는 것이다.[124]

대부분의 법률 사전과 판례법의 의미 내에서, '중과실'은 합리적이고 신중한 사람이 동일하거나 유사한 상황에서 행할 수 있는 정도의 주의, 예방, 또는 경계를 하지 않는 것이며, 자발적으로 위험을 감수[125](voluntary risk-taking)하는 행동을 가리킨다. 즉 '중과실'로 기소된 사람은 의식적으로 '합리적인 사람'이 감수하지 않을 정당하지 못한 위험을 감수하는 것이 된다. 따라서 합리적이고 신중한 사람의 기준에서 심각하게 벗어나는 것이며, 높은 수준의 태만이 특징이다. 또한 자신의 행동에 대한 부정적인 결과를 예측하는 사람이 무모하고 의식적으로 행동하였을 때 발생한다. 여기서, '무모함'(recklessness)이란 자신의 행동이 초래할 수 있는 위험과 결과에 대한 무관심을 말한다. 즉 '중과실'은 안전 또는 재산에 대한 무모한 무시와 타인의 권리를 의식적으로 침해하는 극도로 중대한 부주의와 관련이 있다는 것이다.

중과실을 공식적으로 정의하고 있는 분야는 석유 및 가스 산업과 같은 특수한 부문이다. 이 부문에서는 중과실을 "위반행위(misconduct)가 초래된 당시 상황의 행동이 합리적인 사람의 행동 기준에서 명백한 이탈 또는 유해하고 예측 가능하며 피할 수 있는 결과를 사실상 완전히 무시하는 것과 같은 무모한 작위나 부작위[126]"라고 명시하였다. 또 다른 정의에 따르면, "중과실 또는 고의로 추

---

122) Francesca Pellegrino, *supra* note 5, p.139.
123) *Ibid.*
124) USLEGAL.
125) Stephen Lyng, "Edgework: a social psychological analysis of voluntary risk taking", *American Journal of Sociology*, Vol. 95, No. 4(1990), pp.851–856.
126) PJVA Operating Agreement, October 2003, Article 1, s 101 (f) Definitions.

정되는 과실은 작위 또는 부작위로 다른 사람의 안전이나 재산에 유해한 결과를 야기하거나, 무관심하게 무시하려는 의도 또는 무관심한 사람에 의한 행동 또는 실패를 의미한다"[127]라고 하였다. 두 정의는 모두 '중과실'과 '고의로 추정되는 과실'을 동일시하는 것으로 보인다. 첫 번째 정의에서는 '의도'가 수반되지 않은 상황에서 '중과실'로 인한 책임을 부여한다. 반면에, 두 번째 정의는 '의도'에 대한 책임을 부여하지만 고의로 추정되는 과실과 중과실을 동시에 정의하고 있어 그 '의도'가 중과실까지 확대되는지는 명확하지 않다.

민법에서는 법적 결과와 관련하여 두 표현을 동등한 것으로 종종 간주한다. '중과실'과 '고의로 추정되는 과실'은 행동의 법적 결과에 근거한 것으로, 이러한 표현들 사이에 실제 차이를 고려할 때 개념적 구별이 거의 무관한 민사소송에서는 쉽게 받아들여질 수 있지만, 형사소송에서는 그렇지 아니하다. 형법은 민법과는 다르게 고의범만 처벌하는 것이 원칙이고[128] 예외적으로 법익침해가 매우 큰 경우에만 과실범을 처벌하고 있기 때문이다.[129] 사실상, 다양한 유형의 행동을 평가하기 위하여 특정 기준을 나타내는 넓은 정의를 제공하는 것은 불가능할 것이나, '공정문화'의 목적을 위하여 이것을 명확하게 구별할 수 있는 절차적 기준은 필요할 것으로 판단된다.

## (2) 판례를 통한 '중과실'의 범주

형사상 과실로 소를 제기하는 근거는 '행위자가 특정인이나 전체에 대한 주의를 기울일 의무가 있다는 것이며, 그러한 의무를 다하지 못하여 개인의 피해를 유발하였다는 것'이다.[130] 이러한 정의는 다음의 대표적인 판례를 통하여 확인할 수 있다.

Regina v. Adomako(1994)[131] 사건에서 마취사인 피고는 수술 도중 산소 튜

---

127) Rodhes Linda L., Limitations on liability exceptions for gross negligence and willful misconduct and the implications for outsourcing agreements, Business & Technol Sourcing Review, No. 19(2013).
128) 형법 제14조(과실).
129) 형법 제171조(업무상실화, 중실화), 제189조(중과실교통방해죄), 제268조(중과실치사상죄), 제364조(중과실장물죄).
130) Francesca Pellegrino, *supra* note 5, p.143.
131) Regina v. Adomako(1994) 1 AC 171.

브가 분리되는 것을 알아채지 못하였고, 그 결과 환자는 심장마비로 사망하였다. 피고인 의사의 무능함이 형법에 위배될 정도의 과실로 여겨졌는데, 피고는 두 가지 근거로 유죄판결에 이의를 제기하였다. 첫째, 그는 치료의무위반이 없다고 주장하였고 둘째, 그의 행동과 환자의 죽음 사이에 충분한 인과관계가 없다고 주장하였다. 이 사건 이후, '중과실' 과실치사에 대한 유죄판결은 '주의의무의 존재'와 '사망이나 사망을 초래하는 의무의 위반'을 필요로 하며, 합리적으로 신중한 사람을 기준으로 한다. 이 사건에서 피고인의 행위에 대하여 배심원은 합리적인 의사의 기준에 훨씬 못 미쳤으며, 그에 따라 과실치사죄에 대한 형사적 유죄가 성립된다고 보았다. 이 과정에서 재판관은 4단계 시험인 'Adomako test'[132]를 적용하여 이 사건을 판단하였으며, 범죄는 이 모든 요소의 충족을 입증할 필요가 있다고 보았다.

R. v. Misra & Srivastava(2005)[133] 사건의 항소심에서 두 명의 의사는 명백한 증상에도 불구하고 상처에 진단되지 않은 감염을 통하여 수술 후 환자가 사망하자 '중과실'의 과실치사 혐의로 유죄판결을 받았다. 이 과정에서 피고인들은 'Adomako test'는 중과실에 대한 정의가 없으므로 정확하지 않다고 주장하였다. 특히 그들은 유럽인권협약(European Convention of Human Rights: "ECHR") 제7조에 따라 이 시험이 자신들의 권리와 양립할 수 없다고 이의를 제기하였다.[134] 이 조항은 법적인 근거 없이 형사 유죄판결을 금지하는 '죄형법정주의'뿐만 아니라, 형법의 명확성에 대한 기본적 요건을 명시하며, 일련의 법 위반 사건에서 개인들이 어떤 행위가 범죄행위에 해당되는지 확인하고, 법 위반의 결과를 인지할 수 있도록 하기 위한 것이다. 이 사건에서, 항소법원은 '중과실'에 대한 과실치사 혐의가 ECHR 제7조에 따른 법적 명확성의 요건과 상충하지 않는다고 판단하였

---

132) Adomako test는 "(1) 피고는 피해자에게 치료의무가 있다. (2) 피고는 그 의무를 위반하였다. (3) 위반으로 인하여 피해자가 사망하였다. (4) 위반은 극도로 부주의하였다"라는 4가지 요소를 모두 충족하여야 한다고 보았다. Regina v. Adomako(1994) 1 AC 171.

133) R. v. Misra and Srivastava(2005) 1 Cr. App. R 328.

134) ECHR 제7조 제(1)항은 "누구도 국가 또는 국제법상 범죄행위에 해당하지 않는 행위나 누락에 대하여 유죄를 선고할 수 없으며, 형사 범죄를 범하였을 당시 적용 가능했던 형벌보다 무거운 형벌이 부과되어서는 아니 된다. Eva Brems and Janneke Gerards, *Shaping rightd in the ECHR: the role of the European Court of human rights in determining the scope of human rights*, Cambridge University Press(2014), p.252.

으며, 보건 분야에서 사망 위험만 범죄로 간주해야 한다는 점도 명확히 하였다. 특히 재판부는 피고인이 환자에 대한 전문적인 의무를 수행한다는 점에서 환자의 생명에 명백하고 중대한 위험에 대하여 무관심을 보인 것으로 판단하였다.[135]

또한 R. v. Zaman(2017)[136]에서 항소법원은 '중과실'의 과실치사는 판결의 사실에 특히 초점을 맞춘 영역이라고 하였다. 이 사건의 사실은 땅콩 알레르기가 심한 한 남성이 인도 음식점에서 음식을 포장하여 식사하였고, 그는 식당 직원으로부터 음식에 견과류가 없다는 말을 들었으나 불행하게도 소스(sauce)에는 다량의 땅콩이 들어있었다. 결국 남성은 아나팔락시스 쇼크를 일으켰고 그로 인하여 사망하였다. 이러한 사실에 근거하여, 법원은 땅콩 알레르기가 있는 손님들에게 땅콩을 제공하지 않도록 하기 위한 조치를 지속적으로 취하지 않은 식당 주인에게 징역 6년 형을 확정하였는데, 이것은 매우 치명적인 결과를 고려할 때 과실이 매우 높다고 본 것이다. 이 경우 법원은 고객의 사망을 초래하거나 안전을 위협하는 것은 중과실 및 과실치사 등 중형에 처해질 수 있다는 것을 분명히 하였다.

우리나라의 판례를 살펴보면, 화물을 탑재한 A항공 소속 보잉 747-2B5F 화물기가 1999년 12월 22일 영국 런던 북부 스탠스테드(Stensted) 공항을 이륙하여 이탈리아 밀라노로 향하던 중 이륙 2분 후에 스탠스테드 공항 인근 숲에 추락하여 화물은 모두 전소되었다.[137] 대법원은 "국제항공운송에 있어서의 일부 규칙의 통일에 관한 협약(개정된 바르샤바협약) …(중략)… 제25조에 규정된 '손해가 생길 개연성이 있음을 인식하면서도 무모하게 한 작위 또는 부작위'라 함은 자신의 행동이 손해를 발생시킬 개연성이 있다는 것을 알면서도 그 결과를 무모하게 무시하면서 하는 의도적인 행위를 말하는 것으로서, 그에 대한 입증책임은 책임제한조항의 적용배제를 구하는 자에게 있고 그에 대한 증명은 정황증거로써

---

135) R. v. Misra and Srivastava(2005) 1 Cr. App. R 328. 또한 법원은 'Adomako test'에 관한 비판에 대하여, 다음과 같이 밝혔다. 'Adomako test'는 "해당 행위가 범죄인지에 대한 테스트가 아니라 문제의 행위가 허용된 기준에서 벗어나 '범죄로 특징'되어야 하는 방법에 대한 것으로 설명된다. 배심원에 대한 질문은 피고의 과실이었는지, 범죄였는지의 여부가 아니라 그의 행동이 중대한 과실이었으며 결과적으로 범죄인지 여부이다. 이것은 법의 문제가 아니라 개별 사건의 결정에 대한 사실 중 하나이다"라고 언급하였다. *Ibid.*

136) R. v. Zaman (Mohammed Khalique) [2017] EWCA Crim 1783.

137) 권창영, 「항공법 판례해설 Ⅲ」, 법문사(2020), 122면.

도 가능하다 할 것이나, 손해발생의 개연성에 대한 인식이 없는 한 아무리 과실이 무겁더라도 무모한 행위로 평가될 수는 없다"라고 판시한 선례를 인용하였다. 선례에 따르면, 항공기를 운행함에 있어 기장 등의 과실은 중대하다고 할 것이나, 그렇다고 하여 인정된 사실만으로 그들이 자신과 동료들의 생명까지 앗아갈 수 있는 사고발생의 개연성에 대하여 실제적으로 인식하였다고는 볼 수 없고, 오히려 제반 사정에 비추어 볼 때, 승무원들은 이 사건 사고 직전까지도 사고발생의 위험에 대하여 현실적으로 인식하지 못하였다고 보이므로 피고 소속 기장 등이 손해를 발생시킬 개연성이 있다는 것을 인식하면서도 그 결과를 무모하게 한 의도적인 행위에 의하여 사고가 발생한 것으로 볼 수 없다고 판시하였다.[138] 이 사건의 판결에서, 승무원들에게 중대한 과실이 인정된다고 하더라도 주관적인 의사의 개입을 인정하기는 어렵다고 보이므로 책임을 제한한 대법원의 판결은 타당하다고 보인다.[139]

앞서 언급한 주요 판례는 '고의로 추정되는 과실'과 '중과실'의 개념을 법적으로 정의하고 구분하는 데 여전히 어려움을 보여준다. 결론적으로, 중대한 과실은 작위 또는 부작위로 간주되며, 한 개인이 타인의 권리를 무시하거나 실질적인 위해를 초래한 경우, 의식적이고 자발적인 규칙이나 절차의 위반이 타인의 중대한 부상을 초래한 경우로 볼 수 있다. 그러나 각 사건을 일률적으로 판단하기는 어려우므로, 사안에 대한 개별적 판단이 이루어져야 할 것이다.

### (3) 항공분야에서 '중과실'의 정의

#### 1) ICAO Doc. 9859, 「Safety Management Manual」의 정의

ICAO Doc. 9859, Safety Management Manual은 ICAO Annex 19 SARPs의 안전데이터 및 정보의 보호가 적용되지 않는 예외로서 '중대한 과실'을 정의하고 있으며, 국내법에 따라 중대한 과실을 구성하는 것으로 간주되는 작위 또는 부작위에 의해 발생했을 수 있음을 합리적으로 나타내는 '사실(facts) 및 상황(circumstances)'이 있는 경우, 안전데이터 및 정보의 보호가 적용되지 않음을 명

---

138) 대법원 2005.9.25. 선고 2005다26598 판결.
139) 이 사건과 관련하여 주의의무의 주체 범위를 부당하게 축소시켜 판단한 잘못이 있다는 견해에 대하여는 다음을 참조. 김현, 항공운송에서 책임제한 배제사유, 법률신문, 2007.1.15.

시하고 있다.

각국의 서로 다른 법체계로 용어의 의미에 대한 이해가 다를 수는 있으나, 일반적으로 중대한 과실은 명백한 위험에 대한 행위자의 무시 또는 무관심으로 인한 작위 또는 부작위를 나타내는 것으로 규정하고 있으며,[140] 때때로 '무모한 (reckless) 행동'으로 묘사됨을 명시하고 있다. 특히 중과실은 행위자가 위험을 충분히 인식했는지 여부에 관계없이, 사실과 상황이 그러한 행위에 의해 발생하였을 것으로 판단할 수 있는 합리적인 근거만 제공하면 된다고 보았다.[141]

### 2) Regulation (EU) No. 376/2014의 정의

국제민간항공협약 Annex 19에 명시된 바에 의하면, 항공분야에서 '안전'의 정의는 "항공기 운용과 관련되거나 간접적으로 지원되는 항공 활동과 관련된 위험이 허용 가능한 수준으로 감소되고 제어되는 상태"를 말한다.[142] 본문에서는 삭제되었지만, Regulation (EU) No. 376/2014의 제안서[143]에 포함되었던 '중과실'과 Annex 19 '안전'의 정의에서 교차점은 '항공안전에 유해하고 심각하게 영향을 미치며 항공안전수준을 저해하는 행위'는 용인되지 않는 것으로 간주해야 한다는 것이다. 이 정의는 Regulation (EU) No. 376/2014의 최종 본문에서 삭제되었지만, '고의로 추정되는 과실'이라는 불분명한 표현을 삭제하고, '결과의 무모한 무시' 또는 이와 유사한 문구로 대체하여 수정되었어야 한다는 주장도 제기되고 있다.[144]

---

140) "gross negligence refers to an act or omission undertaken with a serious disregard or indifference to an obvious risk, regardless of whether the risk was fully appreciated by the actor. This is sometimes described as reckless conduct." ICAO, Doc. 9859, Safety Management Manual, 4th Edition(2018), 7.6.3.3.

141) *Ibid*., 7.6.3.2.

142) "Safety: The state in which risks associated with aviation activities, related to, or in direct support of the operation of aircraft, are reduced and controlled to an acceptable level", ICAO, Annex 19, Safety Management, 2nd Edition(2016), Chapter I, Definitions.

143) 유럽연합(EU)의 Regulation (EU) No. 376/2014의 제안서에 따르면 '공정문화'와 밀접하게 연관된 개념인 '중과실'의 정의가 포함되어 있었다는 것을 확인할 수 있다. 본 제안서의 Article 2(4)는 "중과실은 개인 또는 재산에 대하여 직접 또는 예측가능한 피해를 입히거나 항공안전수준을 심각하게 저해하는 명백한 고의적(wilful) 주의의무 위반을 말한다"라고 명시하였다. 그러나 이 정의는 제안된 규정의 표현에 대한 회원국 간의 합의가 이루어지지 않아 Regulation (EU) No. 376/2014에 포함되지 않았다. Francesca Pellegrino, *supra* note 5, p.149.

144) *Ibid*., p.150.

Regulation (EU) No. 376/2014는 제안서에 포함된 '중과실'의 정의가 삭제되었음에도 불구하고, 전문(37) 및 Article 16(10)에서 중과실의 정의가 묵시적으로 유지되고 있다는 점이 중요하다. 해당 내용은 '고의로 추정되는 과실' 또는 '해당 상황에서 요구되는 직업적 주의의무의 심각한 불이행으로 초래된 명백한 위험의 엄중하고 중대한 무시가 사람이나 재산에 예측 가능한 손상을 입히거나 항공안전 수준을 심각하게 손상시키는 경우를 제외하고, 항공실무자가 보고된 정보에 기초하여 어떠한 편견도 받지 않아야 함을 강조한다.[145] 이것은 예상되는 위험의 중대한 무시와 직업적 책임의 중대한 실패는 '중과실'로 간주될 수 있음을 의미한다.[146] 만약 '중과실'이 명백한 위험에 대한 중대한 무시 또는 무관심을 의미한다면, '경과실'의 행위는 의도하지 않은 주의의무위반이며, 의도하지 않았으나 유해한 결과를 초래한 행위로 볼 수 있을 것이다.

### 3) Eurocontrol의 정의

Eurocontrol이 발행한 'ESARR Advisory Material/Guidance Document'[147]는 '중과실' 및 '과실'을 정의하였다. 안전규제요건에 대한 지침을 제공하는 이 기술문서는 '중과실'을 "다른 사람의 안전이나 재산의 중요함을 무시하는 작위 또는 부작위"로 정의하고 있다. 또한 '과실'은 "주의의무가 있고 합리적인 사람이 그 상황에서 행사할 수 있는 주의, 기술 또는 예견을 하지 못한 경우"라고 명시하였다. 두 개념 간의 차이는 안전하지 않은 행동의 심각성에 기초하며, 의도된 행위와 경과실의 결과 사이에 명확한 구분은 없다고 보았다.[148] 또한 이 문서에 따르면 "유럽에서 일반적으로 합의된 '중과실'에 대한 정의가 없는 것으로 보이나,

---

145) *Ibid.*, p.202.
146) 이러한 내용은 EU Regulation의 전문에 포함되어 있으므로 전문의 법적 특성을 주목할 필요가 있다. 서문은 목표, 원칙, 그리고 다른 법률에 대한 참조 및 때때로 정의를 포함하는 전문으로 구성된다. 전문은 구속력이 있는 조항이 없고 법안의 규범적인 부분을 구성하며, 조항으로 구분되는 제정 용어의 규범적 지위를 갖지 못한다. 전문은 구속력은 없지만, 법적인 해석에서 필수적인 요소로 간주된다. 따라서 위에서 검토한 특정 사례와 관련하여, Regulation (EU) No. 376/2014가 '중과실'을 언급할 때 규범부분에 이 개념의 정의가 없는 경우 전문에 표시된 의미를 갖는 것으로 해석하여야 한다. *Ibid.*, p.151.
147) Eurocontrol, Explanatory Material on ESARR 2 Requirements, ESARR Advisory Material/Guidance Document EAM 2/GUI 4(2004), p.33.
148) *Ibid.*, p.14.

중과실은 엄중함, 명백한 위험에 대한 중대한 무시, 그리고 그러한 상황에서 명백하게 요구되는 주의의 중대한 불이행을 의미한다는 것은 일반적으로 동의하는 것으로 보인다"라고 하였다.[149]

### 4) 운송인의 책임 관련 국제협약의 정의

운송인의 책임에 관한 국제협약은 관습법 원칙에서 영향을 받아 '고의로 추정되는 과실'과 '중과실'의 두 개념을 동등한 위치에 두었다. 예를 들어 국제항공운송에 있어서 일부 규칙의 통일에 관한 1999년 몬트리올협약 제22조제5항에 따르면, 운송인은 그 "손해가 운송인, 그의 고용인 또는 대리인이 손해를 야기할 의도(intention)를 가지거나 또는 무모하게(recklessly) 손해가 야기될 것을 인지하고 행한 작위 또는 부작위로 발생한 손해"로 입증되는 경우, 책임을 제한할 수 없도록 하였다. 이러한 맥락에서, 손해를 일으킬 목적으로 행하여진 작위 또는 부작위는 '고의로 추정되는 과실'로 인정될 수 있는 반면, 무모하게 손해가 야기될 것을 인지하고 행한 작위 또는 부작위의 손해는 '중과실'로 인정될 수 있다. 이 협약은 개념적으로 '고의로 추정되는 과실'과 '중과실'을 구별하지만, 그 결과에 대하여는 같은 수준으로 보는 것이다.[150] 이처럼 민법이나 상법은 손해가 발생했다는 결과와 그 손해의 회복에 중점을 두고 있으므로 고의나 과실에 차이를 두고 있지 않다.

'중과실'과 '경과실'에 대한 법적 표현의 의미를 정의하고, 이해하는 어려움은 공통적 정의에 대한 합의가 없기 때문에 많은 혼란을 야기한다. 이러한 이유로, 공정문화의 적용을 위해서는 용인의 경계를 명확히 구분해야 하며, 이를 위하여 국가는 필요한 법적 개념과 지침을 마련할 필요가 있는 것이다.

---

149) Eurocontrol, Just Culture Policy, p.5.
150) 1929년 바르샤바협약 제25조 제1항에서도 "운송인은 손해가 운송인의 고의로 추정되는 과실(wilful misconduct)에 의하여 발생한 경우, 또는 소송이 진행되는 법원이 속한 국가의 법률에 의하여 고의로 추정되는 과실(wilful misconduct)에 상당하다고 인정되는 손해가 발생한 경우에는 운송인의 책임을 배제하거나 제한하는 본 협약을 규정을 원용하는 권리를 가지지 아니한다"라고 명시함으로써 '고의로 추정되는 과실'과 '고의로 추정되는 과실이 상당하다고 인정'되는 경우를 동등한 수준으로 보고 있다.

### ▪ 소 결

항공사고가 발생하였을 때 처벌적 접근방식을 취하는 국가에서는 누군가의 과실에 의해 발생하였을 것이라고 보고, 당사자 또는 조직을 처벌하고 비난하려는 경향이 있으며, 이로 인하여 항공실무자들은 민·형사상의 책임을 질 수 있다.[151] 이러한 처벌적 접근방식은 항공실무자의 법적 책임을 증가시키는 결과를 초래하고 있으며, ICAO는 이러한 처벌적 접근방식이 안전 관련 정보의 흐름을 억제하여 항공안전에 부정적인 영향을 미치는 것으로 보고 있다.[152] 앞서 살펴본 항공기사고 사례에서도 대부분의 법원이 항공실무자의 유죄 책임을 규명하지 못하였는데, 이것은 인적오류가 확인된 사고와 사건에서 항공실무자는 자신의 행동으로 인한 결과에 대하여 예측하지 못하였고 항공안전을 위태롭게 할 의도도 확인되지 아니하였음을 의미한다.

항공실무자는 운항규정을 위반한 경우에도 과실로 형사처벌을 받을 수 있다. 특히 조종사나 항공교통관제사와 같이 전문적인 직업에 종사하는 경우, 법률은 특정 직종이 요구하는 기준에 따라 판단하게 되며, 주의의무를 위반한 행위였는지가 관건이 된다. 이러한 이유로, 모든 항공사고에서 관련자들의 작위나 부작위는 규정을 무시하거나 적절한 주의를 기울이지 않은 태만한 행동과 관련하여 조사되고 있다. 이때, 조종사나 관제사의 주의의무와 관련된 판례를 확인해 보면 대부분 엄격한 주의의무의 정도를 요구하고 있으며, 이것은 사소한 오류에도 처벌될 수 있음을 의미한다. 이러한 형사제재의 두려움은 안전보고와 사고조사에 큰 억제력으로 작용한다는 점을 유념할 필요가 있다.

현재 항공분야에서 공정문화 접근방식의 필요성이 강조되고 있다. 기존의 전통적인 처벌문화는 개인의 과실을 확인하고 처벌하는 데 초점을 맞추었다면, 공정문화는 인적오류에 대한 처벌보다는 재발 방지와 시정조치에 초점을 맞추고 안전정보제공자가 자율적으로 항공안전을 위한 활동에 참여하도록 독려함으로써

---

151) 처벌문화는 개별국가의 법체계에 근거하고 있으며, 일부 국가의 법체계는 '중과실'뿐만 아니라 '경과실'에 대하여도 처벌을 허용한다. Eurocontrol, Performance Review Commission, *supra* note 6, p.11.

152) 항공사고가 고의가 아닌 오류와 불운에 의하여 야기되는 경우가 많은 점에 비추어볼 때, 처벌을 우선시하는 '처벌적 접근방식'은 안전정보의 수집에 부정적인 영향을 미치고 장기적으로 안전 수준을 감소시킬 수 있다는 것이다. Francesca Pellegrino, *supra* note 5, p.163.

항공분야의 위험을 예방하고 개선하고자 하는 것이다. 이러한 공정문화의 접근방식은 고의적 위반행위나 중대한 과실을 제외한 경미한 과실에 대하여 비처벌을 강조한다. 그러나 중대한 과실과 경미한 과실의 경계가 모호하므로, 공정문화의 접근방식에서는 용인의 경계를 명확히 할 필요성이 제기된다. ICAO Doc. 9859, Safety Management Manual 및 EU에서 일반적으로 사용되는 중과실의 의미는 명백한 위험에 대한 중대한 무시와 그러한 상황에서 명백하게 요구되는 주의를 기울이지 않아 발생한 작위 및 부작위를 의미하며, 행위자의 위험에 대한 인식 정도와 무관하다고 보았다. 그러나 중과실에 대한 국제적 합의나 국내법으로 규정된 바가 없으므로 중과실의 정의와 기준에 대하여 많은 혼란을 야기할 수 있다. 따라서 공정문화의 적용을 위해서는 용인의 경계를 명확히 구분할 수 있는 방안이 제시되어야 할 것이다.

## Ⅱ. 항공분야의 과실 판단을 위한 법 이론의 적용

### 1. '허용된 위험 법리'의 적용 여부

#### (1) 과실의 판단기준과 불명확성

과실범 규정인 형법 제14조는 형벌법규이기 때문에 명확하게 해석되어야 한다. 그렇지 않으면 죄형법정주의 원칙 가운데 하나인 명확성의 원칙을 침해한다고 보아야 할 것이다. 이러한 형법의 명확성을 확보하기 위해서는 일반적 해석론을 통하여 해석할 때 무엇이 금지되는 행위인가를 알 수 있어야 할 것이다.[153] 그러나 과실범 성립의 판단기준에서 '표준평균인'이라는 개념은 명확성을 확보하기 힘들어 보인다.[154] 과실은 정상의 주의를 태만함으로써 죄의 성립요소인 사실을 인식하지 못하는 것을 말하며, 법률에 특별히 규정이 있는 경우에만 처벌하도록 하고 있다.[155] 과실범의 가장 중요한 표지는 주의의무위반이고, 이는 결과발생을 예견하여 회피할 수 있었는데 그렇게 하지 않았다는 법적 평가를 말한다. 이러한, 주의의무위반은 구성요건 단계에서는 객관적으로 판단하고 책임 단계에서는 주관적으로 판단한다.[156] 과실 여부의 판단기준이 되는 주의의무의 수준을 설정하는 기준에 대하여는 주관설과 객관설 그리고 절충설이 다양하게 전개되었다. 이들 견해는 매우 다양해 보이기는 하지만 실질적으로는 판단기준에 큰 차이를 보이지는 않는다.[157]

우선 주관설의 경우, 행위자의 '개인적 능력'이라는 측면을 유일한 판단척도로 하기는 하지만 객관적 척도를 완전히 배제하지는 않는다. 즉 객관적으로 요구되는 수준의 주의의무를 이행하지 않은 행위에 대한 가벌성을 완전히 배제하지는 않는다는 것이다. 객관설은 기준 자체가 너무 경직되게 적용됨으로 인하여 비난받게 되는 것을 방지하기 위하여 행위자의 개인적 사정을 간접적으로 감안

---

153) 정혜욱, "과실의 개념에 관한 연구", 법학논문집 제36권 제1호, 중앙대학교 법학연구원(2012), 221면.
154) 상계논문.
155) 형법 제14조.
156) 배종대, 「형법각론」, 홍문사(2011), 132면.
157) 상계서.

하는 절충적인 경향을 보이고 있다. 즉 개인적 능력의 한계를 간접적으로 고려함으로써 주관설과의 부분적 절충을 보이는 것이다. 과실 여부의 판단기준이 주관적 측면이나 객관적 측면 중 하나만을 전적으로 취할 수 없는 것은 과실의 본질 자체가 어느 한 측면만을 내포하지 않기 때문인 것으로 보인다.[158] 과실이란 객관적으로 요구되는 주의의무 수준을 충족시키지 못하는 것인데, 그 주의의무는 사람이 할 수 있는 가능한 수준인 것이어야 하기 때문이다.

그러나 형법 조문은 물론, 학설 및 판례에서도 '정상의 주의 태만'과 '주의의무위반'의 내용과 범위에 대한 구체적이고 객관적인 기준은 제시된 바 없다.[159] 이러한 기준의 명확성이 확보되어야만 수범자들이 이 규범으로부터 요구되는 주의를 태만하지 않을 수 있을 것이다.

### (2) 주의의무의 판단기준인 허용된 위험

허용된 위험(erlaubtes Risiko)은 "사회생활상 불가피하게 존재하는 법익침해의 위험을 수반하는 행위에 대하여 사회적 유용성을 근거로 법익침해의 결과가 발생하는 경우에도 일정한 범위에서 이를 허용한다는 이론"이다.[160] '허용된 위험' 이론은 인간 생활에서 발생하는 위험을 모두 금지한다면 사회는 발전할 수 없기 때문에 사회의 활발한 기능을 유지하기 위하여 사회적으로 유용하고 가치 있는 행위가 인간의 생명이나 신체에 다소 위험을 미치더라도 사회적 상당성으로 허용되어야 한다는 사고에 근간을 두고 있다.[161] 따라서 행위자가 허용된 위험의 범위 내에서 위험을 최소화하기 위하여 상당한 주의의무를 이행하는 한, 비록 타인에 대한 위험을 예견하였다 하더라도 그것만으로 과실범에 있어 주의의무를 위반한 것으로 평가할 수는 없다는 것이다. 이처럼 허용된 위험은 과실범에 있어 객관적 주의의무의 제한원리로 작용하게 된다.[162] 그러나 위험 행위에서 발생된 모든 법익침해가 허용되는 것은 아니고, 그 행위가 객관적으로 요청된 주의

---

158) 정혜욱, 전계논문(주 153), 208면.
159) 한정환, "정상의 주의태만・주의의무위반과 과실", 형사법연구 제20호, 한국형사법학회(2003), 142면.
160) 조광훈, "위험형법에서 허용된 위험이론의 전개", 영산법률논총 제11권 제2호(2014), 61면.
161) 상계논문.
162) 손동권, 「형법총론」 제2개정판, 율곡출판사(2005), 334면.

의무를 준수하여 이루어진 경우에 한하여 적법하다고 할 수 있다.[163] 허용된 위험의 법리가 적용되어 행위자의 주의의무위반이 제한됨에 있어서 행위자는 위험을 최소화하기 위해 사회적으로 상당한 범위 내에서 주의의무를 이행하여야 한다는 점을 유의하여야 한다.[164]

허용된 위험이라는 개념을 바탕으로 과실의 판단기준을 새롭게 설정하고자 하는 시도는 위험요소가 지속적으로 증가하고 있는 '위험사회'(Risikogesellschaft)에서 점차 그 중요성을 더해가고 있다. 입법이 미처 주의의무를 구체화하지 못하고 있는 영역은 해석으로 접근할 수밖에 없는데, 여기서 '허용된 위험'의 개념은 주의의무의 '통찰력있고 사려 깊은 일반인'을 기준으로 한 판단보다는 조금 더 구체화된 것임에는 분명하다. 그러나 일반적으로 허용된 위험의 판단기준은 규범을 준수했는가에 있다. 즉 법규와 행정규칙을 준수한 행위는 비록 예기치 못한 방법으로 결과가 발생했더라도 객관적 주의의무위반이 부정된다. 행위요구에 관하여 법규정이 없는 경우에는 관행·규칙 및 사회규범이 제한의 기준이 되며 법규범이나 사회규범이 모두 없을 때에는 객관적 주의의무 내지는 허용된 위험의 한계를 법관의 판결에 의해 개별적으로 확정할 수 있다고 보아야 한다.

### (3) 항공분야 과실판단기준으로서 '허용된 위험 법리'의 적용

과실의 표지인 주의의무위반의 한 형태가 허용되지 않는 위험을 초래한다면 과학기술 관련 업무는 때때로 위험의 정도를 확정하지 못한 채 위험 가능성만을 인식하였거나 때로는 더 큰 위험을 방지하고자 더 작은 위험을 차선으로 받아들이거나 또는 위험의 내재 자체를 인식하지 못한 상태에서 수행된다고 할 수 있다.[165] 과학기술의 집합체인 항공기 운항은 신속성과 정확성 그리고 대체 불가능한 교통수단으로 대중적으로 자리매김하였으나, 기상 영역과 관련하여서는 예측이 불가능하거나 완전히 통제되지 않는 면이 있어 법익침해의 개연성이 상존하고 있다. 예를 들어 청천난류(Clear Air Turbulence), 난기류(Turbulence), 뇌우

---

163) 최호진, "분업적 의료행위에 있어서 주의의무위반 판단기준과 그 제한규칙들", 의료법학 제19권 제2호, 대한의료법학회(2018), 57면.
164) 임웅, 「형법총론」, 법문사(2019), 443면.
165) 함세훈, "항공 운항에서의 허용된 위험의 법리에 대한 연구", 한국항공우주정책법학회지 제25권 제2호, 한국항공우주정책법학회(2010), 224면.

(Thunderstorm)는 실시간 완벽한 탐지나 예측이 불가능하고, 위험 발현 여부나 크기를 확정할 수 없으며 수시로 변화하는 치명적인 이상기상의 현상이다.

또한 청천난류가 존재할 수 있는 제트 기류의 이용은 시간과 연료를 대폭 절감하고, 치명적 위험이 예상되지 않는 뇌우가 있는 공항으로의 접근은 승객들의 정시 출·도착을 보장하는 등 항공기 운항에 있어서 사회적 유용성이 높은 행위이므로 때때로 청천난류와 난기류의 기상예보가 있더라도 해당 위험 지역으로 운항하고 있는 것이 현실이다.[166] 이러한 기상 현상의 위험을 예견하고 회피에 항상 성공하는 것은 불가능할 뿐만 아니라, 위험의 존재를 인식하고 있으나 회피하기 어려운 경우에는 위험을 일부분 감수하고 운항함에 있어 발생하는 사고나 사건의 경우에는 기존의 과실론으로 해석하는 것은 부적절하다는 견해가 있다.[167] 또한 항공기 운항 중 발생할 수 있는 갑작스러운 기기 결함이나 통신 오류는 정상적인 운항을 불가능하게 하는 위험요소로서 작용하게 되는데, 이러한 위험 역시 예견이 불가능한 경우가 발생할 수 있으며, 이러한 경우 조종사가 규정에 따라 적절한 조치를 취하였음에도 발생하는 법익침해에 대하여는 허용된 위험으로 해석하는 것이 타당할 것이다.

이처럼 항공운항 자체가 일정량의 위험을 내포하고 있을 뿐만 아니라 앞서 언급한 안전운항의 위험요소들로 인하여 사건이나 사고가 발생하는 경우 허용된 위험의 법리를 적용하는 것이 통설인 예견가능성, 회피가능성, 주관적·객관적 주의의무위반의 여부를 따지는 것보다 논리적인 기준이 될 것이다.

### 1) 관련 규정

항공분야에서 허용된 위험의 법리는 운항 중 비상상황의 경우, 적용될 수 있을 것으로 보인다. 이러한 근거는 운항규정을 통하여 확인할 수 있다.

14 C.F.R. § 91.3은 지휘 조종사의 책임과 권한을 명시하고 있으며, (b)항에서는 "즉각적인 조치가 필요한 기내 비상상황의 경우, 지휘 조종사는 해당 비상상황을 해결하는 데 필요한 범위 내에서 이 부분의 모든 규칙에서 벗어날 수 있다"라고 규정하고 있다.[168] 우리 법규정에서는 국토교통부 고시인 「고정익항공기

---

166) 상계논문, 225면.
167) 상계논문, 222면.

를 위한 운항기술기준」에서 "기장은 항공기의 비행 조작에 관계없이 항공기를 항공규칙에 따라 운항하여야 할 책임이 있다. 다만 안전상 불가피하거나 비상상황의 경우에는 그러하지 아니하며 이 경우 국토교통부장관의 요청시 서면보고서를 제출하여야 한다"[169]라고 명시하고 있다. 즉 비상상황의 경우, 규정을 위반하더라도 처벌하지 않는다는 것으로 허용된 위험의 법리가 적용된다고 볼 수 있다. 그러나 어느 범위가 '비상상황'에 포함되는지에 대하여는 논란이 있으며, 이로 인하여 허용된 위험이 적용될 수 있는 범위에 대하여 검토해볼 필요가 있다.

### 2) 비상상황의 정의와 범주

항공분야에서는 비상상황의 경우 규정을 벗어나도록 허용하고 있다. 그러나 미국의 14 C.F.R. § 91.3은 이를 '즉각적인 조치가 필요한 기내 비상상황'으로 한정하고 있으며, 우리나라의 운항승무원 비행운영교범(Flight Operations Manual)에서는 "고장 또는 상황 등에 의해 유발된 정상 운항의 범주를 벗어난 상태"를 "비정상(non-normal)상황"으로 규정하고, "승객이나 승무원, 항공기 또는 지상에 있는 사람에게 잠재적 위험을 유발하는 비정상상황"을 "비상(Emergency)상황"으로 규정하고 있다.[170] 즉 기장은 비상상황 시 규정을 벗어날 수 있는 권한이 부여되었지만, 필요한 범위 내에서만 가능한 것으로 해석할 수 있다.

미국에서는 사고 및 사건으로 인한 비상상황이 발생한 경우, 규정 위반에 대하여 면책이 적용될 수 있는지에 대하여 논란이 있어왔다. 이에 다음에서는 NTSB의 사건 결정과 법원의 판례를 통하여 비상상황으로 인하여 면책이 적용될 수 있는 범주를 확인해 보고자 한다.

### ① 예측하지 못한 비상상황

기상조건이 악화되는 예측 가능한 비상상황에 대한 기본적인 근거가 조종사에게 있는 경우, 면책은 적용되지 아니한다.

---

168) "In an in-flight emergency requiring immediate action, the pilot in command may deviate from any rule of this part to the extent required to meet that emergency." 14 C.F.R. § 91.3(b).

169) 고정익항공기를 위한 운항기술기준 8.1.8.1,(다).

170) ALPA KOREA, KE2708편 관련 국토부 행정처분에 대한 의견서(2019.7), Flight Operations Manual, 8.1.1, p.23.

Administrator v. Austin[171] 사건에서 조종사는 VFR로 접근해야 했으나, 상승한도 1,000피트 이하의 계기비행방식(Instrument Flight Rules: 이하 "IFR"이라 한다)[172]으로 운항하였다. 조종사는 공항의 IFR 상태를 부인하지는 않았지만, 공항의 잘못된 기상정보에 의존하여 날씨가 악화된 것으로 인식하였다고 주장하였다. 14 C.F.R. § 91.3(b)의 면책은 IFR 기상조건이 예측 불가능하고 비행 전 및 비행 중에 예측할 수 없고 피할 수 없는 상황이어야 한다. NTSB는 조종사가 피할 수 있었고 피해야 하는 상황으로 '비상상황'으로 볼 수 없다고 결정하였다.

Quinn v. Hinson[173] 사건에서도 동일한 결정을 하였다. 이 경우 조종사는 악천후를 피한 후 무심코 B등급 공역으로 허가 없이 비행하였다. 조종사는 위반사실을 인정하였지만, 기상으로 인한 비상상황 때문이었다고 주장하였다. 법원은 "비상사태는 조종사가 자초한 것이다"[174]라고 하며, 비상상황으로 인한 면책을 거부하였다. 이러한 사건들을 통하여, 기상으로 인한 비상상황은 예측 불가능한 것이어야 하며, 피할 수 없는 상황에서만 인정됨을 확인할 수 있다.

② 비행중 발생한 비상상황

14 C.F.R. § 91.3(b)은 즉각적인 주의가 필요한 기내 비상상황을 다루기 위한 것으로 보인다. Chritton v. National Transportation Safety Board[175] 사건에서 콜롬비아 항소순회법원은 환자를 병원으로 이송하는 동안 안개로 인한 저시정 상태에서 비행한 조종사에 대하여 비상상황의 면책적용을 거부하는 NTSB의 결정을 확정하였다. 법원은 환자로 인한 의료비상상황은 인정하였으나, 항공기 운항 전부터 존재했던 의료비상상황을 이 규정에 적용할 수 있다는 주장은 배척하였다. 법원은 또한 NTSB가 "승객의 즉각적인 치료가 필요한 것은 14 C.F.R. § 91.3(b)에 의해 고려되는 비상상황이 아니며, 이 규정에서 언급하는 종류의 비

---

171) Administrator v. Austin, 2 N.T.S.B. 662, 663 (1974).
172) 계기비행방식(IFR)은 시계비행방식과 달리 기상조건이 충분하지 않은 경우, 조종사가 비행계기를 통해 비행하는 규정이다. Skybrary, Instrument Flight Rule.
173) Quinn v. Hinson, 107 F.3d 1 (1st Cir. 1996).
174) 이와 관련하여 Administrator v. Futyma, N.T.S.B. Order No. EA-4141 (1994) 사건에서 조종사는 자신의 혼란을 야기하고 결국 관제탑과 무선 연락 없이 공군 기지에 착륙하였다. 이처럼 조종사가 직접 야기한 비상상황으로 인해 위반이 용서될 수 없다는 것은 대부분 인정하는 것으로 보인다.
175) Chritton v. Nat'l Transp. Safety Bd., 888 F.2d 854, 854-55 (D.C. Cir. 1989).

상상황은 즉각적인 주의가 필요한 기내 비상상황이다"라고 내린 결정을 확정하였다. 이 경우 환자의 비상상황은 이륙 전에 발생하였고, 에어 앰뷸런스는 해당 규정이 고려하는 유형의 비상상황은 아니라고 판단한 것이다.[176)

반면 이례적인 경우로 Administrator v. Mew 사건에서는 뜨거운 커피를 쏟고 도움을 요청하는 여객의 외침에 순간적으로 주의를 빼앗겨 지정된 고도를 이탈하였다고 주장한 조종사에 대하여 규정 위반에 대한 책임이 없다고 보았다.[177) 이 사건에서 NTSB는 조종사가 직면한 상황이 14 C.F.R. § 91.3(b)와 관련된 비행 중 '비상상황'으로 간주되는지에 관계없이, 조종사가 궁지에 몰린 승객에게 본능적으로 반응하여 그가 배정된 고도를 초과한 것이므로 고도이탈과 규정위반에 대한 책임이 없다고 결정하였다. 이러한 점에서 볼 때, 해당 상황이 '비상상황'에 포함되는지는 명확하지 않으나, 비행 중 예측하지 못한 상황에서 발생한 규정위반이 충분히 예상가능하고 이해할 수 있는 범위인 경우, 그러한 행위는 허용된 위험에 포함될 수 있는 것으로 해석할 수 있다.

### ③ 비상상황의 범주인 충돌 회피

다른 항공기와의 충돌을 피하는 것은 14 C.F.R. § 91.3(b)에서 다루는 비상상황이다. Administrator v. Owen 사건에서 조종사는 부여된 고도 5,000피트로 상승하고 있을 때 항로 혼잡을 통보받았다. 조종사는 매우 빠른 속도로 정면에서 다가오는 다른 항공기를 인지하고 회피하기 위해 선회하였다. NTSB는 당면한 충돌 위험으로 야기된 고도 이탈은 14 C.F.R. § 91.3(b)에 따른 비상상황이라고 판단하였다.[178)

### ④ 양방향(two-way) 무선통신장애(failure)

FAA의 항공정보매뉴얼(Aeronautical Information Manual: 이하 "AIM"이라 한다)

---

176) 이와 관련하여 Administrator v. Clark, 2 N.T.S.B. 2015, 2016 (1976) 사건에서 NTSB는 "비상상황은 조종사가 스스로 만든 것인지, 비행 전이나 비행 중에 판단을 통하여 피할 수 있었는지가 주된 쟁점"이라는 점에 동의하였다.

177) Ernest E. Anderson, Wiliam Watson, Douglas M. Marshall, Kathleen M. Johnson, "A Legal Analysis of 14 C.F.R. Part 91 See and Avoid Rules to Identify Provisions Focused on Pilot Responsibilities to See and Avoid in the National Airspace System", *J. Air L. & Com.* Vol. 13(2015), p.67.

178) *Ibid.*, p.68.

의 6.4.1은 무선통신장애에 대하여 설명하고 있다.[179] 이 규정은 통신장애가 비상상황을 구성할 수 있다고 명시하고 있지만 모든 상황이 적용되는 것은 아니며, 조종사가 특히 14 C.F.R. § 91.185를 계속 준수해야 함을 추가로 명시하고 있다. 또한 6-1-1(c)항은 통신상실에 대한 추가 지침을 제공한다. "14 C.F.R. § 91.3(b)의 비상상황에 따른 이탈이 필요하지 않은 한, 양방향 무선통신장애가 발생한 IFR 조종사는 IFR 운항 및 양방향 무선통신장애에 명시된 절차를 준수해야 한다." AIM은 "통신상실"을 "무선통신 기능이 상실된 상태"(loss of two-way radio capability)로 정의한다. 따라서 AIM의 이러한 조항은 무선통신상실이 그 자체로 비상상황이 되는 것이 아니라, 통신상실과 결합된 다른 상황이 필요하다는 것으로 해석된다.[180]

---

179) FAA, Aeronautical Information Manual, 6-4-1.

180) 이와 관련하여 Administrator v. Futyma, N.T.S.B. Order No. EA-4141 (1994) 사건에서 NTSB는 다음과 같이 결정하였다. "조종사의 통신상실이 정당한 비상상황으로 간주되더라도, 14 C.F.R. § 91.3(b)의 규정은 비상상황을 충족시키는 데 필요한 범위 내에서의 규정 이탈만을 허용하기 때문에 그의 위반을 허용하지 않을 것이다. 조종사는 통신이 없어도 합법적으로 착륙할 수 있는 근처의 공항으로 계속 비행하기에 충분한 연료를 가지고 있었다."

### ■ 검 토

14 C.F.R. § 91.3은 즉각적인 조치가 필요한 기내비상상황에서 Part 91의 모든 규칙으로부터 벗어날 수 있음을 명시하고 있다. 그러나 NTSB의 결정은 허용 가능한 비상상황을 좁게 해석하는 것으로 보인다. 즉 비상상황은 일반적으로 비행 중 긴급한 상황이어야 하고 중대한 안전문제와 관련되어야 한다는 것을 나타낸다. 또한 충돌회피와 관련하여 FAA는 조종사가 비상상황에서 항공교통관제사(ATC)의 지시에서 이탈할 수 있도록 기존 정책을 변경하였다. 즉 공중충돌방지시스템(TCAS)의 회피지시(RA)와 ATC의 지시에서 차이가 발생하는 경우 조종사는 즉시 ATC에 확인을 요청해야 한다.[181] 단, 비상상황의 경우 조종사는 TCAS RA에 기초하여 규정에서 이탈하는 것을 허용하는 것이다. 이처럼 '비상상황'의 범주는 미국에서도 좁게 해석되고 있으며, 이로 인하여 면책이 적용되는 범위도 좁은 것을 확인할 수 있다. 그러나 예측 불가능하고 갑작스럽게 발생한 운항 중의 사고에 대하여는 '비상상황'이 적용된다고 보는 것이 타당할 것이다.

### (4) 비상상황에 대한 국내 행정집행 사례

### 1) 엔진화재 사고에 대한 행정집행 시도

2016년 일본 도쿄(하네다)국제공항 34R 활주로에서 이륙활주 중이던 A항공은 왼쪽 엔진에서 결함 및 화재가 발생하여 이륙 포기 및 항공기를 정지하였고, 화재진화가 되지 않아 비상탈출을 실시하였다. 탑승한 승객과 승무원은 모두 전원 탈출하였고, 일본운수안전위원회(Japan Transport Safety Board, "JTSB")는 사고조사 결과 엔진의 기술적인 문제로 화재가 발생한 것이라고 밝혔다.[182]

규제 기관은 조종사들이 출발 전 탑재서류 중 하나인 QRH[183]의 위치를 확인하지 않아, 비상탈출 상황에서 QRH를 적시에 사용할 수 없었고, 이로 인하여 비상탈출 시 우측 엔진이 꺼지지 않은 상태에서 비상탈출을 실시하였다고 판단하였다. 이는 운항규정을 준수하지 아니한 것으로 항공사는 과징금 3억원, 조종

---

181) 14 C.F.R § 91.123.

182) JTSB, Aircraft Accident Investigation Report.

183) Quick Reference Handbook(신속참고철): 각종 비상상황에 대한 조치절차와 항공기 이/착륙 성능에 관한 정보를 수록한 책자. ALPA KOREA, 전게자료(주 170).

사는 자격정지 30일에 처해야 할 사항이나, 위반행위의 정도가 크지 않으므로 1/2을 경감하여 최종 효력정지 15일에 처한다는 내용을 사전통보하였다.[184] 이에 조종사 노동조합(ALPA-K)에서는 행정처분에 대한 의견서를 제출[185]하였고, 이후 규제 기관은 'A항공사의 엔진화재 발생에 대하여 항공사와 조종사 모두 미처분'하기로 하였다.

동 사례는 엔진화재로 인한 급격한 위험이 예상되는 비상상황으로 보아야 함이 명확하다. 앞서, 「고정익항공기를 위한 운항기술기준」에서는 비상상황에서 기장이 가질 수 있는 권한과 안전상 불가피하거나 비상상황의 경우에는 운항규정에서 벗어날 수 있음을 명시하고 있다. 그럼에도 불구하고 해당 사건에서 규제 기관은 운항규정을 위반한 이유로 행정처분을 하려고 한 사실을 확인할 수 있다. 해당 사고는 '비상상황'으로 보는 것이 타당하며, 지휘 조종사의 권한으로 적절한 조치를 취하였음에도 관련 규정의 위반을 검토하는 것은 실무자들에게 부당하다고 인식될 수 있으며, 이러한 행정처분은 항공안전 및 공정문화를 위축시키는 결과를 초래할 수 있다.

### 2) 시스템 고장으로 초래된 사고에 대한 행정집행

2019년 10월, 김해공항을 출발하여 김포로 향하던 B 항공사는 이륙 5분 후, 자동조종 관련 핵심 소프트웨어 8종 전체가 모두 작동하지 않아 긴급 착륙하였다.[186] 규제 기관의 조사결과, 이륙 직전 자동조종 관련 소프트웨어 8종 중 2종의 오류를 확인하고 이를 정비한 사실이 있고, 이륙 후 나머지 6종의 소프트웨어도 전부 작동 불가로 사실상 통제불능 상태가 되어 회항한 사실이 확인되었다. 조종사는 비상상황을 대비하여 비상착륙 안내방송을 실시하였으며, 객실승무원은 '준비된 비상착륙'에 대비한 것으로 밝혀졌다.[187]

이 사건에서 조종사는 사실상 통제불능 상태로 비상상황을 대비하였고, 이러한 기장의 대응은 '비상상황'을 대비하여 대처한 것으로 허용된 위험의 법리가 적용된다고 볼 수 있다. 그러나 항공사는 이륙 전 소프트웨어의 문제를 확인하

---

184) 파이낸셜뉴스, "이륙활주 중 엔진화재 발생" A항공에 과징금 3억원 부과, 2019.6.2.
185) ALPA KOREA, 전계자료(주 170).
186) 경향신문, B항공 공포의 회항 원인은 SW 8개 먹통, 2019.10.31.
187) MBC NEWS, 비상탈출 대비 공포의 비행에 과징금 6억 원, 2020.11.21.

였고, 이와 관련한 문제가 비상상황으로 연결된 만큼 인과관계가 성립되므로 이에 대한 면책을 적용받기는 어려운 상황이었을 것이다.[188] 이처럼 인적오류가 아닌 시스템 고장으로 인하여 문제가 발생한 경우, 허용된 위험의 법리가 적용될 수 있을 것이다. 단, 그러한 문제에서 인적오류의 인과관계가 확인되는 경우, 면책은 적용될 수 없다고 보는 것이 타당할 것이다.

### (5) 허용된 위험의 한계

허용된 위험의 범위 내에서 이루어진 행위는 법적으로 비난받는 위험을 포함하지는 아니한다. 이 판단을 위해서는 사전적 관점에서 어떤 행위가 허용된 위험으로서 인정되는지가 결정되어야 한다. 즉 각 행위와 관련하여 허용되는 범위, 주의의 정도와 같은 기준이 제시될 필요가 있는 것이다.[189] 이처럼 허용되는 또는 허용되지 않는 위험의 경계 역시 항상 구체적으로 제시되는 것은 아니며 해석과 보완이 필요한 경우도 있다. 현재 허용되지 않는 위험의 의식적 또는 무의식적 초래라는 원칙보다 더 객관적이고 구체적으로 '정상의 주의태만' 또는 '주의의무위반'이라는 표지를 구체화할 수 있는 기준은 없다는 주장도 있다.[190] 그러나 허용되지 않는 위험의 판단기준은 법규범 형태의 주의 규정뿐만 아니라 항공운항규범 등이 존재하므로 판사의 자의적 판단에 의존하는 경우는 많지 않으며,[191] 과실에 대한 제14조의 '정상의 주의태만', 대법원의 '주의의무위반' 및 '예견·회피 가능성'이라는 추상적이고 모호한 표지들은 '허용되지 않는 위험' 이론을 통해 구체화된다고 보는 것이 타당할 것이다.

결론적으로 '허용된 위험의 법리'는 객관적 주의의무위반이 구체화된 것으로서, 법규정의 위반으로 인한 법익침해의 경우 또는 주의의무가 위반되어 과실이 발생한 경우에는 허용된 위험의 법리가 적용되지 않는 것으로 보아야 할 것이다. 그러나 주의의무를 다하고 법규정에 위반됨이 없는 경우 결과의 심각도에 따른 판단이 아닌, 허용된 위험 법리를 적용하는 것이 항공과 같은 특수한 조건

---

188) 상계자료.
189) 고명수, "과실범의 행위불법: 객관적 예견가능성을 전제로 한 객관적 주의의무위반", 비교형사법연구 제23권 제3호, 한국비교형사법학회(2021), 46면.
190) 한정환, 전계논문(주 159), 158면.
191) 상계논문.

에서는 필요할 것으로 판단된다.

## 2. 용인의 범주 판단을 위한 형법상 주관적 요소의 검토

### (1) 형법상 주관적 요소의 검토

ICAO 총회를 통해 논의된 공정문화의 정의는 처벌해야 하는 행위와 처벌하지 않고 용인해야 하는 범위를 명시하고 있다. 항공실무자 등의 경험에 따른 작위, 부작위, 결정의 행위는 용인해야 하며, 고의로 추정되는 위반, 중대한 과실, 파괴적 행위는 용인되지 않음을 명확히 하고 있다. 이처럼 공정문화에서 용인의 경계를 구분하기 위해서는 고의, 중과실, 과실의 경계를 명확히 구분해야 할 필요가 있으므로, 형법 이론을 통하여 적용 여부를 확인하고자 한다.

우리나라를 비롯한 대륙법계에서는 형법의 주관적 요건을 고의와 과실로 구별하여 전개하는 데 반해, 영미법계에서는 Purpose, Knowledge, Recklessness, Negligence 등 다양한 개념이 혼용되고 있다.[192] 이처럼 대륙법계와 영미법계는 법체계가 다르므로 이를 명확히 비교하는 것은 어렵다. 그러나 용인의 경계를 판단하기 위하여 과실과 중과실의 경계를 확인하고 이러한 용인의 경계가 대륙법계와 영미법계에서 동일하게 적용될 수 있는지를 확인하고자 하는 것이다. 이를 위하여, 미국의 모범형법전(Model Penal Code)에 기술되어 있는 주관적 요소들이 우리나라의 고의, 과실과 어떻게 비교될 수 있는지를 확인하고자 한다.

### 1) 우리나라 형법상 행위자의 주관적 요소

형법 이론에서 객관적 요소는 행위와 결과, 행위와 결과의 인과관계, 행위의 대상과 같은 외부로 표출되어 지각할 수 있는 요소를 의미하며, 주관적 요소는 행위자의 내면적인 심리적 요소를 의미한다. 즉 객관적 기준의 판단은 합리적인 일반인의 관점을 기준으로 하는 판단을 의미하며, 주관적 기준은 행위자의 관점을 기준으로 판단함을 의미한다.[193]

---

192) 박상진, "영미형법에 있어 주관적 범죄요건(Mens Rea)에 대한 연구", 비교형사법연구 제9권 제2호, 한국비교형사법학회(2007), 410면.
193) 송성룡, "과실범의 주관적 의식의 범죄체계론 내 자리매김에 관한 연구", 고려대학교 박사학위 논문(2011), 53면,

우리 형법 제14조는 과실을 "정상의 주의를 태만함으로 인하여 죄의 성립요소인 사실을 인식하지 못한 행위는 법률에 특별한 규정이 있는 경우에 한하여 처벌한다"라고 규정하고 있다. 이처럼 우리 형법은 인식없는 과실만을 규정하고 있다. 그러나 학설상 통설은, 형법 제14조가 인식없는 과실만을 규정하고 있으나 해석상 인식 있는 과실도 포함하는 규정이라 보고, 구성요건 실현가능성 또는 구성요건 실현의 위험성에 대한 인식 여부에 따라 인식없는 과실과 인식있는 과실을 구분하고 있다.[194] 또한 예견가능성과 회피가능성이라는 요소를 제시하고, 결과예견의무와 결과회피의무를 주의의무의 내용으로 보고 있다.[195] 우리 판례도 결과발생에 대한 주의의무위반을 과실의 본질이라고 하는 입장이다.[196] 즉 과실범 불법비난의 핵심은 정상의 주의를 하는 사람이라면 인지된 객관적 위험을 저지해야 할 의무가 있음에도 행위자가 이를 인식하지 못하였다고 하는 행위자의 부주의에 대한 비난이라고 할 수 있다. 그러나 위험을 구체적으로 인식하고 행위하는 경우에는 일정한 위험을 감수하는 행위자의 의사결정이 개입되어 있으므로, 이 경우의 불법은 주의의무위반이 아니라 잘못된 의사결정에 따른 것으로 볼 필요가 있다.[197] 또한 행위상황에 있어서 인식과 의사의 존재유무와 같은 구체적인 심적 태도를 간과하고 주의의무라는 객관적 상황만을 적용하는 경우 법관의 자의적인 판단영역이 확대된다는 점에서 바람직한 판단방법이라 볼 수 없다는 견해도 있다.[198]

한편 인식있는 과실에서는 구성요건 실현의 위험에 대한 인식이 있으므로 '위험을 어느 정도 인식하였는가'하는 것은 행위반가치 판단의 실질적인 기준이 될 수 있다. 이처럼 구성요건 실현의 위험에 대한 인식은 과실의 실질적인 주관적 요소이며, 이 외에도 개인의 지식과 경험정도는 행위자의 주관적 인식 여부를 확인하는 데 고려해야 할 요소라고 할 수 있다.[199]

---

194) 김일수·서보학, 「형법총론」, 박영사(2006), 443면; 오영근, 전게서(주 13), 92면; 이상돈, 「형법강의」, 법문사(2010), 149면; 이형국, 「형법총론」, 법문사(2003), 325면; 정성근·박광민, 「형법총론」, 삼영사(2011), 419면; 송성룡, 상게논문, 1면.
195) 상게논문, 2면.
196) 대법원 2007.2.22. 선고 2005도9229 판결; 대법원 2007.11.16. 선고 2005도1796 판결; 대법원 2006.10.27. 선고 2004도6083 판결; 대법원 2001.12.11. 선고 2001도5005 판결 등 참고.
197) 송성룡, 전게논문(주 193), 5면.
198) 상게논문, 7면.
199) 상게논문, 8면.

그러나 현실적으로 발생하는 과실범의 다수는 전형적인 인식없는 과실이나 인식있는 과실의 유형으로 명확히 구분되기보다는 두 유형이 복합된 유형으로 나타난다. 즉 부주의하게 과소평가하고 위험을 방치하거나 증대시킨 경우로 행위자의 부주의한 성향과 위험에 대한 인식이 복합적으로 나타나게 된다.[200] 따라서, 행위자의 불법평가는 주관적 인식과 의사의 내용에 따라 달라지지만, 그 내용에 대한 확인은 다양한 간접사실들에 의해 추론된다는 것이다. 이러한 점에서 볼 때, 행위자가 어떻게 인식하였는지에 대한 행위자의 내면의 의식상태를 간과하고는 불법에 대한 온전한 평가가 불가능하다는 것이다.[201]

이러한 이유로 행위에 대한 불법평가뿐만 아니라 행위자의 개별적인 비난가능성의 평가를 본질로 하는 책임평가의 주관적 요소를 적용할 필요가 있다. 이때 행위자의 개별적 주의능력은 책임요소로 보는 것이 타당할 것이다.[202] 또한 중과실은 일반 과실보다 가중된 처벌이 부과되므로, 객관적 위험의 크기를 고려한 객관적인 측면과 행위자의 의식상태를 기초로 한 주관적 측면에서도 중요하다고 볼 수 있다. 특히 항공분야는 특성상 사고의 위험이 상존하고 있으며, 업무 환경의 영향을 강하게 받는다는 점을 고려하여 위험행위의 정도에 비례하여 처벌하는 것이 바람직할 것이다.

## 2) 영미법상 주관적 요소의 검토

영미법계에서 범죄의 성립요건은 크게 객관적 구성요건인 범죄적 행위(crimnal acts: actus reus)와 주관적 구성요건인 범죄적 심리상태(criminal states of mind: mens rea)로 나눌 수 있다.[203] 이것은 범죄의 개념 정의로 유명한 "범죄의식 없이 한 행동은 처벌하지 아니한다"라는 라틴 문구의 영향을 받았으며,[204] 범죄행위 당시에 범죄의식도 필수적인 요소로 존재해야 함을 의미하는 것이다. 범죄의 구성요건에 있어서 주관적 요건인 'mens rea'는 고의나 과실처럼 명문으로 규정되어 있지 않고, 여러 개념이 혼재되어 있다는 문제점이 있어왔다. 이러한 점에

---

200) 상계논문, 36면.
201) 상계논문, 52면.
202) 상계논문, 58면.
203) 박상진, 전계논문(주 192), 410면.
204) "Actus Reus non facit reum nisi mens sit rea." 정재준, "형법상 범죄의 주관적 구성요건에 대한 미국과 한국의 비교 연구", 비교형사법연구 제18권 제1호, 한국비교형사법학회(2016), 3면.

서, 미국의 모범형법전(Model Penal Code)은 법규는 아니지만, 미연방 내 많은 주의 입법에 커다란 영향을 미친 법전으로 미국 형법에서 중요한 위치를 차지하고 있다.[205]

모범형법전은 4가지 책임의 기준과 개념을 자세히 제시하고 있다. 이것은 '의도적으로(purposely), 인식하면서(knowingly), 무모하게(recklessly), 태만하게(negligently)'로 구분된다. 우리나라를 비롯한 독일, 일본은 고의와 과실에 대한 규정은 있으나 그 구체적 내용에 대하여는 모두 판례와 학설에 맡기고 있다. 반면에 모범형법전은 주관적 요소의 개념을 자세히 정의한 것으로 평가받고 있다.[206] 모범형법전에서 정의하는 4가지 책임의 기준과 개념은 다음과 같다.

### ① 의도적으로(purposely)

행위자가 목적을 가지고 행하였다는 것은 '그러한 결과를 야기하기 위한 행위자의 의식적 목표'가 존재하였음을 의미한다.[207] 행위자에게 목적인 고의가 있었다는 것으로 다음의 두 가지 경우를 고려하도록 하고 있다. 첫째, 행위 혹은 결과에 수반된 행위자의 심리적 고려가 침해의 대상과 본질적으로 연관되는지의 여부이다. 둘째, 참여적 상황에 수반된 행위자의 심리적 고려가 침해의 대상과 본질적으로 연관되어 있는지의 여부이다.[208]

### ② 인식하면서(knowingly)

인식이란, 행위로 인한 결과발생의 가능성에 대하여 행위자가 알고 있다는 것을 의미한다.[209] 다음의 경우에 해당하는 자는 범죄의 중요한 요소에 관하여 알면서 행위를 하는 자이다. 첫째, 그의 행위의 본질 또는 부대상황이 침해요소와 본질적으로 연관되었다는 것을 인식하고 행한 경우이다. 둘째, 침해요소가 행위결과에 연결되어 있는 것을 인식하고 있는지의 여부이다.[210]

---

205) MPC는 1952년 미국 법률협회(The American Law Institute)가 기초작업을 시작하여 1962년 모범형법전의 초안을 발표하였다. 이것은 강제력있는 규범은 아니지만 상당수의 주들이 이 법의 영향을 받아 개정을 하게 될 정도로 미국 내 형법전에 있어 모델이 되었다. 장규원, "미국 모범형법전에 대한 고찰", 비교형사법연구 제9권 제1호, 한국비교형사법학회(2007).
206) 박상진, 전게논문(주 192), 413면.
207) MPC § 2.02.(2)(a)(i).
208) 정재준, 전게논문(주 204), 10면.
209) MPC § 2.02.(2)(a)(ii).
210) 정재준, 전게논문(주 204), 11면.

### ③ 무모하게(recklessly)

행위자가 무모하게 행동하였다는 것은 의식적으로 구성요건의 존재에 대한 실질적이고 정당화되지 않는 위험성 내지 결과발생 가능성을 무시하였다는 것을 말한다.[211] 즉 행위자의 행위가 일반인의 표준적 행동과 비교하여 현저히 이탈되어 '무시'되었을 때 이를 무모하다고 평가할 수 있다.[212]

### ④ 태만하게(negligently)

행위자가 침해의 구성요소와 관련하여 태만히 행동하였다는 것은 자신의 행동으로 인해 발생할 수 있는 결과발생 가능성에 대한 '실질적이고 정당하지 않은 위험'을 인지했어야 함을 의미한다.[213] 만약 행위자가 부주의하여 위험을 감지하지 못한다면, 필연적으로 '행위자의 입장에 처한 합리적 인간의 주의기준을 현저히 이탈하게 된다'는 것이다.

### 3) 주관적 요소의 비교를 통한 용인의 경계

형법상 범죄는 객관적 행위와 주관적 의사를 기본 요소로 한다. 이것은 영미법상으로도 동일하며, 객관적 요건(actus reus)과 주관적 요건(mens rea)을 요구하고 있다. 우리 형법상 범죄는 고의범 처벌이 원칙이며, 죄의 성립요소인 사실을 인식하지 못한 행위는 원칙적으로 처벌하지 아니한다.[214] 그러나 범죄의 주관적 요건인 고의와 과실을 한 가지 형태로 개념 정의하는 것은 어려우며, 인간의 복잡한 심리구조로 인하여 고의 및 과실을 어떻게 구분할 것인지에 대한 다양한 논쟁이 있어왔다.[215]

우리나라 형법상 고의는 주로 의도적 고의, 지정고의, 미필적 고의로 분류되며, 과실은 인식있는 과실과 인식없는 과실로 나뉜다. 미국의 모범형법전은 범죄의 주관적 요건을 의도적으로(purposely), 인식하면서(knowingly), 무모하게(recklessly), 태만하게(negligently)로 분류하고 있다. 여기서 미국과 우리나라 범죄성립의 주

---

211) MPC § 2.02.(2)(c).
212) 정재준, 전게논문(주 204), 12면.
213) MPC § 2.02.(2)(d).
214) 형법 제13조.
215) 김종구, "미국 형법상 Recklessness 개념에 관한 고찰", 형사법의 신동향 통권 제45호, 대검찰청(2014), 2면.

관적 요건을 비교해보면, '의도적으로'(purposely)는 '의도적 고의'에 대응되고, 행위자의 심리상태에 있어 가장 높은 의욕적 의사를 지칭하는 것으로 보고 있다.[216] '인식하면서'(knowingly)는 지정고의(知情故意)에 대응되는 것으로 행위자가 일정한 사정의 존재나 결과 발생이 확실할 것으로 간주한 인식상태로 보고 있다.[217] 즉 미필적 고의가 포함되지 않는 확정적 고의만을 의미한다는 것이다. 또한 '태만하게'(negligently)는 '인식없는 과실'에 대응하며 중대하고 정당화될 수 없는 위험(substantial and unjustifiable risk)이 발생될 것을 예견할 수 있었음에도 이를 예견하지 못하고 행동함을 지칭한다.[218]

여기서 논쟁이 되는 것은 '무모하게'(recklessly)가 미필적 고의와 인식있는 과실 중 어느 영역에 위치하는지에 대한 것이다. 그러한 이유는 미필적 고의와 인식있는 과실의 구분에 대한 미묘한 차이가 있기 때문이다. 다수의 학설은 미필적 고의는 결과 발생의 가능성을 인식하면서도 그 결과 발생을 용인하고 긍정한 경우로 보고 있다. 이 경우에 행위자의 적극적 의사태도를 인정할 수 있으므로 그 행위자는 고의의 책임을 지게 된다는 것이다.[219] 많은 판례에서도 "미필적 고의라 함은 결과의 발생이 불확실한 경우, 즉 행위자에 있어서 그 결과 발생에 대한 확실한 예견은 없으나 그 가능성을 인정하는 것으로 미필적 고의가 있었다고 하려면 결과발생에 대한 인식이 있음은 물론 이러한 결과발생을 용인하는 내심의 의사가 있음을 요한다"라고 하였다.[220] 인식있는 과실은 결과발생의 가능성을 인식하였으나 결과가 발생하지 않는다고 신뢰한 경우 인식있는 과실이 된다고 보고 있다. 즉 구성요건 실현의 가능성을 인식한 점은 동일하나 의욕의 측면에서 뚜렷하게 차이가 있다는 것이다.[221]

'무모하게'(recklessly)는 "중대하고 정당화될 수 없는 위험(substantial and unjustifiable risk)이 발생될 것을 예견하면서도 행동하는 것"을 지칭한다.[222]

---

216) 박상진, 전게논문(주 192), 414면.
217) 상게논문, 415면.
218) 상게논문, 419면.
219) 상게논문, 421면.
220) 대법원 1992.1.17. 선고 91도1675 판결; 대법원 1991.5.10. 선고 90도2102 판결; 대법원 1987.2.10. 선고 86도2338 판결; 대법원 1985.6.25. 선고 85도660 판결; 대법원 1987.1.20. 선고 85도221 판결; 대법원 1982.11.23. 선고 82도2024 판결.
221) 박상진, 전게논문(주 192), 422면.
222) 권창영, 「항공법 판례해설 Ⅲ」, 법문사, 130면.

즉 recklessly는 결과 발생의 확실성보다는 낮은 결과 발생의 개연성(probability less than substantial certainty)의 인식, 즉 실질적 위험의 인식이라는 점에서 'knowingly'와는 차이를 보인다. 그러나 모범형법전은 결과요소에 대하여 우연성의 요소(contingency factor)도 개입될 수 있으며, 상당수의 법원과 법률은 비록 가해자가 위험을 알지 못했다 하더라도 '극도로 불합리하게 행동'(behave extremely unreasonably)하였다면 무모성을 인정할 수 있다는 기준을 적용하고 있다.[223] 무모함은 고의의 감경유형으로서 우리 형법이론 체계에서는 미필적 고의에 가까운 개념이라 할 수 있으나, 결과를 부정한 경우에도 인정되므로 우리 학설상 용인설에 따르면 미필적 고의와 구분이 어려운 한계영역에 있는 인식있는 과실의 경우도 포함된다고 볼 수 있다.[224]

그러나 앞서 언급한 바와 같이 현실적으로 발생하는 개별 사건에서 이러한 인식의 영역이 명확하게 분리된다고 볼 수 없으며, 두 유형이 복합적으로 나타나는 경우가 대부분이라는 문제점이 있다. 이것은 용인의 범주를 판단하는 데 있어 우리 형법 이론의 '인식' 여부만으로 용인의 경계가 판단될 수 없음을 의미한다. 이러한 점에서 볼 때, 행위자의 불법평가는 행위자의 주관적 인식과 의사의 내용 이외에 다양한 간접사실들을 종합하여 판단해야 할 것이다.

### (2) 항공분야에서 공정문화 용인의 범주

#### 1) 과실 책임에서 용인의 경계 판단

고의범에 비해 과실범의 비난 정도가 낮게 평가되는 것은 그러한 행위에 대한 의사가 결여되어 있기 때문일 것이다. 인식의 요소가 결여된 인식없는 과실의 경우, 정상의 주의를 하는 사람이라면 인지해야 할 위험을 인식하지 못하는 것은 행위자의 부주의한 성향에 대한 비난으로 볼 수 있으며, 일반적으로 위험의 크기와 행위자의 주의 정도가 비례한다고 볼 수 있다. 즉 구성요건 실현가능성이 높을수록, 위험이 행위자에게 근접해 있을수록, 법익의 가치가 클수록 그에 비례하여 행위불법이 중하다고 볼 수 있다.[225]

---

223) 박상진, 전게논문(주 192), 417-418면.
224) 송성룡, 전게논문(주 193), 73면.
225) 상게논문, 92면,

인식있는 과실의 경우 일정수준 행위자의 자율적인 의사결정이 개입되는 특성이 있으므로 행위 위법의 정도는 행위자의 주관적 의식상태에 의해 결정된다고 볼 수 있다. 즉 위험의 인식 정도와 위험증대의 의사가 있는 경우 위법이 가중될 수 있다는 것이다. 그러나 인식있는 과실의 경우에도 위험의 구체성에 대한 착오가 존재하는 경우가 있으므로, 위험의 크기와 행위자의 행동에 대한 평가가 동시에 진행되어야 할 것이다. 이처럼 과실에 있어 행위자의 주관적 인식상태를 확인하는 것은 용인의 경계를 판단하는 것뿐만 아니라 행위자의 위법수준에 비례한 행위 정도를 구분하는 양형평가에 있어서 가장 중요한 근거가 될 수 있다.[226] 또한 우리 형법은 일반 과실의 가중유형으로 업무상 과실의 규정을 두고 있는데, 이것은 불법 및 책임을 가중 또는 감경할 수 있는 유형이 존재할 수 있으므로, 일률적으로 중과실과 동일하게 가중처벌 하는 것은 검토해 볼 필요가 있다.[227] 특히 항공분야는 위험을 예측하기 어렵다는 특수성을 고려하여 행위자의 행동에 대한 평가가 구체적으로 이루어질 필요가 있으며, 이러한 경우 용인의 경계에 대한 판단절차를 적용하여 행위자의 불법 및 책임을 구체화할 필요가 있다고 판단된다.

### 2) 용인의 경계와 주관적 요소의 고려

용인의 경계를 판단하는 절차는 행위자의 주관적 요소뿐만 아니라 행위자의 당시 상황과 사정을 고려하여 행위자의 책임 여부를 구체적으로 판단하고자 하는 것이다. 항공사고 및 사건은 단일 원인으로 발생하는 것이 아니라 복합적인 요인이 경합되어 나타나므로 그 원인을 객관적 기준으로 일관하기보다는 책임귀속의 문제에 있어 주관적 요소의 고려는 필수적이라 볼 수 있다.[228] 이것은 행위 당시 구체적인 사정으로 미루어 행위자가 할 수 있는 것 또는 할 수 없는 것을 판단하는 것이라 볼 수 있다. 법규범은 도덕규범이나 종교규범과는 달리 인간에게 불가능한 것을 강요할 수 없기 때문에 비록 책임능력이 있더라도 법규범에 따라 적법행위를 할 것이 객관적으로 요구되는 상황이어야 한다는 것이다.[229] 이

---

226) 상계논문, 93면.
227) 상계논문, 130면.
228) 황호원, "항공형법에서의 과실 책임에 관한 연구", 한국항공운항학회지 제13권 제2호, 한국항공운항학회(2005), 51면.

것은 행위자의 행위사정을 고려하였을 때, 정상적인 행위사정이 있었음에도 불구하고 불법행위를 한 것에 대하여 비로소 행위자를 비난할 수 있다는 것을 의미한다.[230]

반면 행위자가 비난할 수 없는 사정에 의해 행위를 하였음에도, 이러한 사정이 고려되지 않고 처벌받게 된다면, 중대한 법적 부정의와 공정성이 훼손된다고 볼 수 있으므로 이러한 구체적 행위 사정이 고려되어야 한다는 것이다. 이것은 구체적으로 규범에 의하여 적법한 행위동기를 부여할 가능성이 존재하지 않을 때에는 책임 비난이나 처벌을 하지 않는 것을 의미한다. 또한 이러한 주관적 요소를 고려하는 것은 처벌에서 양형의 중요한 자료가 될 수 있다. 즉 책임이 조각될 수 있는 상황이나 사정, 정도 등을 고려하여 책임감경사유로 적용할 수 있을 것이다.[231] 특히 이러한 고려를 하는 것은 행위 당시 구체적인 사정에서 다른 적법행위를 할 수 있었는지의 여부에 따라 책임발생의 여부를 결정하게 되는 것으로 표준인이 아닌 당시 행위자의 구체적 사정이 표준이 되어야 할 것이다.[232]

---

229) 류기환, "기대가능성에 대한 연구", 법학연구 제20권, 한국법학회(2005), 396면.
230) 상계논문, 395면.
231) 상계논문, 403면.
232) 상계논문, 407면.

### ■ 소 결

항공분야에서는 과실을 판단함에 있어 객관적 주의의무의 구체화된 형태로 허용된 위험의 적용 여부를 확인할 필요가 있다. 항공의 특성상, 예측 불가능한 위험이 있고 위험을 인식하더라도 일부분 감수하고 운항하는 경우가 있으므로, 일반적인 과실론으로 해석하는 것은 부적절하기 때문이다. 물론 허용된 위험은 법규정의 위반이 없는 경우에 적용될 수 있는 것이 통설이며,[233] 이러한 이유로 객관적 주의의무와 크게 다르지 않다고 보는 견해도 있으나, 항공운항 중 비상상황의 발생 시에는 허용된 위험의 법리가 적용되어야 할 것이다. 이미 관련 규정에 명시되어 있는 바와 같이, 비상상황이 발생한 경우 조종사가 모든 규칙에서 벗어나도록 허용하고 있으므로,[234] 이러한 경우에 조종사가 통상의 주의의무를 다하였다면 규정위반을 근거로 조종사를 처벌할 수 없음을 의미한다. 이러한 점에서 볼 때, 공정문화는 경미한 사건뿐만 아니라 사고와 관련된 경우에도 공정문화 접근방식이 적용될 수 있다고 판단된다.

또한 항공분야에서 용인의 범주를 판단하기 위해서는 고의, 중과실, 과실의 경계를 명확히 구분해야 할 필요가 있다. 항공안전법에서도 고의, 과실에 대한 판단을 요구하고 있으므로, 형법상 주관적 요소의 고려는 필수적이라 볼 수 있다. 형법상 주관적 요소의 적용 여부를 확인하기 위하여, 대륙법계인 우리나라와 영미법계인 미국의 형법상 주관적 요소를 검토하였다. 공정문화에서 용인의 범주는 우리나라의 '인식없는 과실'과 미국의 '태만하게'(negligently)가 해당될 것이며, 모두 결과 발생에 대한 인식과 인용(의지)이 없는 경우로 볼 수 있다. 이러한 점에서, 용인의 경계를 설정할 때 형법상 주관적 요소인 인식과 인용의 해당 여부에 따라 구분할 수 있을 것이나, 현실적으로 발생하는 과실범의 다수는 인식과 인용의 여부가 명확히 구분되기보다는 두 유형이 복합된 유형으로 나타난다. 즉 부주의하게 과소평가하고 위험을 방치하거나 증대시킨 경우로 행위자의 부주의한 성향과 위험에 대한 인식이 복합적으로 나타나는 것이다.[235]

또한 항공사고나 사건은 단일 원인으로 발생하는 것이 아니라 복합적인 요인

---

233) 최호진, 전게논문(주 163), 57면.
234) 14 C.F.R. § 91.3(b); 고정익항공기를 위한 운항기술기준 8.1.8.1,(다).
235) 송성룡, 전게논문(주 193), 36면.

이 경합되어 나타나는 특징이 있으므로, 그 원인을 객관적 기준으로 일관하기보다는 책임귀속 문제에서 주관적 요소의 고려는 필수적이다. 이것은 책임 귀속의 문제에 있어, 행위자의 당시 상황과 사정을 구체적으로 확인하고 행위자가 할 수 있는 것 또는 할 수 없는 것을 판단하는 것이라 볼 수 있다. 즉 행위사정을 고려하였을 때, 행위자가 할 수 있었음에도 불구하고 하지 않은 경우라고 한다면, 행위자를 비난할 수 있음을 의미한다.

## Ⅲ. 운항규정 위반행위와 용인의 경계 적용

공정문화는 용인되는 행위와 용인되지 않는 행위 사이에 선을 긋기 위한 합의된 원칙으로 볼 수 있다.[236) 이러한 용인의 경계는 특히 행정집행의 과정에서 명확한 기준을 필요로 한다. 즉 어떠한 행동이 공정문화의 '용인'에 해당하는 과실의 범위이며, 어떠한 행동이 용인되지 않는 '중과실', 또는 '고의'에 해당하는지의 문제가 제기되는 것이다. 앞서 주요국의 공정문화 관련 정책과 법규정을 살펴본 결과, 미국은 다양한 자율보고프로그램을 통한 비처벌 정책을 시행하여 공정문화 환경에 실효성을 제고하는 것을 확인할 수 있었다. 이러한 점을 참고하여, 미국과 우리나라 용인의 범주와 관련하여 살펴보고자 한다. 먼저, '과실'과 '중과실'의 판단기준을 확인하고자 미국의 판례 및 NTSB 사건 결정을 확인하였다. 이를 통하여 첫째, '부주의'한 운항과 '무모한' 운항에 따른 행정제재를 유형별로 분석하여 위반행위의 기준을 확인하고자 하였으며, 둘째, 미국의 위반행위 유형 기준과 우리나라 행정규칙에 따른 위반행위 분류를 비교하여 행정집행에서 용인의 범위를 제시하고자 하였다.

항공실무자는 기소와는 별개로, 안전의무 위반으로 사고가 발생한 경우 행정제재를 받을 수 있다. 행정제재의 목적은 규제 기관이 발급한 특정 허가 조건에 따라 특정 권리와 의무에 반한다고 판단되는 행위를 제재하는 것이다. 항공분야에서 그러한 허가는 대개 조종사 또는 항공교통관제사의 자격에 의해 공식화되며, 일반적인 행정적 제재는 그러한 자격의 정지 또는 취소의 형태를 취하게 된다.[237) 미국의 경우 행정집행은 자격에 대한 조치, 민사금전벌(civil penalty) 조치, 비공식 절차를 통한 타결을 포함하는 행정집행의 형태를 구성한다. 이러한 행정집행의 절차에서 FAA의 행정적 판단에 따른 민사금전벌 및 자격의 정지·취소와 관련하여 자격증명소지자는 NTSB에 이의(appeal)를 제기할 수 있다. 이때,

---

236) 이와 관련하여 ICAO 제39차 총회에서 민간항행서비스기구(CANSO)는 공정문화를 "사람들이 필수적인 안전 관련정보를 제공하도록 장려되지만, 용인되는 행동과 용인되지 않는 행동 사이에 선을 그어야 하는 부분에 대해서도 명확해야 하는 신뢰의 분위기"로 정의하였다. ICAO, Working Paper, Aviation safety and air navigation implementation support, Assembly-39th Session, A39-WP/193(2016), 1.2.

237) FAA, Certificate Actions; 항공안전법 시행규칙 별표 10.

NTSB의 행정법 판사(Administrative Law Judge: 이하 "ALJ"라 한다)가 청문 심리를 통하여 잠정적 결정을 하게 되는데 ALJ가 내린 결정에 불복하는 경우, NTSB의 전원위원회에 항소할 수 있다. 또한 전원위원회의 결정에 불복하는 경우에는 연방항소법원(court of appeal)에 소(petition)를 제기할 수 있다. 다음에서는 위반행위에 대한 행정제재 절차에서 NTSB의 결정을 토대로 하여 '부주의한' 또는 '무모한' 위반행위의 판단기준을 분석하고자 한다.

## 1. 운항규정 위반행위의 유형별 분석

국제민간항공협약 Annex 2의 3.1.1[238]은 "타인의 생명이나 재산에 위험을 초래할 수 있는 '부주의'하거나 '무모한' 방식으로 항공기를 운항해서는 아니 된다"라고 규정하고 있다. 미국의 14 C.F.R. § 91.13[239] 및 우리나라의 국토교통부 고시인 고정익항공기를 위한 운항기술기준 8.1.8.2[240]에서도 동일하게 '부주의하거나 무모한 운항'에 대하여 금지하고 있음을 확인할 수 있다. 미국 NTSB의 결정에서 FAA 행정관은 일관되게 운항규정 위반행위에 대하여 14 C.F.R. § 91.13(a)에 따른 '부주의하거나 무모한' 운항규정위반을 적용하고 있다. 이때, 부주의한 운항의 경우 위반자가 해당 사실을 항공안전프로그램을 통하여 보고하고 해당 기준을 충족하는 경우 대부분 면책이 적용되었음을 NTSB 결정을 통해 확인할 수 있다.[241] 이처럼 NTSB 결정은 '부주의하거나 무모한' 운항의 여러 사례와 기

---

238) Negligent or reckless operation of aircraft-An aircraft shall not be operated in a negligent or reckless manner so as to endanger life or property of others. ICAO, Annex 2, Rules of the Air, 10th edition(2005), 3.1.1.

239) 14 C.F.R. § 91.13 Careless or reckless operation. (a) Aircraft operations for the purpose of air navigation. No person may operate an aircraft in a careless or reckless manner so as to endanger the life or property of another.

240) 부주의 또는 난폭한 항공기 운항(Negligent or Reckless Operations of the Aircraft): 다른 사람의 인명이나 재산에 위험을 초래할 수 있는 부주의하고 무모한 방법으로 항공기를 운항하여서는 아니 된다. 고정익항공기를 위한 운항기술기준, 8.1.8.2.

241) Hinson v. Ferguson, N.T.S.B. Order No. EA-4457 (1996). 부주의한 운항이지만 항공안전보고프로그램(ASRP)의 면책기준에 포함되었다; Garvey v. Hayes, N.T.S.B. Order No. EA-4760 (1999). FAA는 조종사의 운항 자격이 90일간 정지되도록 하였지만, 항공안전보고프로그램에 따라 적시에 보고서를 제출했으므로 제재를 면제하였다; Blakey v. Campbell & Jones, N.T.S.B. Order No. EA-5021 (2003). Sturgell v. Murphy & Vernick, N.T.S.B. Order No. EA-5355 (2008). 항공안전보고프로그램을 통하여 보고서를 제출했기 때문에 제재가 면제되었다; Blakey v. Malik and Swaim, N.T.S.B. Order No. EA-5022 (2003). FAA는 자격정지를

준을 보여준다. 반면에, 국내에서는 위반행위자만이 위반 사실을 통보받게 되며, 이러한 행위의 사례를 공유하지 않고 있어, 위반행위에 대한 예측과 규정의 적용에 어려움이 있을 것으로 판단된다. 이러한 이유로, 과실과 중과실의 위반행위에 대한 기준을 예측하고 용인되는 범위를 확인하기 위하여 '부주의한' 행위와 '무모한' 행위를 유형별로 분석하고자 한다.

## (1) 운항규정 위반의 부주의(careless)한 운항

'부주의'의 사전적 정의는 "주의하지 아니함" 또는 "어떤 일에 집중하지 아니함"[242]이며, 법률상 '과실'(negligence)의 책임조건으로 정의되고 있다.[243] 미국에서 'careless' 행위에 대한 법적 의미는 통상의 경과실이며 형사 절차에 필요한 의도(범의)의 구성요건이 성립되지 않아 민사 영역에서 다루고 있다.[244]

FAA 행정집행과 관련하여 위반행위를 부인할 입증책임은 위반행위자에게 있는데, 이것은 'Lindstam Doctrine'에 의한 것이다.[245] 'Lindstam Doctrine'은 1964년 Adm'r v. Lindstam[246] 판례에서 생성된 것으로 FAA에 조종사들이 14 C.F.R. § 91.13(a)의 'careless'에 해당하는 운항이었음을 증명하거나 주장할 필요가 없게 되었다. 그러한 이유는 'careless'에 해당하는 행위가 없었다면, 해당 사건이 발생하지 않았을 것이라 보고 '상황 자체가 사실을 증명'하는 사건으로 다룰 수 있게 된 것이다. 이로 인하여, 조종사들이 이에 대한 반증을 위해서는 상황에 대한 합리적 설명이 필요하게 되었다. 'careless'의 대부분은 운항규정 위반이 적용된다고 보았는데, NTSB의 자료에 따르면 총 386건의 부주의 또는 부주의 위반 사례 중 24건만이 운항규정 위반과 무관하다고 보았다.[247] 이것은 운항규정을 위반하는 것이 '부주의'한 운항으로 판단됨을 의미한다. 예컨대, Administrator v.

---

주장하였지만, 항공안전보고프로그램 보고서를 제출하였으므로 제재가 면제되었다.

242) Oxford Languages, Wikipedia 정의 참조.

243) 우리나라 민·형사 판례에서는 의무위반, 법규 위반 및 감독 소홀에 대하여 "부주의"한 행위로 명시하고 있다. 함세훈·황호원, "항공분야에서 부주의 또는 무모한 운항 형태에 관한 연구", 한국항공운항학회지 제18권 제3호, 한국항공운항학회(2010), 78면.

244) 상게논문.

245) Gregg Daniel Martin, "Enforcement of Federal Aviation Regulations by the Federal Aviation Administration", *J. Air L. & Com.* Vol. 53, No. 2(1987), p.565.

246) Administrator v. Lindstam, 41 C.A.B. 841 (1964).

247) Ernest E. Anderson et al., *supra* note 177, p.76.

Seyb[248] 사건에서 조종사는 항공교통관제소가 있는 공항에 허가 없이 착륙한 행위로 행정집행이 적용되었다.[249] 조종사는 운항규정 위반은 인정하였지만, 자신의 조치가 부주의했다는 것은 부인하였다. 그러나 NTSB는 근본적인 운항규정 위반을 확인하였기 때문에 '부주의한 운항'으로 판단하였다. 이와 관련하여 다음에서는 운항규정 위반과 관련한 NTSB의 '부주의한 운항'에 대한 결정사례를 확인하고자 한다.

### 1) 부작위

조종사의 특정 행동이 부주의한 행동 또는 무모한 행동에 해당되는지 여부는 조종사의 항공기 운항에 따른 직업적 업무의 부주의에 따라 달라질 수 있다. Administrator v. Grzybowski[250] 사건에서 조종사는 엔진 시동을 건 후, 초크(chocks)[251]를 지상에 남겨두고 왔다는 것을 깨달았다. 이에 프로펠러가 돌아가는 상황에서 탑승객은 앞바퀴의 초크를 제거하기 위하여 비행기에서 내렸고, 초크를 제거하려고 시도하다가 프로펠러에 부딪혀 사망하였다. NTSB는 이러한 상황에서 초크를 제거하는 행위를 매우 부주의한 것으로 보았으나, 조종사는 일부 항공기는 초크를 장착한 채 손으로 받침을 해야 하므로 프로펠러 근처에 있는 것이 드물지 않다고 주장하였다. 그러나 NTSB는 "조종사의 주의의무는 조종사가 운용하는 장비가 제공하는 안전 수준과 상당히 연관되어 있을 수 있으나, 해당 장비의 안전 수준이 낮다고 하여 주의의무가 낮아지지는 않는다"[252]라고 하며 '부주의'로 결정하였다.

Garvey v. Behnken and Cox[253]에서 조종사는 E&E(전자 장비실)의 'door open' 경고등이 들어온 것을 인지하였다. 이에 항공기 견인차량(TUG) 운전자에게 육안확인을 요청하여 문제없음을 보고받고 경고 오류로 판단하고 이륙하였으나, 여압 문제가 발생하여 회항하였다. NTSB는 고장을 확인할 수 있는 비행 전

---

248) Administrator v. Seyb, N.T.S.B. Order No. EA-5024 (2003).
249) 14 C.F.R. § 91.123(ATC 허가 및 지침 준수), 14 C.F.R. § 91.129, (i), (운항 관제탑이 있는 공항에서의 허가받지 않은 착륙).
250) Administrator v. Grzybowski, N.T.S.B. Order No. EA-4045 (1993).
251) 초크는 항공기의 우발적인 움직임을 방지하기 위해 바퀴에 밀접하게 배치하는 것을 말한다.
252) Administrator v. Grzybowski, N.T.S.B. Order No. EA-4045 (1993).
253) Garvey v. Behnken and Cox, N.T.S.B. Order No. EA-4603 (1997).

(preflight) 점검의 불성실과 경고등이 들어왔음에도 정비사가 아닌 견인차량 운전자에게 확인시킨 것, 그리고 정비 감독관에게 이를 통보하지 않고 이륙한 것이 '부주의'하였다고 결정하였다. 또한 회사의 부정확한 항공기 중량 및 평형(weight & balance) 탑재서류의 서식을 사용하여 정확한 무게중심이나 이륙 트림(trim)을 계산하지 않은 채 운항한 사례,[254] 정비일지 미기입,[255] 점검표(checklist)에 따라 수행하지 않아 연료가 부족하게 탑재되었음에도 이를 인지하지 못하고 이륙대기 중에 인지하여 주기장(gate)으로 회항한 사례,[256] 객실사무장의 준비완료(cabin ready) 보고 또는 확인 없이 승객이 서 있는 상태에서 항공기를 이동(pushback)시킨 사례[257]들도 '부주의'에 해당한다고 보았다.

한편 조종사의 외부점검 후 이륙 직전에 싸락눈(ice pellet)으로 인하여 항공기 승강타(elevator)에 얼음이 쌓여있는 것을 제거하지 않은 채 이륙한 사례[258]에서는 순간적인 강설에 기인한 '부주의'에 해당하나 외부점검 시 조종사가 사다리를 이용하여 적극적으로 적설 상태를 확인하려 하였고, 조종사가 항공안전보고프로그램(ASRS)를 통하여 보고하였으므로 면책이 적용된다고 보았다. 이처럼 'careless'는 대부분의 경우 운항규정 위반에 해당하는 것을 확인할 수 있다.

### 2) 절차 미숙지

비행 준비단계에서 조종사는 해당 운항에 관한 정상 절차 및 예비 절차에 대한 숙지가 법적으로 요구되고 있다.[259] 미국 워싱턴 D.C의 방공식별구역(ADIZ: Air Defense Identification Zone) 항공고시보(NOTAM) 위반에 대한 항공기 식별부호(squawk code)의 부적절한 설정 사례,[260] 계기 절차에 표시된 원호(ARC)의 거리가 해리(nautical mile)가 아닌 법정 마일(statute miles)로 판단하여 2-3NM 안

---

254) Daschle v. Oliver, N.T.S.B. Order No. EA-4956 (2002). 이 사례에서 조종사들은 항공기의 짐이 정상적으로 탑재된 것으로 가정하고 이륙 trim을 대략 안전범주(greenband)에 위치하여 비행하던 중 감독관으로부터 비행 정지가 내려졌다.

255) Sturgell v. Moshea, N.T.S.B. Order No. EA-5328 (2007).

256) Hinson v. Ganley, N.T.S.B. Order No. EA-4468 (1996). 이 사례에서 시간에 쫓기어 조종사는 연료 보급을 제대로 확인하지 못하였고, jump seat에 앉아있는 사람으로부터 점검표 수행에 방해를 받아 실시하지 못하였다.

257) Garvey v. Mayne, N.T.S.B. Order No. EA-4731 (1998).

258) Hinson v. Ferguson, N.T.S.B. Order No. EA-4457 (1996).

259) 함세훈·황호원, 전계논문(주 243), 80면.

260) Babbitt v. Schwarzman, N.T.S.B. Order No. EA-5468 (2009).

쪽으로 침범한 사례,[261] 관제소에 적합한 비행계획서를 제출하지 않고 양방향 통신(two-way radio communications)을 유지하지 않은 채, 방공식별구역 출입에 필요한 확인부호를 획득하지 않은 사례[262]에서 법원은 항공고시보를 위반한 방공식별구역 침입은 군 항공기의 긴급 출동을 야기하고 승객과 재산의 손상을 야기하는 위험으로, 14 C.F.R. § 91.13(a)의 규정을 위반하는 '부주의'로 보았다.[263]

### 3) 항공교통관제소의 지시 위반

Garvey v. Oliver,[264] Blakey v. Nadal[265] 사례에서 조종사는 이륙을 위해 활주로 지상 이동(taxi) 중, 특정 위치에서 정지 후 대기(hold short)하라는 관제사의 지시를 위반하였다. 조종사는 활주로가 비어있어 이동하였다고 주장하였는데, 이에 대하여 법원은 "활주로가 비어있는지의 문제가 아니라 관제소의 허가가 있었는지의 문제이며, 항공교통에 있어 관제소는 운항에 대한 최우선의 고려대상이 되어야 한다"라고 하며 '부주의'한 운항으로 판단하였다.

한편 이륙이나 착륙의 접근단계에서는 관제소의 지시 위반이 상대적으로 많이 발생하였는데,[266] 허가 없이 타 공역이나 공항을 침범하는 행위는 '부주의'한 운항으로 보았다. 이것은 침범 항공기의 비행이 VFR이나 IFR 여부와 상관없이 다른 항공기와의 잠재적 공중충돌 위험에 노출될 수 있기 때문이다. 특히 자가용 비행기(private aircraft) 조종사로 인한 경우에는 자격 취소 또는 항공안전보고제도(ASRP)의 면책규정을 박탈하는 '중대한 부주의'로 보고 있다.[267] 국외에서 발생한 사례도 FAR 위반으로 처분하였다. 해당 사례에서 조종사는 매우 한적한 공항이기 때문에 관제 지시가 없을 것 같다는 임의적 판단으로 초기 접근을 고도(15,000ft) 이하로 통과(13,500ft)하였고, FAA는 이 행위가 '부주의'한 것으로 결정하였다.

---

261) Osmus v. Corrao, N.T.S.B. Order No. EA-5448 (2009).

262) Blakey v. Albert, N.T.S.B. Order No. EA-5235 (2006).

263) 함세훈 · 황호원, 전게논문(주 243), 80면.

264) Garvey v. Oliver, N.T.S.B. Order No. EA-4956 (2002).

265) Blakey v. Nadal, N.T.S.B. Order No. EA-5225 (2006).

266) Babbitt v. Hanrahan, N.T.S.B. Order No. EA-5494 (2009); Garvey v. Hayes, N.T.S.B. Order No. EA-4760 (1999).

267) 함세훈 · 황호원, 전게논문(주 243), 82면.

## 4) 관제소와의 통신상 오류

관제소의 고도 인가가 있으면 조종사들은 복창(readback)을 하도록 하고 있다. Garvey v. NTSB[268] 사건에서 초기 고도를 인가받은 조종사가 관제사의 다른 항공기에 대한 상승 지시를 자신의 것으로 오인하여 응답(readback)한 후 상승하였으나, 관제소는 통신(radio)이 겹쳐진 것(block)을 인지하지 못하였다. 이 사례에 대하여 법원은 관제소가 수정된 허가를 확실히 발부하였다는 추정 증거가 없다는 이유로 '부주의'로 보았다. 또한 관제사와의 소통 오류로 인하여 '6L'로 착륙하라고 지시하였으나, '6R'로 응답하고 착륙한 사례[269]도 발생하였다.

한편 Blakey v. Pate and Yoder[270] 사례에서는 착륙을 위한 레이더 유도(radar vector) 관제를 받는 동안 관제소의 고도와 방향(heading) 지시를 정확하게 수행하지 못하였다는 이유로 FAA는 14 C.F.R. § 91.13(a) 위반을 적용하였다. 그러나 NTSB는 조종사들이 관제 지시로부터 이탈(deviation)하는 경우 관제사가 알려주었어야 한다는 조종사의 주장을 인정하였다. NTSB는 항공기가 착륙을 위한 접근단계에 있었고 관제사가 레이더 유도 관제 중이었으므로, 조종사의 주장이 타당하다고 결정한 것이다.

## 5) 활주로 이탈

Garvey v. Whicker and Wood[271] 사건은 정상적인 활주로 진입고도(threshold height)보다 높게 진입하여 접지 지점을 넘어 착륙하고 활주로를 이탈(overrun)한 사례로, NTSB는 조종사의 불안정한(unstabilized) 접근에 대하여 'FAA가 회사 정책을 인가하였고 회사 정책의 위반은 규정을 위반한 것'이라며 '부주의'로 결정하였다.

또한 Garvey v. Laraux[272]에서는 기상 악화로 인하여 3번의 착륙 시도 끝에 겨우 착륙하였지만, 활주로 이탈(overrun)로 정지할 수 없을 것으로 판단하고 엔

---

268) Garvey v. N.T.S.B. 190 F.3d 571 (D.C. Cir. 1999).
269) Blakey v. Malik and Swaim, N.T.S.B. Order No. EA-5022 (2003); Administrator v. Seyb, N.T.S.B. Order No. EA-5024 (2003).
270) Blakey v. Pate and Yoder, N.T.S.B. Order No. EA-5105 (2004).
271) Garvey v. Whkcker and Wood, N.T.S.B. Order No. EA-4959 (2002).
272) Garvey v. Laraux, N.T.S.B. Order No. EA-4957 (2002).

진을 끄고 활주로 상에서 180도 선회 정지한 사례이다. NTSB는 조종사가 정상 적으로 착륙하였다면 요구되는 시정 이상이었을 것이고, 착륙이 불가능하다고 판단하였다면 회항하였어야 하므로 '부주의'한 운항이라고 보았다.

### (2) 운항규정 외의 부주의한 운항

#### 1) 잠재적 위험의 발생

NTSB의 결정에 따르면, 규정위반 행위가 아니더라도 부주의한 행위로 결정 한 사례가 있으며, 운항규정과 무관한 위반행위의 경우, '실제 또는 잠재적 위험 과 무관하다는 것'이 입증되어야 한다고 보았다. Administrator v. Szabo[273] 사 건에서 조종사는 먼저 착륙한 항공기와 동일한 활주로에서 2,000ft 떨어진 곳에 착륙한 것으로 추정되었다. 전문가 증인은 동일한 활주로에서 다른 항공기 뒤로 2,000ft 떨어진 곳에 착륙하는 것은 안전하지 않으며, 만약 두 항공기 중 고장이 발생할 경우 충돌 위험이 있을 수 있다고 증언하였다. NTSB는 14 C.F.R. § 91.111(a)[274] 규정을 적용하여 충돌 위험의 증거가 불충분하지만 '부주의'하였다 는 것이 충분한 증거라고 보았으며, 항소법원도 NTSB의 결정을 확정하였다.

Daschle v. Reina[275]에서 조종사는 어떠한 위험도 없다고 판단하여 공항의 유도로에 착륙하였다고 주장하였는데, NTSB는 잠재적인 위험이 발생하였다는 충분한 증거가 존재하므로 '부주의'한 것으로 결정하였다. 그러한 이유는, 이 규 정이 위험요소가 실제 위험을 발생시켜야 하는지, 아니면 잠재적 위험이 위반을 유발하기에 충분한지에 대하여 다루지 않기 때문이다.

Administrator v. Lorenz[276] 사건에서도 '잠재적 위험'을 근거로 조종사에게 14 C.F.R. § 91.13(a) 위반을 적용하였다. NTSB는 착륙 기어를 내리지 못할 경 우 내재된 위험은 '부주의'한 행위를 뒷받침하며, 규정을 위반했다는 사실을 입 증하기에 충분하다고 보았다. 규정은 위험이 내재된 부주의하거나 위험한 행위를

---

273) Administrator v. Szabo, N.T.S.B. Order No. EA-4265 (1994); Szabo v. N.T.S.B. 76 F.3d 375 (4th Cir. 1996).
274) 14 C.F.R. § 91.111(다른 항공기와 근접한 운항), (a) 누구도 충돌 위험을 유발하기 위해 다른 항공기와 매우 근접하여 항공기를 운항할 수 없다.
275) Daschle v. Reina, N.T.S.B. Order No. EA-4508 (1996).
276) Administrator v. Lorenz, N.T.S.B. Order No. EA-5205 (2006).

금지하기 때문에 실제 위험에 대한 증거는 불필요하다고 보았다. 즉 FAA 집행 절차에서 '부주의'를 적용하기 위해 실제 위험요소를 입증할 필요는 없는 것이다.

## 2) 부작위

Administrator v. Jennings[277] 사건에서 조종사는 바퀴가 나오지 않은 상태 (gear up)에서 착륙하였다.[278] 당시 어떠한 규정도 바퀴가 나오지 않은 상태에서 착륙을 금지함을 명시하지는 않았으나, 14 C.F.R. § 91.9(현재 14 C.F.R. § 91.13) 의 규정위반이 적용되었다. 이 사건의 조사에서 조종사는 바퀴를 내리기 위해 토글(toggle)스위치를 움직였으며, 내비게이션 조명이 켜졌을 때 기어 표시등의 어두운 특성 때문에 기어 램프를 확인할 수 없었다고 주장하였다. NTSB는 토글 스위치는 '위, 아래, 중립의 세 가지 위치'가 있는데, 조종사가 스위치를 중립으로 옮겼을 뿐 내려가지 않았다고 보았다. 또한 다운 라이트를 확인하기 위해 잠시 동안 내비게이션 라이트를 끄지 않은 것도 지적하였다. 즉 조종사의 의무는 기어 위치 라이트를 보는 것 이상을 포함한다고 본 것이며, 이러한 부작위는 14 C.F.R. § 91.13을 위반한 '부주의'한 행위로 간주되었다.[279]

## (3) 무모한(reckless) 운항

49 U.S.C.나 14 C.F.R.은 '무모한' 또는 '무모한 행위'를 정의하지 않았다. 그러나 NTSB는 특정한 경우의 특정 운항이 14 C.F.R. § 91.13의 의미 내에서 '무모한' 운항이었다는 사례를 다루었고, 이 사례를 통하여 '무모함'이라는 문구를 정의하였다. '무모함'이라는 용어에 대한 규제적 정의는 없지만, NTSB가 결정한 사례에서 정의된 무모한 운항은 "타인의 생명이나 재산을 잠재적 또는 실제로 위험에 빠뜨리기 위하여 규정이나 승인된 안전 표준을 의도적으로 무시한 채 수행되는 항공기의 운항에서 비롯된다"라고 하였으며, 이러한 무모한 행동은 14 C.F.R. § 91.13에 따른 위반행위로 보고 있다.[280]

---

277) Ernest E. Anderson et al., *supra* note 177, p.76.
278) 항공기 랜딩기어가 조종사의 오류 또는 기계적인 고장으로 제대로 나오지 않았을 때, 동체 밑 부분으로 비상착륙하는 동안 항공기에는 극심한 충격이 가해진다. SKYbrary, Emergency Landing.
279) Ernest E. Anderson et al., *supra* note 177, p.76.
280) FAA, 8900.1, Volume 14 Compliance and Enforcement, Chapter 3, Section 5 Reckless

일반적으로, FAA는 '부주의하거나 무모한'(careless or reckless) 행위를 하나의 위반으로 간주하였다.[281] 그러나 이 용어들은 동의어가 아니다. 부주의(careless)란 흔히 과실(negligence), 즉 사람이 조금 더 주의를 기울였어야 하는 것에 비유되며 일반적으로 부주의에는 부주의한 행동(inadvertent conduct)이 포함된다. 반면에, 무모함(recklessness)은 중대한 위반, 종종 고의로 추정되는 과실을 말한다. 이러한 점에서, 다음은 NTSB의 사건 결정에 따른 '무모한' 운항의 결정을 유형별로 분류하고자 한다.

## 1) 인식 및 판단 오류로 인한 중대한 위험

Ferguson v. NTSB[282] 사건에서 조종사는 콜로라도주 덴버에서 와이오밍주 세리던으로 가는 야간 운항을 하였다. 비행 중, 조종사는 와이오밍주 버팔로 상공을 직항할 수 있는 허가를 받았다. 두 조종사는 버팔로를 세리던으로 착각하고 잘못된 공항에 착륙하였다.[283] 법원은 해당 행위가 '무모'하다고 판단하였으며, "생명과 재산에 대한 실제 위험 발생과 함께 안전에 대한 중대한 무시를 보여주는 행위, 예측 가능한 결과에 대한 무시를 보여주는 행위가 개인에 의해 발생하였을 때 안전에 대한 완전한 무시가 발생한다"라고 언급한 NTSB의 이전 결정을 확정하였다.[284]

Administrator v. Reese[285]에서는 중요한 안전시스템이 손상되었다는 것을 알면서도 비행을 계속한 조종사의 행동은 '무모'한 것으로 보았다. 이 사건은 비행 중, 감압 현상으로 B737 항공기의 산소마스크가 자동으로 내려왔다.[286] 조종사는 산소시스템을 확인하기 위하여 10,000ft까지 하강하였으나, 마스크가 내려와 일정 시간이 경과하였으므로, 마스크 안의 산소가 고갈된 상태였다. 조종사는 이

---

Operation of Aircraft.

281) Ernest E. Anderson et al., *supra* note 177, p.81.

282) Ferguson v. NTSB, 678 F.2d 821, 827 (9th Cir. 1982).

283) 조종사들의 이러한 행위에 대하여 법원은 다음과 같이 지적하였다. "(1) 조종사들은 공항의 항행 차트(navigational charts)에 익숙하지 않았고, (2) 부기장이 회사 정책에 반하여 착륙을 허용하였으며, (3) 공항을 확인하기 위한 항법보조장치를 사용하지 않았고, (4) 잘못된 공항으로 보이는 시각적 표시에 주목하지 않았다." *Ibid.*

284) *Ibid.*, NTSB의 이전 결정은 Administrator v. Understein, N.T.S.B. Order No. EA-1644 (1981).

285) Administrator v. Reese, N.T.S.B. Order No. EA-4896 (2001).

286) *Ibid.*

사실을 알면서도 승객이 보조 산소에 접근할 수 없는 상태에서 비행 고도를 410ft 상승시키며 비행을 계속하였다. NTSB는 "비행기가 감압을 경험하였을 때, 88명의 승객과 3명의 승무원이 중대한 뇌 손상 또는 사망의 가능성을 인지하면서도 불필요하게 위험에 노출시켰다"라고 하여 '무모함'이 있었다고 보았다. 이처럼 비록 의도한 상황은 아니더라도 결과적으로 안전에 대한 중대한 무시가 있었거나, 중대한 위험을 초래한 것을 '무모한' 위반행위로 판단함을 확인할 수 있다.

### 2) 타인 또는 다른 항공기에 대한 위험

Administrator v. Evanko[287] 사건에서는 부상을 입을 정도로 가까이에서 항공기를 무모하게 운항한 것을 확인하였다. 공항운영자는 조종사의 항공기가 지상 이동하는 과정에서 불규칙한 패턴과 움직임을 보이는 것을 우려하였고, 이러한 사실을 전달하면서 조종사와 대치하였다. 두 사람이 대치하던 중에 조종사는 의도적으로 항공기를 가속시켰으며, 공항운영자는 이러한 과정에서 부상을 입었다. NTSB는 이 사건이 타인의 위험을 초래한 행위이므로 '무모'하다고 결정하였다.

또한 Administrator v. Langford[288] 사건에서는 리어제트(Learjet)[289]의 조종사가 과도한 추력을 사용함으로써 상당한 난기류를 일으켰고, 뒤에서 운항하던 세스나 C-172가 이로 인한 피해를 입었다.[290] 추력의 양은 리어제트가 브레이크를 걸고 미끄러지면서 75ft의 스키드마크를 남기기에 충분한 추력이었다.[291] 이 사건의 핵심은 세스나의 위치를 리어제트의 조종사가 알고 있었다는 점과 불필요한 제트 분사의 의도였다. NTSB는 다른 항공기에 위험을 초래한 것에 대하여 '무모한' 운항으로 결정하였다.

### 3) 근접 비행

FAA는 조종사가 피해야 할 모든 안전하지 않은 관행을 규정으로 나열하는

---

287) Administrator v. Evanko, N.T.S.B. Order No. EA-4221 (1994).
288) Administrator v. Langford, N.T.S.B. Order No. EA-5673 (2013).
289) 미국의 자가용 소형 제트기.
290) Administrator v. Langford, N.T.S.B. Order No. EA-5673 (2013), p.1.
291) *Ibid.*, p.3.

것은 불가능하므로 FAR 조항의 14 C.F.R. § 91.13(a)을 부주의하거나 무모한 위험의 발생에 적용하는 일반적인 금지조항으로 보고 있다.[292] 이러한 이유로 조종사는 다른 항공기를 보고 피하도록 주의할 의무를 부여하고, 이를 준수하지 않을 경우 14 C.F.R. § 91.13(a)을 위반한 것으로 보는 것이다. NTSB 또한 다른 항공기에 근접하여 비행하는 조종사의 행동이 무모하다고 판단하고 있다.

Administrator v. Krueger[293] 사건은 환자를 태우러 가는 응급 의료용 헬리콥터가 피조사자의 항공기와 근접 비행하였다. NTSB는 피조사자의 행위가 '심각히 태만하고 안전에 극도로 둔감한 무모한 행위'로 보았으며, "무모함은 중과실과 마찬가지이다"라고 하였다.[294] Administrator v. Arellano[295] 사건에서도 근접 비행으로 인한 위험이 발생하였는데, NTSB는 조종사가 다른 항공기를 보고 회피할 의무를 다하지 못하였기 때문에 14 C.F.R. § 91.111뿐만 아니라 14 C.F.R. § 91.13(a)의 위반도 발생하였다고 보았다.

## 4) 관제소의 지시거부 및 자의적 판단

항공기의 이·착륙 과정에서는 관제사와의 통신 증가, 악기상 조우, 착륙조건 적합 여부의 판단, 안정된(stabilized) 접근 및 착륙 등 다양한 안전 위협 요소로 인한 사고 및 사건이 가장 많이 발생한다.

Garvey v. Morris & Wallace[296] 사건은 목적지 공항의 급격한 기상 악화로 인하여 교체 공항으로 변경하는 데 있어, 계획된 교체 공항 기상이 양호함에도 근접성을 이유로 기상 제한치 이상의 공항을 선정하고 규범에서 정한 운항관리사와의 상의없이 운항을 결정한 조종사의 행위를 '무모한' 운항이라고 결정하였다.

Administrator v. Simmons[297]에서는 조종사가 공항을 출발하여 E등급(class) 공역에 있는 동안 VFR cloud clearances[298] 규정을 유지하지 못하였기 때문에

---

292) Administrator v. Taylor, N.T.S.B. Order No. EA-5003 (2002), p.3.
293) Administrator v. Krueger, N.T.S.B. Order No. EA-4281 (1994), pp.1-2.
294) *Ibid*.
295) Administrator v. Arellano, N.T.S.B. Order No. EA-4292 (1994), p.1.
296) Garvey v. Morris & Wallace, N.T.S.B. Order No. EA-4866 (2000).
297) Administrator v. Simmons, N.T.S.B. Order No. EA-5275 (2007), p.1.
298) 날씨 및 속도제한으로 IFR 및 VFR 항공기가 서로 확인하고 피할 수 있도록 하기 위하여 요구되는 사항으로 공역 경계에 따른 제한이 있다. FAA, VFR Weather Minimums.

14 C.F.R. § 91.155[299]) 규정 위반으로 보았다. 항공기는 이륙 후 몇 분 만에 IFR 이 필요한 기상상태(Instrument Meteorological Conditions: IMC)가 되었는데, ALJ 는 조종사가 적절한 ATC 허가를 받기 전에 IMC를 예측하고 입력하였다는 것을 확인하였다. 이에 ALJ와 NTSB는 동일하게 이것을 '고의적(intentional)이고 무모 하며(reckless) 의도적(deliberate)인 행동'으로 결정하였고, 항공안전보고프로그램 에 따른 면책을 거부하였다.[300]

Blakey v. Heras[301])에서는 조종사가 관제사의 간격 분리를 위한 속도 감속 지시에 따르지 않고, 방향과 고도 변경 지시도 수행하지 않았다. Blakey v. Mccarthney[302])에서도 순항 중 관제사가 다른 항적과의 간격 분리를 위하여 고 도 강하와 방향 변경을 두 번 지시하였음에도 항공기의 연료 보존을 이유로 모 두 거부하였다. 이처럼 조종사가 관제 지시를 따르지 않고 다른 지시를 요구하 는 행위는 착륙 공항과 다른 항공기들의 안전운항에 부정적 영향을 끼치는 의도 적인 행위로서 부주의가 아닌 '무모한 운항'이라고 결정하였다.

### 5) 업무의 정교함 결여 및 최종 책임의 문제

Sturgell v. Angstadt[303]) 사건에서 기장은 부기장의 중량 및 평형(Weight & Balance) 계산을 무시하고 자신이 중량계산을 하였으나 오류가 발생하였다. NTSB 는 기장의 탑승 여객에 대한 중량계산 오류로 1,000lbs 이내의 사소하지만 부정 확한 최대이륙중량을 적용한 것은 '중대하고 무모한' 위반으로 보았으며, 궁극적 으로 기장의 부기장에 대한 신뢰성 부족으로 판단하였다. 한편 신뢰성에 기초하 더라도 최종 책임은 기장의 확인이 필요하며, 업무에 대한 정교함이 요구된다는 것을 다음의 판례를 통해 확인할 수 있다.

Garvey v. Easton[304])에서는 항공기의 감항성과 관련하여 정비사가 작업을 통

---

299) 14 C.F.R. § 91.155.

300) Administrator v. Simmons, N.T.S.B. Order No. EA-5275 (2007), p.4.

301) Blakey v. Heras, N.T.S.B. Order No. EA-5102 (2004).

302) Blakey v. Mccarthney, N.T.S.B. Order No. EA-5304 (2003).

303) Sturgell v. Angstadt, N.T.S.B. Order No. EA-5421 (2008).

304) Garvey v. Easton, N.T.S.B. Order No. EA-4732 (1998). 이 사건은 조종사가 외부점검을 하 는 동안 정비를 위하여 nose gear door pin을 풀고 이후 연결하지 않은 채 이륙하여 gear가 나오지 않아 동체 착륙하였다.

하여 비행할 수 있다고 보고하더라도 조종사는 정비작업이 확실히 수행되었는지 확인하여야 한다고 보았다. 또한 Blakey v. Hatch[305]에서는 프롭 항공기 엔진 실린더의 부분적 장애로 인하여 충분한 출력이 부족함에도 운항 및 착륙하였으며, 실린더 교환 후 재이륙하던 중 엔진 출력이 완전히 손실되었다. NTSB는 기장으로서 감항성 문제에 대하여 정밀한 평가 없이 비행하는 것은 '무모한' 운항이라고 결정하였다.

### 6) 관제소의 비행허가 없는 운항 및 공역 침범

Sturgell v. Giffin[306] 사건은 표준계기출발(Standard Instrument Departure: "SID") 절차 중 경로상의 뇌우 회피를 목적으로 관제소의 허가 없이 경로를 이탈하여 다른 공역을 침범한 사례이다. 법원은 상황을 알면서 극단적이고 불안전한 상황을 초래한 것으로 무모한 운항으로 보았다. 비록 비상상황의 경우, 조종사가 관제소 지시로부터 이탈할 수 있도록 명시되어 있지만, 법원은 뇌우 회피를 위하여 최소한 관제소의 허가를 득하여야 하며, 타 공역을 침범하는 것은 안전운항에 미치는 영향이 크다고 하였다.

한편 Garvey v. Schneider[307]에서는 조금 다른 입장을 보였다. 이른 아침, 공항정보자동방송시스템(Automatic Terminal Information System: 이하 "ATIS"라 한다)의 시정이 계기 이륙이 불가능한 저시정으로 다른 항공기들은 이륙대기 상태였으나, 해당 항공기의 조종사는 ATIS와 관제소가 운영되기 직전에 이륙하였다. NTSB는 조종사가 최종적으로 회사의 운항관리사로부터 받은 기상을 최신의 기상으로 판단하는 것이 합리적 판단이며, 14 C.F.R. § 91.13(a)의 위반이 아니라고 판단하였다. 이 사건에서 관제소의 허가를 받지 않고 이륙하였음에도 위반행위로 보지 않은 것은 이례적인 상황으로 볼 수 있을 것이다. 대부분의 경우, 관제소의 허가를 받지 않거나 지시를 따르지 않은 경우 '무모한 운항'으로 보고 있기 때문이다.

---

305) Blakey v. Hatch, N.T.S.B. Order No. EA-5230 (2006).
306) Sturgell v. Giffin, N.T.S.B. Order No. EA-5390 (2008).
307) Garvey v. Schneider, N.T.S.B. Order No. EA-4653 (1998).

■ 시사점

미국의 운항규정 위반행위를 유형별로 분석한 결과 부주의한 운항은 크게 운항규정 위반에 해당하는 행위와 운항규정 위반이 아님에도 부주의한 운항으로 판단된 사례로 분류되었다. 이 경우 규정에는 명시되지 않았지만 잠재적 위험으로 보고 부주의로 판단하였으며, 부작위의 경우에도 부주의하여 위험을 발생시킨 것으로 보았다. 무모한 운항의 경우 행위의 정도가 심각하다고 판단한 경우나, 지시위반 등으로 안전을 경시하였다고 본 경우, 실질적인 위험을 야기한 경우 무모한 운항으로 판단하였다. 이 외에, 항공기 운항의 의도 없이 지상에서 항공기의 위치를 바꾸는 과정에서도, 음주나 기타 위험이 발생하였다고 판단된 경우 부주의하다고 보았다.[308]

이처럼 FAA는 대부분의 위반행위에 14 C.F.R. § 91.13을 적용하였으며, 이것은 실질적 위반뿐만 아니라 잠재적 위반도 포함될 수 있어 규정위반에 대한 기준이 명확한 것으로 보이지는 않는다. 그러나 무모한 운항의 경우, 부주의한 운항에 비하여 주의의무의 정도가 크고 심각하며, 큰 피해가 발생한 경우라는 것이 사례를 통하여 구체화됨을 확인할 수 있다.

## 2. 우리나라의 관련 행정규칙과 적용기준 분석

### (1) 우리나라의 관련 행정규칙 적용을 통한 조건 및 상황 등의 구분

국가항공안전프로그램 제54조에 따른 [별표 7] 데이터·정보 및 관련 출처의 보호에 관한 기본원칙 제6호는 '데이터·정보·출처의 보호를 위한 조건 및 상황 등의 구분'을 명시하고 있으며, 데이터·정보의 보호 대상을 구분하기 위하여 규정 미준수와 관련한 행위자의 의도에 대한 검토를 관련 행정규칙의 검토절차를 활용하여 실시할 수 있도록 하였다(제6호 가목). 이에 따라 행위자의 의도를

---

308) Administrator v. Gianelli에서 조종사는 비행의 의도 없이 공항에서 항공기의 위치를 바꾸려고 하였다. 증거에 따르면, 조종사는 지상 이동용 체크리스트를 사용하지 않았고 유압 시스템도 켜지 않았다. 이로 인하여, 유압 시스템의 유압이 손실되어 항공기 제동과 조종능력을 상실하게 되었고, 다른 항공기와 충돌하는 원인이 되었다. 이러한 조종사의 부작위는 14 C.F.R. § 91.13(b)에 해당하는 '부주의'로 보았다. Administrator v. Gianelli, N.T.S.B. Order No. EA-5356 (2008).

검토하는 과정에서는 다음의 사항에 대한 검토가 이루어져야 한다(제6호 나목).
1) 데이터·정보수집의 활성화를 위해 인적요인에 따른 의도하지 않은 오류(이
하 "인적오류"라 한다)는 법령에서 정한 범위 내에서 보호하는 방안을 검토하여야
한다. 2) 데이터·정보에 포함된 규정 미준수에 관한 사항이 행위자의 의도에
따라 발생한 경우에는 고의·중과실(이하 "규정위반"이라 한다)의 해당 여부를 검
토하여야 하며, 고의·중과실에 해당하는 경우 '데이터·정보 및 관련 출처의
보호에 관한 원칙'을 적용하지 아니함을 명시하고 있다.

이처럼 동 행정규칙에서는 의도하지 않은 오류와 의도에 따라 발생한 고의·
중과실 행위를 구분하고 있으며, 동 행정규칙의 다목에서는 '인적오류' 행위에
대하여 반드시 필요한 경우를 제외하고는 '처분' 등의 행위보다는 인적오류를 최
소화하기 위한 운영절차를 개선하는 방안을 서비스제공자로 하여금 마련하도록
하여 관련 데이터·정보가 보호되어야 함을 강조하고 있다.

'인적오류' 행위 중 사람의 단순 오류는 '행위 오류'와 '행위누락 오류'가 포함
된다(제6호 다목). 1) 행위 오류는 종사자가 절차 및 규정 등에 따라 행위를 하
는 과정에서 발생하는 행위 자체의 오류를 말하는 것으로 단순 실수에 해당하는
것으로 보고 있다. 2) 행위누락 오류는 기억력 문제 등으로 반드시 수행하여야
하는 행위를 누락한 경우를 말한다. 또한 인적오류에 포함된 계획의 오류는 규
정에 따라 마련한 행위를 위한 계획 자체에 오류가 있는 경우를 말한다. 이와
관련된 예로는, 잘못된 비행 계획으로 목적공항에서 위험기상으로 인해 실시하
여야 하는 공항인근 상공에서의 체공비행을 할 수 없는 경우를 예시로 들고 있
다(제6호 다목).

'규정위반' 행위는 고의·중과실에 해당하는 것으로 보고 있으며, 여건에 따
른 규정위반, 습관적 규정위반, 의도된 규정위반으로 분류하였다(제6호 라목). 1)
'여건에 따른 규정위반'은 업무량 과부하, 시간적 압박 등 종사자가 업무 중 노
출되는 업무여건으로 인해 규정을 위반하는 경우를 말한다. 2) '습관적 규정위
반'은 특정 업무를 수행하는 집단에서 빠르게 업무를 마무리하기 위해 절차의
일부분을 의식하여 집단적으로 생략하는 경우로 보았다. 3) '의도된 규정위반'은
조직 전반에 걸쳐 동일한 자원을 활용하여 보다 많은 업무성과를 내기 위해서
의식적으로 행하여지는 규정위반 행위를 말한다. 이러한 규정위반에 해당하는

행위는 정보보호에 관한 수준을 종사자 또는 최고경영관리자 등에 차등 또는 면제하여 적용하는 방안을 검토하여야 함을 명시하고 있다.

### (2) 관련 행정규칙 해석 및 적용의 모호성

#### 1) 면책기준과 해석의 모호성

앞서 살펴본 바와 같이, 데이터・정보 및 관련 출처의 보호에 관한 기본원칙 제6호는 '데이터・정보・출처의 보호를 위한 조건 및 상황 등의 구분'을 명시하였고, 이러한 조건 및 상황에 따른 구분은 공정문화의 원칙을 대부분 반영하고 있는 것으로 보인다. 즉 공정문화의 정의[309]에서 언급하고 있는 바와 같이, 인적 오류에 기인한 사람의 단순한 오류인 작위, 부작위, 계획수립 단계에서의 오류와 고의・중과실에 해당하는 규정위반행위로 분류하고 있으며, 고의・중과실에 해당되는 경우 데이터・정보의 보호를 적용하지 아니함을 명시하였다.[310] 그러나 인적오류 행위에 대하여 "반드시 필요한 경우를 제외하고는 처분 등의 행위보다는 인적오류를 최소화하기 위한 운영절차를 개선하는 방안을 마련하도록"이라고 명시한 것으로 보아, 관련 행위가 전면적인 면책을 포함하는 것은 아님을 확인할 수 있다. 또한 어느 경우가 '반드시 필요한 경우'에 포함되는지는 명시하지 않아 해석에 있어 모호한 규정이 될 수 있다.

이처럼 해당 규칙은 '데이터・정보・출처의 보호를 위한 조건 및 상황을 구분'한 것임에도 보호 대상 및 범위가 명확하게 드러난다고 보기는 어렵다. 즉 상황에 따라 처분의 가능성을 열어둔 것으로 해석될 수 있어, 안전정보를 제공하는 항공실무자들로 하여금 이러한 모호함이 안전정보를 제공하는 데 상당한 불안감으로 작용할 수 있을 것이다.

#### 2) 모호한 기준 적용의 문제

'데이터・정보・출처의 보호를 위한 조건 및 상황 등의 구분'은 데이터・정보보호의 대상을 구분하기 위하여 '규정 미준수'에 관한 사항과 관련된 행위자의

---

309) 관련 내용은 Chapter 02, p.44 참조.
310) 국가항공안전프로그램 제54조에 따른 [별표 7] 데이터・정보 및 관련 출처의 보호에 관한 기본원칙 제6호 나목 2).

의도를 검토하기 위한 절차를 활용하도록 하고 있다. 이에 따라 '규정 미준수'는 과실에 해당하는 인적오류와 고의·중과실에 해당하는 규정위반으로 구분하고 있으며, 행위자의 의도에 따라 고의·중과실과 경과실을 구분하여 인적오류에 해당하는 경과실은 행정처분보다는 운영절차의 개선방안을 마련하도록 하고 있다. 의도의 사전적 의미를 살펴보면, '무엇을 하고자 하는 생각이나 계획'으로 정의하며, '어떠한 목적을 가지고 행하는 행위'로 볼 수 있다. 이러한 점에서 볼 때, 동 지침에서는 몇 가지 문제가 제기된다.

첫째, '의도'에 따라 행위자의 규정 미준수를 판단하는 경우, 고의와 과실은 구분될 수 있을 것이나, 중과실을 판단하기는 어려울 것으로 보이며 이로 인하여, 인적오류와 규정위반을 구분하는 데에 상당한 모호함이 있을 것으로 판단된다. 그러한 이유는, 대부분의 위반행위 유형이 한 가지 형태로 나타나는 것이 아니라 중첩되어 나타나는 특징이 있기 때문이다. 예를 들어 의도는 없으나 과실로 사망한 경우 또는 의도하지 않았으나 중대한 위험을 초래한 경우가 해당될 수 있다. 이 경우 어느 영역에 포함시킬 것인지에 대한 판단자의 모호함이 존재할 수밖에 없다.

둘째, 인적오류는 행위 오류와 행위누락 오류를 포함하는 사람의 단순 실수와 계획수립단계에서의 오류를 포함하고 있으며, 규정위반은 업무여건에 따른 규정위반, 습관적 규정위반, 의도된 규정위반으로 구분하였다. 이것은 위반유형에 따른 분류로 판단된다. 그러나 해당 검토절차는 행위자의 의도를 검토하는 것으로 활용하기 위함인데[311] 위반행위를 분류하는 것이 행위자의 의도를 검토하는 데 도움이 될 것으로 보이지는 않는다.

셋째, 인적오류는 과실의 범위로 보고, 규정위반은 고의·중과실에 해당하는 것으로 보고 있는데, '규정위반'에 포함되는 위반행위유형이 모두 고의·중과실에 해당되는 것으로 판단될 여지가 있다.

마지막으로, 이 지침의 목적이 인적오류에 해당하는 부분을 보호하기 위한 목적이라면, 인적오류와 규정위반을 명확히 구분할 수 있는 절차가 필요할 것으로 판단되며, 해당 지침에서 '행위자의 의도에 따라 발생한 경우 고의·중과실의

---

311) 국가항공안전프로그램 제54조에 따른 [별표 7] 데이터·정보 및 관련 출처의 보호에 관한 기본원칙 제6호 나목.

해당 여부'에 대한 검토가 필요하다고 보았으므로, 단순히 위반행위를 구분하는 것이 아니라 법률적으로 구분할 수 있는 절차가 제시되는 것이 타당할 것이다. 결과적으로 이 절차는 행위자의 의도를 검토하기에는 모호한 규정으로 판단된다.

### (3) 우리나라의 관련 행정규칙과 위반행위 유형의 비교 및 분석

#### 1) 운항규정위반에 대한 행정제재

미국 NTSB 사건 결정에서는 FAA가 운항규정 위반에 '부주의하거나 무모한' 운항을 금지하는 14 C.F.R. § 91.13을 적용하였다. 우리나라의 국토교통부 고시인 고정익항공기를 위한 운항기술기준은 '부주의 또는 난폭한 운항'(negligent or reckless operations)이라고 표기되어 있으나, 미국과 마찬가지로 '부주의하거나 무모한 운항'을 금지하는 것으로 해석해야 할 것이다. 이처럼 운항규정에 명시된 행위의 위반에 대하여 행정제재가 가해지는 것은 명확해 보이나, 규정에 명시되지 않은 행위의 위반에 대하여는 명확하지 않다. 미국의 경우, '잠재적 위험'에 해당되는 것으로 보아, 14 C.F.R. § 91.13을 적용하였다. 우리나라는 이와 관련하여 명확한 규정을 확인할 수는 없으나, 모든 행위를 규정할 수는 없으므로 위반행위의 경중에 따라 판단자의 재량이 부여될 것으로 보인다.[312]

#### 2) 잠재적 위험에 대한 처분 여부

운항규정과 무관한 행위에 대하여 미국 NTSB의 사건 결정에서는 14 C.F.R. § 91.13(a)의 '부주의 또는 무모한' 운항규정 위반을 적용하였다. FAA는 '잠재적 위험의 발생'을 이유로 '부주의'한 운항으로 판단하였는데, 규정 위반행위가 아니더라도 부주의한 행위가 여전히 존재할 수 있다고 보았다. 그러한 이유는, 규정에 명시되어 있지 않더라도 위험 가능성에 따라 규정 위반으로 볼 수 있는 여지가 있으며, 이는 FAA의 판단과 재량에 따라 결정될 수 있을 것으로 해석된다.

우리나라 데이터·정보 및 관련 출처의 보호에 관한 기본원칙 제6호 '데이터·정보·출처의 보호를 위한 조건 및 상황 등의 구분'은 '규정 미준수'에 대하여 '인적오류'와 '규정위반'으로 구분하고 있는 것을 확인할 수 있다. 이것은 결

---

312) 이와 관련하여 항공안전법 시행규칙 [별표 10] 「항공종사자 등에 대한 행정처분기준」에서는 '처분 조정'을 할 수 있는 경우에 대하여 명시하였다.

과가 발생한 경우 규정에 명시되어 있는 기준으로 위반행위를 구분한다는 것으로 해석된다. 이러한 기준으로 보았을 때, 규정에 명시되어 있지 않은 위반행위에 대한 처벌은 가능하지 않을 것으로 판단된다. 한편 고정익항공기를 위한 운항기술기준 8.1.8.2에서는 '부주의'한 운항을 금지하고 있으나, '부주의'한 운항에 대하여는 구체적으로 명시하지는 않았다. 이처럼 규정 자체가 광범위하고 모호하게 명시되어 있으므로, 기준을 확대해석하고 적용하는 문제도 발생할 것으로 보인다.[313] 이것은 미국의 14 C.F.R. § 91.13(a)와 우리나라 고정익항공기를 위한 운항기술기준, 8.1.8.2에서 명시하고 있는 '부주의하고 무모한 방법으로 항공기를 운항하여서는 아니 된다'라는 규정이 실제 위험을 발생시켜야 하는지, 아니면 잠재적 위험이 위반을 유발하기에 충분한지에 대하여 명시하지 않았기 때문이다.

### 3) 부주의와 무모한 행위의 경계

미국 법률에서는 '무모함' 또는 '무모한 행위'를 정의하지 않았다. 그러나 NTSB는 사례를 통하여 '무모함'을 의도적(deliberate)이고 고의로 추정되는 행위(wilful conduct)이며, 다른 사람의 안전을 무시하는 행위를 포함하는 것으로 정의하였다.[314] '부주의'한 행동과 '무모한' 행동이 명확히 구분되기는 어렵다. 그러나 행위자의 의도 여부, 위험의 심각도, 타인이나 다른 항공기의 피해 여부 및 결과에 따라 구분이 되는 것으로 보인다. 즉 의도한 상황은 아니더라도 안전에 대한 중대한 경시가 있었거나, 중대한 위험을 초래한 것을 '무모한' 위반행위로 보는 것이다. NTSB는 Administrator v. Krueger[315]에서 "무모함은 중과실과 마찬가지이다"라고 하였다.[316] '무모한 운항'에 포함되는 NTSB 사건 결정을 살펴보면, 대부분 '심각히 태만', '극도로 둔감', '인지하면서도'라고 명시한 것에서 '상당

---

313) 이와 관련하여 FAA는 "FAR 조항의 14 C.F.R. § 91.13(a)은 행정관이 조종사가 피해야 할 모든 안전하지 않은 관행을 규정으로 나열하는 것은 불가능하므로 부주의하거나 무모한 위험의 발생에 대한 금지 조항으로 일반적이다"라고 하였다. Administrator v. Taylor, N.T.S.B. Order No. EA-5003 (2002).

314) FAA, 8900.1, Volume 14 Compliance and Enforcement, Chapter 3, Section 5 Reckless Operation of Aircraft.

315) Administrator v. Krueger, N.T.S.B. Order No. EA-4281 (1994), pp.1-2.

316) *Ibid.*

한 주의의무의 위반'에 해당하는 것을 예상할 수 있다.

그럼에도 불구하고, 부주의와 무모한 행위의 구분은 명확하게 구분된다고 보기는 어렵다. 예를 들어 업무의 정교함과 관련한 사건에서 '기장이 탑승여객에 대한 중량계산을 잘못한 경우',[317] '정비작업이 완벽히 수행되었는지에 대한 확인절차 없이 운항한 경우'[318]에도 '무모한' 운항으로 보았다. 이러한 사건에서 NTSB는 운항을 위한 최종책임이 기장에게 있으므로, 기장이 최종적으로 확인하지 않은 점, 직업적 책임의 정교함 부족으로 오류가 발생한 점을 들어 '무모한' 행위로 결정하였다. 물론 위험의 심각도에 따른 결정이었을 수는 있으나, 의도적이었거나 안전에 대한 중대한 무시보다는 '부주의'로 판단될 수도 있는 사건으로 보인다.

이처럼 '부주의'와 '무모함'의 경계는 명확히 구분하기 어려운 경우가 있으며, 이러한 점은 행정행위에서 판단자의 역할이 강조되는 이유이기도 하다.

### 4) 위반행위에 대한 제재의 면제

미국과 우리나라는 '부주의하거나 무모한' 운항을 동일하게 규정 위반으로 보고 있으며, 이에 대한 행정제재가 가해질 수 있다. 그러나 미국의 NTSB 사건결정에서는 '부주의'한 행위를 한 규정위반자가 항공안전프로그램을 통하여 보고서를 제출하게 되면, 적용 요건을 충족하는 경우 제재가 면제됨을 확인한 바 있다.[319]

우리나라 데이터·정보 및 관련 출처의 보호에 관한 기본원칙 제6호 '데이터·정보·출처의 보호를 위한 조건 및 상황 등의 구분'에서는 모든 규정 미준수를 '인적오류'와 '규정위반'으로 구분하여, 인적요인에 따른 의도하지 않은 오류에 해당하는 '인적오류'는 법령에서 정한 범위 내에서 보호하는 방안을 검토하여야 함을 명시하였다.[320] 현재 우리나라도 '항공안전 자율보고'를 적시에 보고한 자의 위반행위가 고의, 중과실에 해당하지 않는 경우 처분을 면제하고 있다. 이

---

317) Sturgell v. Angstadt, N.T.S.B. Order No. EA-5421 (2008).

318) Garvey v. Easton, N.T.S.B. Order No. EA-4732 (1998); Blakey v. Hatch, N.T.S.B. Order No. EA-5230 (2006).

319) Hinson v. Ferguson, N.T.S.B. Order No. EA-4457 (1996).

320) 국가항공안전프로그램 제54조에 따른 [별표 7] 데이터·정보 및 관련 출처의 보호에 관한 기본원칙 제6호 다목.

처럼 '부주의'한 행위는 행정제재의 대상이기는 하나, 항공안전 자율보고의 면책 기준에 따라 제재가 면제될 수 있음을 의미한다.

■ 시사점

공정문화는 책임의 경계를 강조하고 있다. 즉 고의·중과실에 해당하는 행위는 책임이 따르며, 의도가 포함되지 않은 과실의 경우 '비처벌'을 통하여 자율적인 보고를 활성화하여야 함을 강조하고 있는 것이다. 이러한 공정문화는 형법 및 관련 법령과의 조화를 통하여 행정적으로 적용이 가능할 것이다.

앞서 살펴본 바와 같이 규정 미준수의 행위가 '부주의'에 해당한다고 하여, 전면적인 면책이 허용되지는 않는다. 현재 미국과 우리나라는 과실에 대한 면책의 기준을 '자율보고의 여부'와 '적용 요건의 충족'에 따라 판단하고 있다. 이것은 공정문화의 원칙을 적용하였을 때 '용인의 기준'으로 볼 수 있을 것이다. 즉 모든 과실에 '비처벌'이 적용되는 것이 아닌, '자율보고'와 '적용 요건을 충족'한 경우로 제한된다는 것을 주목할 필요가 있다. 또한 이러한 사실적 기준은 '공정문화'와 '자율보고 활성화'가 밀접하게 연관되어 있음을 보여준다.

## 3. 행정집행에서 운항규정 위반행위에 따른 용인의 경계 적용

### (1) 중과실의 기준에 따른 위반행위 사례 분석

무모함은 우리 형법체계의 미필적 고의와 인식있는 과실을 포함하는 개념임을 앞서 살펴보았다. 다음에서는 우리나라 형법 이론과 중과실의 기준에 따라 NTSB 사건 결정에서 무모함(recklessness)으로 결정된 구체적 사례를 분류하여 중과실의 유형이 이론과 기준에 따라 명확히 분류되는지를 확인하고자 한다. 이러한 과정은, 용인되지 않는 위반행위의 구체적 범주를 확인함으로써, 용인되는 행위의 범위를 보다 구체화하고자 하는 것이다.

### 1) 위험에 대한 인식

① 위험을 인식하였으나 결과를 부정하며 행한 경우

위험에 대하여 인식하고서도 회복할 수 있을 것으로 판단하고 결과를 발생시킨 경우 '무모'한 것으로 판단하고 있다. 앞서 확인한 NTSB 사건 결정에 따르면, Administrator v. Reese[321] 사건에서 조종사는 중요한 안전시스템이 손상되

---

321) Administrator v. Reese, N.T.S.B. Order No. EA-4896 (2001), p.2.

었다는 것을 인식하고서도 비행을 계속하였다. NTSB는 감압 상태에서 승객과 승무원이 중대한 뇌 손상 또는 사망 가능성을 인지하면서도 불필요하게 위험에 노출 시킨 행위에 대하여 '무모함'이 있었다고 보았다. 이것은 중대한 위험을 인식하고서도 주의의무를 다하지 않은 것으로 중과실 해당 여부를 부인할 수는 없을 것이다.

② 위험의 발생을 인식하였으나 주의의무를 다하지 못한 경우

미국에서는 14 C.F.R. § 91.111에 따라 근접 비행을 금지하고 있으며, NTSB는 조종사가 다른 항공기를 보고 회피할 의무를 다하지 못하거나, 다른 항공기에 근접하여 비행하는 조종사의 행동은 '무모한' 것으로 보았다. 이와 관련하여 Administrator v. Krueger[322])에서 항공기가 100-200ft 이내에 근접하여 비행한 것은 '중대하게 태만하고 안전에 극도로 둔감'한 것으로 보았으며, Administrator v. Arellano[323]) 사건에서도 근접비행으로 위험이 발생하였음에도 회피의 의무를 다하지 못하였기 때문에 '무모'하다고 판단하였다.

③ 관제소의 지시거부 및 자의적 판단

NTSB 결정에서는 관제사의 지시를 거부하거나 따르지 않은 행위, 허가를 받지 않고 예측적 또는 자의적으로 판단하여 위험을 발생시킨 경우에도 '무모한' 것으로 보았다. Garvey v. Morris & Wallace[324]) 사건에서는 목적지 공항의 기상 악화로 대체 공항을 선정함에 있어, 계획된 공항이 있음에도 근접성을 이유로 조종사가 자의적으로 공항을 선정하고 운항관리사와 상의하지 않은 행위는 규정 위반이며, '무모한' 운항으로 보았다. Administrator v. Simmons[325])에서도 관제소의 허가를 받기 전에 자의적으로 예측하여 운항하였으며, Blakey v. Heras[326])와 Blakey v. Mccarthney[327]) 사건에서는 관제사가 간격 분리를 위하여 지시한 사항을 따르지 않은 행위를 '무모한' 운항이라고 보았다. 또한 Sturgell v. Giffin[328]) 사건에서는 관제소의 허가 없이 경로를 이탈하여 다른 공역을 침범한

---

322) Administrator v. Krueger, N.T.S.B. Order No. EA-4281 (1994), pp.1-2.
323) Administrator v. Arellano, N.T.S.B. Order No. EA-4292 (1994), p.1.
324) Garvey v. Morris & Wallace, N.T.S.B. Order No. EA-4866 (2000).
325) Administrator v. Simmons, N.T.S.B. Order No. EA-5275 (2007), p.1.
326) Blakey v. Heras, N.T.S.B. Order No. EA-5102 (2004).
327) Blakey v. Mccarthney, N.T.S.B. Order No. EA-5304 (2003).

행위는 안전 운항에 큰 영향을 미치는 것으로 '무모'하다고 보았다.

## 2) 주의의무의 중대한 태만

### ① 안전에 대한 중대한 무시

Ferguson v. NTSB[329] 사건에서 조종사의 착각으로 목적지 공항이 아닌 다른 공항에 착륙하였다. 이 사건에서 조종사의 과실은 인식이 없이 행해진 것이다. 그러나 법원은 "(1) 조종사들이 공항의 운항 차트(navigational charts)에 익숙하지 않고, (2) 부기장이 회사 정책에 반하여 착륙을 허용하였으며, (3) 공항을 확인하기 위한 항법보조장치를 사용하지 않았고, (4) 잘못된 공항에 착륙한 것으로 보이는 시각적 표시에 주목하지 않았다"라고 지적하며, "생명과 재산에 대한 실제 위험발생과 함께 안전에 대한 중대한 무시를 보여주는 행위, 예측가능한 결과에 대한 무시를 보여주는 행위가 개인에 의해 발생하였을 때 안전에 대한 중대한 무시가 발생한다"라고 하며, '무모'하다고 판시하였다.

### ② 직업상 요구되는 전문적 책임의 중대한 불이행

조종사 업무의 특수성과 복잡성으로 인하여, 일반인에 대한 업무보다 정교함이 요구된다. Sturgell v. Angstadt[330] 사건에서 기장이 탑승 여객에 대한 중량 및 평형(weight & balance) 계산에 착오가 있어 최대 이륙 중량을 잘못 적용한 것에 대하여 NTSB는 '무모'하다고 판단하였다. Garvey v. Easton,[331] Blakey v. Hatch[332] 사건에서는 정비사가 감항성과 관련하여 정비작업을 수행하였으나 문제가 발생한 경우, 기장이 최종 책임자로서 정밀한 확인 없이 비행하는 것은 '무모'하다고 결정하였다. 이처럼 업무와 관련한 소홀함으로 위험이 발생하는 경우 인식이 없더라도 '무모'한 것으로 보고 있다.

---

328) Sturgell v. Giffin, N.T.S.B. Order No. EA-5390 (2008).

329) Ferguson v. NTSB, 678 F.2d 821, 824 (9th Cir. 1982).

330) Sturgell v. Angstadt, N.T.S.B. Order No. EA-5421 (2008).

331) Garvey v. Easton, N.T.S.B. Order No. EA-4732 (1998).

332) Blakey v. Hatch, N.T.S.B. Order No. EA-5230 (2006).

### 3) 행위와 실질적 위험의 연관성

#### ① 행위가 타인에 대한 실질적 위험을 야기한 경우

NTSB는 항공기 운항으로 인하여 타인에게 부상과 같은 실질적인 위험을 초래하는 경우 '무모'하다고 결정하였다. Administrator v. Evanko[333] 사건에서는 조종사와 공항운영자 간의 실랑이가 있었고, 이 과정에서 조종사가 항공기를 가속시킴으로써, 공항운영자가 상해를 입었다. 이처럼 행위와 실질적인 위험이 연관되는 경우, 인식 여부와 상관없이 무모한 행위로 결정하였다.

#### ② 행위가 다른 항공기에 대한 실질적 위험을 야기한 경우

다른 항공기를 위험에 빠뜨리는 행위는 인식없는 행위라 하더라도 '무모'하다고 결정하였다. Administrator v. Langford[334] 사건에서 조종사는 과도한 추력을 사용하여 뒤에서 운항하던 다른 항공기에 상당한 난기류를 일으켰다. 이 사건의 핵심은 불필요하게 제트분사(jet blast)를 일으킴으로써 다른 항공기를 위험에 빠뜨린 것으로, NTSB는 '무모한' 것으로 결정하였다.

---

333) Administrator v. Evanko, N.T.S.B. Order No. EA-4221 (1994).
334) Administrator v. Langford, N.T.S.B. Order No. EA-5673 (2013).

■ 검 토

앞서 살펴본 항공분야 중과실의 정의[335]와 우리나라 형법이론에 따라 중과실의 기준을 위험에 대한 인식, 주의의무의 중대한 태만, 행위와 실질적 위험의 연관성으로 분류하고 NTSB의 무모함(recklessness)에 대한 결정사례를 적용하였다. 그 결과, 관련 사례는 크게 '행위자의 인식이 있는 사례', '인식은 없으나 직업적 책임의 소홀함으로 무모하다고 결정한 사례', 그리고 '실질적인 위험을 초래한 사례'로 분류할 수 있었다. 즉 무모함으로 분류된 사례가 모두 인식이 있는 것은 아니며, 인식은 없으나 실질적 위험이나 무모하다고 볼 수 있는 안전에 대한 중대한 무시, 업무에 대한 중대한 부주의가 야기된 경우도 무모한 운항으로 결정한 것이다. 이것은 중과실이나 무모한(reckless) 행위가 인식이 있는 상태에만 해당한다고 볼 수 없음을 의미한다. 즉 중과실의 불법은 구성요건의 실현이 쉽게 예견되고 회피할 수 있었음에도 그렇게 하지 않은 점에 있는 것이지 행위자의 결과발생 인식으로 인한 것이 아니기 때문이다.[336]

## (2) 행정집행에서 용인의 경계 적용과 판단절차

### 1) 용인의 경계 판단과 비난가능성의 적용

행정제재에 있어서 '고의', '중과실', '과실', '주의의무'의 판단은 고려되어야 할 것이다. 이것은 법률적 개념일 뿐만 아니라, 행정제재에 있어 객관적 증거에 대한 사실인정의 기초가 될 수 있기 때문이다. 또한 항공안전법 및 행정규칙에서도 고의, 중과실, 과실의 개념이 등장하고 있으므로, 이러한 책임귀속은 형사제재뿐만 아니라 행정제재에서도 동일하게 적용되어야 할 것이다.

그러나 앞서 살펴본 바와 같이, 주관적 요소인 인식과 인용이 명확히 드러나는 것이 아니고 대부분 중첩되어 나타나는 특징이 있다. 예를 들어 조종사의 착각으로 목적지 공항이 아닌 다른 공항에 착륙한 경우, NTSB는 무모하다고 결정하였는데, 그러한 이유는 결과에 대한 인식이나 의지가 있었다고 보기는 어렵지만, 위험에 대하여 상당히 태만했으며 사전에 준비가 부족했다고 판단한 것이다.

---

335) 관련 내용은 Chapter 05, p.261 참조.
336) 김정환, 형사상 중과실 해석·적용의 판단기준 – 구성요건 실현의 개연적 상황, 연세법학 제38호, 연세법학연구회(2021), 355면.

이러한 경우 태만과 무모의 형태가 동시에 나타난다. 이러한 점에서 볼 때, 경계를 명확히 하기 위해서는 행위자의 주관적 상황과 사정 등이 고려되어야 할 것이다. 즉 객관적 주의의무와 주관적 요소의 인식과 인용에 대한 구분이 명확하지 않은 경우, 책임 정도를 판단하도록 하는 것이다. 이때, 행위자의 당시 상황을 구체적으로 확인하고 행위자가 할 수 있었던 것 또는 할 수 없었던 것을 판단하는 과정이라고 볼 수 있다. 그러나 그러한 행위사정을 고려하였을 때, 할 수 있었음에도 불구하고 하지 않은 것에 대하여는 비난을 면할 수 없을 것이다. 이때, 구체적 상황은 개인의 능력, 당시 사정, 환경적인 요소 등을 고려하여 평가될 수 있을 것으로 보인다.

결과적으로 공정문화에서 용인의 경계를 판단한다는 것은 이러한 법적 기준에 따라 주관적 요소와 객관적 요소를 판단하고, 이에 대한 명확성을 위해 개인의 당시 상황과 사정 등을 고려해야 함을 의미한다. 이것은 모든 태만을 용인할 수는 없기 때문에 비난가능성이 있는 행위에 대하여는 처벌을 할 수 있다는 것을 의미한다.

### 2) 용인의 경계와 판단절차의 필요성

현재 우리나라의 항공규제기관은 위반행위에 대하여 규정위반 해당 여부를 기준으로 판단하고 있으며, 처분을 위한 절차에 있어서는 고의·중과실의 정의를 기준으로 판단하고 있다.[337] 그러나 위반행위는 어떠한 정의에 기초하여 일률적으로 판단하기 어려우며, 앞서 살펴본 바와 같이 위반행위에서 여러 유형의 행동이 중첩되어 나타나는 특성이 있으므로 행정제재를 위한 판단에 어려움이 따르게 된다. 용인의 경계를 판단함에 있어, 인간의 행동을 규정화하거나 특정하여 판단하도록 하는 것은 개별 사건에서 인간의 특성 및 행동이 다르게 나타나므로 어려움이 따르게 된다. 이러한 이유로, 유형을 특정하는 것이 아니라, 판단을 위한 절차를 보다 세분화함으로써 행정적 판단에서 재량권 남용을 막고, 보다 공정하게 판단하기 위한 절차를 마련할 필요성이 있다.

현재 공정문화에서 제시하고 있는 용인의 범주는 고의·중과실에 포함되지 않는 경과실이 해당되므로 이에 대한 판단이 요구된다. 항공안전보고서의 면책

---

337) 항공분야 행정처분 업무처리 절차에 관한 규정 제14조 [별표1].

여부나 항공안전데이터의 보호와 관련하여서도 고의·중과실이 제외되어야 함을 명시하고 있으므로 이에 대한 판단도 불가피한 상황이다. 또한 고의·중과실은 법률 개념으로 단순히 위반행위를 분류한다거나 위반 여부의 평가만으로 판단되기 어려우며, 위반행위가 특정한 기준에 충족되지도 아니한다. 더욱이 고의와 과실은 주관적 요소이므로 객관적인 행위와 자율준수 여부만을 판단하는 것이 아니라 객관적 주의의무와 주관적 요소인 인식과 인용을 고려하여야 하며, 이러한 과정에서 명확성이 부족한 경우 사건 당시의 상황과 사정, 환경적 요소 등이 고려되어야 함을 의미한다. 특히 용인의 경계를 위한 판단절차는 행위를 특정하는 것이 아닌 개별 사건별로 판단되어야 하며, 이러한 판단절차에 따라 위반행위에 대한 법률적 검토 후, 고의·중과실·경과실 여부의 판단이 이루어져야 할 것이다.

■ 소 결

공정문화는 처벌해야 하는 행위와 용인해야 하는 행위의 경계를 명확히 설정해야 함을 강조하고 있으며, 이러한 용인의 경계는 법원뿐만 아니라 규제 기관에 의한 행정집행의 과정에서도 중요시된다. 공정문화의 정의에 따르면, 위반행위가 용인의 범주에 포함되기 위해서는 고의 또는 중과실이 아닌 항공실무자의 '경험과 훈련에 상응한 작위, 부작위, 결정'에 의한 행위여야 한다. 그러나 해당 기준이 모호하므로 이를 명확히 하기 위하여 다양한 비처벌 정책으로 공정문화를 수용하고 있는 미국의 운항규정 위반행위를 살펴보고 우리나라의 관련 행정 규칙과 비교해 보았다. 첫째, 미국 NTSB의 사건 결정을 통하여 '부주의'와 '무모한' 위반행위를 유형별로 분석하고 해당 행위의 기준을 확인한 결과, FAA는 대부분의 사소한 위반을 '부주의'한 행위로 보고, 이에 비례하여 주의의무가 크고 심각하며 큰 피해가 발생한 경우를 '무모한 행위'로 보았다. 그러나 규정위반에 해당하지 않더라도 잠재적 위험이나 부작위로 인한 경우 '부주의'한 행위로 판단하였으며, 직업상 요구되는 전문적 업무 책임을 중대하게 불이행한 경우, 의도하지 않았다고 하더라도 결과적으로 큰 피해가 발생하였거나 주의의무의 위반이 크다고 판단한 경우, 무모한 행위로 결정한 것을 확인할 수 있었다.

우리나라의 국가항공안전프로그램 제54조에 따른 [별표 7] 데이터·정보 및 관련 출처의 보호에 관한 기본원칙 제6호는 '데이터·정보·출처의 보호를 위한 조건 및 상황 등의 구분'을 명시하였다. 그러나 행위 기준을 통하여 인적오류와 규정위반을 구분하도록 함으로써 관련 기준의 해석과 적용에 있어 모호함이 나타난다. 즉 의도에 따라 규정 미준수를 판단하는 경우, 미국 NTSB 사건 결정에서 확인한 바와 같이, 의도가 없는 경우에도 중과실로 판단된 사례를 확인할 수 있고, ICAO Doc. 9859, Safety Management Manual에서도 중과실은 인식 정도와 무관하다고 보았다. 이러한 점에서, 행정집행 시 동규칙을 적용하여 위반행위자의 고의 또는 과실 여부를 판단하는 것은 상당한 어려움이 있을 수 있으며, 이로 인하여 판단자의 재량권 남용의 문제가 제기될 소지가 있다.

공정문화에서는 행위자의 고의나 과실 여부를 판단하여 용인의 경계를 명확히 해야 함을 강조하나, 현실적으로 발생하는 과실범의 다수는 전형적인 인식있는 과실이나 인식없는 과실의 유형으로 명확히 구분되기보다는 두 유형이 복합된 유형으로 나타난다.[338] 이것은 중과실이나 무모한(reckless) 행위가 인식이 있는 상태에만 해당한다고 볼 수 없음을 의미한다. 즉 중과실의 불법은 구성요건의 실현이 쉽게 예견되고 회피할 수 있었음에도 그렇게 하지 않은 점에 있는 것이지 행위자의 결과발생 인식으로 인한 것이 아니기 때문이다. 따라서 행위자의 불법평가는 주관적 인식과 의사의 내용에 따라 달라지지만, 그 내용에 대한 확인은 다양한 간접사실들에 의해 추론된다는 것이다. 그러나 중요한 것은, 행위자가 어떻게 인식하였는지에 대한 행위자의 내면의 의식상태를 간과하고는 불법에 대한 온전한 평가가 불가능하다는 것이다. 따라서 행위에 대한 불법평가뿐만 아니라 행위자의 개별적인 비난가능성의 평가를 본질로 하는 책임평가의 주관적 요소를 적용할 필요가 있다. 이때 행위자의 개별적 주의능력은 책임요소로 보는 것이 타당할 것이다.

이러한 점에서, 용인의 경계를 판단하는 판단절차는 법적 기준에 따라 객관적 주의의무와 주관적 요소인 인식과 인용에 대하여 판단하고, 이에 대한 판단이 명확하지 않은 경우 책임요소로 비난가능성을 판단하도록 할 필요성이 있다. 비난가능성은 개인의 상황과 사정을 고려하여 비난가능성이 있는 행위에 대하여는 처벌을 할 수 있음을 의미한다. 이러한 판단절차는 특정 기준이나 유형을 통하여 고의나 과실을 판단하는 것이 아니라 세분화된 판단절차를 통하여 재량권 남용을 막고, 공정한 판단을 위한 절차를 마련하고자 하는 것이다.

---

338) 송성룡, 전게논문(주 193), 5면,

Chapter

06

# Just Culture와 행정규제

# Ⅰ. 공정문화의 인식 제고

## 1. 국내 공정문화 정의의 통일화

### (1) 공정문화의 일반적 정의

국제민간항공협약 Annex SARPs에는 공정문화의 정의가 포함되지 않았다. 그러나 "직원과 운영 담당자가 자신의 훈련과 경험에 상응하는 작위나 부작위는 처벌되지 않을 것이라고 신뢰할 수 있는 보고환경은 안전보고의 기본이다"라고 명시하여 공정문화의 원칙을 강조하고 있다.[1] 각 체약국에서 공정문화를 동일하게 정의하고 있지는 않으나, 공정문화의 원칙은 유사한 언어를 통하여 명시하고 있다. ICAO, EU Regulation, Eurocontrol에서는 공정문화를 다음과 같이 동일하게 정의하고 있다. "일선 실무자 등은 그들의 경험과 훈련에 상응한 작위(action), 부작위(omission) 또는 결정(decision)에 대하여 처벌받지 않지만, 중대한 과실(gross negligence), 고의로 추정되는 위반(wilful violation), 파괴적인 행위(destructive acts)는 용인되지(tolerated) 아니한다."[2] 이 정의는 처벌해야 하는 행위와 용인해야 하는 행위를 명확히 구분해야 함을 강조하고 있다. 또한 ICAO 제39차 총회에서 민간항행서비스기구(Civil Air Navigation Services Organisation: "CANSO")는 "모든 과실(error)과 불안전한 행동을 그 기원과 상황과 관계없이 처벌하는 것은 허용될 수 없고 또한 당해 조직의 사고에 기여할 수 있었거나 기여하였던 모든 행동에 대해 제재로부터 전면적인 면책을 주는 것도 받아들일 수 없음을 모든 직원(employees)들은 명확히 이해하고 인식하여야 한다"[3]라고 명시하여 관련 당사자가 용인의 경계를 분명히 인식하여야 함을 강조하였다.

미국에서 "공정문화란 수범자가 규제 및 비규제 안전문제를 스스로 공개하는 것에 대한 중요성을 인정하는 분위기를 말한다. 공정문화는 의도하지 않은 과실을 감안하고, 처벌에 대한 두려움 없이 과실이 보고되는 비처벌적 환경을 조성

---

1) ICAO, Annex 19, Safety Management, 2nd Edition(2016), 5.3, note 1.
2) ICAO, Working Paper, Aviation safety and air navigation implementation support, Assembly-39th Session, A39-WP/193(2016), 1.4.
3) *Ibid.*, 1.2.

하는 것이다"⁴⁾라고 명시하고 있으며, "공정한 안전문화의 핵심은 자율준수 도구를 통하여 효과적으로 해결할 수 있는 안전하지 않은 행위와 행정집행을 사용해야 하는 허용할 수 없는 행위 사이의 경계선을 결정하는 능력이다"라고 명시함으로써 미국의 정책인 자율준수프로그램을 통한 공정문화의 실현에 초점을 맞추고, 용인의 경계를 강조하는 공정문화의 환경을 보충적으로 설명하고 있다.⁵⁾

이처럼 ICAO, EU, 미국의 공정문화 정의는 공통적으로 "사람들이 안전과 관련된 필수적인 정보를 제공하는 것을 장려하고 보상도 받지만, 허용되는 행위와 허용할 수 없는 행위 사이의 경계선에 대해서도 명확한 신뢰의 분위기"로 정의한 James Reason의 개념을 구체화한 것으로 판단된다.

### (2) 국내 공정문화 정의의 통일화 필요

우리나라는 국토교통부 고시인 국가항공안전프로그램⁶⁾과 훈령인 항공교통업무 안전관리시스템 운영매뉴얼⁷⁾ 및 항공안전관리시스템 승인 및 모니터링 지침⁸⁾에서 공정문화를 정의하고 있으나, 그 내용은 통일되지 않았다.

국가항공안전프로그램과 항공안전관리시스템 승인 및 모니터링 지침에서는 "업무수행 과정에서 발생하는 사람의 의도치 않은 오류에 대한 발생원인을 종사자 자체가 아닌 조직문화, 업무환경, 업무절차, 운영체계 등의 특성이 사람의 인적요인과의 작용으로 나타난 결과임을 강조하는 문화"라고 정의하였다. 이것은 공정문화가 단지 '인적오류와 시스템과의 연관성만을 강조하는 문화'인 것으로 해석되며, 앞서 살펴본 ICAO, EU, 미국의 정의와는 차이를 보인다. 그러나 항공교통업무 안전관리시스템 운영매뉴얼에서는 "항공교통관제사 등 운영 요원이 직무 관련 교육, 훈련과 경험에 따른 조치, 결정에 대하여 처벌받지 않는 문화를 말한다. 다만 범죄, 중대한 과실 또는 고의로 추정되는 과실 행위가 확인된 경우

---

4) "Just Culture-An atmosphere in which regulated persons appreciate the value of self-disclosing both regulatory and non-regulatory safety issues. It allows for consideration of unintentional errors and creates a non-punitive environment, where errors are reported without fear of reprisal", FAA, Order 8000.72(2017).
5) FAA, Order 8900.1, Volume 14, Chapter 1, Section 1: Flight Standards Service Compliance Program(2021).
6) 국토교통부 고시 제2020-751호, 2020.10.21.
7) 항공교통본부 훈령 제83호, 2021.1.13., 제3조제2항.
8) 국토교통부훈령 제1330호, 2020.10.22.

에는 제외한다”라고 정의하여 앞서 살펴본 ICAO, EU, 미국의 정의와 유사한 것을 확인할 수 있다. 이러한 점에서 볼 때, 우리나라의 공정문화 정의는 통일되지 않고 각 행정규칙에서 다르게 정의하고 있으므로, ICAO, EU, 미국에서 강조하는 공정문화의 정의를 포함하도록 이를 통일시킬 필요가 있다.

현재 ICAO, EU, 미국에서 정의되고 있는 공정문화는 용인의 경계를 명확히 함으로써 적극적으로 정책에 반영하고 있으나 우리나라에서 정의된 공정문화는 ‘과실의 발생을 개인의 문제가 아닌 시스템의 문제’로 보아야 함을 강조하는 것으로 해석되며, 공정문화를 단지 문화(culture)적 변화로 받아들이도록 하고 있다. 공정문화의 실효성을 제고하기 위해서는 법과 정책을 마련하고 형법과의 균형을 이루도록 하는 것이 중요하며 이를 위해서는 용인의 경계를 보다 명확히 설정하여 모호성을 줄이도록 할 필요가 있다. 이를 위하여 ICAO, EU, 미국에서 정의하는 바와 같이 공정문화의 정의에 ‘비처벌’ 요건으로서의 용인의 범위를 확정함으로써 법과 정책 전반에 걸쳐 공정문화의 역할을 재조명해 볼 수 있을 것으로 판단된다.

## 2. 공정문화 인식을 위한 적극적인 정책의 필요성

국제민간항공협약 Annex 19의 SARPs가 2019년 11월 7일부로 시행됨에 따라 우리나라는 2020년 10월 21일, 국토교통부 고시인 국가항공안전프로그램을 전부 개정하였고 이때, 공정문화의 정의를 포함하여 안전데이터보호에 관한 기본방침이 마련되어 시행 중인 상황이다. 이러한 점에서 우리나라는 ICAO에서 강조하고 있는 공정문화의 필요성은 인식하고 있는 것으로 판단되나, 이를 정책에 적용하거나 조직이 내부 안전문화를 위해 적용하는 것은 소극적인 상황이다. 즉 이론적인 부분에서 필요성은 인식된 것으로 보이나 실효성이 떨어진다는 것이다. 이러한 문제는 공정문화를 실현하기 위한 구체적인 정책 방향이 제시되지 않은 이유일 것으로 판단된다.

EU의 경우, 항공안전과 관련된 다양한 기관에서 공정문화를 발전시키기 위하여 다양한 정책을 시행하는 것을 확인할 수 있다. Eurocontrol 및 EU 철도청(European Union Agency for Railways)은 MOU를 통하여 공정문화 관련 공동 워크숍을 추진하고 항공 및 철도 안전을 강화하기 위해 두 기관이 긴밀히 협력하고 있다. 또한 앞서 살펴본 바와 같이 Eurocontrol과 국제항공교통관제협회(IFATCA) 및 조종사협회(ECA)는 '항공전문가 지원제도'를 마련하여 사고나 사건이 발생하였을 때 사법당국에 항공정보와 전문지식을 제공함으로써 항공과 사법당국의 거리를 좁히도록 하는 것을 목표로 하고 있다. 또한 비행안전재단(Flight Safety Foundation)은 법률자문위원회(Legal Advisory Committee)를 통하여 ICAO 회원국과 항공업계가 데이터보호와 관련하여 공정문화 원칙을 참조하도록 장려하고 있다.[9] 이처럼 EU의 경우, 다양한 항공 관련 기관에서 공정문화의 원칙을 장려하고 사법당국과 긴밀히 소통할 수 있는 적극적인 방안을 마련하여 시행하고 있는 것을 확인할 수 있다. 반면에 우리나라는 국제민간항공협약 Annex 19 SARPs의 기준에 따라 공정문화 원칙을 국가항공안전프로그램을 통하여 반영한 것으로 보이나, 공정문화를 정책적으로 시행하기 위한 구체적이고 적극적인 방안이 부족한 상황이다. 따라서 항공안전을 위한 공정문화의 실현을 위하여 구체적이고 실효성있는 정책과 이행방안을 마련할 필요가 있다.

## (1) 공정문화 관련 교육 및 협의(conference) 기회 제공

우리나라에서 공정문화의 인식이 부족한 것은 관련 교육과 협의의 기회가 부족한 이유일 것이다. 규제 기관, 조직 및 항공실무자는 항공안전을 위한 공정문화의 개념을 이해하고 실천하기 위하여 노력해야 한다. 이를 위해서는 지속적인 교육과 협의가 이루어져야 할 것이다. 이러한 교육은 항공실무자들이 과실이 발생한 경우라도 공정하고 정당하게 대우받을 수 있을 것이라는 신뢰의 분위기를 조성하는 데 도움을 줄 수 있을 것이다. 또한 공정문화 인식을 위한 캠페인을 통하여 직원들에게 정보를 제공할 수 있을 것이다. 이러한 캠페인은 직원들에 의한 공정문화 환경과 자체 분석을 위한 내부 토론을 장려해야 하며, 직원들이 부정적인 사건에 대해 토론하고 사건이 재발하지 않도록 하는 방법에 대해 논의하도록 함으로써 공정문화의 가치를 증진시킬 수 있을 것이다.[10]

공정문화는 정책만으로 완성될 수 없음을 인식할 필요가 있다. 관련 당사자

---

9) CANSO, Just Culture Tool Box(2018).
10) *Ibid.*

들의 이해와 협력이 공정문화의 필수적인 요소인 만큼 항공분야의 모든 구성원이 공정문화를 인식하고 그에 따른 판단을 할 수 있도록 지속적인 노력이 필요할 것이다.

### (2) 사법당국의 공정문화에 대한 인식 제고 교육 필요

공정문화의 용인에 대한 판단과 관련 정보의 공개 및 사용에 대한 최종판단은 법원이 할 수 있다.[11] 이때, 법원은 항공안전의 이익을 고려하여 균형있게 판단하여야 한다. 이러한 결정을 위하여 일부 학자와 전문가들은 사법당국의 검사와 판사에게 교육을 제공해야 함을 강조하였고, ICAO에 항공사고로 인한 기소와 관련된 모범 정책을 적용하는 방안을 적극적으로 지지하였다.[12] 특히 영국의 Hoyle v. Rogers 판례에서 사고조사보고서를 증거로 인정한 것에 대하여 법원이 안전정보보호 및 항공안전개선의 이익을 둘러싼 문제에 익숙해지는 것이 중요하다고 지적하였다.[13] 법관은 항공의 전문가가 아니며, 항공산업을 둘러싼 법적 환경을 고려하기보다는 법률과 판례에 의존하는 경우가 많다. 그러한 이유로 항공산업의 최대 관심사가 안전이라는 것을 고려하지 않을 수 있다. 항공은 매우 기술적이며 첨단 장비와 인간의 상호작용을 필요로 하는 특수한 분야로 인적 요인에 의한 과실이 상당한 비중을 차지한다. 그러나 인적 요인에 의한 과실에서 형사처벌의 위협은 중요한 안전정보가 더 이상 보고되지 않을 수 있고 안전에 부정적인 영향을 끼칠 수 있음을 간과해서는 아니 된다.

현재 많은 ICAO 체약국은 법원의 공정문화에 대한 인식 부족으로 안전정보가 남용되는 문제점을 인식하고 안전정보를 남용할 수 없도록 관련 법령을 개정하는 것을 확인할 수 있다. 우리나라도 「데이터 · 정보 및 관련 출처의 보호에 관한 기본원칙」을 통하여 관련 데이터를 기본적으로 보호하도록 하고 있지만, 결론적으로는 법원의 판단에 의해 안전정보의 사용 여부가 결정되도록 하였다. 이러한 점이 사법당국의 공정문화에 대한 인식 제고가 중요한 이유이며, 이를 위한 정부 및 규제 기관의 지속적인 노력이 필요할 것으로 판단된다.

---

11) Roderick van Dam & Tony Lieu, Criminalization of Aviation-Them or us? The Essence of Just Culture, EUROCONTROL(2012), p.2.
12) *Ibid.*
13) *Ibid.*

## 3. 조직의 자율적 공정문화 구현

### (1) 조직의 공정문화 한계

### 1) 업무상 과실에 대한 징계 책임

'징계'란 조직을 운영하는 사업주가 그 조직운영에 수반되는 공동생활의 질서를 확립하기 위하여 경영질서를 위반한 근로자에게 부과하는 불이익한 처분을 말한다.[14] 징계는 직장질서의 유지를 목적으로 하기에 계약위반의 정도를 넘어 직장질서를 구체적으로 침해하는 행위로 평가되는 것이어야 비로소 징계의 대상이 된다고 보아야 한다.[15] 일반적으로 조직의 취업규칙이나 단체협약에서 징계의 사유와 징계의 종류를 규정하고 있는데, 여기에는 근로자의 고의 또는 과실로 사업에 지장을 초래하거나 재산상의 손해를 끼친 경우를 징계사유로 정하고 이를 기초로 사용자는 징계권을 행사하고 있다.[16]

근로자의 고의로 조직에 손해를 끼친 경우를 징계하는 것은 인정되지만 과실로 인한 경우까지 근로자를 징계하는 것은 가혹한 측면이 있다는 주장[17]이 있으며, 이는 조직 경영에 과실로 인한 손해의 발생이 어느 정도 불가피한 것인데, 이를 근로자에게 전적으로 책임 지우는 것은 부당하다는 것이다. '과실'로 인한 행위가 징계대상이 될 수 있는지에 대하여는 현행 법령상 과실 행위에 대한 처벌을 제한한다는 법적 근거가 없고 과실책임주의 원칙상 취업규칙에서 징계요건으로 '과실 행위'를 정하고 있다면 특별한 사정이 없는 한 사법상 효력이 있다고 보고 있다. 또한 법령상 '과실 행위'에 대한 처벌을 제한한다는 근거가 없고 현실적으로 사용자가 우월적 지위에서 근로자의 과실 행위로 인한 경우도 징계할 가능성이 높다.[18]

---

14) 정명현, "근로자의 업무상 과실에 대한 징계책임의 제한", 법제 통권 제681호, 법제처(2018), 126면.
15) 임종률, "근로자 징계의 법리", 법학논총 제5권, 법학연구소(1989), 160면.
16) 정명현, 전게논문(주 14), 125면.
17) 상게논문.
18) 상게논문, 132면.

## 2) 인사상 불이익과 내부규정 적용의 우려

항공안전법에서는 의무보고 및 자율보고를 한 사람에 대하여 조직에서의 '징계나 인사상 불이익'을 금지하고 있으며,[19] 항공안전법 제148조의3(항공안전 의무보고에 관한 죄)에서는 "항공안전 의무보고를 한 사람에 대하여 불이익조치를 한 자는 2년 이하의 징역 또는 2천만원 이하의 벌금에 처한다"라고 명시하고 있다. 그러나 규정위반행위가 의무보고사항에 포함되지 아니하고 자율보고도 하지 않은 경우, 조종사에 대한 조직 내부에서의 징계와 인사조치에 대한 부분은 조직의 내부규정에 따르게 된다. 또한 조직 내부에서는 다른 방법을 통하여 항공실무자의 과실 및 규정위반 여부를 확인할 수 있기 때문에, 잠재적인 불이익이 있을 것이라고 인식될 수 있으며, 조직의 징계를 위한 증거로 항공안전데이터를 사용한 경우도 확인할 수 있다.[20]

이처럼 항공실무자가 직접적인 영향을 받을 수 있는 조직 내에서 공정문화 환경이 조성되지 않는다면 공정문화는 실현되기 어려울 것이며, 이것이 규제 기관과 규제대상 기관의 협력이 강조되어야 하는 이유인 것이다. 국가에서 정책적으로 공정문화를 정착하기 위하여 노력한다고 하더라도, 조직 내부의 공개되지 않는 범위 내에서 인사적 불이익과 징계를 감행한다면, 조직 구성원들의 신뢰뿐만 아니라 자율적인 보고문화도 형성되기 어려울 것이다. 특히 조직은 소속 행위자의 위반행위를 여러 경로를 통하여 확인할 수 있으므로 잠재적인 불이익의 위험이 있을 수밖에 없다. 이것은 조직의 자율적인 공정문화 환경 구축이 선행되어야 하는 이유일 것이다.

## (2) 과실에 대한 징계에서 '허용된 위험의 법리' 적용

형사법 이론의 '허용된 위험'은 징계책임에도 적용될 수 있을 것이다. 사업을 경영하는 자는 어느 정도의 위험을 안고 있고, 특히 항공산업은 위험을 수반하고 있는 것으로 보고 있다. 조직의 경영에 있어서도, 근로자의 행위가 아무리 주

---

19) 항공안전법 제59조제3항, 제61조제3항.
20) Garvey v. Carter에서는 '사건'(incident)으로 분류될 수 있는 상황에서 FDR 데이터가 조종사의 자격취소 조치의 증거로 사용되었다.

의를 기울여도 방지할 수 없는 사고나 손해 등 일정 수준의 '허용된 위험'이 존재한다.[21] 즉 근로자가 아무리 주의의무를 다하여도 발생할 수밖에 없는 과실에 의한 사고 또는 손해는 허용된 위험 영역에 있는 것으로서, '허용된 위험'은 구성요건해당성을 조각시킨다는 통설적 견해에 따르면 이는 사회적 상당행위로서 징계 구성요건해당성이 인정되지 않아 징계할 수 없게 된다는 것이다.[22]

이에 따르면, 허용된 위험 영역 내에서의 과실로 발생한 사고 및 손해에 대하여 근로자에게는 징계에 대한 면책이 이루어져야 하고, 허용된 위험으로 인한 손해는 사업을 경영하는 사업주가 무과실책임을 부담하고 사업주는 근로자에게 손해배상책임을 지울 수 없게 된다. 이처럼 근로자의 행위가 주의를 기울였음에도 피할 수 없었던 과실로 인하여 발생할 수 있으므로, 항공조직 내에서는 근로자의 과실에 대한 징계책임을 결정함에 있어 허용된 위험 영역 내에서 근로자의 과실이 발생한 것인지를 확인하여야 할 것이며, 그러한 사고나 사건의 경우에는 근로자에게 징계에 대한 면책이 적용되어야 할 것이다.

## Ⅱ. 항공규제 개선

### 1. 항공규제의 공정문화 원칙 적용

ICAO Doc. 9859, Safety Management Manual은 안전관리절차에서 인적 요인을 고려하는 주요 방법을 제시하고 있으며, 국가는 항공실무자의 이탈(deviation) 행위 및 경미한 위반사항을 관리하고 해결할 수 있도록 정책과 체계를 수립해야 함을 강조하고 있다.[23] 공정문화의 실현을 위하여 해결해야 할 핵심은 용인의 경계를 명확히 설정하는 것이며, 이것은 국가가 관련 법령 및 체계를 마련함으로써, 실무자들이 이와 관련하여 명확히 인식할 수 있도록 해야 함을 의미한다. 또한 이러한 절차를 적용함에 있어 정부의 독단적인 결정이 아닌 참여자들과의 협력 및 합의를 통하여 이루어야 함을 강조하고 있다.[24] 조직 내에서 발생하는

---

21) 정명현, 전게논문(주 14), 146면.
22) 상계논문.
23) ICAO, Doc. 9859, Safety Management Manual, 4th Edition(2018), 1.3.1(c), 2.2.2.
24) David Learmount, ICAO wants to make just culture safety reporting and investigation

다양한 유형의 인적오류에서 용인의 경계는 여전히 명확하지 않으며, 이것은 공정문화의 구현을 방해한다. 이러한 이유로 법규정과 정책을 통하여 명확성이 보장되어야 함을 강조하는 것이다.

이와 관련하여 뉴질랜드(New Zealand)와 ABC 항공의 정책은 예외조항을 통하여 잘못된 행위에 대한 책임을 늘리면서 안전정보 보고자를 보호하는 '공정문화' 모델을 구현하려 한 잘못된 사례로 묘사되고 있다. 뉴질랜드는 민간항공법(Civil Aviation Act) 제43조와 제44조에 '불필요한 위험을 초래하는 것'(causing unnecessary danger)과 '부주의'(carelessness)를 명시하고 있는데, 그 경계가 불명확하여 항공실무자의 억제된 보고가 이루어지도록 한다는 평가를 받고 있다.[25] 또한 ABC 항공사의 정책은 '잘못을 보고한 개인에게는 책임이 없다'라고 명시하고는 있으나, 그 예외규정으로 인하여 비처벌 정책의 실효성이 떨어진다고 보고 있다.[26] 이러한 정책은 안전보고가 의무적으로 이루어져야 하지만, 안전규정을 위반하였을 경우에 책임이 요구되므로 안전보고가 억제되기 쉽다고 보는 것이다.

우리나라의 경우도 크게 다르지 아니하다. 관련 법규정을 신설함으로써 공정문화의 중요성을 인식하고 있으나, 이를 실현하기 위한 구체적인 방안은 마련되지 않은 상태이다. 또한 안전데이터 및 정보를 보호하기 위하여 마련된 행정규칙[27]은 뉴질랜드의 경우와 마찬가지로 많은 예외조항을 포함하고 있어 보호의 범위를 벗어날 가능성이 높으며, 관련 행정규칙의 불명확성으로 인한 문제점이 여전히 드러난다. 공정문화는 모든 항공 관계자들의 협력과 신뢰를 중요시하기 때문에, 구체적이고 명확한 정책을 마련하는 것이 필수적이며 그 내용을 참여자들에게 교육 및 훈련을 통하여 인식시키는 과정이 무엇보다 중요하다고 볼 수 있다. 이를 위하여 항공규제의 측면에서 자율준수 원칙의 도입을 제안하고자 한다.

---

global, Flight Global, 01AUG2008.

25) GAIN, A Roadmap to a Just Culture: Enhancing the Safety Environment, Gain Working Group E, 1st edition(2004), p.23.

26) ABC 항공사는 첫째, 사람 또는 재산에 대한 고의적인 폭력 행위, 둘째, 안전규정에 대한 태만, 셋째, 안전정보 보고 실패를 예외규정에 포함하여 비처벌 정책의 실효성이 떨어진다는 지적이 있었다. *Ibid.*, p.42.

27) 국가항공안전프로그램 제54조 [별표 7] 데이터·정보 및 관련 출처의 보호에 관한 기본원칙.

## (1) 자율준수(compliance) 접근방식의 적용

미국과 호주에서는 2015년 자율준수 접근방식을 발표한 바 있다. 이것은 규정 미준수 행위에 대하여 행정집행보다는 교육과 재발방지 대책을 마련함으로써 사고 예방에 초점을 맞추도록 하는 것으로, 공정문화를 실현하기 위한 보다 적극적이고 합리적인 방안으로 볼 수 있다. 국내에서도 이러한 프로그램의 시행을 통하여 공정문화를 이해하고, 기존의 전통적인 처벌방식에서 벗어나 안전을 중시하는 체계로 탈바꿈할 필요가 있다. 다음에서는 미국과 호주의 자율준수 접근방식을 검토하여 국내에 적용하기 위한 방안을 제시하고자 한다.

### 1) 미 국

#### ① 자율준수 및 조치 프로그램

자율준수프로그램(Compliance Program)은 조직의 법 위반으로 인한 손실을 효과적으로 방지 또는 감소시키기 위하여 '자체적으로 운용하는 상시적이고 전사적인 준법제도'라고 할 수 있으며, 조직이 자율적으로 관련 법규를 준수하도록 하기 위한 일련의 제도로 볼 수 있다. 국가가 이 프로그램의 요소 등을 도입하더라도 권고하거나, 평가를 통한 제재 면제 제공을 목적으로 하는 것이지 강제하는 것은 아니다. 다만 제재 면제를 위해서 국가가 정한 요건을 충족해야 하는 것은 분명하다.[28]

안전에 대한 전통적인 접근방식은 사고 발생 이후에 원인을 분석하고, 이러한 유형의 사고가 재발하지 않도록 하는 것이었다. 그러나 항공분야의 환경은 더 이상 규칙기반접근방식으로 안전개선을 달성할 수 없는 복잡한 수준에 도달하였다고 보고 있다. 이에 미국에서는 FAA와 항공업계가 위험을 확인하고, 이러한 위험을 평가 및 완화하기 위한 조치를 취하도록 설계된 안전관리시스템을 구현하기 시작하였는데, 이것이 '위험기반 의사결정'(risk-based decision making) 전략의 핵심이다. 현재 미국에서 시행하고 있는 자율준수프로그램은 이러한 위험기반 의사결정 전략의 진화된 형태로 FAA가 규제대상자들과 함께 문제를 해결하는 것으로 설명할 수 있다. 즉 사건이나 사고가 발생하기 전에 문제를 찾고,

---

28) 한국컴플라이언스연구소, Compliance Program.

가장 적절한 도구를 사용하여 문제를 해결하도록 하며, 상황을 모니터링하여 문제를 해결할 수 있는 가장 근본적인 목표에 초점을 맞추고 있다.

자율준수프로그램의 기본은 관련 당사자들이 항공안전 표준을 준수한다는 것을 인식하고, 항공운송인이 자율적으로 안전관리시스템의 규칙과 핵심 원칙을 준수해야 함을 인식하며, 오늘날의 복잡한 항공 환경에서는 누구라도 과실이 발생할 수 있다는 것을 인식하는 것이다. 또한 의도하지 않은 과실조차도 항공안전에 심각하고 부정적인 영향을 미칠 수 있어 문제의 해결이 불가피하므로, 결함이 있는 절차, 이해 부족 또는 기술적 요인, 경과실로 사건이 발생하는 경우, 자율준수를 보장하기 위하여 교육 또는 절차 개선과 같은 방법을 사용하고자 하는 것이다. 그러나 자율준수프로그램은 사소한 문제를 무시하거나 무조건적인 면책을 위한 것은 아니므로 의도적이고 무모한 행동이나 부적절한 위험을 초래한 행위는 행정집행의 대상이 된다. 이처럼 행정집행은 자율준수를 보장하기 위하여 사용하는 방법 중 일부로, 고의적이거나 명백한 위반의 경우 또는 시정조치에 협조하지 않는 경우 행정집행을 취하게 된다.

이러한, 안전관리시스템과 자율준수프로그램이 포함하는 위험기반 의사결정 전략은 FAA와 항공업계가 상호 작용하는 방식으로 발전하도록 하고 있다. 특히 안전문제를 찾고 해결하기 위해 FAA와 항공업계 간의 개방적이고 투명한 정보교환이 있어야 한다. 즉 처벌에 대한 두려움으로 인적오류를 숨기려고 하기보다는 인적오류로부터 배우고, 이후의 재발방지를 위해 문제를 찾고 해결하는 데 집중하도록 하는 것이며, 개방적이고 투명한 정보교환에는 상호 협력과 신뢰가 필수적이므로 기존의 행정집행에 중점을 둔 접근방식에서는 달성하기 어렵다고 보는 것이다. 또한 유용한 보고를 얻으려면, 규제 기관과 관련 당사자 모두가 책임을 받아들이는 것과 이미 일어난 일에 대하여 처벌에 초점을 맞춘 비난 (blame)의 차이를 이해해야 한다. 자율준수프로그램의 특징 중 하나는, 책임감을 가진 항공실무자의 자율준수 태도를 보는 것이다. 즉 특정 사건의 결과보다는 안전기준을 준수하고 안전관리시스템의 핵심 원칙에 따르려는 실무자의 의지와 능력에서 비롯된다고 보는 것이다. 따라서 결함이 있는 절차, 단순 오류, 이해 부족 또는 기술 감소와 같은 요인에서 사건이 발생하는 경우 교육 또는 절차 개선과 같은 방법을 사용하고, 고의적이거나 명백한 위반의 경우 또는 시정조치에 협조를 거부하는 경우 행정집행을 취할 수 있는 것이다.

이처럼 미국의 제도는 항공안전을 유지하기 위한 지속적인 노력과 기본적인 규정의 준수가 안전의 가장 중요한 요소라는 것에 기초하고 있으며, 자율준수로 위험을 완화하고 항공산업에 이익이 되는 긍정적이고 영구적인 변화를 보장하는 것이 자율준수프로그램의 취지로 볼 수 있다. 이러한 자율준수프로그램은 미국의 자율준수에 대한 철학과 공정문화의 환경이 접목된 프로그램이다. 이러한 점을 고려해 볼 때, 국내에서도 항공업계와의 협력을 통하여 자율준수프로그램의 도입을 고려해 볼 필요가 있다.

### ② 자율준수 및 행정집행의 판단기준

미국은 자율준수프로그램을 통하여 공정문화의 환경을 구축하고자 함을 확인할 수 있다. FAA의 자율준수프로그램은 규정을 준수하는 것이 항공분야의 표준이 되도록 하는 것이며, 규정을 준수하는 것뿐만 아니라 안전의 위험요소 및 이탈을 방지하고 긍정적인 변화를 보장하는 것을 목표로 하고 있다.[29] 물론 필요에 따라 준수하지 않는 사람들에게 자격정지나 민사금전벌의 집행을 시행함으로써 부적절한 위험 행위에 대하여 엄격한 책임을 유지하고 의도적이거나 무모한 행동에 대하여 행정집행이 시행되지만, 이러한 행정집행은 프로그램의 목적이 적용될 수 없는 경우 최후의 수단으로서 적용하는 것으로 보인다.

자율준수프로그램은 '비집행'을 위한 수단으로 설명할 수 있다. 이러한 자율준수 조치의 예로는 현장 수정, 상담 및 추가 교정교육이 포함되는데 이러한 경우 위반으로 간주되지 않는다. FAA는 많은 상황에서 행정집행이 항공업계와의 정보공유를 저해할 수 있다고 보고 있으며, 이것은 FAA와 항공업계 간의 정보공유가 증가하면 새로운 위험의 예측이 용이함을 인식한 데서 비롯되었다. 이러한 비처벌적 정보공유프로그램을 통하여 피드백을 지속적으로 제공하고, 주요 사고나 사건에 대한 제도 개선이 지속적으로 이루어지도록 하기 위하여 이 프로그램을 시행하는 것이다. FAA Order 8900.1은 자율준수프로그램의 시행을 위한 지침을 제공하며, FAA Order 2150.3은 행정집행에 대한 일반적인 지침과 정보를 제공한다. 자율준수 조치는 안전문제를 효과적으로 해결하기 위한 근본 원인

---

29) FAA, Compliance Program.

분석(Root Cause Analysis: RCA)과 자율준수조치 결정과정(Compliance Action Decision Process: CADP)[30]을 통하여 미준수를 시정하고 재발 위험을 수용할 수 있도록 인터뷰, 서면 진술서류 검토 및 제공 등을 통하여 개방적이고 투명한 안전정보 교환을 요구한다.

자율준수프로그램은 FAA의 특정 프로그램인 항공안전조치프로그램(ASAP) 및 자율공개보고프로그램(VDRP)[31] 요건에 대한 모든 미준수의 주장, 의심 또는 확인된 사례를 다루기 위한 수단이다. 이러한 보고를 통하여 감독관은 행정집행 결정이 내려질 때까지 모든 비준수 및 부적합성을 교정하도록 하고 있다. 즉 의도치 않은 오류나 규정 위반에 대하여 빠른 시정조치가 이루어진 경우, 후속 조치가 필요하지 않다. 예를 들어 비상구를 차단하는 수하물 또는 장비보관, 잘못된 기기 설정의 시정, 설치 등은 현장 교정의 대상에 포함된다. 또한 규정 위반의 오류를 범한 조종사의 지식과 기술을 향상시킬 수 있도록 교육 및 훈련을 하는 형태는 교정훈련(Remedial Training: RT)[32]이라고 한다. 이러한 조치를 위해서는 감독관의 명확한 판단이 요구되는데, 이를 위하여 자율준수조치 결정과정(Compliance Action Decision Process: "CADP")의 절차를 통하여 결정하도록 하고 있다. 자율준수조치를 결정하기 전에 고려해야 할 사항은, 해당 실무자 및 소속 조직이 사전예방적이고, 협력적이며, 효과적인 시정조치나 예방조치에 참여할 수 있는지를 판단하는 것이다. 당사자들의 준수 의지가 없거나 반복적인 미준수의 경우에는 Order 2150.3의 5장 5b(1)항에 따른 법적 행정집행조치를 취하게 된다.

### 2) 호 주

#### ① 호주의 자율준수 철학과 공정문화 접근방식

호주는 자율준수 철학(Compliance Philosophy) 하에서 규칙을 적용하고 시행

---

30) FAA, Order 8900.1, Volume 14, Chapter 1, Section 2: Flight Standards Service Compliance Action Decision Procedure.

31) 자율공개보고프로그램(VDRP)은 명백한 위반행위에 대하여 규제대상 법인의 즉각적인 공개를 수용하고, 위반을 시정하여 재발방지를 위한 만족스러운 조치를 취하는 경우, FAA는 민사금전벌 조치를 적용하지 않는다. FAA, Order 8900.1, Volume 11, Chapter 1, Section 1: Voluntary Disclosure Repoting Program for Air Carriers and Regulated Entities.

32) FAA, Order 8900.1, Volume 15, Chapter 6, Section 1: FAASTeam Program Manager/ Regional FAASTeam Point of Contact Duties and Roles to Facilitate Remedial Training.

할 때, '공정문화' 접근방식을 사용한다. 이것은 실무자의 경험, 자격 및 훈련과 일치하는 행동이나 결정은 처벌받지 않으나, 중대한 과실 또는 고의적으로 법을 어기거나 무모한 행위는 용인되지 아니함을 의미한다. 즉 의도하지 않거나 오류로 규칙을 위반한 행위에 대하여 처벌하지 않으며, 기소에 회부되지 않는 것을 말한다.[33) 호주는 자율준수 철학 선언문을 통하여 규제조치 및 규제 권한 행사에 대한 CASA의 접근방식을 안내하고 다음과 같이 제시하였다.[34)

　가. "CASA는 항공 커뮤니티의 신뢰와 존중을 유지하기 위해 최선을 다한다." 이것은 CASA가 호주 항공 커뮤니티의 신뢰를 유지하고 손상된 신뢰를 회복하기 위하여 최선을 다하며, 항공공동체 간의 상호존중을 촉진하기 위하여 노력할 것임을 의미한다.

　나. "항공안전을 최우선에 두고, 모든 관련 사항을 고려한다." 안전은 규제 기관의 가장 중요한 고려사항이나, 이것은 규제 기관이 규제를 위한 권한을 행사할 때 안전만이 유일한 고려사항이라는 것을 의미하지는 않으며, 안전과의 이익균형을 고려함을 의미한다. 이와 관련하여 CASA는 어느 정도의 합의와 유연한 대안을 받아들이는 것으로 보인다. 즉 "규제와 관련한 합리적인 대안이 적용 가능한 법적 요건을 충족하고 수용될 수 없을 정도로 안전성을 훼손하지 않는 한 CASA는 대체적 조치를 취할 것이나, 만약 설득력 있는 이유가 없는 경우 행정집행이 있을 수 있음"을 명시한 것으로 확인할 수 있다.

　다. "CASA는 규제조치 및 결정에 위험기반 접근방식(risk-based approach)을 취한다." 이것은 CASA가 특정 항공운항의 위험 수준에 대한 건전한 평가를 기반으로 규제접근방식을 채택하고 있음을 의미한다. 이러한 위험기반 접근방식은 노출된 위험에 대하여 정보에 입각하여 판단하고 효과적인 결정을 내리도록 함을 의미한다.

　라. "CASA는 국제 의무에 따라 일관된 기능을 수행한다." 호주는 국제민간항공협약 Annex에 명시된 표준과의 차이가 국제민간항공기구(ICAO)에 통보된 경우를 제외하고 규제요구사항, 정책 및 관행의 통일성을 보장하기 위해 노력하는 것으로 보인다. 이것은 ICAO 표준의 이행을 통하여, 국제규제 관행과 조화를

---

33) CASA, Strict Liability.
34) CASA, Our regulatory philosophy.

이루기 위한 것이다. 그러나 이러한 조화는 모든 규제가 동일함을 의미하는 것은 아니며, 적절한 경우 CASA의 규제요구사항, 정책 및 관행은 호주의 항공 환경을 고려하여 반영함을 의미한다.

마. "CASA는 협의적이고(consultatively) 협력적으로(collaboratively) 규제방식에 접근한다." CASA는 일상적이고 잠재적인 항공안전문제 및 문제의 본질과 실질적인 영향을 이해하고, CASA가 그러한 문제해결에 대하여 관여해야 하는지를 결정하게 된다. 이를 위하여, CASA의 책임이 확인된 항공안전문제 및 그러한 문제를 해결하는 데 있어 수행하는 방법을 안내하고 지시하기 위해 그에 상응하는 적절한 협의 및 협력 정책과 절차가 개발될 것을 의미하는 것으로 판단된다.

바. "CASA는 모든 관련 이해관계자와 충분히(fully) 의미있게(meaningfully) 소통한다." 이것은 규제 기관이 참여하는 규제 활동의 모든 단계에서 규칙이나 요건을 만들거나 요구사항의 적용에 이르기까지 규제 기관의 고려된 조치에 의해 권리, 이익 및 합법적인 기대가 영향을 받을 수 있는 모든 사람이 소통할 수 있도록 보장함을 의미한다. 또한 항공 공동체(community)에 제공하는 정보와 조언이 명확하고 간결하며, 질문이나 문제에 대하여 시기적절하게 대응하여 처리함을 말한다.

사. "CASA는 일관성과 유연성의 필요성에 대한 균형을 맞춘다." 이것은 규제요건의 해석 여부 및 방법 또는 결정에 특정 사실과 상황을 고려하는 모든 경우에 동일한 절차를 일관되게 적용하고 동일한 기준을 고려함을 말한다. 또한 개별 상황에서 특별한 관련 사실과 상황이 공정하게 고려됨을 보장하고, 이를 근거로 규제요건의 특정 문제에 대한 조언을 제공하거나 결과를 결정할 것을 시사한다. 이러한 방식을 통하여 규제대상자들은 동일한 절차를 일관되게 적용받고, 동일한 기준에 따라 사실을 평가하는 규제체계 내에서 그들의 개별 상황이 공정하게 고려될 것이라고 확신할 수 있을 것이다.

아. "CASA는 규제 및 관련 조치에서 합리적인 '공정문화' 원칙을 수용하고 채택하며, CASA가 수용하는 조직문화로서 항공 커뮤니티 전반에 걸쳐 '공정문화'의 발전을 장려한다." 이것은 공정문화의 원칙을 적용함으로써 과실에 대하여는 추가 훈련을 수행하도록 요구하고, 안전을 위해 필요한 사항이나 결함이 확인된 경우 이에 대한 시정조치를 요구하는 것은 징계나 처벌로 간주되지 않도록

하는 것이다. CASA는 공정문화 접근방식을 보장하고 부적절한 처벌적 조치 또는 서비스제공자에 대한 내부징계 조치는 이 원칙에 부합하지 않음을 시사하였다.

자. "규제 결정에 있어, 비례성과 재량권을 입증하고 절차적 공정성의 원칙에 따라 권한을 행사하며, 규제 권한의 행사 시 최적의 안전 결과를 추구할 것이다." CASA는 이를 위해 행동과 대응이 적절하고 상황에 비례하도록 보장할 것을 시사하였으며, 이를 위해 규제조치의 해당사항을 고려할 것으로 보인다.

차. "CASA는 민간항공법 위반에 대한 처벌적 조치를 추구하는 데 합법적이지만 제한된 역할을 수행한다." CASA는 처벌적 목적으로 민간항공허가를 변경, 정지 또는 취소하기 위하여 행정집행을 취하지 않는다는 방침이다. 이러한 CASA의 원칙에는 행정집행보다는 자율준수를 위한 시정조치나 개선을 고려하고, 관련 이해관계자와 협력하고 소통하는 공정문화의 접근방식이 명확히 드러난다. 이러한 자율준수의 철학은 새로운 규제철학에 대한 CASA의 신념을 보여주며, 항공안전을 위해 공정문화의 접근방식이 선택이 아니라 필수임을 강조하는 것으로 판단된다.

### ② 규제조치의 고려사항

앞서 살펴본, CASA의 규제방식에서는 규제 결정에 있어, 절차적 공정성과 비례성을 보장하기 위하여 다음의 사항을 고려함을 명시하였다.[35]

가. 입증 가능한 안전관련 사유가 없는 경우, CASA는 확인된 문제를 보완하고 안전의 이익을 위해 개인의 결함을 시정하기 위한 훈련과 교육의 장려에 기초한 규제준수 접근방식을 채택하게 된다. 만약 안전과 관련된 문제 또는 특정 결함을 시정하기 위해 개인의 항공 관련 특권을 제한, 축소 또는 중단해야 하는 경우, 이러한 목표를 달성하기 위한 자율적인 방법이 개발되고 채택될 수 있다. 즉 CASA가 특정 안전 관련 결과를 달성하기 위해 재량권을 행사하는 것이 안전의 이익을 위해 필요한 경우, 이러한 수단을 사용할 수 있는 것이다. 그러나 CASA는 처벌 또는 징계 목적으로 민간항공허가를 변경하거나 중단하기 위해 재량권을 사용하지 않을 것이며, 이는 특정 안전 관련 목표를 달성하기 위해 합리적인 목적으로만 사용할 것임을 명확히 한 것으로 보인다.

---

35) *Ibid.*

나. 특정 사안에서 규제 재량권의 행사와 방법을 결정할 때 CASA는 행위자 및 당시 상황의 다양한 부분을 고려하여 판단하도록 하고 있다.[36] 이것은 특정 상황의 면밀한 검토를 통하여 적용 가능성과 가중치가 결정되도록 함으로써, 재량권이 남용되지 않도록 고려하는 것으로 판단된다.

## (2) 자율준수 접근방식과 감독관의 역할 및 재량권 남용의 문제

자율준수 접근방식의 핵심은 사건의 결과에 대한 평가나 처벌이 아닌 문제해결 및 원인분석을 통하여 위험을 사전에 예방하는 것이라고 할 수 있다. FAA와 CASA가 자율준수 접근방식을 적용함에 있어, 감독관은 사건의 발생원인을 파악하는 것이 조사의 목적이 된다. 자율준수 여부는 사건의 원인이 명확히 규명되고 이해 및 시정되어야만 보장될 수 있기 때문이다. 감독관은 특정 사건에 대한 조사, 분석 및 평가를 하므로, 위반행위에 대하여 각 사례의 사실과 상황에 근거하여 합리적으로 판단할 수 있는 역량을 갖추어야 할 것이다. 이것은 감독관이 복잡한 자율준수조치 결정과정을 통하여 객관적 판단을 해야 하기 때문이다. 미국의 경우, ASAP 보고서에 따른 자율준수 또는 집행의 필요성에 대한 부분은 Event Review Committee(이하 "ERC"라 한다)의 결정에 따르게 되므로, 이에 대한 감독관의 재량권 남용 문제는 부각되지 않을 것으로 판단된다.[37] 또한 호주는 감독관이 재량권을 행사하기 위해서는 다양한 요소를 고려하여 판단하도록 하고 있는데, 이것은 재량권 남용으로 발생하는 문제를 감소시키려는 조치임을 확인할 수 있다.

---

36) CASA가 규제 재량권의 행사와 방법을 결정할 때 고려해야 하는 요소로는 1. 면밀한 조사하에 규정 미준수 사례의 안전 관련 영향 및 심각성, 2. 고려된 대응적 규제조치의 적절성에 영향을 미치는 상황의 완화 또는 악화, 3. 규제요건을 준수하기 위한 입증된 능력 및 의지와 관련하여 작위 또는 부작위가 조사된 사람의 이력 및 배경, 4. 조사 대상 작위 또는 부작위가 발생한 이후, CASA에 의해 확인되거나 CASA의 주의를 끌게 된 경우, 5. 작위 또는 부작위의 철저한 점검에서 개인의 책임 정도, 6. 안전의 이익을 위해 일반 대중에 미치는 영향과 민간항공법에 따른 CASA의 집행에 대한 확신, 7. 법률의 진부함(obsolescence) 및 모호성(obscurity), 8. 특정 규제 대응에 대한 적절한 대안의 이용가능성과 효과, 9. 고려된 규제 조치의 결과가 지나치게 가혹하거나 억압적인지 여부, 10. 이 문제가 상당한 일반 대중의 관심사 중 하나인지 여부, 11. 개인에게 가해진 실제 또는 잠재적 피해 또는 재산피해, 12. 작위 또는 부작위가 규제검토 대상인지 여부는 규제대상자가 특정 문제를 해결하기 위한 노력에서 CASA와 협력할 의향이 있는지 여부를 검토하도록 하고 있다. *Ibid.*
37) FAA, Order 8900.1, Volume 14, Chapter 1, Section 2: Flight Standards Service Compliance Action Decision Procedure.

현재 우리나라는 규제대상에 대한 과태료부과 및 행정제재에 있어서, 감독
관의 재량권 남용 문제가 제기되고 있다.[38] 이러한 점에서, 규정위반에 대한 행
정제재에 초점을 맞추는 것이 아닌 자율준수와 재발방지에 초점을 맞추는 것,
특정 사안에 대한 규제 재량권을 행사함에 있어 다양한 부분을 고려하여 판단하
도록 하는 자율준수 접근방식에 따른 행정규제를 통하여 재량권 남용의 문제는
감소할 것으로 기대할 수 있다. 이러한, 자율준수 접근방식에서 감독관의 역할은
사건에 대한 원인 파악 및 분석, 규제대상의 재발 방지를 위한 훈련과 교육에
집중하게 될 것이기 때문이다. 이와 더불어, 다음에서 제시하는 미국의 ASAP ·
VDRP 및 ERC의 도입은 재량권 남용 문제에 실효적 방안이 될 수 있을 것으로
판단된다.

## 2. 항공규제의 명확성을 위한 판단절차의 적용

### (1) 용인의 경계에 대한 판단주체와 판단절차의 필요성

### 1) 행정제재에서 용인의 경계에 대한 판단주체

행정법규 위반에 대한 제재조치는 행정 목적의 달성을 위하여 행정법규 위반
이라는 객관적 사실에 기반하여 가하는 제재이므로, 반드시 현실적인 행위자가
아니더라도 법령에서 책임자로 규정된 자에게 부과되고, 특별한 사정이 없는 한
위반자에게 고의나 과실이 없더라도 부과할 수 있다.[39] 더욱이 항공안전법에서
는 행위자의 고의 또는 중대한 과실로 인한 경우 개인 또는 법인에 대한 행정제
재를 명시하고 있으며, 제재에 대한 면제를 적용함에 있어서도 고의 또는 중대
한 과실은 제외됨을 명시하고 있으므로 행정제재에 있어 고의 · 중과실 여부의
판단은 불가피한 상황이다.

용인의 경계에 대한 판단은 항공안전보고제도의 면책 여부, 데이터 · 정보보
호의 적용범위를 검토하는 경우에 하게 되며, 이 경우 판단주체는 사실조사를
담당하는 감독관, 규제 기관의 담당자 등이 하게 된다. 특히 행정처분의 이전 단
계에 규제 기관의 공무원이 실시하게 됨을 고려할 필요가 있다. 이러한 이유로,

---

38) 유인호, "항공법상 미국 행정법판사제도 도입방안에 관한 연구", 한국항공대학교 박사학위논문
 (2021), 67면.
39) 대법원 2017.5.11. 선고 2014두8773 판결.

항공분야에서는 법률상 고의·중과실·경과실의 판단을 통한 행정제재 및 면제를 하도록 요구하나 현실적으로 적용하지 못하고 있으며, 현재 '규정 미준수' 해당 여부 및 재량으로 판단하는 실정이다. 즉 항공안전법과 행정규칙[40]상 공정문화의 원칙을 수용하는 것으로 보이나 현실적으로 이를 적용하기는 어려운 실정인 것이다.

## 2) 행정제재에서 공무원의 재량과 법적 지식

공무원은 기본적으로 자신이 담당하는 업무와 관련된 표준적인 법령에 대한 지식과 학설, 판례에 대한 내용을 숙지하고 있어야 할 의무가 있다. 그럼에도 불구하고 이러한 법적 지식의 부재로 잘못된 행정처분을 하였다면 설사 법률전문가가 아닌 공무원이더라도 과실이 있다고 할 것이며, 이 점은 실제 판례에서도 입증되고 있다.[41] 따라서 일반행정직에 있는 공무원이더라도 법규의 해석을 그르쳐 일을 진행하였다면 이로 인해 손해를 입은 사람이 국가를 상대로 손해배상을 청구할 수 있는 것이다. 항공분야의 행정제재를 위해서는 감독관이 사실조사를 통하여 행위자의 규정 미준수 해당 여부를 판단하게 되는데, 행위자의 규정 미준수가 '경미'하다고 판단되고 항공안전 의무보고 또는 항공안전 자율보고가 이루어진 경우, 행정처분을 아니할 수 있다.[42] 그러나 사실조사 결과, 규정 미준수가 고의 또는 중대한 과실로 인한 경우, 행정처분 면제 대상에서 제외되며 처분을 위한 절차로 행정처분심의위원회의 자문 절차에 따라 처분 여부가 결정된다.

따라서 사실조사를 담당하는 감독관은 규정 미준수에 해당하는 행위의 고의·중과실·경과실 여부를 명확히 판단하지는 못한다 할지라도, 어느 정도의 객관적 기준에서 판단이 고려되어야 할 것이다. 만약 감독관이 '경미함'에 대한 판단을 객관적 절차가 아닌 재량으로 수행하는 경우, 이에 대한 법적 지식의 부재로 인한 과실은 인정된다고 볼 수 있다. 이와 관련하여 대법원 판결에서도 "특정한 사례에 대한 학설, 판례 등이 통일되지 못하고 여러 가지로 나뉘어 있는 경우, 나름대로 신중을 다하여 한 가지 결론을 내려 행정처분을 하였다면, 이

---

40) 국가항공안전프로그램 제54조 [별표 7] 데이터·정보 및 관련 출처의 보호에 관한 기본원칙.
41) 대법원 1981.8.25. 선고 80다1598 판결; 대법원 2001.2.9. 선고 98다52988 판결.
42) 항공안전법 제60조제2항.

후에 대법원의 판결 결과 위법한 판단이었다고 밝혀지더라도 그 책임을 물을 수 없다. 이는 평균적인 공무원에게 대법원 정도의 법적 판단력을 기대하기는 어려운 일이기 때문이다"[43]라고 판시한 바 있다. 여기서 '나름대로 신중을 다하여'는 재량에 의한 판단이 아닌 '객관적인 증거'를 제시할 수 있는 수준의 판단으로 기대할 수 있을 것이다. 이러한 이유로, 항공분야에서 사실조사를 담당하는 감독관 및 행정직 공무원은 행정제재 및 처분에 있어, 재량에 의한 판단이 아닌 객관적 판단절차를 통하여 진행하여야 하며, 이러한 과정에서 행위자가 소명하더라도, '객관적인 증거'를 제시할 수 있는 절차가 필요할 것이다.

### 3) 위반행위 기준화의 난제와 판단절차의 필요성

공정문화의 실현에 있어 용인의 경계에 대한 명확성은 필수적이다. 공정문화에서 용인의 범주는 고의 또는 중과실이 제외되는 영역이며, 그렇다고 하여 모든 과실이 용인의 범주에 포함된다고 보기는 어렵다. 이것은 앞서 살펴본 바와 같이 인식없이 행한 과실도 무모함 또는 중과실에 포함될 수 있으며, 인식있는 과실이더라도 비난가능성이 없는 경우, 용인의 범위에 포함될 수 있기 때문이다.

국가의 법체계에 따라 국내법에서 사용하는 용어는 차이를 보이며, 이에 따라 다른 의미를 가질 수 있다. ICAO Doc. 9859, Safety Management Manual 에서는 고의로 추정되는 과실(wilful misconduct)과 중대한 과실(gross negligence)의 일반적 정의를 설명하고 있다. "고의로 추정되는 과실은 행위자가 잘못을 인지한 상태이거나 잘못에 대한 판단을 의도적으로 무시한 작위 또는 부작위를 말한다."[44] 또한 "중대한 과실은 행위자의 위험에 대한 인식 정도와 무관하게 명백한 위험에 대한 중대한 무시나 무관심으로 인한 작위 또는 부작위를 의미하며, 때때로 무모한 행동으로 묘사된다."[45] 이러한 경우 인식과 의도는 그러한 행위가 이론상 묘사되는 것과는 다르게 위반행위에서 나타날 수 있음을 고려해야 한

---

43) 대법원 2010.4.29. 선고 2009다97925 판결.

44) "Wilful misconduct is wrongful act or omission which the actor either knows to be wrongful, or is consciously indifferent to the question of whether it is wrongful or not." ICAO, Doc. 9859, *supra* note 23, 7.6.3.3.

45) "gross negligence refers to an act or omission undertaken with a serious disregard or indifference to an obvious risk, regardless of whether the risk was fully appreciated by the actor. This is sometimes described as reckless conduct." *Ibid*.

다. 그러나 어떠한 경우에도 관련된 행동의 결정을 내리는 데 적용할 수 있는 판단절차와 조치는 각 국가의 법률과 일치해야 함을 명시하고 있다.[46]

우리나라 「항공분야 행정처분 업무처리 절차에 관한 규정」에서는 고의 또는 중대한 과실의 판단 시 다음의 기준 또는 대법원 판례 등을 적용하여 검토하도록 하고 있다. "고의는 행위자가 발생할 수 있는 결과를 인식하고도 위규를 행하였거나, 위법사실 또는 위법할 가능성이 있음을 인식하고도 법령 등을 위반하려는 의사가 있었던 경우"이며, "중대한 과실은 위반행위로 인해 발생할 수 있는 명백한 위험을 무시하였거나, 무관심으로 위규를 범했거나 범하도록 한 경우 또는 업무에 대한 주의의무를 현저하게 태만한 경우"로 판단하도록 하고 있다.

그러나 앞서 살펴본 바와 같이,[47] 위반행위는 정의나 기준만으로 판단되기 어려우며, 개별 사건에 대한 상황 및 사정 등을 고려하여 판단이 이루어져야 함을 검토한 바 있다. 즉 용인의 경계에 대한 판단은 인간의 행동을 규정화하거나 특정하여 판단하는 것을 의미하지 않는다. 개별 사건에 대하여 인간의 특성 및 행동이 다르게 나타나므로 이러한 행동을 기준화하는 것이 아니라 판단을 위한 절차를 제시하고자 하는 것이다.

### (2) 용인의 범주와 적용

#### 1) 비상상황에서 과실에 대한 허용된 위험의 법리 적용

허용된 위험은 사회생활상 불가피하게 존재하는 법익침해의 위험을 수반하는 행위에 대하여 사회적 유용성을 근거로 법익침해의 결과가 발생하는 경우에도 일정한 범위에서 이를 허용한다는 이론이다.[48] 이것은 행위자가 법규의 주의의무를 준수한 경우, 허용된 범위 내에서 위험을 최소화하기 위한 상당한 주의의무를 이행하는 한 비록 타인에 대한 위험을 예견하였다 하더라도 주의의무를 위반한 것으로 평가할 수는 없다는 것이다. 특히 우리나라와 미국의 운항규정을 살펴보면, "비상상황의 경우, 지휘 조종사가 비상상황을 해결하는 범위 내에서 항공규칙을 벗어날 수 있음"[49]을 명시하고 있으므로, 비상상황에서는 허용된 위

---

46) *Ibid.*
47) 관련 내용은 Chapter 05, pp.311-319 참조.
48) 조광훈, "위험형법에서 허용된 위험이론의 전개", 영산법률논총 제11권 제2호(2014), 61면.

험의 법리가 적용되어야 할 것이다.

'비상상황'의 범주와 관련하여서는 논쟁이 있어왔다. 미국의 경우, 판례 및 NTSB 결정을 통하여 이러한 범주가 구체화되고 있는데, 1) 예측 불가능하고 피할 수 없었던 상황이어야 할 것, 2) 비행 중 발생하여야 할 것, 3) 다른 항공기와의 충돌회피를 위한 상황인 경우, 4) 무선통신 장애로 인하여 통제불능의 상태인 경우, 5) 항공교통관제사(ATC)의 지시와 공중충돌회피시스템(TCAS)의 회피지시(RA)가 일치하지 않는 상황 등 급박하고 통제하기 어려운 상황을 비상상황으로 인정하고 있다. 즉 조종사가 통제 불가능한 상황은 일반적으로 비상상황으로 볼 수 있으며, 이러한 경우 허용된 위험의 법리는 적용되어야 함이 타당하다.

그러나 국내 사례를 살펴보면,[50] 허용된 위험의 법리가 적용되어야 하는 비상상황임에도 불구하고 규제 기관에서 행정처분을 시도한 사례를 확인할 수 있다. 국내 행정규칙인 고정익항공기를 위한 운항기술기준에 명시되어 있는 바와 같이, "안전상 불가피하거나 비상상황의 경우" 기장은 항공규칙에서 벗어날 수 있으며, 이것은 비상상황에서 승객과 승무원의 안전과 생명이 최우선으로 고려되어야 함을 의미한다. 만약 지휘 조종사의 경험과 훈련에 따른 최적의 판단을 하였다면 규정 미준수가 확인된다고 하더라도 면책의 대상이 되어야 하며, 이것은 안전과 생명을 지키기 위한 최선의 선택으로 보아야 할 것이다.

결과적으로, '비상상황'의 범주와 관련하여서는 논쟁이 될 수 있으나, '비상상황'에서 허용된 위험의 법리가 적용되어야 함에는 논쟁의 여지가 없을 것이다.

### ① 항공기 시스템 문제에 대한 허용된 위험 법리의 적용

인적 요인의 과실이 아닌 항공기 시스템 또는 고장이 원인으로 발생한 항공사고나 사건의 경우 허용된 위험의 법리가 적용되어야 할 것이다. 앞서 살펴본, 이탈리아의 리나테(Linate) 사고, 칼리아리(Cagliari) 사고 및 스위스의 위버링겐(Überlingen) 공중충돌사고 사례는 시스템 문제가 원인이 된 사고일 뿐만 아니라 시스템과 인적 요인이 복합적으로 작용한 사례로 볼 수 있다. 만약 인적 요인에 의한 과실이 아닌 시스템의 단일 원인으로 발생한 사고인 경우, 허용된 위험의

---

49) 관련 내용은 Chapter 05, p.271.
50) 관련 내용은 Chapter 05, p.275.

법리가 적용되는 것이 타당할 것이다. 그러나 시스템의 단일 원인임에도 정비결함의 인과관계가 확인된다면 이에 대한 허용된 위험의 법리는 적용되기 어려울 것이다. 이와 관련한 구체적 사례는 '국적 항공사의 시스템 고장으로 인한 처분 사례'[51]를 통하여 살펴본 바 있다. 이 사건에서 조종사는 사실상 통제불능 상태로 비상상황을 대비하였고, 이러한 기장의 대응은 '비상상황'을 대비한 대처로 주의의무를 다 하였으므로, 허용된 위험의 법리가 적용되었어야 한다. 그러나 항공사는 이륙 전 소프트웨어 문제를 확인한 바 있고, 이와 관련한 문제가 비상상황으로 연결된 만큼 인과관계를 부인할 수 없으므로 이 경우에는 허용된 위험의 법리가 적용되기는 어려울 것이다.

이처럼 항공기 시스템의 문제가 발생한 경우, 인적 요인의 과실이 없거나 과실이 있더라도 주의의무를 다한 경우에는 허용된 위험의 법리가 적용될 수 있을 것이나, 사건 발생과의 인과관계가 증명되는 경우는 제외될 수 있을 것이다.

### ② 의도적 행위의 예외인 허용된 위험

용인의 범위에는 의도가 포함된 고의나 중과실은 허용되지 아니한다. 의도적 행위(intentional conduct)는 그러한 행위가 법령이나 규정에 반하거나, 그 밖에 금지되어 있다는 것을 알면서도 행하는 행위를 말한다.[52] 그러나 '비상상황'에서 조종사가 문제를 해결하기 위하여 의도적으로 규칙을 벗어난 경우라면, 위반행위에 대하여는 허용된 위험의 법리가 적용되어야 할 것이다. 이것은 '비상상황'에서 허용된 위험의 법리가 적용되는 이치로 설명될 수 있다. 미국의 경우, 항공안전보고서를 수용하는 과정에서 'ERC'가 사건 당시 상황을 고려하여 그러한 조치가 안전한 경로였는지 여부를 평가하고 있다. 이때, 규정 위반이 조종사의 통제를 벗어난 사건의 결과이거나 기계적 오작동을 해결하기 위한 과정이었는지 여부를 고려하고 있으며, 사건조사의 과정에서 이와 관련이 없거나 입증되지 않는 경우 ERC는 이러한 보고서 수용이 적절하지 않다고 판단할 수 있다.[53] 이처럼 허용된 위험의 법리는 의도적 행위의 예외로서 판단될 수 있을 것이다.

---

51) 관련 내용은 Chapter 05, p.276.

52) FAA, 8900.1, Flight Standards Information Management System(FSIMS), Vol. 11, Chap. 2, Sec. 1(2021).

53) *Ibid.*

### 2) 비난가능성이 없는 과실에 대한 용인

공정문화는 공통적으로 중대한 과실, 고의적인 위반, 파괴적인 행위는 용인되지 않으며, 일선 실무자 등의 경험과 훈련에 상응한 작위, 부작위 또는 결정에 대하여는 처벌받지 않는다고 정의하고 있다.[54] 여기서, 처벌하지 않는 행위는 일선 실무자 등의 경험과 훈련에 상응한 작위, 부작위 또는 결정의 이른바 '과실'이 해당되나, '경험과 훈련에 상응한'이라는 의미는 비난가능성이 있는 주의의무의 태만은 포함되지 않는 것으로 해석할 수 있다. 즉 당시 상황과 사정에 있어 당연히 해야 하는 것 또는 할 수 있었던 것임에도 하지 않은 행위에 대하여는 비난할 수 있음을 의미하며 이러한 행위는 과실의 범위이더라도 용인되지 않는다는 것을 의미한다.

결과적으로, 공정문화는 '과실'의 모든 행위를 용인한다고 볼 수는 없다. 실무자의 행위가 과실에 해당하더라도 비난가능성이 없는 과실이 용인의 범위에 포함된다고 해석하는 것이 타당할 것이다. 그러나 이러한 용인의 경계를 판단함에 있어 과실과 중과실의 경계가 모호하며, 위반행위가 중첩되어 나타나는 특징이 있어, 판단기준이나 정의로 위반행위가 명확히 구분되지 않는다. 따라서 용인의 경계를 명확히 하기 위한 판단절차를 다음에서 제시하고자 한다.

### (3) 행정제재에서 용인의 경계와 판단절차

### 1) 책임정도에 대한 주관적 요소의 고려

규제 기관의 행정제재에 있어, 주의의무의 위반 및 회피가능성과 상당인과관계에 대한 논증이 필요한데, 이것은 항공사고 및 사건이 단일 원인으로 발생하는 것이 아니라 복합적인 요인의 경합으로 나타나기 때문이다. 따라서 그 원인을 객관적 기준으로 일관하기보다는 책임 귀속의 문제에 있어 주관적 요소의 고려는 필수적이라 볼 수 있다.[55] 또한 과실에 있어 행위자의 주관적 인식상태를 확인하는 것은 행위자의 위법수준에 비례한 행위 정도를 구분하는 양형평가에

---

54) 관련 내용은 Chapter 02, p.44.
55) 황호원, "항공형법에서의 과실 책임에 관한 연구", 한국항공운항학회지 제13권 제2호, 한국항공
    운항학회(2005), 51면.

있어서 가장 중요한 근거가 될 수 있다.[56]

### ① 구체적 행위 사정의 고려

주관적 요소의 고려는 행위 당시 구체적인 사정을 미루어 행위자가 할 수 있는 것 또는 할 수 없는 것을 판단하는 것이라 볼 수 있다. 이것은 행위자의 행위 사정을 고려하여 정상적인 행위 사정이었음에도 불구하고 불법행위를 한 것에 대하여 비로소 행위자를 비난할 수 있다는 것을 의미한다.[57] 반면 행위자가 비난할 수 없는 사정에 의해 행위를 하였음에도, 이러한 사정이 고려되지 않고 처벌받게 된다면, 중대한 법적 부정의와 공정성이 훼손된다고 볼 수 있으므로 이러한 구체적 행위 사정이 고려되어야 한다는 것이다. 구체적으로, 규범에 의하여 적법한 행위동기를 부여할 가능성이 존재하지 않을 때에는 책임비난이나 처벌을 하지 않는 것을 의미한다. 또한 이러한 주관적 요소를 고려하는 것은 처벌에서 양형의 중요한 자료가 될 수 있다. 즉 책임이 조각될 수 있는 상황이나 사정, 정도 등을 고려하여 책임감경사유로 적용할 수 있을 것이다. 특히 이러한 고려를 하는 것은 행위 당시 구체적인 사정에서 다른 적법 행위를 할 수 있었는지의 여부에 따라 책임 발생의 여부를 결정하게 되는 것으로 표준인이 아닌 당시 행위자의 구체적 사정이 표준이 되어야 할 것이다.

### ② 비난가능성의 고려

용인의 경계를 판단하는 절차는 객관적 주의의무인 행위의 평가와 주관적 상황과 사정 등이 고려되어야 함을 의미한다. 즉 객관적 주의의무와 주관적 요소의 인식과 인용에 대한 구분이 명확하지 않은 경우, 책임 정도를 판단하도록 하는 것이다. 이때 행위자의 당시 상황을 구체적으로 확인하고 행위자가 할 수 있는 것 또는 할 수 없는 것을 판단하는 과정이라고 볼 수 있다. 법규범은 인간에게 불가능한 것을 강요할 수 없기 때문에 비록 책임능력이 있다고 하더라도 객관적으로 요구되는 상황이 아니라면 책임을 물을 수 없다는 것이다. 그러나 이러한 행위사정을 고려하였을 때, 할 수 있었음에도 불구하고 하지 않은 것에 대

---

56) 송성룡, "과실범의 주관적 의식의 범죄체계론 내 자리매김에 관한 연구", 고려대학교 박사학위논문(2011), 93면.
57) 류기환, "기대가능성에 대한 연구", 법학연구 제20권, 한국법학회(2005), 395면.

하여는 비난을 면할 수 없을 것이다. 이때 구체적 상황은 개인의 능력, 행위 당시의 사정, 환경적인 요소 등을 고려하여 평가될 수 있을 것이다.

결과적으로 공정문화에서 용인의 경계를 판단한다는 것은 이러한 법적 기준에 따라 주관적 요소와 객관적 요소를 판단하고, 이에 대한 명확성을 위해 개인의 당시 상황과 사정 등을 고려해야 함을 의미한다. 이것은 모든 태만을 용인할 수는 없기 때문에 비난가능성이 있는 행위에 대하여는 처벌할 수도 있음을 의미한다.

### 2) 용인의 경계에 대한 판단절차의 적용

현재 규제 기관은 위반행위에 대하여 규정위반 해당 여부를 기준으로 판단하고 처분을 위한 절차에 있어서는 고의·중과실의 정의를 기준으로 판단하고 있다. 용인의 경계에 대한 판단은 인간의 행동을 규정화하거나 특정하여 판단하는 것을 의미하지 않는다. 개별 사건에 대하여 인간의 특성 및 행동이 다르게 나타나므로 이러한 유형을 특정하는 것이 아니라, 판단을 위한 절차를 제시하고자 하는 것이다.

현행 법령에서 제시하고 있는 바와 같이, 고의·중과실이 제외되어야 하는 경우 또는 면책 여부를 결정하기 위해서는 경과실 해당 여부에 대한 판단이 필요한 상황이다. 이것은 항공안전보고서의 면책 여부나 항공안전데이터의 보호와 관련하여 고의·중과실이 제외되어야 함을 명시하고 있으므로 이에 대한 판단은 불가피한 것이다. 또한 고의·중과실은 법률 개념으로 단순히 위반행위를 분류한다거나 위반 여부의 평가만으로 판단되기 어려우며, 위반행위가 특정한 기준에 적용되는 것 또한 어렵다. 또한 고의와 과실은 주관적 요소이므로, 주관적 판단이 이루어져야 할 것이다. 그러므로 객관적인 행위와 자율준수 여부만을 판단하는 것이 아니라, 객관적 주의의무와 주관적 구성요소인 결과 발생의 인식(認識)과 인용(認容)을 고려하여야 하며, 이에 대한 명확성이 부족한 경우, 사건 당시의 상황과 사정, 환경적 요소 등이 고려되어야 함을 의미한다. 이처럼 용인의 경계에 대한 판단절차는 행동을 특정하는 것이 아니라 개별 사건별로 판단되어야 하며, 이러한 판단절차에 따라 위반행위에 대한 법률적 검토 후, 고의·중과실·경과실 여부의 판단이 이루어져야 할 것이다.

### (4) 용인의 경계에서 판단주체와 기관의 역할 분리

우리나라는 현재 항공안전데이터·정보에 포함된 규정 미준수에 관한 사항과 관련된 행위자의 의도를 검토하는 절차[58]에 따라 인적 요인에 의한 의도하지 않은 오류인 '인적오류'를 법령에서 정한 범위 내에서 보호하는 방안을 검토하여야 하며, 규정 미준수가 행위자의 의도에 따라 발생한 경우, 고의·중과실 행위의 해당 여부를 검토하여 고의·중과실에 해당하는 경우 보호를 적용하지 아니한 다.[59] 특히 인적오류에 해당하는 경우 처분 등의 행위보다는 인적오류를 최소화 하기 위한 운영절차를 개선하는 방안을 서비스제공자로 하여금 마련하도록 해야 함을 명시하고 있다. 이에 따라 「항공분야 행정처분 업무처리 절차에 관한 규정」[60]에서는 고의·중과실의 기준을 명시하고 있으나, 앞서 위반행위 유형에 따른 NTSB 사건 결정을 통해 살펴본 바와 같이, 위반행위가 명확히 구분되지 않는 특징을 가지고 있어 기준 적용에 어려움이 있을 것으로 판단된다. 이를 위하여 명확히 구분되지 않는 위반행위를 판단함에 있어 판단절차를 적용해야 함을 제시 한 바 있다.

현재 규제 기관에서 위반행위는 감독관에 의한 감독 활동 또는 사실조사를 통하여 경미한 사항으로 판단되는 경우 시정지시 등을 발부하게 되며,[61] 사실조 사 결과 행정처분이 요구되는 경우 항공분야 행정처분 업무처리 절차에 관한 규 정의 절차를 따르도록 하고 있다.[62] 이때 규제 기관의 감독관 및 데이터·정보 를 다루는 규제 기관의 담당자는 위반행위가 인적오류 또는 고의·중과실에 해 당하는지의 여부를 판단할 필요가 있다. 또한 행정처분을 심의하는 절차에 있어 서도 위반행위의 고의·중과실 해당 여부에 따라 가중 및 감경을 결정하게 된 다. 이처럼 감독관 및 규제 기관의 담당자가 용인의 경계에 대한 1차적 판단을 하게 되며, 이후 행정처분을 위한 2차적 판단을 하게 되나, 공정문화의 실효성

---

58) 국가항공안전프로그램 제54조에 따른 [별표 7] 데이터·정보 및 관련 출처의 보호에 관한 기본 원칙 제6호는 "데이터·정보·출처의 보호를 위한 조건 및 상황 등의 구분"을 명시하고 있다.
59) 국가항공안전프로그램 제54조 [별표 7] 데이터·정보 및 관련 출처의 보호에 관한 기본원칙, 제 6호, 1), 2).
60) 국토교통부훈령 제1411호(2021), 제14조.
61) 항공안전감독관 업무규정 국토교통부훈령 제1427호(2021), 제18조.
62) 항공안전감독관 업무규정 제19조.

을 위하여 용인의 경계를 판단하는 기관과 행정처분을 위한 기관을 분리할 것을 제안하고자 한다. 이와 관련하여 다음에서는 용인의 경계를 판단하는 주체와 기관의 역할을 구체적으로 제시하고자 한다.

### 1) 감독관의 사실조사시 판단절차의 적용

항공안전감독관은 모든 사고 및 사건에 대한 사실조사[63]뿐만 아니라 위반행위에 대한 사실조사를 담당하게 된다. 사실조사는 항공종사자의 항공안전법 또는 안전운항규정 등의 준수 여부 등을 조사하게 되며, 이에 대한 위반 여부를 1차적으로 판단하게 된다.[64] 이때 감독관은 고의 또는 중과실의 해당 여부를 판단하여야 하나,[65] 어떠한 기준을 따라야 하는지는 명확하지 않다. 항공분야 행정처분 업무처리 절차에 관한 규정 제14조(처분의 가중 또는 감경) [별표 1]은 고의 또는 중대한 과실의 기준을 제시하고 있으나, 앞서 살펴본 바와 같이 기준에 따라 위반행위가 명확히 구분되지 않기 때문에 판단에 어려움이 따를 수밖에 없다. 이러한 경우 앞서 제시한 '용인의 경계 판단절차'[66]를 적용할 수 있으며, 그러한 절차를 통하여 감독관이 위반행위에 대한 객관적이고 구체적인 판단이 가능할 것으로 판단된다.

### 2) ERC의 용인의 경계 판단

용인의 경계를 판단하기 위한 보다 합리적인 방안은 규제 기관과 규제대상 기관이 협력하여 위반행위를 검토하고 시정조치 및 개선권고 방안을 논의하는 ERC를 구축하는 것이다. ERC는 ASAP 제도하에서 제출된 보고서의 수용 여부를 검토하는 조직으로 운영되는 특징이 있다. 그러나 ASAP 제도를 도입하지 않는다고 하더라도 민·관이 사건을 검토하고 합의에 이른다는 점에서 ERC의 단독 도입도 고려해 볼 필요가 있다. ASAP와 ERC에 대하여 앞서 살펴본 바와 같이, ERC는 감독관이 사건을 판단함에 있어 제기되고 있는 재량권 남용과 공정

---

63) "사실조사"는 항공행정기관장이 항공기사고 및 준사고, 항공기 고장, 안전장애 발생, 고발 등 사건에 대하여 법령의 준수 여부를 확인하기 위하여 실시하는 조사를 말한다. 항공분야 행정처분 업무처리 절차에 관한 규정 제2조의2제5호.
64) 항공안전감독관 업무규정 제19조.
65) 항공안전데이터 처리 및 활용에 관한 규정 제53조제2항.
66) 관련 내용은 Chapter 06, p.346 참조.

성의 문제에 대한 해결책이 될 수 있을 것으로 보인다. 즉 감독관의 단독 판단이 아닌 관련 당사자들과 사건을 검토하고 해결방안을 모색하는 것으로 잠재적 안전문제를 확인하는 것뿐만 아니라 공정문화의 맥락을 같이한다고 볼 수 있다. 이때 ERC는 용인의 경계를 판단하는 중요한 역할을 담당하게 된다. ASAP를 통하여 보고서가 제출되면 해당 보고서의 수용 여부를 결정하게 되는데, 만약 해당 보고서에서 고의·중과실 해당 여부가 확인되면 보고서는 수용되지 아니한다. 여기서 보고서가 수용된다는 것은 ASAP의 면책기준에 충족하여 위반행위에 대한 면책이 적용됨을 의미한다.

ERC가 용인의 경계를 판단할 때, 앞서 제시한 '용인의 경계 판단절차'를 적용하여 심의함으로써 위반행위의 판단에 명확성을 부여할 수 있을 것이다. 또한 이러한 판단절차를 문서화함으로써 위반행위자가 항변을 하는 경우에 증거로써 활용될 수 있을 것으로 판단된다. 결과적으로 ERC나 용인의 경계를 위한 판단절차는 행정절차에 있어서 공정성을 확보할 수 있는 중요한 방안이 될 것이다.

### 3) 행정처분심의위원회의 행정처분 판단

항공분야 행정처분 업무처리 절차에 관한 규정에 따른 '행정처분'은 항공행정기관장이 관련 법령을 위반한 자에게 행하는 운항정지, 과징금·과태료, 자격증명 효력정지, 증명·면허·등록·지정·승인 취소 등의 처분을 말한다(제2조의2 제1호).[67] 행정처분심의위원회는 처분의 적정을 기하기 위하여 항공행정기관장이 공무원 및 외부전문가로 구성하도록 하고 있으며(제4조제1항), 처분대상자의 위반사실 여부와 증거의 확인에 관한 사항 등을 검토하고 처분을 확정하게 된다(제6조 각 호).

행정처분심의위원회는 행정처분의 판단 이전에 해당 사건이 처분이 아닌 용인될 수 있는 행위인지에 대한 판단이 선행되어야 하며, 그러한 경우 행정처분에서 제외되어야 한다.[68] 이때 고의 또는 중대한 과실의 해당 여부를 검토하게

---

67) 국토교통부훈령 제1411호(2021).
68) 이와 관련하여 인적오류에 해당하는 경우 처분 등의 행위보다는 인적오류를 최소화하기 위한 운영절차를 개선하는 방안을 서비스제공자로 하여금 마련하도록 해야 함을 명시하고 있다. 국가항공안전프로그램 제54조 [별표 7] 데이터·정보 및 관련 출처의 보호에 관한 기본원칙 제6호, 1), 2).

되며, 행정처분 심의시 처분량의 가중 또는 감경의 범위 및 고의 또는 중대한 과실의 해당 여부에 대하여 [별표 1]에서 제시된 기준을 적용하도록 하고 있다 (제14조). 그러나 앞서 살펴본 바와 같이 위반행위는 기준에서 제시하는 것처럼 명확히 드러나지 않으며, 행위가 중첩되어 나타나는 특징이 있어 해당 기준으로 위반행위를 판단하기는 어렵다. 이러한 경우 '용인의 경계를 위한 판단절차'를 적용함으로써 위반행위를 명확히 판단할 수 있을 것이다. 또한 행정처분심의위원회의 공정성 문제[69]로 ERC와 행정처분심의위원회의 단일화를 고려할 수 있으나, 두 기관의 목적과 역할이 다르므로 단일화는 어려울 것으로 판단된다.

## Ⅲ. 항공안전정보의 보호 및 보고제도 활성화

### 1. 항공안전정보의 보호

#### (1) 소송에서의 증거사용제한

#### 1) 민・형사소송에서 사고조사보고서의 증거사용제한

국제민간항공협약(이하 "협약"이라 한다) Annex 13은 사고조사의 목적이 사고의 원인을 파악하기 위한 것으로, 민사 또는 형사책임을 결정하는 목적인 사법조사의 목적과 다르다는 것을 명확히 하고 있으며,[70] 국가 법령 및 규제 기관이 결정하지 않는 한 사고조사 이외의 목적으로 사고조사보고서를 이용할 수 없도록 하고 있다.[71] 또한 사고조사보고서를 민사, 형사, 행정 또는 징계 절차에서 공개 또는 사용하는 것은 사고와 관련된 개인이나 조직에 악영향을 미칠 수 있으며, 향후 사고조사 당국과의 협력을 꺼리게 하는 원인이 됨을 분명히 하고 있다.[72] 그러나 협약 Annex의 SARPs는 체약국이 국가 법령을 통하여 명시하지 않는 한 구속력을 갖는다고 보기 어려우며, 그러한 이유로 법원에서 소송의 증거로 사용되지 않는다는 것을 보장하지 아니한다. 실제로 우리나라는 「항공・철

---

69) 행정처분심의위원회의 공정성과 독립성에 대한 문제가 제기되고 있으나 이에 대한 논의는 차치하고자 한다. 유인호, 전게논문(주 38), 75면.

70) ICAO, Annex 13, Aircraft Accident and Incident Investigation, 12th edition(2020), 3.1.

71) *Ibid.*, 5.12.

72) *Ibid.*, appendix 2, 1.

도사고조사에 관한 법률」과 관련 운영규정을 통하여 사고조사보고서가 본래의
목적과 다르게 사용되는 것을 제한하고 소송에서 증거로서 사용이 금지되어야
함을 명시하고 있으나,[73] 국내 법원에서는 사고조사보고서의 증거능력을 인정하
였다.[74]

　이러한 문제점을 인식하여 ICAO는 협약 Annex 13 및 19를 개정하여 항공
안전데이터 및 사고조사기록의 보호를 강화하였으며, 우리나라도 행정규칙인 데
이터·정보 및 관련 출처의 보호에 관한 기본원칙을 통하여 사고조사보고서와
같은 민감한 정보의 공개 여부는 법원이나 관련 당국이 안전과의 이익균형을 통
하여 그러한 공개나 사용이 안전의 불이익을 상회하는 경우에 공개 또는 사용할
수 있도록 명시하였다.[75] 그러나 법원의 이익균형에 따른 판단은 공정문화에 대
한 인식이 부족한 경우 판단 자체가 무의미할 수 있다. 특히 우리나라는 협약
Annex 13과 19의 SARPs에 따라 관련 법규정을 개정하였으나, 공정문화를 위한
구체적인 실행방안이 부족하며 관련 당사자들의 인식도 부족한 것으로 판단된
다. 이러한 이유로 법원이나 관련 규제 기관이 안전과의 이익균형에 따른 판단
으로 공개 또는 사용 여부를 결정하도록 하는 것은 현시점에서 공정성을 기대하
기는 어려운 상황이다. 이와 관련하여 미국은 사고조사보고서를 민사소송에서
사용할 수 없도록 규정하고 있으며,[76] EU의 경우, 엄격하게 필요한 자료만 공개
되도록 하여야 함을 규정하고 있다.[77] 특히 호주에서는 사고조사보고서의 '비공
개'가 엄격히 적용되고 있어, 초안 보고서 및 최종보고서가 민사 또는 형사 소송
절차의 증거로 인정될 수 없음을 법령을 통해 명확히 하였다.[78] 이것은 우리나라
가 SARPs의 표준을 정책에 반영하여 모호하게 명시한 것과는 비교되는 점이다.

　사고조사보고서가 소송에서 증거로 인정되는 경우, 형사소송에서는 '사고보고
자'의 진술 증거가 자신의 죄를 증명하는 데 사용될 수 있다는 점을 고려하여야

---

73) 관련 내용은 Chapter 03, p.149 참조.
74) 관련 내용은 Chapter 03, p.185 참조.
75) 국가항공안전프로그램 제54조 [별표 7] 데이터·정보 및 관련 출처의 보호에 관한 기본원칙 제
　　1호.
76) 49 U.S.C. § 1154, (b).
77) EU Regulation No. 996/2010, Official Journal of the European Union, L295/35 (2010), art.
　　14(4).
78) Transport Safety Investigation Act 2003, 27.

하며, 이로 인하여 사고보고자를 위축시키고 안전정보 수집에 부정적인 영향을 미칠 수 있다. 물론 사고조사의 최종보고서는 국민의 알권리와 항공안전을 위한 목적으로 공개하도록 SARPs에서 규정하고 있지만, 소송에서 증거로 인정되는 것은 책임을 위한 목적으로 안전정보를 사용하게 되는 것이므로 안전에 악영향을 미칠 수 있어 엄격한 보호조치가 적용되도록 할 필요가 있다. 현재 사고조사보고서는 국가항공안전프로그램 제55조에 따라 사고·준사고의 진행과 관계되는 경우, 항공·철도 사고조사에 관한 법률 및 항공·철도 사고조사위원회 운영규정을 따르고, 사고·준사고의 조사가 완료된 경우, 데이터·정보 및 관련 출처의 보호에 관한 기본원칙[79]에 따라 보호하도록 명시하고 있다. 그러나 민감한 정보인 사고조사보고서는 다른 항공안전데이터와 동일한 보호를 적용하는 것이 아니라, 행정처분·징계·민사·형사소송 등에서 증거로 인정될 수 없음을 명시하여야 할 것이다. 이를 위하여 국가항공안전프로그램 제55조제4항에 "사고조사보고서는 행정처분·징계·민사·형사소송 등에서 증거로 사용하여서는 아니 된다"라고 명시함으로써 사고조사보고서에 대한 보호를 강화할 필요가 있다.

사고조사보고서는 많은 국가에서 소송의 증거로 인정되는 문제가 꾸준히 제기되어 왔으며, 우리나라도 이와 다르지 않았다. 이러한 문제점은 ICAO 총회를 통하여 지속적으로 논의되어왔고, SARPs에 관련 내용을 개정함으로써 사고조사와 관련된 민감한 데이터의 보호를 명시하였지만, 관련 국내 법규정이 개정되지 않는 한 문제점이 개선되기에는 역부족이라는 점을 인식할 필요가 있다. 따라서 우리나라도 관련 규정을 명확히 함으로써 민감한 데이터가 사고조사 이외의 목적으로 남용되지 않도록 할 필요가 있다. 이러한 법규정의 명확성은 관련 당사자들이 사고와 관련된 정보를 자율적으로 보고할 수 있는 공정문화의 기반이 됨으로써, 결과적으로 항공안전에 기여할 수 있을 것이다.

### 2) 민사·형사소송에서 CVR 데이터의 증거사용 제한

우리나라는 항공·철도 사고조사위원회 운영규정에서 "사고조사과정에서 얻은 정보를 관계자의 처벌이나 민사·형사상 책임규명 또는 행정처분을 위하여 사용하여서는 아니 된다"라고 하였으며,[80] 데이터·정보 및 관련 출처의 보호에

---

79) 국가항공안전프로그램 제54조 [별표 7].

관한 기본원칙 제4호에서는 항공·철도 사고조사에 관한 법률에서 정하는 바와 같이 사고·준사고 조사 이외에 다른 목적으로 사용해서는 아니 된다"라고 명시하고 있다.[81] 그러나 데이터·정보 및 관련 출처의 보호에 관한 기본원칙과 예외를 충족하는 경우,[82] 조종실 사고 예방장치에서 생산되는 기록보호에 관한 예외에 따라 1) 사고·준사고와 관련되지 않은 형사 소송, 2) 비행기록장치시스템(flight recorder systems)의 점검, 3) 안전관리시스템의 일환으로 식별된 이벤트와 관련된 경우에 활용할 수 있도록 하였다.

동 규칙은 민감한 데이터인 CVR 기록을 보호하기 위한 원칙이기는 하나, 예외에 제시되어 있는 목적으로는 사용이 가능한 것으로 해석된다. 특히 기본원칙과 그 원칙의 예외를 충족하는 경우, '사고·준사고와 관련되지 않은 형사 소송'에서 사용이 가능한 예외가 적용된다. 그러나 이미 기본원칙의 예외로 "고의·중과실 또는 범죄에 해당하는 경우" 데이터·정보를 공개 또는 활용하도록 명시하고 있으며, '사고·준사고와 관련되지 않은 형사 소송'은 그러한 예외에 포함되는 것으로 볼 수 있다. 그럼에도 불구하고, 본 규칙에서 '제1호의 기본원칙과 제2호의 예외를 충족하는 경우, 제5호의 예외를 적용하도록 하는 것은 다수의 예외가 적용되도록 함으로써 데이터·정보를 보호하기 위한 기본취지에 맞지 않으며, 정보보호를 통한 자율보고의 활성화에도 부정적 영향을 미칠 것으로 판단된다. 이미 기본원칙과 그 원칙의 예외에 포함되는 경우로 볼 수 있으므로, 제5호 원칙의 예외는 삭제될 필요가 있을 것으로 판단된다.

한편 EU, 미국, 호주의 경우, CVR 정보는 법원에서 증거로 인정되거나 행정 집행의 목적으로 사용하는 것을 대부분 금지하고 있으며, 법원의 명령으로 필요한 경우 예외적으로 사용하도록 하고 있다. 이와 관련하여 우리나라는 모든 항공안전데이터에 동일한 수준의 보호를 적용하고 있는 바, 민감 데이터인 CVR 정보는 범죄에 대한 직접적 증거가 있는 경우 법원에서 제한적으로 공개할 수 있도록 해야 할 것이다. 이러한 점에서, 데이터·정보 및 관련 출처의 보호에

---

80) 항공·철도 사고조사위원회 운영규정 제34조제1항제1호다목.
81) 국가항공안전프로그램 제54조 [별표 7] 데이터·정보 및 관련 출처의 보호에 관한 기본원칙 제4호 가목.
82) 국가항공안전프로그램 제54조 [별표 7] 데이터·정보 및 관련 출처의 보호에 관한 기본원칙 제5호.

관한 기본원칙 제5호가목의 "1) 사고·준사고와 관련되지 않은 형사 소송"은 "1) 고의·중과실 또는 범죄에 해당하는 직접적인 증거가 있는 경우"로 개정함으로써, 제2호가목에 해당되는 보호의 예외에 대한 구체적인 상황을 명시할 필요가 있다.

### (2) 안전정보의 합목적성 및 독립적 절차를 위한 제도의 도입

#### 1) 법원의 의존적 안전정보 남용제한 및 자체증거 확보의 필요성

항공산업은 고도의 전문적인 영역으로 실제 사고나 사건 발생 시에 그 원인을 파악하는 데 어려움이 따른다. 법원에서 사고 및 사건에 관한 관련자의 행위를 법적으로 판단함에 있어서도 항공산업의 특성상 해당 분야의 전문적 지식과 경험에 의존하는 경향이 있다. 결국, 항공분야에서는 사고 및 사건의 조사에 관한 전문가의 지식과 견해가 행위자의 비난가능성을 판단하는 데 중요한 기초자료가 될 여지가 있는 것이다. 예컨대 행위자의 '중과실' 판단에 있어서 법원이 사고조사에 관한 전문가의 진술, 사고조사보고서 등에 의존하는 것이다. 이것은 또 다른 항공안전정보의 남용 문제라고 할 수 있다.

Eurocontrol의 공정문화 태스크포스(Just Culture Task Force: 이하 "JCTF"라 한다)가 발행한 '항공·철도사건 및 사고의 형사 수사와 기소에 관한 정책 모델'(Model for a policy regarding criminal investigation and prosecution of aviation and Railway Incidents and Accidents)[83]은 다음과 같은 정책 방향을 제시하고 있다.

"국제민간항공협약 Annex 13 및 19의 국제 규칙에 따른 정보의 보호를 위하여 사건보고체계에 따라 제출된 사건 또는 사고보고서, 수사기관 또는 운영자에 의해 작성되거나 발행된 보고서 등이 형사소송에서 증거로 사용되어서는 아니 된다. 개인에 대한 소송에도 유사한 사항이 적용되어야 한다. 사고 및 사건의 수사를 고려하는 검찰을 비롯한 사법당국은 사고조사로 얻은 증거를 활용하려 하기보다 자체 수사를 뒷받침할 증거를 수집하는 절차를 밟아야 한다. 또한 사고조사 맥락에서의 증인 진술은 그 보고자에 대한 형사소송에서 증거로 사용되

---

83) Eurocontrol, Model for a policy regarding criminal investigation and prosecution of aviation and Railway Incidents and Accidents(2018).

어서는 아니 된다. 법적 절차를 위하여 증인 진술이 필요한 경우, 사고조사와 독립적으로 회원국의 형법 및 관련 절차에 따라 진술이 이루어져야 할 것이다. 즉 안전보고, 사고조사, 목격자 진술 등이 모두 항공안전개선이라는 단 하나의 목적으로 이루어져야 함을 의미한다. 이러한 목적에서 벗어나 사법기관이 그러한 정보를 사용하는 것은 향후의 안전개선에 해를 끼칠 것이다."

이처럼 법원은 항공과 연관된 사고 및 사건의 경우, 법률 자체만으로 판단하는 것이 아닌 항공분야의 국제적인 특성을 고려하여 항공안전과 안전개선에 중점을 둔 판단과 해석을 할 필요성이 있다. 특히 사고조사의 정보를 증거로 활용하는 것이 아니라, 자체 수사를 통하여 형사 수사를 뒷받침할 수 있는 증거를 수집하도록 하여야 한다. 이를 위해서는 항공분야의 관련 당사자뿐만 아니라 사법기관도 공정문화와 항공안전에 대한 교육과 토론의 기회가 마련되어야 할 것이며, 이러한 기회를 통하여 법을 집행하는 기관과 항공 산업과의 거리를 좁혀야 할 필요가 있다.

### 2) 항공전문가 지원제도 도입의 검토

EU에서는 공정문화의 일환으로 안전정보를 법적 절차에서 남용하는 것을 방지하기 위하여 항공전문가 지원제도를 도입하였다.[84] JCTF는 2007년부터 '안전과 사법에 관한 법적 문제'를 주제로 하여 토론을 추진하고 있으며, 안전 및 사법 전문가 간의 대화를 지원하고 EU Regulation (EU) No. 376/2014에 따른 공정문화의 이행 및 보급을 지원하기 위하여 '항공·철도사건 및 사고의 형사 수사와 기소에 관한 정책 모델'[85]을 마련하였는데, 이 정책의 목적은 항공사고로 인한 범죄수사 및 기소, 민간항공사고보고에 대한 소추자(prosecutor)의 방향을 제시하는 것이다. 또한 Eurocontrol은 국제항공교통관제협회(IFATCA) 및 유럽조종사협회(ECA)와 협력하여 회원국과 사법부가 항공사고 및 사건에 대한 법적 검토를 위탁하는 것을 돕기 위하여 공정문화 원칙에 따라 훈련된 항공안전전문가를 통하여 도움을 주도록 하고 있다. 이때 항공안전전문가들은 소추자가 항공사

---

84) Eurocontrol, Eurocontrol supports national judiciaries in need of aviation expertise with the first list of aviation prosecutor experts.
85) Eurocontrol, *supra* note 83.

고 및 사건의 세부사항을 파악할 수 있도록 도움을 제공함으로써, 형사수사 또
는 기소 여부를 소추자가 정보에 입각하여 결정내릴 수 있도록 하고 있다.[86]

이 제도는 독립적인 항공전문가가 사법당국에 수준 높은 정보와 전문지식을
제공하고 항공안전과 법적 판단 사이에서 상호이해를 높이기 위한 것이며, 상호
유익한 관계에 기여함으로써 공정문화로 향하는 중요한 단계로 보고 있다. 또한
공정문화를 적용함에 있어, 항공안전에 대한 법원의 적법성 및 위법성 판단을
위한 지식에 기여할 수 있으며, 특히 안전정보가 이러한 판단의 필수적 요소로
서 남용되는 문제점을 개선할 수 있는 합리적인 방안이라 판단된다. 이러한 점
에서, 우리나라도 공정문화를 이해하고 객관적인 입장에서 법원을 지원할 수 있
는 항공전문가를 양성하고 지원하는 제도의 도입을 고려해 볼 필요가 있다.

## 2. 안전보고제도 활성화

### (1) 비처벌 제도의 확대

#### 1) 의무보고제도의 면책 확대

우리나라 항공안전보고제도는 의무보고 중심의 보고체계를 유지하고 있는 것
으로 볼 수 있다. 의무보고에 해당하는 사고, 준사고 및 항공안전장애의 범위는
항공안전법 시행규칙 별표[87]에 명시하고 있으며, 이에 따라 '항공종사자 등 관계
인'은 이에 해당하는 사실을 의무적으로 보고하여야 한다. 만약 발생 사실을 보
고하지 아니하거나 허위로 보고한 경우, 항공안전법 제158조제1호에 따라 500만
원 이하의 벌금에 처해질 수 있으며, 제166조제5항제2호에 따라 100만원 이하
의 과태료를 부과할 수 있다. 그러나 의무보고는 위험이나 심각도에 따른 필수
적 보고항목을 설정한 것으로 이러한 사건이나 사고가 발생했다고 하더라도 모
두 처벌이 전제되어야 하는 것은 아니다. 즉 자율보고와 마찬가지로 고의나 중
대한 과실의 경우 처벌하여야 하나, 경과실의 경우 처벌보다는 재발방지대책을
세우도록 하는 공정문화의 원칙을 적용할 필요성이 있는 것이다.

현재 항공안전 자율보고는 항공안전법 제61조제4항에서 "자율보고대상 항공

---

86) Eurocontrol, *supra* note 84.
87) 항공안전법 시행규칙 [별표 2] 항공기준사고의 범위, [별표 20의2] 의무보고 대상 항공안전장애
    의 범위.

안전장애 또는 항공안전위해요인을 발생시킨 사람이 그 발생일로부터 10일 이내에 항공안전 자율보고를 한 경우에는 고의 또는 중대한 과실로 발생시킨 경우에 해당하지 아니하면 …(중략)… 처분을 하여서는 아니 된다"라고 하여 '비처벌'을 규정하고 있으나, 항공안전 의무보고[88]에 대하여는 '비처벌'을 규정하고 있지 아니하다. 물론 동법 제60조제2항에서 의무보고사항에 대한 보고가 이루어진 경우 고의 또는 중대한 과실을 제외하고 '행정처분을 아니할 수 있다'라고 명시하고 있으나, 이것은 제60조제1항에 따른 사실조사를 통하여 행정처분을 결정하게 되는 것으로, '비처벌'로 보기는 어렵다.

이와 관련하여 국제민간항공협약 Annex 19에서는 자율보고에 대한 보호를 의무보고에도 확대하도록 권고하는 상황이다.[89] 그러한 이유는 의무보고의 경우 처벌이 전제된다면 두려움으로 자신의 잘못을 축소하여 보고하게 됨으로써 안전위해요소를 파악하기가 어려워지고 결과적으로 위험을 사전에 예방하기 어려워진다는 데 있다. 더욱이 우리나라는 항공안전보고제도가 활성화되지 않는 문제점을 가지고 있다. 물론 2020년 개정 항공안전법을 통하여 "항공안전위해요인"의 정의를 신설하고, "항공기사고, 항공기준사고 또는 항공안전장애를 발생시킬 수 있거나 발생가능성의 확대에 기여할 수 있는 것"으로 정의하여 의무보고를 통하여 보고되지 않는 위해요인의 범위를 확대함으로써 항공안전보고제도를 활성화하기 위한 제도적 환경을 마련한 것으로 보이나, 항공안전 자율보고의 비활성화 문제는 여전히 상존하고 있다. 제도의 개선을 위해서는 실질적인 문제점을 파악하는 것이 중요할 것이다. 의무보고의 경우 처벌을 감수하고 보고해야 하므로 적극적이고 솔직한 보고를 기대하기 어려우며, 이로 인하여 자율적 보고에 대한 긍정적인 인식도 결여될 수 있을 것으로 보인다. 즉 위험요인이 있으나 결과가 발생하지 않았거나 다소 경미한 사건으로 처벌이 우려되지 않는 상황에서 보고자가 자율보고의 필요성을 인식할지에 대하여는 의문이 제기되며, 이러한 요인이 항공안전 자율보고의 비활성화에 직접적인 원인이 될 것으로 판단된다.

이러한 점에서, 의무보고사항에 대하여 고의·중과실을 제외한 과실에 '비처

---

88) 항공안전법 제59조(항공안전 의무보고).

89) Recommendation–States should extend the protection referred to in 5.3.1 to safety data captured by, and safety information derived from, mandatory safety reporting system and related sources. ICAO, Annex 19, *supra* note 1, 5.3.2.

벌'을 적용하는 방안을 제안하고자 한다. 이 방안은 '비처벌'이라는 장려책을 통하여 보고문화를 활성화하고 안전증진을 위한 정보를 수집하여 사고를 예방하고자 하는 것이다. 현재 우리나라의 항공안전 의무보고에 대한 행정처분은 의무보고 사항에 대한 사실조사를 통하여 고의·중과실을 제외한 과실에 대하여 재량에 따른 '제한적 비처벌'을 시행하고 있는바, 경과실에 대하여는 자율보고와 의무보고에 동일하게 비처벌을 적용하도록 개선하고자 하는 것이다. 또한 경과실에 비처벌을 적용하는 것뿐만 아니라 항공 선진국인 미국이나 영국, 호주의 사례를 참고하여 경과실에 대하여 행정처분이 아닌 개선 권고나 교육·훈련 등을 강화하는 방향으로 전환하는 정책을 검토해 볼 필요가 있다.[90]

우리나라 항공안전보고제도의 경우, 의무보고제도는 행정제재의 면제가 보장되지 아니하고, 자율보고는 보고의 범위가 제한적이고 보고자가 의무 또는 자율보고의 해당 여부를 판단하여 보고해야 하는 어려움이 존재하여 활성화되기 어려운 조건을 갖추고 있다. 그러한 이유로 자율보고에 대한 면책을 제공함에도 불구하고 해당 보고제도가 활성화되지 않는 것으로 판단된다. 따라서 의무보고와 자율보고의 차이를 두지 아니하고 보고를 하는 경우 면책을 보장하는 공정문화의 기본원칙을 적용하는 것이 보고의 활성화를 위한 방안이 될 것으로 판단된다. 즉 모든 사건 및 사고를 보고하도록 하고, 해당 행위에 고의 또는 중대한 과실이 없다면 면책이 되도록 하는 것이다. 이러한 방침은 국제민간항공협약 Annex 19에서 권고하는 바와 같이,[91] 의무보고에 대한 처벌의 두려움으로 자신의 과실에 대한 부분을 축소 보고하거나, 허위보고하여 항공안전의 중요한 정보를 왜곡하지 않도록 하는 방안이 될 것이다. 또한 의무보고와 자율보고에 동일하게 경과실에 대한 '비처벌'을 보장하고, 보고자들이 자유롭게 보고할 수 있는 환경과 신뢰의 분위기를 조성하는 공정문화의 원칙을 적용함으로써 항공안전이 확보될 수 있을 것으로 기대할 수 있다.[92]

---

90) 미국과 호주는 자율준수(Compliance Program)프로그램을 통하여 처벌보다는 교육이나 훈련을 통한 자율준수에 초점을 맞추고 있다. 관련 내용은 Chapter 03 참조; 영국은 의무보고에 비처벌 정책을 시행하고 있다. Civil Aviation Authority, The Mandatory Occurrence Reporting Scheme Information and Guidance(2011), 7.1, 7.2.

91) ICAO, Annex 19, *supra* note 1, 5.3.2.

92) 이와 관련하여 Doc. 9859에서는 의무보고 제도에 대한 보호를 확장하는 것은 보고자들이 그러한 보호가 적용되지 않는 경우 제공하지 않을 수 있는 추가 세부적인 정보를 제공하도록 장려

### 2) 조직의 자율보고에 대한 면책 신설

현행 항공안전법은 제59조제1항에서 의무보고의 주체를 '항공종사자 등 관계인'으로 규정하고, 제60조제2항에서 '의무보고 대상 항공안전장애에 대한 보고가 이루어진 경우'라고 명시하여 보고 주체에 위반자뿐만 아니라 그 행위자가 소속된 조직도 포함하고 있는 것으로 해석된다. 반면에 자율보고와 관련하여서는 보고 주체를 '누구든지'로 명시하고 있으나, 면책대상은 제61조제3항에서 '자율보고를 한 사람', 제4항에서 '항공안전위해요인을 발생시킨 사람'이라고 명시함으로써 면책대상이 위반행위자 또는 그와 관련된 자연인에 국한되도록 해석될 여지가 있다.[93] 이처럼 자율보고의 면책대상에 보고자가 속한 조직이 제외됨으로써, 보고자가 속한 조직이 이에 대한 처벌을 면할 수 없고, 자율보고의 결과로 소속 조직이 책임을 지는 결과를 야기할 수 있어 공정문화에 부정적 영향을 미칠 수 있다. 따라서 항공안전 자율보고의 경우에도 의무보고와 마찬가지로 보고 주체뿐만 아니라 소속 조직에 대한 면책이 보장되도록 할 필요가 있다.

성공적인 보고문화는 개인뿐만 아니라 조직의 자율적인 참여로 이루어질 수 있다. ICAO Doc. 9859, Safety Management Manual에 따르면, 조직이나 개인이 처벌을 두려워하여 보고를 회피할 경우, 국가나 서비스제공자는 중요한 정보를 얻을 기회를 놓치게 되는 것이며,[94] 조직과 개인은 안전을 위해 작성한 모든 보고에서 지원을 받을 것이라고 믿어야 함을 강조하였다.[95] 이처럼 자율적으로 보고할 수 있는 제도는 개인뿐만 아니라 조직도 참여할 수 있는 체계가 마련되어야 하며, 보고를 장려하기 위한 인센티브 또한 개인 및 조직을 대상으로 하는 것이 보고를 활성화할 수 있는 방안일 것이다. 또한 항공안전 자율보고에 보고자 및 해당 조직의 면책이 적용되도록 함으로써, 보고자의 위반사항으로 인하여 해당 조직이 처벌을 받는 상황을 면할 수 있다. 이를 통하여 보고자는 해당 사실을 조직이 인지하여 불이익을 받을 수도 있다는 불안과 염려에서 자유로울 수

---

하는 것임을 명시하였다. ICAO, Doc. 9859, *supra* note 23, 1.4.3.3.
93) 이창재, "한·미 과징금 제도의 비교", 한국항공우주정책법학회지 제35권 제2호, 한국항공우주정책법학회(2020), 제60면.
94) ICAO, Doc. 9859, *supra* note 23, 3.4.2.
95) *Ibid.*, 3.4.3.

있을 것이다. 무엇보다 개인과 조직이 보고에 자율적으로 참여하고 그로 인한 보상을 받을 수 있는 공정문화의 기반이 형성될 수 있을 것으로 기대된다.

### 3) FOQA 데이터에 대한 처분금지 규정 신설

현재 우리나라는 정부 및 항공사 등에서 자체적으로 관리하는 항공안전데이터 중 국가항공안전데이터, 공중항적데이터, 비행운항품질보증프로그램(Flight Opera-tional Quality Assurance: FOQA), 의무보고, 자율보고, 공항운영데이터 등 다양한 출처의 데이터를 수집 및 분석하여 과학적·예측적으로 항공안전을 관리하기 위한 기술 개발과 플랫폼 구축사업이 진행 중이다.[96] 이것은 빅데이터를 기반으로 위해요인을 확인하고, 위해요인의 심각도와 위험 수준을 정량화하여 항공안전의 위험을 사전에 확인하고 예방하기 위한 것이다. FOQA는 비행중 위해요인을 확인하는 데 상당한 역할을 담당하고 있다. 미국에서는 이미 FOQA의 이점을 활용하기 위한 논의가 활발히 진행되었으나, FOQA 프로그램을 통하여 수집된 데이터를 항공실무자나 항공사를 대상으로 한 징계나 처벌의 수단으로 사용하는 문제점 또한 제기된 바 있다. 이러한 이유로, 현재 미국에서는 FOQA 데이터의 기밀성과 조종사의 처벌이나 징계에 사용되지 않도록 하는 정책을 마련하여 시행하고 있다.[97]

우리나라는 FOQA 프로그램의 활용을 통한 데이터공유 활성화를 추진하고 있으나, 현재 FOQA 데이터를 활용하여 조직에서 징계를 금지하는 법규정만을 명시하고 있는 상황이다.[98] 이로 인하여, 조직이 실무자를 대상으로 징계는 할 수 없으나 분석 내용을 통하여 규정 미준수 사례가 확인되는 경우, 해당 실무자나 항공사가 행정처분을 면하기는 어려운 상황이다. 이러한 상황은 결국 조직이나 개인이 처벌의 두려움으로 오류를 감추는 결과를 초래하게 되며, 결국 실질적인 안전의 위해요인을 분석하는 것이 어려운 환경이 되는 것이다. 이러한 점에서, FOQA 데이터를 통하여 수집한 자료와 그 분석결과를 사용하여 징계나 불이익을 금지하는 것뿐만 아니라, 행정처분도 금지하도록 함으로써 해당 데이

---

96) 김진호 외 3인, "운항품질보증프로그램 이벤트 유형 및 심각도 우선순위 조사", 한국항공운항학회지 제29권 제3호, 한국항공운항학회(2021), 84면.
97) 14 C.F.R. § 13.401.
98) 항공안전법 제58조제6항.

터는 항공사고의 예방과 항공안전을 확보할 목적으로만 사용하도록 하는 법규정이 필요할 것으로 판단된다.

이러한 점에서 항공안전법 제58조제7항에 고의·중과실에 해당되지 않는 경우, FOQA 데이터를 사용하여 행정처분을 금지하는 법규정의 신설을 제안하고자 한다. 항공안전을 위하여 FOQA 데이터는 중요한 정보가 될 수 있으므로 해당 데이터의 공유를 위해서 고의·중과실을 제외하고 제재를 면제하는 방안을 고려할 필요가 있다. 이를 통하여 항공안전의 위해요인을 사전에 파악하고 항공실무자의 재발방지 및 교육에 활용하도록 함으로써 안전을 도모할 수 있을 것이다.

### (2) 자율보고제도 활성화를 위한 ASAP · VDRP의 도입 방안

#### 1) 자율보고제도의 확대 필요성

국제민간항공협약 Annex 19는 국가가 사고보고를 포함하는 의무보고제도를 구축[99]할 것과 의무보고제도로 확인되지 않는 안전데이터와 안전정보를 수집하기 위하여 자율보고제도를 구축[100]할 것을 명시하고 있다. 우리나라는 항공안전법 제59조(항공안전 의무보고) 및 제61조(항공안전 자율보고)에 따라 항공안전보고제도를 운영하고 있으나 대부분 의무보고 중심체제로 운영되고 있으며, 자율보고는 활성화되지 않는 실정이다. 의무보고 이외의 항목 중 잠재적 위험요소를 확인하기 위하여 마련된 항공안전 자율보고제도의 비활성화 요인으로는, 사고 및 사건의 발생이 대부분 의무보고 항목에 명시되어 있는 점, 발생하지 않은 사실에 대하여 잠재적 위험이 있다고 판단하더라도 보고로 얻을 수 있는 인센티브가 없다는 점,[101] 비교적 경미한 사안으로 보고의 필요성이 결여된 점, 신분의 비공개를 명시하고 있으나 정보의 역추적이 가능하므로 징계에 대한 두려움 등이 있으며,[102] 항공안전 자율보고의 비활성화 문제는 국내에서 지속적으로 거론

---

99) ICAO, Annex 19, *supra* note 1, 5.1.2.

100) *Ibid.*, 5.1.3.

101) 현재 자율보고제도의 면책은 규정 미준수에 대하여 결과가 발생한 경우 이에 대하여 제재를 면제하는 형태이며, 발생하지 않은 결과에 대한 포상이나 인센티브는 제공되지 아니한다.

102) 소대섭·김수정·이근영, "항공안전관리 강화 및 보고제도 활성화를 위한 행정처분 처리절차 개선방안 고찰", 한국방재학회지 제19권 제2호, 한국방재학회(2019), 37면. 저자는 자율보고제도가 비활성화되는 이유로 보고 숫자가 적고, 정보의 역추적 등이 가능하여 징계에 대한 두려움으로 제도가 활성화되지 못하는 이유를 들었으며, 자율보고제도의 범위를 변경해야 할 필요

되는 상황이다.[103] 이러한 점에서 볼 때, 우리나라는 국제민간항공협약 Annex SARPs의 기준은 충족하고 있으나, 항공안전 자율보고 활성화나 인적오류를 관리하기 위한 공정문화의 근본적인 목적에는 부합하지 못하는 실정이다.

항공안전보고제도와 관련하여 협약 체약국은 SARPs의 표준을 충족해야 할 의무가 있으나 각 개별국가의 실정에 맞추어 운영하게 되므로 동일한 방식으로 운영되지는 아니한다. 앞서 살펴본 바와 같이, 미국은 우리나라의 항공안전 자율보고와 유사한 프로그램인 항공안전보고제도(ASRS) 이외에도 인적오류를 관리하기 위한 목적의 항공안전조치프로그램(ASAP) 및 조직을 대상으로 하는 자율공개보고프로그램(VDRP)을 운영함으로써 자율보고제도의 활성화를 위해 노력하고 있다. 호주의 경우에도 항공자체보고제도(ASRS) 및 항공비밀보고제도(REPCON)를 통하여 정보수집의 목적 이외에 인적오류를 관리하기 위한 제도를 운영하고 있다. 이러한 점에서 우리나라도 정보수집 목적의 '항공안전 자율보고'뿐만 아니라 인적오류를 관리하기 위한 목적의 제도를 운영할 필요가 있다. 그러한 이유는, 정보수집을 통하여 잠재적 위험을 확인할 수는 있으나 해당 위반자의 자체 시정조치를 통한 재발 방지와 사고예방의 효과를 기대하기는 어렵기 때문이다. 인적오류를 관리한다는 것은 인적오류의 재발을 방지하기 위하여 위반행위자에게 교육 및 훈련을 함으로써 위험을 사전에 차단하고 동일한 오류를 방지하기 위한 조치를 취하는 것으로 볼 수 있다. 이것은 오류를 처벌하는 대신 학습과 재발방지 대책을 마련하도록 하는 공정문화의 원칙에도 부합하며, 실질적인 안전을 관리하기 위한 방안이라 판단된다.

### 2) 미국의 모델을 통한 자율보고제도의 확대 방안

미국에서는 안전하지 않은 조건을 확인하여 위험을 감소시키고 시정조치를 취하기 위하여 자율보고프로그램을 시행하고 있다. 이 프로그램은 조직이 자체

---

성과 결과만을 보고 처벌하지 않는 문화의 정착이 요구됨을 강조하였다.

103) 전제형, "항공안전운항을 위한 항공안전자율보고제도의 고찰", 2016년도 춘계학술발표대회, 한국항공운항학회(2016), 267면. 이와 관련하여 "국내의 경우 정부 및 관련부처의 노력에도 불구하고 해당 제도가 활발하게 운영되지 못하는 것은 국내의 사회 환경 및 문화적 요건의 차이가 존재하기 때문인 것으로 보고 있으며, 잠재적 보고자의 참여를 위하여 공정문화 정착이 필수적"임을 강조하고 있다.

적으로 위반사항을 적발하여 이를 FAA에 공개하고, 동일하거나 유사한 위반이 재발하지 않도록 신속한 시정조치를 취하는 것으로, 자율준수를 권장하고 안전한 항공운항을 위하여 효과적인 내부평가 프로그램과 안전관리시스템(SMS)의 개발을 촉진하기 위한 것이다.[104] FAA에 따르면, 2021년 1월 기준으로 항공안전조치프로그램(이하 "ASAP")은 미국에서 900개 이상의 업체가 MOU를 통하여 참여하고 있으며, 매년 10만 건이 넘는 보고서가 제출되는 등 활동과 참여가 증가하고 있는 것으로 보고되었다.[105] FAA는 이러한 ASAP를 엄청난 안전정보와 데이터의 원천으로 보고 있다. FAA의 정책은 개인의 자율보고를 위한 ASAP와 조직의 자율보고를 위한 자율공개보고프로그램(이하 "VDRP")이 있다.

ASAP는 항공사 및 정비업체 또는 기타 조직(이하 "적격조직"이라 한다)의 직원들이 사고의 잠재적 전조들을 확인하는 데 중요할 수 있는 안전정보를 자율적으로 보고하도록 권장하는 것이 목적이다. 또한 조직에 대한 VDRP는 규제대상 법인이 위반을 감지하고 FAA에 위반을 즉시 공개하게 되면, 재발방지를 위한 시정조치를 취하도록 독려하는 것으로, 규제가 단지 민사금전벌 조치로 끝나는 것이 아니라 긍정적인 인센티브를 통하여 FAA의 정책을 효과적으로 달성하기 위한 수단으로 적용하려는 것이다.[106] 다음에서는 미국의 자율보고프로그램을 살펴보고 이를 국내에 도입하는 방안을 제시하고자 한다.

### ① ASAP의 도입 검토

미국의 항공안전조치프로그램(ASAP)은 항공사 및 정비업체 등 적격조직이 FAA와 협력하여 비행 안전을 강화하기 위한 자율보고프로그램이다. 적격조직의 ASAP는 계약자와 그 고용인이 적용가능한 ASAP 양해각서(MOU)를 통하여 조건과 ERC의 결정을 준수하도록 구체적으로 규정하고 있다. ASAP는 FAA와 자격보유자 및 운송업체를 포함하고 안전 파트너십에 기초하며, 직원의 노동조합과 같은 제3자도 포함할 수 있다. ASAP의 목표는 사고가 발생하기 전에 비행 운영의 문제 및 안전 위험을 감지하는 것이다.[107] ASAP 프로그램에서 항공사 직원은

---

104) FAA, Advisory Circular 120-66C, 6.
105) FAA, N 8900.595(2021), 5.c.
106) FAA, 8900.1, 11-3.
107) Sarina Houston, Here's What to know about the Aviatin Safety Action Program(ASAP), 2019.10.30.

징계나 행정 조치의 우려 없이 자율적으로 안전보고서를 제출할 수 있다. 보고자가 제출한 보고서는 발생 사건의 상황을 분석하기 위하여 비행기록장치 등의 데이터를 사용하게 된다. 예를 들어 조종사의 불안전한 접근방식을 목격하거나 그러한 방식으로 비행하여 규정을 위반한 경우 보고서를 제출할 수 있으며, 이 보고서에는 해당 사건과 관련된 정보가 포함되는 것이다. 만약 불안전한 접근방식이 많이 보고된 경우, 항공사는 관련 지침을 마련하거나 주의를 줄 수 있으며, 향후 조종사의 과실 위험을 줄이기 위해 해당 공항으로의 접근에 관한 정책을 변경하고, FAA 또는 관련 기관에 특정 공역의 안전하지 않은 운영 위험을 알릴 수 있다.[108]

ASAP 프로그램을 운영하기 전에 조종사들은 자신의 행동으로 인한 징계 또는 처벌의 두려움으로 이와 같은 정보의 공유를 꺼렸으나, 많은 조종사와 기관이 ASAP 프로그램에 참여함에 따라 안전보고서가 보편화되면서 FAA 및 항공사의 운항데이터가 위험을 평가하고 사고를 예방하는 데 필요한 것으로 인식되고 있다.[109] 또한 비행기록장치의 데이터를 통하여 항공사는 실제 비행운영데이터를 분석하여, 관련 위험의 추세 및 이벤트 등을 모니터링할 수 있다. 일부 항공사에서는 비행운영품질보증프로그램(FOQA)을 통하여 ASAP 프로그램을 보완하고 있다. 즉 항공사에 문제가 발생하기 전, 문제를 찾고 해결할 수 있는 방법을 제공하는 것이다.

### 가. ASAP 운영방식

안전데이터 수집방법 및 프로그램의 세부사항은 FAA와 관련 항공사의 MOU에 의하여 진행된다. MOU는 각 당사자 간의 프로그램 범위를 정의하기 위해 작성된다. 관련 직원은 개인정보보호, 기밀성 및 안전을 보장하기 위해 시스템을 가장 잘 사용하는 방법에 대한 교육을 받는다. ASAP를 위한 ERC가 구성되며, 각 당사자인 항공사, FAA 및 조종사 노동조합 등으로 위원이 구성된다. ASAP는 프로그램을 위한 관리자를 두고 있으며, 관리자는 보고서를 검토하고 분석할 데이터를 입력하여 ERC에 적절한 보고서를 보낸다. ERC는 보고서를 검토하고 문

---

108) *Ibid.*
109) *Ibid.*

제 또는 잠재적으로 문제가 있는지 확인하여 개선 및 권고사항을 협의를 통하여
작성하게 된다.

나. 수용되지 않는 보고서

ASAP의 인센티브와 혜택을 받으려면 개별적으로 적시에 보고서를 제출하여
야 한다. 이전에는 사건이 발생한 근무일 종료 후 24시간 이내에 제출되어야 적
시에 제출된 것으로 보았으나, 현재는 ERC가 안전과의 이익균형을 결정하기 위
하여 모든 정보를 검토하고 보고서 수용 여부를 결정하는 것으로 보인다.[110] 또
한 사건의 유일한 정보가 보고서에서 나온 경우, 이 보고서는 '단일 출처'로 간
주되고, 이러한 '단일 출처'의 보고서는 적시성 여부의 검토에서 제외된다.

모든 보고서는 ASAP 관리자에게 전달되며, ERC 회의를 준비하게 된다. 잠재
적 FAR 위반이 있고 보고자가 적시에 보고서를 제출한 경우, 이 보고서는 사건
검토를 위하여 ERC에 전달된다. 그러나 모든 ASAP 보고서가 처벌조치로부터
보호되는 것은 아니다. 의도적으로 안전을 무시하거나, 고의로 발생한 문제, 범
죄행위, 약물 남용, 음주와 관련된 직원의 보고서는 수용되지 않으며, ASAP 프
로그램의 면책이 적용되지 아니한다.[111] 필요한 경우, FAA는 이와 관련하여 독
립적인 조사 및 법적 조치를 취할 수도 있다.

다. ASAP 사건처리 및 보고서 수용사례

다음은 ASAP에 보고된 사건사례를 통하여 보고서 수용에 대한 이해를 돕고
자 한다.

■ **보고서 1**

조종사가 항공기의 고도를 10,000ft까지 상승하도록 ATC에서 지시하였지만,
실제로는 11,000ft에서 수평이 되었다고 보고하였다. 보고서는 당일 비행종료 후
제출되었고, 보고서를 검토한 후 FAA 소속 ERC 위원은 항공교통관제사가 이
사건에 대한 조종사의 이탈 보고서를 제출하였다고 판단하고, 항공교통관제사로

---

110) Air Charter Safety Foundation, Aviation Safety Action Program Handbook(2020.4.30.),
    1.2.
111) *Ibid.*

부터 이 사건에 관한 ATC 기록, 레이더 데이터 및 진술서의 사본을 입수하였다. ERC는 이 사건의 ASAP 보고서가 '단일 출처'가 아니고 다른 방법으로 수집된 증거가 있는 '비단독 출처'(non-sole-source)에 의한 보고서에 해당되며, 이 사건은 ERC의 시정조치로 종결되어야 한다고 결정하였다. ERC는 해당 직원이 ERC의 모든 구성원이 만족할 수 있는 시정조치를 완료하였다는 ERC의 확인 후 해당 보고서의 사건을 종료하였다.[112]

### ■ 보고서 2

지휘 조종사(PIC)가 항공기의 고도를 10,000ft까지 상승하도록 ATC에서 지시하였지만, 실제로는 11,000ft에서 수평이 되었다고 보고하였다. 그 보고서는 사건 발생 10일 후에 제출되었다. 이 사건에 대하여 ERC는 조종사의 고도 이탈이 누구도 알지 못한 것이며, 고도 이탈의 유일한 증거가 PIC의 ASAP 보고서라고 결정하였다. PIC의 ASAP 보고서가 '단일 출처'로 결정되었기 때문에 ASAP 보고서로 수용되었고, ERC는 조종사가 FMS 진입 및 고도 허가 절차를 검토하도록 권고하는 것 외에 아무런 조치 없이 사건을 종결하였다. 또한 ERC는 부조종사에게 이 사건에 관한 단독출처보고서를 작성할 것을 요청하여 부조종사의 보고서도 시정조치를 포함한 동일한 방식으로 종결되었다.[113]

### ■ 보고서 3

항공기 이륙 직후, 한 엔진에서 압축기 실속(stall)[114]이 발생하였고, 이어서 두 번째 엔진에서 압축기 실속이 발생하였다. 승무원들은 비상사태를 선포하고 더 이상의 사고 없이 출발 공항으로 돌아왔다. 비행 후 항공기를 조사한 결과, 날개 표면에 얼음이 여전히 있는 것으로 밝혀졌다. 지휘 조종사와 부조종사는 이 사건에 대한 개별 보고서를 즉시 제출하였다. ERC의 조사에 따르면 승무원들은 회사 차량을 통하여 출발 공항의 정비 격납고로 이동하여 항공기 전방 문

---

112) *Ibid*.
113) *Ibid*.
114) 엔진이 멈추는 현상을 엔진 스톨이라고 하며, 일반적으로 압축기 실속(compressor stall)이라고도 한다. 강정식·강신형, "터보압축기의 스톨 발단에 관한 연구 리뷰", 유체기계저널 제6권 제4호, 한국유체기계학회(2003), 58면.

앞에 내려졌다. 지휘 조종사는 부조종사에게 비행 전 외부점검을 지시하고 조종석으로 이동하여 항공기 출발 준비를 하였다. 부조종사는 조종석으로 돌아와 항공기 외부점검을 마쳤고 비행 준비가 되었다고 보고하였다. ERC는 조사를 통하여 부조종사가 날개 윗면 점검을 포함하여 항공기의 순회 점검을 정밀하게 수행하지 않았다고 판단하였다. ERC는 이러한 행위가 부조종사의 무모한 행위에 해당한다고 결정하고 부조종사의 보고서는 ASAP에서 제외되었으며, 지휘 조종사는 규정을 위반하지 않았다고 판단하였다.[115]

앞서 살펴본 보고서 1, 2의 경우, 보고서의 적시 제출 및 단일 출처와 관련된다. ASAP에 제출된 보고서가 보고된 적이 없는 '단일 출처'인 경우 적시성 여부와 상관없이 수용되며, 보고자의 시정조치 이후 종료되는 것을 확인할 수 있다. 보고서 3의 경우, 보고서가 적시에 제출되었으나 위반행위가 무모한 행위에 해당한다고 판단하여 보고서를 수용하지 않았다. 즉 ASAP는 의도적으로 안전을 무시하거나, 고의로 발생한 문제, 범죄행위, 약물 남용, 음주에 해당하는 경우 보고서가 제출된다고 하더라도 ASAP 프로그램에서 수용하지 아니함을 확인할 수 있다.

### 라. ASRS와 ASAP의 비교

미국에서는 우리나라의 항공안전 자율보고와 유사한 NASA의 ASRS가 있으며, 이것은 익명의 자율보고프로그램이다. 보고서가 제출되면 NASA가 관리하는 데이터베이스로 이동하여, 시스템 전반의 안전문제를 확인하는 데 도움이 된다. NASA에 보고서를 제출하면 FAA의 행정제재에 대한 면제가 제공되나 FAA가 위반사실을 알고 해당 조직이나 개인을 주목하는 사실을 피하긴 어렵다.[116] 반면에 ASAP는 기밀의 자율보고프로그램이다. 보고서를 제출하면, ERC가 발생 사건의 근본 원인을 파악하여 해당 조직이 사건의 재발을 방지하고 안전을 향상시키는 데 도움이 되는 시정조치를 취할 수 있도록 노력하게 된다. 더욱이 보고자의 신원을 확인할 수 없도록 삭제하여 데이터베이스로 전달함으로써 중요한 안전문제를 관련 직원들이 확인할 수 있도록 하고 있다. 만약 FAA가 보고자의 위반행위

---

115) Air Charter Safety Foundation, *supra* note 110.
116) Air Charter Safety Foundation, ASAP FAQ.

를 다른 경로를 통해 알게 되더라도 ERC에서 보고서가 수락된 경우, 시정조치를 취해야 할 수는 있으나 행정제재나 불이익 조치를 취하지는 아니한다. 보고서가 수락되면 해당 사건은 최대한 빨리 처리되고 종료되며 이에 대하여 FAA는 행정집행을 취하지 않는다.[117] 즉 ASAP의 모든 초점은 사건의 근본 원인을 파악하는 것이며, 보고자에게 책임을 지우는 데 맞춰지지 않는 점을 주목할 필요가 있다.

### ② VDRP의 도입 검토

미국의 VDRP에 따르면, FAA는 명백한 위반에 대하여 규제대상 법인의 즉각적인 공개를 수용하고, 규제대상 법인이 위반을 시정하고 재발방지를 위해 FAA에 만족스러운 시정조치를 취하는 경우 민사금전벌 조치가 면제된다. 이러한 VDRP의 정보는 14 C.F.R. § 193에 따라 대중에게 공개되지 않도록 보호하고 있다.[118]

자율공개보고프로그램은 규제대상 법인에 해당하는 자격증명소지자(certificate holder), 지분소유권프로그램(fractional ownership program) 또는 14 C.F.R.에 따라 운영되는 생산승인보유자(Production Approval Holder)가 규정 미준수 사례를 자율적으로 확인하여 보고 및 시정할 수 있도록 하는 긍정적인 인센티브로서 제재 면제를 제공하는 프로그램이다. 또한 이 프로그램을 통하여 FAA는 위반으로 이어지는 사건의 근본 원인분석을 감독하고 참여할 수 있으며, 시정조치를 검토, 승인 및 감독하게 된다. 이 프로그램은 자격증명소지자가 이 프로그램의 요구사항을 충족할 때 민사금전벌 조치에서 제외되도록 함으로써 자율준수를 장려하고 안전한 운영 관행을 육성하며 내부 평가프로그램의 개발을 촉진하기 위하여 고안되었다고 볼 수 있다.[119]

### 가. VDRP 충족 요건

FAA는 명백한 위반사항을 공개적으로 공유하고 문제해결을 위하여 접근하는 방법이 항공안전을 강화하고 증진시킬 것으로 보고 있다. 이에 따라 FAA에 자율적으로 공개된 위반 사례에 대하여는 민사금전벌 대신 시정조치를 받게 된다.

---

117) *Ibid*.
118) FAA, Order 2150.3C(2021), 7.
119) FAA, Voluntary Disclosure Reporting Program(VDRP).

조직의 자율공개보고프로그램에서 규제대상 법인은 다음의 기준을 모두 충족할 때 VDRP에 적용되고 제재에 대한 면제가 주어질 수 있다. 1. FAA가 다른 방법으로 위반 사실을 알기 전에 자격증 보유자가 FAA에 명백한 위반 사실을 통보한 경우, 2. 명백한 위반이 의도하지 않는 것이어야 하며, 3. 명백한 위반이 자격 부족이나 합리적인 의문을 제기하지 않는 것이어야 하며, 4. FAA가 만족하는 즉각적인 조치를 취하여 명백한 위반을 초래한 행위를 종료하여야 한다.[120] 자율공개보고를 수락하거나 거부하기로 결정하는 것은 해당 시점에 필요한 정보와 FAA에 알려진 기타 정보를 근거로 한다. 그러나 자율적 공개를 수락한다고 하여 VDRP에 따른 행정제재의 면제를 보장하는 것은 아니다. FAA의 후속 조사에서 시정조치에 따른 요건을 충족하지 못하거나 위반이 발생하였다고 판단되는 경우, 행정집행이 취해질 수 있기 때문이다.[121]

이와 관련하여 Adm'r v. Gojet Airlines[122] 사건에서 ALJ는 고젯(Gojet) 항공이 정비매뉴얼[123]을 따르지 않아 감항성 요건[124] 규정을 위반하였으며, 이로 인하여 14 C.F.R. § 91.13(a)의 '부주의하고 무모한' 운항으로 이어졌다고 결정하였고, 고젯 항공은 이에 불복하고 제소하였다. 이 사건의 사실에서 고젯 항공은 FAA의 자율공개보고프로그램(VDRP)에 따라 명백한 위반에 대한 사실을 보고하였다. 이에 따라 FAA의 요건을 충족하는 포괄적인 시정조치를 자체적으로 제안하고 시행하는 경우, 위반에 대한 면책을 받을 수 있었다. 그러나 이 사건에서 FAA는 고젯의 시정조치가 부적절하다고 판단하였고, 고젯이 시정조치를 받아들이거나 위반의 재발을 방지할 수 있는 또 다른 시정조치를 제안할 기회를 주었다. 고젯은 이 두 가지를 모두 행하지 아니하였고 FAA는 고젯의 VDRP에 따른 보고서를 수용하지 않고 즉각 집행에 나섰다. 고젯은 FAA가 VDRP에 따라 고젯의 자율적 공개에 대한 수용을 취소한 것은 FAA가 자체 발행한 지침과 절차를 위반한 것으로 '자의적이고 변덕스럽다'라고 주장하였다. ALJ는 고젯의 주장을

---

120) FAA, Aviation Voluntary Reporting Programs.
121) FAA, 8900.1, Vol. 11 Flight Standards Programs, Chapter 1, Section 1(2021), Stage II, note.
122) Adm'r v. Gojet Airlines, LLC, FAA, Order No. 2012-5 (2012).
123) 14 C.F.R. § 43.13(c).
124) 안전한 비행에 적합한 상태이며 식별 및 장비와 관련된 것을 포함하여 본 장의 해당 감항성 요건을 충족해야 한다. 14 C.F.R. § 121.153(a)(2).

배척하였고 위반에 대하여 민사금전벌 조치를 결정하였다. VDRP는 Advisory Circular 00-58 및 FAA Order 8900.1을 통하여 규제대상 기관의 조치에 'FAA 가 만족해야 함'을 분명히 하고 있으며, 고젯은 FAA가 요구하는 조치를 취하는 것을 거부하였기 때문이다.

이처럼 FAA의 면책조건에서 제시하는 '만족할 만한 조치'는 규제 기관의 재량권을 어느 정도 인정한 것으로 볼 수 있으므로, 규제대상 기관은 시정조치와 재발방지 대책을 포함한 조치와 사후 감사가 포함될 수 있다는 점을 간과해서는 아니 될 것이다.

### 나. 행정집행의 예외 조건

VDRP는 행정집행의 예외조건을 제시하고 있으며, 다음의 예외조건을 제외하고는 FAA의 조사 과정에서 사고 또는 사건과 관련하여 명백한 위반을 FAA에 통보할 경우, 행정집행에서 제외되지 아니한다.

**예외 1)** 항공안전조치프로그램(ASAP) 보고서로부터 법인의 위반 사실을 알게 되더라도 FAA는 자율공개보고를 수용할 수 있다.

**예외 2)** 규제 기관이 FAA와 공동감사 과정 중 명백한 위반이 확인되더라도 FAA와 공동으로 감사를 수행하는 것을 자율적으로 동의한 경우, FAA는 명백한 위반 사실을 이미 알고 있더라도 규제대상법인이 제출한 자율공개보고를 수용할 수 있다.

### 다. 반복적 위반

FAA가 자율공개보고로 해당 사건을 종료한 후 동일하거나 유사한 위반이 발생한 경우, FAA는 관련 규제대상법인이 FAA와 합의한 모든 시정조치의 조건을 준수하지 않았다고 판단하지 않는 한, 해당 사건을 재검토하지 아니한다.[125] 이것은 사건조사 과정 중 동일한 사건에 위반이 발생하게 되면 반복 위반에 해당되는 것으로 해석할 수 있기 때문이다.

---

125) FAA, 8900.1, Vol. 11 Flight Standards Programs, Chapter 1, Section 1(2021), 11-10.

## (3) 규제 기관과 규제대상 기관과의 협의를 위한 'ERC'의 도입

### 1) 용인의 범주 판단을 위한 'ERC' 필요성

ICAO Doc. 9859, Safety Management Manual에서 제시하는 성과기반(perfor-mance based) 안전접근방식은 국가의 준수 여부에만 초점을 두는 것이 아니라 원하는 결과를 달성하는 데 초점을 맞추고 있으며, 이를 개선하기 위한 노력이 필요함을 강조하고 있다.[126] 즉 성과기반 안전접근방식의 구현은 지정된 결과를 달성하기 위하여 적절한 수단을 개발하고 각 서비스제공자의 접근방식을 평가하기 위한 항공업계 측의 노력이 필요하기 때문에 협력적이어야 함을 강조하는 것이다. 현재 공정문화와 관련하여 우리나라는 관련 법규정을 정비하는 것에 초점을 맞추고 있다고 볼 수 있다. 즉 국제민간항공협약 Annex SARPs에 따라 관련 법규정을 정비하였으나, 이와 관련한 구체적인 실행방안은 마련되어 있지 않으며 관련 당사자들의 참여나 이해가 부족한 상황으로 볼 수 있다. 이러한 이유로 공정문화가 정착되기 어려운 환경이며, 관련 당사자들이 자율적으로 보고하는 공정문화의 환경이 마련되지 않는다면 항공안전의 위험이 증가할 수 있다.[127]

우리나라는 규제 기관이 규정 위반에 대하여 위반행위자 또는 법인의 행정집행 여부를 일방적으로 통보하는 방식으로, 이에 대한 행정 절차상의 공정성과 관련한 문제가 제기되고 있다.[128] 이러한 이유로 규제 기관과 규제대상 기관의 협의를 위한 Event Review Committee(이하 "ERC"라 한다)의 도입이 시급한 상황으로 판단된다. ERC는 ASAP에 제출된 보고서의 수용 여부를 결정하는 조직으로 ASAP 관리자, 조종사 대표, 승무원 대표, 정비사 대표, 경영자 대표 및 FAA 지정 대표로 구성될 수 있으며, ASAP MOU의 과정에서 충족하는 인력을 지정하여 ASAP의 결정 과정에 참여시킬 수 있다. ERC는 보고자가 규정위반 행위에 대하여 보고서를 작성하여 적시에 제출하면 규제 기관과 규제대상 기관의 보고서 수용 여부뿐만 아니라 시정조치 및 개선권고를 협의하에 결정하게 된다.

---

126) ICAO, Doc. 9859, *supra* note 23, 1.1.6.
127) 이와 관련하여 ICAO, Doc. 9859에서는 위험은 내부 및 외부 조사보고서의 검토 및 연구에서 확인될 수 있으며, 사건 또는 사고조사보고서를 검토할 때 위험을 고려하는 것은 조직의 위험 확인 및 시스템을 강화하는 좋은 방법으로 보고 있기 때문이다. *Ibid.*, 2.5.2.6.
128) 유인호, 전게논문(주 38), 74면.

이것은 공정문화에서 요구하는 민·관 협력의 핵심 가치를 이행하기 위한 중요한 과정으로 판단된다. 물론 ERC는 해당 프로그램 및 MOU를 통한 규제대상 기관을 대상으로 하기 때문에 그와 같이 합의된 범위 내에서 프로그램이 운영된다고 볼 수 있다. 또한 ASAP에 보고서가 제출되지 아니하였거나 수용할 수 없는 보고서 또는 그 규제대상 기관의 구성원이 아닌 경우 면책이 적용되지 아니한다. 그러나 규제 기관과 규제대상 기관이 협의하에 항공의 위험요인과 관련된 문제를 검토하고 개선방안을 논의할 수 있는 조직이라는 점, 해당 조직이 자체적으로 안전과 관련된 개선방안을 관련 실무자들과 논의한다는 점, 빠른 시일 내에 문제에 접근하여 이후 재발을 방지하는 대책을 세운다는 점에서 ERC의 도입은 필수적이라 판단된다.

한편 ERC는 우리나라의 항공안전위원회나 행정처분심의위원회와 그 성격이 동일하다고 보기는 어렵다. 이 조직은 전문가들의 참여를 통해 자문을 받는 형태로 운영되지 않으며, 규제 기관과 규제대상 기관의 관련자들이 안전관련 문제의 원인을 찾아내고 해결하기 위한 협력체라 할 수 있다. 물론 아직 국내에 ERC 제도가 도입되지 않은 상황이므로, 정책 방향에 따라 ERC의 운영형태는 달라질 수 있을 것으로 판단된다.

### 2) 미국 ASAP의 'ERC' 모델

#### ① ERC의 보고서 검토

ERC는 회사 담당자, 직원 대표 및 FAA의 담당자로 구성되며 발생 사건에 대하여 보고서의 수용 여부와 필요한 시정조치를 결정하게 된다. 이러한 ERC의 모든 결정은 과반수 투표가 아닌 협상을 통하여 타결되는 협업 과정으로 볼 수 있다. ERC가 처리하는 보고서의 유형은 고도 이탈, 규정 미준수 등 안전과 관련된 발생 사건으로 상호 합의된 상황에서 필요에 따라 중대한 안전문제에 대하여 신속한 회의를 요청할 수 있으며, 회의에 참석하는 모든 위원은 비밀유지 조건을 포함한 ASAP MOU의 해당 조건을 준수해야 한다.[129] ERC 회의 7일 전에 ASAP 관리자는 ERC 위원들에게 보고서와 수집된 모든 관련 정보에 대한 접근 권한을 제공하고, ERC 위원들은 회의에서 사용할 수 있는 모든 보고서를 검토

---

129) Air Charter Safety Foundation, *supra* note 110.

하게 되며, 위원들의 만장일치 합의를 통하여 각 ASAP 보고서의 수용 여부를 결정하게 된다. 만약 보고서가 불완전하거나 ERC 위원들이 회의 시간에 이용할 추가 정보를 원하는 경우, ASAP 관리자는 추가 데이터수집 및 조사를 진행하게 된다. 이때 FAA는 관련 자율준수를 촉진하기 위한 법적 권한을 가지고 있으므로, ERC에서 만장일치 합의에 이르지 못할 경우, FAA는 적절한 조치를 취할 수 있는 권한을 갖는다.[130]

한편 FAA Reauthorization Act of 2018, Section 320에 따라, ASAP에 제출되었지만 ERC의 검토를 거치지 않은 보고서는 자격이 없는 것으로 결정될 수 있으며 ERC의 합의에 도달하지 못한 경우 해당 프로그램에 따른 수용기준을 충족하지 못하는 것으로 명시하고 있다. 따라서 이러한 보고서는 면책이 적용되지 않으며 보고서의 공개에 대한 보호도 적용되지 않음을 분명히 하고 있다.[131]

② 기밀성

ASAP는 보고자의 신원에 기밀성을 보장하지만 ERC에서 보고자의 익명성을 보장하지는 아니한다. ASAP 관리자가 ERC 회의 전에 보고서의 검토를 위하여 보고자의 이름을 삭제할 수는 있으나, 해당 목적은 단순히 ERC 위원의 평가에서 편향될 가능성을 줄이기 위한 것이다. 즉 ERC는 보고서의 수용 가능성과 적절한 경우 시정조치를 결정하기 위해 개인, 해당 조직 또는 FAA로부터 추가 정보를 요청해야 하는지 여부를 결정하기 위해 정보를 필요로 하며, FAA의 ERC 위원은 FAA가 ASAP 외부에서 사건에 관한 독립적인 정보를 가지고 있는지 확인하기 위하여 사건에 관한 특정 정보가 필요하다.[132] 또한 ERC가 보고서 처분에 대하여 정보에 입각한 결정을 내리기 위해 인터뷰가 필요하다고 판단되는 경우, ERC는 보고서의 수락 결정을 내리기 전 또는 보고서 종결 전에 보고 직원을 인터뷰할 수 있다. 이 경우 FAA는 ERC 인터뷰를 통하여 직원으로부터 얻은 정보를 해당 직원의 ASAP 보고서 내용으로 간주하고 동일한 보호를 적용한다. 이것은 FAA가 범죄행위, 약물, 음주 또는 고의적인 위조의 행위가 수반되지 않

---

130) Lessons Learned and Best Practices for ERC Members.
131) FAA, Reauthorization Act of 2018, Section 320, Acceptance of Voluntarily Provided Safety Information.
132) Lessons Learned and Best Practices for ERC Members, *supra* note 130.

376 ● Chapter 06. Just Culture와 행정규제

는 한, 해당 직원의 보고서가 프로그램에서 제외되는 경우라고 하더라도 해당 직원의 법적 조치에 인터뷰 내용을 사용하지 않는다는 것을 의미한다.[133]

### ③ 보고서 수용기준

위반 가능성이 있는 보고서가 ASAP에서 수용되려면 다음 기준을 충족하여야 한다. 1. 보고자가 MOU에 명시된 기간보다 늦게 보고서를 제출하였으나, 보고서가 다른 모든 허용 기준을 충족한 경우, ERC는 사용 가능한 모든 정보를 검토하여 시기적절한 보고서를 받아들이는 것이 안전에 최선의 이익인지를 판단한다. 2. 보고서의 적시성에 대한 고려사항은 유일한 출처로 결정된 보고서에는 적용되지 아니한다. 3. ERC는 명백한 규정 위반이 무모한 행위에 포함되지 않는다는 것을 합의를 통해 결정해야 한다. 4. 제재의 면제에는 기장이 비상상황에서 권한을 행사하는 동안 발생하는 위반이 포함된다. 5. 보고된 사건은 'Big Five'(범죄 활동, 약물, 통제된 약물, 음주 또는 보고 직원의 의도적인 위조)와 관련되어서는 아니 된다. 만약 이와 관련된 것으로 보이는 사건을 보고한 경우, 추가 처리를 위해 FAA에 회부되며, FAA는 이러한 보고서를 집행 목적으로 사용하거나 적절한 경우 법 집행 기관에 보고서의 판단을 의뢰할 수 있다. 6. Big Five와 관련되었을 가능성으로 인해 제외된 보고서는 후속 조사의 증거로 해당 직원이 그러한 행동에 관여하지 않았다는 ERC의 의견이 일치할 경우, ASAP로 다시 수용될 수 있다.[134]

### ④ 보고서의 합의

ERC는 프로그램에 대한 보고서의 수용 여부를 결정할 때와 시정조치 권고안을 결정할 때 합의에 도달해야 한다. 이러한 합의는 모든 위원이 특정 결정이나 권고가 가장 바람직한 해결책이라고 믿는 것이 아니라, 그 결과가 안전의 최대 이익인지에 대하여 판단하고 각 위원의 수용 가능한 해결책이 포함되도록 하는 것이다. 만약 합의에 도달하지 못한 경우, FAA가 규칙과 규정을 집행하는 법적 권한을 가지고 있다는 것을 인식하여야 한다.

명백한 위반, 자격 또는 의료인증 문제와 관련된 보고서에 대한 ERC 결정에

---

133) *Ibid.*
134) *Ibid.*

합의가 없는 경우, FAA의 ERC 대표는 보고서를 처리하는 방법을 결정하게 된다. 그러나 FAA는 ASAP 보고서의 내용, ERC 조사를 통해 수집된 정보 또는 보고 직원을 대상으로 한 후속 행정집행에 보고자의 ERC 인터뷰를 사용하지 않는다. 이러한 정책은 ASAP 보고서가 ERC에 의해 승인 또는 제외되는지에 관계없이 적용된다. FAA는 ASAP 보고서와 무관하게 사건에 대한 지식을 활용하여 명백한 위반으로 판단되는 사항에 대하여 조사를 수행할 수 있다. 그러나 수용된 ASAP 보고서에 대하여는 행정집행을 취할 수 없고, 종결된 경우라도 이후에 해당 위반이 프로그램에서 제외되었어야 한다는 증거가 확인될 경우, 이에 대한 조사가 재개될 수 있으며 FAA는 적절한 행정집행을 취할 수 있다. 이것은 새로운 증거가 확인되어 ERC가 사건의 수용 또는 기각 결정을 재고해야 할 경우, 종결된 ASAP 사건은 재개될 수 있음을 의미한다.[135]

⑤ 시정조치

ERC는 자격증명소지자와 협력을 통하여 ASAP에 따라 얻은 정보에 기초하여 수행해야 하는 제도적 문제에 대한 시정조치 및 수용 가능한 시정조치를 개발한다. 시정조치는 명시된 안전 결함을 해결하기 위해 ERC의 모든 구성원이 수용할 수 있는 방법으로 완료되어야 하며, 자격증명소지자가 시정조치를 완료하지 못하면 일반적으로 해당 프로그램이 종료된다. 또한 개별 직원이 명백한 위반, 자격 문제 또는 의료인증 관련 문제에 대한 시정조치를 ERC의 모든 구성원이 수용할 수 있는 방식으로 완료하지 못하면 해당 사건에 대한 조사가 재개되고 적절한 조치가 취해질 수 있다. ERC는 승인된 보고서에서 확인된 모든 안전문제에 대한 시정조치를 권고할 수 있다. 시정조치는 교육, 멘토링, 상담 또는 ERC가 문제해결을 위해 취해야 할 최선의 행동 방침이라고 판단하는 것이 될 수 있다.[136]

## 3) 국내 도입시 고려사항

### ① 보고서의 수용범위

ASAP를 국내에 도입하는 경우 보고서의 수용범위를 고려할 필요가 있다. 우

---

135) *Ibid.*
136) *Ibid.*

리나라는 항공안전 의무보고의 항목을 명시하고 있으며, 의무보고를 하지 아니하거나 거짓으로 보고한 자는 처벌의 대상이 된다.[137] 또한 항공안전 자율보고의 범위는 의무보고 항목 이외의 범위로 하고 있다. 이러한 보고체계를 동일하게 유지할 것인지, 아니면 미국과 마찬가지로 보고의 범위를 제한할 것인지에 대하여 설정하여야 함을 의미한다. 이때, 기존과 동일한 체제를 유지하는 것은 자율보고의 활성화에 도움이 되지 않을 것으로 판단된다. 미국의 경우 우리나라에 비해 자율보고의 범위가 넓고, 이러한 점에서 자율보고의 범위에는 차이가 발생한다.[138]

또한 항공안전보고프로그램의 면책에서 제외되는 범위가 상이하다. NASA의 ASRS는 사고와 범죄, 의도적 행위를 면책의 범위에서 제외시키고 있으나, ASAP는 Big Five[139]에 해당하는 행위는 제외하나 사고를 보고서의 면책대상에서 제외하고 있지는 아니하다. 즉 사고가 발생한 경우, 보고자는 ASAP를 통하여 보고할 수 있는 것이다. 이와 관련하여 미국 교통부의 감사 과정에서 ASAP의 보고서 수용범위에 '사고'를 포함하는 것과 관련하여 ASAP의 근본적인 목적과 모순된다는 견해를 보이며 시정이 필요함을 요구하였다.[140] 그러나 FAA는 사고가 의도하지 않은 결과로 발생할 수 있으며 ASAP의 특성상 NTSB나 FAA 담당자와 인터뷰할 때보다 더 정확하고 솔직할 수 있다고 판단하여 시정조치를 거부한 바 있다. 또한 ERC가 단기간에 시정조치를 검토하고 권고하게 되므로, FAA 또는 NTSB가 사고조사를 완료하기 전에 안전 위험을 완화할 수 있다고 주장하였다.[141] 이러한 점은 현재까지도 ASAP가 사고를 보고서의 배제범위에 포함시키지 아니한 이유로 판단된다.

우리나라에서 ASAP를 도입하는 경우, 앞서 미국의 모델에서 확인한 바와 같이 대상 조직과의 MOU를 통하여 관련 내용을 규정하고 구체적으로 명시하게

---

137) 항공안전법 제158조제1호, 제166조제5항제2호.

138) 미국은 사고(accident) 및 준사고(serious incident) 중 명시된 항목 12개 항목만을 의무보고의 대상으로 한다. 49 C.F.R. § 830.5.

139) Big Five는 범죄 활동, 약물, 통제된 약물, 음주 또는 보고 직원의 의도적인 위조 행위가 포함된다.

140) U.S. DOT, FAA is not Realizing the full Benefits of the Aviation Safety Action Program Federal Aviation Administration, Report Number AV-2009-057, 2009.

141) *Ibid*.

될 것이다. 이때 보고의 범위가 현재 항공안전 자율보고와 동일하게 규정된다면 자율보고를 확대하기는 어려울 것이다. 이러한 이유로 미국의 모델을 참고하여, 고의, 중과실, 범죄 등의 행위만을 보고서의 수용범위에서 제외되도록 하는 것이 ASAP의 활성화를 위한 방안일 것으로 판단된다. 이때 의무보고사항에 해당된다면 ASAP 제출시 의무보고 항목에 해당됨을 표시하도록 함으로써 의무보고의 미보고로 처벌되지 않도록 하는 방안을 고려해 볼 필요가 있다.

### ② 보고서의 수용을 위한 판단

ASAP에 제출된 보고서가 수용되고 보고자가 면책을 받기 위해서는 프로그램에서 제외하는 기준에 포함되지 않아야 한다. ASAP는 무모한 행위, 의도적인 행위 및 Big Five에 해당하는 위반행위의 보고서는 수용하지 않고 있으며, ERC는 해당 보고서가 이러한 행위를 포함하는지 판단하여야 한다.

미국의 경우 미국 교통부 감사관실(U.S. Department of Memorandum Transportation Office of the Secretary of Transportation Office of Inspector General)의 자료에 따르면, FAA의 2005 회계연도부터 2007 회계연도까지 ASAP 조사를 실시한 결과, ERC 위원들은 ASAP의 기준을 해석하는 데 어려움을 겪고 있는 것으로 나타났다.[142] 적절한 기준이 없다면, '의도적 행위', '무모한 행위'의 결정은 지극히 주관적이게 되고, 이로 인하여 FAA가 적절한 행정집행을 취하는데 어려움이 있을 것으로 판단한 것이다. 예를 들어 2006년 정비사가 엔진오일 누출문제를 해결하던 중 사망하였고, 이와 관련하여 조종사들은 24시간 이내에 ASAP 보고서를 제출하였다. 이 사고와 관련하여 감독관은 안전의 의도적인 무시 (intentional disregard)가 사망에 기여한 것으로 보았으나, ERC 위원들은 해당 사고에 대한 ASAP 보고서를 수용하였다. 이에 대하여 감독관은 FAA의 자체조사 없이 사고의 원인이 될 수 있는 개인에 대한 사소한 행정집행만으로 인명피해가 발생한 사고를 종결해야 하는지에 대하여 의문을 제기하였다.[143] 이러한 문제로, 현재 Advisory Circular 120-66C는 '무모한 행동'과 '의도적인 행동'의 기준을 명시하고 있다.[144]

---

142) *Ibid.*
143) 이와 관련하여 FAA, Advisory Circular 120-66B(2002)는 ASAP 보고서의 충족 기준을 명시하고 있으나, '의도적인 행위'나 '무모한 행위'의 정의나 기준은 명시되어 있지 아니하다.

그러나 앞서 살펴본 바와 같이 위반행위는 여러 행위의 유형이 중첩되어 나타나는 특징이 있으므로, 행위의 기준으로 위반행위를 명확히 판단하기는 어렵다. 따라서 ERC가 ASAP의 보고서 수용 여부를 판단하고자 할 때 용인의 경계를 위한 판단절차를 사용함으로써 이러한 행위의 모호함을 개선할 수 있을 것으로 판단된다.

### ③ MOU를 통한 ASAP의 목적과 시정조치의 명확화

ASAP는 협력(partnership) 프로그램으로, 주로 규율에 초점을 맞추기보다는 안전문제를 확인하고 해결하기 위한 것이며, FAA와 항공운송업체 간의 협력을 촉진하기 위한 것이다. 그러나 ASAP의 목적에 대한 혼동은 프로그램에 악영향을 미칠 수 있다. 예를 들어 아메리칸 항공(American Airlines), 컴에어(Comair) 및 US Airways 조종사들은 ASAP 보고서를 제출한 조종사에 대해 취해진 상반된 견해 때문에 ASAP를 중단하였다. 델타(Delta) 항공의 조종사들도 2006년 유사한 이유로 운영을 중단하였다가 FAA의 권유로 2009년 운영을 재개하였다.[145]

조종사협회에 따르면, 대다수의 조종사들이 재점검이나 시뮬레이터 훈련과 같이 ASAP 보고에 따른 어떠한 시정조치도 처벌적인 것으로 받아들였다. 이것은 규제 기관과 각 항공사의 MOU 체결 시에 ERC가 보고된 위반에 대한 해결책으로서 시정조치 또는 행정집행을 권고할 권한이 있음을 명시해야 할 필요성을 보여준다. 또한 항공사가 보고 내용과 무관하게 보고한 사건에 대한 정보를 입수하였을 때 ASAP에 보고한 사건에 대하여 징계할 수 있는 항공사의 권한에 대해서도 조종사와 항공사 간에 이견을 보여왔다. 이것은 ASAP의 목적을 명확히 인식시켜야 할 필요성과 이를 위한 FAA 지침의 개선과 추가 교육이 필요하다는 것을 보여준다.

### 4) 기대효과

우리나라는 현재 사고 및 사건으로 안전규정에 대한 미준수가 발생한 경우 위반자를 처벌하는 것에 초점이 맞춰져 있다.[146] 미국의 경우, 과거에는 우리나

---

144) FAA, Advisory Circular 120-66C(2020), 18.2, 18.3.

145) U.S. DOT, *supra* note 140.

146) 아주경제, 국토부, 안전규정 위반 제주항공 · 에어로케이에 행정처분, 2022.3.11.

라와 마찬가지로 항공실무자들의 규정위반에 대하여 벌칙과 벌금에 의존하여왔다.[147] 그러나 현재 FAA의 안전협력프로그램인 ASAP가 항공사와 협력관계를 형성하는 데 가치가 있다고 인식하고 있으며, 이러한 프로그램을 적절히 사용하는 것은 항공산업에 중요한 도구가 될 수 있다고 보고 있다.[148] 우리나라가 미국의 ASAP 제도를 도입할 경우, 항공운송업체 또는 정비업체 등과 MOU를 통하여 프로그램 시행과 관련된 주요 사항을 결정하게 될 것이나, 기본적으로 앞서 살펴본 내용을 고려하여 프로그램의 시행착오를 줄일 필요가 있을 것이다.

ASAP는 자율보고라는 점에서는 우리나라의 항공안전 자율보고와 유사하나, 프로그램의 목적은 인적오류의 관리를 위해 시정조치 및 개선 권고 등을 통하여 근본적인 문제를 해결하는 데 있다. 항공안전 자율보고는 정보수집을 통하여 잠재적 위험요소를 확인한다는 점에서는 중요하나, 인적오류에 대한 근본적인 개선을 기대하기는 어렵다. 이러한 점에서 볼 때, 이 프로그램은 조직이 문제를 파악하고 자체적인 시정조치를 마련함으로써 안전성과를 달성하도록 유도하며, 규제 기관 및 규제대상 기관이 협력하여 안전문제를 협의하는 과정을 통해 공정문화의 기본 토대를 형성할 수 있을 것으로 판단된다.

---

147) U.S. DOT, *supra* note 140.
148) *Ibid.*

# Final remarks

공정문화는 항공분야의 사고(accident) 및 사건(incident)에서 대부분을 차지하고 있는 인적오류의 실질적인 감소를 위한 새로운 안전관리 방식을 말한다. 전통적인 처벌 위주의 정책과 사후 조치적인 안전관리 방식에서 벗어나, 실무자들의 자율보고 활성화와 적극적인 참여를 도모하기 위하여 인적오류에 처벌보다는 재발방지를 위한 시정조치를 취하도록 하고, 안전정보를 보호하는 법과 정책을 마련함으로써, 좁게는 수집된 안전정보를 활용하여 안전사건의 발생을 예방하고, 궁극적으로는 사고를 예방할 수 있도록 하기 위한 것이다.

국제적 차원에서 항공분야의 '공정문화' 개념 도입은, 2004년 '글로벌 항공정보 네트워크(GAIN)에 의한 기술보고서인 '공정문화에 대한 로드맵: 안전 환경 개선'(A Roadmap to a Just Culture: Enhancing the Safety Environment)에서 비롯되었다.[1] 이 보고서에서 '공정문화'는 사람들이 안전 관련 정보를 제공하도록 권장하지만, 용인되는 행동과 용인되지 않는 행동 사이의 경계가 명확한 신뢰의 분위기가 조성되어야 함을 강조한 바 있다. 용인의 경계를 명확히 구분하는 과정은 신뢰를 바탕으로 한 협력의 환경에서 이루어지며, 이러한 협력은 정책 의사결정에 영향력이 없는 조직의 다른 구성원들과의 협력을 말한다. 즉 공정문화의 환경은 '비공개'와 '비처벌'이 보장되는 신뢰의 환경을 통하여 조직 구성원들과의 협력이 이루어질 때 비로소 구축될 수 있다고 보는 것이다.

항공분야의 공정문화 구현에 있어 장애 요소로 지목되고 있는 것은 첫째, 항공사고나 사건의 발생 이후, 재발 방지를 위한 조치보다는 항공실무자를 처벌하는 것에 초점이 맞춰져 있다는 것이다. 둘째, 항공실무자의 과실이 포함된 자율보고의 내용 및 사고조사 과정에서 진술한 내용 등의 항공안전데이터 및 안전정보가 규제 기관 및 법원에서 항공실무자의 처벌을 위한 증거로 채택된다는 점이다. 이로 인하여, 항공실무자들은 자신이 제공한 정보가 처벌의 근거로 사용된다

---

1) GAIN, A Roadmap to a Just Culture: Enhancing the Safety Environment, Gain Working Group E, 1st edition(2004), p.4.

는 두려움으로 안전과 관련된 위험요인을 자율적으로 보고하지 않거나 사고조사에 협조하는 것을 기피하는 현상이 발생하게 된 것이다.

ICAO에서도 이러한 문제점을 인식하고 공정문화의 필요성에 대하여 지속적으로 논의하여 왔으며, 공정문화의 원칙과 관련한 구체적인 내용이 「국제민간항공협약」 Annex 13 및 19의 SARPs에 반영되어 체약국의 이행을 강조하고 있는 상황이다. 그러나 ICAO의 실질적 논의와 강조에도 불구하고 국제규범으로서의 한계가 존재하므로 체약국은 SARPs의 이행을 위하여 국내법과의 조화를 이루는 법과 정책을 마련할 필요가 있다. 이와 관련하여 미국은 다양한 항공안전보고제도와 정책방안을 마련하여 시행하고 있으며, EU는 공정문화를 입법화하여 회원국이 공정문화의 환경을 조성하도록 강조하고 있다. 또한 호주는 정보의 비공개와 관련하여 비교적 강력한 법규정을 시행하고 있는 국가로 평가된다. 이에 본서는 미국, EU, 그리고 호주의 법규정 및 규율 체계를 비교법적으로 분석하였다. 특히 미국과 호주는 자율준수(compliance) 접근방식을 규제 기관이 정책적으로 도입하여 규정위반 행위에 처벌보다는 시정조치나 재발방지 대책을 강구함으로써 해당 조직의 자체적인 안전증진을 도모하며 공정문화를 발전시키고 있는 상황이다. 우리나라도 공정문화의 원칙을 법규정에 반영하여, 안전데이터 보호방안 및 안전보고에 대한 비공개와 비처벌의 영역을 점차 확대하고는 있으나, 항공분야 관련자들의 공정문화에 대한 인식이 부족하고 법규정이 모호하여 항공실무자들의 신뢰를 얻기 어려운 상황이다. 이러한 점에서, 미국이나 호주가 시행하고 있는 자율준수 접근방식의 적용을 고려함으로써 공정문화와 관련한 적극적인 정책을 시행해 볼 필요가 있다.

공정문화에서 정보의 '비공개'는 기밀성 및 법원에서 증거로 사용함을 제한하는 것과 관련되나, 모든 항공안전데이터에 대한 비공개를 의미하는 것은 아니다. 항공안전데이터 중 공정문화와 관련된 항공안전보고, 사고조사보고서, 조종실음성기록 및 업무배경음성기록, FOQA 데이터 등 해당 정보가 공개되었을 때 안전에 부정적인 영향을 미칠 수 있는 일련의 정보를 말한다. 특히 사고조사보고서 및 CVR 정보는 민감한 정보로 보호되어야 하며, 이미 미국과 호주에서는 해당 정보가 법원에서 증거로 인정될 수 없도록 제한하고 있다.

또한 공정문화는 과실에 대한 '비처벌'을 강조하고 있으나, 과실에 대한 전면적인 비처벌은 형법과의 조화를 이룰 수 없다는 문제가 제기된다. 공정문화의 정의에서 명시한 바에 따르면, 모든 과실에 대한 용인이 아닌 '항공실무자의 경험과 훈련에 상응한 작위, 부작위 또는 결정'의 과실에 대한 용인으로 보아야 할 것이다. 그러나 '항공실무자의 경험과 훈련에 상응한 작위, 부작위, 결정'의 과실은 상당히 모호한 개념이므로 본서에서는 용인의 범주를 결정할 수 있는 판단절차를 제시하고자 하였다. 이 판단절차는 형법과의 조화를 고려하여 행위자의 객관적 주의의무, 즉 행위자가 통상의 주의의무를 다하였는지에 대한 1차적 판단과 그러한 행위로 인해 발생할 결과를 인식하고 의지를 갖고 행하였는지에 대한 주관적 요소의 2차적 판단을 하였음에도 판단이 명확하지 않은 경우, 행위자의 비난가능성을 판단하는 3차적 판단을 하도록 하였다. 비난가능성은 위반행위자의 구체적 상황, 사정, 행위 당시의 여건 등을 고려하여 판단하도록 하는 것이다. 이러한 판단절차는 현재 규정위반 해당 여부에 초점을 맞춘 규제 기관의 판단방식에서 탈피하여 공정문화의 접근방식으로 판단하도록 하는 것으로 과실에 대한 모호한 판단기준에 중요한 대안이 될 것이다.

이러한 공정문화의 배경을 바탕으로, 본서는 공정문화의 실효성 제고를 위하여 마련되어야 할 구체적이고 실질적인 방안을 마련하는 데 초점을 두었다. 이를 위한 실질적인 방안은 크게 항공규제 개선과 항공안전정보의 보호 및 보고제도 활성화 방안으로 분류될 수 있으며, 이에 대한 개선방안을 다음과 같이 제시하였다.

첫째, 항공규제의 개선을 위하여 자율준수 접근방식을 도입하고, 용인할 수 있는 행위의 경우 처벌보다는 시정조치를 통한 재발 방지에 초점을 두도록 하였다. 특히 이를 위한 구체적 방안으로 용인의 범주 결정을 위한 판단절차를 제시하였다.

둘째, 항공안전정보의 보호 및 보고제도 활성화를 위하여 정보의 남용으로 부정적 영향을 줄 수 있는 민감 데이터인 사고조사보고서, 조종실음성기록장치의 데이터는 규제 기관 및 법원에서 처벌을 위한 증거로 사용하는 것을 제한하기 위하여 법규정을 보완하도록 하였다.

셋째, 개인 및 조직에 대한 면책 범위와 제도를 확대하고 현재 항공규제에서 규제 기관이 독자적으로 행정집행과 조치방안을 결정하는 방식에서 벗어나, 규제 기관 및 규제대상 기관이 협력하여 문제를 해결하고 규제방식을 결정하도록 하였다.

넷째, 이러한 법과 정책이 마련되더라도 법을 집행하는 기관 및 항공분야의 관련 조직과 실무자가 공정문화에 대한 인식이 부족하다면 실현되기 어려우므로 항공분야의 모든 관련자가 공정문화를 인식하도록 할 필요가 있다. 이를 위하여 지속적인 교육과 상호 간의 협의를 위한 기회를 제공하여야 함을 제안하였다.

안전정보의 남용과 처벌의 두려움으로 인하여 안전과 관련된 중요한 정보를 항공실무자가 제공하지 않게 되면 결국 항공안전을 위태롭게 하는 결과를 초래할 수 있다. 공정문화는 이러한 악순환의 반복에서 적절한 균형과 타협을 통한 실행방안을 찾고자 하는 것이다. 즉 항공안전을 개선해야 할 필요성과 법적 정의를 적절하게 관리해야 할 필요성이라는 상충되는 이해관계 사이에서 적절한 균형을 유지하도록 하는 것이며, 이를 위한 지속적인 연구와 관련자들의 적극적인 참여가 요구된다. 본서에서 제시하고 있는 방안이 국내 항공분야 공정문화의 실효성 제고를 위하여 기여할 수 있기를 희망하며, 이를 통하여 향후 항공분야에서 공정문화 구현을 위한 논의가 활발하게 진행되길 기대해본다.

# Epilog

**황호원**(한국항공대학교 항공우주정책대학원장)

학습능력이 뛰어난 우리 국민들은 선진국들이 먼저 시행착오를 통해서 찾아낸 해법을 그대로 실행해서 급속한 성장을 이루어냈다. 그러다 보니 언제나 정답만을 찾는다. 문화 자체도 실수나 실패에 대한 관용이 없는 편이다. 정답을 찾고 만점을 맞는 것이 인생의 최고의 가치인 사회에서 실수를 용인한다는 것은 사실 그렇게 쉽지 않다. 철저한 자기 검열과 다른 사람에 대한 판단에 오히려 길들여져 있다. 더욱이 사회 기사에서 파렴치한 범죄인을 본보기로 무거운 형벌을 가함으로써 백 사람에게 경각심을 불러일으키는 일벌백계(一罰百戒)의 논리에 익숙해져 있다.

그러나 모든 분야에 이러한 비난 문화(blame culture) 원리가 통용되어서는 안 된다. 사고로 이어지는 오류에 대한 보통 사람들의 일반적인 접근 방식은 그 직접적인 행위자를 비난하는 것이었다. 이러한 비난 문화의 핵심은 누가 실수했는지를 찾아서 벌을 주고자 하는 것이며, 이로 말미암아 효과를 거두고자 함이다. 실패의 경험이 뼈아프다 보니 사람들은 실패를 줄이는 데에 많은 시간과 정성을 들인다. 하지만 이것이 실패나 실수를 처벌한다고 해결되는 것은 절대 아니다. 심리적 안전감(Psychological safety)을 주어 어떤 실수를 하더라도 처벌받거나 보복당하지 않을 것이라는 믿음을 주는 것이 오히려 근본적인 문제 해결방안일 듯싶다. 결코 수치심을 주거나 처벌하는 방식으로는 오류 발생을 예방하지 못한다.

안전은 사건 및 사고와 재난 등을 사전에 예방하는 것을 목적으로 한다. 그런데 사건, 사고와 재난은 발생 시기와 결과에 있어서 불확실성을 가지고 있어 이를 예방하기 위한 사려 깊은 노력이 요구된다. 즉, 안전문화를 조성하기 위하여 비난 없는 문화(no-blame culture)가 필요하다. 누가 잘못했느냐보다는 시스템적으로 실수의 원인을 조사해 무엇이 사람으로 하여금 실수하게 하고, 왜 그 실수가 반복해서 발생했는지를 밝히는 것이 중요하기 때문이다. 질책과 훈련의 전통, 수치심을 유발하는 비난의 문화가 안전문화 형성을 저해하는 가장 큰 요인이다.

현장의 종사자가 사소한 것이라도 숨기지 않고 의사결정권자가 확인할 수 있도록 보고하고, 의사결정권자는 성실하게 시스템적 개선이라는 피드백을 줌으로써 상황을 이해하고 규칙과 원칙을 적용하는 과정을 통해 학습된 생각과 행동을 구성원 모두가 같이 공유하는 것이 중요하다. 한 걸음 더 나아가 공정문화는 안전문화 정착을 위해 비난 및 처벌보다는 적절한 보상을 통해 사고를 예방하도록 하는 비처벌(non-punishment)의 개념을 강조하고 있다.

특히 항공산업과 같이 고신뢰(high reliability)를 요구할수록 더더욱 공정문화의 정착이 요구된다. 이러한 분야에서의 오류가 매우 치명적일 수 있기 때문이다. 이런 배경에서 이 저서는 매우 의미있는 것이라 하지 않을 수 없다.

저자는 조직에서 공정문화(Just Culture)를 적용한다는 것은 정보의 원활한 흐름을 위해 필요한 신뢰를 조성하는 것을 의미하고, 신뢰는 자신의 실수에 대한 행동의 결과를 예측할 수 있는데 기반한다고 한다. 즉, 안전에 영향을 미칠 수 있는 요인을 발견한 직원은 보상받을 것을 알고 이를 보고할 수 있어야 하며, 비록 실수(error)가 발생하였더라도 처벌에 대한 두려움 없이 정직하게 보고할 수 있는 환경을 강조하고 있다. 이것은 조직에 대한 신뢰 부족으로 발생하는 문제는 정보의 흐름이 차단되고, 실수가 발생했을 때 처벌받을 수 있다고 생각하는 직원으로 하여금 이를 숨기려는 유혹에 빠지게 하기 때문이다. 결국 직원들의 침묵이 지속되면 정보뿐만 아니라 잠재적 위험이 모두 보고되지 않아 사고의 위험이 높아지게 된다는 점에서 문제점을 찾았다. 이를 위하여 본서는 공정문화를 국내에 적용하기 위하여 법규정과 정책적인 부분을 구체적으로 다루고 있으며, 적용을 위한 실효적 방안을 구체적으로 제시하고 있다. 특히, 본서의 구성에 있어 다음의 부분을 주의 깊게 볼 필요가 있다.

먼저, 국제민간항공기구(ICAO)의 총회에서 공정문화와 관련해 다루어진 국제적 논쟁을 바탕으로 관련 쟁점을 심도 있게 다루었다. Chapter 4, 5에서 다루고 있는 비공개 및 비처벌 관련 쟁점은 이러한 논쟁을 바탕으로 한 것이다. 다음으로 공정문화의 신뢰를 유지하기 위해서는 신뢰의 조건을 조성하고, 명확한 규칙을 통하여 용인되는 행위와 용인되지 않는 행위를 설정해야 함을 강조하고 있다. 이에 본서는 형법 이론을 바탕으로 하여 공정문화의 용인의 경계 설정을 위한 판단절차를 제시한 데 의의가 있다. 이것은 공정문화가 단지 '문화'(culture)적 성격이 아닌 법과 정책을 통하여 마련되어야만 실효성을 제고할 수 있으며 특히, 처벌과 관련하여 형법과의 조화가 필수적이기 때문이다.

또한, 본서는 다양한 사례 및 판례를 통하여 논거를 제시하고 있다. 특히, 미국 NTSB의 사례를 통한 분석은 항공운항과 관련된 복잡한 내용임에도 독자의 실질적인 이해를 돕기에 충분할 것이다. 공정문화는 처벌강화에 초점을 맞춘 항공분야의 행정규제 방식에서 새로운 안전관리체계를 필요로 하는 국제적 요구를 반영하고 있다. 공정문화에서는 누가 실수를 저질렀는지 알아내는 것보다 실수가 발생한 상황을 파악하여야 하며, 유사한 실수가 발생하지 않도록 체계를 구축하는 것이 안전을 확보하는 것임을 시사한다. 본서를 통하여 국내 항공분야의 공정문화가 발전하기를 기대해 본다.

# References _____

**- 국내 문헌 -**

■ 단행본

권창영, 「항공법 판례해설 Ⅲ」, 법문사(2020).

김선이, 「항공사고책임론」 2판, 한국항공대학교출판부(2017).

김성천·김형준, 「형법총론」, 동현출판사(1998).

김일수·서보학, 「형법총론」, 박영사(2006).

문준조, 「항공관련 국제협약과 항공법제 개선방안 연구」, 한국법제연구원(2009).

배종대, 「형법각론」, 홍문사(2011).

손동권, 「형법총론」 제2개정판, 율곡출판사(2005).

_____, 「형법총론」, 율곡출판사(2001).

오영근, 「형법총론」, 대명출판사(2002).

_____, 「형법총론」, 박영사(2009).

이상돈, 「형법강의」, 법문사(2010).

이형국, 「형법총론」, 법문사(2003).

임 웅, 「형법총론」, 법문사(2019).

정성근·박광민, 「형법총론」, 삼영사(2011).

필리프 사시에, 「왜 똘레랑스인가」, 상형문자(2000).

■ 논 문

가보연, "관용문화와 항공안전보고제도에 관한 연구", 한국외국어대학교 석사학위논
    문(2013).

강정식·강신형, "터보압축기의 스톨 발단에 관한 연구 리뷰", 유체기계저널 제6권
    제4호, 한국유체기계학회(2003).

고명수, "과실범의 행위불법: 객관적 예견가능성을 전제로 한 객관적 주의의무위반",
    비교형사법연구 제23권 제3호, 한국비교형사법학회(2021).

김성규, "형사입법정책의 중벌주의적 관점에 대한 비판적 이해", 입법과 정책, 제3권
    제1호, 국회입법조사처(2011).

김정환, "형사상 중과실 해석·적용의 판단기준 – 구성요건 실현의 개연적 상황 – ",

연세법학 제38호, 연세법학연구회(2021).

김종구, "미국 형법상 Recklessness 개념에 관한 고찰", 형사법의 신동향 통권 제45호, 대검찰청(2014).

김종복, "항공기사고와 사고조사에 관한 법적 제문제에 대한 고찰", 한국항공우주정책법학회지 제19권 제2호, 한국항공우주정책법학회(2004).

김진호·이상기·문우춘·정현진, "운항품질보증프로그램 이벤트 유형 및 심각도 우선순위 조사", 한국항공운항학회, 제29권 제3호(2021).

류기환, "기대가능성에 대한 연구", 법학연구 제20권, 한국법학회(2005).

문준조, "미국 항공안전데이터 프로그램의 비공개 특권과 제재 면제에 관한 연구", 한국항공우주정책법학회지, 제23권 제2호, 한국항공우주정책법학회(2008).

박상진, "영미형법에 있어 주관적 범죄요건(Mens Rea)에 대한 연구", 비교형사법연구 제9권 제2호, 한국비교형사법학회(2007).

박진경, "항공안전관리분야에 있어 공정문화에 관한 연구", 한국항공대학교 석사학위논문(2014).

소대섭·김수정·이근영, "항공안전관리 강화 및 보고제도 활성화를 위한 행정처분 처리절차 개선방안 고찰", 한국방재학회지 제19권 제2호, 한국방재학회(2019).

송성룡, "과실범의 주관적 의식의 범죄체계론 내 자리매김에 관한 연구", 고려대학교 박사학위논문(2011).

신옥식, "우리나라 항공안전보고제도 발전과제 연구", 항공진흥 제52호, 한국항공협회(2009).

심상관, "항공안전증진과 Just Culture 창달에 관한 연구", 한국항공대학교 석사학위논문(2016).

유인호, "항공법상 미국 행정법판사제도 도입방안에 관한 연구", 한국항공대학교 박사학위논문(2021).

이가선·박정윤, "병원간호사의 간호 근무환경이 공정문화 인식에 미치는 영향", 대한임상건강증진학회지 제21권 제1호, 대한임상건강증진학회(2021).

이승련, "개정 형사소송법상의 증거개시제도", 법조 제57권 제2호, 법조협회(2008).

이준혁, "조종사 과실로 인한 항공기 사고와 비처벌에 관한 연구", 한국외국어대학교 석사학위논문(2012).

이창재, "한·미 과징금 제도의 비교", 한국항공우주정책법학회지 제35권 제2호, 한국항공우주정책법학회(2020).

임종률, "근로자 징계의 법리", 법학논총 제5권, 법학연구소(1989).

장규원, "미국 모범형법전에 대한 고찰", 비교형사법연구 제9권 제1호, 한국비교형사법학회(2007).

장만희·황호원, "ICAO 국제항공안전정책 패러다임의 변화 분석과 우리나라 신국제항공 안전정책 검토", 한국항공우주정책법학회지 제28권 제1호, 한국항공우주정책법학회(2013).

전제형, "항공안전운항을 위한 항공안전자율보고제도의 고찰", 2016년도 춘계학술발표대회, 한국항공운항학회(2016).

정명현, "근로자의 업무상 과실에 대한 징계책임의 제한", 법제 통권 제681호, 법제처(2018).

정재준, "형법상 범죄의 주관적 구성요건에 대한 미국과 한국의 비교 연구", 비교형사법연구 제18권 제1호, 한국비교형사법학회(2016).

정채연, "법에서 다원주의의 수용과 발전", 고려대학교 대학원 박사학위논문(2010).

정혜욱, "과실의 개념에 관한 연구", 법학논문집 제36권 제1호, 중앙대학교 법학연구원(2012).

조광훈, "위험형법에서 허용된 위험이론의 전개", 영산법률논총 제11권 제2호(2014).

최수영, "해외사례 비교를 통한 중대재해처벌법 향후 정책방향", 한국건설관리학회지 제22권 제2호, 한국건설관리학회(2021).

최호진, "분업적 의료행위에 있어서 주의의무위반 판단기준과 그 제한규칙들", 의료법학 제19권 제2호, 대한의료법학회(2018).

한정환, "정상의 주의태만·주의의무위반과 과실", 형사법연구 제20호, 한국형사법학회(2003).

함세훈, "항공 운항에서의 허용된 위험의 법리에 대한 연구", 한국항공우주정책법학회지, 제25권 제2호, 한국항공우주정책법학회(2010).

＿＿＿, "항공운영에서의 조종사 및 관제사의 주의의무에 관한 연구", 한국항공대학교 박사학위논문(2012).

함세훈·황호원, "항공분야에서 부주의 또는 무모한 운항 형태에 관한 연구", 한국항공운항학회지 제18권, 제3호, 한국항공운항학회(2010).

황호원, "항공형법에서의 과실 책임에 관한 연구", 한국항공운항학회지 제13권 제2호, 한국항공운항학회(2005).

■ 기타자료

ALPA-K, 민간항공 조종사 안전문화 진단 결과(2021).

김송주, 항공사고조사제도의 쟁점과 향후 과제, 국회입법조사처, 현안보고서 Vol. 235(2014).

김제철·박진서·한익현, 항공분야 안전문화(Safety Culture)와 안전 리더십(Safety Leadership), 한국교통연구원 현안분석보고서, 한국교통연구원(2017).

국토교통부, 항공안전백서(2015).

_____, 항공안전백서(2018).

_____, 항공안전백서(2019).

_____, 항공안전백서(2020).

■ 인터넷 참고자료

ALPA Korea, 한국 항공자율보고체계의 문제점 개선을 위한 제안 내용. http://alpak.or.kr/%EA%B3%B5%EC%A7%80%EC%82%AC%ED%95%AD/?vid=74.

ALPA KOREA, KE2708편 관련 국토부 행정처분에 대한 의견서 (2019.7.). http://kapu.kr/niabbs5/newdownload.php?bbstable=gong&f_no=3211.

MBC NEWS, 비상탈출 대비 공포의 비행에 과징금 6억 원, 2020.11.21. https://imnews.imbc.com/replay/2020/nwdesk/article/5981901_32524.html.

김종목·홍세화, 톨레랑스는 차이를 용인하는 자세, 경향신문, 2010.02.01. https://m.khan.co.kr/culture/book/article/201002011800125#c2b.

김 현, 항공운송에서 책임제한 배제사유, 법률신문, 2007.01.15. https://www.lawtimes.co.kr/Legal-Info/Legal-Info-View?serial=104816. (2022.12.29. 최종방문).

경향신문, B항공 공포의 회항 원인은 SW 8개 먹통, 2019.10.31. https://www.khan.co.kr/economy/industry-trade/article/201910310600065.

아주경제, 국토부, 안전규정 위반 제주항공·에어로케이에 행정처분, 2022.03.11. https://www.ajunews.com/view/20220311103455686.

최연구, 똘레랑스를 생각한다. 프레시안, https://www.pressian.com/pages/articles/

44522.

파이낸셜뉴스, "이륙활주 중 엔진화재 발생" A항공에 과징금 3억원 부과, 2019.06.02. https://www.fnnews.com/news/201906021100300995.

항공정보포털시스템, 항공사고와 인적요소, https://www.airportal.go.kr/life/history/acc/LkPerAcc001.html.

## – 국외 문헌 –

■ 단행본

Barry Strauch, *Investigating human error: incidents, accidents, and complex systems*, CRC Press Taylor & Francis Group (2004). http://library.sadjad.ac.ir/opac/temp/18494.pdf.

Byrne, Gerry, *Flight 427: Anatomy of an Air Disaster*, Springer (2002).

Caldwell C. L., *Safety culture and high-risk environments: a leadership perspective*, CRC Press, Taylor & Francis (2018).

David D. Woods, Leila J. Johannesen, Richard I. Cook, Nadine B. Sarter, *Behind human error: cognitive systems, computers, and hindsight*, State-of-the-Art Report (1994).

Francesca Pellegrino, *The Just Culture Principles in Aviation Law Towards a Safety-Oriented Approach*, Spinger (2019).

Garzone G. and Archibald J., *Discourse, identities and roles in specialized communication*, Peter Lang (2010).

Hempel Lindoe P., Baram M. and Renn O., *Risk governance of offshore oil and gas operations*, Cambridge University Press (2013).

James Reason, *Human error*, Cambridge University Press (1990).

_____, *Managing the risks of organizational accidents*, Routledge (1997).

Johnson, E. N. and Pritchett, A. R., *Experimental study of vertical flight path mode awareness*, International Center for Air Transportation (1995).

J.D. McClean, K.D. Beaumont and Christopher Shawcross, *Shawcross and Beaumont Air Law*, 4th ed., Butterworths London (2002).

Paul Simpson, *The Mammoth Book of air disasters and near misses*, Running

Press (2014).

Paul Stephen Dempsey, *Public International Air Law, Centre for Research of Air and Space Law*, McGill University (2017).

Phil Croucher, *Avionics in plain English*, Electrocution (2015), pp.2-49.

Senders J. W. and Moray N. P., *Human error: cause, prediction, and reduction*, CRC Press (1991).

Sofia Michaelides-Mateou and Andreas Mateou, *Flying in the Face of Criminalization-The Safety Implicationsof Prosecuting Aviation Professionals for Accidents*, Ashgate (2010).

Sidney Dekker, *Just Culture Balancing Safety and Accountability*, Ashgate (2012).

_____, *Just Culture Restoring Trust and Accountability in Your Organization*, 3rd Edition, CRC Press Taylor & Francis Group (2017).

V. David Hopkins, *Human Factors in Air Traffic Control*, CRC Press (1995).


■ 논 문

Alan E. Diehl, "Human Performance Training: Successes and Failures in Civil Aviation", Core Scholar, 16th *International Symposium on Aviation Psychology* (2011).

A Motyka, "Single European Sky: The progress so Far, SciELO", *Journal of Aerospace Technology and Management*, Vol. 12 (2020).

Anderson M, "Behavioural safety and major accident hazards: magic bullet or short in the dark?", *Process Safety and Environmental Protection*, Vol. 83 (2005).

Contissa G., Sartor G. and Masutt A., "Liability and automation: issues and challenges for socio-technical systems", *Journal of Aerospace Operations*, Vol. 2, No. 1-2 (2013).

Eisenbraun, Eric C., "The Aviation Safety Reporting System: Is Immunity the Vital Provision.", *Journal of Air Law and Commerce*, Vol. 46, No. 1 (1980).

Ernest E. Anderson, Wiliam Watson, Douglas M. Marshall, Kathleen M.

Johnson, "A Legal Analysis of 14 C.F.R. Part 91 See and Avoid Rules to Identify Provisions Focused on Pilot Responsibilities to See and Avoid in the National Airspace System", *J. Air L. & Com.* Vol. 13 (2015).

Espinola S, Costa M and Maurino D., "Guidance material addresses concerns about protection of safety information. *ICAO Journal*, Vol. 61, No. 6 (2006).

Evan P. Singer, "Recent Developments in Aviation Safety: Proposals to Reduce the Fatal Accident Rate and the Debate Over Data Protection", *Journal of Air Law and Commerce*, Vol. 67, No. 2 (2002).

Francis Schubert, "Legal Barriers to a Safety Culture in Aviation", *Annals Air & Space Law*, Vol. 29 (2004).

Gregg Daniel Martin, "Enforcement of Federal Aviation Regulations by the Federal Aviation Administration", *J. Air L. & Com.* Vol. 53, No. 2 (1987), p.565.

Herbert v. Morais, "The Quest for International Standards: Global Governance vs. Sovereignty", *Kan. L. Rev.*, Vol. 50 (2002).

James L. Simmons and Jefferty s. Forrest, "United States Aviation Safety Data: Uses and Issues Related to Sanctions and Confidentiality", *J. Air L. & Com.*, Vol. 70, No. 1 (2005).

James Reason, "The contribution of latent human failures to the breakdown of complex systems", *Philosophical transactions of the Royal Society of London, Series B, Biological sciences* (1990).

John F. Easton, "The Rights of Parties and Civil Litigants in an NTSB Investigation", *J. Air L. & Com.* Vol. 68, No. 2 (2003).

Johnson C. W., "Visualizing the relationship between human error and organizational failure", *Department of Computing Science* (2005).

Kelly J., Sadeghieh T., and Adeli K., "Peer Review in Scientific Publications: Benefits, Critiques, & A Survival Guide", *The Journal of the International Federation of Clinical Chemistry and Laboratory Medicine*, Vol. 25, No. 3 (2014).

LaMarr Stanford and Willem Homan, "A Model of Applied Ethics in Aviation

Safety: The Aviation Safety Reporting System", *Journal of Aviation/ Aerospace Education & Research*, Vol. 9, No. 1 (1999).

McDonald N., Corrigan S., Daly C. and Cromie S., "Safety management systems and safety culture in aircraft maintenance organisations". *Safety Science*, Vol. 34, No. 1 (2000).

Michael Milde, "Enforcement of Aviation Safety Standards-Problems of Safety Oversight", *Ger. J. Air & Space L.*, Vol. 45 (1996).

Mike O'Leary, "The British Airways Human Factors Reporting Programme", *Reliability Engineering & System Safety*, Vol. 75, No. 2 (2002).

Nathan Gedye, "Use of Aircraft Accident Investigation Evidence in New Zealand", *Air and Space LAW*, Vol. 25, No. 4-5 (2000).

Nicole Wolfe Stout, "Privileges and Immunities Available for Self-Critical Analysis and Reporting: Legal, Practical and Ethical Considerations", *Journal of Air Law and Commerce*, Vol. 69, No. 3 (2004).

Nikolay Lyssakov and Elena Lyssakova, "Human factor as a cause of aircraft accidents", Advances in Social Science, *Education and Humanities Research*, Vol. 321 (2019).

NTSB Bar Association, "Aviation Professionals and the Threat of Criminal Liability-How Do We Maximise Aviation Safety?", *Journal Air Law & Commerce*, Vol. 67, No. 3 (2002).

Paul Stephen Dempsey, "Compliance & Enforcement in International Law: Achieving Global Uniformity in Aviation Safety", *North Carolina Journal of International Law*, Vol. 30, No. 1 (2004).

Philippine Dumoulin, "Just Culture and Unjust Results: The Changing Paradigm.", *Annals of Air and Space Law*, Vol. 40 (2015).

Rasmussen J., "Human errors. A taxonomy for describing human malfunction in industrial installations", *Journal of Occupational Accidents*, Vol. 4, No. 2-4 (1982). https://backend.orbit.dtu.dk/ws/files/158020073/ERTAX1.PDF.

_____, "Skills, rules and knowledge: signals, signs and symbols and other distinctions in human performance models", *IEEE Trans Systems Man and Cybernetics*, Vol. SMC-13, No. 3 (1983).

Richard M. Dunn, Sherril M. Colombo, and Allison E. Nold, "Criminalization in

Aviation-Are prosecutorial Investigations Relegating Aviation safety to the Back Seat", *Brief*, Vol. 38, No. 3 (2009).

Robert J. Bush, "Stimulating Corporate Self-Regulation-The Corporate Self-Evaluative Privilege: Paradigmatic Preferenctialism or Pragmatic Panacea", *Northwestern University Law Review*, Vol. 87, No. 2 (1993).

Samantha Sharif, "The Failure of Aviation Safety in New Zealand: An Examination of New Zealand's Implementation of Its International Obligations under Annex 13 of the Chicago Convention on International Civil Aviation", *Journal of Air Law and Commerce*, Vol. 68, No. 3 (2003).

Sidney Dekker, "Balancing 'no blame' with accountability in patient safety", *The New England journal of medicine*, Vol. 362, No. 3 (2010).

Stephen Lyng, "Edgework: a social psychological analysis of voluntary risk taking", *American Journal of Sociology*, Vol. 95, No. 4 (1990).

Thomas Accardi, "Public Sector Pilot Perceptions of Flight Operational Quality Assurance Programs", *Dissertation, Oklahoma State University* (2013).

Turney R. D., "The Überlingen mid-air collision: lessons for the management of control rooms in the process industries", *Loss Prevention Bulletin*, Vol. 196, No. 1 (2007).

Uros Kosenina, "Criminalization in Aviation: Achieving the Right Balance to Guarantee the Overall Public Interest", *Pravnik*, Vol. 67, No. 1-2 (2012).

Van Stewart, "Privileged Communications? The Bright Line Rule in the Use of Cockpit Voice Recorder Tapes", *Journal of Communication Law and Technology Policy*, Vol. 11 (2003).

Vaughan D, "The dark side of organizations: mistake, misconduct,and disaster", *Annual Review Sociology*, Vol. 25 (1999).

■ 기타자료

Agenzia Nazionale Per La Sicurezza Del Volo [ANSV], Final Report: Accident Involved Aircraft Boeing MD-87, Registration SE-DMA and CESSNA

525-A, Registration D-IEVX, Milano Linate Airport, October 8, 2001, ANSV Doc. N. A/l/04 (Jan. 20, 2004).

Air Charter Safety Foundation, Aviation Safety Action Program Handbook, (2020.04.30.), 1.2. https://www.acsf.aero/wp-content/uploads/2021/09/ACSF-ASAP-Program-Handbook-REV-4-04-30-2020.pdf.

Alex deMarban, Dillingham Guide Used His Plane as a Weapon, Anchorage Daily News, Dec. 21, 2006.

Bartsch, R. 1996. 'Reliance a key factor in establishing duty of care,' Aviation Law in Australia LBC Information Services. Sydney: Airline Operations Management Course, UNSW. p.1.

BFU, Investigation Report, Überlingen, AX001-1-2/02 May 2004. https://www.bfu-web.de/EN/Publications/Investigation%20Report/2002/Report_02_AX001-1-2_Ueberlingen_Report.pdf?__blob=publicationFile.

CANSO, Just Culture Tool Box (2018). https://canso.fra1.digitaloceanspaces.com/uploads/2020/03/Just-Culture-Toolbox-2018.pdf.

David Adams, A Layman's Introduction to Human Factors in Aircraft Accident and Incident Investigation, ATSB Safety Information Paper (2006).

EC, Commission Staff Working Document Accompanying the Proposal for a Regulation of the European Parliament and of the Council on Investigation and Prevention of Accidents and Incidents in Civil Aviation-Impact Assessment, SEC 1477, 2009, 2.3.1. https://eur-lex.europa.eu/legal-content/en/TXT/?uri=CELEX:52009SC1477.

_____, First Report on the implementation of the Single Sky Legislation: achievements and the way forward, COM(2007) 845 final (2007).

Eurocontrol, Explanatory Material on ESARR 2 Requirements, ESARR Advisory Material/Guidance Document EAM 2/GUI 4 (2004).

_____, Legal and Cultural Issues in Relation to ATM Safety Occurence Reporting in Europe, Eurocontrol Performance Review Commission (2006).

_____, Performance Review Commission, Legal Constraints to Non- punitive ATM Safety Occurrence Reporting in Europe (2002).

_____, Establishment of 'Just Culture' Principles in ATM Safety Data Reporting and Assessment, ESARR Advisory Material/Guidance Document (2006).

Eurocontrol, Eurocontrol supports national judiciaries in need of aviation expertise with the first list of aviation prosecutor experts. https://www.eurocontrol.int/news/eurocontrol-supports-national-judiciaries-need-aviation-expertise-first-list-aviation.

_____, Just Culture Policy, https://skybrary.aero/sites/default/files/bookshelf/4593.pdf.

_____, Just Culture Task Force (JCTF), Model for a Policy regarding Criminal Investigation and Prosecution of Aviation Incidents and Accidents, Just culture Policy (2014). https://skybrary.aero/sites/default/files/bookshelf/4593.pdf.

_____, Model for a policy regarding criminal investigation and prosecution of aviation and Railway Incidents and Accidents (2018). https://skybrary.aero/bookshelf/books/4772.pdf.

FAA, 8900.1, Flight Standards Information Management System (FSIMS), Vol. 11, Chap. 2, Sec. 1 (2021). https://fsims.faa.gov/wdocs/8900.1/v11%20afs%20programs/chapter%2002/11_002_001.pdf.

_____, Flight Standards Service, Risk Management Handbook at 2-2 (FAA-H-8083-2, Change 1 2016).

_____, Voluntary Disclosure Reporting Program (VDRP). https://www.faa.gov/about/office_org/headquarters_offices/avs/offices/afx/afs/afs200/afs260/descriptions.

_____, Aviation Voluntary Reporting Programs. https://www.faa.gov/newsroom/aviation-voluntary-reporting-programs-1.

GAIN, A Roadmap to a Just Culture: Enhancing the Safety Environment, Gain Working Group E, 1st edition (2004).

Gary A. Gardner, The Privilege of Self-Critical Analysis, 1997. https://www.aircraftbuilders.com/files/2716/File/lr1997b.pdf.

International Association of Defense Counsel, Discovery of ASAP Reports, Aviation and Space Law, 2009.

ICAO, Attachment E to State letter AN 8/3-13/30, Clarification and Roll-out Plan for Annex 19, First Edition.

_____, Doc. 4444, Air Traffic Management, 16th edition (2016).

_____, Doc. 7300/9, 15 UNTS 295, 9th edition (2006).

_____, Doc. 9683-AN/950, 「Human Factors Training Manual」, 1st edition (1998).

_____, Doc. 9790, Non-Disclosure of Certain Accident and incident Records, Resolution A33-17 (2001).

_____, Doc. 9828, Report of the 11th Air Navigation Conference, AN-Conf/11 (2003).

_____, Doc. 9859, 「Safety Management Manual」, 2nd Edition (2009).

_____, Doc. 9859, 「Safety Management Manual」, 3rd Edition Advance Version (2012).

_____, Doc. 9859, 「Safety Management Manual」, 3rd Edition (2013).

_____, Doc. 9859, 「Safety Management Manual」, 4th Edition (2018).

_____, Doc. 9422, 「Accident and Incident Prevention Manual」, 1st edition (1984).

_____, Annex 2-Rules of the Air, 10th edition (2005).

_____, Annex 13-Aircraft Accident and Incident Investigation, 9th edition (2001).

_____, Annex 13-Aircraft Accident and Incident Investigation, 12th edition (2020).

_____, Annex 19-Safety Management, 1st Edition (2013).

_____, Annex 19-Safety Management, 2nd Edition (2016).

_____, Collecting and Analysing Aviation Safety Data, First Meeting of the APRAST-Accident Investigation Ad hoc Working Group, APRAST-AIG AWG/1-WP/1.

_____, Protecting information from safety data collection and processing systems in order to improve aviation safety, Assembly-35th Session, Resolutions, A35-17 (2004). https://www.icao.int/Meetings/AMC/MA/Assembly%2035th%20Session/a35_res_prov_en.pdf.

_____, ICAO Global Planning for Safety and Efficiency, Assembly-35th Sessin Resolutions A36-7 (2007).

_____, Supplement to Annex 13-Aircraft Accident and Incident Investigation

(9th ed.).

ICAO, Working Paper, Protection of certain accident and incident records and of safety data collection and processing systems in order to improve aviation safety Implementation of a "Just Culrure" Concept, Assembly– 36th session, A36–WP/232 (2007). https://www.icao.int/Meetings/AMC/MA/Assembly%2036th%20Session/wp232rev1_en.pdf.

_____, Technical Commission, Draft text for the Report on Agenda Item 27, Assembly–38th session, A38–WP/377 TE/167 (2013).

_____, Working Paper, The use of safety data and safty information at the state level, Assembly–39th session, A39–WP/117 (2016).

_____, Working Paper, Aviation safety and air navigation implementation support, Assembly–39th Session, A39–WP/193 (2016). https://www.icao.int/Meetings/a39/Documents/WP/wp_193_en.pdf.

_____, Working Paper, "Technical Commission 'Agenda Item 36: Aviation safety and air navigation implementation support "Improving Just Culture" (presented by the Civil Air Navigation Services Organisation CANSO)", Assembly–39th Session, A39–WP193 TE/73 (2016).

Italian Supreme Court of Cassation, criminal division, IV section, No. 2019 of 10 December 2010–22 February 2011.

Kenneth P. Quinn, Battling Accident Criminalization, AeroSafety World, Jan. 2007. http://www.flightsafety.org/asw/jan07/asw_jan07_p11–14.pdf.

Mica R. Endsley, Human Factors & Aviation Safety, Human Factors and Ergonomics Society (2019). https://transportation.house.gov/imo/media/doc/Endsley%20Testimony.pdf.

Mildred Trogeler, Criminalisation of air accidents and the creation of a Just Culture (2011). https://eala.aero/wp–content/uploads/2014/05/Mildred–Tr%C3%AEgeler–EALA–prize.pdf.

NTSB, Aircraft Accident Report, United Airlines Mcdonnell–Douglas DC–8–61, 25DEC1978, NTSB–AAR–79–7 (1978). https://www.ntsb.gov/investigations/AccidentReports/Reports/AAR7907.pdf.

_____, Aircraft Accident Report, Air Florida, January 13, 1982, NTSB–AAR–82–8 (1982). https://www.ntsb.gov/investigations/AccidentReports/Reports/

AAR8208.pdf.

_____, Aircraft Accident Report, China Eastern Airlines Flight 583, 6APR1993, NTSB/AAR-93/07 (1993). https://www.ntsb.gov/investigations/Accident Reports/Reports/AAR9307.pdf.

_____, Aircraft Accident Report, Southwest Airlines flight 1455, 26JUN2002, NTSB/AAB-02/04 (2002). https://www.ntsb.gov/investigations/Accident Reports/Reports/AAB0204.pdf.

_____, Accident Report, Asiana Airlines Flight 214, July 6, 2013, NTSB/ AAR-14/01 (2013). https://www.ntsb.gov/investigations/AccidentReports/ Reports/AAR1401.pdf.

Roderick van Dam & Tony Lieu, Criminalization of Aviation-Them or us? The Essence of Just Culture, EUROCONTROL (2012), p.2. www.eurocontrol. int/sites/default/files/news/content/documents/news/just-culture-article -2012.pdf.

S. Res. 1160, 89th Cong.(1966), https://www.justice.gov/sites/default/files/jmd/ legacy/2013/11/28/bill-s1160ref-1965.pdf.

Sarina Houston, Here's What to know about the Aviatin Safety Action Program(ASAP), 2019.10.30. https://www.thebalancecareers.com/aviation- safety-action-program-asap-282776.

SWISSATCA, Just Culture Manual for ATCO, ANSE & ATSEP, Behavior after an incident and further proceedings (2017). https://skybrary.aero/bookshelf/ books/4222.pdf.

Sidney Dekker, Tom Laursen, From punitive action to confidential reporting. Patient Safety Quality Healthcare (2007). https://www.psqh.com/ sepoct07/punitive.html.

Tony Licu, Marc Baumgartner and Roderick van Dam, Everything you always wanted to know about just culture (but were afraid to ask), HindSight 18 (2013).

Tony Licu and Roderick van Dam, Just culture in aviation: dynamics and deliverables, HindSight 18 (2013).

U.S. DOT, FAA is not Realizing the full Benefits of the Aviation Safety Action Program Federal Aviation Administration, Report Number AV-2009-

057, 2009, www.oig.dot.gov/sites/default/files/WEB_FILE_ASAP_Final_ Report_May_14_ISSUED.pdf.

U.S. Equal Employment Opportunity Commission, EEO-1 Data Collection, https://www.eeoc.gov/employers/eeo-1-data-collection.

■ 인터넷 참고자료

Adrian Young, Making 'Just Culture' work means more than just a change to your manuals. https://to70.com/making-just-culture-work-means-more-than-just-a-change-to-your-manuals/.

Airspace & Safety, Just culture. https://airspacesafety.com/infringement/just-culture/.

ALPA, FBI plays UAL flight 93 CVR tapes over ALPA objections. http:// www.alpa.org/alpa/DesktopModules/ViewDocument.aspx?DocumentId= 337.

Andrew J. Hawkins, Everything you need to know about the Boeing 737 Max airplane crashes, 22MAR2019. https://www.theverge.com/2019/3/22/ 18275736/boeing-737-max-plane-crashes-grounded-problems-info-details-explained-reasons.

Andrew Tulloch, The Aviation Law Review: Australia, The Law Reviews, 18, Aug., 2021. https://thelawreviews.co.uk/title/the-aviation-law-review-3/ australia.

ATSB, Aviation accident or incident notification form. https://www.atsb.gov. au/mandatory/asair-form/.

_____, Freedom of Information, https://www.atsb.gov.au/about_atsb/foi/.

_____, Legislation and regulations, https://www.atsb.gov.au/about_atsb/ legislation/ trans_safety/tsi_qa.aspx#9.

_____, Aviation Self Reporting Scheme, https://www.atsb.gov.au/voluntary/ asrs/asrs_more.

_____, REPCON-Aviation Confidential Reporting Scheme. https://www.atsb. gov.au/voluntary/repcon_aviation#isananonymousreportacceptable4.

_____, Transport Safety Investigation Regulations 2022 explained, https://www.

atsb.gov.au/about_atsb/legislation.

Australianflying, CASA to adopt Just Culture Approach to Regulation. www. australianflying.com.au/news/casa‐to‐adopt‐just‐culture‐approach‐to ‐regulation.

Aviation and Space Law, Discovery of ASAP Reports IADC Committee Newsletter, February, 2009. https://www.hklaw.com/files/tklaw/wp‐ content/uploads/2019/02/25125729/Aviation_SpaceLaw_February20091.p df.

Aviation Safety Network, Southwest Airlines Flight 1455, Flight Safety Foundation, 5MAR2000. https://aviation‐safety.net/database/record. php?id=20000305‐0.

Baumhedlund, Human Factors in Aviation, https://www.baumhedlundlaw.com/ aviation‐accident/why‐planes‐crash/human‐factors‐in‐aviation.

BBC News, 1987, Zeebrugge disaster was no accident. BBC On this Day: 8 october. http://news.bbc.co.uk/onthisday/hi/dates/stories/october/8/ newsid_2626000/2626265.stm.

BBC News, 2001, Putting directors in the dock.' 22 January. http://news.bbc. co.uk/2/hi/uk_news/1130544.stm.

Boeing, Fact Sheets. https://investors.boeing.com/investors/fact‐sheets/default. aspx.

Bureau d'Enquêtes et d'Analyses pour la Sécurité de l'Aviation Civile, "RAPPORT de la commission d'enquête sur l'accident survenu le 20 janvier 1992 près du Mont Sainte‐Odile (Bas Rhin) à l'Airbus A 320 immatriculé F‐GGED exploité par la compagnie Air Inter". https:// bea.aero/docspa/1992/f‐ed920120/htm/f‐ed920120.html.

Bureau d'Enquetes et d'Analyses, Accident on 25 July 2000 at "La Patte d'Oie" at Gonesse (July 2000). https://bea.aero/uploads/tx_elydbrapports/f‐ sc000725a.pdf.

CASA, About CASA. https://www.casa.gov.au/about−us/who−we−are/about‐ casa.

_____, Administrative action. https://www.casa.gov.au/rules/compliance‐and‐ enforcement/enforcement‐action.

CASA, CASA communicates fully and meaningfully with all relevant stakeholders. https://www.casa.gov.au/about-us/who-we-are/our-regulatory-philosophy.

_____, CASA demonstrates proportionality and discretion in regulatory decision making and exercises its powers in accordance with the principles of procedural fairness and natural justice. https://www.casa.gov.au/about-us/who-we-are/our-regulatory-philosophy.

_____, CASA embraces and employs rational 'just culture' principles in its regulatory and related actions. https://www.casa.gov.au/about-us/who-we-are/our-regulatory-philosophy.

_____, Enforceable voluntary undertakings. https://www.casa.gov.au/rules/compliance-and-enforcement/enforcement-action.

_____, Enforcement Action. https://www.casa.gov.au/rules/compliance-and-enforcement/enforcement-action.

_____, Our regulatory philosophy, https://www.casa.gov.au/about-us/who-we-are/our-regulatory-philosophy.

_____, Prosecution. https://www.casa.gov.au/rules/compliance-and-enforcement/enforcement-action.

_____, Sharing safety information and mandatory reporting. https://www.casa.gov.au/rules/compliance-and-enforcement/sharing-safety-information-and-mandatory-reporting.

_____, Serious and imminent risks to safety. https://www.casa.gov.au/rules/compliance-and-enforcement/enforcement-action.

_____, Strict Liability. https://www.casa.gov.au/rules/compliance-and-enforcement/strict-liability#.

Charles Alcock, Jail for Four with Role in CJ2/MD-87 Collision, Aviation Int'l News (May 2004). https://www.ainonline.com/aviation-news/aviation-international-news/2007-03-22/jail-four-role-cj2/md-87-collision.

Charles Bremner, Continental Airlines Faces Manslaughter Charges over Paris Concorde Crash, Times (Fr.) (Mar. 12, 2008). https://abeymag.blogspot.com/2020/03/times-online-continental-airlines-faces.html.

Chris Chapman, A criminal mistake? (2009) Chemist & Druggist. https://www.

chemistanddruggist.co.uk/content/dispensing-errors-criminal-mistake.

CIAIAC, Report A-032/2008. https://www.fomento.es/NR/rdonlyres/EC47A855-B098-409E-B4C8-9A6DD0D0969F/107087/2008_032_A_ENG.pdf.

Cockpit Voice Recordings, Transcripts/Air Traffic Control Tapes. http://www.planecrashinfo.com/lastwords.htm.

Concorde Crash: Continental Airlines Guilty of Involuntary Manslaughter, msnbc.com (Dec. 6, 2010). https://www.nbcnews.com/id/wbna40527031.

Crown Prosecution Service, 2009, CPS advises first corporate manslaughter charge under new act. https://www.cps.gov.uk/legal-guidance/corporate-manslaughter.

David Learmount, ICAO wants to make just culture safety reporting and investigation global, Flight Global, 01AUG2008. https://www.flightglobal.com/icao-wants-to-make-just-culture-safety-reporting-and-investigation-global/82178.art.

Dennis R. Grossi, Aviation Recorder Overview. http://iasa.com.au/folders/Publications/pdf_library/grossi.pdf.

Dick van't Kaar, Injustice and a Just Culture, https://www.yumpu.com/en/document/read/20347028/injustice-and-a-just-culture.

Don Phillips, Free Row: No Clear Signals in Aviation Verdict, N.Y. Times (Oct. 8, 2006). www.nytimes.com/2006/11/08/business/worldbusiness/08iht-transcol09.3456590.html.

FAA, Certificate Actions, https://www.faa.gov/about/office_org/headquarters_offices/agc/practice_areas/enforcement/enforcement_actions.

_____, Civil Penalty Actions, https://www.faa.gov/about/office_org/headquarters_offices/agc/practice_areas/enforcement/enforcement_actions.

_____, Enforcement Action, https://www.faa.gov/about/office_org/headquarters_offices/agc/practice_areas/enforcement/enforcement_actions.

_____, Human Factors, https://www.faasafety.gov/files/gslac/courses/content/258/1097/AMT_Handbook_Addendum_Human_Factors.pdf.

_____, Informal Procedures and Settlements, https://www.faa.gov/about/office_org/headquarters_offices/agc/practice_areas/enforcement/enforcement_actions.

FAA, VFR Weather Minimums. https://www.faasafety.gov/files/gslac/courses/content/25/185/vfr%20weather%20minimums.pdf.

Federal Register, Flight Operational Quality Assurance Program Final Rule, 66 Fed. Reg.55042 (Oct. 31, 2001), www.federalregister.gov/documents/2001/10/31/01-27273/flight-operational-quality-assurance-program.

Fiona Fleck, International Business; Ex-Airline Chief Scrutinized for Any Link to Swiss Crash, N.Y. Times, Mar. 13, 2004. https://www.nytimes.com/2004/03/13/business/international-business-ex-airline-chief-scrutinized-for-any-link-to-swiss-crash.html.

Flightsafety, Joint Resolution regarding Criminalization of Aviation Accidents. https://flightsafety.org/wp-content/uploads/2016/09/resolution_01-12-10.pdf.

Flight Safety Foundation, Flight Safety Foundation Praises U.S. FAA and Australia's CASA for Safety Compliance and Enforcement Reform, 26OCT2015, https://flightsafety.org/flight-safety-foundation-praises-u-s-faa-and-australias-casa-for-safety-compliance-and-enforcement-reform.

Foxnews, Convictions Stand in Milan Airport Crash, Feb.20, 2008. https://www.foxnews.com/wires/2008Feb20/0,4670,ItalyAirportCrash,00.html.

German Federal Bureau of Aircraft Accidents Investigation, Final Report. http://www.bfu-web.de/EN/Publications/Investigation%20Report/2002/Report_02_AX001-1-2_Ueberlingen_Report.pdf?__blob=publicationFile.

Gillie Belsham, Safety in the Balance, News (10.06.2014). https://www.incegd.com/en/news-insights/safety-balance.

ICAO, The History of ICAO and the Chicago Convention, https://www.icao.int/about-icao/History/Pages/default.aspx.

IFALPA, Improving accident and incident prevention through Just Culture, Accident Analysis & Prevention Briefing Leaflet, 16DEC2013. https://www.ifalpa.org/media/1990/14aapbl01-improving-accident-and-incident-prevention-through-just-culture.pdf.

IFATCA, Are we burying Just Culture for good?. https://www.ifatca.org/2019/07/swiss-jc/.

Jon L. Beatty, Data Sharing, Flight Safety Foundation, 04NOV2014. https://flightsafety.org/asw-article/data-sharing-2/.

Jon Ostrower, Vestigial design issue clouds 737 Max crash investigations, 4 APR 2019. https://theaircurrent.com/aviation-safety/vestigal-design-issue-clouds-737-max-crash-investigations/.

JTSB, Aircraft Accident Investigation Report, https://www.mlit.go.jp/jtsb/eng-air_report/HL7534.pdf.

In the USA, Congress has required that the NTSB not release any part of a CVR tape recording. https://www.ntsb.gov/news/Pages/cvr_fdr.aspx.

Managers Charged over Fatal Crossair Crash, swissinfo.ch (Oct. 26, 2007). https://www.swissinfo.ch/eng/managers-charged-over-fatal-crossair-crash/6215422.

NASA, Aviation Safety Reporting System, https://asrs.arc.nasa.gov/.

_____, ASRS, Immunity Policies, https://asrs.arc.nasa.gov/overview/immunity.html#a8.

_____, ASRS, Program Information, https://asrs.arc.nasa.gov/overview/confidentiality.html.

_____, ASRS, Program Outputs, https://asrs.arc.nasa.gov/overview/outputs.html.

National Business Aviation Association, Sharing Aviation Safety Data Is a Good Thing, Business Aviation Insider, 05. MAY. 2017. https://nbaa.org/aircraft-operations/safety/statistics/sharing-aviation-safety-data-good-thing/.

Nicola Clark, Trial Opens in Concorde Disaster, N.Y. Times (Feb. 1, 2010). https://www.nytimes.com/2010/02/02/world/europe/02concorde.html.

Peter Majgard Norjerg, The creation of an aviation safety reporting culture in Danish air traffic control (2003). http://shemesh.larc.nasa.gov/iria03/p11-norbjerg.pdf.

NTSB, Columbian Press Release— Factual Data Aircraft Accident Investigation (Dec. 28, 1995). http://www.rvs.uni-bielefeld.de/publications/Incidents/DOCS/ComAndRep/Cali/cali-prelimreport.html.

_____, NTSB Report Summary, February 13, 2009. https://web.archive.org/web/20090213120410/https://www.ntsb.gov/ntsb/brief2.asp?ev_id=20001207X

04990&ntsbno=DCA96RA020&akey=1.

RAND, Study of NTSB aviation accident investigations suggests major changes in how probes are conducted. RAND news release. 9 December1999. http://www.iprr.org/prOfficial Journal of the European Union/randpr. html.

Rodhes Linda L., Limitations on liability exceptions for gross negligence and willful misconduct and the implications for outsourcing agreements, Business & Technol Sourcing Review, No.19 (2013). https://www. mayerbrown.com/en/perspectives‑events/publications/2013/08/limitatio ns‑on‑liability‑exceptions‑for‑gross‑negl.

Roland Rappaport and Claire Hocquet, Concorde: Chronique d'une Catastrophe Annoncee, MEDlAPART (2013). blogs.mediapart.fr/edition/ les‑invites‑de‑mediapart/article/210113/concorde‑chronique‑d‑une‑ catastrophe‑annoncee.

Sagem Avionics, Example Application of Analysis Ground Station(AGS), GAIN (2004). https://flightsafety.org/wp‑content/uploads/2016/09/AGS_application. pdf.

SCAA, SCAA Just Culture Policy, A Guide to SCAA's Position & Principles. https://www.scaa.sc/files/SCAA%20Just%20Culture.pdf.

Scott Stahl, Just Culture How a Compliance Philosophy is Rewriting Safety, AERO CREW NEWS, May 14. 2018. https://www.aerocrewnews.com/ aviation‑news/safety‑matters/just‑culture/.

Skybrary, European Co‑ordination Centre for Accident and Incident Reporting Systems (ECCAIRS). https://skybrary.aero/articles/european‑co‑ordination‑ centre‑accident‑and‑incident‑reporting‑systems‑eccairs.

_____, Human Error in Aviation and Legal Process. https://skybrary. aero/articles/human‑error‑aviation‑and‑legal‑process.

_____, Human Error Types, https://skybrary.aero/articles/human‑error‑types.

_____, Human Machine Interface (HMI). https://skybrary.aero/articles/ human‑ machine‑interface‑hmi.

_____, Human Factors Analysis and Classification System (HFACS). https:// skybrary.aero/articles/human‑factors‑analysis‑and‑classification‑syste m – hfacs.

_____, ICAO Annex 19 Management, Background of Annex 19. https:// skybrary.aero/articles/icao – annex – 19 – safety – management.

_____, Instrument Flight Rule, https://www.skybrary.aero/articles/instrument – flight – rules – ifr.

_____, Just culture. https://skybrary.aero/articles/just – culture.

_____, Line Operations Safety Audit(LOSA), https://skybrary.aero/articles/ line – operations – safety – audit – losa.

_____, Visual Flight Rules, https://www.skybrary.aero/articles/visual – flight – rules – vfr.

Stephen Fitzpatrick, Garuda crash pilot facing jail, The Australian. 5 February2008. https://web.archive.org/web/20080213132249/http://www. theaustralian.news.com.au/story/0,25197,23161043 – 601,00.html.

The Black Boxes: Key to Understanding the Final Moments of Flight 93. https://www.flight93friends.org/explore – learn/crime – scene – investigatio n/the – black – boxes.

The Impossible Landing – United Airlines Flight 232, www.youtube.com/watch?v = fG – 6nHwfyts.

Thomas Stocker, Crossair Execs Found Not Guilty in Homicide Trial, Aviation Int'l News (June 1, 2008). https://www.ainonline.com/aviation – news/ aviation – international – news/2008 – 05 – 29/crossair – execs – found – not – g uilty – homicide – trial.

UK News, Concorde crash a disaster waiting to happen. https://www. theguardian.com/uk/2000/aug/17/concorde.world.

U.S. House of Representatives, Proposed Modification of the Aviation Safety Reporting System: Hearings Before the Subcomm, on Government Activities and Transportation, House Comm, on Government Operations, 96th Cong., 1st Sess. 3 (1979 – 1980) (statement of Dr. Janies J. Kramer) (1979). https://play.google.com/books/reader?id = TA6hJg4fIK4C&hl = ko&pg = GBS.PA1.

_____, Proposed Modification of the Aviation Safety Reporting System: Hearings Before the Subcomm, on Government Activities and

Transportation, House Comm, on Government Operations, 96th Cong., 1st Sess. 9 at 12–13 (1979–1980) (statement of John H. Winant).

USLEGAL, ALJ. https://definitions.uslegal.com/a/administrative–law–judge–or–alj.

_____, https://definitions.uslegal.com/l/lata–culpa–aequiparatur–dolo/.

Zack Phillips, Airline Faces Criminal Trial over Fatal Concorde Crash, Bus. Ins., Feb. 8, 2010, at 4. http://www.businessinsurance.com/article/20100207/ISSUE01/302079975.

# 판례색인

■국  외

〈판 례〉

### 〈N.T.S.B. 사건 결정〉

〈기 타〉

# 사항색인

## 저자 약력

■ **안주연**

현재 항공사에 재직 중이며 한국항공대학교에서 법학 박사학위를 받았다. 한국항공대학교 항공우주법연구소 연구원 및 한국항공보안학회 재무이사로 활동하고 있다. 주요 연구 분야는 국내 및 국제 항공 관련 법, 항공안전 및 보안 관련 연구이며, "항공안전을 위한 공정문화(Just Culture)의 실효성 제고에 관한 연구"(박사학위 논문), "1999년 몬트리올협약상 '사고'의 새로운 개념에 대한 고찰 – GN v. ZU, CJEU, 2019.12.19., C – 532/18", "항공기내 경미한 불법방해행위에 대한 범칙금제도 도입 방안 연구" 등 항공분야 관련 다수의 연구를 하고 있다.

■ **황호원**

현재 한국항공대학교 항공우주정책대학원장이다. 성균관대학교 법학 학/석사를 마치고, 육군 정훈장교로 복무한 후, 향독하여 독일 마인츠 Johaness Gutenberg in Mainz 대학교에서 법학 LLM 및 법학 박사학위(논문: Die Provokation bei Notwehr/도발에 의한 정당방위)를 취득하였다. 형사정책연구원을 거쳐 현재까지 한국항공대학교에서 후학을 양성하고 있다. 현재 한국항공보안학회장 및 항공우주정책법학회 부회장으로 활동하고 있으며, 국토부 장관 정책자문위원을 비롯한 각 기관의 자문위원을 맡고 있다.

## 항공안전과 공정문화

2024년 2월 15일 초판 인쇄
2024년 2월 20일 초판 1쇄 발행

저 자 안 주 연 · 황 호 원
발행인 배 효 선

발행처 도서
출판 法 文 社

주 소 10881 경기도 파주시 회동길 37-29
등 록 1957년 12월 12일/제2-76호(윤)
전 화 (031)955-6500~6 FAX (031)955-6525
E-mail (영업) bms@bobmunsa.co.kr
(편집) edit66@bobmunsa.co.kr
홈페이지 http://www.bobmunsa.co.kr
조 판 법 문 사 전 산 실

정가 32,000원 ISBN 978-89-18-91469-5